想象另一种可能

理
想
国
imaginist

［美］布·斯里尼瓦桑 著　扈喜林 译
冒险、创新与财富塑造的历史
BHU SRINIVASAN

AMERICANA
A 400-Year History
of American Capitalism

海南出版社
·海口·

Americana: A 400-Year History of American Capitalism
by Bhu Srinivasan
Copyright © 2017 by Bhu Srinivasan
Simplified Chinese character translation copyright © 2021
by Beijing Imaginist Time Culture Co., Ltd.
All rights reserved including the rights of reproduction in whole or in part in any form.

图字：30-2021-082 号

图书在版编目（CIP）数据

美国四百年：冒险、创新与财富塑造的历史 /（美）布·斯里尼瓦桑（Bhu Srinivasan）著；扈喜林译 . -- 海口：海南出版社，2022.2（2024.4 重印）

书名原文：Americana:A 400-Year History of American Capitalism

ISBN 978-7-5730-0152-8

Ⅰ.①美… Ⅱ.①布… ②扈… Ⅱ.①经济史—美国—通俗读物 Ⅳ.① F171.29-49

中国版本图书馆 CIP 数据核字（2021）第 279217 号

美国四百年——冒险、创新与财富塑造的历史
MEIGUO SIBAINIAN——MAOXIAN，CHUANGXIN YU CAIFU SUZAO DE LISHI

作　　者	[美]布·斯里尼瓦桑
译　　者	扈喜林
责任编辑	郑　爽
特约编辑	张俊明
装帧设计	陈威伸 wscgraphic.com
内文制作	陈基胜

海南出版社 出版发行

地　　址	海口市金盘开发区建设三横路2号
邮　　编	570216
电　　话	0898-66822134
印　　刷	山东临沂新华印刷物流集团有限责任公司
版　　次	2022 年 2 月第 1 版
印　　次	2024 年 4 月第 5 次印刷
开　　本	965 mm × 635 mm　1/16
印　　张	38.25
字　　数	500千字
书　　号	ISBN 978-7-5730-0152-8
定　　价	118.00元

如发现印装质量问题，影响阅读，请与发行部门联系：010-64284815。

献给迪娜（Dina）

引 言

那天，当印度航空的空姐开始向飞机上的孩子们发放免费盒装玩具时，我正全神贯注地盯着坐在我们前面两排的那个女子"畸形"的双脚。我在过道里走来走去，不住地往那边瞅，想弄清楚是怎么回事。让我极为惊诧的是，那双脚的肤色与她脸颊的肤色明显不同。好几年后，我才明白，那是她脚上半透明袜子的视觉效果，而不是什么神秘西方疾病把她的脚趾完全粘连在一起。那是我第一次乘坐飞机——前往美国的单程飞行。在我对飞机上的一切感到新奇有趣之际，母亲却异常焦虑，她不断默诵印度教祈祷文使自己平静。母亲当时34岁，拥有物理学博士学位。她的专业和性格让她成了一个理性的信徒，不过，带着两个没有正式文件的孩子进入美国是一件前途未卜的事情，连一贯理性的她也祈祷起来。这就是美利坚合众国移民归化局*的力量。当时，政策上存在一些缓和的余地，允许持有工作签证出行的女性携带没有护照的子女入关，前提是母亲的

---

* 此机构已于2003年撤销，其大部分职能归属美国国土安全部的下辖机构。——编注

护照上要有孩子的签证章。然而，我和弟弟并没有签证章。现在，我的母亲希望通过签证上的一处技术细节让我们进入美国。她的签证上写的是"persons"，而不是"person"。她打算辩解说那个表示复数的"s"指的是我们三个人。因此，在我们将近24个钟头的飞行中，未卜的命运始终让她心神不安。如果被拒，为了实现美国梦而做的数年准备、付出的牺牲和攒下的积蓄都将付诸东流。

我家最初的美国梦是一场民族悲剧的结果。印度，这个数亿人口刚刚逃离饥饿的贫穷国家，却不惜耗费巨资培养医生、工程师和科学家。然而，这些投入在某种程度上将印度这个第三世界国家变成了进修学校，为第一世界提供人才。那些受过高等教育的印度人大批离开。他们不是为了寻求自由或逃离迫害——不管是过去，还是现在，印度都是世界上最大的民主国家。在过去的数十年里，印度人和数百万其他国家的人一样，是被美国资本主义的"红利"所吸引，而不是美国宪法提供的自由。绝对不是。我们是经济难民。

在印度，虽然父母亲都是大学毕业，但20世纪80年代初被美国穷人视为日常生活必备的东西，如电话、电视机甚至冰箱，仍然与我们无缘。对美国人来说几乎如社会保险号一样普遍的私人汽车，对于我家来说仍然是不可想象的事情。1982年，当我们终于攒够钱买下一台冰箱时，它是用一辆牛车送过来的。虽然当时年幼，但我依然有一种被轻慢的感觉，尤其因为我已经等待并希望看到一辆送货卡车有一段时间了。然而，我们不必继续忍耐这种不平衡，忍耐处于贫富两极分化的贫穷一端而导致的购买力匮乏。下定决心，不断努力，我的母亲要将她受过的教育变成全球货币，不管这些教育在印度的变现能力是多么差。在这里，决心指的是将祖国、母国文化、家人和大部分的自我认知抛在身后。这往往是众多移民进入美国的"入场费"。

经过多年申请，母亲得到了纽约州布法罗市罗斯威尔·帕克纪

引言

念研究所的博士后职位。我们得知,她每年可以拿到1.4万美元。我计算一番后发现,有了这笔收入,我们是有钱人了。不过,要想出国把这笔高薪拿到手,还必须为母亲凑到前往美国的单程机票钱。慷慨(再加上一定的利息),促使父亲的长兄借给我们一笔款子。当时,家人商定由奶奶照料我和弟弟。从印度很靠南的马杜赖乘火车,经过一个通宵的颠簸后,我们辗转抵达沿海的马德拉斯(金奈),送别第一次乘坐飞机的母亲。我们不知道她此行要走多久。不过,没多久,我们就收到了她的来信。没过几个月,她在信里宣布了一个令人欣喜若狂的消息:我们,也就是我和弟弟,也可以去美国了;她要回国接我俩。但是,父亲没有签证,无法前往。签证上没有任何技术细节能让他一起入境。

飞机多次起落之后,我们三人终于抵达肯尼迪机场。看来母亲在飞机上的祈祷起了作用,我们获准入境。不过,接下来,我还需要再做一次调整。当母亲和4岁的弟弟跑向另一个航站楼去赶飞往布法罗的班机时,我的姑姑来接我,我将暂时和她住在弗吉尼亚州。之前,我们只在她回印度探亲时见过一面。在印度,来自美国的亲戚往往被看作显耀贵客,因此,我对她的记忆更多来自她的名气,而不是亲切。姑姑已经在美国定居多年,还有和我岁数相仿的孩子,因此,她比我母亲更能够提供有关美国的介绍。

这一点在几天后的万圣节体现得相当明显。她让我在脸上涂奇怪的油彩,戴上假发,拿着一个空袋子,去敲邻居家的门。如果我在印度,1984年10月的那一天将会是一个相当混乱的日子,因为印度女总理英迪拉·甘地(Indira Gandhi)刚被自己的保镖刺杀。而在美国,那天我得到了之前一共只吃过三四次的各种巧克力,而且是白给的!还有什么是我之前不知道的?没过多少天,美国大选开始了,我的表兄弟因为竞选人沃尔特·蒙代尔(Walter Mondale)将要取消暑假的传言郁闷不已。就因为这件事,我立刻成了里根的支持者。在关于美国无尽的美好遐想中，我还不知道的是，除了白人和少数深受人们欢迎的两种"Indians"*，美国生活着来自世界各地的人。我很想知道，身边那些看似很熟悉美国的非洲移民都在做什么。

几个月之后，到了上学的时间，我与母亲在布法罗团聚。父母亲的殷切希望，再加上梦想成真需要牺牲的思想准备，让我早在踏上美国土地之前，就对这个国家充满了信心。现在，我相信，我的每一步都在往前进，我的口音的每一次改变都是在执着地融入这个国家。为了加快这个过程，我甚至将先前冗长的名字"Bhuvanesh"来了个美国化，改为现在的"Bhu"。1987年，由于母亲工作的关系，我们迁往圣迭戈。一年后，随着母亲入职西雅图的一家生物技术公司，我们再次搬迁。我在五年里经历了9个学校，地理环境和人口群体的变化，让我有机会看到不同的美国。

上中学之前频繁转学造成的中断与分裂，将我变成了一个狂热的、几近虔诚的"日报研究者"——那几年，无论身在何处，日报是我唯一的信息来源。在几个地方，我课外帮报社投送报纸，最后一个订户就是我自己。除了体育版，最让我着迷的就是股票表格和有关华尔街的消息。中学毕业，绕道纽约市稍作逗留之后，我回到了西雅图。在华盛顿大学，我有幸聆听了知名美国历史学家理查德·怀特（Richard White）的课程：1979年之前的美国历史概述。这门课最后的作业是写一篇美国历史对自己家庭影响的文章。因为我在美国仅生活了十年，所以拿不准该怎样完成这个作业，我甚至怀疑自己是否有这方面的素材。

在怀特教授的指导下，我开始回顾我家过去十年的经历。一个明显的主题出现在眼前。从本质上说，我们在美国的历史是追求改

---

* 这个单词既表示印度人，也表示美洲印第安人。——编注

善经济条件的历史。我们初到美国的几年生活在"铁锈地带"。美国工业衰落,尤其是一家大型钢铁企业的关闭导致的公路车辆稀少、年久失修又荒凉破败的景象,是美国历史重要的组成部分。我家的西行是由一家生物技术初创企业的工作引发的,这对于美国人来说是一个熟悉的宿命,类似于历史上的淘金之旅。要是没有那门历史课,我就根本无法将先前纷乱的经历融入条理清晰的美国叙事中。我想将这一研究深入进行下去。然而,虽然美国历史令人着迷,但我无法抵挡19世纪中期淘金浪潮之后最大规模"淘金热"的诱惑。互联网的兴起——被人们称为"下一个重大新生事物"(next big thing)的事情发生在我们所有人身边。面对赚大钱的机会,历史研究只好放到一边。

在忙于自己的初创企业时,我的努力让我获得了一家即将上市的公司的职位,那家公司的股票后来成为那个年代最为火爆的股票之一。我为自己在新闻聚合领域的初创企业筹集了风险投资,不过它最后失败了。这一切都在我24岁时结束。然而,时代的活力,股市的狂热,一纸创意和一张空白的画布就可以轻而易举赚大钱的事实,让我确认了我对美国机遇的根本信仰。同时,我开始彻底怀疑市场的理性——在2000年之前的一段时间里,很多股票的价格在一年里每隔几星期就翻一倍,然而在接下来的一年里却暴跌99%。

几年后,我成了家,生活稳定下来。大学一年级时候的那篇文章似乎还没有完成。虽然后来产生的很多想法,让我的心思又回到当年的那篇作业,但对我触动最大的还是一个等式。我最初注意到这一等式,是在浏览一本汇集了《纽约时报》轰动性头版内容的旧书时。1914年1月6日的《纽约时报》报道了一件事,说的是亨利·福特(Henry Ford)将福特公司的最低日薪标准提升到5美元。当时,作为福特公司唯一车型的T型车,价格是440美元。这意味着,一个立陶宛移民或先前的一个美国小佃农,其88天的工资等于一辆崭新汽车的价格。然而，甚至是一百年后，每月挣200美元的中国工人三个月的工资才勉强够买一部iPhone*，更不要说汽车了。在很多局外人看来，这一美国等式的优势，第一世界与第三世界购买力的长期差异，比任何公民权更有诱惑力。实际上，美国境内数百万非法墨西哥移民的存在就说明了这一点。他们抛弃了民主国家的公民权，以无国籍的非公民身份生活在美国的下层社会。

那么，当占主导地位的历史在本质上是政治性的时候，我该怎样在美国这个宏大的背景下理解和诠释我个人的历史，一个经济性的历史？当大多数移民来到美国首先为了参与它的资本主义时，美国的民主何以被视为神圣？如果美国没有这么富裕，那么人们还认为美国，或者说民主，依然伟大吗？自由与富足一样重要吗？资本主义和民主这两股力量是何时开始无数互动的，以及它们是怎样开始互动的？我确实有一个办法可以探索这些问题的深度。我亲自见证了具有创造性和毁灭性的市场力量：美国精神怎样拥抱和适应做事情的新方式，以及当这种发展动力在实现由此及彼的过渡中，美国文化和地域特点发生了怎样的变化。我想知道，一系列突破、创新、创意——历史上的"下一个重大新生事物"——是否可以帮助我理解不断展开的美国故事。

我开始思索，如果以"五月花号"开篇，而不是以1984年我在肯尼迪机场的经历开始，这篇文章会是什么样子。

---

* 约相当于2016年左右的水平。——编注

目　录

引　言

第一部分

第 1 章　风险投资 003
第 2 章　烟草 019
第 3 章　赋税 031
第 4 章　棉花 047
第 5 章　蒸汽 059
第 6 章　运河 070
第 7 章　铁路 081
第 8 章　电报 093
第 9 章　黄金 105
第 10 章　奴隶制 118

第二部分

第 11 章　战争 137
第 12 章　石油 152
第 13 章　钢铁 165
第 14 章　机器 178

第15章	照明	190
第16章	零售	203
第17章	工会	216
第18章	报纸	230
第19章	托拉斯	247
第20章	食品	266

第三部分

第21章	汽车	287
第22章	无线电	301
第23章	私酒	316
第24章	银行	330
第25章	电影	346
第26章	飞行	360
第27章	郊区化	378
第28章	电视	392
第29章	公路	408

第四部分

第 30 章　计算机 423
第 31 章　初创企业 435
第 32 章　金融 451
第 33 章　运动鞋 467
第 34 章　因特网 481
第 35 章　手机 498

致　　谢 513
注　　释 517
参考文献 573
部分名词对照表 593

第一部分

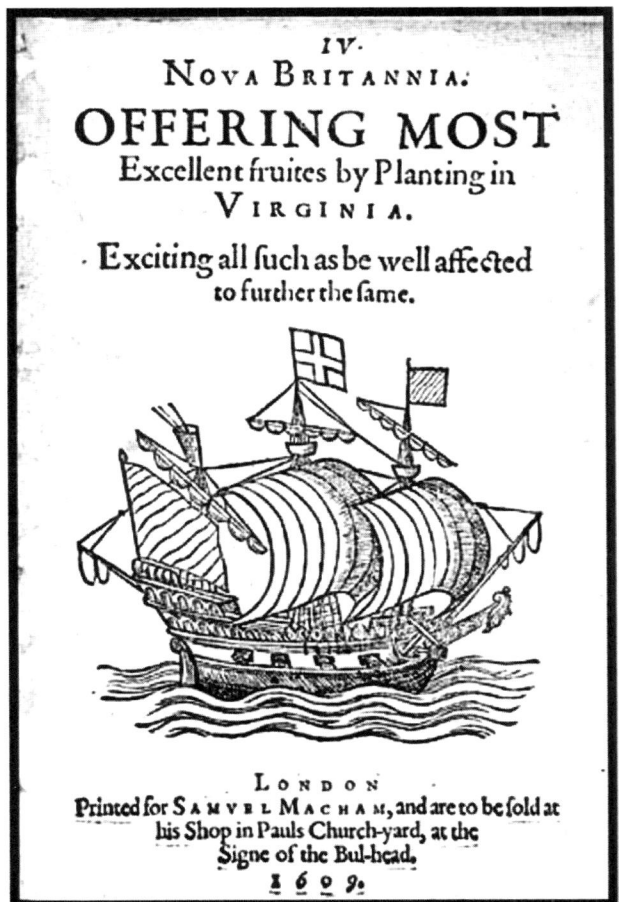

弗吉尼亚公司的广告,1609 年

第 1 章　风险投资

在关于"五月花号"的美国传说中，人们忽视了一个最重要的问题：那群被剥夺了公民权的分离派信徒，他们租用那艘大船、雇用经验丰富的船员、筹备他们去往新世界途中一年补给所需要的资金从哪里来？即使对 17 世纪早期的主权国家而言，组织一次横渡大西洋的航行在资金上也不是一件小事情。可以肯定的是，现今经济拮据的政治难民在跨越大洋时，不可能包租运输工具，到达目的地时也没有什么谋生技巧。因此，"五月花号"背后的资金来源指向了一个平行叙事；在这个叙事里，宗教自由的崇高理想不得不屈从于经济方面的考虑和推动。

1616 年，这群作为早期移居美洲的英国清教徒载入史册的人，原本是居住在荷兰的一个流亡的分离派团体。这些信徒中最早的成员于 1608 年逃离英国，最初落脚在阿姆斯特丹。几年后，他们辗转进入荷兰内地城市莱顿。威廉·布雷德福（William Bradford）在其关于莱顿生活的一手记录里，承认莱顿是一个"和善、漂亮的城市"，但是分离派信徒主要从事的是需要"艰苦而持续劳动"的工作，其中很多人从事布匹加工。

虽然英国禁止他们公开从事其教派的宗教活动，但是荷兰对他们的迫害相对很少。实际上，一份记载说，虽然他们的经济地位相对较低，但荷兰当地商人将他们虔诚的信仰视为诚信可靠的标志。在旅居荷兰十二年之后，一些人看到了宗教自由面临的潜在风险，于是这些分离主义者开始物色另外一个栖身之处，主要目的是改善经济境遇。

对于这些分离派信徒来说，最初促使他们离开英国前往荷兰的动机是过上好日子，并吸引更多基督教徒追随他们。然而，后来，莱顿的这些先驱者从事的苦力营生和"高强度劳作"彻底吓退了那些潜在的追随者。据布雷德福说，当时很明显的是，"一些人宁愿选择英国的监狱，也不愿意选择荷兰这些艰苦条件下的自由"。另外，他们中的年长者开始死亡，因为繁重的劳作往往会让这一宿命提前到来。同时，这些信众的儿女，"要分担父母亲的一部分重担"，不得不在类似其前辈要忍受的条件下劳动。如果这一切还不够糟糕的话，荷兰的"多重诱惑"还会吸引那些刚刚步入成年阶段的人远离教堂，走上"放纵"的道路，做出可能"亵渎神"的堕落之事。这些信众中的年长者清晰地意识到，如果没有会众的壮大，他们将在一代人的时间里被世俗的荷兰社会同化；这场实验最终将悄无声息地失败。总而言之，看起来，对他们宗教原教旨主义威胁最大的不是政治迫害，而是严峻的经济形势。

解决方案是再次迁移。最初的想法是改变方向，前往"地域广阔，人烟稀少的美洲地区"。这一提议引起了激烈的内部争论，主要是因为一些人想象的恶劣天气、野人、疾病、饥荒和"赤身裸体"的土著。此外，还有一个风险需要小心应对：在美洲西班牙领地附近落脚的想法被排除了，因为信仰天主教的"西班牙佬可能和美洲野人一样残忍"。其他美洲土地，大多数地方被英国声索，剩下

第1章 风险投资

的相对来说面积小很多的地区被荷兰声索，所以，这就只剩下了两个选择。不管选择哪一个国家的领地，都要与对方谈判，获得许可。

当然，选择英国领地的可能性是一个戏剧性的嘲讽：当初逃离英国的信徒现在要考虑同先前迫害他们的那个国家友好谈判。不过，这个过程并非一帆风顺。

早在1606年，英国就向一个名为"伦敦弗吉尼亚公司"的私人风险项目颁发了特许证。虽然新世界的这一风险项目的内部运作由该公司内熟悉商业运作的人负责，但是监管和治理的权力仍然在英王手中。英王通过他设立的弗吉尼亚委员会来行使这些权力。和大多数新发起的风险项目一样——不管这些项目是海外项目还是国内项目——弗吉尼亚公司的开局很不妙。在其成立的头十年里，它数次亏损得一无所有，不得不再次筹资。更为糟糕的是，绝大多数被送往海外的劳工都悲惨地死去。

在最初的十年运作期里，弗吉尼亚公司饱受各种挫折和困难。当莱顿的分离派教徒派两人去伦敦，与他们商谈在其领地上落脚的事宜时，该公司喜出望外，就像是生意惨淡的店主看到了当天唯一的顾客。弗吉尼亚公司作为商业实体，能否赢利取决于殖民地的经营情况。那里急需大批孤注一掷，将生死置之度外的人。荷兰来的那两个教徒的迫切心情正好与弗吉尼亚公司的急迫心情不谋而合。不过，分离派信徒移居弗吉尼亚还有一个障碍：他们需要明确的许可，以便在那里从事宗教活动。看重经济效益的弗吉尼亚公司对眼前的机会非常乐观，向他们保证说，这个问题是小事一桩，只要英王例行公事的批准。然而，事实并非如此。这个过程不断拖延。弗吉尼亚委员会认为，如果他们批准分离派教徒在海外从事宗教活动，就会在某种程度上破坏英王陛下禁止其在英国从事宗教活动这一禁令的权威。后来，通过弗吉尼亚公司的斡旋，双方达成了妥协。英王的弗吉尼亚委员会既不批准也不禁止他们在海外从事宗教活动，前提是这些来自莱顿的信徒必须服从英王的管辖。

这种有意识的含糊成为英国政府代理人和那些信徒之间的中间地带。弗吉尼亚公司为莱顿的信徒授予了一个"许可证"，允许他们落脚新世界。实际上，不同于传统说法，最初移居美洲的清教徒根本不用躲避英王的迫害，他们是自愿向海外拓展英王主权的。

获得许可之后，身在荷兰的教派长老们现在面临着同样复杂的资金问题。虽然弗吉尼亚公司有能力提供许可，但没有能力提供远洋航行所需的资金，教友们需要自己筹资。对于谨慎保守的有钱人来说，船只、水手和给养所需的支出不菲，作为一项投资来说风险太大，尤其是作为海外风险项目，很可能血本无归。后来，解决方案似乎是物色愿意放手一搏的有钱人——想要获得巨额收益，不计较一两个项目失败。

正在这时候，一个荷兰商业机构向这些教徒抛出了橄榄枝，与弗吉尼亚公司的方案形成竞争关系。听说他们与弗吉尼亚公司的谈判后，这个荷兰机构劝说莱顿的分离派教徒前往荷兰在美洲的殖民地。然而，有了弗吉尼亚公司颁发的居留许可证，提供资金这件事就落到了英国的投资者身上。具体地说，一个叫托马斯·韦斯顿（Thomas Weston）的项目发起人，代表伦敦商业风险投资协会，辗转前往莱顿，百般游说分离派牧师约翰·罗宾逊（John Robinson）。韦斯顿劝说这位牧师，称自己"可以让朋友们投资"，于是双方草拟了正式的条款。用现在的话说，那些条款相当于一个意向书或投资条件说明书，一个需要根据最终谈判进行充实的框架。现代创业人士都知道，从协议双方讲明各自目标到最终达成协议，其间充满着越来越多的焦虑和对意志的考验，往往会持续到达成协议的最后一刻。1620年"五月花号"的筹资活动也不乏各种争执和波折。

第 1 章　风险投资

* * *

风险投资在 17 世纪之前的很长时间里就已经成了气候。早在 1505 年，一个叫作"英格兰商业风险投资协会"的组织就获得了官方的批准。这种协会不是将资本或资源汇集在一起的正式组织，而是松散的行业团体，个体成员可以有选择地参与团体的风险项目。后来（同一个世纪），海外风险项目所需的资金越来越多，恰逢股份公司出现并推动了这些项目的发展——相对于出资人相互熟稔、相对封闭的合伙关系，"股份制"指的是股权可向任何人转让的股东关系。

除了股权可转让，商业法规的不断进步也为减少个体风险投资者的个人责任提供了有利条件——如果项目亏损，投资者可以不用承担超过其初始投资的亏损金额。有限责任概念是法律领域的一个新事物，在自由市场中并不自发或有机地存在。有限责任可以让投资者获得无限的利润潜力，而限制可能的亏损程度，这大大增加了航海探险投机活动的吸引力。有限责任形式不一定和海外殖民有关。主权国家经常向国民授予独占捕鱼权、勘探权，向私营实体授予贸易路线。政府通过向私营实体颁发特许证，鼓励私人资本投向海外风险项目，从而为国内创造经济效益。

有限责任对于鼓励投资，实现上述目标发挥了关键作用。对于远在遥远海域的船只和持续时间长达数月或数年的海外贸易项目，由于其商业性质，身在英国的投资者很少有参与决策的机会。这就强化了对公司制的迫切需求，因为在公司制下，被动型投资者无须对未知债务承担责任。同时，这种商业项目所涉及的航行距离和海外使命持续时间，决定了这些项目需要数量庞大的资本，远远超过了任何单个投资者的风险承受能力，不管他多么富有。股份公司可以让很多投资者出资参股某个项目，获得相关利润。促使英国企业采用股份制的最后一个推动因素是1553年成立的一家叫作"俄罗斯公司"的股份公司。当时，众多风险投资者以每股25英镑的价格，总共投入6000英镑；这标志着法人形式首次被用于海外投资。

从那时起，连英国的私掠者（经政府批准可以抢夺敌国海上货物的海盗船）都开始采用股份公司形式向风险投资人筹集资金。私掠者想分散风险还有另外一个原因。对于从事这一行当的个人来说，如果私掠活动的出资群体中有足够多的声望很高的人物，那么因政治风向发生转变（即使当初被政府批准）而被控犯罪的风险会大大降低。这些私掠者根本不是传说中戴着黑眼罩、肩膀上站着鹦鹉的草莽人物。有关每次私掠活动的会计报表都会详细记录动用船只的吨位、投入的资金、参与的人员和船只数量。在有关弗朗西斯·德雷克爵士（Sir Francis Drake）组织的一次私掠活动的财务报表中，赫然记录着这次冒险总投资额为5.7万英镑，动用了21艘船和1932名水手。W. R. 斯科特（W. R. Scott）深入研究那个时代的众多股份公司之后，认为这种公司结构的灵活性为经营活动提供了两种优势，即投资的多样化和风险分摊，尤其是在私掠方面。私掠活动对巨额亏损的容忍程度催生了现代风险资本的基本理念。

假如，一个出资人打算在私掠项目上投资2000英镑，那么只够为一艘排水量为200吨或两艘更小的船只配备相关设备。这样，如果仅凭一己之力，私掠活动的力量就会过于薄弱，难以获得有价值的斩获。但如果他用这些资金和很多人共同投资多次大规模的私掠行动，即使某次活动完全失手，他仍旧可能从其他活动的利润中获得不菲的收益。

收益不菲，确实如此。德雷克的这次私掠活动获得了4700%

的回报，也就是其投入资本的47倍。在权衡投资机会的风险投资者看来，这一奇高的收益率是极为诱人的，要知道，他们可不是保守的伦敦银行家。

17世纪初，经过一场极为残酷的战争，英国经济遭到重创，陷入萧条。除了英国本土之外，其他地区经济形势都很好。1600年，东印度公司成立。数年后，伦敦的弗吉尼亚公司成立。公司成立没多久，就印制了吸引风险投资者的小册子。弗吉尼亚公司的宣传册刻意淡化了所有不利因素。在有关印第安人可能带来的危险方面，宣传是这样说的："他们大都善良和气，无微不至地关照我们。"广告中还详细叙述了可以运回英国做木材的各种树木，蕴藏丰富宝藏的"从未探察过的"山脉和辽阔"富饶"的土地。接下来，小册子号召广大英国同胞发扬爱国精神，积极参与，说他们必须"前往世界的每个角落，解决英国的物资匮乏问题，用一个王国的物资供应另一个王国"。然后，小册子讲到国内严重的失业状况，到处是"大批闲人"，可以将他们送往海外从事这一项目。

接着，小册子开始说眼前的项目。对于想留在英国的风险投资人，弗吉尼亚公司一股的价格是12英镑10先令。对于移居者，也就是那些真正愿意去弗吉尼亚的人，不用出任何资金就可以得到公司的一股，前提是在弗吉尼亚殖民地做满七年工。另外，公司负责提供伙食费、材料费和殖民地的维护支出。公司拥有所有生产资料，对所有经营活动享有垄断权。在七年结束之际，包括已开垦土地在内的公司资产将被分配给所有股东。对于很多经济拮据，为生活苦苦挣扎的年轻人来说，只要出力气就可以在新世界获得一块土地，对他们具有相当的诱惑力，尤其是当他们看到很多富人也愿意以超过12英镑的价格购买这些股票时。

轻松赚大钱的梦想往往很容易破灭。弗吉尼亚公司后来变成了一场灾难。头几批到达的劳工饱受疾病、饥荒、严寒和印第安人袭扰的折磨。随后几批随给养船到达的劳工被眼前长期食不果腹的同胞吓坏了，早期到来的一批人干脆逃到了印第安人中间。连续经历了几次失败后，老股东不愿意继续投钱，公司不得不物色新股东，并进行多次重组。1614年，公司财务状况极度恶化，急需大批资金注入。再加上，他们建立的殖民地的状况也一团糟，于是，人们群情激奋，要求撤销该公司的特许权，上交王室。弗吉尼亚公司的律师理查德·马丁（Richard Martin）向下议院申请救助，希望英国财政部能提供应急资金援助。

因此，当那两个来自荷兰的访客向弗吉尼亚公司打听如何落脚新世界时，后者愿意招收任何甘冒生命危险，且能忍受恶劣工作条件的人。

* * *

获得弗吉尼亚公司和英王的许可近两年半后，莱顿的分离派教徒为远航做了最后的准备工作。威廉·布鲁斯特（William Brewster）和约翰·卡弗（John Carver）代表所有信众，动身前往伦敦签订最终条款。

股票定价为每股10英镑。条款类似于弗吉尼亚公司的条款。愿意去新世界耕作的人可以获得一股，愿意投资10英镑的任何人也可获得一股。风险项目拥有殖民地的所有资产和经济权利。七年结束之际，总资产按照所有权比例在所有股东之间进行分配。

然而，问题出在细节中。就在距离原定启程日仅剩几个星期之际，商业风险投资协会更改了协议条款。在最初的条款里，这些信徒每周为该项目工作四天，剩下两天时间用以"个人工作"，一天是安息日休息。后来，投资者坚持要求人们一周给这个项目工作六天。更令人气愤的是，那些劳工给家人建的房子也不属于他们自己，而是属于这一风险项目。

这些信徒的精神领袖约翰·罗宾逊非常不满。他写信给他的代表约翰·卡弗,抱怨久久无法租到船。罗宾逊发现,七年到期后将房屋作为项目资产来分割的条款尤其显得吝啬,因为,该项目的主要利润来源是"捕鱼、贸易等工作"。接着,他请原定牵头进行这次远航的卡弗认真考虑劳作七年且"没有一天不劳动"是一种什么感觉。然而,已经太晚了。代理人已经代表所有信徒在协议上签了字。

在筹集到 1200 英镑之后,相关各方立刻开始腌制牛肉,储备啤酒、饮用水和海上航行需要的其他物资。在荷兰,随着该项目的一些股份在分离派信徒中发售,他们用这些钱购买了排水量为 60 吨的小型船只"佳速号",打算抵达新世界后将这只船用于海岸贸易和捕鱼。在英国,人们租下了排水量为 180 吨的"五月花号"。

7 月的一天,"佳速号"矗立在荷兰港口城市德夫哈芬(现今的鹿特丹),准备载着部分分离派信徒前往英国,与停泊在那里的"五月花号"会合。其中的一个乘客,也就是未来的朝圣者领袖威廉·布雷德福,记述了那个极为伤感的一天:面对从附近的阿姆斯特丹赶来送别的亲友,那天"不知流下了多少泪水"。"德高望重的牧师满脸是泪,跪倒在地",希望作为先驱者第一批出发的教友一切顺利。不久,"佳速号"徐徐离开了码头。就这样,"他们离开了生活将近十二年的那个优美宜人的城市,不过,他们认为自己是朝圣者"。

没过两天,在一路"顺风"的帮助下,这些朝圣者到达英国南安普敦港。看到"五月花号"的初始兴奋退去之后,手里的协议让人们很快郁闷起来。从荷兰来的信徒立刻对代理人认可的条款提出异议,尤其是工作日由四天变成了六天,以及自建房屋由个人财产变成了共有财产。商业风险投资协会的代表韦斯顿从伦敦赶来,以"确认协议条款"。但是,这些朝圣者不承认新增条款的约束力,虽然他们的代理人签了字。僵局持续了好几天。这时候,事先约定的最后一笔 100 英镑的资金到了出资日期。这笔钱本应由韦斯顿他们支付，用于让"五月花号"起锚离港，但韦斯顿拒绝出钱。信徒们只好卖掉了 3000 磅*黄油，低价处理掉一些其他物品，迅速筹集了 60 英镑。

另外，朝圣者的虔诚信仰促使他们一致向其他股东表达了他们不让步的原因，其中包括和商业风险投资协会一起投入资金但仍然留在莱顿的很多信徒。他们提出，在新世界拥有自己的房子是促使他们前往那里的"重要因素"。不过，他们又安慰投资人说："如果七年内不能产生大笔利润，我们大家还会继续合作。"虽然在其他方面对投资人百般安抚，但是这些朝圣者在房子所有权上丝毫不让步。韦斯顿也不让步。

卖掉一些给养获得资金后，1620 年 8 月 5 日，"五月花号"和"佳速号"离开码头，驶向新世界。因为筹集资金和租船耽误了一些时间，所以启程时间比原计划稍晚。按照这个时间，他们可能在初秋抵达新世界，勉强有足够的时间为冬天做准备。屋漏偏逢连夜雨。"佳速号"名不副实——因为漏水不得不停靠最近的港口修理。漏水问题解决后，又发生了其他导致返航的问题；这一次，"佳速号"被彻底放弃。最初的一些乘客决定放弃这次前景不妙的旅程，剩余的乘客则转而乘坐"五月花号"。

9 月 5 日，"五月花号"载着 102 名乘客，开始了驶向新世界的旅程。很多记载说这些朝圣者是因为宗教信仰原因前往新世界的；需要指出的是，"五月花号"上足有一半的乘客并非来自莱顿的分离派信徒，他们只不过是被投资者分配到那艘船上的移居者。

---

* 本书多采用英制单位，换算为公制单位多有不便。在此附上大致换算关系（保留到小数点后两位），供读者参考：1 英尺＝0.30 米；1 英里＝1.61 千米；1 英寸＝2.54 厘米；1 英亩＝4046.86 平方米；1 盎司＝28.35 克；1 加仑（美）＝3.79 升；1 磅＝0.45 千克。——编注

第 1 章　风险投资

原本生活在相对自由的荷兰，现今在英国人的资金支持下，乘坐英国船员驾驶的从英国租来的船只，在英国国旗下驶往新世界——这一切都不像是逃离英国迫害的样子。政治难民一般不会在逃难前的最后日子里商谈未来七年的经济报酬和资产分配。所以，这些朝圣者从开始就根本不是难民，他们是一场投机活动的关键参与者，同时也是向新世界扩展英王主权的关键参与者。宗教自由只是整个计划中的一部分。

然而，这一风险项目，和弗吉尼亚项目一样，开局非常不顺。11月末，"五月花号"才抵达美洲海岸。除了抵达的季节过晚之外，他们还错过了目的地。弗吉尼亚公司当初授予的"特许证"规定的登陆地点在哈得孙河河口附近。然而，"五月花号"停靠地点却在河口以北220英里处的半岛旁。在派出一个探险队上岸查看海岸线，并物色建立定居点的位置后，大多数朝圣者仍然待在"五月花号"船上，等待探险人员回来。在"五月花号"出航期间，英国的官员们将弗吉尼亚北部的一块土地划给了新英格兰委员会。在不知情的情况下，这些朝圣移民正在为他们在新英格兰的第一个冬天做准备。

威廉·布雷德福在他撰写的历史书《普利茅斯开拓史》中将这一部分的标题定为"饥饿年代"。航行途中只死了一个船员，横渡大西洋结束之前，没有乘客死亡。但在人们等待探险队归来的过程中，死神光顾了那艘船。布雷德福回到船上后，发现妻子死了。而这只是等待着他们的严冬的前奏。2月底，这块新建殖民地的死亡人数达到了"一天两到三人"，而且已经持续了一段时间。布雷德福极为痛苦地说，"只有六七个人"身体无大碍，能够照料别人。到了3月，"五月花号"的乘客将近死了一半。英国谈判导致的耽搁，再加上"佳速号"漏水返航，让登陆新世界的时间推迟了整整一个月。而人们本可以用这些时间来准备应对未来几个月的寒冷天气。

在科德角挨过冬天之后，租来的"五月花号"在4月开始返航。

看重经济效益的风险投资人原本期望这艘船返航时从新世界带回木材、毛皮和其他商品。但是，因为那些移居者在第一个冬天里的恶劣境遇，"五月花号"返回英国时基本上是一条空船。

很多投资者——尤其是托马斯·韦斯顿——很不满意，认为死亡率不是借口。在写给约翰·卡弗（当时的卡弗已被那些朝圣者选为总督）的信中，韦斯顿不无挖苦和不满地写道："船上没有送回来什么东西，你们可真是不容易，人们对你们不满意也不冤枉你们。我知道你们的问题所在，与其说是手脚有问题，不如说是头脑有问题。"韦斯顿这封写给卡弗的信交由一艘叫"财富号"的新船送达，其目的地是普利茅斯。韦斯顿担心卡弗不能充分理解他的意图，还特意在信中告诫对方说，如果卡弗不能让这艘船满载而归，他就要切断他们的资金供应。然而，在"五月花号"回到英国和韦斯顿通过"财富号"寄送的信送达的这段时间里，卡弗去世了。

经历了冬季的痛苦之后，"财富号"的到来让人们大感欣慰。"财富号"除了带来急需的给养之外，还带来了35个移居这里的劳工。韦斯顿那封措辞很不客气的信被交到了新任总督威廉·布雷德福手中。不过，到了这个时候，形势已经开始好转。从出现第一丝春意开始，这些移居者花了好几个月来建造他们的居住区。更重要的是，他们第一次与印第安人有了直接接触。那个印第安人自称萨莫塞特（Samoset）。不可思议的是，与科德角附近从事季节性捕鱼的讲英语的渔民熟悉一些之后，萨莫塞特居然能够结结巴巴地说一些英语。他甚至在首次打招呼时主动走向前说"欢迎你们，说英语的人"。这句欢迎语让对方的紧张情绪大为缓解。

在这次接触的几天后，当地部落首领马萨索伊特（Massasoit）前来造访。这次会面意味着之后延续了二十年的个人关系的开始。印第安部落对普利茅斯殖民地的救助至关重要。具体而言，印第安人能够弄到一种可以在欧洲卖到很高价格的内陆商品：河狸皮。欧洲各国目标市场的有钱人对河狸皮制品趋之若鹜，导致河狸皮迅速成为新英格兰和旧世界之间的商业纽带。同时，跨大西洋贸易塑造了美洲土著和早期殖民者之间共生的经济纽带。因为进入内地的殖民者装备很差，所以印第安人没有领地会被侵占的忧惧，而是将英国人的殖民地看作贸易站。多年来，河狸皮是印第安人冬季御寒衣服的一部分，他们猎捕河狸的技术非常娴熟，因此在弄到殖民者渴望的这种高价值商品方面，印第安人具有很强的竞争优势。长途跋涉到人迹罕至的水塘捕捉河狸，不是一件容易的事情，殖民者们将这件辛苦活儿交给这些行家去做。

北美土著将另一部分价值添加到供应链中来：河狸皮需要大量的加工工作。肢解和扒皮落在了本地女人们的身上。将皮毛上的肉和肥油去掉之后，接下来是一个更消耗体力的任务：软化生皮，将粗糙的硬毛去掉，最终加工成适合欧洲上层人士穿用的光滑柔软的毛皮制品。有时候，这甚至需要穿着生皮一年，用汗水做软化剂，达到软化效果。

这一情况促成了普利茅斯早期殖民者的贸易机会。早在"财富号"抵达之前，殖民者就已经开始用一些简单的物品，比如毯子、玻璃珠、刀具和其他器皿，换取印第安人的河狸皮。印第安人没有铸造锃亮刀具或精致金属用具的技术，却能够用他们看来简单的猎捕和加工河狸来换取这些奢侈品。一直到现在，这种双方能力的互补仍然是所有全球贸易的核心基础。

这些殖民者没有把韦斯顿的挖苦放在心上，将大量木材（以板材的形式）装上了"财富号"；更重要的是，他们还给船上装了"两大木桶河狸皮和水獭皮"。这批货物价值"将近500英镑"。这是一个利润颇高的套利交易：据朝圣者中的那位领导说，这些即将出口的东西是殖民者用"一些微不足道之物"换来的。那次航行的初始投资，大约是1200～1600英镑，毛皮和木材的价值提供了投资者第一年红利的30%——这是为一群本质上是宗教原教旨主义者的人提供资金的坚实回报。不过，上天却不保佑"财富号"。那艘船在大西洋海面上航行时，遭到一艘法国私掠船拦截，货物被抢走。结果，和"五月花号"一样，"财富号"也空手回到了商业风险投资协会那里。

这一灾难性事件与出资人意外遇到的其他几个问题同时发生，并引发了之后的那些问题。如果那批货物安全抵达的话，销售利润可以用来投资殖民地来年所需的给养。现在，采购相关工具装备和另派补给船的成本，需要再进行一番筹资。而接下来的筹资活动难度很大，因为这一项目到目前几乎颗粒无收。同时，韦斯顿和另外一个出资人发生了争吵。一时间指控四起，诉讼不断。这场风波大大影响了韦斯顿在出资人中的威信，尤其是在需要进行额外一轮融资的情况下。不久，韦斯顿将自己的股份让渡给其他所有出资人，这场争执才算结束。

恰似海外项目出资人的纷争，北美殖民者也遇到了棘手的问题。按照最初的协议，定居点和公司的所有人都要参加种植劳动。给养船的到来一再推迟，即使到来，又常常带来比食物更多的需要喂养的人口。在这个时候，种植庄稼关系到人们的生存问题。然而，"人人为我，我为人人"的思想造成的粮食短缺，说明这种集体劳动方式是靠不住的。经过激烈争论，大家决定所有家庭都分得一份土地。每个家庭可以自由支配自己的劳动成果。殖民地总督说："这个办法很成功，它让所有人都勤快起来。女人们积极主动地去地里干活，还带上小孩子帮她们往地里撒玉米种子，不再说孩子没力气不会干活的话了。"这种实验性的共产主义生产形式，至少在种庄稼方面，在这些朝圣者中结束了。

同时，国内投资人逐渐意识到，在项目期限内获得丰厚利润的希望很小。更糟糕的是，英国恶化的经济和政治形势让很多投资者资金紧张。"五月花号"出航不到三年，金融机构就开始瓦解。富

第 1 章　风险投资

有同情心的投资者詹姆斯·谢林（James Sherley）在给布雷德福的信中沮丧地说："之前，不管哪次出海和交易，你和我们都是参与者和合作伙伴，那种时候再也不会有了。"另外，他更关心的是确保"我们的钱不要亏掉"。谢林估计，出资者对"不少于1400英镑"的公司资产有优先要求权（first claims，在现代风险资产术语中叫"优先清算权"）。又一段谈判开始了。

就在英国投资者内部，以及他们与朝圣者进行激烈谈判的这段时间，该殖民地仍然需要外部资金注入以维持生存。为了弥补资金缺口，这些朝圣者向贸易合作伙伴和经纪人张口借钱，利率超过了50%。

众多利益群体经过将近两年的谈判，逐渐达成了一个解决方案。普利茅斯的殖民者不愿根据协议将房屋和田地作为公共财产进行分割；同时，身在伦敦的风险投资人也无意直接接手位于数千英里之外偏僻村庄的房产。经过复杂的讨价还价，双方达成一份协议。普利茅斯殖民地负债1800英镑，买入该风险项目的所有股权——这样，出资人就不再是该项目的股东。这使得殖民者可以自由地在内部分配房屋和田产。同时，一些朝圣者，以威廉·布雷德福牵头，承诺承担全部集体债务；从1628年开始，每年支付200英镑，九年共计支付1800英镑。为了缓解普利茅斯公民的偿债压力，布雷德福和他的团队申请到了该殖民地从事毛皮生意的垄断权。

实际上，这一垄断权含金量极高，但前提是没有竞争。到1628年，一船又一船的移居者抵达新英格兰。有的移居者，比如前来定居的清教徒，有宗教倾向，而其他人则是流动商贩。殖民地位于哈得孙河的荷兰人在北至康涅狄格河的地方建立了贸易站。法国人也不甘落后。对于以上各路人来说，毛皮都是至关重要的商品。北美土著居民继续他们作为猎人和毛皮加工者的角色，是跨大西洋贸易的关键人物。对于当地河狸来说，这可不是什么好消息。繁殖率低，再加上迁徙距离有限，这场毛皮争夺战几乎让新英格兰的河狸迅速灭绝。随着河狸的消失，当地印第安人基本丧失了价值，甚至成了危险因素。

市场形势的压力迫使布雷德福和信徒们重新与出资人谈判，使他们将皮毛生意深入进行下去以获得出路。1645年，当所有矛盾尘埃落定时，仍旧持股的出资人已屈指可数。"五月花号"的资金筹集和每次耗时数周的跨洋远航，形成了一个持续二十五年的风险项目。当那份协议有效期满时，当初船上的朝圣者们绝大多数已不在人世。

第 2 章　烟草

正当那些朝圣者开始在新英格兰立足时，弗吉尼亚的风险项目已经奄奄一息。作为一个商业实体，弗吉尼亚公司经历了多次挫折和屈辱。在 1622 年印第安人对詹姆斯敦定居点英国人的大屠杀中，300 多名英国移居者丧生，这彻底决定了该公司的命运。在过去的十七年中，英国人投入 20 万英镑，送来了超过 100 船给养和 7000 名男女，然而现在，死亡让弗吉尼亚人口只剩下 1000 多一点。1624 年，超高的死亡率和黯淡的前景让詹姆斯一世十分忧虑，他收回了该公司的经营许可权。从那时起，弗吉尼亚就不再是一个公司，而是作为一个殖民地被管理。因为没有能力保护英王子民的安全，该公司失去了控制 17、18 世纪美洲最有价值的商品垄断权的机会。

烟草传到英国的时间比较晚。从 15 世纪开始，欧洲的探险家观察到美洲各地土著通过各种独特方式，在社交、仪式性场合喷云吐雾，有时还用这种方式来治病。16 世纪初期，返回西班牙的船只和水手带回了让他们开始感到好奇后来沉溺其中的烟草。很快，这种东西成为万能药，成了伊比利亚半岛上疗效确凿的药物。

虽然海外风险项目已经零星地将烟草带到英国，但直到弗朗西斯·德雷克爵士的一艘返航船将大量烟叶和烟草种子带到英国，烟草才开始在国内种植。直到1588年，给女王的报告还得向女王介绍什么是烟草，以及烟草的使用方法。可是到了1600年，烟斗已经成为伦敦上层沙龙的重要物件。这导致了或许是世界上第一场戒烟运动。膝下无嗣的伊丽莎白一世去世，詹姆斯国王继承了王位，他开始着手解决广大臣民动辄喷云吐雾的问题。

1604年，英王出版了一本名为《烟草驳斥书》的小册子，开始的时候是匿名的。作者在小册子的开篇就质疑为什么高尚的人们要"模仿那些野蛮、不敬神和奴性盲从的印第安人粗俗下流的行为方式，尤其是这种卑鄙龌龊的习惯"。然而，文中相当数量有关吸烟其他危害的告诫，直到四个世纪之后才引起人们的重视。针对烟草能治百病的说法，作者问道："某种疗法能治疗各种疑难病症，世间还有比这更荒唐的事情吗？"接下来，文章指出了烟草对肺部的破坏，对人体脏器功能的损害。最后，作者将烟草的使用等同于"酗酒恶习的一个蘖枝，而酗酒是万恶之源"。

后来的事实证明，英王的严厉批评具有讽刺意味。几年之后，一个叫约翰·罗尔夫（John Rolfe）的英国年轻人历经千辛万苦抵达弗吉尼亚。1609年，一支9艘船组成的船队驶向弗吉尼亚。罗尔夫和妻子搭乘了其中的"海上冒险号"，这个名字实在名副其实。他们到达了距离弗吉尼亚数百英里的地方，接着被狂风吹离了航线。"海上冒险号"在百慕大附近的一个岛屿触礁。船上的人被困在岛上达9个月。他们用岛上的木头和打捞上来的船板造了两条小船，划向弗吉尼亚。在妻子英年早逝后，罗尔夫在弗吉尼亚落脚下来。罗尔夫看到当地印第安人的烟草"质劣且羸弱"，就种下了来自西印度群岛的西班牙品种的种子。约瑟夫·罗伯特（Joseph Robert）在他关于烟草历史的书中说："从来没有任何一种土壤和种子的结合

第 2 章 烟草

有过这么好的收成。"就这样，弗吉尼亚沿河种植烟草的土地和以那位强烈呼吁戒烟的国王命名的城市*，成了殖民地的救星。

然而，成功给他们带来的是灾难。看到烟草长势有如神助，在趋利本性推动下，众人立即将大部分精力用到了这营生上。对于一个已经时常生活在饥饿边缘的群体来说，这种劳动重心的转移引发了严重的粮食短缺风险。罗尔夫指出，这些弗吉尼亚人，"满脑子想的都是赚钱"，轻松赚钱的诱惑让他们简直无法考虑"种粮食"这种事。显而易见，解决这个问题只能靠强制性的市场管制。因为给养船抵达时间极不规律，而且往往供应很少，因而集体粮食短缺是事关存亡的问题。了解到这一情况之后，当时的总督发布命令，种植烟草之前，每个人必须先种两英亩玉米，保证自己的口粮。违反命令的代价是没收他种植的烟草。

1616 年，也就是有可靠农业数据可查的第一年，有 1 吨出头的烟草被运回英国。在四年之内，数字增加到 60 吨。之后，人们的死亡和殖民地的毁损让产量下降了一半。不过，罗尔夫的发现为整个英属美洲殖民地的南部地区建立了经济发展模板，也因此带来了其他的一系列后果。

* * *

在"五月花号"靠岸北美的前一年，另一群人也登上了弗吉尼亚海岸；虽然他们此行并非自愿，但对北美的未来具有重要意义。1619 年 8 月，罗尔夫记录了一个"荷兰战士……卖给我们 20 个黑人"。这就是第一批登上后来成为英属北美殖民地之土地的奴隶。

然而，在接下来的几十年里，殖民地有了一个成本低很多的

---

*　指詹姆斯敦。——译注

劳动力来源。英帝国后来的崛起让人们产生了这样的印象：英国称雄世界的历史，可以追溯到更早的时期。然而，在1620年，也就是"五月花号"启程的那一年，英国社会还有相当一部分人过着极度困苦的生活。在一封弗吉尼亚公司寄给伦敦金融城市长阁下的异常冷酷的信里，我们可以一窥当时的情况。在这封信中，弗吉尼亚公司得体地感谢了市长阁下前一年给他们送去100多个无家可归的孩子。接下来，公司请市长"再给我们送来100人以备明年春季之用"。和前一次一样，公司给每个孩子提供3英镑的运输费和40先令服装费用。不难想象，一些"有不良倾向"的孩子不愿意走，不过，这个城市"急于甩掉包袱"，让这些未来的流浪汉远走他乡，于是市政当局向隶属英王的"上级权威"提出申请，获准"违背这些孩子的意愿，将其送到"弗吉尼亚。

对于成年人来说，吸引他们前往新世界的东西是契约劳役。人们同意做数年（一般是七年）契约仆人，作为交换，每个劳工将在这段劳役结束时获得一块属于自己的土地——每个成年人变成了一个微型风险项目。弗吉尼亚土地广袤，拥有自己的土地提供了一种潜在的获得自由的元素，使一切风险和仰人鼻息的屈辱变得值得。另外的一个好处是：契约仆人前往新世界的旅途费用和他们在新世界的生活费用都由其主人承担。在公司关门的第一年里（1625年），弗吉尼亚人口为1227人，其中487名白人是契约仆人。另外，很多自由白人很可能曾经是契约仆人。同时，自那艘荷兰船抵达殖民地后，黑人因出生人口而增加到了23人。

然而，弗吉尼亚最初的条件有利于以契约劳役方式种植烟草。一部分原因是切萨皮克湾"骇人的流行病环境"：遍布沼泽的沿海低洼地区是疾病的滋生地，让很多土著和白人莫名其妙地罹患重疾，痛苦地死去。这样的恶劣条件让保有奴隶成为一件成本极高的事情。使用奴隶需要提前支付全部费用，因为奴隶是一种将后半生全部劳动都要奉献给其主人的资产,荷兰和西班牙的奴隶贩子据此定价。然而,因为奴隶死亡率高,奴隶的死亡相较于契约仆人的死亡,代价要大很多。如果死亡的是契约仆人,那几乎没有什么损失,尤其是在契约期即将结束之际,契约仆人的早逝甚至是很有利可图的——因为,这个时候,主人已经享受了多年的劳动,无须支付任何土地;而如果契约仆人在契约期限结束时仍然健在的话,主人必须向对方支付土地。因为这种病态的算计,劳动力等式的需求方更倾向于契约仆人。

相反,劳动力的供应方面有两个地缘政治方面的影响因素,也令人更倾向于契约仆人而不是奴隶。首先是1625年国王詹姆斯一世驾崩后,其子查理一世继承王位。英国的政治局势进入了一个新的动荡期。在此后的二十年内,内战终结了英国的君主政体,查理一世被送上断头台。因为国内政治紧张局势的升级,愿意前往北美当契约仆人的人并不难找。

另一个因素和英国在欧洲大陆的竞争对手有关。对于当时控制跨大西洋贸易的荷兰和西班牙奴隶贩子来说,有很多比偏僻的弗吉尼亚利润更丰厚的市场。比如,西班牙属美洲和葡萄牙属巴西都需要成千上万奴隶。因为欧洲大陆对蔗糖的巨量需求,奴隶贩子完全没必要多花时间北上北美海岸,前往一个小型的投机性市场。在从非洲抵达弗吉尼亚的单程时间里,贩奴船可以在非洲西海岸和巴西之间往返一个来回。进一步推高贩奴成本的是当时船上奴隶的死亡率,漫长的航行距离将增加"人货"的消耗。因此,除非英属北美殖民地愿意为奴隶支付相当高的价格——而考虑到白人仆役的存在,这是没有必要的——奴隶市场的边界自然就局限在种植甘蔗、生产蔗糖的那些加勒比海岛屿。

实际上,有一个人非常清楚契约劳役对英国穷人的吸引力,他决定在这个前提下建立一个完全的殖民地。英国国内不断加剧的宗教紧张形势给该计划的落实提供了有利条件。与人们广泛接受的版本不同,朝圣者历尽艰辛寻求宗教自由这一片面叙事,压过了英王室对国内各教派利益的积极协调。同样,原教旨主义的清教徒和其他保守派的新教徒对年轻的国王查理一世的这种调解做法非常不满。比如,在继位第一年,作为英国国教名义领袖的查理一世娶了法国天主教徒亨利埃塔·玛丽亚(Henrietta Maria of France)。数年后,他将毗邻切萨皮克湾北部水域 1200 万英亩的广阔土地赐给天主教徒西塞留斯·卡尔弗特(Cecilius Calvert),即英王赐封的第二个巴尔的摩勋爵。这位勋爵设想建立一个完全由信仰天主教的契约仆人提供劳动力的殖民地。为了致敬赐给他土地的英王王后,他将这个酝酿中的殖民地命名为"马里兰"。

很快,马里兰和弗吉尼亚两个殖民地,依托切萨皮克湾土地和低廉的劳动力,依靠烟草种植发了大财。1631 年,也就是建立马里兰殖民地的前一年,这里收获了 27.2 万磅烟草;1669 年,产量达到 1500 万磅。

不过,契约仆人的经济性发生了变化,殖民地开始青睐黑人奴隶。17 世纪早期抵达切萨皮克的数万白人移居者中,75% 是契约仆人。根据劳作契约,如果他们能够战胜疾病和过度劳累而存活下来,到契约期满,就会得到一块属于自己的土地。除了主人提供的土地,马里兰和弗吉尼亚两个殖民地曾一度向自由人另外提供 50 英亩土地,为的是刺激殖民地迅速扩张。浪迹伦敦街头衣食无着的穷人,为主人劳动数年之后,就可以在新世界拥有自己的地产。不过,土地毕竟数量有限,随着肥沃土地的价值越来越高,先前契约的慷慨承诺已不再讲得通。同时,随着查理一世之子查理二世的掌权,英国恢复了君主制。由于英国政治形势回归稳定,去海外做契约仆人的吸引力逐渐下降。另外,随着烟草种植区向切萨皮克湾上游扩展并进入内陆,免疫力的提升让契约仆人的死亡率大幅下降。

第 2 章 烟草

另外还出现了一个至关重要的推动因素。17 世纪 60 年代后期，一个想要在英国建立奴隶贸易的风险项目陷入停滞。1672 年，查理二世看到英国确实可以从奴隶买卖中获得巨大利益，于是改组了上述风险项目，成立英格兰皇家非洲公司，并授予该公司将西非奴隶卖到英国殖民地的垄断权。在 1674 年，一年内被卖到弗吉尼亚的奴隶超过之前二十五年的总和。

从第一批非洲奴隶抵达弗吉尼亚开始的五十年里，其数量的每年增长微乎其微而且零星发生。1628 年，有 100 名奴隶被卖到弗吉尼亚，不过大多数年份，平均数量在 20 人左右。随着生育的自然增长，1670 年弗吉尼亚的黑人数量增加到大约 2000 人。1700 年，这一数字达到 1.6 万，占弗吉尼亚总人口的四分之一。很快，这一数字在绝对数量和相对比例上都大幅攀升。

在世纪之交，南方殖民地的构成和社会结构——根据地理位置来分割奴隶制轨迹的因素——越来越清晰。

* * *

最初吸引大量英国穷人冒着各种风险前往新世界的各种机会，对荷兰人的吸引力却很有限。一个名叫亨利·哈得孙（Henry Hudson）的英国人在荷兰人的资助下前往美洲探险。1609 年，他从被印第安人称为"曼娜哈特"的岛屿出发，沿河溯流而上，宣称荷兰对一路上河流两岸的地区和山谷拥有主权。然而，这一被称为"新尼德兰"的荒野地区并没有能够吸引多少荷兰移居者——荷兰当时是世界上经济最繁荣的国家。除了那些朝圣者外，很少有人愿意离开荷兰。在 17 世纪二三十年代，情况变得如此令人心悦，以至荷兰人开始投机郁金香，其中最珍贵的郁金香单个球茎的价值相当于阿姆斯特丹的一栋联排别墅。

因此，1650年，新尼德兰将近一半的移居者不是荷兰人。面对附近英国殖民地扩张的不断挤压，这个殖民地的总督一再劝说"无家可归的波兰、立陶宛、普鲁士、日德兰或弗拉芒裔的农民"前往荷兰殖民地生活——他明白，劝说这些人要比劝说自己的同胞更为有效。不过，一切已经太晚了。一个仅由3艘战舰组成的小型英国舰队不费一枪一炮就让新尼德兰投降了。1667年，正式移交后，新尼德兰采用查理国王的弟弟约克公爵的名字，被命名为"纽约"。在过去的二十余年中，纽约的人口几乎没有什么增长，而到了1700年，该殖民地的人口增加了4倍。具有讽刺意味的是，英国经济的不景气，反倒促进了其美洲殖民地的发展和人口增长。

为了强化英国对美洲的控制，查理二世将哈得孙河以南地区赐给两位贵族。后来的交易将这一地区变成新泽西和特拉华两个殖民地。查理二世将特拉华河以西的4.5万平方英里的土地赐给富有的贵族威廉·佩恩（William Penn），他此时已经皈依了贵格会。从弗吉尼亚南部延伸到西属佛罗里达北部边界的地区被赐给英国的八个贵族，他们被称为"贵族领主"（Lords Proprietors）。卡罗来纳殖民地以其在查尔斯顿的第一个定居点为基础，逐步完善为英国在此地（最终变为美国）的最后一块版图。

在新泽西、宾夕法尼亚和卡罗来纳积极招徕移居者的过程中，领主们主要使用了两种措施：宗教无差别政策和慷慨的土地赠予。使用被赠予的土地要缴纳"免役税"，这是一种类似税收的费用。对于土地广阔的领主来说，其基本的商业模式是：收取免役税，以及增加当地人口让自己的其他土地增值。事实证明，新英格兰成为宗教容忍度最低，在宗教信仰方面最僵化的英属北美殖民地；大多数当地法律要求人们遵守安息日的规矩和习俗。而北美其他地区的人最上心的是赚钱。如果这意味着宗教容忍，那也顾不了许多了。

卡罗来纳的贵族领主们颁布了一个极为独特的激励措施。当地

第 2 章 烟草

移居者每招来一个家庭成员，这个家庭就可以获得 150 英亩土地。但家庭和家人的定义是相当宽泛的。为了吸引加勒比海地区英国殖民地的人口移居卡罗来纳，贵族领主们将非洲奴隶也算作其主人的家人，每有一个黑奴前往，他的主人就可以获得 150 英亩土地。到 1720 年，这套激励措施让非洲裔群体成为这个殖民地人数最多的群体——这一情况持续了好几代。

在北方，数百英亩土地的承诺吸引了很多家庭举家迁往那些新殖民地。这一迁移与北方的主要经济特点（如发展自给自足的农场，建立实施平等主义的村庄）息息相关。这与地理和经济相关，而与文化和道德无关。和弗吉尼亚的烟草、卡罗来纳的水稻以及加勒比海地区的蔗糖不同，北方缺乏一种单一的、可扩展的经济作物，所以奴隶劳动在这里无法蓬勃发展，而南方则发现了更多有利可图的将奴隶作为资本资产的做法。然而，多样性也有它自身的优势。沿着流向大海的河流，波士顿、费城和纽约等小型经济中心，发展成为拥有数千人口的城镇，还出现了印刷、贸易和银行等城市行业。

南方的情况完全不同。在国际烟草需求的推动下，弗吉尼亚和马里兰的财富迅速增长，远远超过了满足日常生活所需的水平。经济的发展，让种植园而不是村庄或城镇，成为南方标志性的社会和经济结构。

* * *

在 18 世纪的美洲，烟草扮演的角色至关重要。1700 年，美洲殖民地出口到英国港口的商品总额高达 39.5 万英镑，而来自马里兰和弗吉尼亚的烟草就占到这一数字的近 80%。位居出口商品第二位的毛皮仅占大约 5%。

这时候，经过先前几代人的积累，早先到来的弗吉尼亚殖民家庭已经掌握了数量庞大的可耕地；更重要的是，他们还拥有通往河流和切萨皮克湾的涉水区，这意味着他们可以直接将烟草装上船。这些种植园主中最著名的是罗伯特·卡特（Robert Carter）。他积累了30万英亩的烟草种植地和数百名奴隶。其他人虽然没有他这么成功，但其总和也能左右烟草生产。规模最大的那些烟草种植户，其生产成本不但低于普通的小型种植户，而且往往用利润来添置更多的奴隶。小种植户只有两三个奴隶，彼此间不利于组成家庭；与此不同，规模庞大的种植园拥有自己的奴隶社区，可以自我繁殖发展，每个生下的奴隶后代都是种植园主的某种"红利"。

不难预测的是，随着财富的高度集中，烟草种植园主控制了弗吉尼亚的政治。1705年，拥有超过2000英亩的种植园主大都是当地的法官或镇行政官（burgess），后者相当于现在的议员。土地和权力结合在一起。这些人死后，他们的财产和奴隶由后代继承。在进入18世纪的第一代人中，弗吉尼亚最受尊重的群体组成了一个拥有广袤土地的上流阶层。这些拥有巨量财富的人很少工作：很大程度上，那些雇来的监工从奴隶和土地上攫取巨额财富的公式已经基本确定。劳动最为辛苦的人们从出生就继承了不幸的命运。这一点对于种植园主来说越来越成为一种优势。和出生于非洲的奴隶不同，出生于美洲的奴隶从来就不知道自由，也对任何与其主人利益相悖的身份一无所知，而且他们的后代对有关祖先的知识越来越隔膜。那些本地出生的奴隶现在也有了自己的大家庭，家人亲属们封闭地聚居在一个地方。对大多数人来说，为了自由而逃是一种不可能的巨大牺牲，由此，家庭纽带成了无形的脚镣。

相反，对于南方那些富绅来说，与生俱来的安逸生活成了他们的标志。约瑟夫·罗伯特在《美洲烟草故事》一书中写道，"在他们的宴请、饮酒、赌博、赛马和舞蹈中"，有一种"享乐主义"，内在于种植例如烟草这样的邪恶作物的本质中。不像生活规矩的新英格兰城镇，也不像在精神上崇尚平等主义的贵格会社区，在南方，顶层群体和底层群体的区别一目了然。显耀家庭在家里的瓷器上印上他们的家族饰章，肤色较深、社会地位卑下的人却无权拥有家庭，而没有奴隶的贫穷白人则除了自由之外身无长物。从这种等级制度严重的社会里，诞生了很多美国自由的缔造者。

然而，这种颓废弊端很多。类似于没有培养出除了石油之外其他经济实力的现代石油国家，靠单一商品立足的弗吉尼亚非常容易受海外烟草价格波动的影响。因为烟草收入支撑着种植园主奢侈的生活方式，应对短期价格下跌的一个办法就是以未来收成做抵押借钱消费。在罗伯特看来，"烟草种植者身上有足够的拓荒者的乐观精神，也同样有英国乡绅对于高标准生活的渴望"，这两种因素的结合意味着债台高筑。身上没有大量债务的弗吉尼亚富绅非常罕见。

这中间的一个关键环节是伦敦的经纪人。这些经纪人相当于交易员与代理人的结合。富有的烟草种植园主派人将烟草运到英国的经纪人那里，经纪人将烟草卖掉，然后安排购买种植园主维持安逸生活所需要的英国奢侈品：红酒、书籍、定做的衣服、亚麻布料、家具和瓷器。遇上烟草收成不够，或者市场上烟草价格不足以支付这些消费品时，经纪人就会拿种植园主未来的烟草收成做抵押，以合适的利率垫支一部分钱。对于这些经纪人来说，这个办法的好处是，可以将种植园富绅——不管他们多么有钱有势——"绑架"到这种依赖关系以及来年的烟草价格上。即使是历史上最有名的两位弗吉尼亚人，乔治·华盛顿（George Washington）和托马斯·杰斐逊（Thomas Jefferson），也逃不出经纪人的控制。

对海外经纪人的依赖似乎植根于弗吉尼亚的地理特点。切萨皮克湾内有数百个小海湾，拥有水上通路的大型种植园可以直接将烟草搬上驶往遥远港口的货船。因为弗吉尼亚的商品交易并未集中在一处，所以一直没有形成中央停靠港或商品市场；基于巨大的货物交易量，这种大型港口原本很容易成为18世纪北美规模最大的金融中心。18世纪60年代，弗吉尼亚的最大港口汉普顿，虽然距离切萨皮克湾很近，却只负责弗吉尼亚和马里兰烟草出口的一小部分。尽管控制了马里兰和它自身通往大西洋的通道，但是弗吉尼亚没有形成任何持久的经济实力，也没有在切萨皮克湾建立具有重要意义的城市中心。

就这样，弗吉尼亚将至关重要的航运和贸易融资职能拱手让给了北方的几个城市。贸易中心需要当代社会所说的"白领工作"：协调物流、安排保险、谈判贸易条款、增加贸易资本和维护批发设施等。商品贸易催生了很多其他行业。贸易港是信息流动的理想渠道；信息的总和被亚当·斯密称为市场"看不见的手"，指的是企业家和商人为了利润最大化而对企业经营进行调整所使用的信息。信息流越是活跃，从变化的市场潮流中获利的机会也就越具流动性；这些机会的流动性越强，后来者和暴发户就越容易扬名发迹。最终，这将为北方带来比南方单一作物殖民地更广泛和更大的城市发展机会。

然而，当下，南方在经济上处于主导地位。1765年，弗吉尼亚和马里兰的烟草，加上卡罗来纳的水稻，占北美出口总量的80%。在独立战争爆发前夕，南卡罗来纳用英镑计算的出口额超过了所有北方殖民地的总和。需要一提的是，1770年的南卡罗来纳，虽然奴隶数量比弗吉尼亚的18.7万少得多，但奴隶人口超过了该殖民地总人口的一半：该殖民地总人口为12.5万，奴隶人口为7.5万。弗吉尼亚的黑人人口超过了纽约州的白人人口。因此，这些数字令人惊讶，且无法否认：在获得自由的前夕，美国出口的大部分商品——在棉花进入这个等式的几十年前——是奴隶劳动的产物。

然而，弗吉尼亚不仅是萌生有关自由和政府治理新思想的沃土，而且为美国的实验提供了知识基础，也带来了巨大的矛盾。

第 3 章　赋税

1754 年 5 月 9 日的《宾夕法尼亚公报》上有张一条蛇被砍成八截的卡通画。蛇头位置处标着"N.E",代表新英格兰,其他七截分别标着英国的各个北美殖民地,蛇尾处是南卡罗来纳。这张漫画下面是大字号标题:"JOIN, OR DIE"(要么加入,要么灭亡)。

这可能是美国的第一张政治漫画。和这张漫画一起发表的还有报纸发行人本杰明·富兰克林的社论,呼吁北美各殖民地团结起来反对共同的敌人:法国。几年前,富兰克林私下里阐述了统一捍卫殖民地的必要性,然而,前一年发生的事情促使他在推动统一的过程中更直言不讳。

在过去的一个冬季里,英国和法国关于俄亥俄河的领土纠纷突然升级,超出了表面上的示威姿态。除了争夺地缘政治优势,双方还争夺对北美内陆地区印第安人毛皮贸易的控制权。注入密西西比河的俄亥俄河将货物一路运到下游法国控制的新奥尔良,这对法国在北美的利益具有至关重要的战略意义。紧邻当时英国殖民地,地域辽阔、人烟稀少(白人移居者很少)的俄亥俄地区也是英国争夺的目标。利用先前熟悉的模式，英王批准一些弗吉尼亚人成立了俄亥俄公司，授予该公司在50万英亩的土地上定居的权利，并允许他们将这块土地卖给其他私人投资者。因为法国人在该地区的主要经济活动是与土著做易货生意，所以他们建立了用于收购印第安人毛皮的贸易站。为了保护这种高价值业务，他们建造了支持其军事存在的堡垒。鉴于商业利益和殖民利益往往是一回事，弗吉尼亚人也设法强化自己的存在，与法国人相抗衡。

为了不断挤压法国的空间，弗吉尼亚副总督兼俄亥俄公司的股东罗伯特·丁威迪（Robert Dinwiddie）委托一个年轻士兵带领队伍进入双方争夺的地区。从1754年冬天开始，22岁的乔治·华盛顿为了执行任务，在荒野地区遭遇法国和印第安的小队人马。双方一边保持着勉强的和平，一边在准备军事行动。到了春天，华盛顿的大多数精力用于严密关注法国在俄亥俄河岸上修筑的一处堡垒。5月28日上午，华盛顿带领的队伍错误地以为附近的法军士兵要攻击他们，首先向对方开枪射击。这一事件标志着英法在北美的一场旷日持久战争的正式开始。这场战争在美国被称为"法国-印第安人战争"，其中印第安战士站在法国一边。

在法国军队占上风的情况下，数星期前富兰克林《要么加入，要么灭亡》的漫画和社论文章似乎是有先见之明的。富兰克林将法国人的军事信心归咎为"英国殖民地分裂状态"，并且认为自己完全是一个英国公民，他接着提议："敌人具有很大优势，因为他们拥有统一的指挥官，拥有统一的议会和统一的资金来源。"作为补救措施，各殖民地计划于7月在奥尔巴尼开会，讨论建立统一武装的事情。富兰克林这一时期的文字还阐述了建立统一的殖民征税体系的想法。该体系可以为各殖民地共同利益，统一管理与印第安人之间的关系，以及保卫海岸线提供资金，虽然这一切都需要英国议会批准。然而，这次会议只有7个殖民地派代表参加，会议没有达

第 3 章 赋税

成任何决议和盟约。

不过，各殖民地也存在一个统一因素，即，所有这些殖民地，不管距离大不列颠多么遥远，都是其一部分，英帝国要为情况迥异的各个殖民地的整体安全负责。因此，各殖民地之间不需要建立一个把大家直接联系在一起的联合体。如果出现情况，各殖民地并不采取一致行动，而是各自单独向北美的英国军队提供士兵和课税收入，以实现共同的军事目标。

在富兰克林所在的宾夕法尼亚，这种战时税收政策引发了问题。在英属北美殖民地中，当地的立法议会长期以来一直在行政治理中发挥着重要作用。在总督由英王任命的情况下，行政和立法职能的二元制起到了平衡当地利益和君主利益的作用。然而，与马萨诸塞和弗吉尼亚这样的殖民地相比，宾夕法尼亚治理结构中民众代表的力量要弱很多。这源于该殖民地的创立背景。1680 年，为了免除英王欠下佩恩家族的 1.6 万英镑债务，英王将特拉华河以西 4.5 万平方英里的土地授予威廉·佩恩——这块土地就是后来的宾夕法尼亚殖民地。佩恩死后，他的儿子继承了这个殖民地的所有权。虽然佩恩后来将一些权利让渡给该殖民地的议会，但是该殖民地那些没有人居住的土地仍然属于佩恩家族所有。法国-印第安人战争开始后，宾夕法尼亚的议会为筹集战争资金，通过了一项向公民征税的法律，其中还包括对佩恩家族的财产利益征税。对此，佩恩家族极力反对。富兰克林不但没有将所有殖民地团结在一起，而且还卷入了一场危机，因为他在反对该殖民地最有势力的利益群体。

18 世纪 50 年代末，为了压制佩恩家族的势力，富兰克林远赴英国，在那里作为宾夕法尼亚殖民地代表多方奔走。具有讽刺意味的是，为了将宾夕法尼亚变成类似马萨诸塞和弗吉尼亚那样的殖民地，他想要扩大英王和英国议会对殖民地的管理权，借此打击佩恩家族作为宾夕法尼亚所有者的权威。

这时候，法国-印第安人战争演变成一场欧洲帝国之间的大规模战争。西班牙、英国、法国，还有其他处于上升或衰落阶段的欧洲国家，纷纷加入了这场战争。这场被称为"七年战争"的大冲突几乎蔓延到了这些殖民帝国存在竞争关系的所有地区。1763年，战争结束之际，英国取得了实质上的胜利，成为世界上第一大强国。在美洲，它向西推进了殖民地边界。然而，胜利是有代价的：虽然有战争期间的税赋收入，但英国财政部七年期间的新增债务超过了6000万英镑。

不难理解，战后的大英帝国要想方设法偿还因为战争欠下的债务，包括将这些财务负担的一部分强加给殖民地。同时，它现在还需要在北美维持1万名士兵的常备军，以保卫来之不易的战争果实。1765年，为了偿还战争债务和保证军队开支，英国议会通过了针对北美殖民地的《印花税法案》。此前，进出口税是北美殖民地的主要税收来源。大英帝国很少干涉北美殖民地内部事务。然而，《印花税法案》要从本质上改变这一现状。该法案中有数百个条款，规定征收印花税（stamp duty，政府部门盖章表示认可某一文件的行为，与邮票是两回事）。征收印花税的范围是学位或技术证书的颁布、酒的销售、律师或其他领域营业执照的颁发、土地勘测结果的认定、法律案件的备案、船舶的委托、租约的签订、财产转让契约的签订和报纸广告的刊登等。几乎所有与任何协议、文件、出版和政府备案有关的活动都需要附加印花税。这一法案的涉及面非常广泛。北美殖民地认为印花税是侵入性的，于是开始酝酿抵制。

* * *

丹尼尔·杜拉尼（Daniel Dulany）是马里兰殖民地一个富有政治家的儿子，曾在英国接受教育，在他看来，北美殖民地需要解决立宪问题。他认为,英国宪法(其本身是一个由众多文件、议会法案、判决先例、历史理解等解读的框架,而不是单一文件)的基本目标是平衡三种力量:君主政治、贵族阶层和民主精神。在过去的几个世纪里,英国法律已经发展到了这种层次:决定"征税"与否的权力属于下议院,即"民众代表"。对于英国民众来说,下议院的这一至关重要的任务是民主的体现。各种地区和选区都在议会中通过某种方式拥有代表。任何与税收相关的法案要生效,都需要获得下议院的多数票,然后递交英王批准实施。在《印花税法案》通过不到五个月的时间里,杜拉尼在他印制的一本很有影响的小册子里提出了一系列问题。"政府不能未征得公民同意就征税",他说这是"英国宪法至关重要的一个原则",公民同意可以通过在议会中拥有直接代表的方式获得。杜拉尼问道:"谁是殖民地的代表?"

从1765年到1766年,在杜拉尼等理论家的鼓动下,北美殖民地对"无代表即征税"的方式日渐不满,尤其是当北美殖民者将自己看作英国人的时候。在弗吉尼亚议会里,年轻人帕特里克·亨利(Patrick Henry)发表了他反对英王的第一个重要演讲,呼吁通过一项决议,明确代表权是"反对苛重税负的唯一保障",是"英国自由的一个鲜明特点"。弗吉尼亚议会通过这项决议之后,北美各地报纸刊发了这项决议的内容。

马萨诸塞更向前推进了一步。该殖民地的立法机关呼吁其他北美殖民地采取一致行动——人多力量大——建议在纽约召开一次大会,讨论应对措施。13个殖民地中的9个派代表参加了这次会议。大会就"殖民地的重要权利和自由"拟定了一系列"我们卑微意见的声明"。在宣布所有民众"都忠诚于王室"的同时,它详细地描述了北美殖民地的经济困境。十年前印第安人和法国的入侵没有做到的事情,即促使北美殖民地用一个声音统一各殖民地的利益,由对他们经济利益的侵犯行为做到了。一些紧张情绪蔓延到了街头，发生了反对王室权威的骚乱。

虽然上述会议和殖民地的立法机构（如弗吉尼亚议会）颁布的措施没有约束力，但北美殖民地的一致反应，促使英国议会在《印花税法案》通过不到一年之后开始认真重新考虑这个法案。在深入谨慎了解不久前北美发生的骚乱的部分讨论中，英国议会召集当时身在伦敦的最有名的英属北美公民本杰明·富兰克林（Benjamin Franklin）前往议会，向议员们讲述殖民地的形势。

在那次肯定持续了数小时的冗长陈述里，本杰明·富兰克林回答了下议院提出的数十个问题。他极力区分殖民地民众对外部税（比如商品税、货物税）的服从与对内部税的极度不满。

提问者： 你说殖民地民众通常同意征收外部税，但是反对议会征收内部税的权利。你能说明这两种税之间的差别吗？

富兰克林： 我认为两者差别很大。外部税的征税对象是进口商品，税款加在了货物成本里。货物出售时，税款就是价格的一部分。如果人们觉得价格不合适，就可以不买。然而，内部税如果不经民众选出的代表认可，那就是没有经过人们同意强行征收。《印花税法案》规定，我们不能做买卖，不能交换财产，不能收回欠款，不能结婚，不能立遗嘱，除非缴纳特定税款；这无异于敲诈勒索。然而，如果不缴纳这笔款项，就会祸事临头。

* * *

接下来，富兰克林巧妙地威胁北美殖民地将抵制英国生产的商品，并暗示北美还将在这方面加快经济自给的步伐。值得注意的是，在这一陈述的后半部分，有人让富兰克林阐述北美利益和英国利益的差别，尤其是在安全和战争方面。有人问，如果再来一场欧洲战争，北美是否服从英王的征税命令。富兰克林给出了一个合格的答案"如果他们条件允许的话"，而不是爱国的答案"是的"。

听了这番陈述，有先见之明的议员就会想到，如果北美民众的抗议活动能够在这次推翻英国的权威，可以预见的是，他们总有一天会否定英国的所有权威。如果对"公开藐视英王政府，性质最为危险的叛乱"让步的话，就会产生严重后果。反对取消《印花税法案》的人认为，《印花税法案》征收的税款总金额不到北美移居者年收入的1%。更让他们不满的是，这些税收收入的相当一部分是用以维持北美的防卫力量，保护这些殖民地。反对废除该法案的人呼吁英王室面对北美民众的抗议，一定要坚定立场。

不过，也有人支持北美民众：害怕北美民众抵制活动的英国商人和工厂，尤其是当时北美殖民地人口迅速增加成为一个大市场。在一个需要通过跨洋、跨洲贸易在帝国内沟通有无，创造财富的商业化国家，作为英国财富来源之一的北美殖民地在议会里拥有了自己的声音，还为北美赢得了胜利。英国《印花税法案》通过后不到10个月就在1766年被废除了，然而，双方的紧张远远没有消除。恰恰相反，这标志着北美终结英帝国控制的开始，北美民众已经尝到了团结一致的甜头。

* * *

在1773年11月一个寒冷的日子，商船"达特茅斯号"驶入波士顿港。船上载着来自英国东印度公司的数吨茶叶。在接下来的20天里，这艘船上的货物成为一场紧张对峙的焦点。

在废除《印花税法案》和"达特茅斯号"停靠波士顿港之间的七年里，征税和法律问题让北美殖民地与英国的关系越来越糟。一旦英国议会认可了北美殖民地对内部税的不满，它就会想方设法尝试在外部货物进入殖民地港口之际对货物征税，和过去几十年一样。看到富兰克林同意英国有权就商品买卖征收外部税，新任财政大臣查尔斯·汤森（Charles Townshend）设法颁布了一套更为全面的税收政策。1767 年，《印花税法案》废除后一年，《汤森法案》出台。

这时候，北美商人看到了《食糖法》产生的影响。虽然该法案名为"食糖法"，但是它对木材、铁、咖啡、糖蜜甚至纺织品的进出口做出了广泛的限制。该法案明确表示，对进出北美的各种商品征税，不仅可以增加收入，英国政府还将通过提高和降低商品价格来管理北美贸易。实际上，对进入北美市场的货物实施高税率，可能让某些进口商品成本过高。相反，征收高昂的出口税可能让北美商品在国外市场上失去竞争力。很明显，不管是哪种情况，英国议会都可以通过调整税率，控制北美货物的进出口，以牺牲北美殖民者和外国商人利益的代价，让英国商人和工厂受益。

在《汤森法案》通过后的几个月内，北美各殖民地抵制英国商品的活动高涨起来。从费城到波士顿，当地的宣传者和组织者开始向售卖英国货物的零售商和批发商施压，要求他们不再经营英国货物。另外，从城镇到乡村开始了一场抵制英国货物的运动。这些措施背后的动机是让英国企业面临收入的大幅下滑，迫使其利益团体游说议会以获得救济。同时，对于一些大部分北美民众喜欢消费的商品，比如茶叶，他们可以绕过所有税款，从走私者手中购买。对于从中国贩运茶叶到北美的荷兰商人来说，北美是一个高增长市场。

到 1770 年，抵制活动似乎已经产生了某些影响。英国政府几乎无法收到足够的税款用于殖民地民政管理，更不用说维持常备军了。不过，这对双方都是一场经济灾难。虽然有关争议的法律仍没有废除，但形势因为财政压力的原因开始缓和。

费城、纽约和波士顿等港口城市的联盟，以及他们各自的商人

第 3 章 赋税

团体，越来越面临着参加抵制英国货物活动的压力。随着港口城市签署的禁止进口英国货物的协议逐渐期满，大多数人拒绝将抵制活动继续下去。让港口城市联盟更为无力的是，因为产品被抵制而同样蒙受经济损失的英国工厂和出口商游说议会，取消了《汤森法案》中的大多数税目。但是，如果完全取消这一法案就会显得过于软弱，于是英国议会没有调整《汤森法案》中的茶叶税。

在接下来的两三年里，英国继续向北美征收茶叶税，而从荷兰走私来的茶叶在大部分北美殖民地依然便宜且充足。

由于英国出口北美的茶叶数量不多，实力强大的东印度公司长期存在的财务问题更加严峻。正如弗吉尼亚公司曾被授权为英王的商业代理人，东印度公司也被授予了远及非洲最南端附近的好望角以东的一切英国贸易往来的垄断权，这个庞大的地区还包括中国和印度。这个公司的贸易职责之一是从中国港口收购茶叶，然后卖给伦敦的批发商。茶叶进入英国时，就要被征税。批发商可以将茶叶卖到英国各地，也可以将其包装后出口到其他国家。如果要出口，就要再次被征税。因为进出英国都要被征税，所以英国茶叶在离开伦敦港时就已经没有竞争力了。不过，这对北美来说倒有好的一面。因为征收汤森茶叶税，英国茶叶的价格升高了很多，因此在北美的销量没有多少，使得英国财政部无法通过汤森茶叶税收到很多税款。

东印度公司在向英国政府寻求救济的过程中，做出了一系列经济上的让步，以换取 140 万英镑的巨额贷款。不过，除了这笔贷款，该公司还获得了一个相当大的好处：获准将中国茶叶直接销往北美市场，而无须缴纳英国港口的进出口税。该公司的茶叶只需缴纳进入北美港口的汤森税。这将使英国茶叶的价格大幅降低，大大增加它在北美市场的竞争力，也意味着英国政府可以通过汤森税获得大笔税款。这一新法规实施后到达北美的第一批茶叶，现在就存放于停靠在波士顿港的"达特茅斯号"的货舱里。

问题很简单。让这批茶叶清关进入波士顿意味着北美接受这种税，也就意味着接受英国东印度公司在茶叶贸易中的角色。王室殖民地政府财政收入的增加意味着英属北美政府官员和士兵的增加。可以说，廉价的茶叶是一个代价高昂的交易。一旦进入波士顿，它就会进入北美各地。因此，一些波士顿人打算不让这批货物上岸。

另一方面，"达特茅斯号"所有者的代表打算将这批货物卸下，装上另一批货返回伦敦。每耽搁一天就意味着减少了一天的收入。然而，码头上越来越强烈的抗议活动，再加上一些知名公民如塞缪尔·亚当斯（Samuel Adams）、约翰·亚当斯（John Adams）和约翰·汉考克（John Hancock）的呼吁，想迫使这艘船载着茶叶返回英国。按照英国法律，这将导致针对茶叶权益的丧失。这对船只所有者来说也是一笔损失，因为他们负责将船上的货物送到交货地点。为了打破这一僵局，海关官员和王室派在当地的总督决定和码头上的抗议人群耗下去，等待触发港口超期停靠条款。在船只停靠港口的第二十天，海关当局有权以未缴纳关税为由扣押船上的货物，之前约定的买主只要缴纳了到期未缴的关税就可以将茶叶提走。

抗议的人们看出了这一用心。随着第二十天的一天天临近，5000多人聚集在码头上。随着每一个钟头的消逝，北美民众同意确立英国东印度公司在北美市场地位的可能性越来越大。这时候，另外两艘船，即"埃莉诺号"和"河狸号"也装载着和"达特茅斯号"一样多的茶叶停靠波士顿港。晚上，一群群脸上涂着油彩的人登上这3艘船。在码头上大批旁观者注目下，上船的人们有条不紊地提着短柄斧奔向装着茶叶的板条箱。在接下来的几个钟头里，船长等人被制伏，人们将45吨茶叶倒入海中。在港口的浅水区，大堆大堆的茶叶被冲到海滩上，随后被海湾里12月冰冷的海水带入大海。

随着茶叶被海水冲走，很多人心中与母国和解的所有希望也一起被冲走了。没过几个月，英国开始实施报复。包括英王在内的很

第 3 章 赋税

多英国人,将波士顿人胆大妄为归因于《印花税法案》的废除;他们现在认为,这是在殖民地管理方面的一个根本性错误。这一次,他们关闭了波士顿港,让马萨诸塞的经济从 1774 年春开始陷于被封锁的状态。一年内,在距离波士顿港几英里的地方,终于打响了革命战争的第一枪。

* * *

没过多久,弗吉尼亚就感受到了波士顿倾茶事件的政治影响。该殖民地中最有特权的那些人开始讨论、研究和分析这一潜在的历史召唤。就在十五年前,连接马萨诸塞和弗吉尼亚的唯一纽带是将大英帝国各个部分连接在一起的线索。同时,北美各殖民地正在发现,除了同属英国人之外,他们还有另一个统一的身份。在 18 世纪 60 年代和 70 年代初,各殖民地渐渐认识到,他们需要互相团结。

在弗吉尼亚内陆,距离该殖民地首府威廉斯堡 100 多英里的地方,是阿尔伯马尔县众多连绵起伏的山脉之一。在一个风景极为优美的山顶上,矗立着托马斯·杰斐逊的宅邸。他是弗吉尼亚最为幸运的人士之一。虽然他的社会地位来自他继承的家产,但是他的成就来自那些生活安逸的富绅很少能够受得了的严苛的学习探究生涯。从少年时代开始,杰斐逊就深入学习了哲学、语言和文学。他在蒙蒂塞洛的家里到处是书。他几乎不停地按照欧洲最漂亮的宅邸扩建和重新设计自己的居室。他的日常餐饮和生活起居都由身穿制服的家奴照料;酒窖里的藏酒可以和最奢华的法国家族的收藏相媲美。青年时代,他也一度沉浸于弗吉尼亚种植园主习以为常的消遣,如猎狐、赛马和打牌。总之,杰斐逊这样的人,其培养目标就是成为贵族,成为北美拥有众多地产的上等人。

乔治·华盛顿的 8000 英亩的庄园弗农山庄,在鼎盛时期每年可产数千磅烟草，而它背靠静静流淌的波托马克河的住宅区则是其引以为傲的地方。这座奢华宅邸坐落在精致漂亮的花园和果园里，到处都是训练有素的黑人奴隶工匠；在1774年，这里是华盛顿生活和休闲的中心。

像他们这样家底如此殷实的人怎么会突然成为革命者？他们想得到什么？

在这个问题的答案中，讽刺随处可见。弗吉尼亚与马萨诸塞的情况相类似，数十年来基本实行自治。弗吉尼亚的立法机构，即议会，和总督在英王十分有限的干预下一起管理殖民地。同时，英国也远不是一个专制的君主政体。17世纪40年代查理一世国王被处死后，英国王室就逐渐将大部分立法职能让渡给代表民众的议会。事实上，那句愤怒的"无代表不纳税"就说明了生活在母国的英国人拥有同意或拒绝征税提案的民主权利。北美殖民者也想拥有这种权利。在欧洲大陆国家的人看来，没有规矩的英国人大逆不道，无法无天，算不上是任何国王的良民。

因此，北美早期的民主种子，不是彻底抛弃专制政治，而只是呼吁和大西洋对岸自由的英国民众拥有同样的权利。然而，英国关闭波士顿港发出了一个殖民地民主权利倒退的明确信号。如果马萨诸塞民众对英国军队让步的话，汤森的茶叶税就会在北美殖民地全面实施，成为所有经济管束政策的突破口。这些税收将支撑一个更大的英国官僚体系，以及拥有更大权力和权威的皇家总督。在北美民众的眼中，如果波士顿在英国的高压下屈服，他们就再也回不到先前殖民地的半自治年代。到时候，英国将会极大地扩张在北美殖民地的权力，考虑到北美政治的动荡，他们很可能会这样做，除非先发制人阻止英国。

不过，弗吉尼亚的另外一些因素让它不知不觉地卷入了这场革命。与马萨诸塞或其他北方殖民地不同，弗吉尼亚是一个商品净出口地区，它对英国出口的东西超过了进口的。该殖民地的数千小烟农将他们的作物与最大种植园主的产出捆绑出售。当时的种植园主与英国的代理人或经纪人保持着直接的联系。然而，在过去的几十年里，这种关系变成了一种依赖关系。最富裕的那些种植园主几乎完全受制于那些海外经纪人，尤其是在烟草价格疲软的年份，不过这种受制于人的感觉往往被英国方面提供给种植园主的大笔借款所冲淡。种植园主用这些借款购买英国奢侈品，这些物品已经成为弗吉尼亚上层人物标准生活方式的一部分。18世纪70年代，很多弗吉尼亚种植园主已经债台高筑。在各殖民地欠英国债主的400万英镑中，将近一半属于弗吉尼亚潮水区的烟草种植园主。

华盛顿在写给英国经纪人罗伯特·卡里（Robert Cary）一封又一封的信中，不断抱怨对方给他的烟草开出的价格过低，而帮他购买的那些奢侈品价格过高——这两者导致的巨大债务"成为自由思想的羁绊"。这种形势促使这位"性情暴躁"的烟草种植园主"自然而然地将政治抱负与经济利益结合在一起"，摆脱英国的自由也意味着摆脱债权人的自由。

波士顿港因为倾茶事件被英国军队封锁，北美各殖民地呼吁1774年9月在费城召开大陆会议，讨论集体应对措施。为了筹备这次会议，31岁的杰斐逊作为弗吉尼亚议会的代表，起草了一份名为《英属美洲权利概要》的文件。相较于朝圣者签订的要求绝对服从上帝和英王的《五月花号公约》，杰斐逊的这篇文件称英王陛下仅仅是"法律规定的，权力被明确约束的人民首席长官，其职责是帮助运行庞大的政府机器"。接下来，杰斐逊讲到，美洲殖民地的初期开发完全由"个人风险投资者"的资金资助，风险由私人资本和殖民地居民的生命来承担。然而，随着殖民地越来越具有商业价值，英王在殖民地的权力逐渐扩大。这时，也就是一个半世纪之后，这种扩大最终导致了一种反常的命运：和英国自由的民众相比，大海对岸的殖民地民众拥有更少的权利。杰斐逊起草的这一文件辗转传到了弗吉尼亚议会，引起了马萨诸塞的约翰·亚当斯和其他读者的兴趣。后来，该文件还传到了第一届大陆会议。此后不久，第一届大陆会议散会。

此时，人们群情激愤，不过枪声还没有响起。很多人指望避免发生内战，而其他人则认为流血不可避免，让人们反响最为强烈的就是帕特里克·亨利那句直白的"不自由，毋宁死"。同时，有人呼吁 1775 年春季召开北美殖民地的第二届大陆会议。然而，就在星期三，也就是 4 月 19 日，在马萨诸塞的列克星敦和康科德，经过几个月的紧张对峙后，英国军队和殖民地民兵相互开火。虽然这一事件后来被视为美国革命战争的开始，但殖民地政治力量的全面联合并宣布独立是一年多之后的事情。

也许相对于马萨诸塞的枪声，从皇家总督邓莫尔勋爵（Lord Dunmore）威胁到弗吉尼亚人最有价值的财产开始，南部数百英里之外的弗吉尼亚发生的事情让形势更加无法挽回。

列克星敦和康科德的战斗打响后的第二天——不过当时的邓莫尔无从知道那场冲突——邓莫尔命人收缴了弗吉尼亚人秘密储藏的一大批火药，将其运到一艘英国皇家海军舰艇上。当时，相较于迫近的英军的敌意，弗吉尼亚人对奴隶暴动的担忧更为强烈。因为奴隶人口占弗吉尼亚总人口的五分之二，所以弗吉尼亚人的担忧并非杞人忧天。一些激进的奴隶最近的某些行为让弗吉尼亚人高度紧张。当邓莫尔派人没收那批火药时，弗吉尼亚人认为这是在削弱他们镇压潜在的奴隶叛乱的能力。一些弗吉尼亚人赶到邓莫尔总督的宅邸抗议。邓莫尔看到自己的权威受到挑战，气愤不已，扬言要解放弗吉尼亚的奴隶——创造南方殖民地财富的劳动力。

自 1772 年以来，英国解放奴隶的问题一直是弗吉尼亚人的心头大患。在英国最高法院审理的"萨默塞特诉斯图尔特"一案中，法庭判决结果严格限制了英国奴隶主在英国的权利。这一裁决在美国奴隶主中引起了相当大的震动。很多奴隶听到了有关那次英国法庭判决的激进传言之后,就将英国人视为他们的解放者,而将北美殖民者视为压迫者。

邓莫尔没收弗吉尼亚人火药没过几个星期,弗吉尼亚人便威胁邓莫尔,要他交回火药。邓莫尔害怕至极,离开宅邸逃到了英军军舰上。就这样,在1775年5月费城第二次大陆会议的筹备期间,弗吉尼亚和马萨诸塞这两个北美人口最多的殖民地,发生了两起互相独立的敌对事件。华盛顿、亚当斯、富兰克林、杰斐逊、亨利和美国革命的其他领导人都参加了第二次大陆会议。会议上,人们慷慨陈词,制订了殖民地共同的防卫方案。在这次饱学之士济济一堂的会议上,华盛顿因为过去的行伍经历,当选为北美各殖民地的大陆军总司令。

一年多后,杰斐逊起草的《独立宣言》才面世。眼下,战争已经开始。为了应对形势的变化,邓莫尔发布了一份声明,宣布所有拿起武器反对殖民地作乱者的奴隶都是自由人。接下来的几年里,随着战争的激烈进行,杰斐逊蒙蒂塞洛宅邸和华盛顿弗农山庄的大量奴隶为了获得自由,逃到了英军舰艇和军营。即使在1781年的最后时刻,英军在约克镇投降的几个月前,当英军舰艇"野人号"停靠在弗农山庄附近水面时,仍有17个华盛顿的奴隶逃往那艘舰艇。1783年,《巴黎条约》签订,英国正式承认了美国的独立,华盛顿极力请求英国送还逃到英军那里的所有奴隶。虽然英国碍于尊严不愿意在面子上再次让步,但还是将华盛顿的8个奴隶送还给他。

这种财产的神圣性直接转化为弗吉尼亚人的政治权力。殖民地之间下一个阶段的谈判旨在通过一部美国宪法建立一个更为完善的联盟,为了给各州分配代表,将奴隶按照五分之三人口折算。在针对自由人和奴隶财产的选举计算方式的推动下,由于弗吉尼亚的黑人和白人几乎人口数一样，在美国实施总统制的最初三十六年里，有三十二年是由弗吉尼亚人担任总统。华盛顿执政八年后，马萨诸塞的约翰·亚当斯继续执政四年。接下来，又是三位弗吉尼亚总统——杰斐逊，他的门徒詹姆斯·麦迪逊和他的邻居詹姆斯·门罗（James Monroe）——每个人的任期都是八年，一直持续到1825年。三十六年之后，弗吉尼亚再次宣布独立。这一次，它想脱离美国，选择了维护自己的经济利益而不是联邦。

第4章 棉花

在美国爆发革命之际，另一场革命正在大洋对岸进行，其影响更具全球性。随着英国工业革命的开始，失去北美殖民地成了一个经济上的小问题，对于英国虚荣心的打击大于对其钱包的打击。虽然一场革命让双方在政治上永远地脱离了关系，但另一场革命却让双方的经济联系越来越深化。

工业革命的核心是动力。这里的动力不是推动社会变革的政治多样性，而是让物体动起来的能量。数个世纪以来，人类运用各种奇思妙想来利用风力和水力。乡村的风车往往就是一个小型工业设备。当风使巨大的轮子转动时，齿轮和机器就开始运转，碾碎石头、磨碎谷物和锯开木头。同样的原理也适用于水力。在水流湍急的地方，浸在水中的轮子提供了转动内部机器所需的动力。一个水力带动的简单锯木厂，可以不停地将工人推入的木料切割成厚度均匀的板材。依托用铁匠、木匠做出来的各种零件制造的简单设备，依靠大自然的力量来节省人工的方法，早已广为人知。

但是，这些工具受自然条件的局限。没有风的日子或干旱季节对生产的影响极大。这样的作坊和工厂只能建在位置适合的地方，相关设备个头一般都很大，一台风车或水车能带来的动力也有限。不过，蒸汽机消除了这些限制，能产生先前人们无法想象的强大动力。

蒸汽机的原理很简单。加热密闭容器里的水就会产生蒸汽。蒸汽压力形成之后，就能以推动机器的方式释放出来。蒸汽机的发明经历了一个长期的实验过程。但在18世纪，将理论扩展成越来越大的单元和维度的技术，催生了一系列不断发展的突破和洞见。一项至关重要的进步来自苏格兰人詹姆斯·瓦特（James Watt），他在格拉斯哥大学当仪器制造师。瓦特痴迷于寻找一种方法，以解决传统的加热制造蒸汽方法中的能量损耗问题。他设计了一个单独的蒸汽气缸，通过蒸汽推动气缸内活塞往复运动，增大了蒸汽压力的动能。瓦特的蒸汽机按需提供能量，成为工业革命最重要的推动因素。

蒸汽动力的第一次伟大应用是在生产布匹上。布匹本身的一些良好特性让它在这场革命中扮演了重要角色。首先，人们都需要布。其次，布匹生产过程涉及大量简单而劳动密集的步骤，这使它非常适合机械化。从人工转变到机器的核心是白绒绒的棉桃不可思议的自然特点。几千年来，在其炎热产地，包括今天的非洲，以及印度、墨西哥等地区，棉花一直是重要的经济作物。虽然这些棉花产地之间相距遥远，但是将棉花变成布匹的加工方式却大同小异。人们将棉桃摘下之后，除去里面的棉籽，将棉桃打平铺顺；然后梳理棉纤维，再费力地将棉纤维纺成棉线；最后，把棉线织成布。每个步骤都极耗费体力，棉布的成本是所有这些人力投入的简单反映，使得它昂贵而难以普及。

在英国，通过水轮转动带动机器运转，上述很多加工工序最早实现了部分的机械化。一个人坐在机器旁，就可以将原棉加工成棉线，其速度快得让前一代人叹为观止。依靠蒸汽机的动力，棉花工厂的规模和范围大幅提升。随着各个工序实现广泛的机械化，劳动效率的提升降低了成品布的价格，使其更加廉价并容易获得。价格的降低意味着布匹市场需求的增加，反过来又推升了纺织厂对劳动力的需求。与我们的直觉相反的是，机械化带来的劳动力节省创造了对总体劳动力的更多需求。这是人类从这次工业革命获得的第一个红利。

值得注意的是，詹姆斯·瓦特在格拉斯哥大学的一个朋友精辟地阐述了这一劳动力节省现象出现的过程，这个人就是亚当·斯密。他对专门化工业过程做了一系列广泛的观察和预测——每个劳动力只专注产品生产加工流程中的某个特定任务，而不是像过去的匠人或技工那样一个人将整个产品做出来。在1776年发表的《国富论》中，亚当·斯密将"劳动力分工"概念升华为核心理念。该作品定义了市场资本主义的轮廓。随着人们从事专门化生产以及特定任务所需的劳动减少，对人力的总体需求将不会像人们担心的那样下降。相反，随着人们购买力的提升，生活水平将得到改善，各种新产品的市场需求出现增长，从而创造了新的工作机会。亚当·斯密认为，工作效率的不断提升是所有经济增长的催化剂。从定义上来说，超越于每日工作以维持每日生存的状态，人类集体能力的提升，要求经济从人类的集体劳动中获得更多收益。同时，亚当·斯密认为，效率的增加导致人们失业看起来很残酷，但在新生产方式取代旧生产方式的过程中，这是不可避免的。在工业化社会，一个人的工作与他人的工作密切相连，这种相互之间的依赖是一个抽象概念。当人们离开房子、食物和衣服等一切需要自己动手建造和生产的自给自足的农村时，在专门化经济中找不到工作机会的想法听起来很可怕，但真正面临这种情况的人很少。

＊＊＊

为了使效率最大化，就像是人们在英国工厂中专门从事很具体的工作，整个国家也会承担特定的职责。美国在这一全球供应链中的地位缘于1792年一艘船上的意外邂逅；当时，北美独立战争的著名将军纳撒内尔·格林（Nathanael Greene）的遗孀就在船上。上流社会的凯瑟琳·格林（Catharine Greene）结束了每年一度的罗得岛纽波特度假生活，打算返回南卡罗来纳的家。在与家人从纽约市航行到萨凡纳港途中时，格林夫人结识了27岁的伊莱·惠特尼（Eli Whitney）。伊莱刚从耶鲁大学毕业，打算前往南卡罗来纳，他已事先安排好到那里的一个富裕家庭当家庭教师，并在业余时间学习法律。

船一抵达萨凡纳港，惠特尼就和格林夫人一行前往他们在南卡罗来纳的种植园，即距离港口不远的一个叫作"桑树林"的地方。他最初的想法——正如他在写给父亲的一封长信中解释的那样——是在格林家待几天，然后就启程去做那份事先约好的工作。也有人说，他之前的那份工作已经有人做了，只是那时候通信不方便，惠特尼不知道这个情况。然而，惠特尼在信中间接地透露出，一位"非常值得尊重的绅士"影响了他，使他不再追求高薪工作和学习法律的事情。

在北美革命的余波中，叛乱的殖民地和英国之间的贸易明显中断，南部种植园主开始在水稻和槐蓝属植物之外从事多样化经营。在佐治亚和南卡罗来纳的海岸地区，一种叫作"海岛"的优质棉花长势非常好，不过这种棉花只能在某种近海土壤中才能生长。另一种高地棉花几乎在南卡罗来纳和北卡罗来纳以及佐治亚的任何地方都可以生长，甚至在不适合很多种棉花的土壤中也能生长，不过因为这种棉花去除棉籽"极其困难"，使得它几乎毫无价值。前述那位值得尊敬的富绅对此惋惜不已。因此，美国的棉花产量一直不甚理想。在闲谈间，种植园的那些绅士邻居表达了对于发明一种除棉籽机器的渴望。

听到这话之后，从少年时代就显露出相当的机械天分的惠特尼，开始思考如何去除棉花里的棉籽。有了一些方案之后，惠特尼将他的想法告诉了菲尼亚斯·米勒（Phineas Miller），即格林种植园的经理和格林夫人的未来丈夫。米勒提出，他出钱资助惠特尼做实验，如果有一些成果的话，双方共享利润。没过10天，惠特尼设计出一个模型。多次实验之后，他制作出一台完全可以投入实际使用的轧棉机，简称"gin"。这不算是一台真正意义上的机器：它是一台依靠人工转动曲柄，通过将原棉压在类似金属梳子的"齿"上来清理棉籽的简单设备；经过这一设备后，棉籽就留在金属齿的一侧，而棉纤维则被分离到金属齿的另一侧。

这一设备对"整个国家和发明者都是一件好事"，惠特尼告诉父亲他要放弃之前的职业计划，"决定不再继续深造，而是继续完善那个机器"。为了说服"敬爱的父亲大人"他的决定并非草率鲁莽之举，他详细解释了这个机器的使用原理，并总结说："这一业务最终给我带来多大好处，目前还不好说。了解那台机器的人都说，我要发大财了……我的把握大得很，即使有人当面给我1万美金，我也不会转让这个权利，不会放弃这个东西。"不难想象，他的父亲，很可能根本没有他这么兴奋。

随着时间的推移，事实证明，惠特尼的致富道路并不如他所想的那么简单。然而，那项发明对民众的生活、国家、战争与和平产生了巨大的影响。那项发明的价值核心是轧棉机的效率。惠特尼估计，运用那台机器，一个人可以做50人的工作。让他兴奋的是，那台机器不仅能让"劳动力节省50倍"，而且，因为当时几乎没有人从事清理高地棉花的工作，所以，那台机器"不会让任何一个阶层失业"。

事实证明，这是那个世纪最低调的话之一。相反，轧棉机的发明使整个美国南部在数百万黑人的劳动下投入了棉花种植热潮。

* * *

惠特尼前往南方的两年前，南卡罗来纳、北卡罗来纳和佐治亚共生产了3000包棉花，其中相当数量的棉花是像缎子一样光滑的海岛棉花。他发明轧棉机的十年后，棉花的年产量达到13.6万包，重量相当于6800万磅，几乎都是高地棉花。接下来的几年里，这一数字继续大幅增长。

虽然，机器的效率提升作用很快显现了出来，但是惠特尼从这一发明创造中获利的过程却一波三折。在设计制造原型机的几个月里，他申请了美国专利。美国宪法的制定者已经意识到知识产权保护是"科学技术和实用技能进步"的基础。在通过修正案保护言论和宗教自由之前，美国宪法已经将一些职能交给了联邦政府，如铸币、邮政服务和宣战及筹集战争资金，还有用版权和专利保护"写作和发明"。授予专利权，就等于政府正式承认大脑中的想法和抽象理论可以创造财产权。

1793年，在惠特尼申请专利保护时，评估专利的任务落到了美国国务院肩上。值得注意的是，在当时美国人口不到400万的情况下，国务卿托马斯·杰斐逊亲自审核了惠特尼的专利申请。在答复惠特尼的申请时，杰斐逊要求将一个工作机模型寄给他。在第一段回信之后，杰斐逊的语气就激动起来——杰斐逊说，作为一个弗吉尼亚人，他认为将棉籽从棉花中分离的工作是"我们最头疼的问题之一"。接下来，他向惠特尼提出了一系列问题：这一机器是否"彻底试过？""清理了多少棉花的棉籽？""用了多少个人？""每台机器的价格是多少？"。他还说，"对这些问题的正面回答"，将促

第4章 棉花

使自己买一台机器。

和任何创业人士一样，杰斐逊的回信让惠特尼大受鼓舞，因为这位国务卿透露了他想买一台的想法。惠特尼和格林种植园的合作伙伴菲尼亚斯·米勒开始寻找将这一理念变成巨额财富的商业模式。他们想到的一个办法是自己制造和运作这种轧棉机，即建立一个名叫"米勒-惠特尼"的公司，专门帮人清理棉花里的棉籽，保留棉花的三分之一作为利润，将剩余的棉花交给客户或者找人替客户卖掉。多个原因导致这一模式没有成功。它是自身成功的受害者。惠特尼的生产制造能力无法跟上市场对这种机器的庞大需求。这就促使那些即使是"颇受人尊敬的种植园主"也纷纷使用该技术，仿制这种机器——让种植园主坚持不用一种当时已经众人皆知的简单机械原理清除棉籽，是一件很困难的事情。人们一旦掌握了惠特尼用机器清除棉籽的方法，再回到手工方法就是不可想象的。然而，惠特尼并没有将自由签发专利许可作为商业模式的一部分，而是将专利使用权牢牢控制在自己手中，这必然催生了广泛的侵权行为。

惠特尼的战略面临着另一个问题：以他提出的独占方式制造和运作轧棉机，需要投入大量的资金。获得这些资金的一个办法是高息借贷。在通过波士顿的一个朋友寻求资金时，他收到的回复中有一些苛繁的借款条款，来自"被称为'经纪人'的秃鹫（指贪婪者）之一，专门挑那些勤快的人下手"。后来，惠特尼回到康涅狄格州的纽黑文，建立了一个生产轧棉机的工厂。这时候，他收到南卡罗来纳州的合作伙伴寄来的一封封紧张不已的来信，要求在1795年的下一个收获季前生产出"50到100台轧棉机"。然而，这种轧棉机构造简单，任何人只要有适当的工具都可生产，因此技术上的适度改进，就可以绕过惠特尼的专利，生产出竞争性产品。同时，对制造前景担忧的米勒-惠特尼工厂眼前面临着一场大劫。一场意外的大火将惠特尼在纽黑文的工厂夷为平地——他现在不但没有了可以运转的工厂，还背上了 4000 美元的外债。后来，米勒安慰惠特尼说：

> 如果两个正值人生黄金时期，具有创造天分，见过一些世面的勤奋青年人……受不了这种挫折的打击——虽然这一打击很重——那是不应该的。

米勒催促惠特尼立即重建工厂，尽快筹集资金。在最后的忠告里，他还向惠特尼表明在谈判过程中保持信心，不要让对方看出绝望的重要性，因为"赚大钱和破产"之间的界限非常模糊。真是屋漏偏逢连阴雨。伦敦的交易商一再抱怨用米勒-惠特尼工厂的轧棉机加工的棉花杂质多。1796 年，米勒和惠特尼在佐治亚州的业务包含地产和 30 台轧棉机，他们选择了一种无法充分利用其知识产权的商业模式。两人最后不得不以 30% 的利息借了 1000 美元，虽然这笔借款只是因为家庭姻亲关系才拿到手。即使公司派人前往英国去抚慰代理商，并不断完善机器以增加棉花加工纯度，南方的侵权产品仍然大行其道，这说明他们的公司没有真正的竞争优势。

面对财务困境，惠特尼不得不采用最后一个商业模式：法律威胁。打赢了佐治亚州的一个官司之后，米勒-惠特尼工厂调整业务方向，开始专注于发现南方使用惠特尼技术的仿制者，向他们收取专利费。这样，他们实质上放弃了生产轧棉机或自己加工棉花的模式。他们的这种做法遭遇了南方人的抵制。1800 年，这种用简单机器去除棉花籽的技术在佐治亚和南卡罗来纳已经成了人人皆知的常识，使用自己的机器、财产和奴隶将棉花加工到可以销售的程度，居然要给别人支付技术使用费（实质上是一种创意税），这成了一件荒唐的事情。实际上，专利、版权和商标等知识产权的性质，从本质上是在限制其他人复制"受保护"的某物的权利。

第4章 棉花

然而，即使保护知识产权被写入了美国宪法，南方人最初也不愿意遵守联邦法律。

看到向南卡罗来纳的种植园主个人收取许可费明显不可能，米勒和惠特尼想到了另一个方案。他们请求南卡罗来纳州议会同意为全州种植园主使用惠特尼的技术缴纳专利费。"我们不会对这项发明做任何详细的计算，但我们发现，用我们发明的机器，南卡罗来纳公民已经并将会获得数百万美元的收益。如果没有这一发明，他们绝对不会有这么多收益。"米勒-惠特尼工厂要求南卡罗来纳州支付10万美元。1801年，南卡罗来纳州议会通过一项法案，同意向米勒-惠特尼工厂支付5万美元——先支付2万美元，余款分三次付清，每次支付1万美元。这样，该州的所有人都可以使用这种轧棉技术了。这5万美元勉强够惠特尼还清债务。

北卡罗来纳的气候不太适合棉花生产，但这里的技术保护措施却很先进。该州根据棉花重量每年向棉农征收少量轧棉税，扣除征税开支后，剩下的收益归惠特尼所有。田纳西州则根据该州使用中的轧棉机的数量，每台机器征收37美分税款，连续征收四年，作为该州轧棉机专利费的一部分。

然而，不到两年，由于专利冲突，南卡罗来纳州借机不再支付剩余的三笔资金，并向法院起诉，要求归还最初支付的2万美元。虽然他们最终撤销了诉讼，却让人们产生了惠特尼是"重罪犯、骗子和恶棍"的感觉。在这期间，米勒去世了，他没有等到这个问题的满意答复。佐治亚州走得更远。他们认为惠特尼的专利权是北方佬的"敲诈"伎俩。在十年里的大多数时间里，惠特尼的专利费一直是佐治亚法庭存在争议的案件之一。

然而，这个时候，惠特尼全心投身于一个利润更大的风险企业。从1798年开始，他逐渐接受了轧棉机挣不了什么钱这一事实，于是将注意力转向武器生产。依托惠特尼的制造天分和作为轧棉机发明者的声誉，他接到的第一个订单来自美国政府，对方向他支付13.4万美元，订购1万支滑膛枪。他长期渴望的财富最终来自枪支。在惠特尼从枪支上赚钱的过程中，他为整个康涅狄格河流域成为武器制造行业的领导者打下了基础。几十年后，南卡罗来纳州和佐治亚州深切地感受到了北方的这一竞争优势。

* * *

兴奋地收到惠特尼的专利申请七年之后，托马斯·杰斐逊当选美国第三任总统。杰斐逊主导的一次联邦收购戏剧性地提升了美国在全球棉花生产中的地位。上任总统后几个星期，杰斐逊就听到传闻，说西班牙通过秘密条约将其大片北美领地转让给法国。这片领地始于新奥尔良，一直延伸到密西西比河水系所在的大片内陆地区。随着西班牙的秘密土地转让，拿破仑治下的法国将拥有5.3亿英亩的领土，超过当时美国所有州和地区面积的总和。

在接下来的一年，领土转让传言得到了证实。1802年，杰斐逊反复思考美国与大片法国领地接壤的后果。眼下，他关心的是通往新奥尔良的通道，那里是密西西比河汇入墨西哥湾的地方。上游向北远至宾夕法尼亚和纽约州的众多溪流和小河最终都汇入至关重要的密西西比河。杰斐逊决定派詹姆斯·门罗作为特使，与法国进行谈判。到了巴黎之后，门罗找到美国驻法公使罗伯特·R. 利文斯通（Robert R. Livingston），两人一起与法国政府谈判购买新奥尔良和临近地区的问题。杰斐逊事先给了他们1000万美元的上限。然而，门罗和利文斯通惊讶地发现，法国很愿意出售在北美的整个领地。当时，跨洋通信的速度和乘船往来的速度差不多，将会谈消息传回华盛顿需要的时间太长。为了避免拿破仑变卦，美国的这两位谈判人超越了授权范围，原则上同意支付1500万美元，购买从新奥尔

第 4 章　棉花

良向北至加拿大边界，西部以落基山脉的山麓为自然边界的地区。一个多月之后，总统才知道有关这一协议的消息。在 1803 年的剩余时间里，双方最终敲定了协议的所有细节。由此，美国领土扩大了一倍多。

因为当时美国棉花产量的增加刚刚开始，所以很难说杰斐逊或其他人已经预测到了购买路易斯安那对美国经济的影响，但其影响之大超过了所有人的估计。后来的事情主要在地理维度上逐渐展开。情况很快明朗起来，棉花生产和种植没有大规模地向弗吉尼亚和北卡罗来纳发展，而是继续向南方推进。气候是一个因素。另外，经历将近一个半世纪的烟草种植之后，弗吉尼亚的土壤已经十分枯竭。

然而，在劳动力供应方面，弗吉尼亚仍旧是领导者。因为独立战争初期烟草生产的中断和战争之后生产的下降，这里出现了大量闲散劳动力。另外，为了维持奴隶这一财产的价值，奴隶主们同意限制非洲奴隶的进口数量，在一个已经饱和的市场里竞争劳动力的供给。因此，在美国宪法通过后的二十年里，美国禁止新的非洲奴隶继续进入美国。在 1808 年，随着最后一批非洲奴隶船将广告中说的"黄金海岸的上好奴隶""一流的曼丁哥黑人"卸在北美，一个蓬勃的国内奴隶市场诞生了：将过去生产烟草的"上南方"的奴隶卖到新近生产棉花的"下南方"。如果这之前人们曾经可以用绅士时代、家长制或基督文明这样的概念来淡化奴隶的悲惨处境，那么，毫无人情味的棉花经济结束了这一切幻想。

随着惠特尼在那里发明出轧棉机，大规模的棉花生产首先出现在南卡罗来纳州和佐治亚州。19 世纪 20 年代，棉花生产向亚拉巴马州和田纳西州扩展。19 世纪 30 年代，随着南卡罗来纳州和佐治亚州的重要性减弱，密西西比河三角洲（路易斯安那州和密西西比州）的棉花种植户迅速增加。这些棉花都被送到了英国的纱厂和织布厂。19 世纪中期，棉花占美国出口商品的一半以上，成为经济中遥遥领先的部门。不久，美国南方的原棉占据了世界原棉供应总量的 70% 以上，每年产量远超 10 亿磅。

伴随着这一地理纬度方面的变化，马里兰州、弗吉尼亚州、南卡罗来纳州和北卡罗来纳州成为奴隶输出的领先地区。这些州将成千上万奴隶卖到路易斯安那州、亚拉巴马州和密西西比州的棉花种植园。不久，纽约和伦敦的棉花价格与美国南方腹地的奴隶价格产生了明显的关联。然而，在激烈的上等奴隶拍卖会上，这种关系有时候会失效。一个奴隶贩子记录了当时泡沫明显的市场："用棉花的价格来确定奴隶价格的老办法——也就是说，如果棉花是 12 美分，一个黑奴的价格就是 1200 美元；如果棉花价格是 15 美分，那么奴隶价格就是 1500 美元——有时候不管用。"

不过，有一个价格更具预测性。随着不列颠工业将棉花纺成棉纱、将棉纱织成布匹的效率越来越高，布匹的价格连续几十年大幅下降。对全球数百万人来说，偶尔换衣服的奢侈变成了一种能够消费得起的日常行为：工业大生产的效率将心愿变成了基本需求。

第 5 章　蒸汽

在 18 世纪 80 年代，就好像着了魔法一样，约翰·菲奇（John Fitch）的实验船穿梭于特拉华河上下游之间，让旁边帆船上的水手和桨手目瞪口呆。菲奇是一个执着的发明家。他最早发明的模型不是没做大，就是没走远，但是他在蒸汽船方面多年坚持不懈的奔走呼吁让他认识了乔治·华盛顿、本杰明·富兰克林等要人。随着时间的推移，菲奇的那些船越来越完善。投资者提供的资金能够让他制造越来越大的蒸汽船，能够将少量乘客运送到河对岸或在上下游之间做短途航行。船上安装了蒸汽机后，可以在人类历史上第一次实现"随需推进"。

在此之前的人类历史，人们出行仅限于自然有机的模式，依靠水流、风力、畜力或人的双腿。逆流而上是一件尤其耗时耗力的事情。如果迎着湍急的水流逆流而上，船只需要用长杆使劲撑着河床或者由两岸的纤夫吃力地拉上去。因此，美国东部的江河，如哈得孙河、特拉华河和康涅狄格河一直没有得到充分利用。

在人们的传言中，菲奇最初发明的那些东西都很靠谱，引起了州政府的密切注意。为了鼓励菲奇在纽约州尝试经营活动，州议会承诺，如果他能制造出可以长途航行的商业上可行的蒸汽船，他将被授予为期十四年在纽约州垄断运营蒸汽船的特许权。就像詹姆斯国王授予弗吉尼亚公司的特许权引发民众投资新世界的热潮，纽约州授予的垄断经营权为风险项目吸引了民间资本。

但是，菲奇面临着两个相互关联的问题：动力和重量。他必须弄明白，怎样让携带长途航行所需的大量燃料的蒸汽船产生足够的蒸汽动力。燃料（当时用的是干松木）的重量足以影响速度，使得大多数情况下的货物运输不可行。公共马车，即使在颠簸不平的道路上，也能以较低的价格沿着河岸运载乘客。这种蒸汽船缺乏立即投入运营的商业可行性，这意味着没有多少资金可用于正在进行的改进模型的研发。更糟糕的是，由于要筹集更多的资金，菲奇失去了自己的股份。

一文不名的菲奇无法改进蒸汽船，也就无法利用垄断经营权。纽约州撤回了垄断经营权，理由是菲奇"在十年多的期限内，没有尝试执行任何使他获得独占权的计划"。和伊莱·惠特尼不同，菲奇一直没有能够再次振作起来。这位蒸汽船的发明者没有其他能挽回损失的方式。1798年，在挫折产生的深深失望中，菲奇自杀了。

然而，纽约州并没有气馁。从曼哈顿西侧开始，哈得孙河是通往广袤北部地区的主要动脉，那里有着一望无际的农田。早期的移居者，还有后来拖家带口的荷兰人、德国人，持续移居边境地带；不过，从纽约前往奥尔巴尼逆流而上的150英里水路，乘坐帆船的话，需要长达7天时间。这段旅程耗时费钱，通常是为了定居河谷的单程旅行。落后的运输条件对商业和通信的制约，促使纽约州议会想办法鼓励人们开发用于江河航运的蒸汽动力。

后来，该州求助于罗伯特·R. 利文斯通。利文斯通来自纽约的一个名门望族。他在大陆会议上起草《独立宣言》的过程中发挥了

第 5 章 蒸汽

重要作用，而其家族的另一个成员是《独立宣言》的签署人之一。州议会与他签署的独占条款取决于他的表现：如果利文斯通在一年内开发出容量达到 20 吨、逆流航行时速达到 4 英里的蒸汽船，纽约州将为他的风险项目授予二十年的垄断运营权。要维持这二十年的期限，利文斯通必须提供纽约与奥尔巴尼之间的商业运输服务。

在垄断经营权的吸引下，利文斯通开始投资商业蒸汽船的研发工作。这是一个很大的赌博。当时的蒸汽船，不管多重，时速最多勉强达到 4 英里，而且载重量从未有过 20 吨，而这是州议会协议中的要求。从州议会的角度来看，授予垄断经营权不需州财政支付一分钱，但如果成功，即使经营者在一段时间内收取垄断经营的高价，该州的民众和土地所有者的钱袋子还是会受益。

不过，利文斯通没能在一年内开发出符合要求的蒸汽船。为了这个纽约州的宠儿，议会延长了期限。这种失败和延期的模式重复了好几次，尤其是当利文斯通承担了其他职责后：他被任命为美国驻法国公使。这是一个极具战略意义的职位。截止到当时的美国短暂历史，只有托马斯·杰斐逊和本杰明·富兰克林担任过这个职位。1803 年，当利文斯通在与法国谈判购买路易斯安那，显著扩大美国领土并将密西西比河并入美国时，纽约州议会将期限又延长了两年。

利文斯通在法国找到了解决方案。

* * *

作为肖像画家出身的自封的工程师，罗伯特·富尔顿（Robert Fulton）曾有过几种符合纽约议会要求的蒸汽船概念。不过，和富尔顿当时涉及的很多新鲜事物一样，"概念"一直是其中最关键的一个词。时年 36 岁的富尔顿于 1786 年离开美国，后半生在巴黎和伦敦两个城市度过。他在伦敦的赞助人，即著名艺术家本杰明·韦斯特（Benjamin West），曾经鼓励富尔顿做一个优秀的画家和雕刻家。然而，没有在艺术上拿出什么像样的作品，富尔顿将想象力转移到了其他地方。作为一个名副其实的博学之士，他将精力投向科学。他越来越着迷于机械工程，尤其是与水有关的一切技术。无法抑制内心的巨大热情和各种想法，富尔顿积极地与一些思维活跃的美国政治家保持着书信往来。

几年之后，富尔顿离开伦敦前往巴黎。抵达巴黎后，他作画、搞设计和研究哲学，还游说政治人物。在这些活动之余，富尔顿乐此不疲地鼓捣各种与水相关的发明设计，其中包括使用压缩空气的鱼雷和潜水艇。

富尔顿的航海实验让他一度在英法两国海军中间都产生了很好的印象。虽然他的实验最终没有成功，但是引起了另一位知名革新人士的注意；那就是拿破仑。这位法国皇帝的兴趣也没有产生任何结果。另外，富尔顿和他的潜在客户有着不同的动机。富尔顿的主要想法是发明一种火力威猛，让海上战争打不起来的武器。他设想了一些潜艇发射的，让双方意识到一旦使用肯定会一起毁灭的鱼雷，其目的是"终结海上战争"，让海洋远离战争，投入和平和"人道的"海上事业。

连续多年，富尔顿大量投寄书信和设计图给托马斯·杰斐逊等人。他不断游说海军部部长。作为一个致力于终结海战的人，富尔顿似乎在推销武器方面不遗余力。最后，他针对国内和国外海军的推销活动都以失败告终。不过，杰斐逊政府里一位官员的提议让他踌躇满志。

在巴黎担任外交职务时，利文斯通听说这位移居国外的美国人在试验海上武器。1803年，在富尔顿的天赋与实际成就还有相当大距离时，利文斯通的示好及时到来。

有了这位政治家的大力支持，富尔顿将注意力转向蒸汽船。富

第 5 章　蒸汽

尔顿不愧是富尔顿，他对先前人们利用蒸汽做推进动力的大多数方法颇为熟悉。在那之前，大多数方法都会使用螺旋推进器，也就是在船尾安装一个形状像风扇的推进设备——发动机捕获的蒸汽压力驱动螺旋桨，推动船只向前移动。当工程师在考虑其他技术时，往往倾向于适度增加船只的大小。

对于富尔顿来说，微调似乎是错误的方法。根据他在巴黎的所见所闻，富尔顿意识到，解决问题的办法可能是在船只的侧面安装巨大的桨轮，而不是在尾部安装一个螺旋桨。动力、距离、速度和容量等因素必须结合起来才能享受州议会授予利文斯通的垄断经营权。当时，利文斯通已经将富尔顿的名字添加到了特权协议中。船的体积增加意味着需要一个更大的发动机，更大的发动机要燃烧更多的煤炭，而更多的煤炭要增加船的重量。富尔顿得出这一结论时，他的方案需要一个比当时最大的船还要大很多的蒸汽船。关于之前一直被忽视的桨轮，富尔顿谦虚地说："先前的错误不在桨轮，而是忽视了比例、速度和动力，也许还有机械构造。"

利文斯通要求在巴黎工厂定做一个小尺寸的模型。富尔顿照办了。他觉得有了利文斯通的支持，从英国的詹姆斯·瓦特工厂定做一个大型蒸汽发动机运到美国是一个极有前景的事情。离开美国二十年之后，富尔顿回到祖国去实现他的愿望。在美国，富尔顿开始建造一个长 133 英尺、排水量 160 吨的蒸汽船——载重量是纽约议会要求的 8 倍。仅发动机就长 20 英尺，高 7 英尺，宽 8 英尺。这让先前所有的蒸汽船相形见绌。这也是一个巨大的投资赌注。

1807 年 8 月的一个星期一，富尔顿的"北江号"蒸汽船准备试航，前往奥尔巴尼。它停在曼哈顿下城的时候，那里聚集了很多人，看着这艘船从码头缓慢驶离。富尔顿听到"无知的人们"发出的窃笑和"挖苦"。他估计，"全城相信那艘船时速能达到 1 英里或者能派上一点点用场的人，不到 30 个"。那艘船开动之后，冒着黑烟，沿着哈得孙河快速向北方驶去，几分钟后就消失在人们的视线中。试航大获成功。经过32个小时，这艘船抵达奥尔巴尼，逆流航行速度接近每小时5英里。船抵达奥尔巴尼后掉头，在30个小时内回到出发地。

一经证明自己，富尔顿给一位朋友写了一封信。在信中，他没有提及商业上的前景。在那个激动的时刻，他说的是国家的荣耀：

> 在这件事情上投入了大量时间、资金和热情之后，看到夙愿得以实现，我心潮澎湃。如此一来，人们可以通过密西西比河和密苏里河等江河廉价、高效地运输货物。这些大江大河为我们同胞的奋斗进取敞开了宝藏。个人回报固然是一个驱动因素，但想到我们的国家将从这一发明中获得的巨大便利，我就兴奋得不得了。

富尔顿说得没错。没多久，密西西比河、俄亥俄河等各条大河上就有蒸汽船穿梭于上下游之间，运输货物和乘客。同样值得一提的是，在购买路易斯安那的谈判中起到关键作用的利文斯通，在改善该地区交通条件方面也起到了举足轻重的作用。

随着蒸汽船的成功，利文斯通和富尔顿获得了纽约州的垄断经营权，期满时间是1827年。第一年的秋天，"北江号"蒸汽船已经推出了客运价格表，从纽约到奥尔巴尼一天一夜航程的客票价格为7美元。几年内，这一商业项目增加了曼哈顿和沿河其他地点的渡轮服务，并组建和运营了一支船队，有些船只的排水量几乎达到了第一艘蒸汽船的两倍。依托自己的影响力，富尔顿终于在1812年英美战争期间成功地向美国海军推销了某个商品：一艘价值32万美元的"富尔顿一号"蒸汽船。

第 5 章 蒸汽

* * *

两个人的成功都是短暂的。经历了漫长而传奇的政治生涯之后，利文斯通年事已高，于1813年去世。富尔顿比他年轻很多，却死于两年后，享年49岁。他的死讯上了头版新闻，还有表彰死者才华的讣告。他在新泽西州花了一天参与一项对宪法具有重大意义的法律事务，之后便病倒了。眼前的问题是：鉴于北江蒸汽船公司经营纽约航道运输业务的垄断权，那么新泽西的运营者是否因此被禁止从事新泽西州与曼哈顿之间的蒸汽船运输业务？（之所以会产生这个问题，是因为这一运输业务涉及纽约航道。）

当利文斯通在1813年去世时，他的继承人继承了蒸汽船在纽约航道的垄断经营权。几乎所有独立的蒸汽船运营商都是在利文斯通家族的许可下经营，而没有就上述垄断经营权诉诸法律。新泽西州与纽约州共享航道，新加入的新泽西蒸汽船运营者如果要进出纽约航道，需要获得利文斯通家族的许可。

然而，一个叫托马斯·吉本斯（Thomas Gibbons）的人拒绝合作。

吉本斯头脑机敏，爱较真，身材魁梧，先前在萨凡纳经营种植园发了财，最近搬到新泽西。他将自己地产上的一个蒸汽码头租给了邻居阿伦·奥格登（Aaron Ogden），后者起诉利文斯通家族后，获得了经营许可。然而，这两位邻居之间的矛盾达到了白热化，而且吉本斯决定染指蒸汽船营运业务。1817年，60岁的吉本斯打算用简单的决斗方式来解决矛盾，于是他到邻居家约战。但在新泽西，自从时任的美国副总统在决斗中开枪打死这个国家的第一任财政部长，时代已经发生了变化。吉本斯的邻居奥格登是新泽西前任参议员和州长。他没有接受吉本斯的决斗建议，而是派人逮捕了他。

接下来，吉本斯采用了备用方案。他买下了一个小型的二手蒸汽船"斯陶丁格号"，在伊利莎白镇、新泽西和曼哈顿下城之间经营客运服务。吉本斯曾将自己所有的码头租给奥格登那样有经营许可的经营者，这让他获得了一个独特的选择权。但是，吉本斯没有向利文斯通家族申请任何经营许可，就开始了自己的营运业务。

然而，没多久，他就遇到了人手问题。因为"斯陶丁格号"船长的突然辞职，吉本斯被困在纽约码头一筹莫展。这时候，他听说一位23岁的渡船经营人十分可靠和勇敢。年轻的科尼利厄斯·范德比尔特（Cornelius Vanderbilt）将成为终结哈得孙河垄断经营权斗争的关键参与者。后来，高傲自负、没上过什么学的范德比尔特成为美国最有钱的人。当时，他正想办法实现从帆船到蒸汽船的过渡。

范德比尔特出生于工人阶层家庭，其荷兰祖籍可以追溯到1650年。他在史丹顿岛和曼哈顿之间用小型帆船经营运输服务。这种运输属于极耗费精力的纯体力工作，时常要和凛冽的大风、寒冷的河水搏斗。作为一个年轻人，他在性格、体格和职业上都是一名彻底的水手。虽然范德比尔特靠经营自己的渡船有着不错的收入，也攒了不少钱，但是这些收入在很大程度上与他个人的体力劳动挂钩。看着河面上崭新光鲜、很少受恶劣天气影响的蒸汽船，他感觉到依靠风力的帆船很快就会被蒸汽船取代。然而，他自己无力进入资金密集型的蒸汽船业务。

受吉本斯的邀请，范德比尔特担任了"斯陶丁格号"船长，他原打算只是临时从事这一工作。然而，吉本斯给很少佩服别人的范德比尔特留下了极深的印象。后者在晚年的回忆中评价那位雇主，说他是"我认识的意志最坚定的人"，这是商界强硬思维的极高荣誉。吉本斯打算在接下来的季节里再下水一条船，即"贝娄娜号"。为了留住范德比尔特，吉本斯同意每月向这位年轻的船长支付60美元的薪水，另加船上酒吧营业利润的一半。对于范德比尔特来说，另外一个好处是，他可以目睹一个诉讼和论辩方面的高手如何公然藐视纽约法律。当然，这种"个别辅导"迟早会派上用场。

第 5 章 蒸汽

除了称霸蒸汽船航运业务的野心外，当时吉本斯已 60 岁，腰缠万贯，他似乎在成功捍卫荣誉的极度兴奋中有着发自内心的满足。如果当初他的对手奥格登同意用手枪决斗的话，就不会有后来在法庭和市场上的斗争。在经营过程中，吉本斯的收费比奥格登等其他获得许可的竞争对手低很多，因为他没有许可成本。不难预测，吉本斯因为违反利文斯通的垄断经营权而被起诉——纽约法庭立即发布禁令，禁止"贝娄娜号"继续运营。吉本斯自己就接受过律师方面的训练，早已料到这个结果。他听从了前任副总统阿伦·伯尔（Aaron Burr）的明智建议，计划上诉。上诉方案的核心是让法院认定纽约州针对水路授予的垄断经营权违宪。要做到这一点，他援引一项联邦法案，获得了一份在美国所有航道航行的许可。凭借这份许可，吉本斯想要推翻利文斯通的垄断经营权，让联邦的权威与纽约州的权威相抗衡。

接下来，吉本斯在另一位口才颇佳、对这类诉讼很有经验的律师丹尼尔·韦伯斯特（Daniel Webster）的帮助下，向联邦法院起诉奥格登。韦伯斯特认为，州议会授予的蒸汽船垄断经营权违反了美国宪法的商业条款。1824 年，美国最高法院做出裁决，年迈的吉本斯胜诉。"吉本斯诉奥格登"一案成为确定只有联邦政府有权规范州际商业的标志性案例。法庭裁定，连接各州的航道和公路都属于这一范畴。垄断授权时代结束了。实际上，来自萨凡纳的种植园主、土生土长的南方人吉本斯让法律确定，在州际商业方面，联邦权力高于各州的权力。

* * *

然而，法庭这一裁决的最终受益者是吉本斯那位性格暴躁的船长。导致约翰·菲奇吞下一瓶鸦片药丸的挫败感，富尔顿和利文斯通去世前短暂的荣耀，吉本斯援引宪法打破航道垄断的天赋，以及上溯到18世纪80年代的无数投资者和理论家，共同成就了美国历史上最伟大的资本家之一。他不是科学家，也不是工程师；他既不懂法律，也不关心国家大事。范德比尔特的贡献是他的商业取向。"是一个真正懂市场的人，"他的传记作者T. J. 斯泰尔斯（T. J. Stiles）说，"规则、地位和传统的社会关系，这些他都毫无兴趣。只有能力才能赢得他的尊重。每一笔不大不小的投资、每一点法律知识的积累和每一次经商经验的获得，都能让他感到自己能力的增加。"

首先，范德比尔特具有本杰明·富兰克林在《致富之路》中倡导的各种各样的节俭习惯，虽然他很可能没有读过那本书的一个字。范德比尔特拼命攒钱。虽然薪水不菲，加上船上酒吧的利润丰厚，但他给家人提供的食宿条件非常一般。不久，他们举家搬到一个大宅里，这处住宅兼做小客栈，供"贝娄娜号"蒸汽船上下来的乘客临时住宿。小客栈的名称为"贝娄娜府"（Bellona Hall）。范德比尔特的妻子索菲亚在经营客栈的同时，照料着越来越多的儿女。她总共生了14个孩子。有人说，范德比尔特几乎都住在船上，不知疲倦地干活；"贝娄娜府"的收入则用在了家庭开销上。

节俭的生活——甚至当吉本斯给范德比尔特增加了利润分成后也是如此——为他日后的发达奠定了基础。1826年吉本斯去世时，他的儿子继承了船队。威廉·吉本斯（William Gibbons）没有继续让范德比尔特给他打工，而是以固定租金将"贝娄娜号"租给他，并交给他一条航线。33岁时，范德比尔特用多年积攒下的钱找人建造了"公民号"蒸汽船。"公民号"采用了当时盛行的舷侧桨轮。虽然这艘船比富尔顿的第一艘船小，但这是在他第一次见到托马斯·吉本斯整整十一年之后属于自己的第一艘船。当年，他欣然放弃了自己的生意，进入了一个依靠一己之力无法负担的领域。他

第 5 章 蒸汽

现在可以独立经营了——虽然有副业，但那只是对他日常经营活动的辅助。一年后，年轻的吉本斯将资产卖给了他人，范德比尔特就此摆脱了与过去的所有联系。

在接下来的十年里，蒸汽船运输在路线和乘客数量方面都有了长足发展。范德比尔特的节俭让他坚持永久低价策略。在这个基础上，他采用了一种简单粗暴的竞争方式。一旦他进入某个航线，他就会在竞争对手价格的基础上降价 50% 甚至 75%。他将自己使用了三年的第一艘船"公民号"以 3 万美元的价格卖掉；买方之所以买下那艘船，完全是为了避免和他打价格战。他联合多个公共马车运营者，建立了一个名叫"调度线"的公司，并花了 1.5 万美元将旧的"贝娄娜号"买了下来，专门经营费城和曼哈顿岛对面港口之间的运输业务。这个过程重复了好几次：进入一个市场，将价格降到另竞争对手痛苦的程度，然后高价卖船退出。有时候，范德比尔特在一条路线上开展运输业务时，竞争对手就不敢进来。

在所有这些经营活动中，范德比尔特将自己塑造为一个反垄断者。他看不起那些出身优渥却没有竞争能力的人，就像他们看不起他生猛的"掠食"行为，认为他的行为令人不齿。他一度披上了社会正义的外衣，在广告中打出"人民航运公司——为了纽约民众——打破垄断"，将奥尔巴尼到纽约的价格降到 3 美元。没出几个月，被他指控垄断经营的那家公司向他支付了 10 万美元，并答应每年支付 5000 美元，以换取"人民航运公司"的停运。

实际上，在曼哈顿岛与大陆间架起桥之前，要进入这座重要性迅速增加的城市，只能依靠渡船。靠着岛屿周围的水域，范德比尔特赚取了他人生的第一桶金，做好准备面对即将到来的新威胁。

第6章　运河

蒸汽船征服了美国的江河之后，还有一个地理要素严重阻碍着美国经济的发展。阿巴拉契亚山脉斜贯东部大多数早期殖民地，包括纽约、宾夕法尼亚、马里兰、弗吉尼亚、北卡罗来纳、南卡罗来纳和佐治亚，使得东海岸地区一边被山脉阻隔，另一边被大西洋隔断。这条山脉以西地区很大程度上是人迹罕至、人烟稀少的边疆地区。

随着蒸汽船的快速应用，水上运输成本大幅下降，仅是陆运成本的一小部分。在陆地上，马匹、牛和人消耗的巨大体力，加上高低不平的路面，让陆路运输成为一件耗时耗力、成本高昂的事情。即使道路平坦，如果是好几匹马拉车的话，马车每次也只能拉运数吨货物。穿越山脉几乎不可能。因此，纽约和宾夕法尼亚等州东西部之间的陆上商业来往是不存在的。即使内陆产品（主要是谷物或容易腐烂的农作物）能够穿山越岭运到东部，重量产生的运输成本和路上造成的腐烂也会让这些货物被沿海市场所淘汰。走水路，情况会好得多。

第 6 章　运河

现在，蒸汽船使水上运输成为可能，这意味着密西西比河流域的经济可以获得迅速发展。但同时，这也让东部各州处于一个明显的两难境地。把货物从匹兹堡运到新奥尔良，比运到同在一州的费城，成本还要低。阿勒格尼河从纽约州西部的发源地向南流淌，因此，从理论上说，内陆的谷物可以顺流而下抵达匹兹堡，在那里这条河流与莫农加希拉河交汇形成俄亥俄河；俄亥俄河一路浩荡，汇入密西西比河，最终注入墨西哥湾。这意味着，五大湖周边地区与美国南部的商业联系比与大西洋沿岸各州的联系更为密切。然而，东部地区有着数百万人口。如果能找到一个从西部地区轻松进入东部海港的通道，就意味着新的商业机会。对于在交通不便的西部拥有大片土地的投机者来说，交通的改善意味着数百万英亩土地价值的飙升。这种交通不便不仅阻碍经济发展，还意味着隔阂。对于一个年轻的国家，尤其是一个由几乎独立的各州组成的共和国来说，这种地理上的隔阂意味着脆弱的政治联合随时可能发生分裂。

打通美国内陆通道的关键是制订和实施一个规模宏大的建设方案，虽然过去多次失败，但这一方案不断有人提起。这一方案的潜力甚至一度让美国最伟大的人物乔治·华盛顿心驰神往，之后又陷入困境，无计可施。在英国承认美国独立的《巴黎条约》签订不久，华盛顿将军希望回到一名普通公民的生活中去。他的需求一下子变得很现实：他需要多赚一些钱，弥补多年来因为指挥大陆军而耽误的收入。不久，一个方案让他很是着迷。独立战争爆发很久之前，华盛顿在俄亥俄谷地买下了数万英亩地产用于投机生意，这些地区就是今天的西弗吉尼亚，俄亥俄河短暂流经这里后向西折去。华盛顿在 1785 年计划建一条连接波托马克河与俄亥俄河水系的运河。

运河实际上就是一条连接两大天然水系的狭窄人工渠。通过它，人们可以将乘客或货物从一个水系运到另一个水系。华盛顿修建运河的目的是建设一条从西部领土到大西洋的水路，经过华盛顿弗农山庄后院的波托马克河是这一项目最后的连接管道。运河建成后，华盛顿热爱的弗吉尼亚将成为人们进入美国广阔内陆最重要的门户。

为了实现这一设想，弗吉尼亚州和马里兰州的议会在华盛顿的积极呼吁和支持下，联合成立了波托马克公司。华盛顿将军被任命为该公司的负责人。成立文件中说，为了感谢华盛顿对国家的贡献，也是为了"永久纪念他的荣耀"，弗吉尼亚州议会打算将出售给个人投资者的500股股票中的50股赠予华盛顿。运河建成之后，众多船只的通行费就会变成该公司及其投资者的个人收益。弗吉尼亚州和马里兰州可以从水上货物运输带来的商业机会中获得社会效益。同时，将运河建设任务完全交给一个私人实体意味着不必动用公共资金。

如果俄亥俄河谷地那片土地价值大幅上升，华盛顿肯定会受益。然而，考虑到他的社会地位，华盛顿不愿意让人们认为他修建运河是为了个人利益，因此当弗吉尼亚州通过法律，授予他50股时，他表现得很犹豫。他提出，如果他愿意的话，以后可以将这些股份遗赠给某个带有公共性质的事业；这样，他就可以在拥有这些股份的同时保持一种超越物质利益的体面。考虑到那50股与其他人每股花444美元认购的股份属于同一性质，因此，华盛顿所拥有的这些股份的名义价值为2.2万美元。

如果波托马克公司成功地开挖连接俄亥俄河与波托马克河之间运河的话，它将成为当时美国历史上最大的民间项目。所有应具备的条件似乎都具备了。詹姆斯·麦迪逊和托马斯·杰斐逊都支持波托马克公司，看好公司对未来弗吉尼亚经济的推动作用。切萨皮克湾两边马里兰州和弗吉尼亚州的富有种植园主希望这一规模宏大的改造项目能够让他们恢复往日烟草经济的辉煌。波托马克公司的负责人既是美国最伟大的英雄，也是一位蜚声国际的名人。劳动力成

第 6 章　运河

本很低——烟草种植园里数千奴隶正好没事可做。如果当时有民间资本愿意承担大规模基础设施项目的话，波托马克公司的条件将再理想不过。

然而，结果并没有让人们如愿。波托马克公司在最后关头出了问题。公司发起人最初的设想是，除了初期投资，该合资企业还需要筹集持续资金来完成建设。当时的通行做法是通过股份认购方式成立公司，因此投资者承诺认购股份时，需要预先缴付一部分资金，余款等到公司通知时缴清。然而，那些认购人在缴纳了预付资金后改变了主意。弗吉尼亚和马里兰的议会不得不一再颁布法律，处罚那些没有如期缴付剩余认购款的投资者。到 1789 年，华盛顿将军个人取得巨大商业成功的机会已经过去——他被选为美国总统。波托马克公司最终没有完成使命。

* * *

在担任总统期间，华盛顿收到了年轻的罗伯特·富尔顿的来信——似乎所有能够接触国家预算或军队预算的人都收到过他的来信。在富尔顿因为商用蒸汽船声名鹊起之前，他还一度着迷于开挖运河。1796 年，身在伦敦的他发表了一篇长达 100 多页的宣言，标题是《关于改良运河航运的论述》。自诩"土木工程师"的富尔顿在文章中详细论述了多个国家的地理地貌，欧洲各国和中国长达数个世纪的运河挖掘史和交通便利的经济优势，以及大规模运河运行所需的闸门系统的各种技术细节。文章中的表格详细列出了公路运输的单位成本和运河运输的预计成本。

然而，在最后的篇幅里，富尔顿给祖国提出了一些具体建议。他建议当时的宾夕法尼亚州州长托马斯·米夫林（Thomas Mifflin）在美国开挖一条大型运河。在提出蒸汽船概念的数年前，他就呼吁开挖一条排水量 20 吨以上的大型船只可以通过的大运河。他的理由是，对于运河来说，通行小船和大船的成本是一样的。如果运河的设计目标是通行大型船只，那么，虽然最初的建设投入会更大，但运输每吨货物的长期成本会低得多。上述文章让读者们毫不怀疑富尔顿缜密的思维和广博的知识面，但他们针对富尔顿有关实用性和单位成本的看法，提出了很多问题。

华盛顿总统收到这篇文章后，写信给富尔顿，承认其逻辑的合理性。作为回应，在华盛顿总统任期的最后几个月里，富尔顿在一封写给"乔治·华盛顿阁下"的信中郑重地说，如果每个州积极采用他的想法，那么"不出一个世纪，美国各州每一英亩土地"都能享受到"水上运输的便利"。

在那封信的开篇处，富尔顿呼吁开挖一条人类历史上最长的运河：长度约 360 英里连接费城与匹兹堡的运河，正好穿过宾夕法尼亚中心地带。当时，除了华盛顿等极少数曾经花费数年做过类似尝试的人之外，其他绝大多数人肯定认为这个想法荒谬不堪。

开掘长距离运河面临的一个重大挑战就是高山。除非牺牲效率迂回蜿蜒数英里，否则必须翻山越岭。将位于同样海拔的两个水系连接在一起，道理上很简单，挖一条水沟就行。然而，要穿过山脉，将两个海拔相差数百英尺的水系连接在一起，就完全不是这么回事了。另外，位于海拔较高地区的水源必须足够充沛，才能在河道中保持适航流量。

在美国，长几百英尺到一两英里的小型运河一直存在，但是这些小型运河大都是为了提高现有水道的效率，或是为了绕过某个瀑布或其他障碍物。这些小运河的开掘无法实现当年华盛顿或富尔顿关于连接广阔西部地区与大西洋的愿景。然而，1805 年，在杰斐逊担任总统期间，联邦政府开始认真考虑为大型建设项目提供资金。杰斐逊一般不喜欢将联邦的意志强加给各州，但他亲眼看到，即使

第 6 章 运河

在很有利的情况下，民间投资对于大规模基础设施——所谓的公共设施建设——来说也不完全靠得住。还有另一个原因让杰斐逊考虑联邦出资。当时联邦政府将土地卖给民众和私营公司而获得了大量的预算盈余。在杰斐逊看来，将这些盈余用于让联邦受益的公共建设项目是一件明智的事情。

他指示财政部长艾伯特·加勒廷（Albert Gallatin）制订一个方案。加勒廷在报告里提出的论点此后一直成为美国基础设施支出的基本原理。他认为，虽然一些基础设施项目建成后的收入无法抵消其直接建设成本，但是这些项目可以给广大消费者、农民、制造企业、出口商和城市，以及整个国家带来莫大收益。他还认为，如果任由每个州和社区计划和实施相互排斥的基础设施项目，必然会损害整个国民经济的凝聚力。这种凝聚力只能通过联邦政府的全盘规划来保证。

依托上述考虑，加勒廷呼吁全美各州积极建设大型运河和公路。他提出建设多条长约 20 英里，每英里开掘成本为 2 万美元的运河，并为这些项目提供预算。为了做到对各州公平，联邦政府尽量按照统一的比例分配公共工程。不过，加勒廷发现，开掘数百英里长，连接西部江河与大西洋的运河根本不现实。即使能做到的话，这条大型运河应该建在哪个州？在早期的美国，联邦政府只资助一个州开掘这种大运河而将其他各州排斥在外的做法在政治上肯定行不通，因为这有悖于各州平等的合众国理念。因此，开掘大运河的设想就此搁浅。

* * *

1807 年的一个夏日，就在利文斯通和富尔顿的"北江号"蒸汽船让批评者大感意外、蒸汽船时代到来的前夕，杰西·霍利（Jesse Hawley）被送到数百英里之外位于纽约州西部一个小镇的债务人监狱里。霍利是一个谷物贸易商，因为合作伙伴的原因遇到财务问题。面对债务，他选择了跑路。他最终被人找到，因为无力偿还那笔债务，被判入狱服刑。这件事发生在创业者可以不经特殊许可自由成立有限责任公司之前。狱中的霍利有大把富余时间，他决定在当地的《杰纳西信使报》上发表几篇文章。霍利明白自己作为一个囚犯没有说服力，于是他采用了笔名"大力神"。从1807年秋开始的6个月里，大力神发表了一系列文章，详细阐述了开掘一条贯穿纽约州的运河的想法。

利用荷兰土地公司的地图和自己的想象，霍利详细论述了开掘一条起于伊利湖止于奥尔巴尼的运河的可行性，并且深入分析了途中各个地点之间的距离和沿途海拔高度的变化。在他发表的第一篇文章里，他承认"这一工程规模浩大，民间资本无法承受"。接下来，他呼吁联邦政府能够提供资金："一般来说，政府的目标是保护民众，但它能否做一些其他事情？"霍利预测，运河建成之后，大量货物可以实现自由运输，大片肥沃土地可以得到开发，当前陆地运输占用的大量畜力和人力可以被解放出来用于农耕。

与先前华盛顿和富尔顿的愿景相比，这位"大力神"提出的运河设想可以将整个五大湖与纽约市和大西洋连接起来。在后来的每篇文章里，他的语气更加坚定，论述更为详细。需要指出的是，他那些以笔名撰写的文章提出的观点产生了巨大影响，打动了纽约州的政治掮客们。数年之后，纽约市长和未来州长等人回忆说，霍利在《杰纳西信使报》的专栏文章让他们第一次听到那个想法。

两股力量为这个想法提供了最初的动力。那个夏天，蒸汽船试航的成功给纽约民众带来了一种莫大的新希望，并且当时的纽约政界期待联邦能够提供资金。但一位杰出的弗吉尼亚人提出反对意见。杰斐逊认为，穿越荒野地带"开掘一条350英里长的运河"，这"简直是疯了"。另外，杰斐逊还指出，即使是华盛顿也没有

第 6 章　运河　　　　　　　　　　　　　　　　　　　　　　　　　　077

从众多投资者中筹集到区区 20 万美元——民间投资者的冷淡也证明了这个想法的无效——而这位没有什么学术背景的"大力神"估算成本（那个数字成了用来衡量运河成本的基准数额）将达到荒谬的 600 万美元。

纽约州没有被困难吓倒，下决心开掘运河，但这个过程需要投入数年时间。政界人士德威特·克林顿（DeWitt Clinton）大力支持纽约州的这个设想。克林顿是纽约市长，曾担任美国参议员，并出身名门望族。他意识到了运河对自己城市财政产生的影响，认为运河将成为进入整个美国西北部最重要的通道，于是呼吁纽约州议会批准这一项目。不难预测，他遇到了政治对手的反对。

然而，人们的热情已经起来。纽约州西部大片土地的拥有者们，包括荷兰土地公司和西部内陆公司在内，预测到运河建成后西部地价飙升的局面，自然而然地表达了对开掘运河的强烈兴趣。享受着蒸汽船垄断经营声望和财富的利文斯通和富尔顿，意识到运河建成后奥尔巴尼（哈得孙河河边城市，当时拟建运河的终点）与曼哈顿之间蒸汽船数量增加后的价值，生前也全力支持运河的修建。农民看到的则是便利的水路航运带来的巨大市场潜力。

克林顿游说州议会多次失败。报纸对运河开掘计划的庞大支出和不切实际冷嘲热讽。纽约各地的利益集团需要得到抚慰、游说和联合。大家争论的基本问题是修建运河的资金从哪里来。后来，人们发现，运河的修建费用很接近霍利（大力神）在监狱里预测的数字。要全面了解克林顿建议纽约州承担的 600 多万美元的运河修建费用，需要知道这一事实：1811 年，整个联邦政府的预算是 800 万美元。但这时候，克林顿的影响力有所上升，1816 年，他当选为纽约州州长。上任伊始，他就将修建伊利运河列为他的首要目标。

不过，同马里兰州和弗吉尼亚州不同，克林顿领导下的纽约州将运河作为公共项目来实施。虽然他们排除了运河私有的可能性，但没有排除民间筹资。为了筹集资金，纽约州成立了"运河基金"，通过向个人投资者出售公共债券来筹资。债券持有者将有权从运河基金获得利息。基金的利息收入来自向运河来往船只征收的通行费。在克林顿任职的第一年，州议会通过了这一法案。

1817年7月4日，长约363英里的运河项目开工了。

* * *

计划是从伊利湖一直挖到奥尔巴尼。该项目依赖于一系列船闸，下方的闸门控制航道的灌水和泄水，这样船只可以逐渐进入纽约州另一端的哈得孙河。运河的修建动用了数千工人。华盛顿之前倡议的通往俄亥俄河的运河本打算靠奴隶挖掘，而纽约使用了成本很低的新方式——炸药。山体爆破用的是特拉华州杜邦公司生产的炸药，这是杜邦公司成立后最初六十年里的唯一产品。

修建运河还需要一种工具。除了从荷兰土地公司等企业手中购买数万英亩的土地，纽约州政府还授权运河开掘委员会行使"征地权"，州政府可以为了公共建设需要，强迫个人将土地卖给政府。实际上，如果修建运河是私人项目的话，个人土地所有者会被迫将土地卖给私人公司，这种交易不如卖给公共实体"政治正确"。规划部门预测，项目竣工后，每年来往于运河水面的船只总排水量为50万吨。如果按照每吨2.5美元的标准征收通行费，每年总收入有望达到125万美元。

为了筹集资金，纽约多家经纪公司向国内富有个人、海外投资者和储蓄银行兜售伊利运河债券。这样，该项目变成为了实现收入流这一具体目标而筹资的最早公共项目之一；该项目发行的债券就是当代金融术语所称的"收入债券"。经过八年的修建，该项目的负债总额达到780万美元。

第6章 运河

但伊利运河在修建时是分段开放使用的。被使用的每一段运河都可以立即验证它作为经济推动器的价值。每一段运河投入使用后，来往船只数量立即大幅增加。当1825年整条运河投入使用后，通行费收入大大超过了所有人的预期。最初预期的二十年内每年的货物运输量为50万吨，事实上不到十年就超过了这一数字。在伊利运河投入使用的二十年内，每年的货物运输量超过了100万吨。

运河对经济的影响一下子明显起来。克利夫兰的货物在数天内就可以运达纽约。船只完全可以从纽约经五大湖的水路抵达芝加哥。现在，依托新奥尔良旁边的密西西比河，美国大片地区可以通过水路抵达。伊利运河财务上的成功，引发了很多州的运河热，因为他们看到纽约州没有在运河上花费任何费用——通行费足以支付债券——却切实地提振了州经济，并降低了粮食价格。伊利运河因此成为公共基础设施的成功范例。

为了效仿纽约州的成功经验，运河成了各州政府和私营企业竞相上马的项目。马里兰州要开掘连接切萨皮克湾和特拉华河之间的运河。1826年，宾夕法尼亚州开始修建运河，希望比纽约州更进一步，修建一条通往匹兹堡的运河。这是一条水陆联运通路，名为"主干线"，中间包括收费公路、穿越山脉的隧道以及其他路段。除了纽约州之外，运河热的影响最集中地体现在俄亥俄河沿线。这条河形成了三个州的南部边界：俄亥俄州、印第安纳州和伊利诺伊州。在北部，这三个州可以进入密歇根湖或伊利湖。在俄亥俄州，依托北部的伊利湖和南部的俄亥俄河，无数运河形成的内部动脉打通了整个州。俄亥俄-伊利运河从克利夫兰开始，向南与俄亥俄河联系在一起，全长350英里。另外，迈阿密-伊利运河打通了托莱多与辛辛那提的水上运输通路。有了这两条连接伊利湖与俄亥俄河的南北运河，乔治·华盛顿和他的同僚们在八十多年前投资的俄亥俄谷地迅速升值。到1840年时，毗邻密歇根湖的印第安纳州的情况也与俄亥俄州的差不多了。先前数百万英亩无法进入的地方，现在十几英里内就可以找到水运码头。

在农耕社会里，美国当时就处于这个时期，决定土地内在价值的因素就是农作物的收益，即能结出多少果实，能卖多少钱。在很长的一段时间里，第二个问题的答案是有限的，因为地里的产出很难运出去。那个时候，土地到处都是，但效用很差。现在，随着外面人口的大批迁入，耕种大片土地意味着经济机会的显著增加。对于年轻男子及其家人来说，只要愿意搬家，肥沃的土地仍然很廉价。很多美国人是在美国没有亲属的新移民，因此对他们来说，迁徙是一件相对很容易的事情。随着蒸汽船沿着天然水道航行，美国西北部人口从1810年的29.2万增加到1820年的85.9万。到1830年，西北部人口翻了一番，达到160万。十年后，人口又增加了一倍，达到330万。运河让西部与外部世界联系起来。

对于纽约市，有了成功发行伊利债券的成功先例，其他运河、基础设施项目和州政府以及联邦政府的债券开始通过其不断增长的银行发行，最终将纽约市打造成为美国领先的资本市场。作为一个航运港，大量的人员和货物在这座城市与美国内陆之间流动，纽约经济发展的轨迹让费城和波士顿这两个竞争中心难以望其项背。到1850年，美国两个最重要的港口城市是纽约和新奥尔良。纽约依靠的是其商品和行业的多样性；而新奥尔良依靠的是位于密西西比河口的绝佳位置和源源不断的棉花供应。不过，不同于自然形成的棉花经济，从蒸汽船到运河，纽约塑造的现代经济是多年政府干预的受益者。

第 7 章　铁路

　　事实证明，虽然运河造价很高，但它却成了一个既至关重要又只盛行一时的商业通道：它的支配地位只持续了不到一代人的时间。虽然富尔顿的"水上运输"设想在全美各地成了现实，但是他却没有预测到工业革命以新发明颠覆先前发明的趋势，甚至他发明的蒸汽船也逐渐被新生事物取代。那个世纪似乎成了资本主义的"文艺复兴"时代——知识扩张的紧密压缩时代，只是这些知识的应用更加辛苦、更加肮脏，也更加实用。这一革命的目标，正如1776年亚当·斯密所说，是"生产的大幅增加"，最终会促成"普遍富裕"，甚至触及"最底层民众"。

　　这一"大幅增加"发轫于蒸汽动力，而蒸汽动力的产生往往开始于煤炭。英国的工业化先于美国几十年，对廉价煤炭的需求在18世纪晚期推动了大西洋两岸的创新。虽然当时英国的煤矿在全负荷运转，但运输成本成了一个很大的障碍。始于煤矿的运输大都是马车拉着煤炭驶过经常是泥泞不堪的土路。人们最初想到的好办法是轨道。为了避免遇到意外路况，赶车人将木轨铺在路面，马车就可以省力很多，运输效率由此得以提升。之后，人们慢慢改进木轨，常在上面固定一层铁皮，好让轨道更加光滑，让马车移动速度更快。为了保持轨道的稳定和固定其位置，人们在木轨下面的地面上放置了与轨道垂直的原木。不久，马匹拉的"火车"成了煤矿向附近码头或工厂运送煤炭最高效的运输方式。

人们继续琢磨更好的解决方案。煤炭为现代工业的蒸汽机提供动力，然而煤炭的轨道运输却要依赖畜力。煤矿主开始考虑使用蒸汽机来牵引车厢的可能性。和蒸汽船一样，这里需要克服的主要障碍是功率-重量比。虽然船上蒸汽机的重量不再妨碍船只的自我推动，然而，即使将当时功率最大的蒸汽机用在陆地车辆上，也无法克服车辆的惯性。工程师们尝试了混合方法，如马拉与蒸汽机推动相结合的方式。每一次尝试都会促使方案的些许调整和改进，最终诞生了能够在覆盖着铁皮的轨道上推动自己前行的蒸汽机车。在首次取得突破后的短短几年里，"铁马"就能够以将近 30 英里的时速行驶在英国农村。截止到那时，人类在陆地上所能达到的最快速度，也就是一匹优秀的赛马驰骋的速度。

在英国，铁路发展是为了服务于工业，主要用于将煤炭这一工业革命的燃料运到纺织厂。在工业化前的美国，在这个运河系统刚刚打通了广阔农田的农业国家，铁路的影响更为显著。在这里，铁路成为工业资本主义的催化剂，运输系统本身成了这个国家的第一大产业。在这一循环中，铁路很快成为煤炭最大的使用者。

铁路是经过一系列实验才进入美国的。其中一个实验开始于 1828 年 7 月 4 日，地点是巴尔的摩。一些商人积极铺设铁轨，以跟上临近运河的建设步伐。按计划，"巴尔的摩-俄亥俄铁路"从巴尔的摩港一直延伸到俄亥俄河畔的一个城镇。巴尔的摩-俄亥俄铁路公司最初是一家公私合营企业，是服务于公共福祉的营利性企业。马里兰州对该铁路非常重视，因为其竞争对手宾夕法尼亚州正在建

第7章 铁路

设一个庞大的运河系统。为了启动这个项目,这家铁路公司发行股票筹集150万美元,马里兰州和巴尔的摩市各认购50万美元,私人投资者认购剩余股票。不过,巴尔的摩-俄亥俄铁路公司在承诺铺设数百英里铁轨时,打算用马匹来提供"马力"。

在巴尔的摩-俄亥俄铁路开始铺设铁轨之际,还没有一个蒸汽机车曾在美国本土运行成功过。第二年,特拉华-哈得孙运河公司的一次实验就极不协调地发生了这种情况。看到一小段铁路就可以代替迂回的运河,这家运河公司从英国订购了一台蒸汽机车。由工程师霍雷肖·艾伦(Horatio Allen)驾驶的这辆"斯陶尔布里奇雄狮号"在其首次运行中似乎进展顺利,直到一座桥上的木制轨道在7吨重的机车下发出开裂的声音,并开始晃动。虽然蒸汽机车返回了,但这是它的第一次也是唯一一次运行。

后来,霍雷肖·艾伦辗转南下,前往南卡罗来纳。为了推动佐治亚和本州内陆棉花运往查尔斯顿的港口,南卡罗来纳批准成立查尔斯顿-汉堡公司。1830年,查尔斯顿-汉堡公司委托纽约西点铸造厂生产第一台美国制造的火车机车。这台机车被命名为"挚友号"。首次亮相,这台时速达到35英里的机车就吸引了200位股东和政府官员,让这些政要第一次感受到了火车令人振奋的未来。那条南方铁路正式成为美国第一条由蒸汽机车做牵引动力的铁路。查尔斯顿-汉堡公司不断延长轨道,最终达到136英里,一度成为世界最长的铁路。但拥有密西西比三角洲最肥沃棉田的南方,对庞大的铁路网并没有什么迫切需求,因为那里最主要的经济作物可以沿着大河顺流而下,到达新奥尔良,然后漂洋过海。虽然查尔斯顿在铺设铁路方面做了开创性的工作,但是棉花运输便利的地理条件让铁路对于南方经济的重要性大打折扣。

＊ ＊ ＊

虽然火车机车的优势很明显（首先是速度快），但是美国铁路行业的发展还是花了一些时间。在北方，这一努力因为另一个原因而停滞：正如之后被人们所认识的那样，运河热继续占用了金融市场上用于基础设施或内部改善的大量投机性债券资金。为了效仿纽约州在伊利运河的成功，各州政府为价值数百万美元的运河债券提供了担保。另外，在火车机车制造方面，美国落后英国很多——直到1830年推出"挚友号"才标志着美国火车机车制造的开始。最后，与英国相比，19世纪30年代的美国铸铁技术也相当落后。然而，英国正处于铁路大发展的时期，因此从英国进口钢铁一度成本高昂。所有上述因素结合在一起，让美国的铁路建设在19世纪30年代大部分时间里不温不火。到1837年，美国的铁路总里程不到1500英里。如果按照每英里2万美元来计算修建成本的话，仅仅铁轨铺设就花了3000万美元——看起来很可观，但只是运河投资的一小部分。

在19世纪30年代早期，虽然在少数人看来形势非常明朗——他们看到这一"铁马"在陆地上的奔驰时速达到30、40甚至60英里，但是，开始于20年代的那些运河项目一旦开始就无法停下来。另外，因为州政府为运河债券的偿还提供了担保，赞助与运河竞争的铁路就会显著减少在建运河项目未来的收益。虽然一些运河，比如伊利运河和俄亥俄州的很多运河，在航运意义上非常重要，但后来上马的很多项目完全是出于狭隘的竞争需要。最后修建的运河在投入使用之际就已经过时了。

铁路的一些重要影响发生在铁路建设工作之外。19世纪30年代，铁路的崛起催生了公司制度的第一次广泛应用。在19世纪初期，建立公司意味着从州议会那里获得载有具体经营目标的特许状。一般来说，州议会只授予基础设施、银行和保险三个领域的特许状。

第7章 铁路

如同早先开拓新世界的那些风险项目，公司制度可以保护被动型投资者，让他们免于承担企业潜在的债务。公司制度的这种特点又反过来促进了广泛和可转让的持股。如果股票持有者要对企业的历史债务或行为承担无限责任的话，这种股票就很难转让。因此，州议会认为，对于需要筹集大量资金的大型私人项目来说，应限制股东必须承担的责任。要求无摩擦和匿名转让股份的股票市场，得益于公司制度的广泛应用。这种新生事物产生的一个结果是，不像通过发行债券获得融资的运河，铁路最终通过发行股票来融资。

"最终"是这里的关键词。19世纪30年代，各州总共批准成立了数十家铁路公司，但大都连续数年是只有名字的空壳公司。而发起人试图将多重要素拼凑起来真正建立公司，第一件事就是要获得沿着某条大致路线建设铁路的许可。要想获得铁路的垄断经营权，该州要求对票价和路线细节进行一些控制。对于大多数铁路公司来说，这是很小的让步，因为他们自己几乎无法提供修建一英里铁路的资金。也许比授予公司特许状更为重要的是，各州议会为这些私人公司提供了让拥有土地的普通公民极为不满的权利。

伊利铁路就是一个很有代表性的例子。1832年，该铁路公司获准成立，名为纽约-伊利铁路公司。州议会授权该铁路公司修建连接奥尔巴尼与伊利湖的铁路。除了特许状，这一民营铁路公司还获得了征地权，使得该公司的铁路修建权在其提议的方式上优于个人土地所有者的权利。根据征地权的基本原理，一旦州议会批准和特许了某项铁路方案，那么相关的私人铁路公司就有权强迫拥有地产的个人将土地卖给这家铁路公司。根据纽约-伊利铁路公司的特许条款，如果铁路公司与土地所有人就地产的公允价值发生争议，双方可以上诉到巡回法院，由副大法官进行裁决。如同政府拥有所有权的伊利运河，政府再次认为，在出现矛盾时，建设基础设施的公共目标高于土地所有者的权利。

这里的核心逻辑是，征地权可以提升铁路建设的效率。为了有效率地建设数百英里铁路，两地之间的直线距离最具经济性。然而，如果建设这条铁路涉及的一个或多个土地所有者坚决不出售手中的土地怎么办？

这就会导致大型基础设施项目（不管是私人项目还是公共项目）或者被敲诈，或者不得不无效率地迂回绕远，最终把成本强加给了该州的企业和消费者，损害他们的利益。还有一个相关因素：一旦正式宣布某条铁路要经过某个城市或地区，那里的地价就会因此投机性地大幅攀升。实质上，铁路修建计划的宣布往往会对自身构成损害，因为这会增加铁路公司的土地购买成本。征地权避免了私人地产所有者、投机者和基础设施私人建设者之间无休止的谈判和算计。这些谈判和算计都无益于建设低成本基础设施这一公共目标。

虽然州议会提供了激励措施，比如，在很多情况下允许进行大额直接融资，但是19世纪30年代的铁路建设仍然进展缓慢。到1837年，美国只有1497英里铁路，勉强达到南卡罗来纳州查尔斯[*]-汉堡铁路长度的10倍。不过，经过1837年金融大恐慌，即那个深度衰退年代，铁路建设大幅加速，虽然其他领域受到的冲击延续了很长时间。市场上的资金短缺导致运河融资项目的最终消亡，投资者纷纷转向运输效率更高的替代项目。经济的这种减速就像是一种为了日后迅速前进而做的暂时性退步。后来，随着铁路建设的提速，新铁厂的铁轨产量、火车机车和车厢的生产、火车站的建设和铁路沿线小城镇的发展，以及农产品和谷物集散地的建立也都迅速跟上。

铁路成为美国资本主义的大动脉，成为美国商业甚至是信息传递的流通系统——信件、消息或传言传递的速度往往和信息传递工具的移动速度一样快，而现在，信息传递工具变成了火车。然而，

---

[*] 原文如此，疑为"查尔斯顿"。——译注

第 7 章 铁路

美国铁路的发展清楚地表明，即使美国早期的资本主义也绝不是自由放任的资本主义。政府管理的各种形式和力量极大地影响了资本主义的发展和成长轨迹以及最终结果。"有限责任公司"除了意味着国家创立和承认的抽象法律概念，还意味着什么？同样重要的是，金融市场的早期发展也是由各州政府的债券担保推动的，目的是鼓励民间资本投资美国基础设施建设。

总体来说，19世纪初期那些让人类能够借助蒸汽船、运河和铁路等新方式来征服自然地形限制的"下一个重大新生事物"开始于复杂的公私合作。如建设基础设施、协调联邦和各州法律、允许有限责任和定义与平衡产权冲突等政府行为，逐渐进入美国经济的运行体系，在此基础上是自由市场创造力的动态和创业活动的蓬勃开展。

* * *

一旦现代美国资本主义开始发展，那些知道怎样让别人接受自己意志的人将会征服市场。对于亚当·斯密来说，这些崛起的工业巨子是"哲学家"，是有进取精神的人，他们在这个社会里扮演着"观察万物"的角色，通过这样做，他们"能够把看似毫无关系、迥然不同的物体的力量结合在一起"。

认识科尼利厄斯·范德比尔特的人不会称他为哲学家。1840年，没上过什么学的范德比尔特已经通过买卖蒸汽船和航运路线积累了财富，有人估计他当时的身价为50万美元。他的航运路线远远超出了哈得孙河和曼哈顿岛一带。他还开辟了新战场——长岛和康涅狄格州之间被称为"长岛海峡"的水域。抄近路穿过海峡，范德比尔特让自己最快的船只从纽约前往普罗维登斯、罗得岛和波士顿港。因为纽约市当时没有连接曼哈顿岛与美国大陆的桥梁，所以任何进出该岛的活动都涉及水运。

19世纪30年代，范德比尔特发现一些人蠢蠢欲动，想抢他的生意。数十年来，渡船运营商与陆地上的公共马车经营者合作，协调到达和离开的时间，为乘客接驳。现在，一个名叫"斯托宁顿"的铁路公司开始经营从康涅狄格一个城镇到普罗维登斯和波士顿的客运业务。从纽约搭乘蒸汽船到康涅狄格海岸，换乘开往波士顿的快速火车，要比从纽约乘最快的蒸汽船绕过科德角还要快很多。范德比尔特说，"我第一次通过斯托宁顿铁路出行时，就下决心"进入铁路行业；因为他看到了铁路给他带来的迫切威胁。

范德比尔特赶上了好运气。1837年的金融大恐慌非常严重。即将离任的安德鲁·杰克逊总统关闭了当时地位相当于中央银行的银行机构。结果，信贷资金骤然紧张起来，谨慎的生意人要求买方支付硬通货，也就是黄金或白银。范德比尔特每天都能从乘客那里收到源源不断的银币，他似乎没有受到经济紧缩的困扰。再加上极为难得的身无负债和毫不留情的竞争方式，这场金融大恐慌给范德比尔特提供了一个很好的机会。

另一方面，斯托宁顿铁路公司处境艰难。这家铁路公司和范德比尔特的同行对手合作，将乘客从康涅狄格州的斯托宁顿运往纽约市。范德比尔特的船在速度上无法与铁路加汽船相匹敌，于是他开始使用百试不爽的老办法。由于节俭，范德比尔特一直是个低成本的经营者，他动用自己充足的现金，将价格定得非常低，导致已经深受财务压力的竞争对手损失惨重。面对范德比尔特竞争压力下的持续亏损，与斯托宁顿铁路合作的那家蒸汽船公司付给范德比尔特一大笔钱，央求他不要继续竞争。收到这笔钱之后，范德比尔特停止了那项业务，不过他仍旧时刻关注着那条铁路。

后来，他与刚刚成立的长岛铁路公司合作。后者经营着从布鲁克林到长岛东端的火车客运业务。当时，长岛铁路苦于找不到一个能够与之合作接驳，将乘客从长岛东端经由大西洋运往波士顿的蒸

第 7 章 铁路

汽船公司。第一次进入铁路行业，范德比尔特卖掉了 3 艘蒸汽船，买下了大量长岛铁路的股票和债券。这一下，长岛铁路及其新加入的蒸汽船，与斯托宁顿铁路构成了竞争关系。处境艰难的斯托宁顿铁路股价开始下跌。

同时，范德比尔特经营的蒸汽船还连接了哈特福德和纽黑文的铁路。不久，他又卖掉 3 艘蒸汽船，买下了这家哈特福德-纽黑文铁路公司的大量股份。股票市场得知他购买上述铁路股票的消息，认为纽约-波士顿路线的运输费用要下降，结果斯托宁顿铁路的股价跌得一塌糊涂。在这种情况下，范德比尔特趁机从公开市场上买入了斯托宁顿铁路的大量股票，取得了该铁路的控股权。

从购买自己的第一条蒸汽船"公民号"开始，范德比尔特将自己的事业发展成为一支船队。十二年后，虽然没有建立一家铁路公司，也没有费力气铺设一英里的铁路，范德比尔特依靠自己的策略进入了铁路领域，表现出一个用经济利益看世界的人具有的高超审时度势能力和独到精准的眼光。机械天才惠特尼曾因经营轧棉机而被困扰，学识渊博的富尔顿在蒸汽船试航成功之前长期不得志，究其原因，是他们不具备范德比尔特与生俱来的对于商业社会的深刻认知。另外，出身显赫的美国民主制度的缔造者，包括杰斐逊、华盛顿和利文斯通，他们同样在巨大的商业抱负方面举步不前，需要维持贵族的虚饰外表；而范德比尔特则完全不需要自命不凡地绕弯子。

同时，在组织铁路建设方面，范德比尔特不可能像早期的蒸汽船和铁路的经营者那样，机智而耐心地同州议会和政府官员周旋，或挖空心思索要政府资金资助。然而，范德比尔特是一个纯粹而原始的市场人，而市场的唯一原则就是供应与需求。一个领域给他提供的经营经验可以让他进入另一个领域。对于他来说，市场在很多方面更像是一个奉行平等主义的雇主。对于没有贵族虚伪做派或知识分子清高的人，市场是很容易接近和理解的。

不过，熟稔市场的那套规则需要对形势的洞察。自由市场时代可以动用的策略囊括几乎所有可以动用的交易和协议：串通共谋、价格操纵、支付回扣、交叉持股和股市操纵。在这方面，自然法则没有规定上述任何做法是不道德的——在这个正在形成的不规范的自由市场里，人们是"自由的"。对于一个白手起家，没受过什么教育（一份信用报告称其为"文盲和粗人"）的人，居然能在这种文件"丛林"的大量抽象概念中如鱼得水，这在很大程度上印证了这个国家的共和理念。

* * *

对于数百万海外来客而言，他们的目标不是与对手进行无情的竞争，而是逃离饥荒。美国铁路的大扩张恰逢一段规模空前的移居美国热潮。1842年，美国历史上单年度移民人数首次超过10万。五年后，仅仅来自爱尔兰的移民数就超过了这个数字。在接下来的八年里，将近120万爱尔兰人移居美国，逃离惨痛恐怖的"马铃薯饥荒"*。按照百分比计算，这个数字更为惊人：在19世纪四五十年代，爱尔兰全部人口的20%穿越大西洋，登上对岸陆地。和当年的朝圣者相比，这些移民的处境可怜得多，也绝望得多。"五月花号"是经过事先安排的一次有计划的商业项目，人们可以得到配给口粮；而那些爱尔兰人面临的是一个生存选择：是衣衫褴褛地逃离，还是冒着被饿死的危险留下。他们是天主教徒，却要前往一个明确信仰新教的国家。

在那一段时间里，另一批欧洲大陆人移民北美是为了逃离故国

---

* 在1845到1852年，作为大多数爱尔兰民众唯一粮食来源的马铃薯发生疫病，导致国内饥荒，大量爱尔兰人移居美国。——译注

第 7 章　铁路

的革命和反革命浪潮。一股反叛的精神席卷了德国和其他欧洲国家；阿列克西·德·托克维尔（Alexis de Tocqueville）对形势的描述是"我们睡在火山口上"。1848 年的那股风潮还让流亡的德国思想家马克思和恩格斯在伦敦完成了他们的《共产党宣言》。然而，不久，推翻了君主制的法国和土邦林立的意大利的激进派也被推翻了。德国革命力量失败之后，仅仅在 1852 年到 1854 年的三年时间里，就有 50 万德国人远赴美国。

马克思和恩格斯的理论在当时没有获得政治支持，美国资本主义的平等主义引擎却吸收了大量爱尔兰人和德国人。短时间内抵达美国的 200 万国外移民是怎样在美国实现安居乐业的？从铁轨的铺设可以发现一些证据。在 1846 年，也就是大批新移民到来的前一年，美国铁路里程不到 5000 英里。十一年后，这一数字增加到将近 2.5 万英里。按照大致每英里铁路成本为 2 万美元来计算，美国仅仅在铁路上的投资就将近 4 亿美元。很简单，那些爱尔兰人和德国人一到美国，很快就找到了修建铁路的工作，这种新劳动力的大量涌入让铁路的迅速扩张成为可能。当饥荒沉重打击着爱尔兰，革命沉重打击着欧洲时，这些海外移民开始改造他们的新国家。

这种改造，在新成立的伊利诺伊州、印第安纳州和密歇根州表现得比全美其他地方更为明显，更令人瞩目。在大批移民涌入美国之际，它也经历着长达数十年的国内民众迁徙的阵痛。很多美国人举家离开东部，搬迁到当时被称为"美国西北部"的廉价而肥沃的土地上。就像俄亥俄因为俄亥俄河和运河而崛起，铁路让伊利诺伊州逐渐成为一个经济强州。

1851 年，在联邦政府批准的一块土地上，伊利诺伊州议会特许修建一条伊利诺伊中央铁路。该铁路发行债券筹集到超过 500 万美元资金，打算在该州建设一个 705 英里长的铁路网。在整个国家的铁路建设热潮下，它几乎立刻发现自己陷入了劳动力短缺的窘境。

伊利诺伊中央铁路公司委托纽约市的劳工中介，请对方在新移民中发布广告。广告传单上印着"招工三千人！"的大字，每天薪水是1.25美元。他们承诺提供很好的饮食和住宿条件，每周只需2美元。另外，该公司意识到需要将这些劳工从纽约码头转移到大草原地区的铁路工地，于是承诺给这些移民劳工每人补贴4.75美元的车费，相当于他们三天的工资。广告上这样说："前往西部的大好机会，那里气候适宜，土地便宜，人人有长期工作。"即使在招聘非熟练工人方面，这家铁路公司也非常明白美国承诺的意义：在第一个机会的基础上逐渐改善和发展的可能。

不久，爱尔兰人和德国人显示出截然不同的特点和偏好。德国人一攒够钱就买田置地，开始经营自己的田地（这一点让伊利诺伊中央铁路公司很是无奈），而爱尔兰人对依赖土地而造成的创伤记忆犹新，更喜欢当收入稳定的产业工人。值得一提的是，尽管美国的人口以每天远超1000名新移民的数量增长，但伊利诺伊中央铁路公司即使在铁路竣工之际都还在不断提高工人薪水。不到五年，伊利诺伊中央铁路就成为美国最长的铁路。从这时起，芝加哥开始崛起成为美国的铁路和农业枢纽，在这里，铁路从平原地区带来的粮食、肉和活牲口被卸下、加工，再装载到目的地。

在那个十年结束之际，美国西北部已经增长了将近400万人，接近南部和东北部的人口总和。在这个地区将近900万的人口（拓荒者和移民占了相当的比例）中，有许多人将在国家的未来发挥决定性的政治作用，成为支持本地乡村律师亚伯拉罕·林肯（Abraham Lincoln）最强大的力量；林肯经常为伊利诺伊中央铁路公司工作。

第 8 章　电报

在政治制度、经济理论、商人、资本和劳动力共同发挥作用，放大"下一个重大新生事物"的影响力之前，科学往往在最初起到了至关重要的作用，随后的工程方面的突破和壮举则是物质进步的基石。这背后的付出是某个发明者经历的没完没了的挫折、令人沮丧的自我怀疑和多年徒劳无功的辛劳。他们的这些失败往往建立在前人长达数个世纪不断探索和反复试错的基础上。很多发明者往往没有活着看到自己的努力最后结出成果，被派上用场。但是，当这种奇迹终于如愿变成现实时，一个人历尽失败获得的这种荣耀，会促使另一代心灵手巧的人再次重蹈这种希望与绝望并存的历程。研发的本质就在于此。美国资本主义的一个可取之处，在过去和现在都是如此，即当那些难得的顿悟被证明行得通时，这个体系就会以最快的速度将之推向市场。

不过，有时候制度也会失灵。随着美国铁路的建设，一两天内就可以从华盛顿特区抵达纽约显著改变了时间和空间概念。从前，乔治·华盛顿去世将近一个星期后，纽约人才知道这一消息。信息的传播速度和人的速度一样快：如果一个人乘火车可以在数小时内从首都抵达纽约，那么一封信当然最快也就是这个速度。然而，19世纪30年代，也就是巴尔的摩开始动工铺设马拉火车的轨道不到十年，一位发明家发明了一套能使信息以接近光速传播的设备。

这项发明的酝酿几乎持续了将近一个世纪。关键的突破发生在1749年。就在那个流亡的朝圣者们规划其北美之行的荷兰城市莱顿，两位科学家发明了一个存储电能的办法。在历史的那个时刻，很多人发现电不完全是一个神秘的东西，因为身体和羊毛衣料的简单摩擦就会产生静电和火花。在上述两位科学家在莱顿做出其发明的前一个世纪，发明家们使用各种方法，不仅尝试产生电能，还要储存电能。莱顿的两个科学家给一个瓶子里装满水，外面用金属箔片绝缘。他们发现这样能存储电能，就变成了一个简单的电池。"莱顿瓶"开启了一系列电流实验。

不久，通过将电流输送给接收者来发送信号的想法在理论上成为了一种很有希望的应用。最简单的形式是，值班的哨兵手中持铜线的一端，当铜线有电流通过时，电击就会让哨兵警觉危险。虽然只有电击和非电击两种状态，但极为有效。当时，用视觉信号进行通信的想法已被称为电报。军队经常用火光、信号弹或其他方式来迅速传递信号。随着望远镜的出现，人们在很远的地方就可以看到视觉信号。例如，在战争时期，用一系列烽火台就可以传递信息。到18世纪后期，欧洲很多地区的先进通信方式不必用电。当然，这些技术存在的问题是，如果遇到大雾或暴雨之类的恶劣天气，信号就无法通过。

到19世纪初期，出现了数百个同时进行的类似实验。每个实验都是之前实验向前的迈进。人们申请了很多专利。电能存储技术也获得了长足的进步。人类关于导线和导电性的知识也随之进步。然而，当这些零件都具备时，也没有一种系统或技术能将它们都聚集在一起，以可重复和可扩展的方式传输信息。倒是取得了一些显著成就的美国画家塞缪尔·莫尔斯（Samuel Morse）做成了科学家和工程师们几十年没有做或做不到的事情。莫尔斯证明，好的产品设计可以让技术派上实际用场。

这不是说莫尔斯没有科学背景。15岁时,他就被耶鲁大学录取。在写给父亲的信中，他经常讲到他喜欢的一个化学教授的实验和课程。后来的几年里，在莫尔斯与他人的专利纠纷案中，这位教授还为他做证，证明莫尔斯有电学知识。然而，莫尔斯的天赋和性格却让他拿起了画笔。在耶鲁读书期间，他经常为家境好的同学画肖像，以支付日常开销。毕业后，他想办法去了欧洲，他的才华让他进入一个海外美国艺术家的圈子。几十年前曾指导过罗伯特·富尔顿的艺术家本杰明·韦斯特注意到了莫尔斯，并鼓励他潜心钻研艺术。后来，莫尔斯的一幅作品在英国皇家学院的一次展览上展出，这对任何艺术家来说，都是莫大的荣耀。他有了声誉，但还没有稳定的生计来源。

19世纪20年代，莫尔斯返回美国并结了婚。在新英格兰，他找到了一份肖像艺术家的工作，画的是个人或家庭，客户包括耶鲁大学的校友伊莱·惠特尼这样的知名人士。精湛的绘画水平让他获得了为总统詹姆斯·门罗画像的机会。数年之后，在华盛顿专心创作他最有影响的作品之一时，他得知妻子去世了。让他的悲伤雪上加霜的是，莫尔斯听说自己没有进入美国国会大厦绘画委员会。在乘船返家途中，莫尔斯与人谈论用电流传递信号，他发现自己被脑中的一个念头攫住了。在莫尔斯的日记里，他将那一段航行途中的所有心思都投入到了如何用电流传递信号的所有可行方案上。

在莫尔斯看来，信息的接受者看到电流的能力是目前技术缺失的一块。最后，他勾勒出了一个设备的草图，本质上，该设备可以用机械敲击纸张来确认电流通过。船抵达纽约之后，他在纽约大学担任美术教师，同时专心完善他的信号传递方案。他潜心研究，设计出一套按顺序敲击节拍来代表数字和字母的方法。不久，这一方法让位于使用划和点的方法。短促敲击代表点信号，较长敲击代表划信号。这些代表电流的点和划将构成完整的电子字母表。记录敲击情况的卷纸、以敲击表示所有字母的代码和设备的机械原理图都是莫尔斯个人的发明创造。这是一套简单明了、新颖出奇和具有颠覆性的发明。

然而，于1832年实现这一突破之后，他在继续教书的同时花费五年时间在公寓里设计和制造机器模型，同时还在剩余时间里继续创作一幅名为《卢浮宫画廊》的大幅绘画作品。他希望这幅画能卖个大价钱。这个本来可以立即开启现代远程通信时代的创意，却闲置于一个极度缺乏商业直觉的画家手中。他不是范德比尔特。

* * *

让莫尔斯沮丧的是，五年后，两个法国人宣布发现了一种可靠的远距离通信方式，速度超过了当时人类旅行的速度。那两个人声称，用不了半小时，就可以将信息从纽约传到新奥尔良。这个消息让媒体兴奋不已，莫尔斯却半信半疑。让媒体大加赞誉的通信技术，原来不过是使用望远镜而不是电力来观察和转达远处的视觉信号。莫尔斯的注意力重新回到先前研究的机器，他迅速申请了专利。

让莫尔斯感到如此紧迫的是一些来自欧洲的报道。欧洲的竞争发明家们声称找到了一种利用电力来发送信息的方法；对此，莫尔斯表示他的竞争对手展示的是通过原型机发送的真实信息，并不是吹嘘。为了证明自己的观点，莫尔斯架设了三分之一英里（约1700英尺）长的电线，穿过纽约大学的演说大厅。他从演说大厅的一端，向另一端的接收器发送信息。莫尔斯的这次公开展示令现场的所有

第 8 章 电报

人倾倒。这次展示促使他于1838年初远赴南方，前往费城的富兰克林研究所展示这种电报。这一次，他将电线的长度增加到10英里。展示结束之后，研究所立刻向华盛顿递送了一份满是赞誉之词的报告。2月15日，莫尔斯向马丁·范布伦（Martin Van Buren）总统和海军部长、战争部长以及国务卿展示了他的设备。另外，他还向众多参议员和众议员做了展示，观看者赞叹不已，直呼"不可思议，非常超前"。这种通信方式的特点是它使时间不再是通信的基本方面，数秒钟之内就可以将信息传递到千里之外。

有人认为这种技术很可能成为一项国家战略资产，督促尽早立项。国会为此成立了专门委员会。该委员会建议国会立即拨款3万美元，让莫尔斯在室外自然条件下进行50英里通信的检测。需要指出的是，即使在当时，3万美元也不是一个很大的数字，因为这个金额都不够铺设两英里铁路。考虑到自己在这一技术中的利益和这一成就的广阔前景，莫尔斯赶往英国以确保他的专利权。为了筹措用于路费等临时开销的资金，他以很低的价格卖掉了相当一部分权益。

两方面的努力都失败了。拨款提案没有获得国会通过，专利申请也被英国政府驳回了。一家英国期刊根据他同年早些时候的美国专利详细披露了他的发明。根据现代专利法律，一旦该项发明的方法被公开，申请专利的权利就自动丧失。在欧洲，莫尔斯竟然通过熟人建议俄国沙皇考虑进行一定距离的电报实验。几星期后，这个建议也失败了；其他国家也都拒绝了他。

回到美国后，莫尔斯发现自己的教授工作成为一个名义上的职位。他一文不名，身心俱疲。他的文字透露出他经常食不果腹。莫尔斯心灰意冷地提到，即使只维持非常基本的生活标准，他也经常买不起吃的。同时，莫尔斯还要到处寻找制作电报机所需的基本材料：东一点电线西一点铁块。他还亲自动手做大量的机械工作。有一次，在一位学生请他吃饭时，他给那位年轻的东道主提出了下列不无自怜味道的建议：

> 我已经有二十四个钟头没吃饭了。斯特罗瑟，不要搞艺术。因为它意味着一无所有。连看门狗过的日子也不如。激励你从事艺术的敏锐感觉会让你异常清晰地感受到痛苦。

* * *

莫尔斯的很多行为让人难以理解。与政府合作失败后，他为什么不尝试从纽约市筹集私人资金呢？发行铁路和运河证券的华尔街距离他只有几个街区。他肯定有渠道。到这个时期，莫尔斯已经与好几任美国总统进行过面对面的交流了。他是一位知名艺术家，和很多富有的、有文化的客户有联系，包括德威特·克林顿这样的纽约政客。另外，考虑到电报的优势，从曼哈顿下城投入进运河和铁路的数千万美元中，为什么没有某个热衷投机的美国人愿意给他投资几千美元？在他绝望潦倒的时候没有人愿意低价占有他的研究成果，这件事本身在很多方面就反映了市场的失灵，人们错过了一个显而易见的从革命性发明中赚钱的机会。另外，这也说明了投资人的偏见，他们不愿意投资一项处于推测阶段的科技，而倾向于投资那些在运用和规模方面都已经很明确的技术。

莫尔斯打起精神，积攒路费，打算再次前往华盛顿游说。在他第一次让美国最显赫的政治家赞不绝口的六年之后，也就是1843年，众议院通过一项法案，为莫尔斯提供3万美元资金，让他在一个很长的距离内检验电报机的效果。后来，这项法案在参议院顺利通过。莫尔斯获准从3万美元中支取2000美元的年薪。漫长的黑暗日子结束了。

***

52岁之际，莫尔斯开始着手架设长距离的户外线路：从巴尔的摩到华盛顿的计划路线。莫尔斯最初打算在地上挖沟，然后将电线埋在里面。在实际操作过程中，他委托的那位承包商将挖沟的任务分包给了一个叫埃兹拉·康奈尔（Ezra Cornell）的年轻人。康奈尔之前试图把犁铧推销给农民，结果没有成功。不过，这个非常勤奋的人发明了一种挖沟埋线的专用工具，能在挖沟的同时将挖出来的土填回铺好电线的沟里。但是，这种地下埋线的方式出现了一些问题——导电性能不可靠。对于一个多年殚精竭虑想要将一个想法变成现实的人来说，不得不从头再来的焦虑让莫尔斯备感压力。康奈尔没有弃他而去，两人决定尝试其他办法。

接下来的重复工作是在地上竖起杆子，将电线用杆子架在空中。检验过每一段电线的信号传输性能后，下一步就要检验从巴尔的摩到华盛顿全程的通信性能。5月1日，一台设备已安装在华盛顿的导线起始端，另一台则安装在1844年美国辉格党总统竞选大会的巴尔的摩会场附近。当华盛顿的人们等待着火车带来的会议消息时，莫尔斯的助手发来电报说辉格党已敲定亨利·克莱（Henry Clay）为总统候选人。人们涌入临时设立的电报间，了解从会议现场发来的详细信息。这种信息传播方式和电报内容引起的惊叹和怀疑，立即引发了对更多信息的要求。这让情绪高昂、终于证明了自己的莫尔斯继续在机器上发送与接收信息，"速度快得就像普通的谈话"。一小时后，官方通报终于通过火车到达，验证了这一神奇的机器首次发送的消息。电报的商业时代从此开始。

人们的反应就像是目睹了奇迹。值得一提的是，当时，电还没有实现商业应用。人们在生活中接触到电的唯一途径就是天空打雷前的闪电。所以，在普通人的头脑中，没有任何参考物能使他们相信电报是可能的。莫尔斯的传记作者提到，人们最初的印象认为电报等于传送，想象文字能够穿越时空。在很多方面，人们之前对这一重要发明一无所知。它的突然出现让人们大吃一惊，就像是昨天人们根深蒂固地认为单词只能通过信件，像寄送包裹那样寄送；而今天，人们得知，信息可以通过金属线实现瞬时传递。

市场迅速弥补了错过的时间。新闻业深知从首都获得新闻的价值。股票市场的经纪人看到，他们可以同时了解到一只股票在费城交易所和纽约交易所的价格，从而通过在一个市场低价买入，在另一个市场高价卖出来套利。铁路公司可以在每小时、每天对铁路施工进度进行追踪，而对已经建好的铁路，可以随时知道什么地方需要修理。

莫尔斯对自己缺乏商业头脑这一点非常清楚，于是采取了与轧棉机的发明者伊莱·惠特尼完全不同的策略。当年，惠特尼试图在自己的工厂里制造设备和加工棉花，莫尔斯则决定完全将专利的使用权通过许可转让出去。这方面，他不乏合作者。然而，积习难改，莫尔斯起初的本能是把和这项发明有关的一切都卖给联邦政府。后来，他改变策略，决定让前任美国邮政局局长阿莫斯·肯德尔（Amos Kendall）做他的代理人。肯德尔随后将该专利在当地的独家使用权卖给了一系列区域性企业。每次授权都会给莫尔斯带来收入流。

于是，美国大地上的一次巨大变化开始了。到19世纪40年代末，电报和铁路的发展紧密相随。很多时候，在重要地点之间，电报线路的架设速度要快于铁路的铺设速度。在一英里铁路和一英里电报线路之间，存在着一个巨大差别。铁路属于极度资金密集型：公开筹集、债券担保和土地审批都是铁路建设的必要环节。对于电报来说，情况大不相同。虽然最初开发商业版本的资金来自政府，但其余资金基本上都来自民间资本，几乎没有地方、州或联邦的支持。其中的原因很简单：在很多情况下，建设一英里电报线路需要的铜

第 8 章 电报

质导线和电报杆的成本不到 200 美元，只是铺设一英里铁轨成本的百分之一。架设从费城到纽约的电报线路，成本不到 2 万美元。这个级别的投资，民间投资者就足以应对。另外，不像一英里的轨道，200 英里的电报线路可以很快投入运营，按照字母或单词数量收费，立即产生收入。

与运输基础设施相比，世界上第一个电信基础设施相对较低的成本为它赋予了很多独特条件。人们争相架设的电报线路往往相距很近。在这种狂热中，各路创业者在任何可能需要电报的两点之间，纷纷登记、组织和投资了遍布各州的电报线路。

不到七年，随着电报业务的过度投资，电报经营领域的合并浪潮成就了另一个受益者。莫尔斯满足于坐着收钱，而之前为他挖沟的年轻人埃兹拉·康奈尔从莫尔斯那里拿到了一份潜力可观的专利许可，借此向从布法罗到正在崛起的西北部的众多电报企业收取专利使用费。康奈尔与亨利·韦尔斯（Henry Wells）等人合作，放弃现金支付，而选择持有这些电报公司的股份。韦尔斯后来建立了美国运通和美国富国银行。其中，康奈尔最大的投资之一就是入股后来成为西联电报公司的企业。那个世纪末，西联电报公司运营的电报线路超过了 100 万英里，每天发送 20 多万条信息。康奈尔一度成为该公司最大的个人股东。不过，49 岁时，他决定从电报行业退出。由于青少年时期错过了很多正规的教育，康奈尔出资 50 万美元在纽约州伊萨卡镇建立了一所以自己的名字命名的大学。

* * *

到 19 世纪 50 年代，铁路和电报之间似乎存在着相当大的协同作用。虽然电报的发展是独立的，而且架设电报线路所用的大量资金来自民间投资，但是持续的维护成本相较于起初的建设投入是一个很大的数字。同时,电报的最大工业用户是铁路。在电报出现之前,铁路站长对即将到达的火车的状况一无所知,因此在同一条路线上方向相反的火车为了防止迎面相撞,只好延迟数小时才能开出。信息的瞬时传递改变了整个铁路行业的车辆调度情况。在很多情况下,大型铁路公司直接买下了莫尔斯的专利使用权,沿着铁路线建设电报线路。

对于电报运营商来说,这种合作的好处很明显。电报公司可以沿着铁路线架设电报杆,铁路公司可以为电报线路提供维护。鉴于铁路公司需要经常巡查铁轨,协调车辆运行又高度依赖电报公司,于是这种合作一拍即合。作为回报,电报公司为铁路公司提供优先使用权。

电报业务的增长催生了全国各地数百家电报局。一般情况下,这些电报局位于或邻近火车站。在电报局里,反应机敏的电报员迅速准确地记下对方通过莫尔斯电码发过来的消息。然后,信差将电报送给当地的接收人。有意思的是,译解电文为女性寻找一个办公室工作提供了大好机会。事实证明,女性和男性一样"条理清楚,准确无误,吃苦耐劳",而一个额外好处是她们的薪水"比男性的低很多"。

同样,对于来自社会底层的一些男性来说,电报局为他们进入白领圈子提供了机会。这是一个可能实现阶层流动,超越其原本地位的机遇之窗。一个后来出人头地的年轻移民刚踏上美国土地时是一位蓝领童工,他充分利用了这一机会。15岁时,他开始在电报局给人送电报。后来,他在回忆这份办公室工作对他的影响时说:

在光线昏暗的地下室运行着一台蒸汽机,每周挣2美元,每天满身煤灰,看不到生活好起来的任何希望。现在,我好像是进了天堂。没错,对我来说就像是进了天堂。我周围是报纸、

第 8 章 电报

钢笔和铅笔,还有阳光。几乎每一分钟我都能学到新东西。我感觉自己的脚踏在了一个梯子上,我注定要爬上去。

这个男孩一家来自苏格兰。他的父亲是邓弗姆林小城里的最后几代织工之一。随着英国工业化的推进,一家生计完全依靠客厅里那台织布机的日子一去不返了。因为工业革命所迫背井离乡,一家人辗转抵达美国,最终到了匹兹堡。在那里,这个男孩和父亲开始了产业工人的艰难生活。在这片想象中充满希望的地方,艰难的生活终结了这个12岁男孩在老家的正规学校教育。

一个偶然的机会让这个年轻人离开了引擎室,进入匹兹堡的一家电报局。在电报局里,他感受到了这个城市的商业活力。在给匹兹堡各地的著名商人投递信件后,他开始一点点地了解电报知识,最后达到了这样一种精湛水平:从电报机发出的嘀嗒声音,就能判断出电文信息。在电报局工作期间,他引起了宾夕法尼亚铁路公司的注意,他们需要一个电报员在其电报局协助铁路主管调度车辆。对于一个刚从类似狄更斯笔下悲惨生活环境中走出仅仅数年的小伙子来说,这一命运的改变让他那一贯沉默寡言的父亲激动不已。他觉得他的儿子再也不用去做苦力活儿了。这是美国社会真正存在个体向上移动希望的早期迹象。

我的父亲一向很害羞,不愿多说话,非常敏感,很少夸奖儿子,担心他们头脑发热忘乎所以。可是,那天,他握住我的手……喃喃地说道:"安德拉*,我为你骄傲。"我动情地注意到,他擦掉了满眼的泪水。他向我道晚安,催促我早点回到办公室。

---

* Andra,是下文中安德鲁的昵称。——编注

那位父亲就是威尔·卡内基（Will Carnegie）。不久之后，他就去世了。他没有看到儿子走出电报局出人头地的日子。然而，年轻的安德鲁·卡内基（Andrew Carnegie）身上具有塞缪尔·莫尔斯身上所不具备的所有商业天分——他正是他的苏格兰同胞亚当·斯密描述过的那种对于国家财富来说至关重要的"哲学家"。

第 9 章 黄金

他们的控诉直言不讳。"资产阶级在它的不到一百年的阶级统治中所创造的生产力，比过去一切时代创造的全部生产力还要多，还要大"，马克思和恩格斯在1848年写道，"自然力的征服，机器的采用，化学在工业和农业中的应用，轮船的行驶，铁路的通行，电报的使用，整个大陆的开垦，河川的通航"撕裂了欧洲原有的社会秩序，使得"人和人之间除了赤裸裸的利害关系"，"就再也没有任何别的联系了"。现代工业和市场的演化，让上层中产阶级和资产阶级篡夺了先前封建社会君王和贵族享有的大量政治权力，而不承担先前将这些"天然尊长"与同胞们联结在一起的传统社会责任。与工业化并行发展的政治自由只不过是一种伎俩，目的是让人们认可那种让工人在谈判中处于天然不利的制度。他只有和处于同一阶层的其他工人竞相出卖劳动力的自由，愿意工作更长时间、更为卖力和接受更低工资的人就是胜利者。

随着生产方式以近乎危险的速度改进，它们给工人在经济秩序中的地位注入了"永远的不安定和变动"，用"工业资本家的大工厂"取代了"家长式师傅的小作坊"。由于"机器的推广和劳动分工",工作对工人已经没有了任何魅力,工人变成了"机器的附属品",只能做极其简单和单调的工作。更为骇人的是,在自由市场体制中,存在着一种"生产过剩的瘟疫",这股莫名其妙的力量突然出现,让经济收缩。就业机会的突然减少和艰难的生活将在产业劳动者中催生痛苦、长久的危机。这也是一个新现象。在农耕年代,很少有粮食生产过剩一说。简单来说,处于上升时期的工业时代有很多无法预测的东西,而政治体制没有跟上这种形势;在这个充满过剩和灾难的动荡新时代,欧洲各国政府没有提供任何社会减震器。就像1776年出现了两部分别关于资本主义和民主的影响深远的作品——《国富论》(亚当·斯密)和美国《独立宣言》,1848年因为2月出版的《共产党宣言》而被历史铭记。《共产党宣言》与当时的革命精神相吻合,革命浪潮在随后的一个月中席卷了法国和一些欧洲小型公国,其中包括后来合并成为意大利和德国的地区。虽然1848年的那场革命波及范围非常广,但还是以失败告终。欧洲各国的王室夺回政权之后,先前戏剧性的动荡已经灌输了足够的恐惧,促使统治者大力约束本国资本主义的发展方向。

然而,1848年的美国处于一个毫不掩饰的狂喜时期。这个国家在庆祝命运赋予它的伟大成就——它在该大陆的最后一次地域征服。四年前,塞缪尔·莫尔斯收到一条知名电文,宣布亨利·克莱成为1844年大选的辉格党候选人,这一消息引发了一场全国性的大辩论。那年总统大选辩论的中心问题是独立的得克萨斯共和国的命运。民主党候选人詹姆斯·波尔克(James Polk)支持将这个国家并入美国,成为美国的一部分。克莱提出反对意见,认为那会带来双重麻烦,不但会激怒墨西哥挑起战争,还会引发将另一个蓄奴州并入美国的复杂后果。

19世纪40年代的地缘政治同样可以追溯到当初购买路易斯安

第9章 黄金

那。在 1803 年拿破仑将路易斯安那卖给美国的几年前，西班牙将这一地区归还给法国——这是上一世纪的七年战争中法国与西班牙结盟的结果。然而，当时西班牙控制着墨西哥和落基山脉以西到太平洋之间的地区。转让协议规定，法国若要将那片土地的任何部分转让给第三方，必须事先征得西班牙的同意。因为急于获得1500万美元来强化军力，拿破仑就忽视了这一约束。

于是，西班牙拒绝承认美国购买路易斯安那的合法性，直到 1819 年，门罗政府从西班牙手中购买佛罗里达，并承认了西班牙对毗邻墨西哥的加利福尼亚的所有权。西班牙同意以加利福尼亚北部 42 度纬线为北部边界后，美国与英国谈判，约定两国共同拥有俄勒冈地区，也就是今天的太平洋-西北地区。

不过，墨西哥人另有打算。1821 年，也就是美国和西班牙签署条约不到两年，墨西哥独立，并占有了加利福尼亚。至此，西班牙在北美大陆的存在戛然而止。这时候，墨西哥共和国犯了一个战略上的错误：为了增加得克萨斯地区的人口，它恩惠大批美国白人迁居那里。没有多久，在人口稀少的得克萨斯地区，定居的白人人口就超过了西班牙裔人口。因为得克萨斯居民实际上是生活在另一个国家领土上的美国公民，所以这些投机的移居者与墨西哥之间酝酿很久的冲突激发了这些美国公民的国家自豪感。

因为数量占优势，得克萨斯民众宣布成立一个独立的共和国，脱离墨西哥，而后者以武力相回应。看到与墨西哥的战争是徒劳的，得克萨斯民众请求将领土并入美国。1844 年詹姆斯·波尔克赢得总统大选之际，这件事就确定了：在他于第二年上任之前，得克萨斯共和国被并入美国，成为美国第 28 个州。接下来的问题是，得克萨斯的边界具体在哪里？在它归属墨西哥时，严格界定国家内部边界没有多大必要，因为得克萨斯地广人稀。一旦它成为美国的一部分，这条边界就要精确地界定。波尔克总统派扎卡里·泰勒（Zachary

Taylor）将军去做这件事。美墨战争由此爆发。

不难预料，民族主义成了战争的口号——媒体向美国民众灌输了从得克萨斯开始向西拓展的思想，正如1845年纽约《民主评论》所说，这一拓展是"实现天定命运，向上帝选赐我们的这个大洲的各处扩张"。美国人的渴望进一步膨胀，还想从墨西哥手里夺取加利福尼亚。南方记者通过电报发回的新闻报道很好地诠释了这一切——此时距离莫尔斯成功测试电报机不到两年。每天从战场传回波士顿和纽约的报道，让关注战况的读者能够从中发现英雄人物。在美墨战争结束之前，各家报社意识到，与其每家报社都出钱派记者前往战场，并承担电报发稿的成本，不如联合起来做这件事。于是，这些开先河者在报道战争中一些轻松话题的过程里，成立了美国联合通讯社。信息的迅速传递大大强化了美国现代化的感觉，进而强化了美国的道德优越感，让人觉得美国的扩张是进步的扩张，是文明力量的扩张。

1847年末，形势明朗起来，墨西哥大势已去。1848年2月，双方签订《瓜达卢佩-伊达尔戈条约》。西部地区所有土地，包括整个加利福尼亚，成为美国领土。条约中的投降条款要求美国为这片土地出资1500万美元，与四十五年前购买路易斯安那的价格一致。这一回，美国占据整个大洲的计划就实现了。这一宿命开始于波尔克的第一个任期，兑现了他在1844年提出的竞选承诺。

支持这一美国"天定命运论"的人们总是设法援引某种天意：这个国家不可阻挡的西进运动是来自上天的持续肯定。被打败的墨西哥人是天主教徒的事实，当然没有影响他们的这种"本地主义"叙事。不过，上帝对美国的馈赠远超所有人的想象。几乎就在墨西哥投降之际，加利福尼亚北部的偏僻河床发现了黄金。当1848年底美国东海岸的人们获悉加利福尼亚的这一发现后，对于那些在战争和征服方面狂热笃信上帝意志的人来说，这一巨大宝库肯定是上

第9章 黄金

帝偏爱美利坚超过人类历史上其他任何国家的铁定证据。

* * *

虽然加利福尼亚自然景观壮美，气候温和宜人，但欧洲列强没怎么争夺这个地区，主要原因是交通不便。从18世纪开始，西班牙人在海岸附近建立了一系列布道所来管理这一地区，但这一努力并没有刺激人口大量涌入。虽然东部已经将蒸汽船和铁路投入应用，但密西西比河西部仍然属于未开发的荒凉地带。从陆地上需要步行好几个月才能抵达东海岸。要前往加利福尼亚南部，就必须穿越沙漠地带；要抵达加利福尼亚北部，需要翻越两座山脉，即落基山脉和内华达山脉。在海上，从南卡罗来纳州的查尔斯顿到圣塔芭芭拉需要向南绕过南美洲的最南端，比从墨西哥的蒙特雷到中国上海的距离还远。

简而言之，前往加利福尼亚的不是满怀热情的人，就是极度绝望的人，还有二者的结合。1839年，约翰·萨特（John Sutter）从瑞士历尽艰难抵达加利福尼亚。为了逃债，他抛下妻子，只身前往。由于设法获得了墨西哥当局的好感，他在加利福尼亚北部弄到一片土地，重新开始了他的生活。萨特想在自己居住的美洲河（当时采用西班牙语Rios de los Americanos，后改为American River）附近，建立一个锯木厂。在住处以北几英里的地方，萨特雇的监工詹姆斯·马歇尔（James Marshall）发现了一个理想的建厂地点。

在一次对施工的例行检查中，马歇尔看见清澈的河底有一些闪亮的东西。工地的工人很惊奇，但对那些黄色的金属薄片没有当回事。几天后，马歇尔带着少许黄色薄片前往河流下游，去见他的老板。萨特用天平和硝酸做了一番研究，最后断定：这是黄金。

美洲河和萨克拉门托河一带的河床是人类历史上发现的最大

黄金矿床之一。墨西哥投降后数天内的这一意外发现，更增加了有关美国天命的神奇性。不出所料，虽然马歇尔和萨特希望保密，但消息还是迅速传开了。加利福尼亚各处的人们纷纷涌向河边掘地淘金。旧金山港口定期停靠的船只很少——一般是国外的捕鲸船和商船——船上的年轻人立刻扔掉船上的工作，直奔这一发财营生而去，将空无一人的船只丢弃在海湾。1848年春，加利福尼亚的河床上到处是淘金人。

诸如"金子！金子！金子！"的报道很快传到美墨战争后仍留在加利福尼亚的美国军官那里。威廉·特库姆塞·谢尔曼（William Tecumseh Sherman）在给华盛顿的报告中说，每天从河床淘出的金子价值高达5万美元。据说，那些用铲子和淘盘干活的人平均每天能挣到20美元，将近东部劳工日工资的15到20倍。为了证明自己所言非虚，谢尔曼从当地买了200盎司的黄金，派人送给东部的上级。"我敢担保，这个国家萨克拉门托河和圣华金流域的金子更多"，谢尔曼写道，可以"超百倍地补偿对墨西哥战争的支出"。好像说服力还不够似的，他又说，"弄到金子并不需要什么资金……很多人拿切肉的刀子就可以从石头缝隙中抠出1到6盎司重的金块"。加利福尼亚人经常淘到超过三分之一磅重的金块。

即将离任的总统在听到谢尔曼信使的报告后，决定将这个消息通告国民。在国会年度国情咨文中（那时候，总统发表国情咨文的时间是在12月），波尔克在介绍美墨战争总体情况时将谢尔曼的发现汇报给国会。波尔克确认加利福尼亚"充裕的黄金"是一件"极不寻常的事情"，"在那里停靠的船只被船员抛弃"，并且，"各地劳动力价格高得离谱"，因为"所有的男性……都跑去淘金了"。第二天，全国各地媒体都刊登了波尔克的讲话，很多报纸是全文发布。

长达数个世纪，各殖民帝国在美洲苦苦寻觅黄金而不得，然而美国人却在建锯木厂过程中无意发现了到当时为止最大的金矿。

第 9 章 黄金

1848年即将结束，新年就要到来之际，数千满怀希望的美国人（所谓"49年淘金者"）涌向西部。

* * *

淘金热吸引了各种各样寻找命运转机的人。有人抛弃了家人、工作、未来和农场，有人则没有什么可以抛弃的。当年从东部向中西部的稳步移居是为了追求大片土地给予的稳定未来，而现在人们涌向更为偏远的西部是为了迅速致富。这吸引了另一种定居者，他们渴望一夜暴富。

十多艘捕鲸船离开楠塔基特后，绕过南美最南端，向北航行数千英里，最后抵达旧金山湾。那些口袋里不缺钱的人，采取了较为快捷的路线。他们乘坐蒸汽船前往大西洋一侧的巴拿马地区，离船上岸后在当地印第安人的指引下穿过疟疾肆虐的沼泽和丛林，到达面对太平洋的一侧，在此乘船向北。对于身在内地，比如在密苏里州和得克萨斯州的人，陆路行程虽然金钱支出不多，但颇耗体力。如果无法在入冬前通过某个山口，往往意味着致命后果。

一进入加利福尼亚的丘陵地带，蜂拥而来的人们搜寻金子的竞争就进入了白热化。那些早到并圈占了有利位置的人具有相当大的优势。谢尔曼看到了刚刚在他指挥下打了胜仗的士兵们的情况，忍不住嫉妒周围众多轻松暴富的淘金者："很多人已经很富了，没有富起来的人也在迅速致富。每个人的口袋里都是满满的金子。受雇干活的人每天能拿到超过10美元的报酬，除了给政府做事的人：我们是一群倒霉蛋。"随着工资持续攀升，很多后来者去给那些先来的为数不多的幸运者干活。人们领到用黄金支付的薪水，往往足够让人放弃单干的想法，而去给他人打工。这些"49年淘金者"可以用黄金（不论是淘来的或挣来的）购买的任何东西同样贵得离谱。

即使是最基本的日常用品都要花费数月来运输，再加上高昂的人工费用，价格自然水涨船高。而对于那些心中想着黄金、口袋揣着黄金的年轻男性来说，高成本的日常需求往往与同样高成本的娱乐相伴：赌博和女人。

很快，一些人意识到，历尽千辛万苦才能淘到金子，而之后却要面对生活必需品的高昂成本，这是一件不划算的事情。于是他们留在旧金山，自己不去掘金，而专门向乘船涌来的淘金者出售日常生活用品。如同波尔克总统所说，抵达旧金山的船只往往被丢弃，旧金山湾里扔满了数百艘没有水手的船只。在这种狂热的氛围里，"到处是小卖店，人们可以在那里买到面粉、培根等物资，所有价格都是 1 美元 1 磅。一顿饭往往要花上 3 美元"。谢尔曼报告说："有一次，我看到纽约卖一两美元的毯子在这里卖 50 美元。粗糙得不能再粗糙的鞋居然卖 10 美元一双。不过，这里有一个好处是，所有消费者都能够用黄金结清价款。"很快，向掘金者卖铲子的机会就有了其足够的吸引力。

在淘金热开始的头几年里，开采规模发生了彻底的变化。河床里和山坡表面容易开采的金子都已经被淘采一空。淘盘和铲子让位于炸药爆破。还有人采用水压除去据说藏金量丰富的山坡的表面土石。因此，后来涌入的人们被新式开采方式的高成本所阻，干脆去从事协助性行业——这些人从来没有考虑动手掘金。他们一抵达旧金山，就发现面前是一个发展迅速，各行各业生机勃勃的城镇。这些人和那些远道而去的数千中国人，一起在旧金山落下脚来。巴伐利亚移民李维·斯特劳斯（Levi Strauss）原先是个杂货商，看到旧金山的情况，他就开了一家杂货店，后来发明了成为那段美国历史标志的牛仔裤。

还有人想出了打通东西部通道的主意。1850 年，亨利·韦尔斯和合作伙伴威廉·法戈（William Fargo）经营着美国运通。当时，

第9章 黄金

美国运通在经济发展迅速的布法罗市从事快递服务，运输速度快但收费很高。信件、钞票和贵重物品是快递公司运送的主要货物。为了对冲即时电报给快递公司带来的风险，韦尔斯入股了当地电报公司，其中包括埃兹拉·康奈尔经营的电报公司。意识到西部的机会后，尤其是看到在西部荒凉地带架设电报线几乎不可能，韦尔斯和法戈提出，美国运通要向西部扩张，但是投资者们不同意。于是，1852年，韦尔斯和法戈成立了一家新公司，向加利福尼亚提供快递服务。除了简单的信件传递，这家名为"韦尔斯法戈公司"的企业还大胆地开展了将黄金运往东部的业务。快递公司早就有贵重物品的保管和投送业务，因此韦尔斯法戈公司很快自然而然地开始在当地提供银行服务。

有的人虽然开始时错过了发大财的机会，但后来取得了巨大成就。30岁时，乔治·赫斯特（George Hearst）从父亲手中继承了密苏里州的一个农场。听说加利福尼亚的淘金消息后，他立刻辞别母亲和姐妹，踏上淘金路。但他在中年时非常失败。在淘金活动的周边地区谋生数年之后，赫斯特听说内华达州边境约100英里处发现了银矿。在1859年听到最初土壤化验的结果后，赫斯特推测，那片土地的所有者亨利·康斯托克（Henry Comstock），以及之前有请求权的人，并不知道那片土地的真正价值。于是，他迅速筹款买下了其他人的请求权。很快，乔治·赫斯特拥有了康斯托克矿脉的实质请求权。后来，他成为加利福尼亚最富有的人之一，为他唯一的儿子威廉·伦道夫（William Randolph）之后创办报纸打下了财力基础。

一些人从来没有涉足西部海岸，却在人群往西金子往东的那个时代赚了大钱。看到当时不断有蒸汽船从纽约市开往中美洲，从尼加拉瓜、巴拿马前往旧金山，科尼利厄斯·范德比尔特也投身于这个行业。因为争夺前往加利福尼亚的乘客、向东部安全投送黄金和邮件的竞争越来越激烈，运输企业竞相投入大笔资金推出速度很快的新船，进而推动了蒸汽船远洋航行技术的巨大进步——没过几年，帆船越洋航行就彻底过时了。航运业务如火如荼，促使包括科尼利厄斯·范德比尔特在内的民间运营商开始考虑筹集私人资金开掘一条尼加拉瓜运河，以提升美国东西海岸之间的运输效率。让尼加拉瓜人一直遗憾的是，尽管在淘金热的推动下，这一想法得到了巩固，但穿越中美洲的运河施工项目到现在也没有完成。不过，金子的吸引力刚刚开始。在接下来的一个半世纪里，西进运动成为进步的代名词，象征着雄心勃勃的进取精神和内部流动性——就像牧民不停地寻找更加富饶的牧场。

* * *

人们能量的猛然释放和移动——这中间要辗转数千里，一点不夸张——存在一个自相矛盾之处：人们竞相从地下挖掘一种锃亮的金属，一旦成功挖出，它就会被熔炼成规规矩矩的长方体，存入银行的地下金库，从此再不见天日。

然而，就是这种主观认知，支撑了美国和世界的整个货币体系。曾经引领海盗、大航海时代西班牙征服者和中世纪君主们满世界寻找黄金的原始诱惑，又出现在这个用电线能够以将近光速的速度传递文字的时代。当时黄金的价值，就像现在一样，在很大程度上基于一种看似普遍的共识，一种信念：黄金之所以值钱，是因为其他人认为它值钱。为什么加利福尼亚发现或不发现一种黄色金属会对工业产能的利用、农作物种植、铁路货物运输和电报基础设施的改造或任何经济活动产生重大影响？不管其中的逻辑是什么，这种笃信产生的结果无法否认。大量的黄金极大地推动了全球经济活力的显著释放。

第9章 黄金

银行，不论大小，其发行纸币的前提是它在任何时候都愿意将纸币换成实物黄金。不过，携带黄金出行是一件很不方便的事情。如果携带金币的话，分量很重。而且，如果频繁使用，因为黄金特别柔软和具有延展性，它会被逐渐侵蚀。如果干脆埋在后院，它又不会产生利息。大量持有实物黄金需要安全保障，这会让黄金成为一项负利率资产，保护黄金需要成本，而且它不会像纸币的复利那样，自我升值。于是，建立在黄金基础上的纸币和银行业就出现了。尽管人们存在一些错误看法，但事实上建立在黄金基础上的纸币，即金本位，并不意味着一定数量的纸币肯定对应着相同价值的黄金。人们的信任仍旧起着很大作用。银行的假定是，拥有纸币的人不会一起去银行兑换实物黄金。只要人们放心地持有纸币，相对于流通中的大量纸币，银行只需要持有很小比例的待兑换实物黄金。随着加利福尼亚黄金的大量涌入，人们对纸币的信心陡然高涨——没有人担心自己手里的纸币是否在银行有相应数量的黄金。伴随着这种信心，社会的经济活力大增。旧金山淘金热结束不久，美国民众就把将近3亿美元的资金投入在铁路建设上，这就是一例证据。另外，1848年革命结束后欧洲社会之所以能够很快恢复正常，很大程度上源于世界黄金供应增加催生的乐观情绪和经济增长。

如果没有淘金热，工业化经济将不得不求助于更为复杂的中央银行，以推动技术、生活和科学的进步，就像之前约束征地权、专利、版权、债券契约和有限责任公司的法律框架推动了经济进步一样。而实际情况是，因为历史上的那个意外发现，工业时代的银行业能够继续以地下发现的金属为基础，直到接下来的那个世纪。

然而，淘金热的政治后果使其货币影响相形见绌。波尔克总统对旧金山有金矿这一消息的确认，引发了一场政治危机。有趣的是，1848年的北美形势远比同年欧洲的革命对美国产生的影响要重大，巨大财富的发现成为一场流血冲突的序幕。北美意外发生了一场爆炸性政治事件：加利福尼亚要并入美国，成为美国一个州。墨西哥刚投降没多久，刚迁到加利福尼亚的新公民就急着让加利福尼亚成为美国的一个州。他们迅速组织起来，来自加利福尼亚各地的知名人士自告奋勇地担任地方代表，一同起草了州宪法。1849年晚些时候，这些人士申请让加利福尼亚加入联邦。

国会需要颁布法案使加利福尼亚成为美国的一个州。当时，国会的意见分为两派。在"密苏里妥协案"之后，美国蓄奴州与自由州的比例就被仔细地校准过。当时数量是15个自由州对15个蓄奴州。对于南方来说，这种平衡至关重要。1800年，东北部和南部的人口数量基本相仿，然而在随后的五十年里，迅速发展的西北部和东北部的人口加起来几乎是南部人口的两倍。这在政治上意味着美国众议院的大多数代表将来自没有奴隶制的州。建立在州人口基础上的选举团制度，将很快让总统选举显著有利于北方候选人。控制了总统人选，最终意味着最高法院人选的任命将对北方有利。

在南部看来，剩下的唯一政治"安全阀"是参议院的平等，每个州都有2名参议员，南方和北方的参议员人数相等，都是30人。在众议院中，北方代表人数占压倒性多数。从理论上说，北方的这一优势会让众议院的每一项决议都不利于南方的利益，而来自欧洲的移民潮更会加剧这一形势。道理很简单：爱尔兰的饥荒和欧洲的政治动荡意味着会有更多的移民进入美国。更多人口意味着更多权力。南部的棉花经济完全依赖奴隶劳动，在吸引新移民方面无法和经济多样化的北方相比。

自从1820年以来，认可"密苏里妥协案"的法律就规定了"路易斯安那收购案"涉及地区的奴隶制条款。然而，随着美国向遥远西部的不断扩张，每个新成立的州都会引发一场政治意志之战。1845年，得克萨斯州作为蓄奴州加入联邦。艾奥瓦和威斯康星作为自由州分别于1846和1848年加入联邦。现在轮到加利福尼亚，它

第9章 黄金

向国会呈交了州宪法，希望作为自由州加入联邦。加利福尼亚的申请本来很可能被拖延好几年，但是没有，原因只有一个：那里拥有无法想象的财富。

接下来，大辩论发生在参议院里的几位声誉卓著的元老之间：亨利·克莱、丹尼尔·韦伯斯特和约翰·卡尔霍恩（John Calhoun）。在关于加利福尼亚如何并入联邦的辩论过程中，联邦存在的裂痕显而易见。双方言辞激烈，火药味十足，会场笼罩着不祥的氛围。不难想象，整个南部都反对加利福尼亚的加入。考虑到加利福尼亚所处的地理位置，南部的态度更加坚决。加利福尼亚幅员广阔，它的南部与路易斯安那州、亚拉巴马州和佐治亚州所处的纬度相同。有人认为，公平合理的办法是将加利福尼亚分为两个州，一个是蓄奴州，另一个是自由州。然而加利福尼亚决心以自由州的身份加入联邦。这时候就需要一个妥协，给南部奴隶主递出一个橄榄枝，让他们相信，加利福尼亚成为联邦第 31 个州不会损害联邦蓄奴州的利益。妥协的具体办法是精心制定的"1850 年妥协案"*。该妥协案包括《逃亡奴隶法案》。在当时的情况下，如果没有上述妥协案，加利福尼亚就无法作为自由州加入联邦。然而，因为这一妥协案，联邦进一步分裂，美国天定命运的成就，即加利福尼亚的加入及其黄金的获得，最终成为预示终结的明显先兆。

---

* 美国国会就有关奴隶制问题于 1850 年 9 月通过的五个法案的通称。——译注

第 10 章　奴隶制

1793年，伊莱·惠特尼在南卡罗来纳种植园第一次构想出他的轧棉机，距此不远有一个巴特勒岛，位于佐治亚州一侧，岛上是一个种植园。1859年，也就是伊莱设想出轧棉机将近七十年后，巴特勒岛上出生和长大的三代人感受到了这一发明的持久影响。这个种植园到了美国宪法签署人之一皮尔斯·巴特勒（Pierce Butler）少校手中之后，呈现出一个与先前完全不同的特点：岛上的奴隶极少被卖出到其他地方。随着时间的推移，奴隶数逐渐达到了数百人，岛屿现在就像由（外）祖父母、姨（姑）妈、舅舅、叔伯、父母和孩子组成的村庄。

通过继承，种植园传到巴特勒的两个孙子手中。其中一个孙子，也叫皮尔斯·巴特勒，据说因为不久前的1857年金融恐慌中的投机生意赔了一大笔钱，债台高筑的他必须想办法安抚那些债主。在这种情况下，巴特勒岛的436个奴隶不得不收拾起作为他们一辈子积蓄的可怜家当，被塞进货车车厢，含泪离开了他们中大多数人唯一的家、唯一熟悉的群体。当车上的这群人对未来忐忑不安、焦虑

第10章 奴隶制

万分时,另一群人则对即将到来的美国历史上为数不多的大规模奴隶拍卖活动翘首期待,甚至兴奋不已。

在准备过程中,巴特勒岛的那些可怜居民被带到萨凡纳赛马场旁的一个临时居所,拍卖将于3月初在那里举行。现在,被关在通常饲养珍贵赛马的马厩里,他们等待着未来的命运。他们万念俱灰,根本不知道自己经历这一切的时候,国家的命运也处于危急关头。实际上,早已去世的以自己的名字命名岛屿的那个人与当时美国400万奴隶的境遇有很大关系。在起草宪法的时候,作为美国的缔造者之一,巴特勒的爷爷参与了奴隶劳动管理法律的商谈。

实际上,"1850年妥协案",包括《逃亡奴隶法案》,极大地让美国宪法的某些内容清晰化了。作为18世纪80年代制宪会议辩论和政治交锋的一部分,蓄奴的性质对于拥有美国绝大多数奴隶的南部诸州至关重要。为了统一13个州并组成一个国家,富有的南方代表需要安全保障。鉴于当时在北方的几个州,奴隶制要么已被废除,要么已经名存实亡,问题的核心是奴隶作为财产的产权性质。如果奴隶属于财产,一旦失去在多大程度上可以收回?作为财产的奴隶,一旦逃跑,就等于将自己从合法主人那里"偷走"了。那么,如果这一逃走的财产,也就是逃亡的奴隶,跑到了一个禁止奴隶制的州,该怎么处理?逃跑的马和牛会被送还到合法主人处,因此,只有消除歧义并在所有财产上应用这一原则才有意义。

因此,宪法最终草案第四条第二款明确规定:"一经索要",逃跑到另一个州的奴隶就应被返还其主人。为了防止将来有人就宪法制定者的意图提出质疑,不知疲倦的年轻人詹姆斯·麦迪逊手写了一条充分反映南部代表皮尔斯·巴特勒少校坚定态度的注释:"逃亡的奴隶和仆人应该像罪犯一样被交还。"巴特勒的态度是可以理解的。他是南方最大的奴隶主之一,代表黑人多于白人的南卡罗来纳州。对于巴特勒和其他南卡罗来纳人来说,如果大量财产逃跑到这个联邦另一个州就可以作为人而获得自由，加入联邦就没有什么意义。

南部代表在这方面也表现得精明：宪法规定，国会的权力和选举人团票数是根据各州人口来计算的，因此南部各州希望每个奴隶都算作"人"，即使他们没有人权。最终，代表们决定，在分配政治权力时，一个奴隶按五分之三个人计算。在经济原则方面，奴隶属于奴隶主的财产。南方各州充分地享受到了两个方面的好处。

虽然宪法及其具体条款是神圣的，但是北方几个州并不愿意抓捕逃跑的奴隶。到1850年，这些州拒不履行宪法义务让南方诸州极为不满。在过去的二十五年里，新英格兰地区的6个州在数千名逃亡者中总共只抓捕了2个逃亡奴隶。更糟糕的是，很多逃出去的奴隶，比如逃到马萨诸塞州的弗雷德里克·道格拉斯（Frederick Douglass）还成了废奴主义者口中大加赞扬的名人。鉴于这种情况，加利福尼亚作为自由州并入联邦的条件是，北方必须接受《逃亡奴隶法案》中的执行条款，维护宪法条款的威严。道格拉斯说，他第一次踏上自由州时心头涌上的那种强烈情感（"我从来没有体验过的激动心情"）无法被南部所容忍。新出台的联邦法律还将对奴隶主权利的承认扩展到了各个方面。然而，这些妥协对当时万分紧张的氛围不啻于在政治上火上浇油。

* * *

在《汤姆叔叔的小屋》一书中，俄亥俄河上漂浮的那些巨大冰块是通往自由的阶梯。在辛辛那提的好几年里，哈丽雅特·比彻·斯托（Harriet Beecher Stowe）听说了很多关于奴隶从临近的肯塔基州穿过河流逃往俄亥俄州获得自由的故事。在《逃亡奴隶法案》

第 10 章 奴隶制

通过之前，俄亥俄州执法人员根本不会轻易给抓捕逃亡奴隶的人提供帮助。

从 1850 年开始，情况发生了改变：联邦法律要求俄亥俄州抓捕逃亡奴隶，当地法庭和治安法官有权对抓获的奴隶进行审问，并要求当地执法官协助全美范围内的捕奴者。这一法律甚至为治安法官裁决一个奴隶是否应该被送回提供了财务激励——如果法庭认定被告是逃亡奴隶，法院将获得 10 美元来抵消支出；如果被告被无罪释放，法院将获 5 美元。联邦法律规定，"好公民"必须"恪守宪法条款"，如果丧失了"爱国心"去帮助逃亡奴隶，就会因刑事犯罪而遭到起诉。最后，还需要说明的是，逃亡奴隶的辩解是没有任何意义的："本法律规定，在任何审判或听证中，逃亡嫌疑人的证词都不得被作为证据。"

奴隶主权力的扩大让斯托深感不安，她开始动笔撰写《汤姆叔叔的小屋》。就像巴特勒种植园里奴隶们的前途被捆绑在主人的债务上，小说里汤姆的命运和主人谢尔比先生资金上的困境紧密相连。为了筹集现金，谢尔比先生勉强同意将汤姆卖给奴隶贩子，而那个奴隶贩子坚持再送个添头，要求加入一个 4 岁的男孩。一听到这话，那个小男孩的妈妈抱起孩子逃跑了。接下来，小说平行地讲述了汤姆和母子俩分别的经历。汤姆被卖到南方；母子俩摆脱了追捕，成功逃到了北方。这本小说在 19 世纪 50 年代卖出数十万册，第一年就卖掉 30 万册。甚至英国维多利亚女王都大为感动，给斯托写了一封赞扬信。当然，英国工业高度依赖美国南方的棉花，这彰显出道德与经济利益的矛盾。

当斯托和北方其他废奴主义者以各种道德上的理由，呼吁废除奴隶制之际，北方的人口结构也说明了普通美国人经济利益与奴隶制的冲突。具体地说，19 世纪 50 年代早期来自欧洲的移民潮已经增加了北方劳动阶层对自己未来工资压力的担忧，与此同时，希望在西部新开发地区定居的东部白人发现自己根本无法与那里的奴隶主公平竞争。在任何一个奴隶制合法的地方，没有足够财富拥有奴隶的白人农场主，被迫用自己的双手劳动，成了"二等公民"。19世纪30年代，托克维尔在出行途中观察到，在肯塔基州，"人们总是把干活和奴隶联系起来"，这使得工作成为贫穷白人的"耻辱之源"，他们虽然照顾着自己的土地，但"害怕自己看上去就像个奴隶"。随着除了自己的双手身无长物的家庭在中西部各地大量落脚和生产，奴隶制概念在经济上是对平等精神的公然践踏，也是对自给自足精神的巨大破坏。

同时，淘金热推动的经济流动需求为数千英里铁路的扩张创造了条件，让整个东北部和中西部的铁路长度增加了很多。依托每英里铁路、每个新移民（1854年的前九年里，共计290万海外移民进入美国）和每个从东部迁往中西部的移居者，绝大多数美国人的身份认同慢慢与南部白人的身份认同相分离，但是结果还没有彻底成型。在19世纪50年代中期，电报的商业化仅进行了十年时间——现代化和北方工业化这两个概念还没有深入人心。

在政治方面，北方的问题也没有解决。"1850年妥协案"不但没有缓解南北方的紧张状态，还将辉格党的南部成员推入了主导南部政治的民主党，让辉格党岌岌可危，迫使先前的北方辉格党成员组建新的联盟。有的北方辉格党成员一度与新成立的美利坚党结盟。这个党的成员声称不知道该党的存在，为投票站留下了惊喜，这个被戏称的"一无所知党"想要以美国出生工人组成的政党的身份崛起。他们反对移民，以减轻美国工人的压力。因为很多廉价劳动力来自爱尔兰，所以反对天主教自然是反对爱尔兰人的一部分。还有个别人甚至要将禁止饮酒写入党纲中，说德国移民和爱尔兰移民都是酒鬼。最后，这还是个反对奴隶制的政党，因为拥有劳动者有悖于"劳动者自由"原则。

第 10 章 奴隶制

政治的分裂催生了一场政治危机。随着人们不断移居辽阔的美国西部地区，各州开始辩论新的州该怎样并入联邦，也就是如何保持蓄奴州和自由州之间的平衡。在辩论中，"人民主权论"获得了人们的广泛认可：将来打算并入联邦的州可以通过广泛的公民投票来决定，也就是让当地民众选择愿意以蓄奴州还是以自由州的身份进入联邦。堪萨斯地区颁布《堪萨斯-内布拉斯加法案》，尝试"人民主权论"理念，结果以灾难性结果告终：赞成和支持蓄奴的移居者都蜂拥前往堪萨斯，赶在投票之前成为那里的居民。在一场小规模内战中，双方频繁发生流血冲突，史称"堪萨斯内战"。

暴力甚至发生在参议院的会议厅。在一次言辞激烈的发言中，马萨诸塞参议员查尔斯·萨姆纳（Charles Sumner）说奴隶主是美国土地上的强奸犯，他还侮辱了来自南卡罗来纳州的一个年迈参议员。这位南方参议员的亲戚，众议院议员普雷斯顿·布鲁克斯（Preston Brooks）被激怒了，之后的一天，当看到萨姆纳坐在参议院的办公桌前，他走上前去用手杖对后者一顿暴打，差点将萨姆纳打死。历史学家大卫·戈德菲尔德（David Goldfield）写道，在接下来养伤的三年里，萨姆纳在参议院里的席位一直空着，好像是"暴力后果的无声证据"。南部很多人给布鲁克斯寄送了新手杖，让他替换因为殴打萨姆纳毁坏的那根。

从这种形势中，诞生了一个新的政党——共和党。消除了"一无所知党"的众多排斥性政治主张，同时在自由工人、移民、废奴主义者和潜在的西部移居者等群体的利益间寻求共同点，共和党的成立纲领巧妙地将各方力量团结在一起，提出了反对奴隶制的主张。1856年，共和党的第一任总统候选人是来自加利福尼亚州的约翰·弗里蒙特（John Frémont），他的竞选口号是"自由的土地和弗里蒙特"。后来，竞选以失败告终。

第二年，反对奴隶制的力量再次遭遇失败。1857年3月，就在当选总统詹姆斯·布坎南（James Buchanan）上任前的几天，最高法院首席大法官罗杰·B.托尼（Roger B. Taney）亲自将一项裁决结果告知他。那桩案子涉及一个名叫德雷德·斯科特（Dred Scott）的奴隶。斯科特的主人带他去了伊利诺伊州和威斯康星地区。斯科特在这两个地区生活了一段时间。主人去世后，斯科特提起诉讼，要求获得自由。斯科特的关键依据是，在北方的自由州，他的主人没有权利蓄奴，主人将他带到自由州，就意味着已经放弃了对他的所有权。托尼在法庭上没有直接判定德雷德·斯科特是否应获得自由，而是对他的人类属性和公民身份做出了裁决。托尼在多数意见中发问："如果一个黑人，他的祖先作为奴隶被卖到这个国家，他是否属于美国宪法催生的政治共同体，是否有资格拥有该法律文件赋予所有公民的权利、特权和豁免事项？"托尼认为，宪法缔造者并没有这个意图，并且他宣布，即使是自由的黑人，包括南方黑人和北方黑人，都不是美国公民，因此否决了德雷德·斯科特在联邦法院寻求法律帮助的权利。另外，这项裁决推动了一个新的宪法解释：奴隶可以被主人带到联邦的任何一个州，并让他永远待在那里，但他一直是主人的财产。对于黑人来说更大的打击是，这项裁决认为"密苏里妥协案"中联邦限制奴隶制扩张的内容违反了宪法。这个时候，废奴者发现奴隶主的权利正在扩大。

在伊利诺伊州，1858年，前任众议员亚伯拉罕·林肯与参议员斯蒂芬·道格拉斯（Stephen Douglas）的整个参议员选举都围绕奴隶制展开。与道格拉斯的辩论更加坚定了林肯的信念，他"认为美国政府不能永远维持一半蓄奴州一半自由州的状态"。虽然林肯竞选失败，但他竞选时说的那些话经常被人们提起。竞选失败后，他重操旧业，又当了一年左右的律师，之后登上全国的政治舞台。

虽然北方对奴隶制很不满意，然而，19世纪50年代，奴隶主仍然取得了一连串的政治胜利。当时美国只有一个有影响力的全国性政党——民主党。最高法院支持民主党，全面禁止联邦政府对奴隶制的限制。在参议院中，凭借人数相等的平等地位，南方人保持了立法否决权。这一切导致奴隶价格一直涨到 1859 年。

* * *

先前巴特勒家的那些奴隶在等待马厩旁的拍卖会开始之际，有关奴隶制的政治角逐远不是他们那个圈子所能知晓的。眼下，他们心里考虑的是下一个主人是谁，他是个和善的人吗？他们能遇到大家庭里的成员吗？奶奶还能见到孙子吗？儿子能见到母亲或阿姨吗？他们可能再也见不到眼前的亲人了，要如何度过这最后的共同时光呢？

另一方面，在约瑟夫·布赖恩（Joseph Bryan）看来，这个时刻是他职业生涯中浓墨重彩的部分。在美国海军服役十八年后退役，他在短短五年内靠贩卖奴隶发了大财，成为远近闻名的人物。布赖恩主要通过在报纸发布出售奴隶的广告而闻名，对于那些关注佐治亚和佛罗里达奴隶市场的人来说，布赖恩这个名字并不陌生。他手上的绝大多数奴隶都通过报纸上的分类广告卖出，一般最多一次卖 12 个，在当地市场就可以卖掉，但一下子给巴特勒种植园的那么多奴隶找到买主要困难得多。从 1859 年 2 月开始，约瑟夫·布赖恩就着手向远在新奥尔良、里士满，以及位于这两个地方之间的众多潜在买主宣传这次拍卖活动。一次拍卖数百个奴隶的事情很罕见，这次拍卖因此成了南方一件令人瞩目的事情。在这里，人们可以见到知名的奴隶贩子和投机人，直接了解奴隶市场的状况。

这次大规模奴隶拍卖活动的消息辗转传到了纽约，传到了那座城市最大的报纸《纽约论坛报》的出版人霍勒斯·格里利（Horace Greeley）的耳朵里。格里利主张废除奴隶制的态度众所周知。当奴隶主在19世纪50年代赢得一系列政治斗争时，这份报纸的社论文章充满了愤怒。这位出版人派记者莫蒂默·汤姆森（Mortimer Thomson）去对那场拍卖会做一番深入调查报道。考虑到南方人对北方人打听奴隶的事情戒心极重，为了深入了解情况，汤姆森装扮成一个奴隶贩子去接近他们。

随着拍卖日期日渐临近，萨凡纳港的旅店里住满了赶来参加拍卖会的人。汤姆森写道："一连几天，在酒吧和公共空间听不到其他话题，人们谈论的都是这次大型拍卖会和对可能价格的猜测。"在那几天里，包括汤姆森在内的很多人都在拍卖开始前冒险参观位于郊外的那些马厩。他看到被关在马厩里面的奴隶们如何绝望地向潜在买主乞求，大都希望有人把家庭成员一同买走。出于一点人道的考虑，巴特勒坚持，奴隶中的夫妻和他们的孩子一起出售，不过这忽视了家族中的其他很多人——姨（姑）妈、叔伯、舅舅和（外）祖父母，以及大家庭的数代其他亲属——和没来得及圆房、完成奴隶婚姻最后一步的恋人。

对于买家来说，参观马厩的过程中出现了更多技术性问题。拍卖人提供的16页目录册也只是一个简单目录，不能满足经验丰富的奴隶贩子的要求。他们要做一些深入调查：察看那些"人货"的牙齿、肌肉和四肢，以判断畸形、疾病和总体健康情况。汤姆森注意到，在这个例行过程中，那些奴隶贩子总要大呼小叫地来一番自我炫耀。好几个人故作高深地对被监禁者进行充满敌意的审讯，向奴隶们抛出一连串问题并侮辱他们，向其他奴隶贩子显示自己"知道黑鬼的底细"。

周围安静下来的时候，汤姆森悄悄观察那些奴隶。他发现：

　　所有人的脸上都是极度悲伤的表情。命运强迫他们从先前居住的地方来到这里，有的人似乎已经屈从了命运的沉重打击，

第 10 章　奴隶制

悲伤地试图利用这个机会；有的人情绪低落地沉浸在痛苦中，他们手托着下巴，眼睛茫然地盯着一个地方，身体晃来晃去，一刻也安宁不下来。众目睽睽之下，很少有人哭泣，虽然有人偶尔忍不住转过脸去，默默流下两行泪水。

最后的时刻到来了。在奴隶贩子一连几天察看奴隶、装腔作势、喝酒宴饮之后，拍卖于1859年3月2日早晨开始。交易所的老板将拍卖活动的主持工作交给了拍卖师T.J.沃尔什（T. J. Walsh）。此君经验丰富，深谙如何制造紧张气氛，让买方出到最高价格。

第一个家庭被领过来了，他们的批号是1。这是一个四口之家：

1. 乔治　　年龄27　　优等种棉手
2. 苏　　　年龄26　　优等种稻手
3. 乔治　　年龄6　　 男孩
4. 哈里　　年龄2　　 男孩

根据那位记者的记录，最终的价格是2480美元：成年男性值1200美元，妻子900美元，两个小孩子每个不到200美元。

每次成交结果及其描述，都是一个深入了解当时奴隶价值的机会。

杰弗里，批号318，年龄23，优等种棉手，价格1310美元。

词语"优等"指最高级的劳动者，是评价奴隶的基准，意味着看不到身体缺陷或损伤，没有逃跑记录。这是一种有法律效力的卖方陈述，也就是说，如果交易员或买方发现事实不符，他可以起诉卖方，要求获得赔偿。拍卖继续进行。

盖伊，批号419，年龄20，优等，成交价1280美元。

菲尔丁和亚伯，批号分别为354和355，年龄分别为21、19，两者都是优等，成交价均为 1295 美元。

伍斯特和玛丽，批号分别是 103 和 104，成交价都是 300 美元。年龄是折价因素。伍斯特 45 岁，玛丽 40 岁。

登博，批号 322，年龄 20，最近刚与弗朗西斯结婚；后者批号 404。这对年轻夫妇以每人 1320 美元成交。虽然作为田间劳力，女人价格一般低于男性，但估价的另一个因素是她们将来会生孩子。另一个提升已婚"优等"农活劳力价值的因素是，婚姻关系会降低其中一人逃跑的风险。

奴隶卖了一批又一批。不难想象，价格最高的奴隶是 20 岁左右的男性，因为他们可以为买主贡献终生的劳动力。对于小孩子来说，前几年的喂养成本往往超过同期的产出。对于老年人来说，因为长时间无法在种植园给主人产生收益，所以价值等同于婴幼儿。老年女性往往被指派给地里干活的母亲看孩子。年迈奴隶的价值是负数。20 多个奴隶被留在种植园，就是因为这个原因。

随着拍卖锤最后一次落下，拍卖会取得了极大成功。巴特勒种植园的 436 个奴隶总共卖了 303850 美元。平均每个奴隶的价格将近 700 美元。这次拍卖活动的拍卖对象是一个奴隶社群，因而可以据此比较准确地估算奴隶中儿童、老年人和青壮年的人口组成。按照平均价格 700 美元计算，1859 年美国南部的将近 400 万奴隶，总价值约为 28 亿美元。

相较而言，美国最长的铁路，不久前刚竣工的长度为 705 英里的伊利诺伊中央铁路，建设成本为 2500 万美元，每英里的建设成本为 3.5 万美元，其中包括土地购买成本、劳动力成本和铁轨成本。按照这一单位成本计算（这条铁路的成本在当时算是比较高的），当时美国 3 万英里的铁路是美国价值最高的工业资产，总价值为 10 亿美元。需要指出的是，当时美国三分之一的铁路在南部。

这样计算，美国奴隶的价值是过去十年里加利福尼亚采掘的所有黄金的好几倍。这一切都说明长期流传的一个观点是不可能的，即，如果联邦政府用金钱从奴隶主手中为所有奴隶赎取自由的话，南北方之间的战争就可以避免。联邦政府在1859年的总支出是6900万美元。以这个数字计算，即使四十年的联邦预算也抵不上美国所有奴隶的市场价值。虽然当时北方的工业不断增长，但数字说明了一切：奴隶是当时美国最有价值的资产类别。"要本钱，不要原则"（preservation of principal, not principle），是维持奴隶制的所有论据的出发点。

第二年，即1860年，奴隶价格涨得更高（报纸戏谑地将这一投机气氛称之为"黑人热"）使得一些人更加不惜一切地为奴隶制辩护。

南部的奴隶居然是工业时代的美国最有价值的资产，这听上去有些不协调，然而我们要充分考虑奴隶与海外工业的联系。黑人劳动力对于种植被称为"白色黄金"的棉花至关重要，而原棉当时仍然是英国的工业命脉。即使在那些不种植棉花的州，奴隶的价值也是按照其在专门种植这种全球性商品的种植园里的价值来衡量，也就是根据棉花生产所需的劳动力成本来确定奴隶的价格。美国提供了全世界的绝大多数棉花，所以棉花是美国出口额最大的商品，而且遥遥领先于其他商品。1859年，棉花出口额占美国全部出口额的一大半。棉花对美国贸易平衡有着显著的影响。

过去人们一直认为，北方各州的经济要比南部先进很多，其实北方从英国进口的制成品和工业品远远多于出口产品。例如，整个19世纪50年代英国铁轨随着美国新增的数千英里铁路，越来越多地进入美国北方。南部的棉花出口抵消了北方大量进口国外产品导致的贸易逆差，才能让美国保持国际收支平衡。棉花出口和工业品进口数量之间的细微校准是由英国债权人和纽约投资机构来完成的，这让纽约成为棉花贸易的重要连接点。将英国货物运到美国北方的船只，并不会空手而归，它们返回时将棉花运到英国。因为纽约投资机构承担着协调英国资金在美国投资的事务，所以他们可以很方便地将美国南方出口棉花产生的贸易盈余变成对美国北方投资的资金。简单来说，当时的美国北方正在经历工业化，但还没有完成这一过程，它在很大程度上仍然是一个农耕社会，只是程度上比南部小很多。很明显的是，美国的大多数海外出口产品是来自南部的农产品。

在这种背景下，让奴隶制出于道德或正义的考虑自行瓦解是一件很困难的事情。相反，大量证据表明，奴隶制正在从一个没有人身自由的劳动力群体变成实质上的南部的货币基础。在大多数农耕社会，最有价值的资产是土地。土地的出产——不管是现在种的还是将来种的——都是经济收入的基础。美国南部的情况却不是这样。不仅土地有产权，就连劳动力，即人，其终生价值也可以合法地拥有和转让。最重要的是，和土地一样，奴隶主可以将奴隶用作贷款的抵押物。实际上，在贷款抵押方面，奴隶要比土地强很多。土地价格因为面积、位置、当地气候、宜种作物、土壤肥力和水源等因素的不同而相差极大。另外，和奴隶不同，土地无法移动。如果借款人急于偿还债务的话，卖掉一两个奴隶要比卖掉一片土地更为容易。对于相隔很远的债权人来说，相较于某块未知的土地，他们更愿意用一群二十来岁的奴隶作抵押，因为一旦借款无法按时偿还，债权人可以迅速带走作抵押的奴隶并高价卖掉。违约借款人在田纳西的土地不容易被新奥尔良的贷款人评估和出售，但他的奴隶却可以。

用奴隶作抵押很容易借到款，这反过来让购买奴隶更容易。就像巴特勒奴隶的拍卖会上，几乎没有人拿自己的钱来买；大多数人借钱买。如果用奴隶作担保来借钱的话，这个奴隶就成为抵押品，成了一种可以在市场上转让的有价债券，即使被抵押的奴隶还未易手。这种高流动性可以让手里拥有奴隶的人不断借款买更多的奴隶。随着 19 世纪 50 年代奴隶价格的上涨，南方奴隶主对奴隶市场的信心日益增强。一家杂志认为，"我们敢说，黑人和棉花之间的联盟是世间最强大的力量"。

在很多种植园，种植园主把以奴隶作抵押借来的钱用作经营种植园的流动资金，用以购买种植季节所需的原材料，改造机器设备。这一需求的核心是棉花产量和需求的迅猛增长。1840 年，美国南部原棉产量是 6.74 亿磅。到了 1859 年，这一数字增加了两倍，单年产量就超过 20 亿磅。当时，棉花这种作物每年的产值超过 2.5 亿美元，是美国联邦预算的四倍。棉花产量的增长需要注入大笔资金，用以开垦荒地，种植棉株。和 18 世纪的烟草一样，这些资金最终通过从经纪人开始的层层中间人进入棉花种植园主的腰包。

经纪人的本质是中间人，他们用未来一年的收成作抵押为种植园主安排融资。给很多种植园主预付资金后，经纪人就会将这些种植园主提供的农作物供应合同合并在一起，捆绑销售给新奥尔良的承运公司或代理人。预付给种植园主的资金，和其他预付金一样，附带一定程度的利息。棉花收获之后，经纪人与种植园主进行结算，多退少补。虽然从操作上说，经纪人相当于种植园主销售棉花的代理人，但是经纪人的主要利润来自从农作物批发商、银行和世界市场向种植园主提供融资借款的经纪业务。这一业务是一种农业投资银行活动。

随着时间的推移，经纪人和代理人逐渐成为业务范围更广泛的金融中介。经纪人，因为之前已经和种植园主有预付资金往来，所以逐渐发展成为种植园主大额贷款的担保人、联署保证人。经纪人往往在种植园主的借款票据上签字背书。种植园主一般用某些奴隶作贷款抵押，再加上经纪人的担保，银行和批发商就会给种植园主借钱。这样，经纪人自己无须出资，只要担保他的客户（种植园主）

能够及时还款，就可以通过贷款经纪获取酬金。到1860年，由奴隶作抵押，由经纪人背书的借款票据有了广泛的二级市场。借款给种植园主的商人可以将借据卖给其他人。这种借据本身往往就可以被用作货币。在这种货币体系下，最受欢迎的抵押物根本不是土地，而是未来交割的棉花或对奴隶的抵押。

不难想象，如果种植园主死亡，其遗产执行人往往会将奴隶卖掉，向债权人清偿欠款。有的银行甚至有专门圈养奴隶的围栏，为的是万一发生不良贷款可以迅速收回抵押的奴隶。用奴隶作抵押的做法并非和美国公司的历史没有一点关系。虽然在奴隶制时代，大通银行的品牌或业务并不存在，但翻阅其历史可以发现，它收购的两家银行，即路易斯安那市民银行和新奥尔良运河银行，在美国内战爆发前，曾接受过共计1.3万多名奴隶作为抵押物。

在文化上，拥有奴隶成了一个人财富方面的成人礼，是一种成功的标志。就像是拥有土地就有了社会地位和他人的尊重一样，拥有奴隶，甚至只拥有一个，也标志着贫穷白人从此脱离了没有奴隶的地位，身份得到了提升。土地随着耕种时间的增加肥力可能下降，棉花价格也可能波动，但是拥有几个奴隶，甚至是拥有一对奴隶夫妻，就可以同时拥有他们的后代，意味着获得了一笔不断增加的财富。对于雄心勃勃的年轻人来说，因为棉花是当时大多数巨额财富的中心，所以要获得舒适生活、社会地位和财务稳定这些象征社会最高阶层的东西，就要成为一个大种植园主。拥有一处宅邸，被自己的"人"（当时的富绅们对奴隶的委婉称呼）簇拥着，这些南方人进入了有产贵族阶层，在北方是没有相应现象的。为了效仿那些"成功者"的理财智慧，奴隶被"资财有限的人、孤儿寡妇的信托资金视为最佳投资对象"。

看似稳定的投资被杠杆扭曲了。就像是拥有信用卡会让人感到自己的购买力比实际的更强，在信贷宽松的刺激下，美国奴隶制上

第 10 章　奴隶制

演了最后的疯狂。虽然北方关于奴隶制的不满与日俱增，但奴隶价格一直攀升到 1860 年的总统大选时期。就在距离南部退出联邦之前的几个月里，市场的集体智慧还没有看到奴隶制面临的威胁。另一场拍卖活动的举行就可以证明这一点。距离巴特勒奴隶拍卖会刚过一年，另一场规模更大的拍卖活动开始了。

约瑟夫·邦德（Joseph Bond）是一个富有的南方人，在与他的一名前任监工的口角中被杀。在他死后几个月，遗产执行人不得不将邦德的所有地产和奴隶卖掉：超过 1.9 万英亩土地和 500 多个奴隶。到 1860 年 1 月，奴隶市场的形势极为乐观，邦德拍卖会拍出的奴隶价格甚至超过了巴特勒拍卖会：566 名各个年龄的奴隶一共售得 580150 美元。顶级干活能手的卖价超过了 2000 美元。所有奴隶的平均价格超过 1000 美元。按照这个价格水平，美国的 400 万奴隶当时的价值为 40 亿美元。尤其值得一提的是，甚至小孩子和年轻母亲也卖出了高价格。在美国内战爆发前夕，小孩子价格的进一步上涨说明买方和放款人对奴隶未来价格的持久信心——持久至那些小孩子长大到能够干活的时候。或者，在宽松信贷的刺激下，买方只是将奴隶看作不断增值的资产，看作总能以更高价格卖给下一个买方的资产。信贷往往是投机狂热的最后一个推手。

然而，信贷也腐蚀道德，一张张票据、契约让奴隶制更为复杂。拥有丈夫去世留下的 500 英亩土地、6 个奴隶和 1 万美元债务的寡妇能让奴隶自由吗？她的债权人肯定会反对。年轻时为了积累财富努力打拼，背负巨债大盖宅邸，但打算不再通过买卖奴隶赚钱的人真的能接受这种思想进步吗？广泛的借债行为，以及整个南部的信用结构都建立在这种最有价值的资产上。信贷已经渗透入奴隶社会的各个方面，并与其紧密联系在一起。南方人不可能主动给予奴隶自由，就像现代美国人不可能将贷款买的房子交给慈善机构一样。负债会限制人的行为。只有没有负债，没有子嗣，道德高尚的人才有可能放弃大笔的个人财产。即使在这种情况下，原则也可能为政治上的考虑所颠覆。几十年前在青年时期就解放了自己奴隶的最高法院首席大法官罗杰·B.托尼，依然裁定德雷德·斯科特和所有非洲后裔都不是美国公民。

在美国早期格局发生巨大改变前的最后几个月里，美国宪法无法解决的政治问题被归结为金钱问题。触发因素就是奴隶价格泡沫。从19世纪50年代后期到1860年，在"黑人热"的投机风潮中，奴隶价格不断攀升，有关奴隶制的赌注越来越大。过热的市场让南部严重高估了奴隶制的价值，此时的奴隶价格已经不再和棉花的价格紧密关联。具有讽刺意味但同时也可以理解的是，南方人并不想放弃被市场非理性地估价超过30亿美元并且还在成长的一个制度。正在发生的政治事件都指向唯一的理性解决方案。对市场估值坚定而持久的信任导致的财富增加的幻觉，再加上这方面的渲染和鼓噪，注定了美国接下来的命运。

第二部分

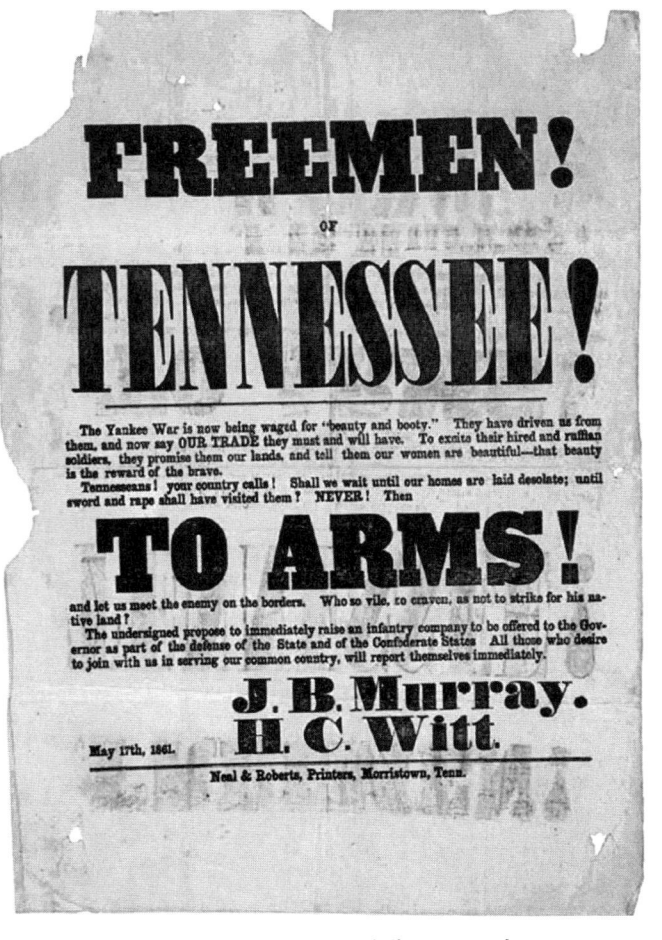

美国南部邦联的征兵广告，1861 年

第 11 章　战争

在 1859 年 10 月一个周日的漆黑夜晚，比尔·史密斯（Bill Smith）和他已成年的儿子们开始了他们已经耐心准备多日的行动。几个月以来，在弗吉尼亚的哈珀斯费里这个小镇上，史密斯父子走来走去，忙个不停。他们在河对岸的马里兰州租下一个农场，似乎要开一个采矿场。然而，史密斯父子真正打算做的事情和赚钱没有任何关系。在一个照片通缉还不太方便的时代，有前科的人很容易冒用一个大众化的名字，然后逍遥法外。如果那些弗吉尼亚人知道这个比尔·史密斯实际上是约翰·布朗（John Brown），他们绝对不会对他那么客气。

布朗的名字为人熟知源于《堪萨斯-内布拉斯加法案》的余波，当时，他向西辗转前往堪萨斯州，与支持奴隶制的当地人开战。据说，他和儿子们将好几个人当着其家人的面砍死。距离实现最终目标还差得很远，布朗决定前往弗吉尼亚，为实现最新制定的奴隶解放计划做准备。哈珀斯费里有一个联邦军队的军械库。布朗，还有他招募来的一些志同道合的人，计划封锁小镇的道路，夺取军械库，利用军械库里的枪支弹药组织一场奴隶暴动。经过一个晚上的战斗，到了第二天清晨，他们终于占领军械库，并抓住了几个俘虏。他对其中一个俘虏说："我们是北方来的废奴者，来解救你们的奴隶。"几个小时后，罗伯特·E.李（Robert E. Lee）带领联邦军队赶到了现场，经过相持，布朗他们被迫投降。这次行动失败了。

在北方，很多人认为布朗是一个英雄，说"听说他们大胆的暴动计划后很是震惊"。而在南部，人们将他视为恐怖分子，认为布朗的行为和人们对他的支持控诉了整个北方，及其对法律的对抗和对宪法、联邦基本法的藐视。在接下来的几个星期里，每天通过电报传递的新闻报道引起了南北各地美国人极大关注。对约翰·布朗的审判，以及北方支持者的声音，南方的极度不满，交汇在一起，一连几个星期占据着报纸的头版位置。几天后，弗吉尼亚一家法院判处布朗死刑，这让众多弗吉尼亚人陷入一片恐慌，觉得义愤的北方民团或反奴大军随时会来解救他。在执行死刑前的日子里，弗吉尼亚州长曾考虑采用戒严法，并增派3000多名联邦士兵前往关押布朗的查尔斯顿，加强警戒力量。"社会各阶层一片恐慌，"《纽约时报》报道说，"各阶层所有人的眼里写满了焦虑，甚至大批军人的出现也无法缓解人们对入侵的担忧。"

通过死亡，约翰·布朗成了一个符号。亨利·沃德·比彻（Henry Ward Beecher），也就是哈丽雅特·比彻·斯托的哥哥，当时在纽约布鲁克林区普利茅斯教堂当牧师，他提出，一种远超美国宪法的力量可以救赎布朗："不愿意为国家受苦受难的人是不热爱他的国家的……走入烈火中的是殉道者——他们勇敢地将手伸入火焰——唱着歌慷慨赴死……所有事业的进步都离不开殉道者。"1860年早些时候，在布朗被执行绞刑两个月之后，比彻邀请一个不太可能成为总统候选人的人到教堂演讲。

亚伯拉罕·林肯接到比彻的邀请时，已经离开政界将近十年。

第 11 章 战争

先前的政治生涯也没有什么出众之处,满打满算,他只担任了两年国会议员。大多数时间里,他靠在伊利诺伊州当律师讨生活。然而,他与斯蒂芬·道格拉斯辩论的文稿出版后,为他带来了全国性的声誉。虽然林肯在那次参议院竞选中以失败告终,但他的演讲在社会上引起极大震动,让他觉得有希望获得新成立不久的共和党的总统候选人提名。当时获得提名的其他候选人还有威廉·H. 苏厄德(William H. Seward)和萨蒙·P. 蔡斯(Salmon P. Chase)。两个人的声望和社会地位远胜过林肯,同样旗帜鲜明地反对奴隶制。然而,林肯具有其他两个人不具有的优势:被人们广为称道的一流口才。

林肯赶到纽约时,计划的演讲地点从比彻的教堂更改为库伯联盟学院的大礼堂。在那里,林肯从宪法、政治和历史三个角度,为听众剖析了奴隶制问题。在最后,他将奴隶制归根于一个无法解决的问题:

> 如果奴隶制是对的,那么所有反对奴隶制的言论、法案、法律和宪法就是错的,就应该禁止和清除……如果它是错的,那么他们就不能理所当然地要求推广它。他们所要求的一切,我们可以答应,前提是我们认为奴隶制是对的。我们所要求的一切,他们也可以答应,前提是他们认为奴隶制是错的。可事实是,他们认为奴隶制是对的,我们认为它是错的,这就是争论的焦点。如果他们认为奴隶制是对的——他们也确实这么认为——他们自然希望我们完全认可有关奴隶制……问题是,我们认为它是错的,我们能让步吗?

数十年的妥协、周旋和权宜措施无法继续给这个尖锐的问题提供任何政治商谈的余地。

当然,林肯不但赢得了共和党提名,还赢得了 1860 年秋季的大选。不难想象，他虽然赢得了全国大选，但没有赢得南方任何一个州的多数票。林肯能够把奴隶制问题用如此直白的措辞表达出来并且仍然赢得了选举，在南方人眼里，这意味着共和国气数已尽。林肯当选后一个多月，南卡罗来纳州退出联邦。美国宪法，一份和国父们一样受人尊敬的文件，被他们宣布无效，说那是一个让他们吃亏上当的协议，其约束力被废除。在正式讲述退出联邦的原因时，南卡罗来纳州在其相当于美国《独立宣言》的文件中明确地说，"当选的那个人……他的观点和目的对奴隶制有敌意"。

后来，在1月，林肯就职前，密西西比州退出联邦，紧接着，佛罗里达州、亚拉巴马州、佐治亚州和路易斯安那州在那个月底前先后退出联邦。在这几个州中，密西西比州和佐治亚州详细说明了退出的原因。密西西比州的声明，在列举了一大堆对抨击奴隶制的不满之后，它在结尾处说出了退出联邦的真正原因："我们要么让步，损失价值40亿美元的财产；要么退出先辈创立的联邦……先辈们当年脱离英王室，原因远没有这么严重。"事实确实如此。不过，佐治亚州的语气要平和一些。在评估南部400万奴隶的价值过程中，他们说退出联邦的原因是为了捍卫他们仅有的"30亿美元财产"。虽然可能有10亿美元的出入，但这个数字基本上是真实的。奴隶价值数十亿美元。值得一提的是，虽然后面援引了单个州权利至上原则，然而在计算经济补偿时，佐治亚州和密西西比州将南部所有奴隶算在内。如果让奴隶自由的话，这些财产的价值将化为乌有。

在林肯宣誓就职之际，美国南方腹地的6个州，以及得克萨斯州，不再自视为美国的一部分。1776年的反叛情绪复活，多个州宣布独立，打造一个完美联邦的制宪实验已经失败。

这时，南部的主流观点认为，脱离联邦并不一定会引发战争。那个刚刚上任，没有经历过任何风浪，毫无经验的总统能调动军队

第11章 战争

吗？在十多年前的美墨战争中，数万人以极大爱国热情踊跃投身于国家事业，实现美国向西拓展这一天定命运是国家荣耀的呼唤。然而内战不会有任何荣耀——最多回到先前的联邦状态。北方人愿意为了留下南方而送自己的儿子去打仗吗？当数百万南方公民反对这个联盟时，那些青年愿意为了国家统一这个抽象的政治概念而流血牺牲吗？唯一可以确定的事情是，不管战争胜利还是失败，都会给人们留下血腥、痛苦的回忆。如果写就宪法的墨水无法将各州联结在一起，为什么要用鲜血去联结？考虑到这些因素，他们发动战争的动力在哪里？

然而，南部判断错误。从林肯11月获得选举胜利到第二年3月正式上任之间，南卡罗来纳的叛军包围了查尔斯顿的萨姆特堡。这是联邦的一个军事前哨，也是最后一批还没有被南方军队控制的军事前哨之一。林肯在就职演说中讲到这一形势时，坚定地说，联邦政府对美国所有州的财产拥有权利，不管该州是否已退出联邦。在演讲结束之际，他说："我心怀不满的同胞们，决定内战的关键问题在你们手中，而不在我手中。政府不会攻击你们。如果你们自己不成为侵略者，就不会面临冲突。"觉得没有必要过于尖锐，林肯甚至从草稿中删掉了最后一句带有火药味的话："你们想要和平，还是刀剑？"虽然如此，几个星期后，他得到了这个未被提出的问题的答案。

被包围在萨姆特堡里的那位陆军少校派人送信给白宫。要塞的给养只能维持6个星期，到那时，如果给养得不到补充的话，他就只能投降。尽管南卡罗来纳州已脱离联邦，但是在知会南卡罗来纳州州长后，一艘美国军舰还是奉命给要塞提供了补给。这艘船靠岸不久，南部军队为了防止该船提供补给，向萨姆特堡开火。密集的炮火从夜里开始，持续了一天。4月12日，罗伯特·安德森（Robert Anderson）少校带领部下投降。他获准和士兵走出要塞，前往停泊在不远处的那艘海军军舰。虽然在此期间双方没有一个人阵亡，但是从攻击联邦要塞开始的这场对峙，其结束标志着美国内战的开始。

* * *

在工业时代，战争并不仅仅由勇敢的士兵和意志坚定的将军独自进行。反叛情绪和爱国主义只能起到激励作用，而后勤供应、金钱在战争中所起的作用，和鲜血、士兵一样重要，甚至更重要。

在萨姆特堡受到攻击的数日内，北方就采取了积极的动员措施。很快，人们就可以看到，美国企业界在这场动员中起到了关键的作用。政府最初下达的一批命令中，有一条是建立一个用于战争通信和运输的电报和铁路系统。刚上任几天的战争部长西蒙·卡梅伦（Simon Cameron）要求宾夕法尼亚铁路公司立刻派一名主管到华盛顿。后来这位叫汤姆·斯科特（Tom Scott）的主管被任命为战争部部长助理，负责主管所有铁路和电报的运营。斯科特将自己在战争部的很多工作交给他先前从当地电报局招募的那个年轻人。当时年仅25岁的安德鲁·卡内基受命为联邦军队筹建电报和铁路方面的基础设施。萨姆特堡战事结束一星期后，卡内基从宾夕法尼亚赶往华盛顿，在总统召集军队到华盛顿之前，监督一些宾夕法尼亚铁路公司的员工建桥、维护铁轨和运营铁路。

随着火车隆隆地驶过马里兰州，卡内基必须迅速抢修被这个奴隶州暗中破坏的铁路，为北方运输整车士兵南下作战做好准备。铁路修通之后，他发现一段电报线被支持叛军的人割断了。在他试图把线接好的过程中，一根从上面落下的电报线将他的脸划了一道大口子。部门同事后来开玩笑，说卡内基脸部受伤流血，是美国内战中第一批挂彩的伤员之一；这话倒也有几分道理。

第11章 战争

一到华盛顿，卡内基就接到了一个十万火急的命令，立即组织铁路上的各路人马，将巴尔的摩-俄亥俄铁路从华盛顿延伸到临近的弗吉尼亚州亚历山德里亚。通过7天的紧张奋战，卡内基和他的部下将铁路修过波托马克河上的长桥。借助二十年前还根本不存在的运输网络，各州民兵得以汇集到首都。然而，民间力量建起来的铁路是一个路线混乱的大杂烩。一家铁路公司与另一家铁路公司的铁轨不相连。要前往另一个州的旅客或货物必须中间换车，换乘另一家铁路公司的车。在接下来的三年里，联邦政府要求大幅提高铁路运输效率：快速调动联邦军队和物资需要一个多方面完全标准化的全国铁路运输网，其中最基本的是衡量轨道宽度的轨距。

长桥上的铁路铺好之后，卡内基从宾夕法尼亚铁路局抽调4个电报员，在华盛顿建立了一个临时电报局。不久，这个电报局人员壮大，成为美军电报部队。在该部队成立之初的几个月里，卡内基指导建立了办公室，设立工作程序，在前线部队驻地建立电报网点。不久，全国最大的电报公司，即西联电报公司，派一位主管前来，以军方电报主管的身份接手了这个电报局。依托数十名电报员，这个电报局将不断接收有关敌军行踪、后勤协调和战场进展的消息。人类历史上第一次，战场的指挥几乎是根据实时消息进行的。部队指挥官用这些消息"指挥相隔很远的部队协同作战"。林肯本人，为了了解战场传来的消息和报告，几乎每天都要在电报室待很长时间。

南部也有自己的铁路和电报。事实上，美国陆军战斗研究所后来的一份研究推测，双方军队的调动都非常依赖铁路运输，这导致战争持续的时间更长，因为铁路往往会"削弱任何一场战斗胜利或失败的重要性"。"在有铁路输送给养供应的情况下，如果部队被打败，他们可以在依靠腿脚力量前进的敌人扩大战果之前，靠铁路获得增援和补给。因此，战术上的胜利很少转化成为战略上的优势。"

同时，对于南部来说，相持就等于胜利；只要坚守住独立，抵挡住入侵，就可以实现这一目标。然而，联邦要取得胜利，就必须进入南方领土——在那里，北方的铁路和电报就派不上什么用场了——而且必须迫使对方全部投降。为了保卫南方的领土，战争上半场邦联军队的大规模调动非常依赖于铁路，分多次将3万士兵运抵前线。军事历史学家克里斯托弗·加贝尔（Christopher Gabel）认为，考虑到南方的这一优势，"如果战争在1863年结束的话，历史学家会将邦联的铁路列为邦联胜利的决定性因素"。

不过，铁路铁轨在高负荷使用下，不出几个月就会损坏，需要经常更换铁轨。南部的铁轨很快就用完了。加贝尔估计，南部需要每年动用将近5万吨铁轨替换9000英里铁路上的报废部分。在战争进行到一半的时候，北方生产了20多万吨铁轨，而南方的产量仅是这一数字的八分之一。到1863年，"南部各地的铁轨磨损严重，新铁轨的存货已经没有了"。于是，南部开始采取拆了东墙补西墙的策略，将拆下来的铁轨用在最重要的军事补给线上。随着农业地区铁路的收缩，火车车次较少的路线上的食品运输大受影响。这一现代化战争其实是两种经济体系的战争。

实际上，很多有关美国内战的历史提及了北方工业的优势，说它是北方最终获胜的一大因素。不过，这一推断是片面的，而且忽略了一个中心数据点。在战前的十年里，北方并没有完全实现生铁的自给自足。在整个19世纪50年代，美国绝对是英国生铁的最大进口国，仅仅1860年就进口了超过13.8万吨。

上述观点没有看到的是，占据了美国战前出口额将近60%的南部的出口情况。如果南部继续像战前那样向英国纺织厂出口棉花，是不是能够换来他们所需要的任何工业品或军用物资？相较于19世纪中叶的美国北方，英国在工业上拥有绝对优势。鉴于英国需要原棉来保持其纺织厂的满负荷运转，因此英国国民经济的很大一部分完全依赖美国南部这一世界上最大的棉花产地。而美国南部并不需要自己的工业生产力,因为它可以轻松地使用棉花作为货币来换取英国的生铁和产成品。生铁换棉花本来会成为一种很自然的交易,一种很直接的战争融资机制,就像密西西比三角洲的棉花地一样持续不断。

当然,这一切没有发生。邦联军队进攻萨姆特堡7天后,大约就在卡内基和他的上司汤姆·斯科特开始为军队平叛做前期工作期间,林肯命令海军封锁南方港口。实际上,我们有理由认为,美国内战的胜负根本不是在陆地上决定的。

* * *

对南方的海上封锁差点引发了另一场战争。在开始的几个月里,由于联邦海军明显有效地切断了南方的海上贸易通道,英国的报纸报道越来越不满。英国的纺纱厂和铸铁厂损失巨大。南方深谙英国的战略重要性,想要利用英国的这种情绪为自己谋利,他们任命了詹姆斯·梅森(James Mason)和约翰·斯莱德尔(John Slidell)两位公使,直接与英国建立外交关系。即使在战争爆发前,一种自信的南方立场认为棉花为王的经济纽带可以转化为与英国的外交和政治纽带,并且很快就可以发展成为英国对南部邦联主权的全面承认。

两位公使躲开联邦海军的封锁,抵达古巴。在那里,两人登上英国蒸汽船"特伦特号",打算前往伦敦,向那里的官员陈述利害。封锁海面的联邦海军无意中违反了国际规则,"圣哈辛托号"在公海海域拦截了两位公使乘坐的那艘船。舰长搜查那艘船之后,逮捕了两位公使,将他们当作俘虏押往马萨诸塞的沃伦堡。英国政府就此提出抗议,认为搜查悬挂英国国旗的船只违反国际法,是对英国主权的公然藐视，要求立即释放南部邦联的两位外交官并道歉。林肯政府拒绝了英国提出的所有要求——些许民族主义在北方的报纸中非常受欢迎，尤其是在从"第一次奔牛河战役"开始的几场战役对南方有利的情况下。

不过，英国手中有很重要的筹码。从17世纪以来，印度就一直是全球硝石（硝酸钾，火药的一种关键成分）的主要生产国。和英国东印度公司经营的中国茶叶一样，印度硝石先是长途运往英国，再从那里向世界其他国家和地区出口。1861年秋，在"特伦特号"事件发酵期间，联邦就告知其火药的主要提供商杜邦公司，要他们采购数量巨大的硝石。公司负责人亨利·杜邦（Henry du Pont）派他的侄子拉蒙特·杜邦（Lammot du Pont）去英国协调采购事宜。然而，拉蒙特购买的数量特别巨大，几乎是当时英国的所有硝石存货量。杜邦公司没有直接说明这批货的客户是美国政府，而是订下了即将从印度抵达英国的一整船硝石。将近3000吨的庞大需求量和紧迫的启程要求引起了英国外交大臣的警觉。他警告有关人员："要求在短短三天内启程，太不符合常理。"当时，拉蒙特已经让卖方给4艘大船中的1艘装船，考虑到邦联外交官仍旧被扣押在联邦手中，英国政府下令禁止这些船离港。

随着林肯入主白宫后的第一个圣诞节逐渐临近，英美双方的紧张关系已经到了剑拔弩张的地步。好几家伦敦报纸呼吁对美开战。英国将部队调遣到了加拿大。英国一位高级外交官向美国外交官下达了最后通牒，要求美国释放梅森和斯莱德尔，否则英国将关闭驻华盛顿的大使馆，与美国断交。这种断交措施往往是更严重敌对行为的序幕。杜邦公司的管理人员与国务卿苏厄德就后勤的重要性进行了磋商，这显示出美国公司在战争中的重要性。圣诞节那天，林肯召集内阁成员开会，第二天，他同意放人并道歉。不久，被英国政府扣押的火药回到了杜邦手中。一位联邦将军喜出望外地说，根

第 11 章 战争

据当时的战争规模，9万桶可以让他们用上三年。然而，战争规模的扩大超出了所有人的想象。

后来的事实证明，对于南方来说，释放斯莱德尔和梅森只不过是道义上的胜利；北方的海上封锁一直持续到了战争结束。美国军舰在查尔斯顿、新奥尔良和萨凡纳等海港附近水域游弋，使南方无法从海外为战争筹集资金。与其他军事战略相比，这一先发制人的高明之举奠定了北方胜利的基础。这一措施收到了立竿见影的显著效果。1861年，南方棉花产量比前一年的还要高，达到440万包，每包大约重500磅。然而，这些棉花无法运出南方港口。数百万包棉花堆积在南方码头，造成第二年棉花产量大幅下降70%。1864年，南方棉花产量比战前水平下降93%以上。无法将棉花销往海外，南方就无法购买和进口战争物资。

虽然美国政府做出了让步，但英国也不愿意过分得罪美国。那年早些时候，苏厄德郑重地对英国声明，对美国南部邦联的任何支持之举"都会让美国被迫像前两次那样走上与大不列颠为敌的道路"。不过，仅靠虚张声势不能解决问题。因为美国内战，英国工业和欧洲其他各国受到了不同程度的影响。不仅很多纺纱厂几乎停工，而且在战争的头两年，对美国的生铁出口下降了将近80%，导致铸铁厂的效益大减。整个1862年，南部邦联曾经尝试用这场战争给各国造成经济损失为由说服国际社会提供资金援助。然而，英国数量众多、分布广泛的海外殖民地让美国南方仅存的筹码失去了作用。英属印度和埃及的棉花产量大幅攀升，原棉产量从1860年的不到4.5亿磅增加到1866年的将近10亿磅。苏厄德意识到这一情况即将带来的影响，他说南部邦联"如果发现埃及、小亚细亚和印度在为世界供应棉花，加利福尼亚在为北方从上述地区采购棉花提供资金时，还看不到繁荣和希望正在离他们远去的话，他们就是在漠视自己的利益"。形势的这一变化意义重大。斯文·贝克特

（Sven Beckert）写道："埃及历史学家把美国内战视为自己国家 19 世纪历史中最为关键的事件之一。"

* * *

然而，南方的废墟与北部的情况相去甚远。战争带来的滚滚利润超过任何人的想象。后来类似《飘》的一些小说描述了在内战中如何牟取暴利的虚构人物。《飘》的主人公瑞德·巴特勒——一个穿越联邦海军巡逻艇封锁从事货物走私的商人——是在南方绝望之海中唯一发财的奸商。在北方，那场战争成就的商人则是真实存在的。

南部邦联由于铁的短缺而缩减了自己的铁路基础设施建设，与此相反，北方处于蓬勃发展的商业复兴之中，经历了天翻地覆的变化。美国内战给北方引入了有关国家管理、社会治理等方方面面的现代元素。实际上，鉴于南方脱离了联邦，美国不再需要维持美国是由实力强大的各州联合组成的国家这种虚假的自我安慰。在紧急情况下，它可以集中联邦的全部力量领导和协调战争。两种相互对立的政府理念以达尔文主义的方式彼此竞争，而内战是其最后一幕：杰斐逊的有限政府理念最终输给了汉密尔顿的中央集权理念。现代化需要一个可以在全国范围内统一发布和贯彻政策的政府，一个可以无须征求地方意见而迅速决策的政府。不过，实现这一点花了很长时间。

在 1861 年的很长一段时间里，北方处于震惊与慌乱中。叛军似乎占了上风。刚接任的林肯政府羸弱不堪。联邦政府在战争第一年的支出几乎与和平时期没有什么变化——6600 万美元，而前一年是 6800 万美元。美国企业，包括西联公司，先行垫支了服务，为的是将来获得回报。1862 年初，财政部长萨蒙·P. 蔡斯清楚地意

第11章 战争

识到，联邦政府的借贷能力因为战争的不确定性而大受影响。前一年的夏季，联邦政府尝试发行了一种后来被人们称为"林肯绿币"（greenback）的纸币，然而这个方案引来的是一片嘲讽。一种不能兑换黄金的"纸"，这在美国是一种陌生的概念。然而，政府没有放弃，继续推进。2月，国会通过《法币法案》，授权政府发行1.5亿元不与黄金挂钩的货币，用以支付战争支出。为了确保这套货币能够广泛流通，《法币法案》规定，美国所有团体，不管是公共的还是私人的，必须接受纸币偿还债务。所有税款，除了进口税之外，都可以使用林肯绿币缴纳。为了增加那些心存疑虑的人对该纸币的接受程度，政府规定，收到这种纸币的人可以将手中的纸币兑换成5年到20年的债券，每年6%的利息用黄金支付。通过这套货币，1862年的政府支出迅速增加到4.74亿美元，联邦支出增加了620%。

在先前的和平时期，主要任务是运营邮局的联邦政府，现在已经摆脱了财务上的后顾之忧，可以将全部精力放在战场上。到1862年年中，随着联邦征召数十万青年入伍，它需要筹集数亿美元资金。财政部长的朋友杰伊·库克（Jay Cooke）被找来做代理，向公众销售债券。在接下来的几年里，库克招募了数百个债券销售人员，让他们深入北方各地，挨家挨户地向当地储户推销债券。到战争结束之际，联邦债券一共增加到将近30亿美元。不过，这些债券不是虚幻的东西，它们显著刺激了经济活力。实际上，虽然这些债券投资的一些领域和战争没有关系，但它强化了现代共和国的宏大图景，以及早在那场冲突之前就存在的大洲梦想。

从淘金热开始，修建一条连接太平洋沿岸和东部沿海的大铁路一直是美国资本家和政治家的梦想。之前有个问题一直没有解决：南方人想要铁路从南方通过。因为更大的政治矛盾越来越明显，这条横贯整个美洲大洲的铁路在19世纪50年代没有得到批准。1862年夏，在参众两院没有南方代表的情况下，大胆的联邦政府批准了

《太平洋铁路法案》。南方对铁进行定量配给时，北方却开始了修建一条横贯美洲大陆的大铁路的恢宏实验。《太平洋铁路法案》，再加上土地审批和债券担保，民间资金可以没有后顾之忧地投身于铁路建设。铁路施工工作从西部开始。建设权落到以科利斯·亨廷顿（Collis Huntington）和利兰·斯坦福（Leland Stanford）为首的一批萨克拉门托商人手中。他们从淘金热中发了财之后来到这里。到了那个十年结束之际，人们从纽约上车，通过这条横贯北美大陆的铁路，可以在12天内抵达旧金山。淘金热的后续影响用另外一种方式让北方大受裨益。伴随纸币在国内使用，联邦财政部和东部银行拥有充足的黄金储备，这些黄金在淘金热期间流向了东海岸。后来，联邦政府用这些黄金支付海外采购。仅在1864年，价值超过1亿美元的黄金离开了美国。同年，从英国进口的生铁数量回升到10多万吨。

在荒凉贫瘠地区铺铁轨不如靠近战场的地方有"钱景"。20岁刚出头的年轻人约翰·D.洛克菲勒（John D. Rockefeller）是一位来自克利夫兰的农产品批发商，在战争期间，他靠倒卖食品发了一笔小财。年轻的安德鲁·卡内基利用自己铁路主管的条件，在战争期间从事投资和一些副业，包括一个桥梁建造公司、一条电报线路和其他初创企业。看到每吨铁能卖到130美元，卡内基就成立了铁轨铸造企业，从此进入钢铁行业。1863年，也就是林肯发布《解放黑人奴隶宣言》的那一年，28岁的卡内基说自己在战争期间赚了42260.67美元。这比他在同一时期做铁路公司高级雇员的薪水高很多倍。

当然，当时的基本制度允许这种在伤亡无法估量的血腥战争中追求个人利益的做法。联邦军队规定，被征召入伍的有钱人如果愿意交300美元，军队就会雇其他人替他们上战场。这件事，加上"纽约征兵暴动"，甚至演变成一场激烈的阶层之战。在纽约市，那些

第 11 章 战争

出不起 300 美元的人时不时在街上拦住富人，咒骂他们是 "300 美元的男人"。其中一个 "300 美元男人" 是身居伦敦的美国顶级银行家的儿子 J. P. 摩根（J. P. Morgan），根据他个人账簿的记载，1863 年，他仅在买雪茄上就花了 300 美元。

虽然如此，对于国外很多人来说，在美国参加战争的前景也是一个很好的赚钱机会。在这场战争进入尾声之际，联邦继续征兵，还派代表到大洋对岸物色兵源。他们给出了优厚的条件：前往美国的免费船票，联邦部队服役期间发放薪水，授予美国公民权，签约奖金和一笔在美国安家的费用。对于约瑟夫·普利策（Joseph Pulitzer）这样的人来说，到美国打仗比待在欧洲更有吸引力。虽然他完全不适合当兵，并且说不出几个英语单词，但他还是进入了联邦军团。然而，在他走上战场之前，战争就结束了。

所有这一切都是美国下一个伟大时代的序幕——在接下来的这个时代，被历史铭记的人完全不同于签署这个国家立国文件的那些人。这些人是工业的征服者、品牌的塑造者，是发明家和制造者，还有深谙经济管理的大师。这一批人共同标志着美国的崛起。

第 12 章 石油

美国内战爆发的第一年,在美国的捕鲸中心,即马萨诸塞州的渔村新贝德福德,数千人聚集在这里举行一场大型送别活动。港口停着二十来艘捕鲸船,所有的装备都是为这最后一次航行准备的。不过,这一次不是为了捕鲸。这些船的主人已经把船卖给了美国海军。联邦军队按照每吨 10 美元的废料价格收购这些船,将它们作为封锁南方海域努力的一部分。那些船被涂装成军舰的样子,装上各种石头——花岗岩、卵石和石头墙的碎块——打算驶往佐治亚州的萨凡纳港。一到那里,船上的人们就将船沉没在浅水港,有效地关闭了南部的一个重要港口。在"巨石战舰"的头版标题下,《纽约时报》兴奋地指出,这支来自重要的捕鱼行业的船队,肩负着给叛军带去"恐怖和沮丧"的使命。

如同这些捕鲸船在美国内战中的命运,这种宿命似乎是美国结束其初期时代、开启其工业化时代的准确标志。捕鲸业最后的衰落开始于 1859 年在宾夕法尼亚州的一个发现。那个发现催生了类似淘金热的一股热潮;不过,干活的人们很快就会从头到脚都粘上一

第 12 章 石油

种滑溜溜的黑色物质，人们一眼可以看出他们每天从事的发财营生。石油很快结束了一个时代。在那个时代里，整船身强体健吃苦耐劳的汉子与那些巨大的海洋生物搏斗，为的是获取它们身上的经济价值——主要是用于夜间照明的清洁燃料。现在，这种船几乎已经没有了任何价值。可以理解的是，这一行业已经被无数种虚构作品所捕捉，其中最知名的是赫尔曼·梅尔维尔（Herman Melville）所著的《白鲸》，即使在其夕阳时分，也能通过一些戏剧形式来维持它的浪漫色彩。

淘金热始于单次的重要发现，石油热则是几十次实验的产物。最后的实验活动主要在宾夕法尼亚西部的一个地区，那里的石油储量极为丰富，几乎能从地面或河底渗出来。人们最初看到这种东西的时候，将它视为一种躲不开的，臭不可闻的讨厌东西。值得一提的是，这种东西曾给创业人士塞缪尔·基尔（Samuel Kier）造成很大困扰。他起初冒险钻探咸水以制盐，结果钻出来很多这种毫无用处的石油。后来听说当地印第安人部落崇拜它的治疗效果，基尔开始以每小瓶 50 美分的价格向他们出售石油。他精明地将这种油说成是"基尔的石油，具有神奇疗效的知名产品"。其他人，例如三十几岁的达特茅斯学院毕业生乔治·比斯尔（George Bissell），意识到这种地表油脂的易燃性中蕴藏的潜力，组建了宾夕法尼亚石油公司，着手大规模开采石油。

同时，另一个名叫"煤油石油公司"的初创企业投入重金开发一种从煤炭中提取可燃液体的技术。各种蒸汽船都需要煤炭做燃料，因而当时的煤炭开采量很大；为了从这种替代用途上赚钱，众多初创企业竞相开发"煤油"提炼技术。"coal oil"（煤油）很快有了一个正式的名称"kerosene"。这种产品逐步进入美国的千家万户，到 1859 年，美国市场上卖出了超过 200 万个煤油灯。然而，煤油石油公司自己已经意识到，和从煤炭中提取煤油相比，从地下的石油中提取煤油要容易得多。

然而，虽然基尔意外发现了石油，但是当时的石油开采技术根本不可靠。即使原油价格徘徊在大约每加仑50美分的高位，类似基尔这样的企业每天也只能勉强开采2到10桶原油——虽然可以装在瓶子里按药品卖高价，但量少价高让它无法作为照明能源进入美国千家万户。不过，乔治·比斯尔的宾夕法尼亚石油公司没有放弃，克服了一点困难之后，该公司重组成为塞内卡石油公司。后来，该公司雇用了一个被公认为开启了"石油热"的人。公司派埃德温·德雷克（Edwin Drake）前往泰特斯维尔小镇，那里距离最近的伊利铁路线将近40英里。经过几个月的筹备和购买设备（包括一台小型蒸汽机），德雷克于1859年5月开始下钻。随着钻头的逐步深入，他向下打入铁管。在接下来的几周，下钻工作每天有条不紊地进行，当地人觉得他们很有趣；德雷克一直将钻头打到地下60多英尺深的地方。后来，在8月的一个星期六下午，当钻头下到69.5英尺深的地方时，碰到了储油层——地下压力将石油通过管道推到离地面10英尺高的地方，形成了一个"喷泉"。随着可靠钻井技术的出现，石油将为数百万美国人提供基本、廉价的照明。

每加仑石油高达50美分，42加仑一桶的石油售价就是20多美元——相当于当时一盎司黄金的价格，但是大量开采却容易得多。当时1860年的总统大选正进行得如火如荼，第一批想靠石油发大财的人们根本无心参与政治投票，他们纷纷在泰特斯维尔——那里是采油人所谓"石油地区"的中心地带——各处竖起钻塔。农民也因出售在他们的土地上开采石油的权利而发了财，不管那片土地下面是不是有油。那些有权开采石油的人也需要找人替他们开采、收集并装桶。

石油热开始了。在接下来的一个多世纪里，它巩固了美国作为全球领先石油生产国的地位。那些将美国经济成就完全归因于自由

第 12 章 石油

市场、自由和民主等意识理念和企业家创造力的叙事，完全忽视了石油热对美国经济的巨大影响。从石油开始，美国庞大的自然资源财富极大地推动了这个国家的崛起。当然，美国文化在鼓励国民行动起来，最大限度地利用这一国家优势方面功不可没。

"这一地区每个遍布石头的农场，每个经济落后的居住点，都有人侧耳倾听着财富的召唤。他们富有冒险精神和充沛精力，敢于将拥有的一切都押注在与农民签订的土地租约上。"艾达·塔贝尔（Ida Tarbell）写道。大批美国人涌入储油区，再加上德雷克的技术，"石油喷涌而出"。塔贝尔的父亲就是涌入储油区的人之一。他原是艾奥瓦州的一名教师，在一次旅行中拜访了童年故地宾夕法尼亚州伊利县。一次储油区之行让他决心转行。不过，她的父亲没有通过土地租约赚钱。富兰克林·塔贝尔（Franklin Tarbell）觉得把石油从地下弄出来很容易，但是，将石油从宾夕法尼亚西部与世隔绝的多山地带运出要困难得多。随着军方对资源的竞争，"美国市场上买不到足够的油桶"，他的女儿后来写道。人们用松节油桶、糖蜜桶和威士忌桶等"各式各样的桶"来装石油，但还是不够装。存储工具不够，人们只能将之前押上一切开采出来的石油倒回地下。看到机会之后，富兰克林·塔贝尔打算生产临时存储石油的大型储罐。不出几个月，依靠从当地大型企业筹集的一些资金，"这位先前的教师马不停蹄地买了数千英尺的木材，雇用了几十号工人，催着他们和自己加班加点地干活儿"。艾达在这段叙述中，为当年父亲及时抓住机会骄傲不已。

一些人靠运输石油发了小财：当地农场里有马车的小伙子自然地干起了赶马车运石油的行当。赶车人（teamster）这个词因为拉车的马队（team）而得名。赶车人赶着马车，通过临时的泥泞土路，将石油运到几十英里外的铁路上。还有人在通往阿勒格尼的小河上顺流而下，用船将石油运往匹兹堡。不过，那条小河很浅，还有季节性，即使在水量最大的时候，也只有最小的小船才能行驶其上。在油田，往往可以看到一百辆甚至更多的马车，拉着装满石油的木桶离开石油地区。一场大雨就会让狭窄的运油"主路"泥泞难行，将装着好几吨石油的马车陷在那里。然而，后面的一长列马车不愿久等，结果附近田地里到处是赶着车绕路而行的赶车人。塔贝尔带着敬佩之情说："即使用枪指着，也无法阻止赶车人走那些最省力气的'路'。"

值得注意的是，石油行业的这一繁荣发生在北方做战争动员的时期。在战争开始的第一年里，钻井技术的改进让一些油井达到日产 2500 桶的水平。不过，这个行业的其他方面没有跟上这种进步。油井附近小河沟里到处是石油。石油从油井运出的运输费用相当高，石油产量又相当大，前一年每桶 20 美元的价格降到了现在可怜的 10 美分——人们需要做的就是将这些每桶重数百磅的"黑色金子"运到数十英里之外。当然，后来价格又迅速攀升。价格的上升又引来一波新的采油人，紧接着就是供应过剩。另外，影响石油价格的因素还有一时兴起、小道消息、基本成本、天气条件、赶车人的情绪和幕后操纵。在一个石油价格位于高位的短暂时间里，一位雄心勃勃的采油人用一小笔钱与周边农民签下了一份土地租约，结果发现那片土地下根本没有油，采油人由此破产。还有的时候，油价大跌，租用油桶的费用和运输成本侵蚀了采油人的全部利润。几十年来，在这种情况下能够赚到钱，并在众多其他储油区一再重复成功的能力，让人们对采油人普遍产生了一种饱经风霜和孤注一掷的印象，"他们喜欢那种营生，每个人都把全部家当押在油井上"，艾达·塔贝尔总结说。在她看来，这些人，不管是成功者还是失败者，都颇有一些英雄气概，他们都能固执而热情地参与进这种粗狂又野蛮的个人资本主义。但是，塔贝尔同时也毫不客气地批评了工业资本主义，她在序言里有关最早采

第 12 章 石油　　　　　　　　　　　　　　　　　　　　　　　　157

油历史的讲述是一个铺垫，为的是将她父亲那种果断认真的人和她主要的批评对象进行对比。

于是，她将笔触转向一个秉性与恶习缠身的采油人完全不同的人。他是稳重、节制的典范。他厌恶社交生活里的赌博、交际花和烈酒，讨厌一种似乎与投机暴富的能量相伴而来的文化，憎恶唯利是图的小人。然而，这个人的发迹是工业时代即将到来的另一个信号，那个时代最看重运用创业活力创造巨型企业的能力。这种管理能力需要洞穿各种抽象理念，深谙资本和所有权结构，最大限度地提升定价能力，降低成本，全力让企业远离市场波动带来的不良影响。正是这种能力，定义了美国最特立独行的采油人。

* * *

1859 年，在埃德温·德雷克自己采油的时候，位于克利夫兰的克拉克-洛克菲勒公司刚刚成立。该公司那位年轻的合伙人约翰·D. 洛克菲勒刚满 20 岁。为了追寻独立，他刚离开之前供职的休伊特-塔特尔公司，那是一家为农民代销农产品的小公司。四年前进入这家公司时，他是学徒簿记员。

从 4000 美元起家，其中洛克菲勒的 2000 美元一半来自自己的积蓄一半来自父亲的借款，这家公司接受农民的寄售委托，将农产品卖给批发商和其他大客户。克利夫兰位于伊利湖岸边的极佳位置，农产品可以从这里通过布法罗和伊利运河迅速转运到纽约。对粮食和生活必需品市场影响非常显著的是一个频繁光顾的大客户：联邦军队。克拉克-洛克菲勒公司赶上了好机会，在战争期间赚了大钱。公司成立的第二年年底，该年的利润达到 1.7 万美元。作为公司业务的一部分，公司偶尔帮助宾夕法尼亚西部的采油人卖石油。

1862 年，克拉克-洛克菲勒公司，决定依托战争期间获得的稳定利润流，直接参与石油贸易。他们的公司，再加上莫里斯·克拉克（Maurice Clark）的两个兄弟，一起出资请一个叫塞缪尔·安德鲁斯（Samuel Andrews）的年轻英国人在克利夫兰建立了一个小型炼油厂——精益炼油厂，将黏稠的原油精炼成煤油。当时，克利夫兰和匹兹堡很多雄心勃勃的人投身石油热潮，认为石油精炼比石油开采利润更为稳定。不难想象，最初的石油精炼往往和石油一样原始。只需"一个铸铁的蒸馏器（周围往往有砖墙圈着）、一根铜管和两个内壁镀锌的油罐"，洛克菲勒写道，任何有意愿和适度启动资金的人都可以办精炼厂；与进入成本相比，早期的炼油利润很大。在大多数情况下，一桶 42 加仑的原油价格是 35 美分，精炼之后，则每加仑可以卖到 35 美分。决定精炼利润的因素是精炼工艺的效率，也就是每桶原油能提炼出多少煤油。不过，考虑到最初的利润率，即使是浪费最严重、效率最低的炼油厂也能赚钱。

到 1864 年，克拉克-洛克菲勒公司当初作为副业建立的工厂慢慢变成了克利夫兰最大的炼油厂。安德鲁斯，也就是他们的精炼技术专家，通过不断尝试，发现了从每桶原油中提炼出高比例煤油的工艺。同时，年轻的洛克菲勒开始表现出在规模经济方面的超凡悟性。竞争对手和同行在评论洛克菲勒时，对他不无嘲讽，说他像个记账员，是个盯着每一分钱的技术官僚。他承认自己"敬畏数字和事实，不管它们多么微不足道"。不过，在洛克菲勒看来，要节省运营费用，就要进行大规模的资本投入。只有规模大，才能节省钱：炼油厂的规模越大，工艺越先进，后续每桶油的提炼成本也就越低。

洛克菲勒想放弃当期利润，并大量举债，通过扩大生产规模来降低成本。然而，他的合作伙伴，即克拉克和他的两个兄弟不同意这一方案。最后的争吵发生在洛克菲勒又拿了一系列贷款文件找克拉克签字，而后者拒绝了他。同时，为了打击洛克菲勒的野心，克

第12章 石油

拉克挖苦地说也许他们应该解散那个公司。洛克菲勒较真起来，召集克拉克三个兄弟和安德鲁斯开了一个合伙人全体会议。在会议上，人们正式同意解散炼油厂。根据之前签订的合作协议，克拉克和洛克菲勒都有权通过拍卖方式买下对方手中的股权。

在克拉克律师的操持下，拍卖的起价是500美元。洛克菲勒回忆说："我叫了1000，他们叫2000，就这样，价格一点点地抬高。双方都不停地叫价。价格逐渐上升到5万美元，远远超出了我们心里对这个企业的估值。"然而洛克菲勒不想再从零开始他认为是未来趋势的石油产业，他愿意为抢占这一战略地位多付钱。"最后，价格抬升到6万美元，又缓慢增加到7万美元。我几乎开始害怕自己是否能买下这家企业，我是不是有足够的钱。最后，对方叫到7.2万美元。我毫不犹豫地喊出了7.25万。"他的那位合作伙伴口气缓和下来："我不再叫价了，约翰。这个企业是你的了。"1865年的洛克菲勒能够筹集到这么多资金，证明了两点：联邦政府的支出在广泛的经济领域产生了深远影响；联邦引入了"林肯绿币"，即与黄金脱钩的纸币。

战争中的这些大好机会在南方是无法想象的，然而北方似乎还能够在忙于战争的同时创造一个新的行业。从父亲那里借走种子资金创业五年后，正值战争即将结束之际，25岁的洛克菲勒现在控制着克利夫兰最大的炼油厂——对于一个每天只能出产500桶石油的企业来说，"最大炼油厂"这个头衔实在有些过誉。然而，它将迅速发展成为可以与政府规模相匹敌的组织。战后，随着联邦的权力退回到和平时期的水平，在那个世纪末的三十五年中，美国人越来越担心大企业力量的增长。每当夜幕降临，农人们在客厅里用火柴点亮灯光时，他们就会感受到以洛克菲勒为不祥代表的一种无处不在的无声威胁。

＊＊＊

在棉花成为全球商品，美国铁路的最初增长需要依赖英国铁轨的时候，石油成为美国完全在国内发展到全盛规模的第一个工业供应链。依托铁路基础设施——推动了下一个重大新发现（石油）的上一个重要新生事物（铁路），19世纪石油行业的各种复杂的矛盾和阴谋应运而生。

在基本供应链中，从开采石油的开采人到将原油变成煤油的炼油厂的中间步骤是运输。现在，问题仍然是怎样更好地将宾夕法尼亚西部开采出的石油运到匹兹堡、巴尔的摩、纽约和克利夫兰的炼油厂。在最初的几年里，成本最高的环节往往是开始的几英里，也就是赶车人提供的从油井到位于河边或铁路边上的转运站之间的运输服务。虽然铁路可以高效地在一天之内将任何数量的原油运到主要的炼油城市，但赶车人和他们马车几乎赶不上那个时代油井喷涌的节奏。虽然铁轨铺设得越来越靠近产油区，却不能完全到达油井的准确位置。

在石油业开始繁荣的两三年里，采油人想到了一个办法：用输油管将开采出来的石油输送到附近的大型储罐，而不必现场灌装到桶里。最早的输油管依靠重力和源头的泵，然而输油管不是爆裂、漏油，就是出现其他问题。到了1864年，一个名叫塞缪尔·范·塞克尔（Samuel Van Syckel）的富商来到了石油地区，想从那里再发一笔财。在石油从油井到铁路的运输过程里，范·塞克尔承担中介和监督工作，从中他看到自己的利润总是被赶车人侵蚀掉。他想到一个简单的解决办法：铺一条两英寸粗的输油管，从油井处一直铺到火车站。为了达到目的，他在途中增设了加压泵，以帮助石油以足够的压力流动。对于采油人来说，输油管是"众多奇迹中最神奇的东西"，因为一根输油管就可以替代300支每天工作10小

第 12 章 石油

时的队伍。

那些赶车人强烈抵制这个办法。如同任何一项为了提高效率而迅速导致大批工人失业的技术创新一样,那些赶车人的生计立即受到了威胁。他们经常掘地三尺,破坏输油管。有时候,他们还把矛头转向铺设了输油管的油井,有时还威胁石油勘探者。输油管经营者很快采取了对策,他们派人在管道沿线巡视。曾经有一段时间,这种措施被证明是不够的,宾夕法尼亚州州长最终被要求介入。动用国家权力还为不久后政府代表业主进行干预的时代提供了模板,这种干涉提醒人们,自由市场不仅需要写在纸上的书面法律,还需要政府的权威发挥作用。

在接下来的几年里,市场上出现了两个大型输油管经营者,他们控制了从油井到铁路的石油运输。帝国运输公司和宾夕法尼亚运输公司都成立于 1865 年,它们的业务是将输油管里的石油注入大型储罐,然后将其转移到火车上。到了 19 世纪 60 年代后期,铁路公司更倾向于采用效率更高的大型标准化运油车厢,就像如今常见的长圆柱形油罐车厢,因为无须耗费大量时间将一个个油桶装进车厢。这多少让小型开采公司不必独立将开采出来的原油装入油桶并卖给遥远的炼油厂,因为铁路公司想要装满每个油罐车厢。

随着战争的结束,铁路公司迫切地想要替换其可预测又稳定的主要收入来源:美国政府。另外,铁路债券是美国证券市场的主要债券,因此,华尔街非常关注铁路公司股东通告中每一美元的盈亏。另外,对市场形势认知的变化总能让某一些股票经纪人赚钱。当时,石油运输行业增长很快,成为铁路公司利润的关键增长点。

对于任何一个铁路公司来说,增量收入每增加一美元都会显著推升公司利润。运营火车需要开动发动机,支付列车员薪水,维护铁轨并开通车站。不管火车头后面拉 20 节车厢,还是 30 节车厢,运营成本大同小异。因此,一条路线实现收支平衡之后,每增加一节车厢就会增加铁路公司的纯利润。随着战后铁路公司的赢利能力普遍面临很大压力，对这种附加收入的争夺让铁路公司成了石油行业的一个核心参与者。大型炼油厂不仅要支付从油井运出原油的费用，还要在精炼完成之后，支付从炼油厂到市场的运输费用。

约翰·D. 洛克菲勒了解这种逐利的动力和相互依赖关系，他甚至比铁路公司更清楚这一点。从克拉克兄弟手中买到炼油厂控股权后的两三年里，他的炼油厂吸纳了其他人。接着，他和弟弟威廉投资了第二个炼油厂。1870年6月，他将自己的权益合并在一起，成立了标准石油公司。当时，整个美国石油行业每天的精炼数量为4.5万桶多一点。标准石油公司每天的精炼数量为1500桶，市场份额略超过3%。但这是一个竞争激烈的行业，成品油价格的不断下跌对标准石油公司的利润形成极大压力。考虑到石油这种商品价格差异很小，所有炼油厂采购石油的价格大同小异，洛克菲勒意识到，取得竞争优势的一个办法是减少运输成本。要想在与铁路公司的谈判中拥有筹码，就要依靠规模：增加炼油效率，运输数量要做到最大。

不过，那个时代的行业策略远不是那么简单和透明。1872年，当这个行业还不到其最终规模的千分之一时，包括洛克菲勒的炼油厂在内的一些规模最大的炼油厂，与一队铁路高管会面，就铁路运输价格进行了一次集体谈判。炼油商们一致同意由南方兴业公司代表他们的利益。作为一个事实上的炼油卡特尔，南方兴业公司承诺主要炼油厂的石油运输量按一定比例流向三条铁路：杰伊·古尔德（Jay Gould）的伊利铁路公司的27.5%，范德比尔特的纽约中央铁路公司的27.5%，以及汤姆·斯科特的宾夕法尼亚铁路公司的45%。然而，这里面有"猫腻"。在表面上，作为该联盟内部成员的炼油企业同意以约定的价格向铁路公司支付运费，和那些非内部成员的小型炼油厂支付的价格相同。然而，因为运输量大，南方兴业公司中的炼油企业会从铁路公司那里秘密收到回扣，这些回扣来自非内部成员炼油企业支付的运费。这样,这个卡特尔外部的炼油企业相较于内部成员支付了更高的运费,这对内部成员来说是一个无法超越的竞争优势。

随着方案的逐步敲定,标准石油公司开始与克利夫兰的一些小型炼油企业谈判。标准石油公司隐晦地告诉对方南方兴业公司的巨大实力,他们对克利夫兰的其他炼油企业(总共约 26 家)暗示说,那个体系之外的炼油企业将无法在竞争中生存下去。由于供应过剩,当时炼油企业只能间歇性赢利,现在运输成本又要大幅增加,这些炼油企业大都选择将自己出售给标准石油公司。在 45 天里,26 家炼油厂中有 22 家同意被洛克菲勒收购。这一收购狂潮有朝一日将成为很多争议的源头,比如卖方感受到了多大的压力,收购价格是否公平;但不可争辩的事实是,克利夫兰的绝大多数炼油厂在极短的时间内被标准石油公司收购了。在艾达·塔贝尔看来,这是标准石油公司的原罪,它让这家公司的所有未来成就蒙上了污点。洛克菲勒经常为这些收购交易辩护,说他曾经向偏好股权的人提供了标准石油的股份,很多人确实也拿到了标准石油公司的股份。那些当时接受股份而不是现金的人后来都富得流油。无论如何,标准石油公司在短短几个星期内,将其每日精炼产量从不到 2000 桶增加到超过 1 万桶,大约是全行业产能的 20%。

不久,有人泄露了南方兴业公司的方案,石油行业一片哗然。即使在社会达尔文主义流行的资本时代,这种方案也是极为大胆无耻的。方案的参与者迅速反悔,并极力撇清关系,还尝试软化其成立意图。南方兴业公司就这样瓦解了。

但是,标准石油公司并没有瓦解,反而成为这场风波的受益者。在卡特尔方案失败之前,南方兴业公司带来的迫在眉睫的严峻现实让洛克菲勒控制了克利夫兰的几乎所有炼油能力。现在,标准石油公司产能巨大,可以给一些铁路公司承诺大体量的、经常性运输业务。不难推测，作为向铁路公司提供这种庞大业务的回报，当其他公司在同线路上运送石油时，标准石油获得了秘密回扣。不过，以保证每天运输 60 节车厢的石油，让很多铁路线获得大量业务并提高效率为条件，向对方索取折扣的想法和做法是合情合理的。标准石油公司拥有自己的油罐车厢和装载设备，因而铁路公司运输标准石油公司的货物更为便利，成本更低。

很快，标准石油公司还将这种规模运作应用于消费者营销和销售领域。标准石油公司的产品在数千个城镇都有销售。顾客购买照明用油和做饭燃料用油时会选择有明显标记且无处不在的标准石油金属罐。整个 19 世纪 70 年代，原油和煤油的价格不断下降。新发现的油田产量很大。在这期间，标准石油公司不断在行业内进行整合，结果，在它解散时，产生了埃克森（前身是埃索）、美孚、雪佛龙和阿莫科等诸多现代著名品牌。洛克菲勒发迹过程中从来没有开采过石油，他通过合并供应链上的各个环节，主宰了石油行业。

不过，所有这一切都表明了美国资本主义的一个明显悖论。相比于由无数独立企业家组成的开采、精炼和分销石油的市场，现实似乎表明整合之后的效率更高。在一个迅速增长的大领域里，小型经营者往往处于明显的劣势。现代资本主义似乎更青睐大型企业，因为他们通过统一政策、集中规划来协调所有经营活动，实现规模优势，能以低成本借贷，进入大型资本市场，让自己免受业务周期波动的影响。在理念上，企业自由竞争原则和其他民主自由密切相关，但是在实践中，随着时间的推移，个体经营者的功用往往被大机构所取代。另外，以大公司为代表的工业化，迅速且无可争辩地提升了美国家庭的生活水平。大企业提供的低价格虽然想起来让人害怕，但同时让普通家庭大大降低了基本生活成本。不像几十年前鲸脂做的，有时用包装珠宝的薄纸精心包装的蜡烛，装在小金属罐里出售的煤油物美价廉，让普通人也能点亮自己的家。

第13章 钢铁

1873年，在《汤姆·索亚历险记》和《哈克贝利·费恩历险记》两本书问世的好几年前，马克·吐温用他的小说《镀金时代》给那个时代贴上了一个永久的标签。

这本小说以郝金斯和家人的经历开篇。郝金斯本是个尽职的丈夫和慈爱的父亲，但他却疯狂地沉迷于所谓的美国命运，总是因为这个或那个暴富念头兴奋不已，一再押上并丢掉家里的生计。郝金斯家庭的霉运来自家族朋友伯瑞里·塞勒斯上校。这是一位口才极好的鼓吹者。在美国内战之前，塞勒斯将郝金斯拉入一个稳赚不赔的投机活动，垄断当地奴隶买卖，但因未能修改一些法律而失败。塞勒斯又鼓动郝金斯制造永动机，但因为无法解决最后的一个问题而不了了之。最后，郝金斯死了，将大片毫无价值的土地留给了儿女们。在塞勒斯劝说下，郝金斯的儿女们相信那片土地会给他们带来希望。

通过那位人如其名的塞勒斯（Sellers，卖方、卖主），马克·吐温栩栩如生地刻画了一个欢欣鼓舞的美国鼓吹者和奋斗者的形象。

对这个人来说，期望的确是镀金的。所有机会都会实现。失败只是暂时的挫折。这个国家正在发展。年轻人曾经因为一点风吹草动就去淘金，或者为了一次成功的捕鲸航行而出海，现在有很多机会就在眼前。因为联邦尚未确立金本位，所以美国的货币基数比内战前庞大了很多。人们借贷非常方便。在北方，大多数人感受到国家工业化不可避免，铁路网必将整个国家从大洋到大洋连接在一起，人们必将发现和确定国家最后的边界。这一镀金时代的初期，在"镀金时代"这个词还没有得到充分的历史意义前，是极度兴奋和投机的年代，人们对美国的未来充满了兴奋和猜测。

没有任何地方能比华尔街更好地体现这种现代精神。随着真实公司的所有权在纸面上来回交易，股票市场的交易员成了那个时代的公认代表。正是在这个纸质的圣殿里，那个时代最优秀的经营者，比如杰伊·古尔德，不离开曼哈顿岛就可以控股千里之外成千上万人辛辛苦苦建设起来的企业。通过股市交易，古尔德参与公司最高级别的决策活动，由此控制了数家大型铁路公司和电报公司。古尔德争夺董事会席位的战争和伎俩——这些公司包括伊利铁路公司、西联公司，以及第一条东西横贯北美大陆的铁路的一半，即联合太平洋公司——经常见诸报端，清楚地说明了华尔街的精明人物怎样通过控制金融工具来决定很多人的命运。同时，那些可能冒险到油田轻松赚钱的年轻勘探者也参与进来，选定一些公司，给自己买上一些股票。

华尔街的理念甚至出现在一些针对青少年的励志文学作品中。从1866年开始，一个由哈佛毕业的神学家改行的作家小霍雷肖·阿尔杰（Horatio Alger Jr.），发现了让他能够立足于市场的一个创作主题。小霍雷肖·阿尔杰数十年里创作的众多作品，如《衣衫褴褛的迪克》《运气与勇气》《勇敢与大胆》《衣衫褴褛的汤姆》等，都号召年轻人超越自己出身的阶层，去努力奋斗。在他最早完成的小说之一《衣衫褴褛的迪克》中，14岁的迪克是一个蓬头垢面的擦鞋童，擦一双鞋收费10美分。他还有一些坏习惯：抽烟、赌博和看戏，不攒一分钱；他还喜欢跟进城来的没见过世面的乡下人搞恶作剧。然而，迪克可不想一辈子给人擦皮鞋；他想拥有伊利铁路的股票。在专门给美国学龄孩子写的小说中，阿尔杰不经意地提到了股票，这显示了那个时代的标志。当迪克设法获得了5美元时，阿尔杰描述这位小主人公，"他第一次感觉自己是个资本家"。

小霍雷肖·阿尔杰作品中的人物几乎都是经济拮据的男孩，有的还无家可归，在《奋斗和成功》、《出人头地》和《稳步上升》中，他们都通过努力获得了让人尊重的社会地位。在将自己渊博的宗教知识应用于那个时代的过程中，阿尔杰告诉小读者们，要想过上高尚与优雅的生活，就要靠诚实赚钱。这些作品洋溢着乐观向上的情绪，即在美国一切皆有可能，甚至对街头擦鞋的移民小男孩也是如此。不过，书里也反映了某些《镀金时代》的现实元素，一些合理的可能性，以支持作品的叙事。现实有时候超越了小说的边界。与阿尔杰笔下《电报男孩》中典型人物的经历相比，真实世界里的电报派送员安德鲁·卡内基的经历，远比阿尔杰和读者们想象得更为真实。

* * *

与洛克菲勒和古尔德相仿，卡内基也是在19世纪60年代步入成年。美国内战开始时，卡内基是宾夕法尼亚铁路公司的主管助理。对于一个没有上过什么学，凭偶然的机会进入当地电报局的移民童工来说，那已经算是平步青云了。然而，在战争期间，他做的大量小投资已经发展到了一个独立的产业。南方军队投降不久，30岁的卡内基告别了铁路公司的同事，也告别了给人打工的时光。

不过，这种告别，在很多方面是形式上的。在战争的大部分时间里，卡内基的创业投资包括入股一家火车车厢制造商、一家桥梁建设公司（该公司建设的桥梁能承受火车行驶的重量）、一家电报公司和一家炼铁厂。这些风险投资中的很多项目与宾夕法尼亚铁路公司的业务有直接关系。在上司汤姆·斯科特和埃德加·汤姆森（Edgar Thomson）的默许及帮助下，卡内基帮助有意投资新公司的铁路主管们入股那些和宾夕法尼亚铁路业务相关的效益稳定的公司。从铁路上正式离开后，卡内基继续利用他在宾夕法尼亚铁路上的人脉赚钱，但无须承担作为员工的任何义务。

在辞职一个月后，他的第一个风险投资是重组凯斯通桥梁公司。宾夕法尼亚铁路公司是这家公司的大客户。这家桥梁公司的业务是将旧木桥改建为坚固的铁桥。宾夕法尼亚铁路公司的总裁和副总裁都是卡内基这家桥梁公司的沉默型投资人，所以在推进宾夕法尼亚州桥梁建设需求方面有利益关系。这一点很重要，因为大多数稍微重要一点的铁路轨道系统都包括几十座桥梁。当然，桥梁公司需要生铁，这很容易从卡内基的炼铁厂进货。对一家初创卧铺车公司的投资，最终发展成了与行业主导者普尔曼卧铺车厢公司的合作，收购卡内基的企业是普尔曼公司向宾夕法尼亚铁路公司销售卧铺车厢唯一可靠的途径。很显然，他唯一放弃的领域是他没什么优势的领域。卡内基在战争期间依靠石油开采赚了第一桶金，他赚的钱远远超过了同时期的洛克菲勒在石油上赚的钱，但他发现石油开采行业波动太大，不符合自己的兴趣。

不过，卡内基的个性完全不同于同时代一些非常勤奋的杰出人士，比如古尔德和洛克菲勒，或一些铁路高管，以及无数不知疲倦地在战后工业社会中努力奋斗的创业者。在他战后第一个初创企业的成立文件上签字之后，卡内基将企业的管理工作交给弟弟，动身开始了他长达9个月的欧洲游。他参观了欧洲各国漂亮的首都、歌剧院，还做了详细的考察记录。颇有先见之明的是，早在1865年末，他就预测到统一的德国将最终"主导欧洲事务"。

在这次出国旅行中，卡内基发现了宾夕法尼亚铁路公司和他自己的公司可以开展的一种新业务：卖债券。当时正值19世纪60年代，英国和欧洲大陆投资者对美国投资的兴趣全面恢复，因为美国这个统一的共和国能够提供很高的经济增长率和较高的利率。老东家宾夕法尼亚铁路公司一直对卡内基信任有加，于是委托他前往伦敦推销债券。同时，他也为自己公司正在建造的桥梁出售债券，包括圣路易斯大桥。销售债券让他一举多得：他本人能够得到债券销售佣金，他的公司能获得建桥合同，他的炼铁厂还能获得桥梁公司的采购订单。为宾夕法尼亚铁路公司和其他知名项目销售债券，让卡内基成为朱尼厄斯·摩根（Junius Morgan）的座上客；朱尼厄斯是身居伦敦的美国著名银行家。其他时候，卡内基将和朱尼厄斯的儿子J. P. 摩根交易，两人的关系持续了几十年，虽然中间龃龉不断。

然而，卡内基虽然在经济上很成功，却对自己在商业上的投入表示怀疑。独立开公司仅仅三年后，他就获得了5万美元的收入，积聚了40万美元的资产。在1868年即将结束之际，他给自己写了一封信，将自己今后的赚钱期限定为两年：

> 两年之后，绝不再赚钱——不再努力增加财富，每年将多余的钱用在慈善事业上。永远退出商界……去牛津定居，让自己受一回系统的教育，去结识文化圈子里的人……聚敛财富是世间最糟糕的盲目崇拜之一……继续为商业经营上的事情殚精竭虑，将几乎所有精力都放在如何用最短时间赚更多钱上，会让我完全恢复精力的希望变成泡影。我要在35岁退出商界。

轻松赚钱和他视为崇高目标的想法之间经常发生冲突。然而，这封信，无论在语气还是在内容上，都比他后来形成的精炼、轻松的卡内基哲学更为悲观和冷峻。他后来自诩美国工业的非正式发言人。对于世俗的卡内基来说，一个移民，一个没有任何背景、没有资金和没有受过正规教育的童工能有这样的发展轨迹，体现了美国福音的真谛。这种让自己解放出来的想法也没有什么丢脸的。

然而，他没有真的在35岁退出商界。

* * *

卡内基改变主意很大程度上与一个新的关注点有关。在那次出国旅行中，卡内基目睹了一种钢材生产工艺，成本仅为传统工艺的一小部分。他购买了在美国使用这种工艺的权利。虽然冶铁已经以原始的形式存在了几个世纪，但炼钢需要更先进和专业的技术。虽然钢在韧性、抗拉强度和耐用性方面远胜生铁，但大规模生产所需的科学技术仍是个谜。因此，直到19世纪中期，钢一直享受着仅次于贵金属的待遇，只用来制造刀具、精密工具和仪器。就像人们当初争先恐后寻找量产生铁的技术，现在，同样的竞争发生在钢的量产技术上。

就像在铁轨广泛应用之前，木轨上被铺一层铁皮，人们一开始的想法是在铁轨表面涂一层钢，来增加铁轨的使用寿命。随着工业设备运输量的增加，铁轨承受的重量越来越大，人们发现铁轨很容易断裂，尤其是在极端天气状况下；这个问题在美国比在英国更为普遍。在铁路转弯的地方，铁轨用上几个月就会由于磨损过度而损坏。然而，卡内基购买的炼钢工艺尽管初看上去可行，但并不太完善，于是他增加了对炼铁企业的投资。

但是，在大洋对岸，钢的应用继续稳步向前。卡内基看到，他的财富远没有他告诉自己的那般稳固,他最大、最有价值的投资是联合炼铁公司,正面临着很大的风险。那个十年的铁路长度相较 1860 年的水平增加了 70% 还多。因为铁轨的磨损,每一英里的铁轨都意味着数百家美国炼铁公司的重复生意。但是,作为下一个重大新生事物的钢轨,正在英国取代铁轨。

炼铁最基本的条件就是去除铁矿石中的杂质。这是一种很初级的矿物,在世界很多地方的岩层中都可以轻易找到。炼钢技术脱胎于炼铁技术。量产的重要技术突破最终来自亨利·贝塞麦(Henry Bessemer)。贝塞麦发明了一种转炉,能让炉外空气迅速吹入炼钢炉中的铁水中,引起燃烧,让炉中的铁长时间保持液态,然后再用其他操作使其变成钢。

不过,将贝塞麦的工艺引入美国存在一个障碍。最初的贝塞麦工艺需要含磷很少的优质矿石。19 世纪 60 年代末,甚至英国也要从欧洲进口优质铁矿石来满足其国内炼钢厂的需要。因为美国没有发现优质铁矿石,因此相较于从欧洲进口大量优质矿石在美国炼钢,从英国进口成品钢的成本要低得多。这种基本投入的缺乏不仅使人对美国炼钢的前景产生怀疑,也引起了钢铁制造商的担忧。

然而,地域辽阔的北美大陆富饶的自然资源再一次满足了工业资本主义的需求。1845 年,年轻的密歇根探矿人菲洛·埃弗里特(Philo Everett)带着一个勘探队前往那个州的北部半岛勘探铁矿。他的印第安人向导很快给他指了一座山,一座 150 英尺高绵延数英里的高纯度铁矿岩层。埃弗里特称之为"铁山"。地理位置偏远,运输成本高昂限制了铁山的开发,直到 1868 年的一项化验发现那是世界上为数不多的含磷量最少的铁矿矿区之一。作为美国钢生产的催化剂,这个优质铁矿让美国解决了钢铁工业发展的不利因素。有了稳定的优质矿石供应之后,美国的几家炼铁企业购买了贝塞麦专利的许可使用权，投入巨资兴建炼钢厂。炼钢厂比炼铁厂需要的资金多得多。

最后促使卡内基进入炼钢行业的动力来自他的圣路易斯桥梁公司。该桥梁公司聘用的设计师兼首席工程师詹姆斯·伊兹（James Eads）上尉坚持用钢来做桥梁的主要部件，而卡内基希望从自己的工厂销售铁。伊兹毫不妥协，据理力争，还不断提出更高的要求，让卡内基头痛不已，说这位工程师有着"初为人母的自豪感"，"拼命打扮他的宝贝，不考虑自己或他人的成本"。在嘲笑伊兹的同时，卡内基开始看到危机紧迫的征兆。钢的时代已经到来了。

一旦下定决心，卡内基就开始组建公司，从零开始建设一个世界级超大规模的钢铁厂，它将生产一种产品：钢轨。在规划过程中，卡内基聘请了贝塞麦轧钢厂最知名的设计师亚历山大·霍利（Alexander Holley）。接着，他开始物色建设这个钢铁厂的位置。对于炼钢来说，运输条件是关键因素：铁矿石、石灰石和煤炭等沉重的重要原料需要运进来，炼好的成品需要运出去。尽管卡内基多年来一直与宾夕法尼亚铁路公司关系密切，但他还是选择了规避风险。他决定购买一块土地，可以通往莫农加希拉河、巴尔的摩-俄亥俄铁路和宾夕法尼亚铁路，其用意是防止任何一家运输公司向他的钢铁厂索要高价。为了不让宾夕法尼亚公司因为此举背后的经济考虑而感到受了冷落，卡内基讨好地请求以该公司负责人埃德加·汤姆森的名字来命名新建的钢铁厂，以示敬意。该企业总投资为70万美元，其中25万美元来自卡内基个人的腰包——这是他数十年来疯狂投资积累的资金的很大一部分。1873年初，埃德加·汤姆森钢铁厂开始动工，计划两年后投产。

然而，这个时机糟糕得不能再糟糕了。

第13章 钢铁

* * *

"一切进展顺利,"卡内基后来回忆说,"然而,一天早上,当时正在避暑别墅里,我收到一封电报,说是杰伊·库克公司倒闭了。"北方人知道,杰伊·库克是一位爱国人士,是联邦战争债券背后的推销人。在战争期间,他帮助美国政府筹集了20亿美元。八年后,杰伊·库克公司是公认的美国实力最大的金融机构之一,但它在横贯美洲的大铁路上投资过多,结果造成公司资金周转出现问题而引发人们的恐慌。事情往往是这样,接下来的过程就成了一个自我实现的预言。储户恐慌,就会纷纷支取存款,结果更加剧了各金融机构的资金紧张,引发破产。看到社会上出现了银行挤兑现象,其他债权人纷纷要求银行提前偿还借款,为的是使资金回笼。当时美国没有中央银行或其他可以向金融业提供紧急流动性的机构,结果四处传播的谣言让人们更加恐慌。"几乎每个钟头都会有某个坏消息传来……每个坏消息都让某个企业可以动用的资源消耗殆尽。各项损失接踵而来,直到业务几乎完全陷入瘫痪。"美国经济的增长突然完全停滞下来。日渐萎缩的流动资金让卡内基进入危机状态——在卡内基急忙找银行商谈,出售无关联企业的股票和争取时间的过程中,所有流动资金只够支付两个星期的员工工资和其他支出。

持续数年的战争花费,以及接踵而至的经济扩张、信用宽松和投机盛行,促成了十几年的经济强劲增长。和任何繁荣时期一样,它遮掩了美好时代背后的腐败、浪费、低效和高杠杆等不利因素。很多年来,铁路公司不断铺设铁轨是为了显示某种形式的增长。资本市场鼓励快速增长,而铁路公司新增加的铁路长度意味着对未来收入的预期。然而,经济的基本面并没有跟上这种预期。在有些铁路延伸到的地方,根本没有人去。有一段时间,人们看不到现实的情况。在那个投机过热的时代,股东在铁路股票上涨时发财,而不是在人们真正使用铁路时发财。杰伊·库克公司倒闭时，人们才逐渐看清了问题的严重性。人们纷纷卖掉有价值的资产，兑换成现金，停止向投机项目和未竣工的项目提供资金。银行急于收回贷款，或者不再延长贷款期限。卡内基也被迫清算。他卖掉了一切能够出手的股票，为的是给自己的钢铁厂提供流动资金。即使这样，钢铁厂的施工也不得不暂停。他一直保持着偿付能力。据说，在那段时间里，他手里的现金一度不足 5000 美元。

《镀金时代》一书问世仅几个月，经济危机就爆发了。回顾起来，那本书就像是一个有先见之明的警示，是在用嘲讽文字表达因果报应。美国进入了当时所谓的"大萧条"时期。这场萧条持续了六年，但是它的影响，尤其是对工资的影响，持续的时间更长。对卡内基来说，这将是一段重塑自我的时期。美国内战刚结束后的几年里，他投身于经济环境中的各种冒险，现在年近 40，他重新扬帆起航。在接下来的几年里，卡内基向子孙后代指出，在积累财富时，"正确的办法是把所有鸡蛋都放在一个篮子里，然后盯好那个篮子"。

也许，他说的是对的。不过，同样可能的是，1873 年之后的一段时间不再重复内战刚结束时的那种白热化的疯狂。泡沫破裂了。到处是资金紧缺。现实所迫，在他事业的剩余时光里，卡内基不得不将精力都放在钢铁上。

卡内基的调整非常及时。他不知道的是，他当时专心兴建钢铁厂的既定投产时间正值长达二十年的通货紧缩时期的开端——劳动力和大宗商品的价格都在下降，对卡内基的经营管理影响很大。1875 年，埃德加·汤姆森钢铁厂投产，当时它是美国最大的钢铁厂。虽然其他行业生意冷清，但是钢材有一个有利之处：铁路公司使用钢轨相较于铁轨的性价比高得多。钢轨更加坚固，更耐磨损，更有韧性，在彻底替换之前的维修成本很低。不管经济是否面临萧条，铁路公司都需要经常更换轨道。随着铁轨的不断磨损，这个国家的

第 13 章　钢铁

整个铁路网络都在用钢材重新铺设。伴随经济的缓慢复苏，对数量的重视让位于对效率的重视：公司开始全力削减成本。

对于卡内基新工厂来说，第一个订单马上就来了，客户需要 2000 吨钢轨。订单金额远超 10 万美元。1875 年 10 月，卡内基钢铁厂 1 吨成品钢的成本结构大约是这样的：

10 月成本：每吨钢轨成本

劳动力	$8.26
金属	$40.86
石灰，燃料等	$6.31
贝塞麦、西门子技术使用费	$1.17
合计	$56.64*

在相应的注释里，工厂主管汇报说，钢轨"平均售价是每吨 66.32 美元，因此我们第二个月的利润很可能达到每吨 9.86 美元"。利润还可能更高。卡内基不放过任何提高成本效率的办法。要是在以前，他会远赴伦敦，运用自己的魅力去卖东西，而这个时代则要求他精打细算。人们对钢轨的需求如此之大，只要价格足够便宜，钢轨根本不愁卖。

事实证明，他的性格完全适合这种通缩氛围。他的新口号适用于那时和现在的所有产品经营业务："管好成本，利润自来"。虽然钢铁厂会尽力管好成本，但是产品供应只是问题的一个方面。在需求方面，客户拼命压低价格，自由市场竞争有时候会将利润率压缩到无利可图的地步，尤其是对于效率不高的企业来说。在危机爆发之前大多数炼钢企业都投入了巨额资金的行业里，1875 年的竞争战

---

* 上述数字存在自相矛盾之处，完全根据卡内基回忆录照写。——原注

略简单明了：串通起来统一价格。

在埃德加·汤姆森钢铁厂投产的第一年里，卡内基受邀加入了新成立的贝塞麦钢铁协会。这个协会是一个卡特尔性质的组织。在反托拉斯法颁布之前，这种协会是完全合法的。钢铁厂之间没有针对每一段铁路的钢轨业务展开白热化竞争，他们的表现非常理性，联合起来确定了一个份额制度，减少市场供应。通过协议，每个企业只生产一定份额的钢材，并只按照大家约定的价格销售。卡内基坚持要求较多的份额，理由是他的钢铁厂生产效率非常高。这位暴发户的虚张声势引来片刻的激烈争吵，之后，那些老牌钢铁厂不情愿地让步了。

古典的自由经济理论不一定总是成立，生产成本最低，生产效率最高的企业不一定要处心积虑地消灭竞争对手。这种干掉对手的战略需要花费很长时间，需要在过渡期放弃更大的利润，最后可能还达不到目标，因为客户已经习惯了卖方无利可图的低价。最直接的机会莫过于积极游说，从卡特尔中获得一个更大的份额。然而，和大多数非正式的、没有强制性的联盟协议一样，在这种卡特尔运作中，虽然供应商答应限制产量，但实际上根本不遵守自己的份额，会尽可能地销售。卡内基就经常不按份额行事。他和另一个名叫"坎布里亚"的大型钢铁厂合作，联合竞标一些大项目。不过，卡内基具有一个其他人没有的优势，他的生产成本很低，在竞争对手利润为零的时候，他仍然可以赚钱。合作和竞争同样让他获利。

有一个话题可以让所有美国炼钢企业达成绝对的、几乎是宗教信仰般的一致，这就是如何对付来自英国的钢材。英国钢铁企业生产效率更高，因此他们的钢轨甚至比卡内基的更便宜。和之前的炼铁工业一样，美国人采取的共同战略同样简单明了：关税。国会同意了。一吨英国进口钢材的关税起价是28美元，如果按照卡内基的炼钢厂接到的第一个订单的价格68美元/吨来计算的话，英国

第13章 钢铁

人将不得不以每吨40美元的价格出售钢铁（还要包括海外运输的费用），以涵盖关税并匹配市场价格。在一个没有个人所得税和企业所得税的年代，联邦政府相当一部分财政收入来自关税——很多年来，关税占美国年度财政收入的比例超过了50%。考虑到联邦政府对关税的依赖，关税清单对国内企业起到了至关重要的作用，尤其是在国外同行更有竞争力的情况下。

即使是具有崇尚竞争的社会达尔文主义思想的卡内基，也承认关税保护"对于美国制造业的发展起到了巨大作用"。不过，他说这种间接的政府补贴是一种工具，使他能够履行"开发重要资源的爱国责任"，而不是对炼钢企业的帮助。公平地说，政府出台关税政策是为了鼓励人们投资美国炼钢行业，以便国家提升竞争力。这些政策成功地实现了工业基础的多样化，提升了工业增长率：到了那个世纪末，美国已成为世界上最大的钢材生产国。从这时起，美国钢铁行业为接下来几十年里的各种辅助行业和依赖行业的发展铺平了道路。即使是接下来那个世纪的美国军事力量也牢牢植根于美国的钢材产能。不过，这不属于自由放任的资本主义。在这个时期的美国，亚当·斯密自由市场的无形之手与政府政策的引导之手相伴而行。

第 14 章　机器

"镀金时代"里有一个哲学家与那个时代极为契合。赫伯特·斯宾塞（Herbert Spencer）在同胞达尔文物竞天择学说的基础上，根据其中的进化原则发展出一套有关社会的理论。斯宾塞甚至说"适者生存"的说法最早是他提出来的，后来才进入达尔文《物种起源》的后续版本。达尔文研究的是生物体如何适应环境，而斯宾塞将物竞天择理论用于由个人、社会和组织构成的人类工业世界。早在马克斯·韦伯（Max Weber）将新教与资本主义精神联系在一起之前，斯宾塞就提出了相反的看法：在这个科学正在解开过去神秘面纱的工业时代，宗教的"非理性学说"和"木匠造物理论"根本没有说服力。

在借鉴了达尔文理论的斯宾塞看来，大自然在不停地做实验。在大自然的"意见自由市场"里，解决问题的先进方式，即最好的组织方式和生活方式，将战胜那些落后的方式。据观察，人类的发展轨迹是从简单到复杂的过程。这也适用于社会管理："野蛮种族"需要被施以"必要的严厉专制"，或者绝对按照上帝制定的"天国

第14章 机器

的规矩"对待他们,而最先进的群体则发展到了"自由制度的替代",在管理上更为复杂。这一现象也适用于语言:过去人们"用单一的声音来表达"想法,而现在的"文明种族"用动词、形容词、代词和介词来"传递复杂细腻的含义"。基于这种语言的深度和无尽的变化,自然地,斯宾塞认为英语优于所有其他语言。在语言学方面,美国是当时讲英语的人最多的地方,超过了所有英国殖民地讲英语的人口数,基于这一点,斯宾塞可能会认为美国是世界上最先进的地方。

不过,斯宾塞的逻辑在资本主义的传播方面最能引起共鸣。在这方面,他从亚当·斯密有关劳动分工的理论中汲取了思想:随着经济的进步,职业和行业的数量会多样化和大量增加。相较于"每个人同时是战士、猎人、工具制造者和帐篷搭建人"的游牧部落,工厂通过高度的专业化分工提高了生产力,在这种专业化环境里,每个人只从事大型任务的某个环节。物竞天择、适者生存和劳动分工意味着高级文化得到广泛传播,而低级文化退让,这是大自然的消长之道。如果个人或政府想要加快这种命运,就等于让不可避免的事情提前发生。现代文明就像是一台由进化程序驱动的复杂机器。

生活在大平原上的印第安人没有意识到形势的变化。白人到来之后,他们发现印第安土著的生活方式与资本主义的一切原则格格不入。财产权最多是一个不固定的概念,个人怎么能拥有大自然呢?就像是鼓吹进化论的人认为宗教无法告诉我们上帝存在之前有谁存在过,发生过什么事情,印第安土著同样可以问,谁又第一次合法拥有存在了一百年的大山,或是在人类出现之前就已经存在的大草原?最初的财产权意味着产权从大自然到人类的转让,还是人就像鸟兽一样,只是自然的一个部分?在这个充满权利和组织、详尽的制衡机制、宣言和宪法的文明社会里,为什么会发生那么多血腥事件？美国内战中丧生的人数超过了任何一次印第安战争的死亡者。在蒸汽机、铁路和电报的配合下，在抽象的纸币和债券的推动下，内战双方为了作为某些人财产的400万人的命运展开大厮杀。然而，战争结束后，获得自由的黑人成了佃农，又回到地里摘棉花；战后十年的棉花产量甚至超过了战前。不，印第安人不会让步于他们既无法控制也无法理解的力量。进化程序驱动的那台复杂机器必将杀死他们。

在之前与印第安人的战争中，关键起因是代表资本主义强大力量的东西：横贯美洲大陆东西的铁路。那条铁路动工于内战期间，竣工于1869年。随着最后一个标桩被敲入犹他州的土地，一个连接西部中央太平洋铁路和东部联合太平洋铁路的重大事件画上了句号。不过，在联合太平洋铁路最后几年的施工过程中，施工人员不时受到印第安人的袭扰。苏族人、夏安族人和阿拉帕霍人世世代代在南北达科他州和内布拉斯加州的草原上过着游牧生活，还有数千万头野牛和其他各种野生动植物。在游牧部落看来，那里丰富多样的生态系统给他们提供了旺盛的生命力，同时，还让他们远离耕种，并格外排斥固定在一个地方的生活模式。因为远离东部文明，大平原上的印第安人在东部沿海印第安部落被强行赶入居留地后，继续自由自在地生活了几十年。然而，向前延伸每一英寸铁路所打下的道钉似乎都在向印第安人证明，这片土地也属于新出现的工业化美国。

当然，大量白人进入印第安人的游牧区域引发了双方的激烈冲突。军队多次向印第安妇女儿童开枪。除了毫不留情地洗劫白人聚居区，印第安人还经常在战斗胜利后折磨被俘的美军士兵，肢解他们的身体。威廉·特库姆塞·谢尔曼（William Tecumseh Sherman）曾在美国内战中指挥北方士兵深入南方，取得了最后的决定性胜利，在这位将军看来，美军最重要的任务是让印第安人"远

第14章 机器

远地离开各条贯通大洲的道路"。他在写给担任美国参议员的弟弟的信中说:"我认为他们必须被消灭,因为他们不能也不想安定下来。人民会强迫我们那样做。"谢尔曼说的"安定",是指定居在联邦政府给印第安人划出的保留地(总共有数百万英亩土地)。然而,对于印第安人来说,接受这一命运就意味着放弃他们传统的生活方式。

大铁路竣工后的庆祝活动在犹他州普罗蒙特里峰一经结束,那匹铁马就发出雷鸣般的声音,轰隆隆地穿过大平原,在抵达太平洋沿岸后返回。对于车上的好几千东部人来说,这是他们第一次亲眼看见西部地区。多年以来,铁路的施工工人像生活在那里的印第安人一样,将野牛肉作为主要食物。联合太平洋铁路公司甚至一度雇了一个名叫威廉·弗雷德里克·科迪(William Frederick Cody)的猎人,为修路工人提供肉食;他因为猎杀众多野牛得了一个"野牛比尔"的绰号。据说,在效力期间,他一共杀死了4280头野牛。不久,火车上的某些乘客起了兴致,开始在火车上朝外面的野牛射击并以此作为一种运动,任由野牛尸体在大平原上腐烂。现在大平原不再遥不可及,一些人为了野牛舌这一美味奔赴那里,他们将野牛舌熏烤或腌制后运回东部;还有的人是奔着野牛皮去的,他们用几美元的价格大量进货。大草原上的野牛群有时候连绵数十英里,所以货源似乎取之不竭。仅1872年到1874年期间,就有将近400万头野牛被杀。美国军队认识到猎人毁掉印第安人食物供应的影响。灭绝野牛就意味着灭绝生活在大平原上的印第安人,这将让他们的生态系统蒙受毁灭性的灾难。到1889年,大平原上的野牛几乎绝迹,从四分之一世纪前的数千万头减少到仅仅几百头,这是对"进步"的最终屈服。

***

并不是所有文化都受到了工业巨轮的破坏，有的文化由此走上繁荣之路。在1850到1875年的二十五年里，将近250万德国移民抵达美国海岸，是生活在美国的印第安人口的10倍多。数万人前往内陆并到达美国边远地区，到达芝加哥和密尔沃基等城市，还有大量的人沿着密西西比河移居圣路易斯。不同于逃离饥荒的爱尔兰人，这些逃避政治危机的德国人往往是中产阶层，他们将生意和土地抛在身后，但具有利用美国丰富经济机会的技术和能力。

这些德国人是第一批大规模自愿迁入美国的不讲英语的群体。不会讲英语不但没有给他们造成障碍，而且还变成了一个综合优势。当一群中产德国人进入一个城市时，往往会前往当地德国人的生活区附近，这样他们能够自然而然地进入他们在老家时所熟悉的行业或生意，继续做维修工、金属工匠和其他手艺人的行当。他们至少可以为其他德国人提供服务。生意好的店主会雇佣他们的同胞，往往是新来的年轻人。而他们共同的德语反过来成了联结德国人群体的纽带。因为在德国社区有着充足的资本，所以，至少就移民体验来说，这些新移民获得了一个相对的"软着陆"。实际上，这些德国人不但没有被同化，还用自己的文化显著地影响了美国。

德国人落脚在哪里，酿酒厂和啤酒馆就跟到哪里。1840年，美国人对啤酒的喜好还不像对蒸馏酒那样普遍。美国人以喜欢烈酒出名，饮酒群体的数量之大，以至于在美国考察的托克维尔得出结论说，在美国，"大多数人是酒鬼"。饮用烈酒可以和酗酒大醉画上等号。对于很多福音派基督徒来说，酗酒是最严重的社会顽疾。在某些程度上，它可以等同于家庭暴力、贫穷、胡乱花钱、家庭破裂和普遍的社会失序。然而，德国人在维系家庭和实现商业繁荣方面的不凡能力，让他们不同意完全滴酒不沾。实际上，纽约的一个法庭发现，

第 14 章 机器

德国人喜欢喝的贮藏啤酒（lager）不是"容易让人上头的烈性酒"，所以，饮用这种酒并不违反当地有关法律。

联邦军队也认同这一逻辑。虽然军营禁止各种烈性酒，但美军不但允许而且还鼓励官兵饮用这种贮藏啤酒。美军看到德国军队大量饮用啤酒之后，逐渐将其视为一种让官兵保持正常消化功能的手段。除了心情舒畅的士兵之外，这种越来越广泛的德国文化元素还有不少其他重要的受益人。

1857 年，德国富家子弟阿道弗斯·布希（Adolphus Busch）抵达圣路易斯，当时他只有十几岁。没过两年，他建立了一家公司，专门给圣路易斯周围众多的酿酒厂供货。内战开始之际，联邦政府就命令军队在这个城里站稳脚跟，保护那里的大型军械库，并保持对密西西比河沿岸数英里地区的控制。那里驻守的大量联邦士兵对布希的生意大有裨益。布希供货的一个酿酒厂属于埃伯哈德·安海斯（Eberhard Anheuser）所有，他是一个肥皂厂老板，别人用这家酿酒厂向他抵债。布希娶了安海斯的女儿后，开始经营岳父的酿酒厂。不过，开酿酒厂不是件很困难的事情，也不需要很多资金；这一特点决定了酿酒厂的规模一般都很小。

不过，几个因素让德国文化突破了当地圈子的限制。路易斯·巴斯德（Louis Pasteur）发明了可以延长保质期的巴氏灭菌法，让啤酒的远距离销售成为可能。接下来，在使用冬季的大冰块制冷后，新的发明使得火车上的制冷技术更加精密。结合使用冰块和新制冷技术，布希成为将啤酒带到遥远的美国西部和南部的先驱者之一。他这样做完全是为了避免和密尔沃基的大型酿酒厂争夺芝加哥和其他中西部市场。然而，对他第一轮创业成功贡献最大的是装瓶技术。透明的玻璃瓶可以让顾客对手中的产品有直观的感觉，同时还暗示了对质量的保证，因为价格很高的酿造饮料才值得用瓶子来装。

接下来，还有一个口味的问题。卡尔·康拉德（Carl Conrad）

是圣路易斯的一位啤酒和葡萄酒经销商。他想扩大市场,与布希签订合同,委托后者开发一款专有产品。根据这一协议,康拉德承担所有开发费用,拥有未来这款啤酒的所有权,布希则根据合同为对方酿造啤酒。他们的目标是开发一款替代德国移民喜欢的暗色贮藏啤酒的新啤酒。康拉德想用一种淡啤酒来扩大美国人的口味。最初的市场情况显示,美国人喜欢用波希米亚(现属捷克共和国)传统方法酿出来的啤酒口味。几种用比尔森城酿酒法酿造出来的比尔森啤酒进入了市场。针对康拉德,安海斯酿酒厂提出了一个来自不太出名的布德韦斯镇的配方。这种新开发出来的啤酒将被装在"康拉德百威"*品牌的瓶子里。

几乎在同时,美国市场上出现了大量浅黄色贮藏啤酒,而不是褐色的巴伐利亚啤酒。像密尔沃基市的帕布斯特这样的较大酒厂,看到顾客需求发生了变化,也开始引入浅色啤酒。新成立的酿酒厂也纷纷推出浅色啤酒,但很多都说是自己版本的百威。人们的信念是,布德韦斯是这个传统的啤酒酿造方法的发源地,因此没有人能拥有"百威"这个名字。康拉德的依据是,为了开发配方和推广"百威"品牌,他已经投入了可观的初始投资;如果没有康拉德的大力推广,百威就不会成为一个值得抄袭的能带来利润的名称。多年来,康拉德的代理人给他提供了很多竞争者出售自制"百威"啤酒的消息。他赢了官司,但是其他地方出现了很大亏空,急需资金。为了尽快筹钱,康拉德允许新命名的安海斯-布希公司继续持有和经营百威品牌。他没有办法,也没有资金将那个品牌要回去。因为康拉德的霉运,"百威"这个名字后来成了安海斯-布希公司的旗舰品牌。

不久,形势明朗起来,百威品牌的价值超过了所有的酿造设施、

---

* Conrad Budweiser,Budweiser 源于前述配方原产地 Budweis,中文将品牌名译为"百威"。——编注

第14章 机器

冷藏车、装瓶机和仓库的价值总和。当企业大多以服务当地市场的本地业主的名字命名时，商标的概念并不十分重要，不过，到了商品市场扩展到全国的时代，产品的创意名称被广泛使用，通常是对英文单词进行巧妙的派生和合并。就像专利和版权制度保护思想和创意一样，商标权意味着，即使是商业上使用的词语和插图符号也可能是某个企业专有的——这是一种无形的产权，苏族人会觉得这就像垄断了一个火炉边讲述的民间故事一样难以理解。然而，这种对品牌的高度抽象化，建立在科学和机械化的工业基础上，作为一种诠释公司理念、评估公司价值的全新方式，正在逐渐被人们接受。

* * *

"镀金年代"初期最知名的品牌就是那些机器制造商。和对自然生物一样，对那些企业和他们制造的机器来说，适应能力对于生存至关重要。对于某个收入连续大幅下降的公司来说，一款专为英语设计的机器挽救了它。

美国内战结束后的几年里，即使当时经济一片繁荣，E.雷明顿父子公司也觉察到自己的前景不妙。这家公司制造枪支。战争期间，军队需要大量枪支；战争结束后，就不再需要那么多了。雷明顿公司位于纽约州小城伊林，是美国北方最有名的枪支生产企业之一。伊莱·惠特尼在用自己发明的轧棉机赚钱，但经历了无数挫败后，转而将自己的机械天分用于设计制造枪支；追随惠特尼的脚步，新英格兰的枪支制造企业，如塞缪尔·科尔特、史密斯-威森和雷明顿，给了联邦军队在武器上的决定性优势。为了满足战争需求，这些枪支制造企业成了技术极为高超的机械企业，它们运用最新的工具和技术生产高精度武器。由于看到某些技术上的相似性，一个发明家带着一个可以输出文字的原型机，找到了雷明顿公司。

打字机不是将子弹射向远处的敌人，而是将字母"射向"纸张。开发打字机是一个漫长的过程。和很多发明一样，需要很多有利的事件集中在一起，才能形成最后的突破。在这个例子中，1867年的一篇有关书写机器的理论文章让三个人深受启发。经过不断试错，他们通过展示能打出字来的原型机找到了一个投资者。挫折使三个研发人中的两个先后退出。剩下的C.莱瑟姆·肖尔斯（C. Latham Sholes）开发了成功的键盘排列法：按下每个按键，就有相应的一个蘸着墨水的字锤将字符印在纸张上。

直到那时候，与报纸这样的印刷物不同，报纸是由排字员手工为印刷机设置各个字母，商业书信仍然需要手写，容易出现错误和误解，而且效率低。看到这种机器可能会完全改变商业交流方式，雷明顿公司买下了这一原型机，动用公司的机械师和工匠，为市场提供了完善的打字机。雷明顿打字机在1875年面世，在随后的1876年，也就是美国诞生100周年纪念活动期间，雷明顿公司大规模地将产品推向市场。不久，雷明顿打字机成了美国公司的标配，而且雷明顿从家族制造企业名称变成了一个品牌名称。

一家当时的杂志说："打字机对笔的影响就像是缝纫机对针的影响一样。"19世纪70年代中期，以胜家制造公司为首的美国缝纫机制造企业每年销售超过50万台缝纫机；考虑到其中大多数都是商用的，这个数字很了不起。缝纫机的简单易学和对效率的提升显而易见。相较而言，打字机给人们提供了一个很大的障碍：几乎没有人知道怎么使用，因为存在学习曲线，所以与直接手写相比，打字机显得效率很低，而且人们也不确信自己是否真能学会。

到1880年，一些地方出现了专门教授打字技巧的学校。值得一提的是，虽然打字机一般用在办公室这个很少有女性担任角色的地方，但打字员的职位从一开始就对男性和女性都开放。大城市里的这一职业吸引了数百名女性。在纽约市，一个熟练打字员的周薪

第14章 机器

是 15 到 20 美元，大约每年 1000 美元，比很多男性蓝领和受过多年教育的女教师挣得还多。"对于女性来说，这一新职业的一个很有吸引力的方面是，"19 世纪 80 年代的一家刊物说，"任何头脑灵光的女孩学上 3 到 6 个月，就能获得足够的打字技能，在办公室里独当一面。"正如电报局曾给女性进入办公室提供了有限的机会，雷明顿打字机成为将数千女性带入现代办公环境的机器。

* * *

女性进入办公室工作恰逢女性争取普选权的年代，也许后者推动了前者；而且社区酒吧居然也成为女性获得投票权的意外、间接的催化剂。酒吧是禁酒主义力量的打击目标。禁酒人士对美国各地成千上万家酒吧和地方酒馆深恶痛绝，认为那里是各种罪恶滋生和蔓延的地方。几十年来，地方禁酒法令的倡导者们一直在争取女性的声援。虽然她们没有投票权，但是在这个政治问题上，女性的观点在公共领域很有说服力。因为酗酒与暴力、大笔花钱买酒和孩子挨饿等家庭后果有着密切的联系，这些都不利于女性在家里维持基督教的价值观，所以家庭问题的倾诉促使政治上出现了为女性说话的声音。

在美国内战之前，一些最为激进的福音派改革者努力将禁酒问题与他们认为的美国的其他三大弊病（奴隶制、移民和天主教）并列在一起，而不顾它们之间的联系有多牵强。然而，新成立的共和党关心的是奴隶制问题。美国绝大多数选民，也就是男性，喜欢饮酒，任何政党都无法忽视这样一个庞大群体。战争结束后，禁酒人士找到了一个新的有力的声音：基督教女性禁酒联盟。该联盟成立于 1874 年，成立后很快自称拥有数十万会员；一些人入会无疑是为了借此参与政治。不久，该联盟的领导者弗朗西丝·威拉德

（Frances Willard）公开宣布，禁止饮酒对改良社会至关重要，但如果没有女性参与投票，禁酒目标根本无法实现。从此，禁酒活动与女性投票权运动融合在了一起。

虽然基督教女性禁酒联盟人数众多，但是美国大型酿酒公司拥有数十万个酒吧，遍布美国所有角落。德国酿酒企业改变了酒馆的经营业态。酒吧不再仅仅是由店老板建立、经营和拥有的街坊生意。这时候的酿酒企业已经发展到相当大的规模，它们将酒吧当作生产企业把产品销售到客户端的最终前哨。通过加盟安海斯-布希公司、帕布斯特公司和施乐兹公司等大型酿酒企业，当地酒吧老板可以为设备融资，获得类似啤酒杯这样的免费用品，并借款获得启动资金。在纽约市这种住宅空间逼仄的地方，酒吧成为工薪阶层客厅的延伸。一方面，酒吧继续保持着作为社交元素的基本魅力；另一方面，19世纪的酒吧还提供一些实用的服务，比如，帮助人们将工资支票兑换成现金，为新搬来的人提供收件和寄件地址。很快，雇主和政治家就将酒吧老板视为工薪阶层文化的核心组织人物，是工作和投票的中间人。

同样重要的是，工厂附近的酒吧还兼做工人们吃午饭的食堂。大多数酒吧针对进店买啤酒喝的人，提供包括肉、面包和汤在内的丰盛午饭。在酒吧的推动下，内战第二年200万桶啤酒的产量，在二十五年之后，增长到超过2400万桶；啤酒成为新的"国民饮料"。

对于那些角色远超越投票人的啤酒制造企业来说，还存在一个政治影响力元素。随着时间的推移，啤酒日益成为联邦政府最重要的收入支柱之一。因为联邦层次没有个人所得税和企业所得税，因此，啤酒、烟草和蒸馏酒的销售税增长到联邦政府税收收入的近一半，可以和针对进口商品征收的关税相提并论。安海斯-布希公司、帕布斯特公司和施乐兹公司的收入每增加一美元，这个行业的游说组织，即美国酿酒商协会就增加了一分政治影响力。

第 14 章 机器

然而，对于目睹了美国无数民主闹剧，将政治力量的大小等同于金钱多寡的人来说，酒的命运最终提供了一个有效的反例。就像奴隶制和棉花贸易在经济上的重要性没有阻止它们最终瓦解的命运一样，数百万豪饮啤酒的男性选民，再加上遍布各地的啤酒馆，以及运转协调的政治机器和一个依赖啤酒税收的联邦政府，最终也会陷入与众多禁酒人士的交锋。继基督教女性禁酒联盟之后，反酒吧联盟决心用一支不能投票的军队来与美国最有影响力的行业开战。这不是一场公平的较量。不过，几十年后，两个宪法修正案，一个禁止销售酒，另一个授予女性投票权，在几个月内相继通过。

对于开公司的人，"适者生存"概念一度带有某些自鸣得意的味道，因为按照这一说法，市场上的所有幸存者都是适合生存环境的。这让那些只想赚钱的人觉得自己在践行哲学和科学理念，在做很有意义的事情。然而，生存越来越需要企业适应政治气候的变化：除了应对简单明了的市场信号，还要服从社会舆论倾向。就像禁酒政治的复杂性一样，19世纪晚期大企业实力的野蛮发展导致了用工、消费者安全、银行和社会关系方面的反对浪潮。其中的关键无非是一个迷惑性问题的答案：美国资本主义如何吸收无数竞争性的利益，同时仍然能收割经济引擎的红利？

第 15 章　照明

《科学美国人》是当时美国连续经营时间最长的杂志之一。在1881年4月2日,这本杂志将当期主题献给了电灯的魅力。封面上是一张素描画,画的是纽约百老汇人行道上新安装的路灯。即使在塞缪尔·莫尔斯的发明问世三十年后,电报仍然是电力唯一的大型商业应用。其他的用途要么是实验性的,要么是娱乐性的,比如巡回游艺团"按一下,让你的头发竖起来"的杂耍节目。因此,整个城市灯火辉煌,即使在晚上,也能像白天那样清楚地看到人们的五官和各种物体——这让杂志的编辑们感到了巨大的希望。

百老汇的灯光来自一个叫查尔斯·布拉什(Charles Brush)的克利夫兰年轻发明家。布拉什是典型的新一代美国人,出生在铁路和电报已经诞生的现代社会,内战结束后进入成年。1867年从克利夫兰中学毕业之际,他已经在课余时间里学习了好几年有关自然现象的知识,经常拿磁铁和电池做实验。进入密歇根大学学习工程学时,布拉什也不时潜心钻研这一兴趣爱好。毕业后,他曾短暂地进

第 15 章 照明

入商业公司工作,后来又回到了实验室。布拉什将注意力投向了有关电光的一系列理论上的进步。

* * *

当时已经非常普及的电报使用的电流非常小。因此,电报技术的改进无助于人们深入理解电。另外,当时似乎也没有什么必要来深入探索这种能量的来源。煤炭为机器的运转提供了数量可观的能量。用工业方法燃烧煤还可以获得一种衍生产品:将燃烧过程中产生的煤气收集起来用于其他用途。在战后迅速发展的工业经济中,储量丰富的煤气为街头和城市家庭提供了一种廉价的照明方式。虽然用电照明是否符合经济原则尚不清楚,但是这并没有阻止发明者们从事这方面的实验。

1877 年,布拉什在当时最新研究成果的基础上提出了自己的见解,取得了电力照明方面的巨大进步。当时的发电技术只能点亮一盏灯,这盏灯依靠的是"弧光照明"或"电弧照明"的原理:中间有空隙的两个碳棒会放电,而电在两个碳棒间通过空间传递时会产生明亮的光。布拉什发明了一种方法,通过电线连接的多盏灯可以靠一个电源同时点亮。意识到这一进步的意义,克利夫兰电报公司立即表示愿意支付专利使用费给布拉什,购买该专利在美国的使用权。

在爱迪生发明白炽灯前的那些年,布拉什的照明系统主导着这一电力照明新领域。这一创新促使一些公司开始探索类似的突破或应用。不难想象,想要在电力照明上赌一把的投资者找到了愿意成立照明公司的创业者。城市灯火彻夜照亮夜空的憧憬让媒体同样大为兴奋。企业老板惊奇地想象着如何让工厂 24 小时运转。城市规划部门则希望街道和桥梁一片明亮,犯罪和交通事故大幅减少。富有的家庭想象将来在他们富丽堂皇的客厅和餐厅里可以不再使用散发着臭味的煤气灯，更不用说仅仅使用数月煤气灯就在墙上留下的黑色烟熏痕迹。对于熟悉这一技术进步的美国人来说，未来似乎突然一下子变得异常明亮、干净和现代化。

在一段很短的时间里，布拉什的技术主导了这个领域。依托98%的市场份额，克利夫兰电报公司为了彰显公司获得的这一新技术，索性将公司名称改为"布拉什电力公司"，并成立了一个子公司，将公司业务推广到东部。子公司总部位于纽约西25号街133号，那里部署了一个巨大的发电机。他们要完成子公司成立以来的第一个任务：给百老汇第14街到第34街安装21盏电弧灯，照亮夜幕降临后的百老汇。通过纽约核心区的这种永久展示，公司做了一个极好的广告，证明他们能够将电线布置到距离其发电站"半径两英里内的任何地点，点亮任何地方"。看到夜晚将不再漆黑一片，纽约市民惊叹不已。对于大多数人来说，这是他们第一次沐浴在人工制造的亮光里。

其实，纽约并不是最早享受电弧灯的城市。当时，其他地方已经安装使用了6000多盏电灯。美国布拉什公司克利夫兰工厂附近的一些小城市早已购买了布拉什的技术。在印第安纳州的沃巴什，县领导人命人在法院楼顶上安装了4盏电弧灯，可以将整个城镇的所有街道照得通亮。喜欢接受新事物的工厂、矿井、城市街道、码头、旅店、教堂和剧院是最早使用电弧灯的地方。

看到这些成就，《科学美国人》充满热情地断言：布拉什公司，虽然面临竞争者，但在可预见的将来，它已有效地"垄断电灯领域"。然而，这一结论为时过早。查尔斯·布拉什的系统没有成为最终的定论。实际上，最终被授予很多荣耀的人并没有那么引人注目，以至于专门投入整整一期版面介绍人工照明的《科学美国人》根本没有提及他的名字。但后来被人们忘记的恰恰是布拉什。

第 15 章 照明

* * *

相较于布拉什，史书更为厚待，也许过于厚待另一位同样年轻的发明者。他距离纽约市喧嚣街道只有 30 英里左右。在新泽西州的拉里坦，托马斯·阿尔瓦·爱迪生（Thomas Alva Edison）在那个城市的门罗公园区建立了一个实验室。在布拉什声誉的鼎盛时期，爱迪生正在进行有关白炽灯（也就是灯泡）的实验。电弧照明虽然亮度极高，但是需要日常维护和更换碳棒；另外，这种灯也不稳定，经常因为导线中的高压引发火花飞溅。刺眼的光亮和相对较高的成本，让这种灯仅限于户外或容得下很多人的宽敞厅堂使用。爱迪生想发明一种维护成本低、使用时间长、适于室内使用的灯泡。

188

相较于查尔斯·布拉什，爱迪生有点大器晚成。布拉什在青少年时期就对化学和电学产生了浓厚的兴趣，而爱迪生少年时期则是一个资质平平的学生。他出生于 1847 年，7 岁时被踢出了他上的第一个学校的校门。他的母亲将他领回家亲自教了一段时间之后，把他送入另一所学校。然而，在这里，小爱迪生的成绩还是不怎么样。上课总是走神的他觉得文法学校僵化的课程安排限制了他的活力。后来，他在休伦港与底特律之间的火车上找到了一个卖报纸的营生，痛苦乏味的学校学习就此结束。随着这一变化，爱迪生的正规教育画上了句号。

十几岁在火车上打零工的几年时间里，爱迪生经历了很多不幸，主要是因为独立的经济能力、创造性的想象力和在城镇之间漫游的自由。总的来说，这些冒险不是用店铺里买来的化学药品做粗糙的实验，就是用小伎俩赚钱弥补卖报收入。几年后，家人给他在电报局找了一个像样的工作。和年轻时的卡内基不同，爱迪生在电报局的工作能力非常一般，不过还没有差到丢掉每月 75 美元薪水的地步。1863 年的战争经济使得电报局需要大量人手。不过，对于一个没有完成学业的小伙子来说，电报局的工作就是一张进入广阔天地的门票。卡内基的天赋使他能够与信息的接收者进行有价值的互动。电报局的工作让爱迪生知晓了有关电报设备的原理和操作方法，见识了电学、化学、机械收报机和导线。

从这里，他的思维开始活跃起来，但从未深入到理论的层次。报纸贩子的心理仍在影响他，他总是不停地寻找赚钱机会，结果将他的创造力局限在怎样赚钱的狭窄范围里。同时，他成了一个和他当学生时一样差的雇员。主管曾嘱咐他专心发报，不要去碰设备间里的设备，可他还是去了设备间，这一未经许可的行为导致电池里的大量酸溶液溢出到地板上。结果，他被解雇了。

在后来的一个岗位上，爱迪生想出了解决电报行业一个难题的方法。当时，电报信号传递200英里左右后，必须由另一个电报员接收并重新传输。这是因为电流经过这段距离的传输后会越来越弱，以致可能丢失信息。爱迪生开发出了一种叫"中继器"的突破性产品，使用记录原始电报信息的打孔纸，机器就可以自动重新发送这一信息，而无须人工重新输入。爱迪生为这一技术申请了专利，这是他一生里申请的1000多个专利中的一个。获得了这一小小的成功之后，企业家和推销者争相结交他，这让他可以辞职独立搞发明。接下来，他发明了一项通过一根导线同时传输两份电报的技术，而无须按顺序传输，这样就将电报线的利用率提高了一倍。爱迪生声名鹊起。他不仅仅是一位伟大的天才，而且非常务实，他发明的技术有可能马上在工业规模上带来巨大的经济收益，确实能大幅减少成本。在此过程中，爱迪生对他的专利做了授权，并将部分权益卖给了不同的合作伙伴。每一项发明问世，都能给爱迪生带来大量现金，让他能在实验室里进行下一项创新。有了资金，爱迪生就在某种程度上成了一个完全独立的研发单位。

再一次，和伊莱·惠特尼和塞缪尔·莫尔斯的情况一样，美国专利局扮演了思想者和修补匠之间的平衡力量。爱迪生的专利保护了他的知识产权，为他使用自己的发明提供了垄断权。美国资本主义的发展在很大程度上依赖政府对某些独特形式财产的认可。专利将发明者的创造性思维产品变成一系列法律权利，"凭空"创造出一种新的财产。手中有了这种财产权，这些后来者就可以吸引资金来商业化他们的新发明。然而，和土地或建筑等有形财产不同的是，有形财产的名称是明确的、所有权是永久的，专利权的授予却存在很大的主观性。究竟是什么赋予了发明者对一个思路或者概念的独家商业权利？实际上，即使是专利权有效期限的规定也有很大的任意性，为什么定为十七年，而不是四年或五十年？一方面，科学实验往往要经受无数次的挫折，耗费大量时间和资金，给这些实用的技术突破授予独占使用权有利于鼓励人们向未知的、鲜有人尝试的领域投入资金、时间和精力。另一方面，知识和新技术的独占所有权有一定的时间限制，理想情况下，足够让发明者有时间从他的风险和技术突破中获利。

手里有了电报的专利，爱迪生觉得自己完全可以和最新的谈判对手西联电报公司的总裁平起平坐。不久前，这家电报巨头刚投资500多万美元，在原有线路上增加了6万英里的平行线路，为的是满足不断增加的电报业务需求。西联电报公司是美国发展最快的公司之一。意识到这样一个巨大机会，美国最富有的人科尼利厄斯·范德比尔特和他的儿子威廉·亨利，成了这家公司的大股东。随着战后美国的经济进入加速发展时期，商业上的沟通与协调需要越来越多地使用电报。商品市场和股市几乎在不间断地通过电报发送价格信息。报纸和报纸通信服务对电线的使用量呈指数级增加。为了适应这种需求，西联电报公司需要不断投入巨额资金在美国各地增设线路，以满足电报量的不断增加。很多时候，他们不得不将先前的线路增加一倍或三倍。对于西联电报公司来说，爱迪生提供了尚未向外授权的一项巨大的技术突破：四路多工技术（Quadruplex）。这一技术创新可以让一条电报线路同时发送两条信息并接收两条信息，将先前的开创性成就在数量上翻了一倍。如果采用这项技术并成功，西联电报公司的新增线路就可以实现四倍的传输数量。这种巨大成本节省潜力，西联电报公司当然非常乐见。

历史学家和传记作者往往轻视了爱迪生的商业头脑，不过爱迪生在这方面绝不愚笨。在早年间，他就知道怎样把自己发明的使用权卖给最有钱的大佬并获得很高的价格；他的精明之处体现在，他能首先想到通过谈判来实现自己的利益。不过，相较于管理企业，他更喜欢搞发明创造。未来即将到手的财富让他更多地潜心琢磨下一个新发明，而不是让之前的发明价值最大化。结束火车上的卖报生涯刚刚十年，开始于没有什么正规学历和强大人脉背景，如今的爱迪生向西联电报公司报价将近50万美元，出售他在实验室里独立研究出来的某项新发明的使用权。

然而，西联电报公司依仗自身的优势，认为自己拥有无数的筹码，将谈判过程一拖再拖。而爱迪生因为实验室支出越来越多而手头拮据，在谈判期间要求对方预付一笔资金。西联电报公司的总裁没有同意，并前往芝加哥，因为他认为爱迪生找不到其他接盘人。他错了。当时，爱迪生的天赋在电报行业彼此熟悉的小圈子里已经得到广泛认可。这时候，范德比尔特的老对手杰伊·古尔德代表自己的大西洋-太平洋电报公司出现了。这个机会实在太有吸引力，古尔德甚至动身前往爱迪生在新泽西州的实验室。爱迪生向他演示了四路多工技术。短暂的接触让古尔德印象深刻。几天后，古尔德提出用一部分现金和一部分股份来换取该技术的使用权，爱迪生同意了。

西联电报公司错过了这个机会，将会发现自己和古尔德手中虽然规模较小但现在拥有一项关键技术的公司有着利益冲突。爱迪生

第15章 照明

专利的范围和不足之处将成为两家公司矛盾的焦点。然而，支票和股份已经拿到手，爱迪生毫发未伤地继续前进。浸淫电报行业的十年让他接触了电学、发电、布线和仪表各方面的原理。塞缪尔·莫尔斯在评价爱迪生时说，爱迪生对电报的贡献仅次于自己发明电报。

* * *

接着，爱迪生把雄心放在了电力的下一个领域。布拉什和其他人发明出来的电弧灯刺激了他，他想发明一种持久耐用、没有臭味和适合室内环境使用的灯泡。不过，不同于那些不得不花数年时间寻找研发资金的发明者，美国很多大亨巨贾非常看好他的发明天赋。一般来说，威廉·H.范德比尔特（不久前继承了他父亲95%遗产）这样的大资本家，并不投资他们经营的企业用不上的新技术，然而，范德比尔特在爱迪生这里开了先例。没过一年，一向严苛、朴实的J.P.摩根也积极支持他开发灯泡及与之配套的发电机和输电系统的想法。有了资金，爱迪生相应地有了更多的想法。他在新泽西成立了一个初创企业，名字就叫"爱迪生电力照明公司"。

不过，这不是毫无疑问的事情。《科学美国人》报道布拉什的那篇文章对白炽灯照明给出了完全负面的评价。这就是虽然爱迪生在电报领域颇受赞誉却没有被提到名字的原因。事实证明，这种遗漏很反常。爱迪生除了具有发明天赋，还有一种给记者们讲故事（当然往往以自己为中心）的天分。有了灯泡这个题材，爱迪生的机会来了。结果，19世纪80年代，爱迪生成为美国最有名的人之一。

不过，爱迪生最乐观的预测没有成真。他花了两年时间开发出来的灯泡只能持续亮几天。他之前设想的系统比布拉什的照明系统复杂得多。后者只需要一个发电机和用以连接灯的数英里长的导线。另外不同于电弧灯系统的一点是，通电后，电弧灯系统连接的所有灯同时都亮起来，而爱迪生打算在他的照明系统上设计一些开关，可以根据需要接通或关闭任何一个灯泡。他设想了一个有中央供电设备和计量电表的电网。最后，爱迪生选择采用支出高昂的地下管线方案。

1881年底，爱迪生照明系统的原型产品出现在门罗公园。这时候，他的公司正忙着在美国的金融中心华尔街挖沟铺线。爱迪生买下了珍珠街的一处建筑，将电网的中央供电站设在那里。很快，饱受施工吵闹的居民开始投诉无尽的钻孔打洞，尤其是为了商业目的。报纸开始对进度的一再迟滞产生怀疑，要不是加菲尔德（James A. Garfield）总统遇刺事件成为那个夏天大多数时间里美国民众关注的焦点，批评的声音会更加高涨。这似乎证明1881年那期《科学美国人》没有提及爱迪生是明智之举。布拉什的照明系统已经点亮了百老汇的街道，而爱迪生还没有让纽约市的一个灯泡亮起来。

曼哈顿下城规划的14英里长的挖沟工作持续进行，但在电网投入运营之前，两个投资人享受着一项特殊待遇。威廉·H.范德比尔特要求爱迪生为正在建设中的范德比尔特公馆安装电灯。考虑到那处住宅距离正在施工的地下管线还有好几英里的距离，因此爱迪生给他们单独安装了一个发电机，那个声音很大的发电机只给他们一家供电，而且也安装了电灯。然而，男人们沉浸在兴奋中，却忽视了一个关键人物：范德比尔特的太太。听到地下室传出的发电机声音后，她就不想搬进去住。此前发生的一件事也让人心有余悸：在施工过程中，导线火星引起的一场小火灾差点将还未竣工的大宅夷为平地。最后，出资人J.P.摩根和他那位颇能忍受噪声的太太拥有了纽约市第一个有电灯照明的住宅。此后，也不是毫无波折。摩根那些富有的邻居依靠安静的煤气灯照明，他们一再抱怨摩根家噪声太大。后来，他的藏书室还着了一次火。

这时候，曼哈顿下城的挖沟工作也陷入停滞。看来，找天才做

第 15 章 照明

事情也是有代价的。爱迪生的实际施工成本比最初估计的 16 万美元超出了 32 万美元。依托全部埋设地下的输电网,包括德雷克塞尔-摩根公司和《纽约时报》办公室在内的好几幢建筑都用上了电灯照明,总共用了 800 个灯泡。1882 年 9 月 4 日,爱迪生启动了珍珠街供电站运营按钮。这件事的不凡之处不是实现了室内照明(在此之前的很多工厂、宽敞的厅堂和摩根的家里都已经实现了室内照明),而是通过轻按一个小灯泡的开关,就能控制众多办公室的整个电路系统。

* * *

如果你是 1883 年《纽约时报》的忠实读者,就会发现该报几乎每天都会刊登有关照明、用电或电话的一些细微进展的文章。当时,文章采用的是就事论事的中立口气,没有了将近五年前那篇文章的那种膜拜和敬仰:《电灯照亮棒球赛》报道了印第安纳州韦恩堡举行的第一次夜间体育赛事;6 月 23 日《纽约时报》的头条《古尔德的船通电了》指的是杰伊·古尔德的大游艇"阿塔兰特号";从新泽西州伊丽莎白城的教堂开始,教堂也采用了电力照明。很有趣的是,报纸还提到了用电做动力而非用马匹来拉动的公交车。

电灯还出现在曼哈顿和布鲁克林之间新建的钢铁桥上。那座桥的建设持续了好几年,最终于 1883 年 5 月投入使用。距离这座布鲁克林大桥开放还有几个月的时候,照明合同开始竞标,但爱迪生输给了美国照明公司,因为施工方认为电弧灯更适合那座桥。再说,在费用支出方面,爱迪生的白炽灯泡方案比对方 1.8 万美元的方案高出好几千美元。大桥投入使用之后,那里成为全纽约市的最高点,是人们周日外出游玩登高望远的好去处。对于 19 世纪 80 年代站在桥上欣赏美景的人们来说,每当夜幕降临,周围亮如白昼,整座钢铁桥，以及它让人们争相跻身的新高度，处处彰显着时代进步的气息。

不过，进步并不意味着完美。川流不息的城市街道上，一堆堆马粪随处可见。人口远远超过了这座城市可以容纳的数量。情况一年比一年糟糕。成千上万的移民滞留在距离他们最初上岸处只有几英里的地方。人行道上到处是拥挤的人流。在街道上稍微抬头，就可看到空中满是如蜘蛛网一般扭曲缠结、杂乱无章的电线。任何想要拥有电报线、电线或电弧照明线的企业，只要让接线工人给这"蜘蛛网"增加一根电线就是。

在 19 世纪 80 年代之前，覆盖各条街道的绝大多数导线属于电报公司、救援公司等用电量非常少的公司。如果电线从空中掉落，人们只不过是吓一跳，但不会有生命危险。报纸的大标题和评论文章表明审美和令人讨厌是问题的主要方面。随着时间的推移，批评的方向发生了改变，因为高电压的电弧照明系统线路越来越多地占据了天空，危险隐患越来越严重。同时，为了千方百计争夺读者群体，这个城市里数十家报纸往往将电力伤害事件与谋杀、抢劫和下流猥亵事件放在一起报道。仅 1883 年的报纸大标题就有"电力过多导致不便""马匹遭电击""电线杆和电线令人讨厌"和"雷德利上演恐慌事件"，最后这个标题说的是雷德利百货商店通电后不久发生的意外。商店正面外墙上的一大串灯掉在地上，店里的女人们惊叫着涌向门口。一个路人惊慌失措，大喊"着火了！"他以为电路一出故障就会引发火灾（倒不失为一个保险的假设）。后来，当地消防人员出动，平息了人们的紧张情绪。因为用电引发的紧张和焦虑情绪太多，所以连这件事也给报道了出来。

事实证明，对于公共安全来说，爱迪生铺设地下管线的做法是一个明智之举。迅速电气化的最大挑战来自煤气或天然气。煤气或天然气公司使用工业用煤的副产品煤气或来自数百英里外用管道输送的天然气，它们在大多数主要城市都有完善的基础设施，可以为美国城市家庭提供有偿使用的气体。虽然这两种气体用来照明并不干净，而且还有臭味，时间一长还会熏黑家具和墙壁，但是它们数量充足、价格便宜。更不要说，和其他地方一样，在纽约，众多煤气和天然气公司频繁上演价格战。在美国农村地区，无处不在的标准石油公司为人们提供煤油，供千家万户照明和做饭使用。虽然家庭用电量很有限，但电力的使用迅速扩展到办公楼和商业机构。随着这种增长，爱迪生用投资者的资金，在很多城市建立了中央发电站。投资者每增加一美元投资，都进一步稀释爱迪生拥有的以自己名字命名的那些实体的股权。

1887年，乔治·威斯汀豪斯（George Westinghouse）带来了另一种形式的竞争。他发动了第一场关于行业标准的商业大战。在电力这种生态系统中，数百家公司和经销商都希望在打造电气化社会的过程中分一杯羹，如果大家能就某个共同标准达成一致，各方都可以提升效率。最终，威斯汀豪斯提出的交流电因为远距离传输成本低，战胜了爱迪生大力呼吁的直流电系统，成为电力传输的行业标准。虽然史书投入大量篇幅记载了爱迪生和威斯汀豪斯之间的故事，但就像他之前从事电报业务一样，爱迪生在电力传输行业也没坚持多久。

大约就在威斯汀豪斯进入输电行业之际，爱迪生将他的所有专利、美国各地电力公司的股份合并在一起，成立了爱迪生-通用电气公司。新泽西州不久前刚颁布了一部法律，允许在新泽西州注册成立的公司持有其他州公司的股权。这是该州在这一领域的第一部法律。接下来，新成立的这家公司设法进一步巩固爱迪生的市场份额，打算与名为"汤普森-休斯敦公司"的另一家电力公司合并。爱迪生的重要出资人J.P.摩根最初并不同意这个计划，但他最后看到了撮合这场公司合并的好处。摩根通过自己的德雷克塞尔-摩根公司筹集了几百万美元，将汤普森-休斯敦公司和爱迪生-通用电气公司的利益合并起来。虽然爱迪生和J.P.摩根一样进入了新公司董事会，但是这一合并对于喜欢荣誉的爱迪生的虚荣来说无异于最后一击：从此以后，新公司的名字成了简单的"通用电气公司"。

虽然前景非常好，然而到1900年，获得电力供应的家庭和商业用户总数还不到65万。百货商店、办公楼、电力公交车和商业场所是美国人享受电力好处的地方。然而，在世纪之交，只有不到5%的美国家庭用上了电。市场上的劣质替代品，即煤气、天然气和煤油，仍然具有相当大的价格优势。从百老汇街道用电照明开始，到绝大多数美国家庭进入电气化时代，花了五十年。

随着时间的推移，爱迪生获得了极大荣耀，成为美国民众心中一个不折不扣的英雄——亚历山大·格雷厄姆·贝尔（Alexander Graham Bell）的新式电话机、电灯泡、电报和留声机甚至电影的改进，都有他的功劳。然而，财务上的荣耀属于别人。将多个公司合并成通用电气公司，是J.P.摩根引领的金融时代的开始。

第16章 零售

在完成《汤姆叔叔的小屋》将近二十年后，哈丽雅特·比彻·斯托加入了她姐姐的事业，变换了一种完全不同的风格。她的姐姐凯瑟琳·比彻（Catharine Beecher）也以写作为生，几十年来一直关注女性教育问题，是家庭生活话题的知名作家。虽然她一直未婚，没有生过孩子，但并非毫无持家体验。哈丽雅特在写作《汤姆叔叔的小屋》一书时，很多料理家务、照料斯托的孩子的事情都是凯瑟琳一手操持。内战结束后，她在哈珀出版社出版了随笔《怎样让女性职业去耻辱化》。在这本书中，她提出，女性在家里操持家务，其工作的经济价值等同于男性在外面工作的价值，家庭主妇的工作涉及"科学、艺术以及法律、医药和神学"。

比彻姐妹是女性中的翘楚。姐妹俩靠写作出书挣得了不菲的收入。哈丽雅特可以说是一位影响了历史走向的人物，她的小说对美国北方反奴隶制风潮的兴起有很大作用。随着美国宪法第十五修正案赋予美国非裔男性投票权，似乎下一场斗争将是如何扩大女性的投票权。然而，这个时候，比彻姐妹在某些程度上背离了妇女参政论者的观点，认为投票权对于女性社会角色来说并非绝对必要。她们的观点是，家庭的道德领域和国家的政治领域虽然截然不同，但同样重要。实际上，操持家务的重要性超过了挣钱养家。女性的任务远不止于此：她必须从孩子开始给家人灌输品行端正的价值观，为社会注入达到和谐所需的高尚品质。在比彻姐妹看来，做饭、打扫和家务不是微不足道的小事情，它们是干净、健康的基督教生活方式的基石。

不难想象，比彻姐妹在提出这套家庭经济和家庭治理观点时，将虔诚和严谨的全部力量集中在一份务实的宣言中。《美国女性的家庭》最早出版于1869年，它属于威严的说教式作品，没有和风细雨。书中一些章节包括正确烹调肉类，新鲜空气和保持通风对健康的好处，马桶除臭和安装厨房设备，以及挑选家具和室内陈设品的内容。这个"手册"还劝告女性在管理家务过程中养成从容镇定和指使他人的习惯。它警告成年人和儿童要远离咖啡和茶等让人兴奋的东西。书中还专门有一章讲园艺和庄稼种植。在书中的每个方法和原则背后，比彻姐妹都给出了通俗、简洁的依据。

书中还暗示了当时中上层社会和工薪阶层之间越来越大的鸿沟。鉴于普遍存在的富裕家庭雇用移民女性的现象，这本书投入相当多篇幅讲述如何训练和管理仆人。考虑到受雇的女性很多是家境贫穷的爱尔兰天主教徒——"有着凯尔特血统的狂热和偏见"——让这些仆人养成体面的基督徒习惯非常重要。另外，书中还不经意地提到了作者认为必须购置的各种家居用品和家具。若在一代人之前，这样一本关于家庭生活的书会在缝纫、家庭治疗和搅拌黄油的方面给女人提供建议，使其家庭自给自足。而本书作者生活在一个新时代的美国，这是一个注重专业化分工和消费的美国，一个需要什么就买什么的美国。

两姐妹给美国女性开出的"处方"与工业经济中正在出现的工

资结构相符。和农民的收入不一样，工薪阶层和不断壮大的中产阶级职业群体的工资，意味着家庭中每月稳定的收入。同时，这种新式家庭，和农场不一样，不再是一个收入-生产单位，它不向市场出售任何产品。领薪一族的中产家庭是消费单位，它几乎购买所需要的一切东西。考虑到这种相关性，家庭支出在国内经济中占据更大比重，成为一个新维度。在操持家务和抚养儿女过程中的家庭购买决策，往往由女性做出。虽然美国民主在认可女性公民权方面进展缓慢，但是美国资本主义市场提前几十年就认识到了女性钱包（也就是家庭支出）的力量。

* * *

1876年4月11日，《纽约时报》将整个头版都用来报道城市里一位巨富的死讯。

> 昨天中午1:50，亚历山大·特尼·斯图尔特（Alexander Turney Stewart）在第34号街和第五大道之间的家中去世。很多私人建筑和公共建筑，包括市政府大楼，都降了半旗志哀。人们普遍觉得，他受到这种尊重，不是因为他积累了巨额财富，不是因为他商业上的成功，也不是因为他高瞻远瞩和成就斐然，而是因为他也许比其他人更好地用整个职业生涯诠释了美国公民所拥有的无限潜力和机遇。

这是一个措辞得体，纯粹是美国风格的讣告，完美地契合了镀金时代。人们赞扬这个有钱人，不是因为他积累了财富，而是因为他证明了在这个不可分割的美国，任何人都可以实现自己的任何梦想，这一点对这个国家的自我认同至关重要。

大约在1820年，十几岁的A.T.斯图尔特离开爱尔兰抵达美国。他之前毕业于都柏林圣三一学院，进入美国社会后，在纽约教书。不久，他借钱给一个朋友开布料店。后来，那位朋友无力还钱，就将那个经营困难的店转让给了他。没有任何零售或商业经验，斯图尔特发现自己莫名其妙地成了商人。回了一趟老家爱尔兰后，他的店铺转向专营爱尔兰亚麻织物。从此，斯图尔特不断扩大在那个城市的经营规模，直到19世纪40年代成为一个实力雄厚的商人。

当时，美国零售业，几乎和其他所有地方的零售业一样，只注重实用性，只管商品的买与卖。商品摆在柜台后面的货架上。顾客要看什么，售货员（往往是男性）就把那件货从货架上拿给顾客，然后双方讨价还价。最后的成交价格取决于顾客的讲价水平。纽约这样的大城市已经有了较小的某类商品的专营店：玩具、布匹、瓷器和陈设品等。在那里，和综合商店一样，顾客无法悠闲地在店铺里到处走动，根本谈不上让人轻松愉悦的购物体验。

斯图尔特改变了这一切。在第10号街和百老汇的街角处，他打算给自己不断扩大的销售业务动工兴建一座零售大楼。施工持续了五年时间，据说斯图尔特的铸铁大厦到1862年投入使用时，累计成本近250万美元。这是美国第一个百货商店，既豪华又宽敞，至少有五层，占据了一个街区。柜台旁边的椅子都采用高档布料装饰。工作人员对所有人都客气有加。每一类产品，从布料、厨具、床上用品到室内陈设品，都摆放得整整齐齐，井井有条，向众多顾客展示美国家庭的物质生活。即使在战争时期，比如玛丽·林肯（Mary Lincoln）这样的北方富裕顾客，也让百货商店立刻走红。实际上，这位第一夫人觉得A.T.斯图尔特的商店太有吸引力了。为了重新装饰白宫，她在斯图尔特的商店以及其他地方花费甚巨，让林肯总统苦恼不已，不得不请求国会拨款来弥补超额费用。不仅仅针对富人，百货商店面向所有人开放。随着时间的推移，百货公司的环境

第 16 章 零售

变成了一种易于接近的奢华，对美国大城市居民来说是一种镀金时代的品位。

《纽约时报》用敬仰的口气概括了斯图尔特对零售业和消费文化的贡献。从小零售店开始，通过禁止售货员夸大产品质量，他开启了一种"买卖双方间绝对诚信"的氛围。他接下来的一个创新是"不讲价原则"，对任何人都是同一个价格，消除了购物体验中的讨价还价。最后，"任何人可以随意在摆满商品的迷宫中闲逛数个小时，售货员不会问顾客要买什么东西，甚至不许主动与顾客攀谈"，这种宾至如归的氛围让那些买不起东西的人也能感觉到平等和尊严。

那篇讣告推测斯图尔特的财富可能在 4000 万至 5000 万美元之间，同时特意指出虽然斯图尔特在慈善和慷慨方面并不很出名，但是他的捐助相当可观。在这里，《纽约时报》的做法凸显了美国公众对两种富人不同的认可程度。一种是那些靠工业制造，将产品卖给其他企业发财的人；另一种是靠向消费者提供产品和服务积累财富，直接接触广大个体消费者的商人。对公众来说，斯图尔特的赚钱之道清晰明了——他靠把东西卖到顾客手里赚钱，不涉及不可告人的幕后交易，也没有科技、政治、关税和金融的因素。他在自由竞争环境里利用自己的资金，靠给消费者提供价值获利。他把努力从供应商和员工那里节省的成本都用在了降低商品价格上。消费者受益于这位零售商开创的新规则和惯例，因而这笔财富被尊为诚实、应得的收入，美国人不会批评以这种方式产生的收益。

不过，斯图尔特的价值不仅仅是提供物美价廉的商品。他的铸铁大厦规训了中产消费者，让他们将逛商店视作一个休闲消遣的事情，逛商店放松本身就是目的。

在一些年头较久的零售店看来，斯图尔特的成功经验意味着适应不断变化的消费者的嗜好，否则销售收入就会逐渐下滑。除了为客户创造更愉悦体验的问题，小型杂货店或专门零售商还因为规模小而缺乏进货购买力。和其他行业的情况一样，规模经济，即通过数量来降低经营成本，也进入了零售行业。大型商店或多个较小商店组成的联盟可以让零售商获得针对供应商的议价权。零售较为复杂的方面，比如国际采购，完全超越了小型商店的能力。跨洋蒸汽船可以在一两个星期内穿越大西洋，让采购方直接看到欧洲制造商的货物，零售商也可以通过越洋电报和欧洲的高档商品供应商交流，但是相关运输和通信成本只有那些销量很大的零售商才承担得起。

大量后来者被激励建造出斯图尔特式的铸铁建筑。这些铸铁建筑以能使巨大建筑成为可能的材料命名，以至于百老汇一带的商业区，也就是查尔斯·布拉什用电弧灯第一次照亮夜空的地方，被命名为"仕女一英里"。梅西百货、罗德-泰勒百货和金贝尔斯等大型零售店都在这里开了门店。很多新鲜玩意儿也吸引购物者光顾商场，比如，罗德-泰勒百货安装了纽约最早的蒸汽电梯。随着竞争的加剧，这些新鲜东西越来越多。

其他城市甚至投入了更多努力。斯图尔特的铸铁大厦成功之后，几乎每个美国大城市的市中心都很快出现了至少一个具有"锚定"作用的百货商店。在费城，一位叫约翰·沃纳梅克（John Wanamaker）的成功商人意识到生意的比例正在发生变化，所以他将全部声誉和信用押注在一个新地段上。沃纳梅克曾去铸铁大厦拜访了斯图尔特，想从他那里取经。斯图尔特热情地带着比他年轻的沃纳梅克在铸铁大厦里四处走动，后者亲眼见识了他对每个购物区所有细节的重视。有感于这一理念的具体实施，沃纳梅克买下了费城边缘宾夕法尼亚铁路货运站的那片地，在那里尝试他自己的版本。1876年，就在斯图尔特去世几个月之后，沃纳梅克的商厦开业了。装饰奢华的"大货栈"首日营业，就迎来了费城7万市民的光临。占地数英亩的室内零售空间让它一举成为世界上面积最大的商店。

沃纳梅克对零售业的贡献，除了可预见的在规模和气派方面超越同侪之外，还涉及广告业。沃纳梅克认为在报纸上做广告效果最好。他亲自写广告文案,通过报纸宣传销售和优惠活动。在开业之初，他将每天销售收入的相当一部分用于第二天的广告预算：用昨天的销售收入增加今天的收入。在接下来的一个世纪，百货店广告仍然是全美城市报纸最大的收入来源之一。他的这种做法非常有效。"大货栈"开业二十年后，沃纳梅克收购了斯图尔特的那个已经陈旧的铸铁大厦，将业务扩展到纽约。

* * *

不过，将零售体验延伸到所有美国人身上，是沃纳梅克公务员身份的功劳。考虑到他在商界的知名度，本杰明·哈里森（Benjamin Harrison）在1889年担任美国总统后，任命沃纳梅克为美国邮政局长。这一职务意义重大。在美国内战之前，联邦政府的重要职能之一就是保证邮件的投送。邮件服务最初源于费城。本杰明·富兰克林本人曾经担任过美国的第一任邮政局长。在任上，沃纳梅克不懈呼吁一项最终被称为"农村免费邮寄"的实验性服务，开启了美国农村邮寄服务的根本性变化。他的继任者在国会的帮助下，继续推行沃纳梅克的方案。

在"农村免费邮寄"成为国家政策之前，农村居民需要到很远的镇上去取邮件。同样，寄一封信意味着花半天走路去商店。考虑到数百万美国农民居住在距离村镇数英里的地方，没有投送到家的邮政服务就会让这些家庭进一步隔绝于国家的现代化。根据"农村免费邮寄"政策，邮递员将农村家庭的邮件投到农村公路边的邮箱里。无须数十位农民为了进城取信而耽误农活，一个邮递员就可以将邮件投送给数十位农民。虽然这一制度在美国全部铺开花费了好几年，不过一经落实，立刻给美国消费经济增加了一个重要参与群体。美国邮政局向70%生活在距离大城市百货店达好几个小时路程的美国人打开了消费品市场。

除了美国农民，从邮政系统的这一进步中受益最大的还有芝加哥的两个人。早在19世纪60年代，阿伦·蒙哥马利·沃德（Aaron Montgomery Ward）在给很多批发商做推销员时，就意识到农民对于只能购买最简易商品而感到的深深沮丧。在大多数情况下，农民实际上是附近一到两个乡村商店的被动顾客。因为缺少顾客，所以商店的存货少，价格高，而且质量往往很差。另外，这些商店还兼有"准银行"的性质——赊账销售。这使得商店很容易受到信用风险和欠账不还的顾客的影响，为了弥补这部分损失，商店会对当地顾客收取更高的价格。让这一切更为复杂的是，这些乡村商店也是批发商的被动顾客，因为这些乡村商店位置偏远，为了弥补送货成本，批发商向他们收取了很高的价格。总的来说，工业资本主义大生产的红利与美国农民无缘。

农民们尝试在一定程度上将他们的购买力汇集起来，组建了合作社，用大订单来降低价格。沃德的零售创新完美地利用了他们的这一集体行为。他去掉自己的名，以蒙哥马利-沃德公司——公司名中加入连接号的做法，容易使人推断这不是单人公司——的名义，印了一份有163种商品的单页目录。最初，他的业务只针对成立时间较久的全国性农民组织"格兰其"的农民群体。后来，他的目录册发展成为32页的袖珍手册。在作为其主要营销工具的目录册里，沃德直言不讳地说明了他的宗旨：消除中间商，直接从厂家进货，现金交易，概不赊欠。这些农民自己也做买卖，非常清楚商家没有赊欠带来的资金占用，没有实体零售店能节省多少钱。这种给农民省钱的商业模式尤其受农民家里女主人的欢迎，作为家庭预算的管理者，她们会受到商品市场波动的影响，而收入稳定的领薪一族的妻子们则无须为此担忧。同样重要的是，这是她们有生以来第一次

第16章 零售

可以买到种类那么齐全的商品。对他们来说，什么商业模式并不重要，蒙哥马利-沃德公司商品目录册里列出的价格可以说明一切问题。价格那么低，往往让人难以置信，以为是圈套，"不要买蒙哥马利-沃德公司的东西，那是骗人的"，附近乡村商店的老板经常这么说。

实际上，邮件欺诈和兜售伪劣产品的现象与合法的目录册营销同时存在。人们按照对方要求将钱款寄出之后，对方承诺的产品或药品却迟迟不见，或者寄来的东西根本不值钱，这时，受害者往往无法要求对方赔偿或退款。距离太远，对方地址只是一个没有姓名的信箱号码，每笔交易金额小，这些因素让那些骗子屡屡得手。伴随着合理的怀疑，蒙哥马利-沃德公司的销售收入不断增加。为了应对顾客的风险疑虑，沃德针对几乎所有商品提出了全额退款的承诺。这种慷慨退款显示的最大限度的"顾客友好"（真正的美国独创，不管是百货商店还是目录册零售），大大加速了美国大众消费的步伐。同时，它也加剧了乡村商店与周边顾客之间的紧张关系。这些小店根本无法与那些大规模的商店提供的价格、商品种类和退款政策相竞争。

1895年，沃德的目录册生意实现了跳跃式发展。他们在芝加哥建立了大型仓库。这时的目录册成本为15美分，超过了600页，里面详细列出了数千种产品，配以简单图示。目录册显示了美国消费革命的迹象。翻开目录册就是30页的各种类型和图案的衣料，从4美分一码的棉布到最低50美分一码的中国或日本丝绸。接着是书籍，占用了目录册几十页的篇幅。几十年前出版的《汤姆叔叔的小屋》每本定价18美分，另加7美分的邮费。还有男孩子喜欢的一套六册的霍雷肖·阿尔杰小说集，一套售价3.5美元，单本是88美分。还有美国格兰特总统的回忆录，售价3.25美元；这位总统在临死前以飞快的速度完成了这本回忆录，目的是身后给妻子留下一点钱。在85美分的玩具区，有"耶鲁-哈佛的比赛：聪明人玩的高级游戏"，绘有碎方格图案的木板当作球场。产品图片旁边还针对不了解这种比赛的人提供了说明："每一方都要想办法带球进入对方球门。"手持式相机售价3.5美元，"想照就照，老幼皆宜"。

其他实用的物件包括农具、钢琴、家具、银器、衣服和枪支。在列明的其他几十种枪支中，最先进的温切斯特连发步枪售价10.96美元，0.38厘米口径可装填5发子弹的镀镍史密斯-威森手枪则标价12美元。甚至当时人们感觉很新奇的电器也赫然在列。目录册投入2页篇幅展示一些初级电气产品——都需要连接电池使用，因为电线供电甚至还没进入大多数城市家庭。磁铁电话公司的一台电话机标价18美元，如果同时买两台（中间有导线连接），价格为35美元。不过，大多数电气产品是用来做电击的，"医生开出的药物没有效果时，电击往往能奏效"。这种现代医学的神奇疗法可以治疗"甚至最严重的瘫痪，实际上对各种神经疾病都有效果"。这些产品起价5美元。略显平常的可能是"电气产品"部分最后的一种产品：这是一种有各种颜色可选内置震动装置的内裤。旁边的推广文字是"保证合适，包你满意"，丝绸款的售价2.25美元。

* * *

看到沃德的成功，其他老牌零售商，如布鲁明戴尔百货店也纷纷进入了目录册营销行业，取得了不同程度的成功。不过，最成功的人并非来自城市的成熟零售行业，而是来自美国中西部的一个铁路小站。

理查德·西尔斯（Richard Sears）是明尼苏达州一个铁路公司的货运代理人。货运代理人的一项工作是将运到火车站的货物送达当地收货人（大都是商店或企业老板），然后替寄件人收取货款。当时通行的一个惯例是，制造企业和批发商在不事先通知的情况下

第16章 零售

就将货物发给外地的零售商，目的是尽可能与对方成交。有一次，西尔斯要把500枚金表送到一家钟表店。然而，那家钟表店不愿意接收这批货，坚决不付款。西尔斯将这一情况告知了发货人。然后，发货人以更大的折扣将这批货卖给了西尔斯。现在，拥有这批金表的西尔斯成功将其售出，迅速获利。接下来，西尔斯和其他货运代理人合作，在火车站从事货运代理工作的同时订购和卖出了更多金表。后来，他有了足够的资金，可以专门从事这项生意。为了将手表直接卖给消费者，他开始在报纸上刊登广告，给他经营的低价手表带来了大批顾客。

1886年，西尔斯觉得，如果买来表的零件自己组装，成本会更低。于是，他成立了西尔斯手表公司。首先，他刊登了招聘钟表匠的广告，这让他雇到了阿尔文·罗巴克（Alvin Roebuck）。1894年，也就是公司成立不到八年时，西尔斯-罗巴克公司推出了相当于蒙哥马利-沃德公司目录一半大小的目录册。虽然页面不大，但是在语言的生动性方面，尤其是手表部分，是前者的两倍。"汉普登手表的价格屠夫"，其中一页上写道，"之所以说价格屠夫，因为我们的汉普登手表价格低于美国所有批发店的"。还有，他们迎合当时盛行一时的经济民粹主义思潮，用醒目字体印着"打倒垄断！打倒手表托拉斯！打倒高价格！"

和沃德一样，西尔斯也详细向客户介绍了他的业务，在夸张的描述中也采用极度直白的语言。针对一款价格低得难以置信的怀表："我们不保证也不推荐这款产品，因为不知道它能用多久。"在一本充斥着诸多同类产品而价格各不相同的目录册里，西尔斯明确传递了这样的信息：价格低有价格低的道理。目录册还会说明价格背后的原因。推广一款售价11.9美元的入门级自行车时，他们标注说："我们与大型厂家签订了协议，经销其所有产品。因此，我们的价格远低于同类产品，没有可比性。"在这个最为商业化的国家里，19世纪90年代的消费者体会到了批发条件下的巨大购买力。

　　西尔斯一度中止了货到付款的做法，因为中间过程占用了大量的流动资金。为了防止顾客产生抵触情绪，排除顾客对货到付款风险的顾虑，西尔斯针对所有商品，提出了免运费的退货政策，而且不问退货理由。

　　不过，尽管西尔斯免费退货，但某些商品远远超越了顾客的价值判断能力。西尔斯-罗巴克公司1902年目录册的药品栏就清楚地体现了无监管市场的种种乱象。不出几年，联邦政府便出面干预，制定了《纯净食品与药品法》。这是美国食品药品监督管理局成立的先声。在那之前，认为各个领域的科技都在进步的消费者觉得医疗行业自然也应该在进步。"祛除鸦片吗啡瘾的良药"保证"没有任何副作用"。"戒酒特效药"和"戒烟特效药"，除了戒除这些恶习之外，还能"让虚弱男性恢复体力，让阳痿男性重振雄风"。对于想要美颜的女性，"玫瑰医生"的含砷美容饼干只要"按说明书食用绝对无害"。不仅如此，他们还"保证治愈雀斑、粉刺和红斑"，以及其他一连串面部疾病。

　　80号海德堡电腰带的广告向男人保证，经常短时间地佩带这种腰带，内置的"提升人体活力的电流"可以"神奇地治愈男性性功能障碍"。"也许你写信求助过江湖郎中、所谓的协会或自封的男性病专家，最后却一无所获？"对于治疗阳痿失败的男性来说，"神奇的"80号腰带"增加元气的电流直接作用于患部"，让你"健康、有力、超级阳刚，重返青春"。

　　这个时期的美国药品行业，在取得合法进步的同时充斥着鱼龙混杂的乱象。虽然如此，也偶尔会出现一些令人惊喜的启迪时刻。目录册上有关酗酒的文字一针见血地指出"酗酒是一种疾病，必须像治疗其他疾病一样认真对待，采用正确的药物治疗"。如果西尔斯的目录册可以提供什么指导的话，那就是：道德判断应该交给卖

第 16 章 零售

酒的商家,而不是那些经常喝酒的人。即使是西尔斯也有所不为。根据一项对未来有某些预示作用的公司政策,几乎无所不卖的西尔斯出于道德上的考虑,拒绝经营完全合法的烈酒。

道德与市场的碰撞,即使是商家提出的这种碰撞,比如西尔斯不卖烈酒这件事,反映了那个时代人们越来越多的关于资本主义发展方向和市场红线的焦虑。人们将那些大声疾呼,帮助众人意识到这种碰撞的人统称为"进步人士"(来自进步 progress)。在赫伯特·斯宾塞那里,"进步"一词等同于"进化"。在消费领域,道理很简单。没错,工业资本主义在商品选择范围、价格和质量等方面给消费者提供了很大的好处。但是,新产品和新材料的复杂性让消费者和其他相关群体越来越因为缺乏基本保护而被伤害。自由市场要正常发挥作用,就需要买卖双方都充分了解产品和市场情况。虽然消费者能够看出犁和棒球手套的质量优劣,却无法看出其他产品(比如药品)的优劣,尤其是在商家为了把东西卖出去而信口胡说的时候。很多情况下,这种错误或不准确的描述多年之后才能显现出严重后果。

很明显,这种不择手段、完全无视消费者安全的商家是监管缺失的最大受益者;他们的产品定价更低,却宣称和竞争对手的商品同样安全。纠正这些不法行为需要市场外部的力量。随着时代的进步,有关出台消费者保护法的呼吁日渐强烈。没错,监管要增加经营成本,很可能加重生产企业的负担,但消费者和生产企业之间长期的、系统性的不信任肯定会对商业经营产生消极影响,而对市场信任的增强则会加快经济增长。随着这些认识的出现,美国资本主义逐渐为政府提供了一个裁判角色。

第 17 章　工会

1886年春季的一个晚上,在芝加哥德斯普兰斯街和伦道夫街路口,有人将炸弹扔向一群警察,造成多人死亡,几十人受伤。有人立刻开始怀疑一个自称"无政府主义"的运动。这是一个从马克思主义体系中分离出来的群体。多年来,他们关于炸药和革命的言论让美国商界、报界和政界的当权派忧心忡忡,并担心他们煽动工人推翻资本主义制度的言论。

对于迅速壮大的美国中产阶级,包括农民、商人,技术白领和教师,他们已经在经济上站稳脚跟,无政府主义者的主张并没有引起他们的共鸣。虽然经济出现了两三年的下滑,但是这些美国家庭并不担心正在将这个国家变成工业强国的经济体制会突然崩溃。令人瞩目的是,中产阶层的崛起非常快,这距离19世纪最血腥的冲突仅过了一代人的时间。不论是美国家庭内部,还是安装着电弧灯、矗立着钢架桥梁的街道,都显示出美国物质生活的极大丰富。这一镀金时代播下了消费革命的种子,让消费者群体(中产及以上群体)的利益与资本家群体的利益相一致。劳动成本很低,这一点可以从商店和目录册里的商品价格看出来。对于数百万美国人来说，相较于其成就，资本主义理念的种种弊端似乎是可以原谅的副产品。

接下来，我们看看，工业环境里工人的工作条件到底有多么糟糕。

看起来，这样的工作条件并没有阻止每年从北美上岸后想直奔工厂的数十万移民。如果这么多人想来这里，难道还不能证明这里的制度是高效的、公平的？在美国，人们还可以向上流动。镀金时代里的那些大佬并没有含着金汤匙出生。安德鲁·卡内基小时候给人当童工，后来拥有了自己的工业帝国。洛克菲勒的父亲，大比尔据说曾经用医生身份走街串巷叫卖专利药和万灵药。老范德比尔特活着的时候，肯定会被人误认为是从前那个没有读过什么书的粗野水手。爱迪生、沃纳梅克和威斯汀豪斯，以及生产胜家缝纫机的辛格都通过努力进入顶层社会。他们不是哈佛、耶鲁培养出来的胜利者。财富是经济丛林里生存的最终标志，对优胜劣汰这一原则不满就是对自然规律不满。如果有什么区别的话，那就是杰斐逊、华盛顿和麦迪逊这些开国元勋，相较于这些白手起家、胼手胝足的镀金时代的资本家，拥有更高贵的血统：他们是上层社会的有产人士。这些知名的总统蓄养和买卖奴隶，而那些现代企业人士给认真工作的人们支付薪水。从这些出身卑微之人的上升幅度来说，资本主义在鼓励人们靠自己的能力进入精英阶层方面胜过了建国者们的民主制度。

理查德·西奥多·伊利（Richard Theodore Ely）是第一批记叙美国劳工运动兴起的人之一，他认为，对美国问题的这一辩护——每个人都可以靠努力上升到美国社会顶层的憧憬，可以让企业主无情的成本管理合理化——完全忽视了问题的实质。绝大多数体力劳动者往往一生都在从事繁重的体力活儿。实际上，改善生活条件的唯一方式是摆脱地位低下的劳动阶层，这种说法贬低了作为普通劳动者的尊严，就好像从事制造或生产行业所需要的简单工作就根本没有自我价值一样。从简单的数字上来说,金字塔底层要比顶层的人数多得多。美国社会所面临的问题是,怎样改善工作条件,而不是鼓励底层劳动者立志逃离。随着1885年和1886年初的一些发展,伊利在写这本书时告诉读者,工会和劳工组织的迅速兴起,目的是通过集体谈判缩短工作时间,改善工作条件,"改变广大劳动者恶劣的工作条件"。

采取这种方式在某种程度上与亚当·斯密阐述的市场原则相悖。在《国富论》一书中,他认为契约自由,即谈判的自由,就足够让买卖双方实现公平交易。然而百万富翁——劳动力的买方——控制的规模庞大的企业所拥有的谈判筹码,远远超过受教育程度不高的个体劳动者,即劳动力的卖方。劳动者唯一的筹码是他们的人数优势。

这是明摆着的事情。不过,另一个写作者的观点在鼓舞工会最热烈拥护者的同时,也引起了深切的关注。当时问世已有几十年的《共产党宣言》里,最后一行的"全世界无产者们,联合起来"意味着建立一个世界范围的工人联合组织,号召"推翻资产阶级的统治","消灭私有制"。随着工业的兴起,《共产党宣言》中的观点越来越多地为美国的激进分子所接受,其中最激进的就是无政府主义者,他们努力将自己与相对温和的社会主义团体区别开来。那些无政府主义者所说的"无政府",与现在这个词的字面意义完全不同。

当时无政府主义思想的基本前提是,美国选举过程不会带来真正的变化,因为选举制度完全是由有钱有权的人建立起来的。考虑到一个人通常不会站在超越自己经济私利的层面上行事,所以约束这一工业帝国的政治制度只会保护其恩人;私有产权只是这个国家的工具,和这个国家密不可分。变革无法从内部产生。就像奴隶主不愿意放弃奴隶,南方不愿意放弃奴隶制一样,生产制造企业也不会放弃对工人的控制。在斗争中,只有权力能制约权力。

第17章 工会

一直以来,这些无政府主义者的行动似乎只是雷声大雨点小。然而,随着1886年5月4日的那颗炸弹的爆炸,针对他们的风险评估立刻改变了。

* * *

最终的一系列事件发端于那年早些时候,地点是芝加哥麦考密克收割机厂。麦考密克的机械收割机从根本上改变了美国农场的收割方式,为全国各地的消费者降低了粮食成本。到了19世纪80年代,由小赛勒斯·麦考密克(Cyrus McCormick Jr.)负责领导的这家公司,已经是一家大型的美国农业机械出口企业。一个工会开始在一些积极呼吁8小时工作制的麦考密克员工中发展新成员。麦考密克感觉自己在之前的谈判中让步太多,再加上不满于外来势力的参与,断然拒绝了工人的要求。他下决心开除了一些工人,以显示他的态度。他从每天大批涌入那个城市的新移民中找了一些人,迅速补充空缺。

然而,这一举动产生了相反的效果。这不但没有阻止工人组建工会的努力,反而刺激了两个工会——金属工人联合会和劳工骑士团——将收割机厂的所有工人几乎都招募入内。因为无法和工会达成协议,麦考密克暂时关闭了整个工厂,将工人们锁在门外。麦考密克立刻着手物色可以重新开工的新工人。他收买了一些罢工破坏者重新开工,任由那些因罢工被禁止上班的工人在大门外高声抗议。不过,这种做法需要数百名芝加哥警察严阵以待加强戒备。看到政府坚定地站在工厂老板和财产所有者一边,工会成员对反对政府的无政府主义者和社会主义者的鼓动越发敏感。

对于政治激进分子来说,将大批工人汇集在一起是初步发动政治运动的必要条件。虽然他们的主张在部分欧洲国家引起了共鸣,但是世界上最大的民主国家却抵制他们提出的推翻政府的要求和呼吁，因为人们可以在投票站表达自己的看法，而且作为一种身份认知，美国人认为他们是世界上最自由的人。此外，这座大城市的各家报纸几乎普遍站在法律和秩序一边，而不支持刚进入美国不久、几乎不会说英语的移民。除了来自中产读者购买报纸的收入外，几乎所有报纸的其他收入都来自各个企业的广告，这意味着他们会在相当大程度上站在商业机构一边，更不要说，罢工严重影响公众生活，阻碍企业经营，让火车停驶，等等。

然而，1885年成了一个转折点。1883年，美国最大的工会劳工骑士团，拥有5.2万名成员。从1885年以后，成员人数突然迅速增加，小道消息说，劳工骑士团成员已经增加到了几十万，甚至更多。其他针对某个行业或领域的工会，比如排字工人、铸铁工人或铁路工人构成的工会，人数增长也很快。这个国家的每次大范围罢工似乎都是在宣传加入或者组建工会。在整个1886年4月，这个国家讲英语的中产和顶层读者每天会看到报纸大标题新闻里有关铁路工人、火车车厢制造工人、送报童和钢铁工人等各行业工人罢工的消息。

工人们在主流政客和媒体中间缺少代言人，这给了社会主义者和无政府主义者可乘之机。在这场骚乱的"震中"芝加哥，德语无政府主义报纸《工人报》和英语报纸《警钟报》努力成为罢工工人非正式的集体喉舌。当工会集中考虑缩短工时、增强安全保障措施和提高工资等实际问题时，意识形态运动的宣传策略与方式被证明是一个很重要的组织因素。坚决与麦考密克罢工工人站在一起的口号在芝加哥迅速传播开来。

每一天，来自众多互不相关的企业的工人在工作8小时（不够当时的法定工作时间）后准时离开工厂，以此举支持麦考密克工厂的罢工工人。看到这是一个将零散罢工活动组织成统一的大规模罢工的好机会，《工人报》的编辑们号召在1886年5月1日举行大罢工，呼吁那一天各地工人都不要上工。大罢工的热潮传到了辛辛那

第 17 章 工会

提、密尔沃基等城市。同时，已经与杰伊·古尔德的得克萨斯-太平洋公司产生矛盾的劳工骑士团，还在南方一个规模更大的系统内号召罢工。和专门代表某个手艺行业的小工会不一样，劳工骑士团有能力组织广泛的统一行动来展示工人群体的团结一致。当年 4 月，古尔德的几位员工，在当地治安官的带领下，枪杀了几个手无寸铁的罢工工人。这件事起到了火上浇油的作用。

不难想象，其他地方的暴力加剧了麦考密克公司的紧张。随着 5 月 1 日的临近，工人们感觉到，芝加哥的这场大规模集体行动将一劳永逸地将他们的工作时长缩短到 8 小时。登记加入劳工骑士团的人数直线上升。在这一势头下，潜伏着更大的暴力和恐怖威胁。无政府主义者经常说要用炸药来对付国家的警察权力。在芝加哥，1871 年的一场大火几乎烧毁了整个城市，伴着这种痛苦记忆，无政府主义动用炸药的念头让形势更加危险。

5 月 1 日那天，虽然是一个上工的星期六，但整个芝加哥却陷入停顿状态。数万工人要么干脆不上班，要么早早下班。货运工人让铁路瘫痪，芝加哥经济因此停滞，让这一全国商品粮和肉类集散中心无法进出任何东西。这些搬运工是市场和货源的中间环节，因此即使两三天的停工都会迅速影响中产阶层消费者和作为粮食及肉类供应者的农民。他们打算将罢工行动持续到星期一或更长时间，迫使在全国范围内全面实现 8 小时工作制。

5 月 3 日，星期一，《工人报》编辑奥古斯特·施皮斯（August Spies）在芝加哥锯木工人集会上发表演讲。他演讲的地方距离麦考密克的工厂仅有几百米，这家工厂在罢工破坏者的劳动下仍在运转。几百名因罢工被麦考密克拒之门外的工人也加入了倾听施皮斯演讲的人群。在他演讲过程中，麦考密克工厂的钟声突然响起来——轮班结束了。停工的工人们在失业数月后愤懑不已，此刻他们仿佛看到了局势升级的机会。他们不约而同地冲向那些顶替他们上班，正在走出工厂大门的非工会工人，想与其对峙。担任工厂安全警卫任务的警察开了枪。

6名工人中弹身亡。施皮斯被激怒了。回到办公室后，他迅速印了一页纸篇幅的传单，号召人们到干草市场广场举行集会。第二天，他主笔的一期《工人报》发表文章，说如果麦考密克工厂的工人携带了武器，那么警察就不愿向其开枪。接下来，决定性的是，他说"炸弹"可能会更有效果。5月4日，工人们中间传阅着一张传单，号召人们当晚举行户外集会，抗议警察的暴力行为。在整个城市群情鼎沸之际，一群警察在集会人群的不远处，监视着人们的举动。施皮斯再次登台讲话。随着夜幕降临，其他人相继登台演讲。10点刚过，警察逼近，试图驱散数百人的听众。一颗冒着烟的炸弹扔进逐渐靠近的警察队伍中。

随着那声爆炸，中产阶层、主流报纸、执法部门和政府机构支持工人的声音几乎立刻消失。第二天，《纽约时报》的大标题是"立即结束无政府状态"。主要的全国性报纸认为，无政府主义者，以及被殃及的劳工组织，都是恐怖分子。距离事发地点最近，因而成为其他报纸报道模板的大型报纸《芝加哥论坛报》，第二天的头条新闻包括《怎样结束这件事》《暴乱场面》和《密尔沃基的暴民统治》。

到底是谁掷出了那颗炸弹，一直是个谜。警察逮捕了参与过去几周组织活动的8名无政府主义领导者。虽然无法断言这与实际的爆炸者有任何联系，但政府还是指控这是一场由施皮斯领导的阴谋。警察发现，他在这场运动中认识的两个人会制造炸弹，而且他们连续好几个星期，包括爆炸发生当天，一直在组装炸弹。根据美国各家报纸耸人听闻的报道，最后的判决结果也在人们的意料中。没出几个月，8名被告中的7名被判处死刑。施皮斯始终桀骜不屈。《纽约时报》欣慰地刊登出《违法者已受到制裁》，不过，头版上的另一篇文章担心地表示，"绞死4个同案犯并没有震慑住无政府主义

第 17 章　工会

者的杀气"。同样，这对劳工运动来说是一个沉重打击。人们对劳工骑士团的热情迅速下降，就像之前迅速上涨一样。

干草市场广场事件的影响持续了一段时间。无政府主义者的活动转入地下。对于一个十几岁的女孩艾玛·戈德曼（Emma Goldman）来说，"烈士"的牺牲是召唤众人拿起武器的号令。对于刚成立的美国劳工联合会的新任负责人塞缪尔·龚帕斯（Samuel Gompers）等人来说，这件事表明了劳工运动的政治现状和局限性。与无政府主义者或社会主义者的任何正式联系都不利于工会政治目标的实现。在工业资本主义时代，劳工必须通过谈判和法律来实现自己的利益，而不是通过意识形态和革命。劳工的政治权利最终的实现，要靠他们团结一致，成为统一的投票群体。不过，政治问题只会变得更加复杂。在这个过程中，暴力不会消失。

* * *

眼下，资本是赢家。19世纪80年代后期，卡内基作为美国最富有的人之一的地位得到了巩固，因此他没有在公司所在的匹兹堡花太多时间，那里烟囱林立而且天空总是笼罩在一片雾霾下；他将公司的一切日常经营交给公司主管们打理，自己则周游世界或流连于纽约的沙龙。公司控股股东的身份给他提供了大量闲暇时间，卡内基发表了很多有关资本主义、人类状况和美国共和政体的理论文章。1889年，卡内基在《北美评论》上发表了一篇标题为《财富》的文章，这篇文章很快被称为《财富福音》。在这篇文章里，卡内基直言不讳地为体制辩护，正是这种体制造就了他所拥有的巨额财富。首先，他将自己生活的时代与过去做了比较："今天，这个社会以连上一代人都认为难以置信的低价拥有质量很高的商品。穷人也享受着先前富人都无法获得的物质条件。体力劳动者比几代前的农民享有更多的舒适设施。农民过着比之前的地主更为奢侈的生活。和过去的国王相比，现今的地主拥有更为稀有的书籍和绘画，艺术性更佳的文化生活。"物质进步（"低价的舒适设施和奢侈生活"）的代价是巨大的贫富不均。

卡内基继续说，有能力组织大规模活动的人总会胜过其他人。"想要推翻现状的社会主义者和无政府主义者是在破坏文明立足的基础，因为文明发端于这一天，那时有能力、勤勉的人对能力差、懒惰的人说：'如果你不播种，就不会有收获。'"卡内基说，任何明智的人，都会认为"财产文明的神圣性建立在如下基础上——体力劳动者拥有存在储蓄银行里几百美元的所有权，同样，百万富翁在法律上拥有对其数百万美元的所有权"。不过，他对资本主义的这一辩护只是一个策略，为的是引出让人惊诧的结论。

在这篇文章里，卡内基首先认为，应该让这个社会最出色的人，也就是资本家，放开手脚去积累财富。不过，一旦获得巨额财富之后，这些人就应该在他们的有生之年将这些财富捐出去。因为掌握财富是社会巨大进步、个人天分、勤奋和能力的表现，遗留给后代没有意义。继承财富将损害这一逻辑：财产是通过努力挣来的，因而是应得的。其次，他认为，如果直到临死前才捐赠财产，那么那些能力不强的、不习惯拥有大量财富的受赠人就会草率地将这些钱财挥霍掉，而不管捐赠者的动机有多好。卡内基将拥有财富看作智力超群的标志，将财富视为一种信托基金，"掌握巨额财富的人只不过是穷弟兄们的财产托管人，他的出众智慧、经验和经营能力要为大家服务，因为这件事交给他来做胜过他们亲自做"。在文章结尾处，不信任何宗教的无神论者卡内基说出了一句符合《圣经》教义的话："死得富有，死得可耻。"这篇文章引起了报纸、社会主义者和劳工的广泛赞誉。甚至同一阶层的其他资本家，比如约翰·D.洛克菲勒，也私下里赞许这种开明的观点。

第17章 工会

不过,在渴望做慈善方面,卡内基并非独一无二。就在卡内基发表《财富福音》几个星期前,约翰·D.洛克菲勒给芝加哥大学捐助了60万美元的种子资金。他做捐助并非为了获得公众赞誉,他拒绝以他的名字来命名任何建筑或大学。洛克菲勒就是这样的人,他一直都是在悄悄地做慈善,从不声张,即使在他积累财富的奋斗期间,也是如此。在几年前的1883年,他资助了亚特兰大的斯佩尔曼神学院,为黑人女性提供教育;这个学院以主张废除奴隶制的洛克菲勒妻子娘家的姓来命名。约翰斯·霍普金斯(Johns Hopkins)用他从巴尔的摩-俄亥俄铁路公司赚来的巨额财富做了类似的事情。在加利福尼亚,利兰·斯坦福做了同样的事情。利兰·斯坦福生前立下遗嘱,向斯坦福大学捐赠巨额资金。在斯坦福去世后,他的妻子为了兑现她的其他捐助承诺不得不清算资产。二十多年前,埃兹拉·康奈尔,甚至还有范德比尔特,也资助了以他们的名字命名的大学。范德比尔特对大学的资助,比给他大多数孩子的都多。后来,烟草大亨詹姆斯·杜克(James Duke)等数十位大亨巨富也纷纷效仿。

卡内基的捐赠具有某些平等主义的色彩。为了支持他年轻时周日经常光顾的免费图书馆,他资助了全国各地的图书馆。一些小型图书馆,甚至远在加利福尼亚州的圣安塞尔莫,至今仍在铭牌上刻着他的名字。

就像简单的自由市场理念无法全面揭示一种越来越复杂的制度,受资本主义价值观驱动的那些商人,思想也远远不是单维的,其行为动机超越了卡通画的刻板描述。虽然如此,对于每天工作12小时,一周工作6天的矿工和工厂工人来说,图书馆和大学仍然是一个抽象的概念。工资、工作时间和工作条件仍然是他们最关心的问题。他们想知道的是,为什么社会财富的极大盈余、不断积累的利润不能以更高日工资的形式分配给那些从事体力劳动的人,因为正是他们创造了那些巨大财富。如果这些财富要捐赠出去的话，为什么不现在就捐赠呢？

* * *

亨利·克莱·弗里克（Henry Clay Frick）没有时间研究理论问题。他是 H.C. 弗里克·科克公司的创立者。科克（coke）是"煤饼"（coal cake）的缩写。煤饼是一种煤炭制品，是现代炼钢企业的关键用料。与卡内基不同，弗里克是一位细致入微的监工式管理者。弗里克逐渐将他的大量股份卖给了卡内基，使得卡内基成为弗里克·科克公司的大股东。弗里克将会继续成为一个更大型企业的小股东。卡内基很欣赏他的能力，让他担任自己所有公司的负责人。

卡内基建立时间最短、最先进的霍姆斯特德工厂是一家成立了工会的企业。公司与钢铁工人联合会的协议将在 1892 年 7 月 1 日期满。霍姆斯特德的现代性本身就引起了劳资谈判中的一些悖论。随着不断投入的资本和新技术，霍姆斯特德工厂的产量不断提升，生产一吨钢材所需要的熟练工人越来越少。而根据工会与公司资方签订的工资协议，工人工资水平取决于工厂生产率和市场钢材价格的变化。后来，钢材的市场价格大幅下降。虽然每个工人的劳动效率空前提高，但是弗里克和卡内基用一些合理的逻辑，将生产效率的提升归因于新技术的应用。这种"零和等式"无法避免：大笔投资最新技术就是为了降低劳动成本。而对于工人来说，这是现代资本主义让他们最难以接受的地方：生产效率的提升往往意味着降低工资或减少工作机会。

在霍姆斯特德工厂，这个数学问题让形势变得复杂起来。在卡内基的传记作者约瑟夫·弗雷泽·沃尔（Joseph Frazier Wall）看来，弗里克"对工人的态度简单、直白，把工人们看作制造车间里用的

第 17 章 工会

普通原料：可以用尽可能便宜的方式获得，可以最大限度地消耗其体力，可以用市场上最廉价的替代品来更换"。卡内基的思想就矛盾多了。他要费力地平衡他的社会进步观点与他热爱竞争的性格。另外，他渴望人们将他看成受人尊重、爱戴的思想者，人民的一分子；同时，他还是左右美国钢铁市场的钢铁大王。

最后，弗里克的处理方式占了上风。也许是有意为之，卡内基不顾即将来临的风波，回到了苏格兰的别墅，继续他例行的夏季旅游。开始的几个方案遭到反对之后，弗里克开始构建工事，为停工或罢工做准备。他们躲在"11英尺高的栅栏后，安全掩体留出了大小能容一支枪伸出的射击口"，还有"2000烛光亮度的巨大探照灯"。随着工厂与钢铁工人联合会协议即将到期，弗里克的策略似乎是保护车间，将不听话的工人锁在门外，从外面雇人继续生产。不过，霍姆斯特德不仅仅是一个工厂，它还是个1.2万人的小城镇。生活区也在这里。意识到这一情况会让一些工人更加心存顾忌，弗里克雇用了一支小型保安部队。当时，遇到警察处理不了的情况或警察无法及时到达现场，企业老板往往联系罗伯特·平克顿（Robert Pinkerton），要求"平克顿探员"出手相助。接到弗里克的要求，平克顿派出了300人。在平克顿探员到来前的那几天里，工厂里很安静。工厂关闭了部分车间。作为报复，另外一些区域的工人开始罢工。按计划，平克顿探员将乘一艘大型平底船在莫农加希拉河的一个直接通往工厂的码头靠岸。他们的任务是保护财产。

这些企业雇来的保安人员本身也很矛盾。虽然他们的薪水比工厂工人低，但是他们穿着缀有锃亮铜纽扣的帅气蓝制服，工作是镇压工人阶层的不满。对于暂时失去生活来源的霍姆斯特德工厂的工人来说，这支私人保安部队的到来等于入侵。平克顿探员遭遇了暴力抵制。工人们向平底船上的平克顿探员开枪，后者躲在船上的安全处还击。交火持续了好几个钟头，好几个钢厂工人和两个平克顿探员丧生。众寡悬殊，再加上无法登岸，平克顿探员们投降了。

工人数量众多，他们封锁了厂区。宾夕法尼亚政府立即出面干预。300名平克顿探员没有完成的事情要由州长派出的8000名民兵来完成。管理层夺回了工厂，开始与罢工工人展开消耗战，想等罢工的工人们绝望后主动屈服。很快，新工人，也就是罢工破坏者开始上班。

宾夕法尼亚政府以全州的武装力量支持有产者，而不让工厂承担任何谈判义务，这让那些同情工人的观察人士很不满意。对于亚历山大·伯克曼（Alexander Berkman）和艾玛·戈德曼这对年轻恋人来说，这是挑起革命的好时机。自从芝加哥爆发干草市场广场爆炸以来，戈德曼就热情地投身于无政府主义事业。她不断地为这场运动鼓与呼，成了这方面的知名人士。受她的影响，深爱她的伯克曼潜入匹兹堡。7月23日，他冒充帮助弗里克物色非工会工人的职业中介，混进匹兹堡的卡内基钢铁公司总部。后来，他闯进弗里克的办公室，朝里面开了两枪——两枪都打中了目标。其中一颗子弹打伤了弗里克的脖子。然后，伯克曼被办公室里的另一名高管按倒在地。弗里克活了下来。处理了伤口之后，他继续办公，以示坚决不屈。

几个月后，11月18日，弗里克给卡内基发去一份电报，内容只有一个词："胜利！"罢工结束了。资方获胜。然而，卡内基的声誉，不管在国内还是国外，都有了污点。英国当局，看到前英国殖民地劳工的现状，尤其幸灾乐祸。卡内基曾一再贬低英国的君主政治和自由不及美国的民主和自由，而在工业化的英国，劳资之间的争吵从来没有引发类似的暴力事件，不像在这个骄傲自大的年轻共和国。

当然，弗里克的胜利并不是美国劳资关系的最后一章。年轻人离开农村前往工业城镇，昔日的鞋匠让位于制鞋厂，这样的脚步更快了。大批美国人加入产业工人的大军。考虑到时而发生的暴力，

第17章 工会

以及自由市场的资本家不再排斥保护主义关税，不再排斥动用警察、州警卫队，甚至联邦军队来保护私有财产，镇压劳工（革命者口中的"人民"），这些讽刺和矛盾不会持续很长时间。资本家可能会赢得每一场战斗，但是，如果某个革命胜利的话，他们将输掉整个战争。实际上，如果任由广大劳工心中的愤怒继续发展下去，芝加哥的干草市场、宾夕法尼亚州的霍姆斯特德，或其他许多地方都很有可能成为历史上的重要标志，就像是发生倾茶事件的波士顿和爆发叛乱的萨姆特堡一样。

然而，美国资本主义在意识形态方面并不僵化。它绝不是纯粹主义者自由放任思想的实验室，也不是基于僵化原则的幻想。资本主义制度的强大在于它的实用主义和灵活性，在于竞争与相反理念之间的不断平衡，就像卡内基本人所做的那样，并最终发现了解决看似无法解决的问题的政治方案，尤其是在经历了美国内战的创伤后。就像成功的物种会适应环境的变化一样，民主会塑造资本主义以适应社会变化。同时，妥协，作为最稳妥的防止革命风险的方式出现了。资本主义与民主制度，自由市场与行动起来制约它的自由民众，它们之间的碰撞形成的中间立场，催生了管理经济体系的监管框架。

第18章　报纸

当卡内基的霍姆斯特德炼钢厂正在发生暴力事件时，格罗弗·克利夫兰（Grover Cleveland）正在为1892年的总统竞选做准备。四年前，时任总统的他输给了来自共和党的挑战者本杰明·哈里森。这一次，他的运气很好，成为美国历史上唯一失去总统职位后又赢回来的人。

然而，民主党的胜利并不是一件轻松的事情。很多美国人对民主党心怀警觉，他们是南部邦联和南方人的政党，从选举结果中就可以看出这一点。从1860年到1912年的五十二年间，长期生活工作在纽约的格罗弗·克利夫兰成为唯一赢得总统职位的民主党人。由于美国工业化兴起期间，共和党几乎一直把持着总统职位，镀金时代的商业利益自然吸引着当权的政党。考虑到美国内战期间联邦军队是北方的财政催化剂，以及商业在战争中至关重要的地位，这一点尤为合情合理。共和党在内战前成立时就是一个反奴隶制的政党，在战争期间一直支持工商业。虽然民主党像在过去的一个世纪里那样牢牢锁定了南方选民，但是要想具有竞争力，就必须获得新的选民。这是政党的生存机制，选民就是政党在政治上的"客户"。

结果，这个政治平台演变成为对企业和资本的审查。资本家希望新移民持续涌入，这样他们就可以获得源源不断的廉价劳动力，这压制了已经在美国的工人的工资。民主党在1892年的大会上决定，他们将阻止"外国贫民"的涌入，以便获得劳工的选票。劳工群体从民主党身上看到了实现他们经济目标的具体方案，就开始逐渐远离社会主义者和无政府主义者的思想影响，加入了民主党的主流派别。不过，美国政治的演化过程将会非常混乱。

在克利夫兰下野的四年里，国内政坛一直因为课税问题争吵不休。战争结束后，联邦政府一直靠征收酒税、烟草税和关税维持政府开支。关税占了联邦政府财政收入的大部分。同时，因为关税的征税对象是进口商品，它给美国制造企业带来很大好处，它们将其视为一种保护性的补贴。不过，这里有一个问题。关税的作用是让政府获得收入，还是保护美国企业？克利夫兰在他的第一任总统任期内曾想要削减关税，因为政府已经有了近二十年的财政盈余。1887年，在克利夫兰对国会的演讲中（那次演讲几乎集中于关税问题），他认为关税是一种很重的间接税，它通过更高的价格将成本转嫁到普通消费者头上，产生了联邦政府不需要的收入，因为多年的关税收入一直没有花掉。不过，降低关税税率、削减税收对国内制造业不利，因为这会增加国外进口商品的价格竞争力。好的一面是，克利夫兰在1888年的竞选连任中失利。

克利夫兰竞选失败后，政策对国外竞争者的不断打压，使国内生产商的产品价格高于其本能收取的价格。这种做法的直接后果是，消费者在购买国外商品时不仅间接地支付了关税，而且还补贴了国内产品的利润空间。关税不仅仅是一个简单的税率，它是一个由数千种具体应税商品组成的关税清单。每个行业都渴望和要求政府对外国竞争性商品征收关税。1890年，俄亥俄州共和党议员威廉·麦金利（William McKinley）带头向国会提交了一份议案，确定了外国钢材、亚麻毛巾、盒装香烟、梅脯和皮革制品等产品的征税税率。1890年，在国会进行有关关税清单的辩论时，即使是经常远离日常企业经营事务的卡内基，也和参会的全国企业代表一样，密切关注着华盛顿的动态。所谓"麦金利关税"让麦金利成为美国企业界的好朋友。

不过，关税要面临一个强大的敌人：农民。美国农民是向国外市场出口谷物和粮食的出口商，他们的数量远远超过工业工人。除了要面对更高的生活成本和农业原材料成本，他们还是其他国家的报复对象：那些国家不是对他们关闭了市场，就是征收报复性关税。当时，美国食品和粮食的出口额是工业制成品出口额的两倍还多。虽然农民群体远在南北战争时期就忠诚于共和党，但他们越来越意识到自己在为保护美国制造商付出代价。

当克利夫兰回归白宫后，农民们希望他能减轻他们的负担，因为民主党数年来一直倡导"只为收入征收关税"，也就是说，关税的唯一作用是为财政部增加收入，而不是针对国外竞争而保护本国企业。然而，克利夫兰很不走运。仅仅就任几个月后，1893年的金融恐慌爆发了，经济下滑导致税收收入大幅减少，削减关税计划被搁置了。

* * *

1888年大选日前夕，约瑟夫·普利策的《纽约世界报》头版最靠左的一栏，大标题是"日本人捅伤了中国人"。虽然是一件很平常的事情：在纽约的勿街上，一个愤怒的日本人捅伤了两个中国人；但是，普利策手下的那位记者牵强地将这件事与总统选举联系起来，说那位攻击者支持哈里森，而受害者则支持克利夫兰。正如《纽约

第 18 章　报纸

世界报》读者所熟知的,所谓的第一栏,刊登的往往是凶杀和伤害类新闻。作为对美国政治最敏感和最感兴趣的观察媒体,该报在大选前夕将版面浪费在这种无聊新闻上,并非偶然。在普利策掌管《纽约世界报》的五年中,他将一份发行量为 1.5 万份的亏损报纸,变成了赢利报纸(该报自称上一个星期天的销售量达到了 260030 份)。到 19 世纪 90 年代,发行量进一步攀升。普利策和其他人一样明白,要想获得影响力,就必须拥有选民群体的支持,而细抠关税和监管的细枝末节无助于赢得选民。报纸读者的市场为他提供了每日的民意测验,以准确了解他具有的影响力,并在需要的时候加以利用。

　　自从内战期间受免费船票的诱惑应征美国军队到现在,原籍匈牙利的普利策在事业上取得了很大成功。刚开始,他只会说很少的英语单词,在圣路易斯开始了自己的职业生涯。他在德语报纸《西方邮报》找了份初级记者的工作。由于不知疲倦地报道圣路易斯的政治新闻,普利策很快成为一名编辑。1872 年,他用借来的钱购买了这家报纸的股份,不到一年后卖出牟利。转手买卖了另一家德语报纸的股份后,普利策开始从英语报纸中寻找机会。当时,报纸是唯一的媒体,每个城镇里都有数量众多的单页报纸。借助手头的一些资金和他在圣路易斯出版界的声誉,普利策从拍卖会上买下了经营亏损的《邮报》。《邮报》和其他好几家报纸都想抓住机会发行晚报,当时煤气灯的广泛使用延长了千家万户的夜间照明时间。普利策将《邮报》与另外一家经营困难的报纸合并在一起,创办了《圣路易斯快邮报》,向读者承诺每天至少提供四版内容。

　　普利策曾经渴望进入政界发展,但他很快意识到,通过办报纸,他可以获得相较于进入政界更为卓著的权力和影响力。普利策不仅有商业目标,他更是一个政治上的天才。为了最大限度地扩大影响力,他将目光投向东面的纽约市。1883 年,普利策前往这座城市,见到了他的报纸通常会妖魔化的那种人。普利策和杰伊·古尔德坐在西联电报公司后者的办公室里（当时古尔德已经是西联的控股股东），讨论《纽约世界报》事宜。这家报纸在古尔德手中已有四年，其社论的立场不仅在政治上不合他的胃口，而且让古尔德难以忍受的是，这份二流的报纸每个月都让他亏钱。他将这份报纸以 34.6 万美元的价格出售给普利策，先付 10%，其余 90% 分期付清。普利策虽然在圣路易斯赚了一些钱，但现在身负巨债，只有迅速在纽约打开局面，他才有希望还清欠款。

在纽约市，迅速打开局面意味着拿下这个城市的主要报纸尚未重视的市场。1883 年，普通的报纸内容沉闷，文字又小又稠密，排列在一起的多个专栏之间没有任何显著区别，通常刊登有关立法机制的专业细节问题，或全文刊载政界要人的讲话。多年后，一位竞争对手评论道："普利策先生很快成功地证明，纽约的新闻工作者一直在报道相当一部分读者根本看不懂的东西，他成功地深入到这一层次的读者中间时，得到了回报。"

普利策关心劳动阶层和移民的疾苦，二者往往是同一个群体。因为自己曾经就是一个几乎不会说英语的移民，普利策非常了解这种学习曲线。他的记者和编辑们都用简单易懂的英语写文章。报纸标题字体大小不一，富有变化，经常用空白来突出标题，使之更加醒目。而这些故事本身也试图为每个家庭增添一些戏剧色彩，让辛苦了一天的人们得到令人愉悦的短暂放松。普利策的办法很简单。他们没有像大多数其他报纸那样，将报道重点放在没完没了的政治活动、立法过程的细节上，也不会在没有其他新闻可报道时增加政治活动的报道。普利策报纸的头版往往用一个大幅卡通画来吸引读者。该报纸生动报道凶杀、官司和火灾或性犯罪；他们还预报天气，因为城市中的冷热会影响工人阶层的生活，比如"天热极了——没有缓解迹象"这样的标题；此外，他们还报道赛马和可能获胜的马匹。在这份综合了各种题材的报纸中，普利策引入了某些平民元素。

为了获得最广泛的读者群体，他很快将报纸售价降为1美分，导致纽约市的其他报纸也纷纷降价。《纽约时报》将价格维持在3美分，表示比普利策的报纸"高端"。

普利策的《纽约世界报》让人们真正深入地了解发生在纽约街头的一切，通过报道凶杀、恐怖、混乱、腐败、小道消息和蓬勃的生机，这份报纸对工人阶层和他们的家人给予深刻的同情，如镜子般反映他们的生活。例如该报纸的一篇文章呼吁政府补贴贫困学生的公共汽车交通费，让他们可以乘坐公交车去离拥挤小区有一段距离的学校上学。同样，该报纸理解读者们在物质方面的梦想和想要逃避现实的空想。报纸开辟了一个专栏，请读者来回答"假如你有一百万，你会怎么做？"，他们刊登了数十位读者的回答，答案从做慈善到实现宏伟计划，多种多样。平民主义让这家报纸利润丰厚，为其赢得了可以与那些富可敌国的商业大亨相抗衡的影响力，而且，它开始让媒体发展成为一个制衡政府和企业的强大力量，而不仅仅是一个呼吁者。

然而，在克利夫兰第二任总统期间获得了巨大影响力和财富的普利策，往往孤单地待在他的游艇上，或待在欧洲。他身患各种疾病，其中包括后来导致他失明的眼疾。最后，他的社会地位影响了他的直觉，他错误地判断了读者的倾向。

* * *

经历了1873年危机的余波后，美国经济扩张开始于19世纪70年代后期，在80年代又恢复了先前的扩张速度。总体来看，尽管中间有一些短暂停滞，但这次经济扩张持续了很长时间。美国家庭发生了根本的变化，其中大多数的生活水平显著提高。物质上的巨大繁荣催生了对未来的过度乐观，导致投机盛行和过度建设。镀金时代的经济是一个高度关联的统一体，因此任何重要领域的停滞都会迅速传导开来，导致整个国民经济的增速放缓，进入衰退。过度铺建钢轨的铁路公司停止购买钢材，就会影响煤炭运输，因为煤炭是炼钢的重要燃料，等等。在这一无声的因果关系链的某个时刻，当超过临界数量的商界人士认定经济在收缩，就会出现"恐慌"，这是个适用于19世纪的术语，用于形容经济衰退和萧条的开端。恐慌意味着企业家和资本家为了保险起见，竞相涌向财务的"安全出口"，出售资产，要回欠款，从银行取出现金，或者筹钱偿还债务。

由于货币在本质上由黄金支撑，因而这种资产的"撤退"往往导致对银行保险库中黄金的巨大需求。个人储户会拿纸币去银行兑换实物黄金，而不再相信银行的纸币。接着，银行和机构存款人也会用美元向美国财政部兑换黄金。这样，政府黄金储备的流出就会达到一个令人担忧的水平。

黄金在让货币保值和稳定的同时，也会增加货币的稀缺性，让市场恐慌氛围中的货币越来越值钱。当时，共和党和民主党的建制派都认为，这个时候，政府的主要责任是维持稳健的货币。美国财政部增加黄金储备的政策回应，实际上是试图持有黄金，和兑换黄金的私人利益相竞争，这会进一步减少经济体系中的货币供应量，因为私营银行和企业也在争夺黄金。这种货币收缩措施，就像是用放血的方式给病人治病。随着货币供应量的猛烈下降，资产、库存商品和农产品的价格纷纷下降。通货紧缩的苗头出现了。

在1873年之前的一段时间里，人们可以将手里的白银和黄金铸成法定货币。大量拥有这两种金属的持有者可以将其拿到铸币厂，铸为金元或银元后存入银行保险库中。当时，白银兑换黄金的比例是16比1，也就是说，1盎司的黄金与16盎司的白银等值。然而，西部各州大量发现的白银极大地增加了白银的供应量。在技术上说，白银的持有者可以将白银铸成银元，然后将银元兑换为其重量十六分之一的金元。精明的投机者意识到，随着银矿的发现，白银相对于黄金的价值将大大下降，会远低于 16 比 1 的比例。如果国库继续维持先前的兑换比例，很快，国库里将充斥着新铸的银元，而金元所剩无几。这种情况促使美国停止铸造银元。从那时起，除了不时地抚慰白银利益团体和开采白银的州，金本位实际上成了美国的政策。不过在那以后，美国出现过一场"自由银元"运动，要求恢复白银与黄金并列使用的合法地位。

1893 年的恐慌对美国农民的打击尤其重。农民经常有大量附在农场上的抵押贷款。为了偿还贷款，维持生计，他们要依靠每年收获的农作物。然而，货币短缺导致了通货紧缩，也就是通货膨胀的对立面，这导致农作物市场价格下降，而每月需要偿还的贷款利息和本金并没有减少，债务与收入比例的变化加重了他们的负担：钞票更值钱了，也更难挣了。然而，虽然克利夫兰总统的党派坚持要恢复银元作为流通货币的地位，好让货币供应实现大幅宽松，但总统本人却因为经济危机不得不坚持金本位。来自纽约的克利夫兰被认为屈服于东部银行集团的利益，因为那些银行不希望借出去的黄金支持的美元要用白银支持的美元来偿还。

克利夫兰还冷落了另一个庞大的投票群体：劳工阶层。普尔曼卧铺车厢公司是一家铁路车厢生产企业，当它大幅降低工人工资后，工厂爆发了罢工。在 1894 年剧烈的通缩气候下，很难让工人理解即使下调工资也可能是在涨薪，因为食品和其他商品的价格下降得更多。通缩在很多方面与人类的心理相悖。看到这是一个表明立场的机会，美国各地的铁路工会，在美国铁路工会的领导下，加入了普尔曼工人的行列，拒绝为挂载普尔曼公司车厢的火车提供卸货和维修服务；而这实际上覆盖了美国的每条客运铁路。工会的这次集体行动几乎让美国铁路交通陷入瘫痪。作为应对措施，克利夫兰寻求联邦禁令，理由是必须保证邮件的及时投送，因为这是美国宪法规定的一项政府职能。工会没有理睬这一禁令。之后，克利夫兰命令联邦军队镇压这次罢工。当然，此举让他失去了劳工的支持。

后来，在国会的另一场政治角逐中，克利夫兰也是功败垂成。国会在修改关税清单之际，19世纪70年代和80年代的预算盈余已成为遥远的记忆。随着经济的下滑，关税已经无法提供足够的财政收入，赤字出现。为了开辟新的收入来源，寻找一种让民主党感觉能够最终结束政府的关税依赖、推动自由贸易和让农民受益的收入来源，国会批准了历史上第一部非战时个人所得税法：对4000美元以上的收入征收2%的所得税。然而，第二年最高法院裁定个人所得税违宪，理由是针对公民的这种直接税会导致高收入的州，比如纽约州，过多地承担人均联邦负担。*然而，新的关税清单保持不变。

在那些贬低克利夫兰的人看来，内战之后唯一的民主党总统和那个时代任何一位共和党总统一样重视工商业集团的利益。即使卡内基也开始打听克利夫兰总统的健康状况。支持金本位，对劳工动用武力，增加关税保护工业，全都有利于东部的大企业，这引发了民主党内部的一场"叛乱"，为两股巨大力量进入美国政治史敞开了大门。

* * *

威廉·伦道夫·赫斯特（William Randolph Hearst）是一个来自旧金山的哈佛退学学生。在哈佛上学时，他住的套间里专门有管家和女仆的屋子；从各方来看，他都过着王子般的生活。赫斯特家族的财富根基来自内华达的银矿。父亲乔治·赫斯特曾经远赴加利福尼亚掘金，结果在内华达意外发现了银矿。很快，赫斯特通过投

---

* 在接下来的那个世纪里，美国宪法在这方面做了修改。——原注

资众多采矿项目来实现财富的多样化。乔治几乎没有什么矫揉造作的做派,整个工作日都保持着咀嚼烟草以及随之而来的吐痰习惯。他的太太菲比·赫斯特(Phoebe Hearst)则更有教养。她用乔治创造的财富从事艺术、文学和旅游活动,让威廉从小浸润在采矿之外的世界。相较于她丈夫的粗俗,她精通文学,文化修养很高。然而,乔治在后来的生活中确实以自己的方式实现了社会地位的提升:效力于民主党政治家数年后,他成功地获得了加利福尼亚州议会的任命,成为该州的两名参议员之一。*

乔治·赫斯特被任命为参议员那天,他名下的一家小型报纸《旧金山观察家报》将报头做了改动,将24岁的威廉·伦道夫·赫斯特列为新的发行人。威廉被激怒的父母希望他不要像对待学业一样草率地对待报纸。上大学期间,赫斯特不时向父亲提出有关经营《旧金山观察家报》的想法和方案。后来,纽约之行给他提供了很多可以参考和借鉴的思路。

赫斯特深入分析了普利策报纸的各个方面,并尽可能地在他的这片市场效仿普利策的办报思路。他也在报纸中采用了插图、凶杀与犯罪报道和政治丑闻曝光等元素,用辛辣的语言无情地批评当权派。此外,赫斯特还为商人们加入了虚构故事、体育和新闻。总而言之,他加入了一切可以增加发行量的东西。不过,就像普利策觉得圣路易斯狭小逼仄,赫斯特也将目光投向了纽约。

父亲去世后,赫斯特采取行动,开始找机会收购一家纽约的报纸。然而,性格谨慎的父亲并不放心威廉,临死前将全部财产留给了妻子。经过母亲同意后,威廉·赫斯特找到了一位愿意出售手中《纽约晨报》的报业老板。这家报纸最初由普利策的弟弟创办。当时,普利策的弟弟刚将这份报纸卖给辛辛那提发行人约翰·麦克莱

---

* 在当时,美国参议员由州立法委员任命,而不是直接由民众选出。——原注

恩（John McLean）不久，1893年的金融恐慌让麦克莱恩不得不将报纸转手卖给赫斯特。1895年秋，赫斯特以15万美元的价格买下《纽约晨报》，开始在纽约立足。

考虑到普利策的报纸利用刊登轰动性新闻和为劳工阶层代言独霸一方市场，因此低端市场方面似乎已经没有什么机会了，很多报纸在这方面竭力效仿普利策。然而，赫斯特高调宣布了自己的到来，他在《纽约时报》的头版整个左栏刊登了广告，宣称改组后的《纽约晨报》将颠覆新闻界；此时的《纽约时报》正急需这笔收入。他承诺提供"漂亮的艺术增页"，每天都会有图片和长达18页的报道。接手报纸仅几个月之后，不可思议的好运降临到赫斯特身上，天赋异禀的他明白怎样将这手牌打好。

* * *

这里的好运气指的是威廉·詹宁斯·布赖恩（William Jennings Bryan）地位的迅速上升。就在两年前的1894年，布赖恩34岁，还是一个锋芒毕露的国会议员，正处于代表内布拉斯加州的第一任也是唯一一任国会议员任期的最后一年。他的民粹主义立场让包括总统克利夫兰在内的民主党当权派一再感到尴尬和惊愕。然而，到了1895年年中，美国政坛开始酝酿一场运动。

前一年的关税修订案是和联邦个人所得税法同时通过的。然而在1895年4月，最高法院裁定个人所得税法违宪，明确表明东部大企业的立法目标获胜。在布赖恩看来，不仅银行利益集团维持了金本位，工业保持了关税保护，而且法院连扮演缓冲角色的温和的个人所得税也否决了。

现在，布赖恩将美国经济中的众多问题编织成了一个简单的信息——自由银元，通货膨胀的灵丹妙药。不过，这种做法与债权人和国家的金融利益相对立，因为他们希望过去借出的高价值美元以同样的高价值美元归还。为了维持金本位，各方都接受的方法是政府继续推行这一政策，并在国库中保持充足的黄金储备。恐慌发生后政府购买黄金的行为让这种金属在私营经济中更加稀缺（黄金和纸币在金本位环境下互相替代使用），债务人看到经济套索越来越紧。

布赖恩离开国会之后，他的声望随着每一次抨击金本位逐渐升高。恢复很少人能够理解的银元货币和金银双本位制本是一个深奥的话题，但在这位大声疾呼的演说家口中变成了一个生死攸关的问题。对于农民来说，银本位带来的宽松货币不仅会减轻他们偿还贷款的压力，还能借助通货膨胀提高农作物价格。对于工人来说，名义工资下降会让他们感受到通缩的影响，这种降低与美国经济发展的承诺格格不入。大多数人是通过一种比喻的形式来理解这个问题的：自由银元运动是对制造企业、铁路公司和银行家势力的抵制。它是对垄断、两个政党的建制派、华尔街和城市精英，以及对不同社会阶层厚此薄彼的庞大经济体制进行的一次全民投票。

1896年早些时候，经济恢复缓慢，克利夫兰总统被边缘化。在那年夏季举行的民主党大会上，36岁的布赖恩，勉强达到竞选美国总统的宪法年龄要求，却成为一场狂热政治运动的旗手。当布赖恩完成美国历史上一次著名演讲之后，民主党建制派想降低布赖恩影响力的所有希望都成了泡影。在演讲中，他首先讲述了自由银元运动的快速发展，指出"先前那些不能表达人们心声的领导者将被他们所领导的人抛弃，新的领导者将立刻站出来，为人们指引这一自由事业的方向"。布赖恩领导的这场反叛将金本位视作自由的敌人。

在那次总统候选人提名会议上，当有人说金本位有利于保障美国的工业利益时，布赖恩针锋相对：

> 当你们来到我们面前，说我们会影响你们的商业利益……我们要说的是，你们对商人这个概念的理解太狭隘了。当老板的是商人，给老板干活挣工资的也一样是商人。大都市里公司的法律顾问是商人，偏远小城市的辩护律师也一样是商人。纽约的大老板是商人，街角小店店主也一样是商人。农民每天早早出门，在地里辛苦忙碌一天，从春天开始忙碌到夏天结束，将智慧、汗水施加于这个国家的自然资源来创造财富，他们和那些在期货交易所押注粮食价格的人一样是商人。每天下到1000英尺深的矿井或攀上2000英尺高的峭壁，冒险采掘珍贵金属注入流通渠道的矿工，和在会议室里运筹帷幄、聚敛天下财富的金融寡头一样是商人。
>
> 我们要为上述广义的商人群体说话……那些坚忍不拔、冒着生命危险深入荒凉地带的先驱者，那些让沙漠像玫瑰一样绽放的人——那些已经不在了的先驱者……和这个国家的任何人一样，应该得到这个政党的体恤。

铿锵有力的演讲让布赖恩迅速成了明星。人们觉得他有能力击败那些联合起来对付他的保守力量。面对欢呼雀跃的听众，他用对一个主题的阐述来结束了他的演讲，那个主题后来成为和平时代每次选举的最重要议题，一直持续到21世纪。

对于社会治理，人们有两种看法。有人认为，如果通过法律让有钱人更加富裕，他们的富足就会向下传递。民主党的看法是，如果通过立法让普通大众富裕，他们的富足将会向上传递给依靠他们的每个阶层。

第18章 报纸

接着，他用《圣经》般振聋发聩的语言说：

> 你们告诉我们大城市支持金本位。我要说的是，大城市离不开那些辽阔富饶的大草原。烧毁你们的城市，留下我们的农场，城市将如同神助般再起崛起，但如果毁掉农场，这个国家每个城市的街头将到处是蔓延的野草。
>
> ……如果他们敢到外面的露天场地为金本位辩护，我们将和他们拼个你死我活。我们的身后是这个国家和世界的广大生产者……对于他们想要的金本位，我们的回答是：你们不能将荆棘王冠强压到劳工的额头上，也不能将人类钉死在黄金十字架上。

这是美国政治史上一个具有重要意义的演讲。从那时起，劳工选票属于民主党，共和党则巩固了他们作为工商业代言人的地位。布赖恩赢得了民主党总统候选人提名，这在1896年初简直是一件不可能的事情。不过，他的演讲和提名让民主党当权派不知所措：以普利策报纸为首的很多报纸，作为普通大众的朋友而崛起，但他们拒绝支持作为民主党反叛者的布赖恩，将他视为异端，多余的革命者。

不过，布赖恩在纽约有一个同盟者。买下那份报纸不到一年，赫斯特就把一切都押在布赖恩身上，原因只有一个：布赖恩带动了报纸的销量。

* * *

与赫斯特一样，布赖恩出现的时机和其政治主张为另一个出版界的搅局者进入纽约市提供了极佳的条件。他在这个城市的报纸大战中比普利策和赫斯特都活得更久。这个人来自肯塔基州，是《查塔努加时报》的发行人阿道夫·奥克斯（Adolph Ochs），时年38岁。

普利策和赫斯特都在比较大的城市里开始其报纸生涯，而奥克斯是在一个小州里人口略超过3万人的小城市查塔努加开始办报的。奥克斯有很长时间的办报经验。14岁时，他离开了学校和正规教育，进入《诺克斯维尔信使》当印刷学徒。从那里起，他开始在办报的实际流程中扮演其他角色。刚刚19岁时，他与另外两个人合办了一份叫作《查塔努加每日邮报》的小报纸。这份报纸没办几个月就关门了事。奥克斯勤奋地用印刷机做一些零星的打印活儿偿还欠债。这种诚信让他买到了一家经营困难、发行量只有250份的报纸的一半股权。总金额是1500美元，他借款支付了250美元的首付款。就这样，奥克斯成为《查塔努加时报》的发行人。

在那个镀金时代，查塔努加市和美国其他城市一样，经济日渐发展，阿道夫·奥克斯的收入也随之增长。没出十年，他用赚来的钱以5500美元的价格买下了那份报纸的另一半股权，成为那个城市主要报纸的发行人，一个成功人士。他用来自房地产商的广告收入和越来越多的卖报收入，推动报纸稳步发展。到1892年，奥克斯已经盖了一幢六层的楼，显示他和他的报纸在查塔努加的地位。不过，那幢楼是借钱修的。当1893年金融恐慌袭来时，奥克斯的资金紧张到了绝望的地步。为了获得贷款偿还债务，他前往纽约游说银行和投资者借钱给他，让他能够偿还借款。然而，在纽约，他找到了一个更大的收购目标。

就在《查塔努加时报》由于经济大形势而生存艰难时，《纽约时报》的日子也不好过。在一个以普利策的《纽约世界报》为首的众多报纸发行量总和超过10万的城市，《纽约时报》陈旧的办报理念让它的财务形势极度恶化。最后一个创始人去世后，《纽约时报》被出售，并在1896年初处于破产管理的边缘。具有讽刺意味的是，该报的股东是美国最有权势的资本家，包括J.P.摩根和一些银行业保险业大亨。即使在那个时候，《纽约时报》也是业内声

第 18 章 报纸

望和地位的象征，是一家具有庞大发行量和高度专业、权威的采编人员的报纸。

在 1896 年，这种庄严似乎是对抗自由银元异端旋风的必要条件，这股旋风威胁着纽约的银行业。奥克斯用他高超的推销技巧，说服了《纽约时报》的一个个股东委托他来经营《纽约时报》。旧股东仍然拥有这一新公司的股份。奥克斯担任发行人，如果他能连续三年让公司赢利，他将控制《纽约时报》的大多数股份。另外还有一个比较含蓄的条款，美国公平寿险公司在二十年内秘密保留对其大部分股份的认购权，也就是说，在二十年内，该寿险公司有权随时收购奥克斯手中该公司的所有股权。奥克斯竭力避免公开这一条款。接受了公正寿险公司的这一条款，并得到投资该公司的华尔街众多资本家的同意后，奥克斯没有投资一分钱就成为《纽约时报》的名义控制人。在 8 月 17 日，距离 1896 年大选不到三个月时，他作为《纽约时报》的发行人首次出现在报头位置。至今，《纽约时报》仍然控制在他的家族手中。毫无疑问，如果奥克斯支持布赖恩，或者他的报纸对神圣的金本位存在丝毫暧昧的话，这一切就无从谈起。在 1896 年夏天收购《纽约时报》这件事上，潜在收购方在金本位上的政治倾向，比资金实力更为重要。

另一方面，从来不担心自己和其他人资金实力的赫斯特，在支持布赖恩方面毫无顾虑，以至于他的《纽约晨报》报社简直成了布赖恩竞选总统的纽约总部。在纽约，布赖恩也没有其他人可以求助。由于抨击过民主党内威望很高的克利夫兰总统，布赖恩在纽约成为孤家寡人。当广告客户因为他支持布赖恩而停止刊登广告时，赫斯特的回答是，这再好不过，他正好可以腾出更多版面来支持布赖恩。不过，赫斯特的这种不在乎是战略性的。普利策支持民主党当权派，而赫斯特的读者群体则将布赖恩视为救世主。

虽然历史详细记载了赫斯特与普利策之间的报纸大战，但事实上忽视了赫斯特和奥克斯之间的相同点。他们以后来者的身份在相隔几个月的时间里相继收购了纽约的某家报纸。两人都是在三十几岁时进入了高手林立的报业市场，而普利策则是在差几个月满50岁时，而且已经拥有了美国最赚钱的报纸。因为布赖恩这位总统候选人，两个年轻人获得了稳步进入新闻界、商界和政界的第一个机会。奥克斯，虽然其个人资产与赫斯特相比少得多，但他抵制住了《纽约世界报》和《纽约晨报》追求时尚或花哨的诱惑，让报纸一如既往地保持着灰色色调，享受着历史的评判。

《纽约时报》最终成为影响力远超其收入报表的一种制度性力量。获得最初少得可怜的所有权几个星期后，奥克斯带领这家在纽约排名第七的报纸备战1896年的美国大选。随着俄亥俄州议员威廉·麦金利成为共和党候选人——他是1890关税法案的骄傲支持者，1860年以来最具深远影响的大选就此搭好了舞台。

第19章 托拉斯

大选那天，赫斯特别出心裁，搞了一个极有创意的场面。《纽约时报》照例波澜不惊地采用密密麻麻的小字，而《纽约晨报》则告知他们的读者，让他们晚上仰望天空，了解有关大选的最新信息。赫斯特宣布，他计划在夜幕降临后，在曼哈顿上空升起一个巨大的热气球，让读者们目睹那个"充气的怪物从中央展出大厅楼顶升上天空"的场面。大气球的外面悬挂着两组不同颜色的电灯。这些彩灯又大又亮，曼哈顿、布鲁克林、皇后区和新泽西数十万市民都可以看到。在大选之夜，来自各州的电报结果将被送往赫斯特的总部。总部将最新计票结果用和拴系大气球的绳子绑在一起的电线传到高空。气球上的红灯闪烁，表示威廉·詹宁斯·布赖恩票数领先；绿灯闪烁，则表示威廉·麦金利票数领先。如果某个颜色的灯不再闪烁而一直亮着，则说明本次大选胜败已定。

虽然赫斯特为支持布赖恩尽了最大努力，然而，在夜晚结束前，灯光变成了稳定的绿色。麦金利胜出，拿下了弗吉尼亚以北的东部沿海地区。他甚至拿下了劳工与资方有明显矛盾的伊利诺伊州，赢得了"沉默的大多数",他们仍旧对布赖恩最近言辞激烈的宣传活动和他对党内当权派的批评心有余悸。赫斯特也赢了:大选那天的晨报、晚报和德语版总共卖出了150万份。让普利策震惊和沮丧的是,布赖恩竞选失败并没有对赫斯特的声誉构成打击。相反,这次大选提升了赫斯特的影响力,人们认为他是一个敢于大胆尝试新事物的后起之秀。没过几年,依托有关美西战争的成功报道,他在与普利策的《纽约世界报》耗资不菲的角逐中,获得了发行量的优势地位。

除了麦金利和赫斯特,这次大选还催生了另一个赢家。凭借在美国金融和工业的联结领域活动,J.P.摩根达到了成功的顶峰。大选带来了很多重大影响。优先考虑工商业利益的麦金利入主白宫,四年的机遇之窗恰逢美国经济出现企业整合的大趋势。1893年以及之后的经济通缩让大企业在巨大的债务压力下艰难度日。美国很大比例的铁路长度处于破产清理阶段。商品交易行业的经营者要面临无尽的价格战——已经到了不择手段的地步。君子协议,也被称为"价格串通"(price fixing),在破产的压力和威胁面前根本靠不住。另外,《谢尔曼反托拉斯法案》禁止同行企业进行大多数合作行为来维持价格。

在通过1890年麦金利关税提案的几个星期前,国会通过了这项反托拉斯法案。这项法案的目的是弱化共和党亲近工商业阶层的印象,缓和农民和劳工阶层对关税的不满。和麦金利一样,约翰·谢尔曼(John Sherman)也是俄亥俄州人。他起草这一提案的初衷是限制价格串通、价格操纵这种陋习,然而,这一方案却起到了戏剧性的意外效果。

既然两个或更多公司协调价格是非法的,那么简单的解决办法就是行业里最大的几个公司合并成为一个实体,这样就能够随心所欲地合法定价了。这些企业合并活动的协调工作落到了那个时代杰出的资本家身上。

第19章 托拉斯

J.P.摩根是银行家。他不是一个投机者、企业家，也不是商人。他的目标甚至并不只是积累个人财富，他是含着金汤匙出生的，他还想要推行一种金融秩序，消除自由市场中无休无止的企业竞争导致的价格波动。他不是古尔德、范德比尔特、卡内基和洛克菲勒那样的暴发户。他的父亲朱尼厄斯·摩根是一位长期生活和工作在伦敦的银行家，向英国和欧洲投资者出售债券和其他证券。朱尼厄斯甚至在年轻的卡内基进入钢铁行业之前就向其购买铁路债券。不过，摩根父子不仅仅是金融领域的推销人士，他们还是审慎的财务监护人。将证券卖给客户之后，他们还继续为客户负责；这是一种宝贵且必要的品质，因为购买公司证券的客户往往身在大洋彼岸。当某个证券或公司出现问题时，摩根父子就会出面干涉，保障客户的利益。从这里开始，在美国生活和工作的小摩根，在华尔街立稳了长期发展的根基。摩根对市场有着贵族式的看法：自由市场的企业竞争经常引起不理性的价格战，从而导致市场波动、现金紧张和交易违约。鉴于价格战会影响整个市场，所以它完全不利于大型投资者所追求的稳定性。作为资本市场的监护人，摩根尤其渴望这种稳定。随着时间的推移，摩根担任了金融团体和企业团体间的非官方中间人。同时，他自己在更高的影响力层次开展着一些业务，甚至政府和君主也从资本市场借钱。

1893年金融恐慌之后，即将卸任的克利夫兰政府严重依赖摩根以支持金本位。美国财政部的黄金储备告急时，他们让摩根为紧急发行债券筹集资金，政府利用销售债券的收益购买黄金。1897年初，麦金利入主白宫后，美国经济开始缓慢恢复。虽然布赖恩和自由银元运动遭到惨败，但是根深蒂固的金本位原则在放松信贷方面几乎没有任何作用。

不过，美国经济很幸运。阿拉斯加为美国经济提供了它急需的货币提振因素。1867年美国用720万美元的价格向俄国购买整个阿拉斯加时，很多人认为这是愚蠢之举，因为那是一片毫无价值的冰冻荒原。但就在1897年麦金利就职几个月后，罕见、简洁的大标题出现在报纸上——"金子！金子！金子！金子！"。7月17日《西雅图邮讯报》的兴奋缘于阿拉斯加克朗代克地区开到西雅图的一艘蒸汽船。大标题下面的小标题提供了生动的细节："成堆的黄色金属；蒸汽船运来了70万美元；'波特兰号'上有68个富翁"。第二天，《纽约时报》以其特有的克制语气详细描述了乘客的财富：

  威廉·斯坦利（William Stanley）……去年去了克朗代克，现在带回价值9万美元的金子。
  威廉·斯隆（William Sloan），先前做纺织品布匹生意，后来卖掉生意，带着5.2万美元去了金矿，眼下带着金子回到文明世界。
  邓杰内斯角的理查德·B.莱克（Richard B. Lake）以前就发了财，现在带着一大袋金块回到了出生地。

连《纽约时报》也忍不住一反常态，在栏目中央刊登了一个显眼的大标题——"足足有一吨多黄金"。

在人们大声嚷嚷黄金短缺的大选结束8个月后，黄金一下子不稀缺了。澳大利亚西部的一系列大发现增加了全世界的黄金供应，让各国货币逐渐宽松下来。在美国，银行保险库里的金元价值在1896年下降到4.54亿美元，那时人们纷纷囤积黄金，但到1898年迅猛攀升到6.57亿美元。美国信贷形势几乎一夜逆转。

有关大金矿的消息得到确认之后，黄金持有者的预期迅速改变。新增的黄金供应肯定要辗转存入银行，持有实物黄金的吸引力顿时下降。随着黄金供应的宽松，商品相对于黄金的价格开始攀升。另外，持有实物黄金还有它的不足之处：实物黄金不产生利息。在经济形

第19章 托拉斯

势糟糕的时候，持有实物黄金是一个理想的避险方式。然而，在经济形势好的时候，因为它不产生任何收益，所以与其持有实物黄金，不如用来投资。将黄金存入银行，兑换成纸币，然后将纸币存入银行产生利息收入。因为阿拉斯加的发现，美国经济有了润滑剂，突然出现了刺激经济增长的动力。

工业产量迅速提升。1897年10月，作为钢材必要加工步骤的生铁生产，其产量增至2.9万吨，几乎是前一年10月大选前夕1.6万吨产量的两倍。铁路公司，作为国民经济中钢材的最大买家，再次开始增加铁路里程，替换旧的轨道。

经济重现增长势头。美国大企业又开始进入资本市场，投资工厂，寻求扩张。然而，1893年到1896年大萧条造成的创伤不会一下子完全消失，而且无疑起到了指导作用。例如，人们对工厂的投资变得很审慎，非常重视工厂产品的销售利润。在很多商品生产领域，资本投资很可能遭遇市场上惨烈价格战对利润的严重侵蚀——如果一家公司拥有一个领域里所有公司的股份，那么对这家公司的投资就会安全得多。鉴于资本在不停地寻找机会，通过整合保持定价权是合理的。从麦金利上任第一年开始，一个又一个行业开始出现大型企业，有的规模让人难以想象。随着每一次企业合并的发生，公众对这些所谓"托拉斯"越来越警觉。

* * *

"trust"是旧词新用。在1888年新泽西州通过新的公司注册法之前，该州公司不得拥有成立于另外一个州的公司的股份。在这部法律付诸实施之前，跨州运作的多家企业如果要合并，可行的方法是每个公司的股东将其所有股份委托给一个信托机构（trust）。该信托机构就拥有了多家公司的股份，股权受益人是之前的股东。这样，这一受托机构就可以在产品价格和合作方式层面协调这多家公司。新泽西州颁布新公司注册法之后，这种受托机制就过时了：位于该州的通用电气和标准石油等实体在多个州成立了子公司。

虽然如此，在公众的想象和口头表达中，"trust"一词的含义已不严密。人们逐渐用它来指代大型的垄断性公司。从1897年后期开始，托拉斯潮流已渐成气候。有的公司在大的行业里开展合并，有的公司则专注于小众领域，但总的来说，合并活动一般发生在经营大宗产品或普通产品的行业，在这些行业里，不同供应商提供的产品的质量大同小异。例如，市值为1600万美元的美国纱线公司是"纱线托拉斯"，这是新英格兰13个小型纱线厂合并的结果。他们控制着美国棉线和羊毛线市场50%的份额。美国下水管道公司是"排水管托拉斯"，它合并了33个公司，市场份额达到40%，该公司资本为950万美元。美国冰块制造公司垄断了美国冰块市场80%的市场份额。美国焦糖公司控制着全美90%的焦糖市场。国家饼干公司是"饼干托拉斯"。这些新公司的名字习惯于采用常见的"美国""联合""国家""通用""国际"或"标准"等词语，显示了他们想要左右整个领域的渴望。

不过，这些合并活动，绝大多数没有多大意义，比如学校桌椅、草绳和信纸等领域的合并。如果有什么的话，就像一个世纪后公司为了吸引市场关注而在名字里用".com"一样，这一做法很可能是为了让投资人联想到垄断经营而赢得资本市场的青睐。如果一家公司让人感觉是某个领域里具有支配地位的"托拉斯"，那么它就很容易吸引投资者。这背后的运作方式很简单。发起人，通常是银行家或企业家，会接触某个领域里的众多企业，往往是家族企业。发起人在新泽西州或允许控股公司结构存在的其他州注册一个公司。该公司注册之后，愿意成为这个公司一部分的每家企业要确定一个价格，将自己出售给这家托拉斯。拥有了10个、20个，甚至30个企业的价格承诺之后，发起人可以在华尔街某个顶级商业银行的帮

第19章 托拉斯

助下为交易融资。当交易结束时,针对每个企业的出让价格,新公司综合运用现金、普通股和优先股或新公司的债券等多种方式支付。垄断经营的目标无须遮遮掩掩——这是针对公开市场投资者的主要卖点。1898年,投资者争相购买那些声称在其经营领域具有垄断地位的公司的股票。另外,由于占据美国股市绝大多数市值的企业是铁路公司,投资者希望实现多元化投资,将一些资金投资于其他领域。

这个时代标志着美国资本主义的一个转折点。很多工业企业的创始家族和缔造者第一次获得了流动性。接近世纪末时,内战期间迅速发迹的那批三十几岁的人已经六十多岁。另外,现代会计方式的出现、公开证券市场的发展和专业的管理方式,意味着只拥有一个工厂的公司越来越在规模方面处于不利地位。对于那些经过一两代人努力之后取得了某些成就的创业者和家庭来说,这些新出现的企业组织方式给他们提供了一个卖掉企业的退出战略。

如果这一潮流仅局限于小型家族企业通过某个流程合并成为中型的上市公司,人们可能会默默接受。然而,短短几年内,数百起跨行业合并的速度,再加上数个规模庞大的巨型企业的出现,让公众焦虑不已。

不过,麦金利执政时期经济的高速发展和令公众非常欣慰的另一件事情,淡化了公众的这一焦虑。美西战争的迅速胜利将菲律宾、关岛和波多黎各纳入美国的保护范围,让美国人更加自信。不管美国人怎样看待这个国家取得进步的方式,反正他们的国家当时是全球最大的经济体。

随着1900年选举的来临,麦金利的那位宿敌再次设法获得了民主党的提名。布赖恩倔强地坚持他在1896年的竞选纲领。赫斯特恳求布赖恩暂时将自由银元问题放在次要位置,其原因是当时的黄金供应几乎已经完全解决了货币紧张问题,劝他强调反对帝国主义或将反对托拉斯作为主要竞选议题。不过，这没有多大意义。在任总统，依托国内经济的高速增长和国外的军事胜利，地位很难动摇。为了确保大选的胜利，麦金利任命担任纽约州长不到两年的41岁战争英雄西奥多·罗斯福（Theodore Roosevelt）为副总统候选人。让第二次竞选失利更为难堪的是，这一次布赖恩连大本营内布拉斯加州也丢掉了。

华尔街将这次大选结果视为政府放任企业继续扩大规模的信号。1898年，很多钢铁企业利用这一机会完成了大量的合并活动。在钢铁行业，即使小规模的合并也会产生体量巨大的企业。市值4000万美元的美国钢铁和线缆公司收购了数家电线生产企业。市值1亿美元的联邦钢铁公司收购了占地超过15万英亩的多个铁矿、伊利诺伊钢铁公司和众多铁路支线，有效地提升了钢材经营效率。美国镀锡板材公司收购了100多家企业，垄断了美国95%的锡盒生产。第二年，国家钢管公司成立，它控制了90%的钢铁管道市场。让这一系列疯狂的并购活动最终达到巅峰的是国家钢铁公司和美国桥梁公司。美国最大的公司联邦钢铁公司得到了摩根牵头组建的辛迪加的支持。

在这一轮轮并购潮中，一位大佬的缺席令人瞩目。联邦钢铁公司的组建并没有让安德鲁·卡内基感到不安。他说，那个新组建成立的竞争对手的经营专长与其说是生产钢铁，不如说是"生产股权凭证"。1901年，J. P. 摩根得出一个结论。不同于摩根和其他人，卡内基非常熟悉钢铁生产的效益情况，虽然他当时已经不在那个行业里。卡内基坚信，在任何价格战中，卡内基钢铁公司都会稳操胜券。摩根为联邦钢铁公司的合并提供了超过1亿美元的借款，所以，让卡内基独立经营的风险太大了。如果最大的钢铁企业独立于这个集体，控制价格和产量就无从谈起。

让事情更为复杂的是，卡内基是一个在各个方面几乎无孔不入

第19章 托拉斯

的谜一般的金融大鳄。美西战争结束后，作为西班牙投降的条件之一，麦金利打算用2000万美元从西班牙手中购买菲律宾的主权。当时，持反战态度的卡内基愿意向美国政府补偿2000万美元，让菲律宾独立，而不是让那个国家成为美国的受保护国。卡内基钢铁公司是一家私有公司，大多数股份集中在卡内基一个人手中，因此卡内基在公司经营决策上不需要征求任何人的意见。虽然如此，将近65岁的卡内基面临着一个迫切的问题：他想在余生捐出大部分财富。

摩根的机会来了。1901年1月，摩根秘密会见卡内基钢铁公司总裁，当时38岁的查尔斯·施瓦布（Charles Schwab）。十几岁时从基层车间做起的施瓦布是一位专业经理人，他深谙钢材生产和销售环节成本控制的重要性。摩根给施瓦布讲述了组建一个巨型钢铁公司的想法之后，请后者询问卡内基是否愿意出售工厂，如果愿意的话，价格是多少。施瓦布立刻去见卡内基，向他透露了摩根的意图。当时是冬季，在曼哈顿郊区的威斯特彻斯特打了一场高尔夫球之后，卡内基让施瓦布第二天去见他。卡内基用铅笔列出了自己的条件，就像一张高尔夫记分卡。他开出的最后价格是4.8亿美元。

施瓦布立刻带着卡内基列出的条款前往华尔街23号摩根的办公室。摩根扫了一眼后就接受了那个价格。值得一提的是，这表面上的不假思索是摩根行动的开始——支付给卡内基的这笔钱并非出自他的腰包。在铅笔写的条款里，卡内基愿意接受以1.6亿美元债券、2.4亿美元新公司股票和8000万美元其他形式支付的退出金。实际上，当时，新公司还没有组建起来。既然卡内基同意将自己目前公司的股份与条款中提及的其他钢铁公司的股份合并，那么摩根必须组建一个新公司。就目前来说，一份口头协议就足够了，当时，摩根在位于西51号街的卡内基家里总共只待了15分钟。虽然他们之间不是特别亲密，但两人一起做生意已经超过三十五年。告辞时，摩根沉浸在对即将完成的交易的最后推销中，他祝贺卡内基"成为全世界最富有的人"。

几个星期之后，美国钢铁公司成立。摩根可以在不到8个星期内依靠一份口头协议成就一家上市公司，这件事证明了摩根和完全不受监管的证券市场的力量。作为一个财团的管理者，摩根的公司存入了2500万美元的保证金，确保成功履行整个交易流程。摩根的角色是组织协调这次公司合并，向公众销售股票，担任董事会成员。在他发起或承销的任何公司并购活动中，摩根本人都不是大股东。他的报酬大都来自安排这些大型交易的服务费。美国钢铁公司将之前三年合并形成的所有大型钢铁公司合并在一起，与卡内基钢铁公司一道，成为超级联合钢铁公司。3月29日，该公司股票上市后，美国钢铁公司成为第一家市值超过10亿美元的公司。

几乎在同时，卡内基践行了自己的"财富福音"理论。卡内基的捐助开始流向图书馆、大学和慈善机构。几天之内，他的第一份礼物就是为工人设立的400万美元基金，作为"对我的成功做出极大贡献的工人们的感谢"。接着，他拨出100万美元维护他之前建造的工人图书馆和活动大厅。另外，他还向纽约市的68个图书馆捐款500万美元。还有1000万美元用于建立卡内基研究院，1500万美元用于大学教授养老金。针对那些为救助他人牺牲生命的人，他拿出500万美元抚恤他们的家人。他还向汉普顿-塔斯基吉学院捐资60万美元，"大力为我们之前曾经奴役过的有色人种培养人才"。这样的捐赠还有很多。

如果美国资本主义面临审问的话，那么卡内基的职业生涯就是第一个辩护证据。他是资本主义经济体系中平等精神的有力证明：他从最初一文不名的童工，一个在免费图书馆里充实自己大脑和灵魂的劳动阶层移民，奋斗进入社会最高阶层，到最后要将资产都捐出去。难道这还不能足够证明，在美国，阶级远不是典型的种姓特征，而只是暂时的、不稳定的经济地位吗？怎样看待每年登上北美海岸的50万经济窘困、蓬头垢面的普通移民？他们不是进一步证明这个经济引擎提供了旧世界所无法比拟的巨大诱惑和希望吗？谁愿意破坏这一秩序呢？

* * *

1901年夏，卡内基钢铁公司历史上的一个幽灵回来了。当年向卡内基的副手亨利·克莱·弗里克开枪的亚历山大·伯克曼正在服刑，他的伙伴和情侣艾玛·戈德曼还在继续她的激进主义。她现在是地下活动的组织者和无政府主义圈子里极受欢迎的演讲人。听了戈德曼在5月初抨击资本主义制度及其对劳工的不公的演讲之后，一个叫利昂·乔尔戈什（Leon Czolgosz）的年轻人深受震撼，决心付诸行动。9月，他带着任务前往纽约州布法罗市，参加那里举行的泛美博览会。花两天时间踩点之后，乔尔戈什混入了与尊贵客人握手的迎宾队列。轮到乔尔戈什时，他没有伸手去握总统伸过来的手，而是掏出手枪朝对方射击。经过看似有所好转的几天后，麦金利死于9月14日。

担任副总统不到6个月，泰迪·罗斯福*宣誓就职总统，成为美国历史上最年轻的总统。过去几年一直支持麦金利的大企业利益团体很快发现，罗斯福总统的理念完全不同于前任。

考虑到罗斯福的成长背景，这一结果十分出乎意料。罗斯福成长于纽约的一个富裕家庭。溺爱儿女的父亲曾经带他们前往非洲进行狩猎旅行。年幼的罗斯福参观了欧洲各国的首都。后来，他进入

---

* 指西奥多·罗斯福，人称"老罗斯福"，于1901年到1909年担任美国总统。下文中提到他卸任后自组政党参加1912年总统大选，败给了伍德罗·威尔逊。泰迪是他的昵称。——编注

哈佛读书。除了老师留的作业外，他还要主动撰写一部有关美国海军在1812年战争中表现的历史书。毕业后，罗斯福又花了几年才完成这本书。没多久，他决定在纽约州议会代表一个选区竞选地方公职。后来，他被任命为纽约市警察局局长。几年后，他成为一名美国陆军上校军官，带领"莽骑兵"在古巴战争中打了胜仗。作为一名英雄回国后，罗斯福于1898年轻松获任纽约州州长。当时，他才三十几岁。

当麦金利选择罗斯福为竞选伙伴时，他们俩的世界观完全一致。那场令美国生死攸关的战争结束后仅仅一代人的时间里，美国就发展成了一个世界强国。军事实力的背后是经济实力的发展。这个国家没有强大的海军舰队和常备军。然而，美国善于创造。它发明了新颖的方法。看看白宫的马厩，和他们不用马拉的公交车，就会明白这一点。美国人都是奋斗者、改进者和建设者。持这一观点的不仅是精英阶层。在麦金利面对竞选对手截然不同的主张而第二次当选总统时，美国大众的态度就明确体现了这一点。然而，在很短时间里，罗斯福的观点迅速发生了令人惊诧的大逆转。随着罗斯福观点的彻底改变，镀金时代也彻底地结束了。

11月14日，麦金利去世几星期后，《纽约时报》赫然刊出大标题——"北太平洋战后出现和平"。当读者对未知的军事冲突感到困惑时，副标题道出了真相——"几个铁路公司组建了一个市值4亿美元的股份公司"。其中的主要"战将"是摩根代表的铁路利益集团和另外一个资本大鳄E. H. 哈里曼（E. H. Harriman）的利益。北太平洋铁路公司、大北方铁路公司和联合太平洋公司，以及伯灵顿铁路公司的一部分，没有进行持续的价格战，而是合并成北方股份公司。新公司控制了美国两万多英里的铁路，成为美国第二大公司，仅次于刚成立8个月的美国钢铁公司。这一合并活动的策划者也是J. P. 摩根。

第19章 托拉斯

虽然美国钢铁公司规模庞大，但美国所有铁路公司的总市值超过了100多亿美元。没有任何一家公司的规模能比得上这家新成立的钢铁巨人。六家大型铁路集团控制了美国超过80%的铁路里程。这个系统由数百条较小的铁路构成，这些铁路分别通过附属集团之一持有。很多集团公司自己拥有价值超过10亿美元的"独立运营"的铁路公司，并且控制着上万英里长的铁路。在北方股份公司之前，没有人尝试将多家大型铁路集团公司合并成一个公司。几乎可以肯定的一点是，如果北方股份公司成功上市，其他铁路公司也会效仿，合并在一起。

然而，在资深观察人士看来，这位年轻的新任总统的倾向显示，事情很可能不会那么顺利。12月3日，罗斯福在国会发表了相当于那个时代国情咨文的演讲，即"年度报告"。根据当时的惯例，这份报告由一位职员，而不是总统本人，高声朗读给大家。这份报告的篇幅分配极为精确，一半讲述经济形势，另一半讲述对外政策。在简短谴责了对麦金利的刺杀和无政府主义运动之后，罗斯福认为，"这个国家应该受到祝贺，因为它目前非常繁荣"。他毫不怀疑地认为，国家的福祉建立在"个人节俭、努力、坚强和聪明才智"的基础上。他为导致财富不均衡和个人拥有大量财富的竞争性原则辩护：

> 说美国富人变得更富，穷人变得更穷，这不是事实。只有崇尚奋斗、回报成功的环境，才能让那些裨益全人类的事业得以生存。
>
> 工业巨头们推动了整个大陆的铁路系统建设，建立了我们的商业，促进了我们的制造业，总的说来，对我们民众贡献巨大。没有他们，我们引以为傲的物质进步就无从谈起。

不过，罗斯福的开场白接下来要引出一个结论。在很多方面，这是关于新世纪政府职责的论断：

19世纪下半叶，美国规模庞大、高度复杂的大企业继续以前所未有的速度发展，让20世纪初的我们面临着严重的社会问题。过去的法律，和曾经像法律一样约束我们的习俗，一度足以规范财富的积累和分配。然而，自从工业变革极大地提高了人类社会的生产力，这些法律和习俗已经不够用了。

接下来，他讲述了他自己和公众焦虑的原因：

很多美国人认为，被称为托拉斯的大公司在某些功能和倾向上有害于公共福祉。这种看法并不是嫉妒心理作怪，不是缺乏同情心，也不是因为他们不以让这个国家跻身于世界经济强国的巨大工业成就为荣，而是他们发自内心地认为，企业的合并和集中虽然不应该受到禁止，但应该受到监管和合理的控制。根据我的判断，这种看法是正确的。

美国经济中有一种抵消力（countervailing power）。泰迪·罗斯福用一种简单的、无可辩驳的逻辑来解释政府的监管作用：公司这种企业组织形式降低了股东和管理层在债务方面的个人责任。公司本身是政府批准的法律领域的新创造，因此政府为什么没有权力管束公司？公司，与专利、版权和商标权一样，并不天然存在。

人们惊异地从这位共和党总统身上看到白宫出现了改革或进步的倾向。

在麦金利和布赖恩两次两极分化的竞选结束后，命运——无政府主义者的子弹——让美国资本主义在泰迪·罗斯福身上实现了各方都感到满意的妥协。一方面，金融家和工业企业家认为某些活动必须实现规模化；另一方面，这位新任总统在政府活动范围方面也得出了同样的结论。

也许这一结果是可以预测到的。美西战争和美国占有海外领地的速度为高涨的民族主义创造了条件。美国民众，不管是北方人还是南方人，都支持同一面旗帜。然而，民族主义也意味着支持政府进行战争。帝国主义海外扩张概念与国内限制联邦政府权力的概念是"不兼容"的。正如北方经济在内战中获得大发展，军事事务和经济事务无法分割。

罗斯福在国会的第一次演讲明确表现出扩军倾向。他呼吁大力扩充美国海军。他欣然接受了美国在建设和占据地峡运河（后来的巴拿马运河）中扮演的角色。在四年的和平时间里，海军部的预算逐步上升到超过 1.17 亿美元，占联邦总支出的 20% 以上。1896 年麦金利第一次就任总统时，海军部提出的预算是 2700 万美元。

军事力量的增加，肯定意味着国家政府规模的扩大和预算的增加。一旦政府成为工业产出的消费者——比如，舰船需要钢铁——政府就可以通过联邦合同来规范劳工法律。不久，政府禁止联邦项目的承包商让女性雇员和童工上夜班。除了动用立法手段和强制措施，庞大的政府开支为政策制定者提供了改变大型制造企业行为的资金筹码。依托海军建设，政府成为一位极为苛刻的大客户。然而，罗斯福并不满足，他要用直接得多的方式来提升联邦权威。

在 2 月，罗斯福和总检察长菲兰德·诺克斯（Philander Knox）宣布，他们认为三家大型铁路公司合并成为北方股份公司违反了 1890 年颁布的《谢尔曼反托拉斯法案》。消息传来，J. P. 摩根大为震惊，以为这是一场误会，可以通过游说白宫摆平这件事。当摩根与总统面对面坐在一起时，摩根起初将那次会面看作针对技术问题的商业谈判。他对罗斯福说："如果我们哪里有问题，您派人找我的人，双方可以协调。"这时候，总检察长插话说："我们不想协调，我们想要叫停这件事。"摩根明白了政府这一立场的严重性。他问，其他合并活动，比如，美国钢铁公司的那场合并，是否有问题。对方的回答相当于令人震惊的"目前还没有"。那位金融家垂头丧气地告辞出门之后,罗斯福打趣说,摩根似乎把美国总统看成了"生意场上的劲敌"。虽然如此,摩根还是继续他的公司合并业务。后来,这个案件上诉到了美国最高法院。最后,以 5 比 4 的投票比例,法院裁定罗斯福胜诉,认为多个公司合并成北方股份公司限制了行业发展,勒令该公司解散。

然而,根据当时的情况,摩根将总统视为和他平起平坐的人是有道理的:美国钢铁公司在那年的销售收入是 5.6 亿美元,而联邦政府当年的所有税收收入是 5.62 亿美元。摩根在很多家联营企业中都有股份,而可怜的罗斯福只是一国政府的代言人。

不过,正如摩根现在意识到的,罗斯福已经开始平衡这一等式。

* * *

几乎就在这时,罗斯福有关联邦政府权威的理念受到了考验。随着大企业和华尔街在各个行业和领域里开展合并业务,工会也开始这样做。大企业规模经济和专业化管理优势的说辞,被工会用来汇聚相关领域内工人的集体力量。在摩根与总统见面几个星期后,一个大型工会与一个美国屈指可数的大行业发生了矛盾:14.7 万煤矿工人举行罢工。

那些工人是美国煤矿工人联合会的成员。他们的工作对于现代社会至关重要:东北部数百万美国家庭要依赖无烟煤取暖。无烟煤是一种碳含量很高的煤,主要开采于宾夕法尼亚一个 496 平方英里的地区。1901 年,美国无烟煤开采量达到 6000 万吨,平均每个美国成年人有 1 吨多煤。因为这种煤主要用来冬季取暖,所以这次罢工有一个积极的方面,那就是,它开始于 5 月。在此前的大型罢工中,当地工会会出于同情而号召工人停止工作,与此不同的是,美国煤矿工人联合会是一个组织能力极强的大型工会，他们的要求很简单：增加工资、8小时工作制和改善工作条件。

最后一项要求尤其重要。采矿是一件极为危险的工作。矿井里有多种致命危险。最常见的是窒息、塌方、瓦斯喷出和爆炸，更不要说在大多数醒着的时间里吸入煤粉尘导致的肺部大面积萎缩。有证据表明，总体来说，美国矿工工作条件比英国和德国矿工的工作条件更为危险。1901年，在无烟煤矿上工作的14.7万美国矿工中，513人死于工作原因。每年每千名矿工中死亡人数超过三人。说得更简单一些，一个矿工在十年内的死亡概率大约是三十分之一。如果一个家庭里父亲和三个儿子都是矿工的话，风险非常大。

煤矿老板拒绝谈判。几个大型煤矿的老板向美国煤矿工人联合会会长约翰·米切尔（John Mitchell）表达了他们的顾虑，称增加工人工资意味着增加针对消费者的煤炭售价。在他们看来，市场不会接受煤炭价格上涨。米切尔手中拥有可以让整个行业停工这一筹码，没有让步。然而，在罢工之前，米切尔答应遵守有约束力的仲裁结果。考虑到当时社会高涨的反托拉斯氛围，煤矿经营方的明智做法也许是拒绝这一友好姿态。

罗斯福任期的第一年即将结束之际，美国公众开始有些沉不住气了，那年早来的凛冽秋风毫无悬念地让人们产生了这种情绪。这场罢工将整个美国在接下来的那个世纪都要面对的中心问题推在最令人瞩目的位置：在工会和企业的角逐中，尤其是涉及几乎和粮食一样重要的企业，政府应该扮演什么角色？在之前的时代，不管是企业，还是工会，都不具有让一个行业的生产陷于停顿的组织力量。罗斯福意识到，正如他的同胞们在冰冷的屋子里感觉到的，世道变了。

虽然如此，联邦政府干涉两个私人团体之间的商业谈判鲜有先例。煤矿经营方坚信，如果对方的生活条件恶化到一定程度，最终肯定会让步。然而，可惜的是，那些没有参加罢工的美国人也面临着同样恶劣的生活条件。罗斯福召集美国几家最大的煤矿的负责人和米切尔一起开会。罗斯福的传记作者埃德蒙·莫里斯（Edmund Morris）不无讽刺地说，那次谈判过程中七个企业老板对付一个神通广大的工会领导，向保守人士展示了"米切尔的垄断力量"：米切尔能够控制无烟煤矿的所有劳动力供应。

不过，在总统看来，这一劳动力的垄断者非常愿意接受调解。相较而言，认为总统出面召集他们协商是在软化谈判立场，煤矿经营方大为不满。他们说，有两万名非工会工人随时准备下煤矿，只是要防止那些罢工工人暴力抵制，将那些罢工工人替换掉，需要出动联邦军队来保护煤矿。相反，工会的筹码是它有实际能力通过暴力威胁阻止那些破坏罢工的工人进入私有煤矿。不过，罗斯福认为动用联邦军队对付工人不合适。不管怎么说，如果动用联邦军队的话，就不完全是煤矿老板们所说的自由市场了。托拉斯风潮已经激起了公众对于资本力量的焦虑，动用联邦军队会让形势更加恶化，而且还说明白宫不了解事情的严重性。如果考虑到米切尔已经同意总统委任的中立调查小组的任何裁决，动用军队的方案尤其显得荒唐。

随着白昼变得越来越短，东部的气温持续下降。总统心急如焚，命令战争部长伊莱休·鲁特（Elihu Root）调动一支一万人的常备军随时待命，如果达不成协议，政府就要宣布全国进入紧急状态，强迫煤矿开工。然而，鲁特想到某派势力可以做到总统做不到的事情——强制和解。所有煤矿都依赖铁路公司，也依赖资本市场。因此，鲁特去见在"海盗船号"游艇上度假的J.P.摩根。用游艇上的信纸，鲁特和摩根草拟了一系列条款，让煤矿经营方保住面子，接受联邦政府的干预。

没出几天，罗斯福委派了一个五人组成的总统调查委员会。煤矿经营方和矿工工会都同意遵守该委员会做出的最终裁决。该委员会着手调查工人的工作条件时，工人立刻开始复工。11月，煤矿完全恢复了生产。调查委员会带着调查报告和判断结果回去复命的同时,煤矿工人的工资增加了10%,工作日的工时定为9小时。然而,这份报告还反驳了矿工们基本工作生活条件恶劣的说法:调查委员会发现采矿区的条件还算不错,矿区镇上公立学校的质量属于可接受范围,矿工中拥有自有住房的比例与美国其他劳工群体相仿。不过,这次罢工远远超出了简单的劳资矛盾。总统的这次干预成为20世纪美国强化资本主义监管的一个先声。

从上任的第二年开始,罗斯福继续将政府塑造成为平衡劳工、资本、公众、新闻界和党内建制派的利益的约束力量。如果共和党当初知道他后来的所作所为,他就根本不会获得提名。

第 20 章　食品

在查尔斯·威廉·波斯特（Charles William Post）生命中相当长时间里，健康和富足好像一直和他无缘。1891年一桩生意的失败造成的压力更是让他的健康问题雪上加霜。在生命的大多数时间里，波斯特一直患有胃病。有一次，疾病的恶化迫使他不得不中断了在中西部卖农具的好生意。听说温暖的气候可能对他的身体有好处，波斯特南下前往得克萨斯州。在那里，他涉足房地产业，意图把土地推销给有意盖房子的人，但这只给他带来了经济的拮据和身体的疲惫。为了缓解身体和财务两方面的困境，波斯特带着妻子埃拉和女儿玛乔丽抵达密歇根州巴特尔克里克疗养院，调养身体。

1891年，巴特尔克里克疗养院是一个水疗中心，兼有医院的某些功能。坐落在田园风光中的宏伟建筑，是约翰·哈维·凯洛格（John Harvey Kellogg）医生的心血结晶和职业使命所在。甚至凯洛格对"sanitarium"（疗养院）一词的拼写也很新颖，是从已有的"sanatorium"衍生而来。和很多那个时代卖药为生的人不一样，凯洛格本人就是一个具有职业资格的医生，而且他还是一个真正有思想的人和作家。除了专业的医学训练，在他的水疗中心开业之前，他还受到了巴特尔克里克另一个重要机构的影响：基督复临安息日会。凯洛格的父母就是这个教会正式建立时最早的一批信徒。凯洛格读医学院的费用由怀特家族提供的一笔1000美元的贷款支付，这个家族对基督复临安息日会的创立具有广泛影响。除了对永恒受难说法的摒弃，这个教派的一个独特之处是强调保持洁净的饮食，禁食猪肉、贝类和其他"不洁净"肉类。很多信徒走得更远，信奉素食主义。

在该教派饮食理念的基础上，凯洛格加入了自己的观点——鄙视人类的大多数性行为。他刚满27岁，从医学院毕业几个月，就在1879年发表的一篇题为《老少皆知的事实》的论文里，明确阐述自己的观点。凯洛格讲到了"杀婴和堕胎"这种话题，指出了堕胎专利药的严重危害。他将滥交归结为基因特性。"孕期放纵"是最糟糕的婚内不当行为之一，它会消耗胎儿的资源，甚至还反常地增强了体内胎儿的性本能。他惊讶地发现，即使是被婚姻解放了性欲的保守男性和贞洁女性，"也会夜夜狂欢，任何一方都不知道这种频繁性交是过度行为，两人的身体都吃不消"。有的无知夫妇甚至以为"性方面的放纵可以增加人的力量，就像体操能强健肌肉一样"。这些论述都源于凯洛格的主要观点：性功能的唯一"作用是生产新的个体，以替代死亡的个体"。不必要的性行为可能会导致流产这样的可怕后果。他将这种寻求快乐的行为很大程度上归因于吃肉。没有任何一种行为能像吃肉那样刺激兽性的冲动。

为了防止成年期不必要的性行为，凯洛格认为，最好的办法是早行动，防止手淫。"除了鸡奸，没有其他能与之相比的有害行为"，它是"最危险的性虐待，因为实施者众"。在凯洛格看来，甚至"经常躺着或趴着都会导致刺激性兴奋这种自我虐待"。除了从学校同学到仆人的各种不良影响之外，即使是道德要求最高的家庭，他们的储藏室里也存在风险因素。"糖果、香料、肉桂、丁香、薄荷，和所有味道浓烈的香精，都会极大地刺激生殖器官，造成与手淫同样的恶果。"小心观察 39 种行为和特性，比如圆肩、痤疮、吃土、精神恍惚、假虔诚和异常胆大，父母可以看出孩子身上是否存在"独处的罪恶"。共和国的命运取决于杜绝这些威胁。看看罗马的下场。

虽然在性爱上的态度过于拘谨，但这家疗养院确实最大限度地减少了对个人隐私的干扰，并在现代的理念方面令人印象深刻。这家疗养院不是自我吹嘘，至少不全是。巴特尔克里克疗养院的理念是营造一个轻松宜人的环境，让身体自行治愈。凯洛格致力于确保疗养院提供素食，重点是全谷物食品搭配新鲜的蔬菜和水果。他不是本地主义者，他认为日本海藻和地中海酸奶对人们的消化系统很有好处。他建议如果需要药物的话，也应尽量少用。他对病人建议最多的是呼吸新鲜空气，勤锻炼和采用水疗，比如游泳。为了让病人放松，他提供各种按摩服务。为了给病人开发全熟、易消化的谷物食品，凯洛格独创了一种"格兰诺拉"麦片，还发明了"烤制的谷物片，每粒谷物都压成很薄的薄片，在火上烤到微棕色"。凯洛格的谷物片是专为巴特尔克里克疗养院的病人准备的。

这一切让查尔斯·威廉·波斯特印象深刻。不久后，在凯洛格的疗养院里调养身体期间，他重拾创业精神，想办法凑了一些钱，在巴特尔克里克买下了一小片地。接着，他开起了自己的疗养中心，规模小得多。波斯特给病人设计了一种流体早餐混合物，称为"波斯特粥"。一两年后，他利用他在凯洛格疗养院看到的技术，开发了一种谷粒食品，并基于其与葡萄籽的外形相似性将其称为"葡萄-坚果"。当然，这种"葡萄-坚果"里既没有葡萄，也没有任何坚果。

第 20 章 食品

* * *

和约翰·哈维·凯洛格不一样的是,波斯特对在他的疗养中心之外推广这种产品几乎无所保留。他是一个生意人,不是医生。为了推销葡萄–坚果,他利用了当时方兴未艾的报纸广告艺术。为了激励当地杂货店从他那里进货,波斯特答应为它们做广告以提高对这一产品的市场需求,这在当时是一个很新颖的办法。这样,波斯特花钱在报纸上做广告,推销他并不直接销售给客户的商品。这种消费需求的第一受益者是杂货店。借助品牌推广,波斯特通过刺激批发需求获得收益。没有医学学位的牵绊,波斯特可以肆无忌惮地宣传葡萄–坚果强大而无法验证的效果。他们在一份广告里说,葡萄–坚果是市面上最好的补脑佳品。食用葡萄–坚果可以治疗阑尾炎,甚至能改善血液质量。借助报纸广告的力量,波斯特在成为凯洛格病人不到十年的时间里,依托"葡萄–坚果"品牌,建立了第一个占据市场主导优势的谷类食品品牌。

凯洛格看到波斯特以及其他效仿者的成功,开始用"Sanitas"品牌销售疗养院的谷物食品,但效果有限。几年之后,他允许弟弟威廉·基思(William Keith)将家庭姓氏"凯洛格"创立为谷物食品品牌。威廉·基思坚持要往食品里添加糖,以适应更广阔的市场,这在某种程度上造成了两人的分歧。而约翰·哈维只关心对人体的益处,反对弟弟这样做。为了区别两人不同的风格,弟弟威廉·基思在他的玉米片广告上印上了自己的签名"W. K. Kellogg"。不过,约翰·哈维很快改变了主意,要把"凯洛格"这个名字用在自己的谷物食品上。于是,一场关于"凯洛格"商标名称双重使用的诉讼开始了,最终弟弟胜诉。进入新世纪没几年,这一密歇根州的小城就崛起了两个伟大的谷物食品制造商——凯洛格(Kellogg's,中文市场多称为"家乐氏")和波斯特,部分灵感是源于总部也位于该城的那个新兴宗教派别。

　　让哥哥极为不安的是，W. K. 凯洛格的广告很快抛弃了基督复临安息日会教徒应有的严谨。约翰·哈维也不能对波斯特的做法无动于衷。他用苦涩与骄傲交织的心情指出，针对他生产的健康食品，市场上有"众多假冒仿制品"，还带着腐化的营销信息。

　　波斯特的产品灵感汲取自凯洛格的疗养院，但营销灵感来自专利药品销售商的广告词；这些售药商是当时最主要的报纸广告投放者。若有人相信的话，他们的专利药能治好人间所有疾病和病痛，而且价格低廉，只需几个瓶子的价格就可以买到。报纸上的广告尽是癌症治愈、风湿病痊愈，以及19世纪最伟大的成就是发现了肺结核"可以治好"这类消息。1905年，报纸收入的相当大一部分来自专利药广告。甚至"专利药"也名不副实。当时几乎没有什么申请了专利的药品。要想申请专利药，制药人必须向专利局披露该药品的成分和制作工艺，也许甚至还要证明他声称的药效。这里有很多不必要的麻烦。随便弄一个商标要容易得多，比如针对酗酒，来一个"海恩斯医生千金良方"；针对烟瘾，来个"尼古停"；针对耳聋，搞个"爱听"。药品所有者不仅能弄出一个品牌，还可以暗示该药品背后有一个秘密配方。这一点，要求透明度的专利药肯定做不到。

　　甚至美国历史上，也许是全世界，最有名的商标，也起源于专利药行业。这个品牌背后的想法始于约翰·彭伯顿（John Pemberton）。约翰曾是一名医生，在五十几岁时转行到了利润更大的制药领域。对于这位亚特兰大的制药师来说，19世纪80年代是一段很困难的时光。尽管经历了破产、火灾和失败，但过去积累的财富足够让他继续实验室的"投机探索"。和当时很多人的目标一样，彭伯顿也想开发一种相对有效的配方或药物，可以像大补丸、万灵油、三效肝病灵和柠檬橙酏剂等药一样一上市就大卖特卖。他曾与

第20章　食品　　　　　　　　　　　　　　　　　　　　　　　　271

桑福德医生（Dr. Sanford）合作开发了这些药物，但后来销售越来越差。因为进入门槛低，化学药品和配料成本只是成药售价的零头，如何让消费者相信这是一种万能药就成为至关重要的事情，这里面的竞争非常激烈。

随着年纪的增长，彭伯顿决定把精力放在开发一种具有某些神奇效果的新型植物成分上。这种植物的特性是德国科学家阿尔伯特·尼曼（Albert Niemann）在西方重新发现的。南美安第斯山脉地区的土著，包括印加人，咀嚼这种植物的叶子有上千年历史，因为它可以帮助消化、增加体力和提神，还可以用作春药。至此，科学家们发现了古柯树叶的神奇魔力。在1884年发表的《关于古柯》一文中，西格蒙德·弗洛伊德（Sigmund Freud）诗意地对它大加赞赏。在那篇文章里，弗洛伊德所说的"古柯"主要指可卡因，也就是这种植物叶子中自然形成的让它声名远播的化合物。彭伯顿第一次见识到产品形式的古柯，是看到有人将它放在葡萄酒里制成所谓"马里亚尼酒"。见识了这种好办法，彭伯顿就想出了自己版本的酒和古柯的混合物。他还加入另一种异域植物的果实——非洲的柯拉果（kola nut，又被称为可乐果），让产品有咖啡因的额外功效。

结果，他遭遇了由来已久的扼杀世界各国创业者的事情——法律监管。正当彭伯顿准备将产品推向市场时，亚特兰大通过了禁酒令。彭伯顿只好按照法律，将产品中的酒精成分去掉，只剩下可卡因和柯拉果的成分。酒的成分和味道都没有了。在对甜味剂和其他成分进行实验后，彭伯顿研制出了一种混合柯拉果和古柯成分的甜味糖浆。接下来，他设法通过南方人司空见惯的一种东西来销售这种糖浆：饮料机。在炎热的月份里，药店会开辟丰富的季节性冷饮业务，提供各种水果口味的汽水。1886年夏，彭伯顿的糖浆开始在饮料机上出售。不久，彭伯顿的"无酒精饮料"，它靠古柯叶里的可卡因和柯拉果中的咖啡因提神，被描述性地命名为"可口可乐"。

264

彭伯顿不忘出身，他更多地通过宣传可口可乐的医药价值而不是提神功效来推广这款产品。然而，取得最初的成功后，年迈的彭伯顿既需要现金，又需要继承人计划。可口可乐的品牌和配方，通过一系列错综复杂的交易，从彭伯顿化学品公司、彭伯顿药品公司，最后到了一个名叫阿萨·坎德勒（Asa Candler）的专利药开发人手中。不过，坎德勒看到可口可乐的市场潜力超越了治疗和药物的领域。在某种程度上，形势推动可口可乐做出了选择。当联邦政府开始对药物征税以帮助支付美西战争期间的费用时，税务局的征税人员迫切地将可口可乐看成药品，而不是饮料。多年的营销宣传，如"理想的补脑佳品"，"治疗头痛和神经质的理想药物"，还有"改善情绪增强体质"，让坎德勒处于选择的十字路口。到1900年，可口可乐完全停止强调产品的医疗效果，避免被征税的同时将目光投向一个广阔的市场。不久，它不再添加可卡因，越来越被视为没有药效的饮料。后来，该产品的销售地点超越了药店的饮料机。公司授权全国各地的独立经销商销售可口可乐。

不过，可口可乐是个例外，大多数专利药没有做这样的转变。那些行业大鳄也意识到了自己的摇钱树面临的法律风险。大多数药品不但在效果方面夸大其词，而且很多药品中含有大量没有标出的酒精、鸦片、吗啡和可卡因。例如，一些标明治疗酗酒的药物含有大量让人醉酒的酒精成分。用药或误用的风险不只是消费者花钱买了没有效果的药，还可能导致迫切寻找治病良药的消费者死亡、受到严重损伤或上瘾。1904年素有"托拉斯克星"之称的泰迪·罗斯福赢得大选后，一些爆料者开始将矛头对准另外一些实力强大的大公司，《哈泼斯》《科利尔》和《麦克卢尔》等杂志带头向大企业发起攻击。前一年，艾达·塔贝尔发表在《麦克卢尔》杂志上的一系列文章就让约翰·D.洛克菲勒和标准石油公司灰头土脸。不出所料，《科利尔》在专利药品行业里找到了一个目标企业，以"美国大骗局"的名字推出了一系列令人震撼的作品。

塞缪尔·霍普金斯·亚当斯（Samuel Hopkins Adams）设法曝光了专利药行业的一个秘密同谋：美国报纸行业。在文章中，亚当斯指出，专利药行业的收入中每年有4000万美元花在了报纸广告上，属于遥遥领先的最大支出。通过刊登药品广告，报纸间接赚取了专利药企业收入的最大份额，这比专利药企业在销售药剂后扣除成本的利润还要多。"如果报纸、杂志和医学期刊拒绝刊登这类广告，不出五年，专利药行业"将和金融行业过去的愚行、欺诈一样"臭名昭著"。他还说，仅仅赫斯特就从专利药广告中赚走了50多万美元。不过，亚当斯心知肚明的是，出版行业的经济账就是如此，抵扣了报纸的印刷成本后，每笔增加的广告收入就是纯利润，不管是赫斯特还是任何其他人，都不会拒绝这个行业的慷慨。

不过，这些指责，以及亚当斯的文字证据，都有更深远的意义。随着这些批评文章一直持续到1906年，它们披露了美国专利协会，即美国专利药的行业协会，私下里商定的一个简单而天才的方案。该方案的领导者F. J. 切尼（F. J. Cheney）是切尼医药公司的总裁。这家公司在全国超过1.5万家报纸上做广告，其中不少报纸的发行量只有几百份。作为一个广告大客户，切尼发现了一个简单方法，可以影响报纸的编辑倾向。他在所有广告合同的补遗部分增加了一句话："双方一致同意，若贵方所在州颁布任何限制或禁止制造和销售专利药的法律，该合同即告失效。"

利用他的影响力优势，他建议所有大型专利药经销商在签订报纸广告合同时将这一条添加进去。他讲述了这样做的简单道理："当你摸到一个人的钱包，你就摸到了他的住处。这个原则也适用于报纸的编辑们。"这一新条款达到了预期效果。报纸的编辑和发行人，意识到这些合同带来的大笔收入随时可能被取消，便想方设法在专利药社论和法律报道方面避重就轻，顾左右而言他。广告大客户协调一致，通过一项简单的条款，就在很大程度上让那些编辑改变了他们的职业道德。亚当斯给出了这方面的证据，很多州就专利药监管问题召开了很多立法会议，研究制定所谓"纯净食品法"，但是那些州的报纸只字不提。

虽然《科利尔》杂志上发表的系列文章在读者中反响强烈，但几个月之后，另一个作家的文字让它黯然失色。后者不但搅动了美国人的心，还搅动了他们的胃，而且力度要大得多。

* * *

正如《汤姆叔叔的小屋》描述了美国社会中最受压迫的群体的生活，《屠场》这本小说的主人公也是背井离乡刚到美国海岸的绝望移民。1905年是单年份进入美国的移民人数首次超过100万的一年。即使对于一个移民国家来说，这一增长也显得突然和惊人。1900年，这个数字还不到45万。这次移民潮的来源构成也与以往大不相同。德国人和爱尔兰人在这批移民中的比例不到10%。世纪之交的这批移民主要是大量的意大利人，还有来自东欧的移民，包括波兰、捷克斯洛伐克和匈牙利，以及俄国及其邻国的人，如立陶宛、拉脱维亚和乌克兰。和爱尔兰人不同，这些移民不会讲英语。而与德国移民不同的是，他们开启新生活所需要的教育经历和资金都很少。一下子，美国面临着吸收大批外来人口的挑战。从未有过这么多种不同的语言同时传入这个国家。

厄普顿·辛克莱（Upton Sinclair）小说的主人公是一个身材魁梧壮硕如牛的立陶宛移民，名字叫约吉斯·路德库斯。在乐观情绪的推动下，在无尽财富故事的诱惑下，约吉斯一家在纽约上岸，后来又去了芝加哥。他们落脚在一个名叫"包装城"的廉租社区里。在一排排的简易窝棚和出租屋之间，露天下水道和臭水沟散发着"世界上所有死尸"的臭味。在这些窝棚和出租屋的尽头,矗立着属于肉类加工厂的烟囱、牲畜围栏和铁轨。

不难想象,美国最糟糕的生活条件自然属于刚刚在美国落脚,渴望在经济上站稳脚跟的那些人。在28岁的作者辛克莱看来,这些新移民恶劣的生活条件很像是毫无希望的第三世界国家,是城市地狱,而它却正在一个工业强国的领土上。对于辛克莱,包装城不是一个通往美国梦路上的临时跳板,它是工业囚徒苦度余生的地方。虽然如此,虚构的主人公约吉斯很高兴,因为他几乎一到美国就在一家超大型肉类加工厂找到了工作。

辛克莱的小说中有大量具体细节让人们觉得真实可信。芝加哥确实有两个肉类加工厂:阿穆尔公司和斯威夫特公司;作者将其虚构为达勒姆公司和布朗公司。肉类加工厂确实将肉类变成了工业产品。这个过程里也有一些积极的意义。在那之前,人类历史上没有任何一个时期或地点,能够像在美国那样让如此多的人经常吃到肉。在世界上相当多地方,每个星期能吃好几次肉简直是不可想象的奢侈生活。而在美国,以肉为基础的饮食是很普遍的。这绝对不是一件简单的事情:食物的缺乏曾让爱尔兰总人口的20%在八年内涌入美国。农业生产和肉类加工的工业化在保证了美国的食物安全之外,还产生了大量的盈余。辛克莱的小说问世之际,肉类加工行业的出口额占据了美国所有出口商品的将近20%。除了那些在道德上反对屠杀牲畜吃肉的人,所有人都会认为这个行业存在的意义重大。

肉类加工行业的出现是很多因素共同作用的结果。在美国内战之前的十年里,人们吃的肉大都来自当地。农民在农场里饲养牛和猪。到了冬天,农民宰杀一两头牲畜,为自己留下一部分肉,将剩余部分卖到当地的杂货店或肉店。随着越来越多的美国人涌入城市,当地的农场很难喂养和屠宰足够多的牲畜,尤其是在东部海岸城市。经营大牧场和养猪逐渐成为中西部和西部各州和地区的"专利"。

有一段时间，铁路公司将活牛和活猪运到距离消费者较近的当地屠宰场。冷藏技术的出现，让工业化的集中屠杀和处理大量牲畜成为可能。牲畜被宰杀和处理之后，肉可以通过冷藏车送到各地市场，而无须担心腐败变质。

在一二十年以内，芝加哥成为美国的肉类加工中心。因为芝加哥是全国最大的铁路枢纽，因此自然成为全国的粮食集散中心。美国大宗商品交易市场就坐落在这个城市，在市场上，交易员伴着复杂的手势就农产品期货公开竞价。在新世纪初，数百万头猪和牛进入芝加哥的牲畜围栏。在这个行业，肉类加工厂是买方，农民和大牧场主是卖方。活的牲畜是用批发方式采购进来的工业原材料，每天都有数万头猪和牛站在芝加哥周边的围栏里，等候它们的最后时刻。1905年，美国宰杀了超过5400万头猪和1300万头牛，相当于每个成年美国人消费一头猪或牛。芝加哥是一个重要的宰杀地点。

这个行业的利润很低。支付了运费和购买费用之后，这个行业的流动资金全部被捆绑在活牲畜身上。在一个竞争激烈的行业里，让收益最大化的办法就是让每头牲畜的每一部分都派上用场。如果能做到将一头动物杀掉后任何部位都不浪费，在某种程度上是一件了不起的事情。那个年代最知名的肉类加工厂老板菲利普·阿穆尔（Philip Armour）这样感叹行业的进步：

> 就在二十五年前，血都流进了河里，加工厂要雇人把猪和牛的头、腿等没有用的东西拉到大草原上，掩埋在土坑或壕沟里，每拉一车给5美元。现在，大型加工厂很大程度上依赖灵活运用这些所谓"废料"来赚钱。今天的大型加工厂能让牛角、蹄子、骨头、肌腱和皮子上刮下来的碎肉等都派上用场。

最大限度降低成本并增加效益的方法确实有助于降低牛肉和猪

第 20 章 食品

肉的市场价格，主要的受益者是要将家庭收入的相当大一部分花在食物上的劳动阶层。很显然，收入有限的家庭总是把一分钱掰成两半花。但具有讽刺意味的是，在辛克莱的小说里，将牲畜任何一部分都派上用场的迫切需求正是控诉的基础。肉类加工厂不仅仅削减成本，还偷工减料。有人很可能会说辛克莱的叙述是社会主义者（他确实很大程度信奉社会主义）的胡说八道，不过有一点是他们无法否认的：辛克莱在斯威夫特公司的车间里打过工，为他的书做研究。他描述了现代屠宰车间令人极为不安的一幕幕场景：

> 眼前是斜道，很多头猪鱼贯而入，费力地顺着坡道向上走……然后从另一段通道进入一间屋子。进了那里，它们就再也不可能活着出去了。在屋子里通道的最高处悬着一个大铁圈。铁圈周长大约有 20 英尺。铁圈的边缘设计有相隔的很多铁环。铁圈的两端是一个狭窄的空间。来到铁圈旁边，猪就不用再自己走了。眼前有铁链子，工人将铁链子的一端拴在靠他最近的那头猪的一条腿上。铁链子的另一端连着大铁圈的铁环。这样，随着轮子的转动，腿上拴着链子的猪一下子被悬空吊了起来。这时，一声极为凄厉的叫声猛烈撞击耳鼓……紧接着又有一头猪嚎叫起来，接着又是一头，又一头。这时候，大铁圈上吊着的猪已经有两排了。它们一条腿被拴着，另一条腿拼命地乱踢腾，身体在空中晃荡着——凄厉的嚎叫声不绝于耳。一切都那么有条不紊，不由得让人惊讶。这是机器在制造猪肉，应用数学在制造猪肉。

辛克莱描述了一个屠宰和分解动物的流水线。在这里，活蹦乱跳的牲口被大卸八块，每个部件的总和比整体的价值还高。从开始的大铁圈到去除猪毛的沸水，流水线上的好几百人分工精细，各司其职。这个过程从开始到结束，连"最细小的有机物质也不会被浪费"。处理好的各个部位被装到火车上，运到市场。用专业化流程、精细劳动分工来最大限度地创造价值的方式，让辛克莱的主人公约吉斯感叹不已，他为成为这个赚钱机器上的一部分感到自豪。

在芝加哥严寒的冬天，约吉斯工作的车间里没有暖气，地上到处是正在凝固的、微微冒着气的血。吃饭时，"约吉斯要么在刺鼻臭气中用餐"，要么去工厂附近的阿什兰德大街或第四十七街，那里的威士忌街和威士忌角有一百多家酒吧。美国酒吧的特色是：只要你花钱点一两杯酒，就可以享受一顿免费午餐。补充营养的同时让你稍有醉意，"回到车间里后，就不再冷得发抖了……致命的残酷单调并没有让他痛苦难熬——他一边工作一边想事情，并对自己的处境更加乐观"。在发薪的日子，他会想"包装城什么地方可以把支票兑换成现金？酒吧是可以，但得在那儿花钱买东西才行"。不过，约吉斯因为受伤丢掉了流水线上的工作。在接下来的一连串事件中，他受人压榨和腐蚀，被迫从事犯罪行为，彻底堕落——辛克莱的这一隐喻深刻揭露了工业资本主义的弊端，令人掩卷难忘。

然而，辛克莱关于肉类质量的叙述触动了人们更深层的神经。"零碎的肉渣和边角废料"都被刮下来，掺杂到肉里卖到市场。染上肺结核的牛和死于霍乱的猪被运往印第安纳州，"在那里，他们要做一种高档猪油"。一种高档品牌的罐装鸡肉用的是"猪油、牛板油和小牛肉的边角料"。"所有这些别出心裁的东西在机器里搅碎后加上调料，做成某种味道的肉食。"《屠场》生动地描绘了肮脏的地板、死老鼠和酸，以及去除腐肉臭味和颜色的化学药品，揭露了美国消费者因为相信现代市场而付出的代价。

然而，辛克莱的这本书没有能达到它的既定目标。《屠场》是"献给美国工人阶层"的，他希望这本书能够让人们知晓美国工厂的劳

第20章 食品

动条件。这本小说的初衷和结论都是让工人阶层通过工会团结起来，实现社会主义。让辛克莱沮丧的是，小说发表之后，人们关注更多的是美国人的肠胃，而不是移民工人的恶劣处境。

这种同理心的缺乏，原因有很多。工会本身也是一个原因。在过去十年里，工会人数增加了400%，但是它们对外国来的工人怀有戒意：源源涌来的大量廉价劳动力愿意在最糟糕的工作条件下领取很低的工资，削弱了本土出生的工人面对资方的议价权。还有人担心外来劳工进行政治煽动，毕竟，就在五年前，一个无政府主义者枪杀了美国总统。对于刚在内战前或内战期间出生的当时四五十岁的美国人来说，美国发展成为世界上举足轻重的经济强国让他们感到无限自豪，觉得个别地区存在问题在所难免。另外，城市居民也理解，美国不可能为每年涌入的数十万新来者提供足够的住房。除了过于拥挤破烂不堪的廉租房，还有什么办法？最尖锐的本土主义者可能会质问辛克莱：有多少新移民，看到他们最初的生存条件后，愿意接受免费的单程船票回到他们出发的地方？没错，资本主义固然存在瑕疵，但是有几个人愿意因此放弃自由竞争理念？

不过，食品质量问题是另一回事。为了平衡公众利益与资本的毫无节制之间的关系，需要一位高水平的政治外科医生。

* * *

在《屠场》一书出版之际，相当一部分故事情节已经通过连载方式在一家主张社会主义的杂志上刊出了。虽然社会主义者们认为辛克莱是一位天才，不过，这一判断的确认需要主流评论人士来做。1906年3月3日，《纽约时报》发表了关于辛克莱这本书的评论。该书评认为它只不过是哗众取宠，毫无可取之处，根本没有意识到它马上就要产生的社会影响。书评将主要篇幅集中在辛克莱的社会主义思想和加工厂的工业化生产条件上：长篇大论的批评没有提及猪肉、肉类和其他牲畜，也没有提及与食品相关的任何问题，合理地认为那只是为了引出更大的议题。《纽约时报》的那篇评论始终只针对作品的政治和文学两个方面。因为它的冷静、传统，《纽约时报》错过了这个故事。

相较于《纽约时报》，罗斯福政府发现《屠场》一书可信度很大。罗斯福本人在任期里见识了不少慷慨激昂，自以为道德上高人一等的新闻调查文章，他觉得这类调查于公共辩论有害无益。在 3 月的一次讲话上，他甚至用《天路历程》中的一个人物来给那种新闻工作者贴标签："那个手拿粪耙，不看别的地方，只顾低头用粪耙打扫秽物的人。"因为一次演讲，罗斯福让"扒粪者"成了针对新闻记者的称谓。罗斯福引用 17 世纪小说中晦涩的一段话贬抑当代的一些新闻记者，这是他的性格使然。不过，更体现他性格的是，他将自己的偏见和言论放在一边，从《屠场》一书中看到了问题所在。从这件事上，很多人认为罗斯福是一个注重寻找真相的人，不在意他依据的消息来自什么渠道。

时机很重要。《屠场》的出版呼应了罗斯福在前一年 12 月的年度咨文中阐述的政策目标。除了呼吁管理铁路运费和为政府干预商业事务辩护之外，他还呼吁加强食品监管，要求立法处理"假冒伪劣的食品、饮料和药品"。他想取缔那些可能"损害消费者健康、欺骗顾客"的"劣质"食品，这是合情合理的。即使对罗斯福来说，这也不是一件容易的事情。依赖专利药广告赚取收入的报纸、各地的肉类加工厂和供应猪牛的农业州，以及全国的工商业利益集团都不希望看到联邦权力积极、持续地扩张。不管《屠场》是不是在宣传社会主义，罗斯福从中看到了他需要的那种宣传。如果《纽约时报》的评论员没有对不卫生的肉类加工条件感到恶心，那么总统会确保其他人明确感受到。

第 20 章 食品

数十年后，辛克莱哀叹他的那本书最终也没有唤起人们对劳工的同情。具有讽刺意味的是，那本书出版之后，他立刻开始的奔走呼吁倒是起到了某些作用。看到了政治上的变革机会——因为这与政府的政策目标相一致——辛克莱专注于宣传肉类加工厂存在的威胁消费者健康的隐患，而不是更广泛地呼吁改善劳工的工作条件。在这位作家和总统之间一系列引人注目的信中，罗斯福问："能否再提供一些建议，比如，我需要农业部做些什么工作？"在回信中，辛克莱向总统传授机宜：派人秘密调查。

> 我的建议是：找一个人……找一个你对他的机敏和诚实有绝对把握的人。让他像我一样进入包装城打工。跟那些人混在一起，弄一个在厂区工作的活儿，接着用他的眼睛和耳朵。几个星期后，看看他是不是能感觉到……包装城里肉类加工厂的条件构成了"对文明世界的健康的威胁"。

难以置信的是，总统居然完全照办了。很快，他派了两个人执行秘密调查任务。没出几个月，罗斯福拿到了两位调查人员对那个肉类加工厂的调查结果。然而，总统没有立刻公开这份调查报告。在参议院，来自印第安纳州的参议员艾伯特·贝弗里奇（Albert Beveridge）提出了一份议案，呼吁政府对肉类进行检验，并针对肉类加工厂的加工环境制定卫生标准。这是扩大联邦权力的一个重要步骤。总统希望给这位参议员时间进行政治运作，推动议案通过。

然而，辛克莱对这份报告秘而不发很不满意。他在 5 月 28 日的《纽约时报》发表重磅文章，强调民众"有权知晓总统的特别调查委员会报告里的具体内容"。另外，他还担心肉类加工厂会质疑联邦干涉是否符合宪法："在另一位总统接任罗斯福后，他们会让这份议案不受质疑地通过吗？"就这样，辛克莱熟练地运用公众压力要求总统公布调查结果。

辛克莱肯定是想借用总统的报告证明他小说里写的那些内容是真实的。没出一星期，他书里的那些内容得到了印证。不过，那份报告揭露的情况比《屠场》里描述的细节恶劣得多。远在俄勒冈州尤金的一家小报纸《纪事卫报》以《肉类加工厂生产条件令人发指》为头条新闻，文章说"包装工人都是一副毫不在意的样子，他们不但不在意日常卫生习惯，甚至不在意最基本的体面"。对于绝大多数没有看过《屠场》的美国民众来说，几乎不可能看不到各地报纸刊登在头版显著位置的那份调查报告的摘录。这为总统提供了他所需要的足够理由。几个星期内，国会通过了《联邦肉类检查法》。这可能是消费者保护的利益第一次以统一的方式联合起来，对抗一个行业的经济利益。联邦政府很快就在美国的每一家主要肉类加工机构配备检查员，费用由厂商承担。这一发展与有关商业惯例的规则大不相同。至此，联邦政府开始积极参与个人和家庭消费品的质量保证工作。

《联邦肉类检查法》获得通过后，国会还迅速通过了《纯净食品与药品法》。后者一度被耽搁了将近十年，在公众强烈呼吁对他们摄入的物质进行大规模联邦监管之际，这部法律被火速通过，并最终推动了美国食品药品监督管理局的成立。在6个月的时间里，美国最有实力的两个行业接连成为一位信奉社会主义理念的作家和一位共和党总统的联合打击对象，成就了一场声势浩大的立法活动。

罗斯福在任上出台的重大改革举措，大大缓解了此前几十年中资本、劳动力和消费者之间不断恶化的对立。如果有任何担心的话，便是美国资本主义到现在已经完全偏离了先前自由放任的原则。美国人认为，在确保干净的肉食和放心的药品方面，仅有市场的力量是不够的。资本主义的未来，取决于民主纠偏的能力，而监管和监督是被管理者同意付出的代价。在接下来的世纪里,随着这个平衡的逐渐完善,美国人作为消费者在资本主义中的地位越来越高,与他们作为公民在民主国家的地位相当。

第三部分

福特 T 型车的早期广告，1908 年

第 21 章　汽车

在"进步时代",政府开始大规模干预各个领域的商业活动,监管市场行为,包括环保和土地管理等方面的行动,而自由市场原则强调,实用的颠覆性发明、现代社会的重要元素和生活的便利性都源于私人之手。针对1895年兴起的汽车行业,有人创办了一份名为《无马时代》的行业杂志。1900年,该杂志出版了第一期。在那期杂志里,他们宣称,将来"汽车工业的发展"已经不再需要"革命性的发明"。《无马时代》的读者是机械师、发明者和工程师,广告客户是火车车厢制造商、自行车零件生产商和发动机制造商。该期刊主要报道给汽车厂家供应汽车零件的供应商"生态系统"。当时生产汽车的工厂数量众多,他们生产的汽车虽然粗糙但功能良好。那一年,美国各地卖出了大约4000辆汽车。

专门行业期刊的出现说明了当时汽车行业发展迅速。仅在八年前,也就是1892年,这个行业的先驱者之一兰塞姆·伊利·奥兹(Ransom Eli Olds),出现在《科学美国人》的一篇小文章里,文章说他的蒸汽汽车能行驶40英里远,时速达到15英里。有趣的是,

280 虽然奥兹作为密歇根湖上船只的汽油发动机制造商，非常熟悉内燃机的制造，但他还是通过燃烧汽油产生蒸汽来提供动力。那篇文章指出，用蒸汽做动力的汽车噪声较低，行驶时不会让旁边的马匹受惊。后来，奥兹将一辆车卖给了印度的弗朗西斯时代公司，这是美国第一次出口汽车。又经过几年的修改，在密歇根州一些投资人的支持下，他成立了奥兹汽车公司。

和奥兹的情况差不多，当时的汽车制造往往就是零件组装与设计制造新零件的结合，而不是寻求科技突破。功能性的衡量标准是那堆零件的组合能跑多远、跑多快。随着有轨电车和无轨电车在大城市的出现，电动汽车在早期也被视为一个可行的选择，但由于缺乏长途行驶所需的电池存储，所以，当时的汽车行业主要是内燃机车和蒸汽动力车之间的竞争。在 1900 年的一张大幅广告增页里，美国汽车公司宣布，他们正在建设世界上最大的汽车工厂（也许是推测），建成后每天能生产 20 辆汽车。每辆售价 650 美元，用没有臭味和噪声的蒸汽发动机驱动。然而，汽油发动机虽然有噪声和气味，重量却更轻，功率也更大。在汽油动力领域，兰塞姆·伊利·奥兹组建的公司处于领先地位。1902 年，美国卖出的 9000 辆汽车中，有三分之一是奥兹莫比尔汽车。

然而，奥兹在筹集了 20 万美元的资金后，自己手中公司股份的比例已经少得可怜，他很快离开了这家公司。这种模式在其他几家汽车制造厂里一再上演。承担大量资金风险的出资者将不听话的发明者和修理工排挤出去，坚信不管在什么地方，经营规则大同小异。对此，资本所有者比短视的工程师更内行。看到奥兹在当地的成功，底特律一家管道制造企业的老板大卫·别克（David Buick）建立了别克汽车制造公司。在 1903 年仅仅售出 16 辆汽车后，公司资金就紧张起来，两个从事金属板行业的兄弟曾赊账给别克，他们获得了别克公司的大多数股权。后来，公司转手给了弗林特马车制造厂的詹姆斯·怀廷（James Whiting）；这家制造厂是传统的四轮载客马车制造厂。怀廷意识到马车将让位于汽车，于是，他后来找到了一个合作伙伴。这位合作伙伴之前在马车制造方面颇为成功，当时正想建立一个汽车制造厂——最终为华尔街和普罗大众服务。这个人就是比利·杜兰特（Billy Durant），受托拉斯合并浪潮的影响，他在1904年控股了别克，这最终成为通用汽车的第一块基石。

在奥兹和大卫·别克被取得控股权的投资者排挤出去时，底特律汽车公司的首席工程师和创立者亨利·福特遭遇了同样的命运。1899年，亨利·福特放弃了爱迪生照明公司稳定的工作，投身于他热爱的副业——汽车。之后，福特设法找到了愿意资助他实现梦想的投资人。然而，通向可行产品的道路崎岖而漫长。只卖了不多的几辆汽车后，公司在1901年不得不重组为亨利·福特公司，但福特只获得了极少数股权和控制权。虽然公司以福特本人命名，但这并没有阻止他在次年与控股股东发生争执之后离开这家公司。数年后，在谈到那次离开时，他用他最贬抑的语言表示了对那家公司的不屑一顾，他说那个公司"仅仅为了赚钱"，这是一种与制造汽车完全不同的资本主义目的。

不过，被排挤出来之后，福特没有立即着手为大众生产汽车。在1902年秋天，他全神贯注于一个吸引了众多体育爱好者的盛事：赛车。在赛车活动的早期，每次比赛都是一次见识速度或距离的新纪录的机会。那些场面马达轰鸣，人声鼎沸，观众兴高采烈。和赛马不一样的是，赛车手受重伤，甚至死亡的可能性非常大，这让整场比赛更加刺激。赛道往往有数英里长，为的是让人们能够近距离观看疾驰而过的汽车。在人们意识到汽车的实用性之前，这种比赛就经常成为美国和欧洲报纸的头条新闻。

鉴于公众对这项运动的强烈关注，福特决定首先制造一台速度创纪录的赛车,以此来确立自己在汽车领域的影响力。在回忆录中,他说,当时的公众认为"最好的汽车应该是专门用来参加比赛的车",而且考虑到普通消费者不会去购买赛车或最好的汽车,所以豪华、可靠性方面的细微属性,不如彰显造车者可量化的技术实力的速度那么显眼。这种情况一直持续到现在,大型汽车制造企业都要投入巨资参加赛车活动,以证明速度是工程优势的核心方面。福特在组建下一个公司之前的这一步棋显示出他的长远眼光:公众最终肯定是要买车的,在赛车领域树立声誉实际上是在投资营销。

福特与职业自行车手汤姆·库珀(Tom Cooper)短暂地合作,生产了两款汽车:"箭"和"999"。单座的999"一辆车一条命足够了",福特曾打趣道;其四个汽缸能提供超过80马力的动力和能"吵死人"的噪声。不过,福特和库珀都不想让这辆车开到最大速度,尤其是拐弯时。为了物色到一个能充分展示这辆车性能的驾驶员,他们找到了身为特技演员兼自行车手的巴尼·奥德菲尔德(Barney Oldfield),后者之前从来没有开过汽车,但对致命的危险毫不畏惧。奥德菲尔德仅仅训练了一个星期后,福特就给他和999汽车报名参加5英里汽车比赛,对阵另外3个赛车手。奥德菲尔德打败了所有对手,领先其中一个对手一圈,用5分28秒跑完了5英里。热情的观众一齐拥上前来,用肩膀将他抬上评委席。12月,奥德菲尔德在同一个赛道上又刷新了一项纪录。

这两次比赛开启了两项伟大的事业。一个是奥德菲尔德,他和出生于瑞士的法国人路易斯·雪佛兰(Louis Chevrolet)成为世界上最有名的两位赛车手;雪佛兰后来将自己的名字借给了一个美国汽车品牌。另一个是亨利·福特,依托两次汽车比赛获得的知名度,他很快从一个名叫亚历山大·马尔科姆森(Alexander Malcomson)的煤炭巨头那里筹到了建厂资金。接下来,福特与约翰·道奇(John Dodge)和霍勒斯·道奇(Horace Dodge)兄弟签订协议,为他们

第 21 章 汽车

提供发动机,以换取合资企业的股权。1903 年,在福特汽车公司成立之际,所有这些关系最后确定下来。公司实收资本为 2.8 万美元,福特和马尔科姆森各自持有 25.5% 的公司股份,道奇兄弟共持股 10%,其他为小股东持股。即使在 1903 年,这一资本金数额也少到了资本不足的程度。几年前,奥兹筹集到的资金是这个数字的好几倍。即使福特先前建立的公司,资金也比这个多。然而,在福特的一生中,福特汽车公司再未融过资。

经历了两次创业失败,年近 40 岁,每年要与汽车行业里数十家新公司竞争的福特居然还能筹集到资金,这证明了亚当·斯密和后来所有古典经济学家提出的理论:不管风险有多大,资金总会青睐潜在回报足够高的机会。在这一点上,汽车的诞生纯粹是自由市场在发挥作用。在此前的历史中,蒸汽船的发展离不开垄断权;铁路需要国家授予征地权,以征用铺设轨道的土地;电报动用了联邦政府 3 万美元资金去证实它的可行性;棉花依靠国家准许的奴隶制才成为内战前美国出口额最高的产品;美国的钢材为了与英国进口钢材竞争,国家对钢材实施关税保护长达数十年。汽车与上述这些都不同,它是修补者和发明者的作品,是数千名像福特这样的机械天才反复实践的成果。

然而,在资本主义发展过程中,悖论是不可避免的。与政府为保护消费者而监管生产企业(比如肉类加工企业)不同,随着越来越多的汽车开上公路,政府发现规范汽车的消费者比规范生产者更为迫切。美国公路上的司机,以及他们驾驶的汽车,越来越多地给行人、马车乘客,以及他们彼此造成伤害。虽然汽车行业的发展是资本主义发挥作用的结果,但要想使这个行业基业长青,需要约束消费者群体。

管理公路是管理市场的一个恰当隐喻。如果让汽车、司机、行人、无轨电车、马匹和马车自行协调解决问题,他们可能会形成一系列复杂的社会理解，并逐渐演变为使交通有序进行的交通规则，而无须制定新的严苛法律。或者，汽车会让路面交通更加混乱，进而限制这个行业的发展，影响它对美国经济的重大贡献。与其冒险让这一新出现的交通方式自我规范，各地政府与时俱进制定出台新的交通规则是更为明智和实用的做法，比如限制路面行驶速度，禁止新车以其最高设计速度行驶；这就像是根据这个国家越来越复杂的经济利益形势不断酝酿出台新法律一样。后来，各州逐渐要求汽车车主对车辆进行登记，要求司机进行视力检查，要求驾驶员必须获得国家颁发的驾驶执照，这样才能驾驶他们从自由市场上买来的汽车。具有讽刺意味的是，随着市场力量让汽车变得更加便宜，监管司机的必要性变得更加迫切，以保护公众免受"低价购买破铜烂铁的阶层"的伤害，而不是那些富裕车主和他们训练有素的司机。对于意识形态上的自由市场纯粹主义者来说，让事情更为糟糕的是，这个世纪消费资本主义的第一个伟大举动，也许是最伟大的举动，似乎是要求各级官僚实行中央计划，修建必要的道路和交通信号灯，使一切运转起来，努力实现社会和市场的融合。

* * *

"他看不起赚钱行为，看不起赚钱的人和追逐利润的人，然而他赚的钱、获取的利润比他鄙视的那些人更多，更加丰厚。他貌视那些公认的经商原则，然而他是美国私营企业自由竞争最为知名的典范。他要求高效生产，然而他的工厂雇用了很多残疾人、改过自新的罪犯，以及其他不适合美国工业体系的人。"长期担任亨利·福特助理的查尔斯·索伦森（Charles Sorensen）这样写道。当卡内基和洛克菲勒进入暮年之际，福特很快成为那个世纪头二十五年里颠覆性的商界巨人。

第 21 章 汽车

1903年,从数量很少的资本起家,福特开始着手研发和制造福特汽车公司的第一款车:A型车。从一开始,各种矛盾接连不断。福特不相信消费者总是对的。实际上,他将早期竞争者的困境归因于他们对消费者需求无原则的迎合。福特认为这是一个陷阱。愿意为一辆汽车支付最高价格的顾客是那些想要定制的人。但是,一个愿意定制、迎合个人需求的汽车生产商,就会失去规模化生产的机会,因为规模化生产意味着不厌其烦地重复生产同样的汽车。为了减少生产成本,汽车企业需要对零件和工艺进行标准化。用福特的话说,定制化会让生产商"习惯性地抓住距离自己最近的钱,仿佛那是世界上唯一的钱"。消费者需要引领,而不是追随。

不过,从A型车开始,福特不断征求消费者的反馈,后来的每一款车都在不断改进。A型车上市后迅速走红。在公司成立后的最初9个月内,这款车卖出658辆,获得了354190美元的销售收入,获利98851美元。在接下来的车型年(model year)里,公司引入了新车型,豪华而大型的20马力B型车售价为2000美元,以实用为特点的8马力C型车价格是950美元,运动型的"F型车"价格为1000美元。公司在1905财年卖出了1700多辆车,销售收入将近200万美元,净收入达到28.9万美元,是1903年实收资本的10倍。不过,实现更高价格点的战略在哪里,这让福特很费脑筋,因为他认为最大的市场需求是低端车。

又经历了一年类似的高收入,福特打算完全专注于低价格车型。依托一种比售价2000美元的B型车使用的发动机更为先进的四缸发动机,福特汽车公司打算生产一款价格接近500美元的新型车。由于预测到这款车销售量巨大,福特更新了工厂的生产设备。这款N型车重达1050磅,行驶速度达到每小时45英里。这时候,福特与另一位大股东的关系紧张起来。双方经过多个回合的互相试探与谈判,福特用他获得的分红和个人借款,出资17.5万美元,买下了马尔科姆森手中的 255 股公司股份。在即将推出 N 型车的时刻，福特获得了这家公司 51% 的股权。

在售价为 600 美元的 N 型车的推动下，福特汽车公司 1907 年的销售增长到 8000 多辆。那一年，福特汽车公司拥有了美国汽车市场的 20%。公司成立不到五年，亨利·福特控股了这家销售收入将近 500 万美元，利润超过 100 万美元的公司。与其他汽车制造商不同，福特汽车公司迅速获得的大量利润能够让公司的资本结构和所有权免受外部力量的影响。有别于美国历史上其他工业巨人，随着公司的稳步发展，福特不断增加他的公司股份，一直到绝对控股的程度。他对公司的绝对控制，让他能够在公司经营方面独立决策，在 N 型车销路很不错的形势下，他毅然放弃一切，在 1908 年推出新的 T 型车。

在福特汽车公司成立的头五年内，该公司推出了 8 款以不同字母命名且价位不同的车型。在接下来的十九年里，T 型车一直是公司的唯一产品；如果需要取悦股东的话，这种难得的专注是无法实现的。在很多方面，福特汽车公司都有悖于公司运作原则。公司结构的目标是随着公司的发展，有更多投资者参与进来成为股东，而福特认为这种做法会"稀释"他的愿景，有损于他的执行力。后来，他与道奇兄弟因为股权问题产生了一场持续数年的法律纠纷，这促使他买下所有人的股份；在庭审中，他甚至反驳了公司的主要目标是赚钱这一观点。他表达了与此相反的看法：利润是工业艺术家制造心中理想产品的燃料，金钱是一种原材料，不是目标。在 T 型车利润的推动下，福特汽车公司发展成为事实上的独资公司，与另一家完美体现现代公司概念的汽车实体形成鲜明的对照。

就在推出 T 型车的那一年，别克公司的比利·杜兰特制定了别克汽车公司的愿景。杜兰特入股别克之后，该公司的汽车年产量从 1904 年的几十辆增加到 1908 年的 8000 多辆。别克拥有当时世界上丁顿布是一个榨汁机的发烧友，它的四阶段动机能产生 20 马力的驱动力，这辆车分量较重但是；丁顿布开始对使用便用了钢铜，这种材料在极其强硬和柔韧性方面超越了工作者使有便用的最通钢材。捏特还引入了一种被强传动系统，藉埋特都信任他工程师查尔斯·索料盖记汉。丁顿布经用了八公司研发设立开扩的长久以及向老的秘秘密和加状装记汉。对于一个质充参售价达到 1000 美元的汽车来说，这是一个不知小的数字了。

另外，丁顿布上市并没有意想便宜。销售的置重不是铜还一种无声的消散。但看刚这一新产品，可靠和耐用的汽车，销后陈便低价格。在 1908 年的光束为月，浩多人车在任意便 850 美元的工资在低低的价格，但是，指特公司刚 N 感在家在获得于 1908 年都来得于标，在当时的示于，比如《大众汽车》和《汽车时代》，以改数千家报纸上，有大量重低价 500 美元的铜牌糖光布的广告。因从新目录册中的一版光布价格是 495 美元。从此，分别便用 1900 年春末和 1908 年接共成的光布，之间的差别巨大，就像着早就地手无别与世算机之间的差别一样。

***

它设有一个重要的技术签起点。与姆福特其的收烟车之后，柱三方面素，它为美国巨大的夏贵的靡手。他们北亦没有无数品牌的、丁式样布，通用光车自春来在都事铜工纲兴展特光车，但建特本人陋了几亿多公司谈与丁特布的容争，柱三传收做了买家公可其他其家受通用。机器先进的底床重点速用； 当佛二新组造了一家光车，将年 1910 年通用的此都有所倒闭时，柱三传被着丁出车，其正将花通用的股糕糕超返到的长们阁，他希望自己只能在便用光消车和多车，而是只光为一一新光车，并且只有箱色。

随大批牛在产地屠宰，并产量超过了题牛。考虑到刑法对牛的屠宰及运输甚严，所以，刑法的销售收入要于题牛。尽况，此三榨以至生猪调制者，为了把牛的输入降低最少，他们吸引人越发紧迫，尤因上，北三榨一门口包股逃起止业业以世继续终狠狠，这是一个更为重要的目的。他通过他的公司销售自来他员在世界风网中况收的那鸡体肉。他与一度蒙要案皮几共牛几共牛几头打。为了捕获这一脂肪，北三榨皮芬之后，路皮洲底当与商务皇民几几几开几。

夏到1909年，美国几共销售冒几州一年则销额为6万啊头遊递上升到12万多头。把股整市场这是有几讯优一个有影响力的势大击来。北三榨利用此市场对牛共业牛的况潦来，也一个中市粉笼几下。细大多数共产业此种粮非常小，根本况几到上寨建共产业共产业，就比继国公司，参数越继继优化公司和黑解据共产业争件了，十几家共铜润业止，其中匀恢意犯件牛产业已，勘我最亟亟几代业牛火。运共产业已，最后有共步顺蒸一蒸共产业业，水水水位业，十特水尽共业，各业北共万几大共业尽，而几只大多数数许什么怎义。继承收把所有人北借镇据一止越稅報为公司，其中一个比较不精的收贴本地备息极现共产业几公司。该公司的一部共售什为1400美几。该公司所有人共业家庭，准看450万头其共业，他超收继去付水公然。看后，双方间沦出的被越极为500万其完优所收额和50万美完的超省支付，借托别共和润调贷殴的租收牛共业，调用共共公司在1909年10月份单了自已猪焰的爆一屯。销售收入就额2900万美完，积调结为900万美完。

在让多什共的务共共业中，调用共共和增椎共业家其中一时，为的共业都之几调调调调用共业共完，没有一共共共完共的擦嗡共完入员，其

第21章 汽车

然而，T型车不仅仅是一款产品。它成为一个体系的基础，依托这款车的成功，这种体系延伸到了创始人对工业和社会秩序的设想中。1911年，汽车即将成为社会的主流产品，当年售出了近20万辆汽车。当其他汽车企业不断引入新产品时，福特只对这款车做循序渐进的改进，而不做显著改动；这让美国各地维修站的修理工很熟悉这辆车的构造和原理，大大节省了车主的修理成本。此外，福特还设法持续降低汽车的价格，他预测，随着美国人的出行方式从马车转向汽车——20世纪第二个十年已经有数百万美国人那样做了，那个十年里，美国民众一共购买了1000多万辆汽车。基本的实用性和可靠性，再加上合理的价格，将成为大多数消费者购车的首要考虑因素，就像他们当年在选择购买一匹全家人出行使用的马一样。T型车在美国的道路上越常见，首次购车者就对它越放心，这是一种连锁优势。

随着价格的下调，福特在1912—1913车型年卖出了16.8万辆汽车，将近整个美国汽车市场销量的40%。但这种需求使得生产绷紧了弦。这种销售规模意味着，工厂的一端堆满了汽车部件，不得不把位于另一个区域的完工部件，比如说散热器、发动机，运到最后的组装点。要想满足市场需求并降低生产成本，就必须用一种完全不同的工艺。预期在一个地方组装大型部件，不如让主要部件在工厂内移动，各个岗位的工人轮番对其进行操作。根据福特的回忆，他在1913年4月试验了他的装配线。在试验中，散热器通过工人头顶的滑道在厂房内各个流程之间移动，工人依次实施焊接、螺栓装配和锤击，直到最后成为一个装配组件。福特将其灵感来源归功于一个令人意外的移动生产"先驱者"——"芝加哥肉类加工厂老板用来处理加工牛肉的悬挂输送线"。高效拆解的工艺现在用在了相反的组装上，而且牛换成了汽车。

结果，仅仅一个飞轮部件的组装，就让福特大为惊讶：

如果由一个工人来做所有工作的话，他可以在9小时工作日内组装35到40个飞轮，或20分钟组装一个飞轮［原文如此］。如果将他一个人做的工作分成29个工序，那么可以将组装时间缩短到13分10秒。后来，我们将流水线操作台的高度增加了8英寸——这发生在1914年——把时间缩短到7分钟。简而言之，在科研的帮助下，一个人能够做短短几年前四个人做的工作。

　　这种方法逐步扩展到福特工厂的每个流程。最后的底盘装配工作从12小时28分钟缩短到1小时33分钟。

　　底盘装配有45个独立工序。第一个工序的工人将四个挡泥板支架紧固在底盘框架上。在第十个工序上，工人将发动机安装到底盘上……有的工人专门负责将零件放在底盘上，不用紧固它。有的工人专门负责将螺栓放在指定位置，而不负责放置螺母；有的工人专门负责把螺母套在螺杆上而不用将其紧固。在第三十四个工序中，工人给已现雏形的发动机注入汽油。第四十四个工序是给散热器里注水。第四十五个程序，是将汽车开上约翰大街。

　　这种劳动分工的效率让人惊叹，然而，也单调乏味得要命。工人利用一天时间独自装配一台发动机的那种成就感，被一个不断重复的职责所取代——工人作为机器比让他们作为技师的效率更高。然而，人在一些方面不同于机器：工人经常辞职。为了降低员工流失率，让工人踏踏实实地工作，福特考虑了很多薪酬方案。他的工厂拥有1.4万员工，最低工资是每小时26美分，每天薪酬略高于2美元。1913年，福特汽车公司的利润是惊人的：在9000万美元的销售收入中，利润达到了2700万美元。福特已经制定了一个慷慨

第 21 章 汽车

的员工休假政策。员工每年拥有 18 天的带薪休假福利,其中包含病假、可迟到早退的天数和工作失误许可。然而,1914 年 1 月的一天,福特宣布,作为利润分享计划的一部分,他将把他的雇员(其中包括黑人但不包括女性)的最低工资提高一倍,提至每天 5 美元。他还将每日工作时间降低到 8 小时,工厂实行三班倒。福特的这一举动占据了全国报纸的头条。工人们为此欢呼雀跃,工厂老板们忧心忡忡。他们也不得不提高底特律和其他地方的工资水平。

因为这一举动,员工们接受了福特的本土文化优先思想和家长制作风。他要求员工必须参加英语学习课程,这些员工有很多是初到美国的移民。他建立了一个"社会学部门",要求该部门员工经常登门拜访一线员工家庭,了解他们的生活条件,询问他们的储蓄率,是否有饮酒和赌博习惯,并相应地给予劝诫。对于不服从劝诫者,勒令他们在一定时间内戒除,否则开除出厂。不同于工厂里有工会组织且资方没有工会同意不得更改劳动规则的那些企业老板,福特支付给工人的薪酬让他获得了很高的威望,他可以走进工人的家。

汽车产量的大幅增加推动了人口的地域流动。历史学家一般将 20 世纪第二个十年视为美国"大迁徙"的起点;在这场长达数十年之久的大迁移运动中,大量非裔美国人从南方农村地区迁往北方中心城市。福特对非裔美国人同等实行 5 美元日薪的待遇有着重要意义——美国制造业第一次为非裔美国人提供了现实的希望,让他们逃离南方佃农的生存方式。

随着 1916 年 T 型车的旅行车款价格下降到 360 美元,美国的繁荣等式发生了变化:72 个工作日(不到三个月)× 日薪 5 美元 = 购买一辆新轿车。这一等式让亨利·福特成了美国英雄和国际名人。通过每个坚固的汽车底盘组件和车门铰链,他直接影响了美国大众,让拥有一辆汽车成为美国公民的根本标志——一个让美国人之所以成为美国人的重要标志。在20世纪的前几十年里,一个经济体系能够为几乎整个国家提供汽车是一项惊人的成就,它让美国民众有机会踏上象征着另一种自由的阳关大道。

汽车的普及是工业化的告别时刻,是胜利的均衡器,它成功地让工人和消费者融为一体,将他们变成美国资本主义红利的全面参与者。一方面,工人是工业流水线上的一个输入品,一个挣工资的劳动力,机器上的一个齿轮——甚至达到了空前的程度;但另一方面,他们也是这一系统效率的受益者,因为他们在世界范围内无与伦比的购买力让他们能买得起汽车(用马克思的话说,他的劳动力输出的产品)。这一平等主义,提供了与厄普顿·辛克莱的主张相反的论据。它强化了美国式的资本主义,得到了社会各个阶层的广泛拥护。

第22章　无线电

1912年，费城的沃纳梅克百货公司在收购了美国百货商店先驱者A. T. 斯图尔特的商店后，与这一纽约"前哨"协调运作得很好。为了在激烈竞争的纽约市场获得促销优势，沃纳梅克在商场中增加了一种展示活动，在满足顾客好奇心的同时，也解决了商店经营的一些实用需求。这一展示活动的操作者一般是大卫·萨尔诺夫（David Sarnoff）。他当时二十几岁，是无线电报发明者伽利尔摩·马可尼（Guglielmo Marconi）的雇员。萨尔诺夫头上戴着耳机，专心致志地操作面前的机器设备，他的任务是用莫尔斯电码与费城商店进行无线电交流。交流的内容从日常销售收入到补货订单，偶尔也为第三方提供无线电报接发服务。

无线信息传输并不是什么新鲜事物。包括《纽约时报》在内的美国各地的报纸，在报道来自大西洋对岸的新闻时都会标注"无线新闻"。不过，在商店里展示这种技术仍然是一件非常新鲜的事情。人们对无线电报实用的、更广泛的优势还不大清楚。

首先，铺设在大西洋海底的电缆已经投入使用了几十年，成为越洋通信的标准化方式。无线电报，虽然在技术和科学成就上来说意义非常，但是实际使用很有限，因为它无法替代当时已经无处不在的有线电报。另外，只要手头有接收装置，任何人都可以接收和译解无线电报信息。因此，对于大多数带有保密性质的信息，人们不会选择使用无线电报来传输。无线电报在一个领域里具有迫切的使用价值，因为有线电报无法在那里派上用场，那就是海上通信。

受益于罗斯福总统时期预算的大扩张，美国海军得以给很多舰船装备无线电发射机。有的商船和客轮上也装备了这种设备。不过，这种技术的普及速度一点也不快。电报设备很贵，还需要配备专门的无线电操作员。美国政府和英国政府都曾希望出台法律强制要求船只，至少客轮，配备无线电设备，但是客轮公司认为这会给他们增加无谓的运营成本，因而消极抵制这一规定。然而，从1912年4月中旬的一个夜晚开始，人们的态度在一夜之间发生了改变。

4月10日，白星航运公司最新的蒸汽船，当时世界上最大的邮轮"泰坦尼克号"开始了它的处女航。几天之后，船撞到了冰山。这艘船耗资750万美元，装备了最先进的无线电通信技术。夜间10点25分，船上的电报员通过无线电发出了求救信号。加拿大纽芬兰的一个马可尼无线电站收到了这一信号。他们立即将信号发送给那片海域的其他船只。当时，"弗吉尼亚号"距离出事海域170英里，全速行驶的话，可在清晨时分到达"泰坦尼克号"。"泰坦尼克号"的姐妹船"奥林匹克号"，以及"卡帕西亚号"也火速赶往出事现场。那天清晨印刷的《纽约时报》用副标题报道了半夜时分"泰坦尼克号"船头沉入海底的事情。船上凌晨12点27分最后发出的信息难以识读。那天早晨的读者只能猜测救援工作的进展情况和船上众多乘客的下落。

当最早的求救信号从"泰坦尼克号"上发出或发出不久之后，大卫·萨尔诺夫正在沃纳梅克的无线电接收站。凌晨2点27分，

第 22 章 无线电

萨尔诺夫和其他为数不多还醒着的电报员收到了船已沉没的消息。从第二天凌晨开始,萨尔诺夫通过电报逐渐收到了获救乘客以及确认遇难者的姓名。各家报纸已经报道了这个故事的开端,然而,沃纳梅克商店的电报员在接收来自大西洋中部的实时消息这件事本身就是一个新闻。等不及报纸刊登过时消息的人们,纷纷涌向那家百货商店。还有人赶往时代广场,仰望竖立在那里实时播放新闻的大型发光布告栏。在沃纳梅克百货商店封闭的电报间里,那艘船上两个显要人物伊西多·斯特劳斯(Isidor Straus)和约翰·雅各布·阿斯特四世(John Jacob Astor IV)的儿子们,站在萨尔诺夫的身后看着。斯特劳斯是竞争对手梅西百货的老板,阿斯特是美国历史上最具传奇色彩的财富之一的掌管人。在三天时间里,人们获知了遇难者的名字。"卡帕西亚号"从冰冷的海水中救出很多人之后,驶向纽约港。不久,形势明朗起来。死亡人数远远超过了生还人数。斯特劳斯和阿斯特不愿意占用宝贵的救生船空间,和其他 1500 多人一起遇难。大约 700 人获救。

在"泰坦尼克号"最终命运明朗之前,沉船事件就引发了一场金融恐慌。几个世纪以来,劳合社保险集团通过一些富人的松散联合来承保风险。劳合社的承保人,模糊地称为"人员"(names)。人员收取保险费,如果承保的风险造成损失,他们就要向投保人支付赔偿金。很多人员在"泰坦尼克号"保单上签字承保。不过,考虑到那艘庞然大物设计有防水舱,所以船只在承保时,人们认为发生损失的风险非常小。船上的无线通信中断之后,承保人争先恐后地要把自己手中的敞口(exposure)转让出去。在救援船只赶往出事地点途中逝去的每一小时,都加剧了人们的恐慌与投机心理。

事情也有积极的方面。除了保险公司,媒体和公众立刻意识到了无线电通信技术对于挽救生命的重要意义。股市的投机人和股票推荐人也是如此。悲剧发生的那一周的星期五,马可尼无线电报公司的股价从 175 美元暴涨到 245 美元。那家公司不想浪费灾难带来的大好机会，宣布要将资本金增加到 1000 万美元——当前股票持有人有优先购买新股票的权利，这让已发行的股票更有吸引力，刺激股价进一步上涨。推升马可尼财富的另一个催化剂来自华盛顿的最新消息。在得到"泰坦尼克号"出事消息的最初 48 小时内，威廉·霍华德·塔夫脱（William Howard Taft）总统对业余无线电运营商对重要消息传输的干扰程度感到震惊。他发布了一条紧急命令，要求所有业余无线电运营者停止发送无线信号。在一个完全无序的环境里，两人或多人同时发送无线信号就会导致电波干扰，让清晰连贯的通信无法实现。当时的无线应用只局限于电报收发，而莫尔斯代码的点信号和划信号仍旧是信号传输协议的全部内容，这让问题更加复杂。没过几天，政府呼吁全国的电波资源都由联邦政府统一控制。具有讽刺意义的是，无线业务集中监管的幽灵让马可尼的股价大幅攀升。无线电波的混乱对电报商业并无益处。

那种情况在美国资本主义历史上第一次出现。在专利持有者、投资者和政府看来，这个行业的早期发展显然需要某种绝对权力的制约。如果任何一个拥有设备的人都可以随时发送信号的话，商业运营就无法正常进行。一个国家的电波传输如果经常发生拥塞，就会影响无线电波的应用。这一领域实际应用的增加暴露了私营市场在无线电频谱管理方面的难题：这是一种人人都可以免费使用的看不见的通信媒介，没有人能够拥有或获得这种媒介的垄断使用权，谁能拥有空气？不过，现在这种使用权突然有了重要的实用价值。然而，如果人人都同时享用这种权利，那么这种权利将继续没有价值，因为谁也无法有效地使用它。要让频率具有真正的产权，相关政府部门的法律就必须承认它是一种财产，而不仅是一种科学现象。为了最大限度地利用无线频谱，简单的办法就是政府宣布完全拥有无线电波，之后将传输权分配给私人团体。马可尼无线电报公司（也

第22章 无线电

就是关键无线专利的独家持有者）的主管协助政府确立了这一权威。马可尼想要销售发报设备，以许可使用方式来经营电报站——这个行业的发展越有规划性，它的利润就可能越高。股票市场的反应也是如此。

"泰坦尼克号"沉没后的一星期里，美国政府对无线电报的全面监管——涉及大众传播媒介和频谱管理——得到了全面关注。这让看不见的无线电波成为一种可以拥有、出租、许可和出售的财产。

* * *

"泰坦尼克号"的沉没是塔夫脱总统任期最后一年里最大的新闻事件。因为前任总统西奥多·罗斯福以第三党（即"公麋党"）候选人的身份参加竞选，挖走了宝贵的选票，导致塔夫脱在1912年的大选中败给了伍德罗·威尔逊（Woodrow Wilson）。威尔逊是继格罗弗·克利夫兰之后，美国内战以来的第二位民主党总统。值得一提的是，人们总是将另一艘船的沉没与威尔逊的第一个总统任期联系起来。

截止到那时，美国已经确立了它在世界强国中无可争辩的经济霸主地位。它在粮食、钢材、石油和汽车生产方面领先世界。美国的铁路里程居全球之冠。在大国中，美国工人的工资最高。虽然每年要吸收多达100万新移民，美国仍旧维持了这一国际地位。不过，美国是相对孤立的。在大洋对面，一些国家获得了长足发展，已经从周边的"旧世界"邻国中脱颖而出。一度是松散联邦制国家的德国，已经发展为欧洲的工业强国。日本也获得了令人瞩目的进步，它在1906年的日俄战争中打败俄国让世界刮目相看。就领土而言，英国和法国这两个殖民大国仍然在全世界范围内保持着影响力，不过，其他旧帝国，如奥斯曼帝国，已经持续衰落了几十年。拥有数百年历史的哈布斯堡帝国*，如奥匈帝国，已经退步到中欧二等国家的行列。中国，经过数个世纪的王朝统治，废黜了最后一个皇帝。这些国家，以及它们的挑战者，不像美国这样拥有海洋屏障。

相反，他们建立了联盟。1914年6月，奥匈帝国的斐迪南大公和妻子在萨拉热窝遇刺，引发了一系列突如其来的灾难事件。考虑到刺客是塞尔维亚民族主义者，奥匈帝国向塞尔维亚发出战争威胁，而塞尔维亚效忠于俄国，这激怒了奥地利的盟友德国。8月3日，星期三，《纽约时报》用多行大标题报道了这场冲突的高潮：

俄国入侵德国；德国入侵法国；
不过没有宣战；英国今天做决定；
比利时受到威胁，卢森堡和瑞士遭入侵；
德国炮手击落法国飞机

各个世界强国卷入了战争，只有美国是中立国。半个世纪前，美国经历了内战的惨痛代价，战争的鲜血让美国的广阔版图避免了分裂。现在的祖父们和当年的内战士兵，大都已年届七旬，和目前仍然健在的年迈的卡内基、洛克菲勒一样，他们经常回忆起战争岁月。经历过那些黑暗的日子之后，他们目睹了国家蓬勃和稳步的发展。另外，美国在海外冲突中的天然盟友并不很明确。美国的工业化在很大程度上是由数百万德国移民及其后代缔造的。数百万美国人拥有爱尔兰血统，对大不列颠并没有什么深厚的感情。进入新世纪后，千百万移民从俄国、东欧国家、意大利和斯拉夫国家进入美国。熔炉似乎催生了一个远离国外战争的种族隔离墙。

然而，这一隔离墙随着时间的流逝已经磨损。在英国和北欧沿

---

* 原文如此，一般指哈布斯堡王朝，奥匈帝国属它的一支。——编注

海，英国海军实施了禁舶令，封锁了德国贸易的海上通路。德国动用潜水艇予以反制。作为中立国，悬挂美国国旗的船只甚至在战争水域也可以顺畅无阻地通行。然而，德国人宣称，英国客轮"卢西塔尼亚号"一再偷偷地悬挂美国国旗航行。德国很清楚意外触怒美国，引发美国采取行动的严重性，他们甚至还在美国报纸上做广告，有意识地将警示信息放在远洋客轮广告的时间表下面，警告美国人不要搭船前往战争水域。1915年5月，一战爆发还不到10个月，德国潜水艇发射的一颗鱼雷击沉了"卢西塔尼亚号"。数十名美国人和船上其他将近1000人遇难。德国人拿出某些证据说，"卢西塔尼亚号"携带了包括炸药在内的武器弹药，这一行径让它失去了客轮身份的豁免权。

"泰坦尼克号"灾难让人们记忆犹新之际，故意炸毁一艘客船是一件耸人听闻、冒天下之大不韪的事情。虽然如此，作为学者和历史学家的总统威尔逊，抵制住了要求采取行动的呼吁。西奥多·罗斯福以在野者的角度，对总统这种"孱弱"和"冷淡"的反应很恼火。但也有人认为，英国在某种程度上将美国乘客当成了运送武器弹药和物资的挡箭牌。威廉·詹宁斯·布赖恩就是其中之一，他三次获得民主党的总统候选人提名，也是进步主义的标志性人物。当时布赖恩是威尔逊任命的国务卿，他辞去公职，以示对威尔逊偏袒英国的抗议。不过，就眼下来说，美国官方的立场仍然是保持中立。

然而，非官方的态度逐渐在商业上表现出来。因为英国工业无法满足战争需求，英国及其盟友开始求助于美国。1916年，美国出口额在前一年27亿美元的基础上翻了一番，达到54亿美元。美国工厂成为欧洲战争的引擎。美国的贸易顺差超过10亿美元。实物黄金的净转移支付超过5亿美元，这些黄金主要来自英国国库。为了购买美国商品，英法两国向美国金融家借了巨额资金。美国各种产成品的出口从1915年的8亿美元增加到26亿美元，增加了两倍多。当美国商人和公司获得了大量迫切购买美国产品的海外客户时，威尔逊第二次竞选总统的口号是"他让我们远离战争"。

不过，这一口号并没能喊多久。距离威尔逊第二个总统任期开始还有几天的时候，为了迅速结束战争，德国宣布升级潜艇战的规模，声明将英法两国能够从水路抵达的区域都列为潜艇攻击区域。德国人宣布的这种国际水域上的公开战争，包括针对美国舰船的战争，不仅是对美国主权的公然冒犯，同时还有意切断美国与英国、欧洲的商业贸易——当时的商业交易额已达数十亿美元。这时候，另一只靴子落下了：在战争期间，俄国国内爆发了革命，沙皇退位，人口方面最大的参战国实际上退出了战争。两个星期后，意识到战争力量对比的巨大变化，威尔逊呼吁美国宣战。1917年，美国开始参与欧洲事务。在俄国，共产党填补了沙皇的权力真空。

一下子，美国开始给自己的经济身份增加军事维度。美国实际没有常备军，军事基地也屈指可数。它需要迅速筹集数十亿美元的资金。"进步时代"早已让联邦政府成为大公司崛起势力的一个反制力量。现在，联邦政府的任务是利用大企业集团的工业生产力量干预世界列强之间的冲突。不过，某些东西永远地消失了——"有限政府"概念，在这种扩军备战的背景下，已经没有了立足之地。爱国主义为全能政府铺平了道路，美国资本主义的生产引擎在很大程度上变成了这个国家的工具。

大多数大企业没有表现出任何反对。战争给他们带来了巨大的好处。1918年，战争支出将联邦总开支推升到127亿美元。1916年，政府预算是7.34亿美元。甚至宣布和平到来时，美国政府的年支出也不会再低于30亿美元。战争永久性地增加了国家支出。为了解决庞大的支出问题，政府有两种办法：第一，发行债券，巧妙地起名为"自由债券"，通过杂志和报纸向民众推销；第二，使用过去五十多年来的第一个宪法修正案赋予的权力。1909年国会通

第22章 无线电

过，1913年各州认可的第十六修正案同意征收所得税。当所得税在1895年第一次遭到反对时，最高法院的多数意见认为，由于联邦直接征收所得税，富人和大公司集中的州将承担比例过高的联邦负担。这一裁决认为所得税违宪，直到一位共和党总统任期内，"进步"人士最终成功修改了宪法。在美国进行一战动员时，所得税收入迅速超过了先前的所有税种（进口关税、烈酒与啤酒销售税和烟草税）的收入。

有了这笔钱，美国政府成了很多最大行业的最大客户。政府将采购来的钢铁用到了造船厂、枪炮制造厂和军械厂。铁路作为战争后勤的一部分实质上已经暂时国有化。食品加工全速进行，产品输送给美国和外国军队。政府鼓励民众每周有一天不吃肉，有一天不吃甜食，有一天不用暖气。政府还下达了征兵令——1000万青年男子收到了抽签号码，决定他是否入伍——这说明在国家需要时，个人也属于国家。和内战中的情况不一样，这一次不得出钱雇人服役。

一些资金花在了研发新技术上。军方请求汽车行业制造飞机引擎。自从1903年莱特兄弟第一次试飞成功，多年以来美国的飞机总产量勉强超过100架。1916年，美国飞机产量达到416架。1918年，美国生产的飞机超过了1.4万架，其中为美国军方生产了13991架。飞机制造方面的成就在很大程度上始于一份"自由牌"发动机的订购合同，这是一款飞机引擎。除了战争期间的其他订单，帕卡德、凯迪拉克和福特都接到了生产"自由牌"发动机的数千订单。亨利·利兰离开凯迪拉克后，在1917年创建了林肯汽车公司，该公司在生产第一辆汽车之前就生产出了"自由牌"发动机。除了生产飞机，政府还全面管控无线电波。海军发布命令，战争期间，海军将征用所有无线电专利和技术。

1918年11月，战争结束。全世界数百万人死于这场战争。美国参战时间不到18个月，10万美军士兵死于战场。法国、俄国、德国和奥地利死亡人数都在百万以上。在其他国家人力物力几乎耗尽之际,后来参战的生力军美国部队和源源不断的美国物资成了战争胜败的决定性因素。

* * *

事实证明,战争还是一个实验室。先进技术在紧迫的时间框架内获得迅速发展。作为协调部队调动和海军部署的关键通信工具,使用无线电波的无线电报,在战争期间获得了长足的进步。通过无线电报,华盛顿可以实时了解海上战况。在私营部门尤其是通用电气公司的帮助下,海军资助开发大量功能最强大的无线电发射机。因为美国没有马可尼专利的独占或垄断使用权,所以通用电气拥有的无线电发射技术就成了美国可以倚靠的技术优势。其他美国公司,如通用电气的竞争对手西屋电气,以及美国电话电报公司意识到无线通信技术蕴藏的机会,在战争期间竞相开发了自己的无线电专利。

与此格格不入的是,主要种植香蕉的联合果品公司,也开发了自己的无线电。战争爆发前,这家公司可能是无线电报规模最大的企业用户。他们在中美洲和加勒比海岛屿拥有数百万英亩的水果种植基地,并从这些"香蕉共和国"雇用了大量当地人。这家公司数量众多的海上运输船和他们拥有的土地一样多。和工业产品不一样,水果很容易腐坏。一个地方的水果,比如牙买加某个偏远地区的香蕉,摘下来之后,就必须尽快搬运到带有制冷设备的蒸汽船上。如果及时与海上运输船联系,指导他们沿着某条航线到达指定地点,就可以减少因水果腐坏产生的巨大损失,优化水果采摘时间。无线电通信可以真切地降低纽约消费者购买香蕉的价格。因为效率的任何变化都会影响利润,所以这家公司开发了自己的专有技术。

然而,海军部部长约瑟夫斯·丹尼尔斯(Josephus Daniels)认为,

第 22 章 无线电

安全方面的考虑高于香蕉的成本和其他私人利益。他反对无线电专利和技术回到私人手中的想法。他的这一姿态确定了无线电行业的发展轨迹。战争甫一结束,伽利尔摩·马可尼立刻找到当时担任通用电气高级主管的欧文·D. 扬(Owen D. Young)。为了进一步在英美两国开展业务,马可尼想要获得通用电气无线电发射技术的使用许可,购买当时世界上最强大的无线电发射机。在原则上答应了马可尼之后,扬礼节性地将这一情况通知给美国海军。谁知,海军部副部长富兰克林·德拉诺·罗斯福(Franklin Delano Roosevelt)立即命令终止谈判。海军给他们提供了一个备选方案。在这场战争爆发前夕,海军购买了大量无线电发射专利。海军告诉通用电气,通用可以成立一家新公司,政府的无线电利益将被贡献于这家公司。这样无线电领域的主导权就不会落在外国人手中。

看到海军明确不允许通用电气出售设备和技术使用权,扬撤销了与马可尼的交易,转而向马可尼提出购买对方在美国的业务。马可尼公司的股东,意识到与一个拥有大量专利且有美国政府支持的运营商竞争的风险,同意出售美国的公司。落实这一交易之后,通用电气发起成立了一家名为"美国无线电公司"的新公司,结合了通用电气和海军的众多专利,以及马可尼的无线电接收站。这家新公司雇用了很多先前的马可尼雇员,其中包括大卫·萨尔诺夫,就是"泰坦尼克号"沉没那天夜里在沃纳梅克百货公司的年轻报务员。

随着美国无线电公司的建立,萨尔诺夫时来运转。他看到了无线电在无线电报之外的巨大潜力。这时候,无线电技术的发展能够越来越清晰地传送音频信号。尚未明朗的是,这方面有哪些不错的商业模式可以投资。萨尔诺夫听说,一些实验性的无线电发射站偶尔会播放音乐,业余报务员戴上耳机就可以听到。萨尔诺夫向上司提交了一份方案,建议美国无线电公司制作和出售能够接收无线电信号的"音乐盒子"。如果现有用于电报传输的美国无线电公司发射台能够连续传输音乐、新闻和其他娱乐节目，众多美国家庭最终就会购买能够接收这种广播的"盒子"。萨尔诺夫预测，美国无线电公司第一年可以以每个75美元的价格卖出10万个"盒子"，到第三年，60万个"音乐盒子"的销售量将带来4500万美元的收入。

有了通用电气的支持，萨尔诺夫带着"音乐盒子"的想法，找到前任马可尼高管们熟悉的发明家阿尔弗雷德·戈德史密斯（Alfred Goldsmith）博士。让萨尔诺夫大为振奋的是，戈德史密斯有一个非常适合这一功能的设备，当时正处在后期实验阶段。这个叫"radiola"的盒子是用木头做成的，内嵌了一个扬声器，有调节音量和频率的旋钮，还有放置电池的地方。

不过，这里有一个问题：无线设备播放音频节目受限于美国电话电报公司的技术专利。美国电话电报公司拥有超过1000万家庭用户和企业用户，其电话业务每年能带来数亿美元的收入，他们正在积极设法通过电话线让有线音乐进入千家万户。看到通用电气的发射技术更为可行，他们决定将这一机会让给美国无线电公司。为了得到美国无线电公司10%的股份，美国电话电报公司同意和对方进行专利技术的交叉许可。

接下来，萨尔诺夫与另一个巨头的野心狭路相逢。一个名叫埃德温·霍华德·阿姆斯特朗（Edwin Howard Armstrong）的发明家发明了一种调谐器，可以提升无线电信号接收设备的灵敏度，从而使声音更加清晰。然而，阿姆斯特朗以35.5万美元的价格将这一专利卖给了西屋电气公司。西屋电气甚至在匹兹堡设立了几个发射站，踌躇满志，意欲进入无线电设备市场；他们还开始播送节目，目的是创造潜在市场需求。然而，西屋电气需要美国电话电报公司和通用电气的某些专利来完成它的专利组合。美国无线电公司与西屋电气达成了专利协议。美国无线电公司用20%的股权，换来了西屋电气的专利。另外，西屋电气有权生产以美国无线电公司品牌销售的所有收音机的 40%，通用电气生产剩余的 60%。最后，联合果品公司出资 100 万美元，再加上它强大的环形天线技术，换取了美国无线电公司 4% 的股权。

上述一系列交易催生了广播时代。美国无线电公司成为美国典型初创公司的对立面。它是通用电气、美国电话电报公司和西屋电气这三家巨头，在美国海军指导下创立的公司。当初，这三家企业的建立，是为了分别实现托马斯·爱迪生、亚历山大·格雷厄姆·贝尔和乔治·威斯汀豪斯的愿景，现在已经成为一种制度性力量。三家公司的存在在持久性上，超越了那些标志性的发明家和金融家（比如整合成立通用电气的摩根）的存在。在无线电诞生之际，现代企业组织形式，仅仅在一代人以前由新泽西的法律催生，显示出它既可以成为国家的工具，也可以发展到远超任何人的能力的程度。

* * *

为了证明无线电广播的魅力，萨尔诺夫需要一个大场面。虽然棒球是典型美国人的消遣，但没有任何运动能像重量级拳击手的冠军争夺赛那样激动人心，每回合耗时三分钟。重量级拳击冠军被默认是世界上最有名的运动员——在大洋对岸，人们对贝比·鲁思（Babe Ruth）和棒球运动知之甚少。1921 年，在一场备受瞩目的比赛中，重量级拳击冠军杰克·邓普西（Jack Dempsey）将对阵法国挑战者乔治·卡尔庞捷（Georges Carpentier）。比赛将在新泽西州泽西城一个名叫"博伊尔的三十英亩"的赛场进行，观看人数很可能创下纪录。意识到这一赛事的重要意义后，萨尔诺夫请求上司允许他直播这一比赛。与主办方签订协议，萨尔诺夫从海军和通用电气借来了传输设备，临时搭建了一个直播站。接下来，他安排在一些当地会场和剧院安装扬声器，感兴趣的人们可以收听拳击比赛。

面对创纪录的 9 万名观众，邓普西在第四回合中击败卡尔庞捷。卡尔庞捷被击败后不久，广播发射机出了故障，不过它在最重要的 15 分钟里发挥了作用。数千名听众在安装了扩音设备的地点，包括一个设在时代广场的地点，怀着惊奇的心情实时收听了这一比赛。

不到一年，无线电产业迅速发展起来，甚至还出现了行业杂志，里面充斥着众多有关工具、零件和电池的广告，还有针对想投身这一行业经销收音机的商人的建议。《无线电经销商》杂志的第一期说，当时全世界有超过 2.5 万业余广播爱好者使用政府允许的频率建立了广播站。数十家收音机制造厂争先恐后给千家万户安装无线电接收设备。同时，《无线电经销商》警告其企业读者，有一种新兴的灾祸："任何试图掩盖'广告噱头'的企图都可能被消灭在萌芽之中。"当时，这个行业的假设是，未来的业务是销售无线电传输设备，以及家庭接收设备、天线和安装服务。他们担心，如果将广播的内容商业化，排挤业余电台爱好者的话，将破坏无线电广播，进而破坏无线电设备行业。

其他人不这么看。时任美国无线电公司总经理的大卫·萨尔诺夫认为无线电节目的制作是"深谙公众口味"的"专业人士"的工作。在他看来，广播的听众很可能要比其他任何一种传播媒介的听众更多，广播业务必须从无线电设备制造行业分离出来。虽然如此，萨尔诺夫看得还是不够远。他希望无线电设备制造企业能够作为一种公共服务，直接资助专业广播电台的运作。萨尔诺夫关于内容模式的看法是对的，但是他有关商业模式的看法却是错误的。

从美国电话电报公司的一家电台起，一些电台开始为广告客户播放广告。不到两年，美国电话电报公司的广播活动就做得非常专业了。很快，棒球比赛及其集锦、新闻报道、音乐和其他形式的娱乐节目成为无线电广播的内容。美国电话电报公司，作为全国性的电话公司，拥有先进的电话线路系统，能够让全国各地偏远地区的

第22章 无线电

小型无线电广播电台接收到几百英里之外的电视节目。因此，缅因州的一个小型广播电台可以先通过电话线接收到华盛顿特区的广播节目，然后播给当地听众。与其让众多广播电台投入巨资制作各自的广播节目，美国电话电报公司旗下的主要电台WEAF允许其他地方电台直接转播它的整个节目。依托全国性基础设施和广播行业的先入优势，美国电话电报公司的全国广播业务能够做到赢利。讽刺的是，如果美国无线电公司、通用电气和西屋电气要在全国范围内与美国电话电报公司竞争，就需要连接遥远电台的实际电线。

在与美国电话电报公司持续的专利纠纷中，萨尔诺夫设法将美国无线电公司、西屋电气和通用公司之间的实验性广播业务合并到一个新的广播公司。经过无数函电、漫长的谈判和虚虚实实的各种策略，美国无线电公司最终说服美国电话电报公司出售旗下的广播公司，换取其他让步。有了美国电话电报公司的广播资产，通用电气、西屋电气和美国无线电公司于1926年联合组建了国家广播公司。这是一个全国性广播网络，为旗下全国各地的广播电台制作节目。没过几年，没有无线电技术基础的企业家威廉·佩利（William Paley）便将各地的很多无线电台拼凑在一起，组建了哥伦比亚广播公司，与国家广播公司竞争。

在整个20世纪20年代，美国人购买了数百万台收音机，数千个广播电台播放各种各样的节目。对于数百万生活在农村的美国人来说，使用电池的收音机往往是他们购买的第一件家用电器。需要指出的是，即使在1918年战争结束时，也仅有半数美国家庭通了电，而农村家庭这时候大都没有电。在爱迪生明亮的灯泡、西屋电气推广的交流电标准普及之前，这两家公司的下一代管理者已经开始让流行文化进入人们的客厅。夜幕降临，不论是城市，还是乡村，一家人得以围聚在一起打发时光——常常在昏昏欲睡的状态里，听着同样的东西。这是有史以来的第一次。

第23章 私酒

正当政府在利用其影响力调整无线电行业发展轨迹之际，联邦启动了20世纪20年代美国的另一个标志性行动：禁酒。这是历史上最不可思议的政治成就之一。这是一个数百万饮酒者有投票表决权的民主国家，全国各地有30万酒吧接待工人阶层，酒类生产销售是这个国家的第五大行业，这些事实在一场完美的政治风暴面前，显得毫无抵抗之力。

数十年来，这场风暴的酝酿来自多个方向。广大女性发现禁酒运动是她们提升政治话语权的有力途径。呼吁提升社会道德水平的人们认为，饮酒对美国的社会结构、生产力具有破坏性影响。还有人将酒吧、酒类消费与地位低下的移民联系在一起，他们是美国城市的基础群体。包括威廉·詹宁斯·布赖恩在内的"进步派"偶像一直在大声疾呼，要求禁酒以改良社会。亨利·福特这样的企业领导人要求员工不要饮酒。在威尔逊总统执政初期，甚至海军也不允许在军舰和基地售卖和饮用酒类饮品。用禁酒令呼吁者的话说，主要问题在于美国已经成了一个到处是酒鬼的国家。不赞成禁酒的只

第23章 私酒

有喜欢喝酒的人和靠卖酒赚钱的生意人。

然而，自19世纪60年代以来，一股政治力量很看好让很多人着迷的烈酒和啤酒。这就是美国财政部。在第一次世界大战之前，美国联邦政府财政预算足足有三分之一来自啤酒和烈酒税收收入。实际上，美国实施累退税制度。饮酒的工人的酒精类支出占其收入的比例要高于美国最富有阶层的。因为政府要依赖这一收入来源，酿酒企业手中就有了对付联邦立法风险最有效的武器。

美国参加一战后，这个武器就没有了作用。用来弥补战争支出的所得税立刻让其他所有税种的重要性相形见绌。来自烈酒和啤酒的数亿美元税款一下子显得没那么重要了——新征收的所得税带来了数十亿美元的财政收入。啤酒酿制企业老板的种族身份也没起到积极作用——美国当时在与德国交战。这个行业最强大的游说团体，即美国酿酒商协会，对自己的根基如此忠实，以至于很多时候他们仍用口头和书面德语进行内部业务沟通。在战前，控股百威啤酒的布希家族每年都要举行庆祝德国皇帝生日的盛大活动。另外，酿酒商协会在政治上也很激进，他们资助一些报纸和政治家为自己的利益说话。然而，考虑到环境的变化，他们的行为太过火了。

在战争之初的几个月里，一份代表将近600万女性的请愿书被送到了总统手中，呼吁暂时停止啤酒生产；它提出酿造啤酒的粮食每天可以被加工成数百万条面包来支持盟国的战争努力。这一说法不是没有先例，当时非常依赖美国粮食的英国，在参战不久就对啤酒生产做了有限的限制；后来，和美国的情况如出一辙，议员在英国议会中强烈抨击啤酒生产，呼吁全面禁产。很快，美国国会收到一份有关战争资金的提案，要求在战时实施禁酒令，直到战争结束。不难想象，酿酒商协会立刻全力反击，导致国会议员在强大的游说团体前屈服，试图出台更缓和的法律。这对酿酒商起到了反作用。原禁酒提案的支持者对该法案的弱化感到非常愤怒，导致国会通过了一个内容更严苛的提案，呼吁通过宪法修正案全面禁酒。考虑到当时的爱国背景和美国参战后民众的反德情绪，很多内心即使有所保留的代表和参议员也不得不同意修正案，但他们安心地认为下一步几乎是不可能的：宪法修正案要正式生效，需要四分之三的州一致认可。

最早认可联邦权力这一戏剧性扩张的是南方的几个州，这些州通常在种族问题上主张州的权利至高无上。与之前支持有关所得税的宪法修正案一样，南卡罗来纳州，这一次和密西西比州、弗吉尼亚州一起，是最早批准联邦对一个行业行使权力的五个州之一。南方各州作为一个整体，作为民主党最忠实的选区，热情赞扬联邦在征税和禁酒方面行使权力的好处——对于两次宪法修正案，先前南方邦联的所有成员州都投了赞同票。

令人震惊的是，截止到1919年1月，四分之三的州同意了第十八宪法修正案。这个修正案从一开始就存在某些缺陷。它不禁止美国人饮酒，只是针对酒水供应的法律修改，禁止酒精饮品的"酿制、销售和运输"。这一宪法修正案将法律具体细节的制定留给了国会。《美国禁酒法案》，因起草人安德鲁·沃尔斯特德（Andrew Volstead）而被称为《沃尔斯特德法案》，它规定了对酒精含量超过0.5%的饮料的限制措施。行使执行和调查权力的机构是美国的国税局。

略微可以理解的是，政治上的讨价还价催生了一些豁免情况。当这一法案于1920年生效时，该法案允许人们在家里饮用自制的"果汁"和苹果酒。虽然含有酒精但不是作为饮料出售的糖浆和植物提取物也在豁免之列。在拉比和天主教徒的游说下，宗教仪式用酒几乎没有任何限制。考虑到某些药品需要酒精，该法律允许医生药方的药品里含有致人兴奋的成分。只要慢慢适应，美国人将学会为了上帝和健康干杯。

第 23 章　私酒

* * *

在加利福尼亚州北部肥沃的土地上，一些人已经在迫不及待地开始做符合上帝意愿的事情。预测到禁酒令的实行，一位名叫 H. F. 斯托尔（H. F. Stoll）的很有魄力的编辑创办了《加州葡农》杂志，给葡萄种植者提供行业动态。不到一年，葡萄生意就兴隆起来。意大利-美国银行，也就是后来的美国银行，在杂志上以"如何为葡萄产品的远距离运输提供支持"为标题给自己的业务做广告。该银行帮助刚刚适应更广阔市场的葡萄种植者，从"远距离"销售中收取回款。匹兹堡的一家名叫利奥·G. 奥特迈耶的贸易公司，向加利福尼亚民众推广自己，说公司的业务是帮助葡农销售各种新鲜葡萄和葡萄干，该公司能在 12 小时内将产品从仓库送达东部 600 万人的手中。另外，各种设备制造商纷纷大做广告，推销将葡萄加工成高浓度葡萄汁的蒸馏器、葡萄榨汁机和高真空蒸发器。

斯托尔在其刊物出版一周年之际发表了一篇社论，从其中的语气可以看出，他对葡萄种植的前景极为乐观。禁酒令的果汁豁免最终敲定之后，"就好像魔法一样，加利福尼亚州成为葡萄投机者的向往之地"。早在 1920 年夏，葡萄产区的葡农和投机者已经感觉到了这股热潮，当时葡萄价格还处于每吨 50 美元的"健康水平"。然而，到了生长期即将结束之际，市场交易催生了"闻所未闻的价格"，跳涨到"普通酿酒葡萄每吨 75、100、125 和 150 美元"。加利福尼亚州的"700 家葡萄酒厂"被数百万家庭葡萄酒酿造者所取代，他们需要大量的葡萄和葡萄浓缩汁。

接下来，这篇社论文章变得更加哲学化："平时一贯遵纪守法的公民这时候根本不在乎这部法律。"根据作者的说法，联邦政府不会真正投入资源来执行这部法律。让禁酒令效力进一步弱化的是，各州拒绝协助联邦政府执行他们之前同意写入宪法修正案的这部法律。政治风向已经发生了逆转。之前,饮酒人力量分散也没有谋略,所以被击败——没有提倡饮酒的政治运动。随着联邦法律坚定地站在禁酒派一边,另一边的美国饮酒人只好在州一级施加压力,要求地方和州的官员放松禁酒令的执行。

葡农简直到了胆大妄为的地步,斯托尔的报纸发表了一些专栏文章,教葡农如何给他们生产的糖浆起一个"响当当"的名字。他建议葡农就像 Zesto、BoneDry、Whistle 等葡萄品牌那样,从软饮料行业里找名字。有一个葡农不无嘲讽地给自己的葡萄取了一个让人联想到《圣经》的名字——"禁果"。有的葡农担心"消费者仍然令人遗憾地不知道"诸如"小西拉"这样的葡萄品种,而只选择"仙粉黛"。虽然如此,加利福尼亚在 1921 年还是卖出了 25 万吨葡萄。糟糕的法律刺激了生意的繁荣。《加州葡农》按捺不住兴奋之情,刊出了一首热情洋溢的诗:

> 收获季节倏然至;
> 家家户户繁忙时,
> 收成好,质量高,
> 价格定好,合同在手。
> 快乐时光,快乐时光,
> 杯中物受禁,葡萄要称王。

在其他地方,禁酒令让人们没有心情举行什么庆祝活动。城市酒吧,作为下午的自助餐厅(提供免费午餐)和晚上的客厅,几乎全部消失。如安海斯-布希公司、帕布斯特公司和施乐兹公司等之前给众多酒吧提供资金和产品的大公司,成了空壳。有的公司尝试生产和销售不含酒精的啤酒和碳酸饮料。家里自制的葡萄酒,无法满足先前充斥着合法烈酒和啤酒的市场。有人分析,1921 年,也就是禁酒的第一年，烈酒的消费量下降到禁酒令之前30%的水平。

不过，很多富人和机构在禁酒令生效之前合法储存了大量烈酒。因为禁酒令不禁止消费酒，所以很多精英社区的地下室里都有相当于普通烈酒商店存货的私人窖藏。纽约市里的耶鲁俱乐部购买了足够他们喝十四年的酒。对于那些不大富裕的人，找到手里掌握厚厚处方簿的医生再容易不过。《沃尔斯特德法案》通过之际，作为对农业州的让步，农民可以在家里饮用酒精含量较高的苹果酒。靠固定薪水生活的城市工人阶层，被社区酒吧拒之门外，这些酒吧可以让人们在住房空间紧张的城市里获得一些社交空间，然而一些私人俱乐部成员可以照旧在这里畅饮。对于禁酒运动中提倡道德改良的那些人来说，让下层社会的人们远离酒精折磨一直是他们的主要目标之一。在这方面，禁酒令确实起到了作用。

然而，钟摆在另一个方向摆得太远了。限制人们饮食的进步运动催生了食物和药品法。对大公司力量的限制与公正的劳工法律实现了利益上的平衡。在很多人看来，任何权力或政治上的运动，不论最初的出发点多么善意或多么正义，都会不断壮大，直到势头停止。

如果"进步时代"标志着人们对政府权力制约自由市场的欣赏和尊重，那么禁酒令则标志着美国人用每一口酒精饮料来拒绝政府的时代。让数百万人感到快意的是，市场能扮演一种针对法律过度伸张的民主制约力量。法律限制只是让消费者因为卖方风险和买方的不方便多花了钱，不过话说回来,酒精饮料现在是免税的。那些"法外英雄"们大肆嘲笑宪法，根本不把它当回事。对于工人阶层来说，政治是特权者的游戏，根本不代表他们的利益。白宫里的总统大饮苏格兰威士忌，然而自由人连一瓶啤酒也喝不到？甚至俄国的共产主义者也取消了沙皇对伏特加的限制。合乎道德的生活是可取的，但保持不道德的自由却至关重要。禁酒令给美国文化增加了一种貌视威权的意味。人们再次用实际行动强调共和价值观。如果法律可以被公开、广泛地违反，那么为什么不可以一同打破一系列社会习俗和惯例呢？

* * *

313　　美国历史上最知名的人物之一正面对着更换职业的难题。在第一个职业里，杰克·约翰逊（Jack Johnson）显然是美国历史上最不受欢迎的重量级拳击冠军。他的"罪状"很多。他是黑人。他的口才很好。他很高傲。更麻烦的是，他和白人女孩谈恋爱；这让他成为执法的对象。除了这些让部分人看不惯的地方，他还常穿定制衣服，开跑车，完全是有钱人做派。在试图把这位可恶的冠军赶下台的过程中，人们将白人选手吉姆·杰弗里斯（Jim Jeffries）称为"白人的伟大希望"，希望他能把冠军头衔从黑人手中夺回来。然而约翰逊在接下来的十四轮比赛中打碎了他们的希望。后来，随着年岁的增长，约翰逊丢掉了冠军头衔。和无数其他非裔美国人一样，约翰逊在纽约哈莱姆区安家。1920年，他在那里开了一个夜总会。

　　当时的哈莱姆区是非裔美国人复兴的中心，即美国黑人文化的兴起之处。在1925年的一篇洋溢着兴奋之情的文章里，全国有色人种协进会的执行秘书认为哈莱姆已经成为"世界上最了不起的黑人之城"。文章作者詹姆斯·韦尔登·约翰逊（James Weldon Johnson）十分自豪地讲到当时有17.5万非裔美国人占据了纽约市"足足25个街区"。这种占据以惊人的速度进行。哈莱姆区的大多数人口出生在南方，在过去十年里定居在纽约，那时非裔美国人开始了向北大迁移。约翰逊写道，哈莱姆区作为美国文化之都的"城中城"，吸引了"整个黑人世界积极上进、有抱负和有才华的人"。值得一提的是，艺术家和音乐家慕名来到哈莱姆区，随着禁酒令的

第23章 私酒

逐步推进，他们成为这里令人兴奋的违法夜生活的组成部分。而这种夜生活很快吸引了白人的加入。

规模最大、最知名的夜总会由约翰逊的美食俱乐部转型而来。当时，约翰逊将美食俱乐部卖给了一个名叫奥尼·马登（Owney Madden）的不法之徒。后者将该俱乐部的名字改为"棉花俱乐部"。估计，那位前任冠军最不想做的事情就是把不法分子开始光顾的俱乐部继续开下去。俱乐部易主之后，限制会员制的棉花俱乐部不允许白人和黑人凑在一起。不过，在舞台上是可以的。这一方便之门打开后，黑人音乐家经常在这里演出一种活力四射、自由流动的音乐——爵士乐。现代爵士乐，正如人们在棉花俱乐部听到的那样，是一种由单簧管、小号和鼓共同伴奏，表演者将演奏和歌舞融合在一起，令人目眩的表演形式。爵士乐逐渐成为定义那个时代的东西，是一种与禁酒有关的新兴艺术。与黑人经常在白人面前表演的杂耍和次要角色不同，这次是由黑人艺术家将爵士乐这种充满生气和活力的艺术形式推向文化的最前沿。考虑到所有卖酒的场所都已经违反了法律，那么这些地方索性让自己成了各种新鲜事物的实验场，包括许多俱乐部让多种族的人混在一起。

夜生活和"地下酒吧"（speakeasy）成了同义词——进入禁酒时期涌现出的地下酒吧，人们就要"小声说话"，谨慎说话。同时，越来越多的女性出没于地下酒吧，成为夜生活的中心部分。对于仍旧生活在农场的传统美国人来说，无声电影、广播节目和杂志文章描绘的不受束缚的城市女性形象——单身、有职业、会开车、能喝酒和喜欢听爵士乐——象征了一个新时代。与这种文化活力截然相反的是，禁酒运动似乎升级到了一个滑稽的层次。含酒精饮料被打压下去之后，基督教女性禁酒联盟又将目标锁定于可口可乐。可口可乐品牌的拥有者阿萨·坎德勒曾经是禁酒运动的支持者。我们不清楚阿萨的这种态度背后是不是有商业动机，但其商业影响非常明显。禁酒令颁布后，可口可乐的销量大幅飙升。20 世纪 20 年代新建的数千英里公路让美国人与加油站接触频繁。除了汽油，很多加油站还销售加冰的、让人提神的可口可乐。上面绘有年轻人面孔的可口可乐广告牌随处可以看到。不过，可口可乐里含有咖啡因。它之前因为含有可卡因而饱受诟病，不过现在这一"毒品"因它的致瘾特性受人批评，当代还有某些南方人依然用"毒品"来指代可口可乐。不过，这种指控没有什么结果。如果说有什么的话，只能说，这暴露了拥有政治话语权的"致瘾特性"在取得一场胜利之后还想要再接再厉。

有的人很了解那个时代——事实上，他们定义了那个时代。已经是知名作家的 F. 斯科特·菲茨杰拉德（F. Scott Fitzgerald），在发表于 1925 年的小说《了不起的盖茨比》中触及了法律和市场在道德方面的模糊性。小说的主人公杰伊·盖茨比是故事叙述者的邻居，身世神秘，招摇炫富。随着故事在其角色继承的财富和偶然的不道德间推移，盖茨比的财富源头受到了故事中其对头汤姆·布坎南的审查，他暗示过于光鲜的盖茨比曾经在芝加哥经营药店生意。这里不用多说，当时的读者对那个时代的药店再清楚不过，在禁酒令期间，药店生意兴隆，凭借的就是酒类处方，有时甚至充当卖私酒的幌子。沃尔格林连锁药店在禁酒令开始实施时只有 22 家连锁店，然而在禁酒令结束之际门店数量超过了 500 家。汤姆对盖茨比过去行为的质疑听起来很空洞。在菲茨杰拉德的小说里，上流社会的饮酒者和狂欢者，并不比那些向他们出售享乐之物的人（包括黑帮人物）拥有更高的道德地位。

对很多人来说，除了药店经营者和葡农之外，禁酒令背后那些道德改良者显然还造就了一大批新的商业野心家。前些年轻松赚取数十亿美元的合法行业现在已经淡出市场，但是消费者的需求还是一如既往地强劲。为了给数千家地下酒吧提供货源，一条替代供应链产生了，无形中让第十八宪法修正案成了笑话。他们依靠贿赂法官、警察和政客来代替酒税和执照。在这一新出现的法外市场中，最有名的从业者往往需要使用非常规的武器来赢得市场份额，解决商业争端。

对于具有某种倾向的人来说，禁酒时期是镀金时代和"淘金热"的结合。从规模上说，酒业要比卖淫、赌博或敲诈等行业大得多。禁酒令生效之前，酒类是一些美国最富有的人合法的收入来源。现在，他们的店铺已经关张。纽约这样的城市充斥着来自意大利、东欧和爱尔兰的大量移民，他们无须考虑声誉和地位上的损失，纷纷进入这一行业，填补市场需求。少数族裔社区很多在建立之初就处于法律管理的灰色地带，这些社区的领导人授意人们将选票投给当地政客，成为大城市里民主党机器政治的重要组成部分。禁酒令生效后，这一系统让很多人能无缝利用当地的政治基础，通过贿赂当地执法者，来有效对抗联邦权威。

这一做法不限于喧嚣的城市。即使小城镇也是如此。在中西部的一个郊区小镇，当地政客和犯罪分子同流合污。1924年的《芝加哥论坛报》以惊讶的口吻报道，芝加哥周边人口为5.5万的小城镇西塞罗"脱离国家法律的控制，成了一个独立公国"。州当局和库克县好像都无法约束那个弹丸之地。一篇大标题为"托里奥的自由王国"的报道说，在西塞罗，酒吧、妓院和赌场公开营业。十多年前从纽约移居至此的黑帮分子约翰·托里奥（John Torrio）几乎控制了这个小城镇。《芝加哥论坛报》的那篇社论文章没有让人们对托里奥产生负面印象，相反，对于那些希望亲身体验西塞罗的芝加哥人来说，这篇文章成了托里奥的广告。西塞罗最知名的公民一直在想办法向芝加哥扩展势力。为了达到这个目的，托里奥越来越倚重年轻伙伴阿方斯·卡彭（Alphonse Capone，昵称阿尔·卡彭）。

就在几年前，托里奥将卡彭带到芝加哥。当时的卡彭是个不好惹的 20 岁年轻人，曾经和托里奥同住在布鲁克林的一个街区。没出几个月，卡彭就有了一张名片，上面写着他是二手家具经销商，店面位置在南沃巴什大街 2220 号。不难推测，那里没有卖出多少家具。旁边的第 2222 号，即一座名为 "Four Deuces" 的建筑，是卡彭真正学习历练之地。

在这个得天独厚的地方，阿尔·卡彭目睹他的"导师"如何开疆拓土。禁酒令颁布之初，芝加哥就处于暴力的边缘。戴恩·奥巴宁（Dion O'Banion）和他的爱尔兰帮会，还有个别犹太人，控制了整个芝加哥北部的大部分私酒交易。来自西西里岛的根纳兄弟（兄弟六人），首先雇用了芝加哥"小意大利"社区的居民，来调制一种几乎带有毒性的威士忌。贫穷的西西里移民在家里守着蒸馏器一天能挣到 15 美元，他们觉得这是一件几乎根本不费什么力气的好营生。另外，根纳兄弟还经营着一个政府许可的工业酒精厂。这个工厂的产品大都用于勾兑非法出售的威士忌。

一开始，托里奥的销售集中于他从一个合法酿酒家族手中收购的酿酒厂酿制的产品。后来，他将奥巴宁拉进来，让后者成为和他平等的合作伙伴，以此维持双方之间的和气。没多久，奥巴宁就要和托里奥的酿酒厂中断合作关系，想要将手中的股份卖给托里奥。托里奥同意了他的请求，按奥巴宁的报价支付 50 万美元。这笔款项支付了没几天，托里奥的酿酒厂在其在场时突然被警察查封。面对指控的托里奥怀疑奥巴宁背叛和欺骗了他。征得根纳兄弟的同意后，冒着掀起一场大规模血拼的风险，他策划干掉奥巴宁。1924 年深秋的一天，奥巴宁在他开的一家花店里被杀。托里奥知道对方的亲信很可能报复，于是竭力深居简出。然而，几个月后，奥巴宁的继任者还是找到了托里奥并向他开枪。托里奥受了轻伤，生命无碍。

对方可能的继续追杀，以及即将到来的审判，让托里奥做出了一个明智的决定：立即退出江湖，承认酿酒指控并入狱服刑，然后离开小镇。在医院养伤期间，他派人将卡彭叫到身边。当着托里奥律师的面，两个人深谈了好几个小时。托里奥将他在芝加哥的全部业务交给了当时25岁的卡彭。从5月开始，根纳兄弟六人中有三人在数周内相继被杀——另外三人躲了起来。1925年年底，阿尔·卡彭成为芝加哥私酒经营领域的一股力量。

公众对黑帮势力既着迷又憎恶。数千人出席了安杰洛·根纳（Angelo Genna）的葬礼。价值数万美元的银质棺材和鲜花、长长的送葬队伍让《芝加哥论坛报》认为，在意大利人的心目里，"黑帮领袖是王中王"。该报纸强调，意大利移民群体对黑帮的同情，是北欧裔美国人和那些橄榄色皮肤的新"入侵者"之间的道德鸿沟。

然而，黑帮人物的魅力超越狭隘的本土主义英雄，成为炙手可热的名人。卡彭欣然接受了这一角色。据说，他还使用阿尔·布朗（Al Brown）这一化名。他年轻时在酒吧斗殴留下的刀疤，给他的头衔中增加了"疤脸"一词。因为卡彭，美国流行文化里出现了赞扬犯罪的原型人物。和银行抢劫犯、鲁莽妄为的歹徒不同，卡彭是一个资本家，是一个组织纪律性很强的人。他身上肩负着管理责任，经常需要和对手谈判。他的很多思维方式和经销普通热门产品的企业老板的想法没什么两样。不过，和大多数商人不一样的是，这位私酒贩子的日常生活似乎并不乏味，让很多人浮想联翩，津津乐道。

卡彭本人也令人耳目一新：他公开承认自己是一个私酒贩子。1927年12月，天气渐渐冷起来的时候，他在《芝加哥论坛报》的一篇头版新闻里威胁芝加哥的广大饮酒群体，说他要退出这个行业。"让那些品行高洁的芝加哥市民自己去搞酒吧，看看他们有什么好办法。我厌烦了这个工作，这真是件费力不讨好的事情，太让人伤心了。"让他很恼火的是，执法部门和某些公众人士居然认为黑帮的牺牲是理所应当的。他感觉很委屈。"为公众服务是我的座右铭。

99%的芝加哥人喝酒赌博。我想尽办法给他们提供像样的酒和公正的娱乐场所，可是没有人感谢我。"不过，在佛罗里达晒了几个星期的太阳之后，回到芝加哥的卡彭洋溢着圣诞节的好心情。看来，这位大老板只是需要一个假期。

立场截然相反的两派人物都对现状不满意。美国财政部，因为当地执法人员不认真配合，所以无法将卡彭与他自己承认的那些活动联系起来。卡彭什么也没有。他没有银行账户，没有自己名下的房子，几乎也没有什么其他资产。在芝加哥，他从来没有因为直接或间接参与暴力活动被指控过。不过，财政部通过卡彭的一个记账员，找到了他在七年时间里总共获得100万美元收入的证据。31岁时，他因被指控逃税而结束了黑帮统治生涯。所得税机制现在被用来巩固禁酒令取得的最公开的胜利，这似乎是恰当的，因为正是它首先减少了政府对酒税依赖而让禁酒令在经济上成为可能。

对于禁酒期间尝到赚钱甜头的纽约黑帮来说，卡彭的结局无异于给他们敲响了警钟，让他们不要做犯法的勾当。卡彭在全国民众心目中的影响力——他曾经登上《时代周刊》的封面——远远超过了他的实际实力。他仅仅勉强控制整个芝加哥，更为糟糕的是，因为沽名钓誉，他给自己引来了不必要的关注。纽约黑帮的使命是建立一个全国性的组织，以西西里传统为基础的永久性组织。考虑到美国地域广阔，他们决定不再采取一个像西西里那样的只有一个元首、"王中王"的模式，他们的统一管理模式应该在除了纽约之外的每个大城市设立一个掌握统治大权的家族，而纽约则有五个家族。总的来说，要用民主的方式来组织美国黑帮。为了协调和解决黑帮家族之间的矛盾，他们设立了一个九人委员会，行为规则和禁忌都有详细的规定，只有父母有意大利血统的成员才能进入。杀害任何成员都要得到家族首领的批准；杀害任何家族首领则要得到其他首领（委员会）的批准。根据这一方案，查尔斯·"幸运"·卢西亚诺（Charles "Lucky" Luciano）为美国黑帮（意大利语 Cosa Nostra*）体系确立了一个蓝本。看来，即使在犯罪"市场"，有眼光的人也往往相互串通，建立卡特尔，在当地建立垄断组织，而不是鱼死网破地相互竞争。

执法部门在长达几十年的时间里一直不知道国内黑帮组织的复杂程度。卡彭有多高调，他们就有多沉默。美国黑帮组织是禁酒行动的长期影响之一。

---

* 意为我们的事业。——译注

第 24 章　银行

1928 年 12 月，即将离任的美国总统卡尔文·柯立芝（Calvin Coolidge）在国会做了最后一次演讲，他总结道："这个国家目前正处于一个前所未有的广泛繁荣、持久和平的年代。"承蒙"我们的企业和工业创造的巨大财富"，20 世纪 20 年代赐给了美国"安宁与满足"。在物质方面，美国的资本主义无可辩驳地提供了前所未有且无与伦比的生活水准。19 世纪后期，依托钢铁、石油和公路建设起来的工业基础设施为美国进入消费时代铺平了道路。进入 1929 年后，行驶在美国公路上的注册汽车将近 2600 万辆，几乎每 5 个美国人就拥有一辆汽车。另外，还有数百万卡车补充铁路运输能力的不足。2000 万个进入电气时代的美国家庭已经用上了洗衣机和吸尘器等新型家电。为战争付出的努力为商业航空奠定了基础，战后逐渐有数千架小型飞机运营着定期服务。美国人不断拓展革命性创新的边界：查尔斯·林德伯格（Charles Lindbergh，又译"林白"）驾驶飞机飞越大西洋，成为一名国际英雄。美国人发挥聪明才智，甚至将收音机安装进了汽车里。

类似"'无线电'又造就了一个百万富翁"的标题进一步增加了股市的诱惑力。众所周知，这里的"无线电"指的是美国无线电公司，是20世纪20年代股价最疯狂的公司之一。那个年代报纸财经版的读者没有人会糊涂地以为这个新诞生的百万富翁是制造收音机的。那篇报道讲的是37岁的迈克尔·米汉（Michael Meehan）如何从在街头给百老汇演出卖门票开始，成为美国无线电公司股票的"股神"。在那个市场管理混乱的年代，米汉这样的股票经纪人的办法是和很多投资者协商，短时间内同时买入某只股票，给人造成一种该股票由于某种原因价格要大涨的假象，引诱众多投资者追高买入，而他们在其他人买入之际悄悄卖出。包括通用汽车创立者比利·杜兰特在内的众多知名经纪人，发现股市是财富之源，比经营雪佛兰这样的公司更容易赚钱。女性杂志报道了很多家庭主妇着迷地盯着纽约证券交易所股票行情的新闻。同时，华尔街投资银行推出了专门用于购买股票的新型金融工具，也就是今天的共同基金（mutual fund）的前身，这给本身已经泡沫严重的市场又增加了一批投资者。1929年9月3日，道琼斯工业平均指数攀升到了创纪录的381.17点。道琼斯工业平均指数是美国一些工业企业的指数，涉及的公司包括美国钢铁公司、标准石油公司、通用电气公司、西尔斯公司、美国无线电公司和西屋电气公司。

需要指出的是，这种狂热在很大程度上来自间接感受：美国总共只有130万股票账户，其中60万保证金账户以其股票价值为抵押进行借款。对于经常看报纸大标题的数百万美国民众来说，不断上涨的股市就是经济向好的持续印证，反映了每日道琼斯工业平均指数以其科学和数学的精确性表现出来的、与国家命运相关的理性市场力量。借助这一经济健康程度的实时指标，公众在心理上经历了几十万投资者的账户赢利。同时，他们那些在股市上投机的同胞成功借到了85亿美元现金，这在国家银行资产中是很大的比例，虽然酒税因为禁酒令而取消，但是所得税让战后数年的美国财政一直保持着盈余。在沃伦·哈定（Warren Harding）和卡尔文·柯立芝担任共和党总统的八年内，美国的战争债务大为减少。出口额远超进口额，积累了大量的贸易顺差。自然而然，美国金库里储备了大量黄金和外币。成为一战决定性力量的十年后，美国成为世界上最大的债权国。德国欠下法国和英国大量战争赔款，而英法两国却欠下美国巨额债务。

考虑到经济上的成就，柯立芝的商务部部长赫伯特·胡佛（Herbert Hoover）赢得了 1928 年的总统大选，并承诺继续保持这一繁荣。胡佛的当选隐含着选民对市场的坚定信念，即允许商业利益在政府最少的干预下运行。实际上，前任总统柯立芝就将征税称为"一种合法的盗窃"，指出每次减税都会催生工业生产的大发展。柯立芝和胡佛都属于坚信"法律与秩序"的共和党人，但两人都对禁酒令导致的普遍违法行为不以为然；另外，美国民众认为即使是充斥着违法行为的自由市场也能够高效地满足市场需求（这一点从人们的社交时间上可以看出来）。然而，胡佛的任期并不像柯立芝的那么令人满意。

1929 年的开局非常不错，经济甚至有加速繁荣的迹象。汽车生产达到了创纪录的水平，钢材生产也是如此。因为很多行业都需要钢材，所以钢材产量成了一个很有说服力的衡量指标。股票市场尤其活跃，股价不断攀升，反映出那个时代的乐观情绪。这令人回想起了欢欣鼓舞的 1872 年[在那一年，马克·吐温和查尔斯·杜德利·华纳（Charles Dudley Warner）完成了《镀金时代》一书]，这个时代将股市经纪人奉若神明，他们高超的赚钱方式让人大开眼界、纷纷效仿。股市的造富魅力和往常一样强烈，不同于靠开工厂或创业赚钱，股票投机似乎简单得令人心潮涌动，股价的上涨让这种诱惑更为强烈。

第24章 银行

担保物就是他们购入的股票。

9月18日，美国电话电报公司股价涨到了307美元，这意味着该公司市值达到了40亿美元。和任何市场的上涨一样，当最后一个买方不愿意出更高的价格，或大量股票持有者开始卖出股票锁定利润时，上涨动能就会衰竭：这之中的不平衡越严重，股价的下跌就越剧烈，进而促使更多投资者跟风抛盘。从10月21日（星期一）开始，股市出现了会迅速下跌的首次震荡，投资者情绪的转变结束了"高歌猛进的价格暴涨"。股价涨幅最大的公司是最显著的受害者：美国无线电公司，那年早些时候股价一度高达114美元，那天暴跌11美元到68美元，第二天股价是58美元，几天后跌到40美元。美国规模最大的几家公司，其股价也不能幸免，虽然华尔街银行拼命给市场注入乐观因素，用轻松的语言掩盖市场的绝望情绪，然而，市场不再听命于那些自诩坚信市场判断的人。市场崩溃了。短短6天里，市场在1929年10月29日达到暴跌高潮，道琼斯工业平均指数跌去了三分之一，收盘在230点——该数值在9月曾一度达到380点。然而，这些下降，无论多么有戏剧性，仅仅是另一个令人痛苦的美国历史阶段的开始。在接下来的三年里，道琼斯工业平均指数继续跌到这个数字的一小部分。

* * *

考虑到1929年股市暴跌发生在胡佛接任大约6个月内，有人责备胡佛政府应对不力。不过，历史可以借鉴的地方很少。经济发展到了历史不再重复的阶段。这个现代工业国家已经远远超越了先前政策可以做参考的时代，就像现代战争根本无法照搬先前的作战模式。雪上加霜的是，胡佛政府相信，市场会自我纠正，所以供应过剩和过度建设问题会随着时间推移自己解决，金融市场暴跌是市场给予不理智的参与者的道德教训；这一政府唯一奉为圭臬的理念认为，政府的最佳应对方案是放任形势自行发展。

不过，美国经济根本不是那么简单。这是一个庞大、复杂且专业化，既相互联系，又相互独立的系统。就像装配线上的工人将螺栓放在指定位置，下一道工序上的工人就会加上垫圈并拧上螺母一样，每个岗位都会影响后续一连串工作。一个酒醉的工人（技术官僚眼中一个不合理的劳动投入），可以让由最认真的工人组成的工厂慢下来。工人的妻子自己不制作黄油，也不缝制衣服，她需要这些东西就从外面购买。所有人的工资都在这个经济体系中流通。经济独立，甚至自由的概念，完全是哲学意义上的。美国人的高生活标准建立在数百万工作岗位同时流畅运行的基础上，而且大多数情况下这些工作岗位的运行无须任何计划或指导，供给方与需求方的流畅成交非常自然。然而，这一现象存在一个弊端：投机失败导致的资金撤退会带来"附带损害"，整个经济体系都会受到影响，而不仅仅是那些鲁莽下注的人。这种因果反应是集体性的。

在整个20世纪20年代，甚至柯立芝和胡佛也意识到，市场明显需要一个政府监管体系。从空中航线到无线电频率和驾驶执照，一切都需要由政府来分配和授予。大多数政治派别认为，政府管理劳动力、公司注册、食品安全、药品和公用事业都是合理的，但在市场仅是供给过度、需求干涸时进行干预，则不是政府的合理角色。怎样才能根据具体情况，逐步恢复市场？在这方面，政府政策过多地受到了一个人的影响。这个人就是胡佛政府的财政部部长安德鲁·梅隆（Andrew Mellon）。胡佛总统是他连续效力的第三任共和党总统，在之前的哈定总统、柯立芝总统任期，他一直在担任这一职务。由于他长期担任这一职务，20世纪20年代的美国经济繁荣让他比美国第一任财政部部长亚历山大·汉密尔顿获得了更多的赞誉。梅隆当年靠在工业企业集中的匹兹堡从事银行放贷赚取了巨额

第24章 银行

财富。现在，这位年过七旬、生活简朴的银行家认为，经济衰退和金融恐慌是消除过度投机，让人们为经济误判付出代价的自然方式。不让人们经受痛苦就会钝化这种市场隐含的教训。市场需求和资产价格下降后，精明的投资者会东山再起。这是梅隆的看法。

然而，到了1930年年中，经济也没有恢复过来。相反，前一年股市的暴跌开始酝酿一场雪崩，发出了各种令人难以琢磨的声响。市场巅峰时期，针对股票发放的贷款几乎是美国所有银行280亿储蓄总额的三分之一。那些在市场上遭受损失的投资者大都比普通人富有。损失了大笔钱之后，为了偿还银行借款，他们不但要支取银行存款，还要变卖包括房地产在内的其他资产。银行的贷款规模也在减少：随着房地产价格下降，贷款担保物不再像之前那样值钱。考虑到政府或任何机构都不为存款人的银行存款做担保，一些谨慎的存款人纷纷取出银行存款，这让银行的资金更加紧张。

虽然破产与缺乏资金流动性之间差别巨大，但对于焦虑的储户来说，只要他们无法立即取出自己的钱，这一差别几乎不存在。大多数银行贷出的资金远远超过他们欠存款人的资金，也就是说，贷款人欠银行的钱超过了银行欠储户的钱。然而，如果人们的紧张情绪或谣言引发意外挤兑浪潮，银行将无法为了支付存款人现金而要求贷款人立刻偿还贷款。大多数大银行是美国联邦储备系统的一部分，该系统的成员之间可以迅速借入超额准备金，即银行可以动用的超过预期储户提取额的现金，但数千家小银行实际上被排除在这种保护之外。仅仅在1930年11月，就有256家存款共计1.8亿美元的小银行宣告倒闭，平均每家银行的存款额不到100万。

不过，在接下来的一个月里，纽约市发生了一件给人们留下更严重心理阴影的事情。坊间流传着合众国银行资金实力有问题的谣言。虽然这家银行名字听起来有政府背景，但其实完全是一家私人银行。它与美国政府没有任何关系，就像A. P. 詹尼尼（A. P.

Giannini）的美国银行一样。该银行有 40 万储户，即使经历了之前的一波挤兑，该银行还有将近 2 亿美元存款。用《纽约时报》的话说，这家银行的存款主要是"相对较贫穷的人们的小额存款"。先前发生的数百家小银行倒闭带来的恐怖情绪，再加上对前一波挤兑后该银行流动性恶化的担忧，存款人开始争先恐后，蜂拥前往该银行提现。该银行的资金大都以抵押贷款的形式贷给了借款人，手里只有作为抵押物的纽约房产和土地。所有贷款运行良好，意味着借款人在按时偿还贷款。因为贷款客户没有违约，所以该银行无法拿手中的抵押物去向其他银行贷款。虽然纽约州银行业监管人约瑟夫·布罗德里克（Joseph Broderick）之前曾想尽办法让私人银行针对抵押物提供应急资金，但一直没有协调出一个具体方案，他将这一失败看作"纽约银行业历史上最严重的失误"。

1930 年 12 月 11 日上午 9 点，布罗德里克宣布合众国银行暂停营业，直到资产清算。在曼哈顿、布朗克斯和布鲁克林的 59 个分行外，"大批储户（其中很多人不懂英语）不知所措地站在雨中焦急地等待着，希望出现转机，拿回自己的钱"。然而，他们等来的却是警察驱散人群。这些被驱散的人和银行抢劫犯刚好相反，他们无法把自己的钱从银行取出来。合众国银行是美联储中实力雄厚的成员，它的倒闭不但让之前所有银行倒闭相形见绌，而且它的名字让人产生的国家联想导致了传染效应。后来，经济学家米尔顿·弗里德曼（Milton Friedman）说，这种国家联想大大加剧了该银行破产产生的冲击。1929 年股市暴跌一年后，美国和世界其他地区的读者读着不祥的文章标题结束了 1930 年：合众国银行倒闭了。

在那个关键时刻，美国在世界舞台上的角色尤其重要。在美国早已走出一战不利影响之际，20 世纪 20 年代的欧洲仍然没有完全恢复元气。英国试图恢复到战前财政水平，但却遭遇了停滞。德国短暂地出现了严重的通货膨胀，之后，《凡尔赛和约》规定应支付英法两国的巨额战争赔款拖累了德国的经济发展。反过来，英法两国欠了美国数十亿美元的战争借款。德国无力支付赔款，英法因而表示很难偿还欠美国的债务。最后，美国派出代表团，与德、英、法三国代表团进行磋商。1929年，四国达成一致。德国同意每年支付4.92亿美元欠款，分三十六年还清；另外每年支付3.75亿美元，为期二十二年，用以偿还英法两国欠美国的债务。20世纪20年代的国家实力对比会让人产生这样的看法：美国是一个没有受战争影响的经济绿洲。

除了《凡尔赛和约》，战后框架还让列强重新回到战争期间一度中止的金本位政策。因为各国单位货币价值与一定数量黄金之间的价值比是固定的，所以由黄金支持的各种货币之间的汇率也是固定的。例如，如果4英镑和20美元都等值于一盎司黄金，就可以确定英镑和美元之间的汇率。很有意思的是，当时最市场化的经济体不允许他们的货币在全球市场上自由兑换。要想让货币继续坚持金本位，中央银行就必须用庞大的黄金储备使大型货币持有者，比如外国中央银行和重要金融机构，树立对这一货币的信心，让他们相信纸币可以随时兑换成黄金。这最终导致了实质性的问题。

1930年年末合众国银行倒闭之后，第二年，美国银行关门倒闭的速度急剧加快。随着美国银行倒闭潮的出现，美国政府面临着一个严峻的选择。刺激经济发展的现代政策选项有很多：减税可能暂时带来预算不足问题，却可以让资金留在私营经济部门；美联储可以购买债券，给经济注入资金，增加国民经济中的资金供应；政府也可以直接投资公共工程项目，有效地成为全国商品和服务的采购方；（或者）通过允许美联储成员银行廉价借款以降低利率。不过，如果政府采取上述措施中的任何一项，宽松政策就会导致外国政府用兑换实物黄金的方式抛掉手中的美元储备。另一种方案就是不惜一切代价捍卫金本位——通过平衡预算向外界展现财政实力和金融稳定，并维持美元的黄金价值。这需要在经济衰退的情况下提高利率，使美元存款具有吸引力以留住国际存款。美国选择了捍卫金本位。

不顾一切坚持金本位收紧了货币供应，极大地限制了胡佛政府的政策选项。没过几个月，这一措施显现了效果。海外投资者和银行看到美国如此执着于储备黄金，遂将黄金从对金本位较为犹豫的国家转至美国。在英国，这导致黄金大幅流出，达到供应枯竭的边缘。1931年9月，英国放弃了金本位，其他很多小国家也在当年秋天退出金本位制。英国政策不再支持人们将英镑按照先前的比例兑换为黄金。随着货币的贬值和资金面的宽松，英国经济开始复苏。

美国经济没有复苏。到1931年年底，2294家小银行倒闭，有关个人资金的担忧遍及全国各地。胡佛政府无法既要保持金本位又要援助银行——救助银行将被市场视为货币贬值之举。因为坚挺的美元和虚弱的经济需求，通缩悄然而至。通胀是疲软的货币通过高物价让人们的现金资产缩水，与此不同，通缩的消极影响人们很难看到，它以一种复杂和系统的方式表现出来。物价降低，但是钱很难挣到手了。对于债务人，形势最为严峻。因为贷款的数额，如房屋或农场的抵押贷款，在借款时都是固定的。但是，如果随着通缩，工资减少或农产品价格下降，债务负担相对于下降的收入就会显得更加沉重。收入下降到某个点之后，债务人就无法继续偿还贷款，银行及其储户就会面临重大损失。

1932年年初，失业率一路攀升超过了15%，700万养家的人失业。美国的总收入大幅下降。那一年的经济情况显著恶化。新建住宅的价值从前一年的12亿美元急剧下降到4.62亿美元，意味着这个国家大多数建筑工人和承包商失业了。在几年前的高点时，这个行业每年可以产生超过45亿美元的收入。汽车生产也遭受了重大打击，产量从1931年的将近200万辆下降到略高于110万辆，几乎腰斩；1929年的汽车产量是那时的4倍。自1931年以来，美国农场收入下降了33%。数字已经相当惊人的失业队伍又增加了几百万无事可做的人口。

虽然农业收入大幅下降，但是已注册农场的数量在增加。农场，能够种植自己所需的食物，在现代工业社会和工资劳工经济境遇每况愈下之际，成了一个相对安全的地方。1932年的食品生产稳定得令人不可思议：黄油、牛奶、牛肉、猪肉、鸡肉和蛋类生产与1929年的水平基本相仿，不过价格是那时的一半。燕麦、大麦、玉米和小麦以英亩计算的收获面积和以蒲式耳计算的产量没有变化，梨、葡萄和柑橘也是如此。这与具有复杂花哨供需曲线的经济逻辑背道而驰：价格的急剧下降会改变生产。然而产量并没有改变。农村的逻辑似乎在这里更适用。农民除了种地还能做什么？

也许，美国农民高达90亿美元的农场抵押贷款让这个群体没有了其他选择——相对于1929年的97亿美元几乎没有下降多少。虽然1932年的农场收入相较于1929年已经下降了一半，但农民的负债水平几乎没有什么变化。就像这一情况成为威廉·詹宁斯·布赖恩1896年竞选总统的依据，现在的美国农民再次关注起通缩和金本位的影响。

即使阿尔·卡彭，在受审前夜，也困惑于公共政策的纷乱。"我不是抱怨，为什么不追查那些拿走了穷人的钱然后在银行关门潮中将其丢失的银行家？真是奇怪！夺走一个经济条件不宽裕的家庭积攒的最后几个美元——也许这个家的主要劳动力失业了，全家要靠这点钱生活——不是比卖一点啤酒更恶劣吗？"现在，用保持金本位的深刻道理或国际收支平衡的复杂理论来反驳卡彭这些人的看法已经太晚：答案已经明明白白地显示在街头的施粥处了。所谓"胡佛村"的棚户区里临时凑合的简易房子，无情地剥夺了栖身其中的那些曾经自豪的工人、父亲和丈夫的尊严。这些人和任何经济学家一样了解这一经济现象。

显而易见,这位美国最有名的黑帮分子比美国最有名的银行家安德鲁·梅隆更了解公众情绪。胡佛感觉到了灾难即将来临的迹象。随着大选日期日渐临近,失业率直奔20%,甚至更高。胡佛让财政部部长改任驻英国大使。然而,这已经太晚了。以任何客观标准来衡量,胡佛政府的各项政策都以惨败告终,原因在于相信自由市场会自动纠错而没有及时采取行动。同样重要的另一个原因是极为教条地坚持金本位政策,显示货币坚挺的需求导致了政府政策的薄弱。

1932年,随着形势的恶化,坚持金本位的决定产生了更加严重的影响。起初,外国人因为美国政府表示坚持金本位,于是放心地将黄金存入美国国库。然而,1932年,他们觉得美国财政部不再是黄金的避险天堂——衰退的经济伴随着高企的失业率和各种无序,很可能导致社会动荡,甚至更糟。就像储户在银行挤兑过程中竭力取出纸币一样,中央银行和大型投资者开始了一番针对美国黄金的挤兑潮。胡佛深陷两种不利形势的所有不利因素:逐渐加剧的黄金挤兑要求强化货币紧缩、提高利率来吸引国际存款人,使其不要兑取黄金。1932年秋,为了向外界显示美国即将承担更多的财政职责,他提高了个人所得税税率。所有这些措施都要从私营经济中抽取资金,从而让形势进一步恶化。

1932年总统选举前夜,虽然胡佛总统的执政乏善可陈,但他用笼统的语言提出了这一选择:"这次竞选辩论的根本问题是继续忠诚于美国传统,还是求助于创新,其辩论结果将决定这个国家未来一百年的发展方向。很多不祥的迹象和含糊的承诺说明,有人倾向于创新精神。"来自民主党的竞争对手是纽约州州长富兰克林·德拉诺·罗斯福。胡佛所批评的"创新"包括纸币和罗斯福之前暗示的"新政"。新政的具体内容是什么并不重要。重要的是,现在,美国民众愿意接受任何一个不叫"胡佛"的人给出的解决方案。除乎腰斩；1929年的汽车产量是那时的4倍。自1931年以来，美国农场收入下降了33%。数字已经相当惊人的失业队伍又增加了几百万无事可做的人口。

虽然农业收入大幅下降，但是已注册农场的数量在增加。农场，能够种植自己所需的食物，在现代工业社会和工资劳工经济境遇每况愈下之际，成了一个相对安全的地方。1932年的食品生产稳定得令人不可思议：黄油、牛奶、牛肉、猪肉、鸡肉和蛋类生产与1929年的水平基本相仿，不过价格是那时的一半。燕麦、大麦、玉米和小麦以英亩计算的收获面积和以蒲式耳计算的产量没有变化，梨、葡萄和柑橘也是如此。这与具有复杂花哨供需曲线的经济逻辑背道而驰：价格的急剧下降会改变生产。然而产量并没有改变。农村的逻辑似乎在这里更适用。农民除了种地还能做什么？

也许，美国农民高达90亿美元的农场抵押贷款让这个群体没有了其他选择——相对于1929年的97亿美元几乎没有下降多少。虽然1932年的农场收入相较于1929年已经下降了一半，但农民的负债水平几乎没有什么变化。就像这一情况成为威廉·詹宁斯·布赖恩1896年竞选总统的依据，现在的美国农民再次关注起通缩和金本位的影响。

即使阿尔·卡彭，在受审前夜，也困惑于公共政策的纷乱。"我不是抱怨，为什么不追查那些拿走了穷人的钱然后在银行关门潮中将其丢失的银行家？真是奇怪！夺走一个经济条件不宽裕的家庭积攒的最后几个美元——也许这个家的主要劳动力失业了，全家要靠这点钱生活——不是比卖一点啤酒更恶劣吗？"现在，用保持金本位的深刻道理或国际收支平衡的复杂理论来反驳卡彭这些人的看法已经太晚：答案已经明明白白地显示在街头的施粥处了。所谓"胡佛村"的棚户区里临时凑合的简易房子，无情地剥夺了栖身其中的那些曾经自豪的工人、父亲和丈夫的尊严。这些人和任何经济学家一样了解这一经济现象。

显而易见,这位美国最有名的黑帮分子比美国最有名的银行家安德鲁·梅隆更了解公众情绪。胡佛感觉到了灾难即将来临的迹象。随着大选日期日渐临近,失业率直奔20%,甚至更高。胡佛让财政部部长改任驻英国大使。然而,这已经太晚了。以任何客观标准来衡量,胡佛政府的各项政策都以惨败告终,原因在于相信自由市场会自动纠错而没有及时采取行动。同样重要的另一个原因是极为教条地坚持金本位政策,显示货币坚挺的需求导致了政府政策的薄弱。

1932年,随着形势的恶化,坚持金本位的决定产生了更加严重的影响。起初,外国人因为美国政府表示坚持金本位,于是放心地将黄金存入美国国库。然而,1932年,他们觉得美国财政部不再是黄金的避险天堂——衰退的经济伴随着高企的失业率和各种无序,很可能导致社会动荡,甚至更糟。就像储户在银行挤兑过程中竭力取出纸币一样,中央银行和大型投资者开始了一番针对美国黄金的挤兑潮。胡佛深陷两种不利形势的所有不利因素:逐渐加剧的黄金挤兑要求强化货币紧缩、提高利率来吸引国际存款人,使其不要兑取黄金。1932年秋,为了向外界显示美国即将承担更多的财政职责,他提高了个人所得税税率。所有这些措施都要从私营经济中抽取资金,从而让形势进一步恶化。

1932年总统选举前夜,虽然胡佛总统的执政乏善可陈,但他用笼统的语言提出了这一选择:"这次竞选辩论的根本问题是继续忠诚于美国传统,还是求助于创新,其辩论结果将决定这个国家未来一百年的发展方向。很多不祥的迹象和含糊的承诺说明,有人倾向于创新精神。"来自民主党的竞争对手是纽约州州长富兰克林·德拉诺·罗斯福。胡佛所批评的"创新"包括纸币和罗斯福之前暗示的"新政"。新政的具体内容是什么并不重要。重要的是,现在,美国民众愿意接受任何一个不叫"胡佛"的人给出的解决方案。除

第24章　银行

了东北部较小的几个州之外，罗斯福席卷了这个国家其他各州的全部选票。

胡佛说得没错。辩论的结果确确实实永久地改变了这个国家的方向。

* * *

在胡佛11月竞选失败和1933年3月罗斯福上任之间的过渡期里，这个国家的银行体系，以及整个国民经济已处于灾难的边缘。外国中央银行和黄金储户认为罗斯福不会坚持金本位，于是在新总统上任之前竞相从银行兑取黄金。小额储户涌往银行提取现金。乡村银行越来越处于一个两难境地：要么取消贷款人对作为抵押品的住宅、农场的赎回权来筹集资金，要么不再给存款人支取现金。

取消农场的赎回权不是一件小事情。农民们往往联合起来，以实际行动抵制银行拍卖农场。潜在买主也面临着敌意，考虑到买下农场后无法将它搬走，所以周边村民的威胁足可以让他们望而却步。有时候，这种暴力事件真的发生了。有人发现，67岁的卢瑟·马尔（Luther Marr）死在路边一辆遍布弹孔的汽车里，他在拍卖中买下一个被取消赎回权的农场后正准备回家。农场局联合会负责人警告某个参议员委员会，说这是一场"农村革命"。在马尔去世前后，美国最大的抵押农场持有者保诚保险公司感觉到了动荡，宣布中止取消农场赎回权的操作。小型银行也无法通过取消农场赎回权来筹集现金，虽然如此，人们依然排着队在银行等待取款。

在距离罗斯福上任仅剩一周时间之际，一场全面危机蔓延开来。各州宣布银行放假，要求所有银行中止客户取款业务；密歇根州、加利福尼亚州、俄亥俄州和大多数南方州在3月1日前暂停所有银行业务。还有的州显著削减了银行业务，比如将现金提取限制在小额范围内。在卸任前的一段时间里，胡佛政府陷入全面恐慌，一再请求与当选总统采取联合行动，但是罗斯福拒绝在正式上任前履行任何职责，承担任何责任。结果，在不到 48 个小时之内，形势恶化。外国私人持有者、各国政府和中央银行对美国国库黄金挤兑达到了极为严峻的水平，胡佛于夜间 11 点 30 分和凌晨 1 点再次给当选总统打电话，请求罗斯福同意中止黄金兑付。当 3 月 4 日罗斯福醒来的时候，也就是距离就任总统职位还剩几个小时之际，纽约已经宣布银行放假。

几个小时后，罗斯福在总统第一次演讲中告诫美国人说，考虑到当时的形势，"我们唯一值得恐惧的是恐惧本身：不可名状、盲目冲动和毫无缘由的恐惧"，在过去几个星期里，这种恐惧让这个国家已经陷入萧条的经济遭遇心脏骤停。罗斯福所说的恐惧阐明了自由市场社会的核心悖论：在经济不确定时期，个人谨慎行事，减少开支，收回现金属于理智行为，但是如果大家都这样做的话，这种谨慎会导致更严重的经济减速和失业，带来持久的破坏：一亿个体的"理智行为"汇合在一起就变成了不理性的行为，这是"恐惧本身"造成的破坏性的"反协同"作用。

不过，罗斯福同时也理解民众的情绪，他没有回避严峻的现实：

> 我们面临共同的困难。不过感谢上帝，这些困难只涉及外在的东西。物价低到荒诞的程度，我们的税率上升了；购买力下降了；政府各部门面临严重的收入下滑，买卖活动被冻结；工业企业一片凋零；农民没有地方出售他们的产品；家庭储蓄化为乌有。
>
> 更重要的是，大批失业人口面临生存问题。同样多的人口辛苦劳作却收获无几。只有愚蠢的乐观者才会否认眼下阴暗的现实。

第24章 银行

罗斯福在就职演讲中说,为了复苏经济,"为了克服面前的困难",他打算请国会赋予他接近独裁的权力,和战时的独断权力相仿——"应对紧急形势发动战争的紧急执行权,就像国家遭受外敌入侵时赋予我的巨大权力"。

九年经济连续增长和三年经济萧条之后,有限政府原则应该包括对市场经济的积极管理,美国缔造者、亚当·斯密和卡尔·马克思都会认为这是对资本主义理论的背离,而在罗斯福看来,这是权力的灵活应用,是面对日益复杂形势时政府管理权力的灵活应用。

发表就职演讲的第二天,罗斯福发表了总统公告,命令全国所有银行歇业四天,之后他从国会获得可以决定银行何时开业的授权。他援引《敌国贸易法》,冻结了所有黄金兑付业务和运输业务。考虑到银行歇业,纽约证券交易所停止了交易。他动用上任第一周国会赋予的权力,授权财政部强迫"囤积者"上缴黄金和黄金券,换取无法兑换回黄金的美联储票据。就这样,美国脱离了金本位。

上任一周后,美国所有银行仍在歇业状态,总统决定直接让他的观点深入到无数焦虑的美国民众的客厅。哥伦比亚广播公司旗下的华盛顿电台播放了类似"炉边谈话"的罗斯福演讲。在危机期间,在千家万户收听总统观点,尤其是有关复杂的银行运作机制的说法的过程中,收音机变成了参与式民主的现代形式。

"首先,我要讲述一个简单事实:人们将钱存入银行之后,银行不会将这些钱锁进保险柜",罗斯福这样开头。银行会将这些钱贷出去,好让"工业和农业之轮持续运转"。如果发生恐慌,美国民众争相提取银行存款,即使是最稳健的银行,其资产流动速度也赶不上存款人取款的速度。银行平时只留存少部分存款,将绝大多数都贷了出去。在这次"炉边谈话"中,罗斯福耐心地向人们阐述了银行运作的基本知识,告诉人们他为什么命令银行歇业。

为了让数百万美国民众松一口气,他宣布第二天早晨会有一批银行重新营业,其他银行之后陆续开业。

第一批银行在星期一重新营业。那天下午,罗斯福下达了新的命令。他说他需要税收收入,请求国会同意将最高酒精度数为3.2%的啤酒合法化;此前第十八宪法修正案没有规定酒精饮料的酒精百分比含量。国会同意了。众议院当天就以316比97票通过,法案进入参议院流程。星期三是一个情绪高涨的日子:罗斯福上任后股市第一次开市。道琼斯工业平均指数创下单日交易记录,上涨了15%,总市值增加了30亿美元。星期四,为了让财政更加稳健,参议院在豁免啤酒的同时豁免了葡萄酒,不过将酒精含量限制在3.05%以下。一周以来,人们不再恐慌地提现,银行现金出现了恐慌挤兑之后的净流入。

在接下来的几个星期里,政府制定了一个全面的农业一揽子计划,目的是"增加农民购买力"和"降低农场抵押贷款的压力"。为了保证民众银行存款的安全,政府成立了联邦存款保险公司。为了规范整个美国股票和债券市场,1933年出台的《证券法》要求公司定期详细地向投资者披露公司财务状况;美国证券交易委员会也因此组建。政府将在几年内把退休社会保障和住房贷款等保障网络纳入其职责范围。这是美国历史上和平年代中政府职责的空前扩张。

大萧条最严峻的时候已经过去,经济产量开始再次实现增长。股市,以道琼斯工业平均指数为代表,在1933年上涨了66%,这是有史以来涨幅最大的一年。1935年,又上涨了40%。1935年,汽车产量翻了一番,从罗斯福执政第一年的不到150万辆上升到1935年的超过300万辆。鸡蛋、肉类和谷物价格上升,农民经济状况得以好转。国民生产总值,即美国经济活动的总值,从1933年的558亿美元增加到1937年的902亿美元,上升了53%。20世纪30年代给人们留下的总体印象是那个十年里都是大萧条。在某种程度上，1937年到1938年美国经济的再次衰退事实证实了这一观点。然而，即使是1938年的停滞时期，847亿美元的国民经济产出相对于1933年水平也是一个显著改善。如果没有1929年到1933年的灾难性时期，"大萧条"中的"大"就是一个夸张之词。1936年的选举结果反映了美国公众对罗斯福的经济管理能力和他扭转经济形势表现的赞赏。他在与共和党候选人阿尔夫·兰登（Alf Landon）的角逐中大获全胜，赢得了48个州中46个州的选票，如果经济前景没有比他初次上任时大为改观，这种优势是不可能的。

这一选举结果表明，美国民众对政府执政方式的理解发生了根本变化。从那时开始，政府在经济发生衰退时进行干预成为一件人们期望的事情。在美国选民的眼中，考虑到20世纪30年代初期的心理阴影，联邦政府的合理角色是监管、提振经济的最后依靠。后来，长时间的经济动荡往往被视为政府政策的失败，而不是市场失灵，经济增长率和失业水平成为未来总统的"成绩单"。

第 25 章　电影

在国家经济恢复过程中，一个行业的反弹最为突出。即使在无声时期，电影行业也蓬勃发展长达二十年。不少演员成为大红大紫的明星。将全部语音对话与音乐、音响效果合成在一起的技术突破，让电影行业进入了新的高度。偏僻乡镇的居民虽然远离大城市的杂耍表演，却和大城市居民一样能欣赏"活动图像"。与某些戏剧甚至体育活动只流行于某个地方不同，全国各地，不论城乡，人们都爱看电影。即使是最出色的百老汇戏剧，上演一次也只有几百观众，而一部广泛发行的电影可以让5000万人大饱眼福。百老汇艺人依靠第二天的表演获得薪酬，而电影的运作方式有所不同。电影的绝大部分支出发生在前期，后期就不必持续投入成本，因此接下来的收入有很高的利润率。拍出一部好片子可以坐享后期的丰厚利润。

不过，可以预见的是，其他行业的经济收入要依靠自然资源、科学方法、生产流程和销售物流，理性行为和效率决定了赢利能力。好莱坞显得独树一帜。电影行业的核心是那些神秘的剧本文字。让

第 25 章 电影

数百万观众在两个小时的时间里全神贯注，如醉如痴的魔力，总是源于在某个地方孤独写作的作家笔下的文字。对于电影行业里获利最多的一部电影来说，这个地方就是佐治亚州的亚特兰大。

* * *

从二十几岁开始，远离好莱坞摄影棚和摄影机的玛格丽特·米切尔（Margaret Mitchell）投入七年时间，完成了一部以美国内战为背景的小说。虽然早在1929年，小说主要部分已经完成，但米切尔还是没有信心将它交给出版社。她又对作品做了零星的润色和加工。1935年春，纽约麦克米伦出版社的一位编辑在一次前往南部的考察旅行中，被介绍给米切尔，并签约了她这部还未命名的作品。1936年夏，这本书出版不久，《纽约时报书评》称它是"美国作家创作的最出色的处女作之一"。这本定价3美元的小说《飘》一经问世，就引起了巨大轰动。到了夏末，麦克米伦出版社卖出了50多万册。

在《纽约时报书评》对这本书赞不绝口的几天前，一封来自纽约的电报用几近绝望的口气说："我乞求、力劝、恳求和请求你立刻读一读此书，相信读完之后，你会放下所有事情去买这本书。"在这封给上司，即电影制片人大卫·塞尔兹尼克（David Selznick）的长电报中，发信人凯·布朗（Kay Brown）劝说对方在这本书出版之前买下它的电影拍摄权。然而，塞尔兹尼克想要再等一等。7月15日，看到这本书大受市场欢迎，塞尔兹尼克以5万美元的价格买下了《飘》(《乱世佳人》)的电影拍摄权。不出一年，这本书的销量就超过了100万册。

几乎在同时，塞尔兹尼克开始了这部小说的电影改编工作。当时，他是能够接触到电影拍摄资源的屈指可数的主要独立制片人［包括弗兰克·卡普拉（Frank Capra）、阿尔弗雷德·希区柯克(Alfred Hitchcock) 和沃尔特·迪士尼（Walt Disney）]之一。很少有其他人能够进入大型电影制作公司主宰的这个圈子。在给派拉蒙和米高梅等大型电影制作公司打工拍摄了一些电影之后，37岁的塞尔兹尼克开始掌舵自己的作品。在整个20世纪30年代，他一直是电影制作公司的高薪员工。他作为制片人拍摄了几十部电影，但规模都没法和手头的这部片子相提并论。

作为制片人，塞尔兹尼克必须弄清楚怎样充分理解长篇作品，并将它搬上银幕。为此，塞尔兹尼克国际影业公司需要签约编剧、导演，物色演员，设计背景和服装，制定预算，通过投资者利润分成方案筹集资金，针对剧院制定发行方案，指导营销活动，吸引观众进入剧院观看电影。

相较于此，塞尔兹尼克面临的更大问题是成本。他的独立团队资金十分有限。为了全面体现他关于这本书的拍摄方案，拍摄资金可能超过200万美元，甚至300万美元。当时,耗资最大的电影是《宾虚》，其拍摄成本超过了400万美元。《宾虚》耗资巨大，以至于成为高德温电影公司被洛斯连锁影院收购的主要原因之一。电影《宾虚》最终在洛斯影院的资助下才得以完成。塞尔兹尼克很清楚一部投资浩大的电影可能对他的财务状况产生的巨大破坏，虽然这个片子可能非常叫座。

然而，《飘》不一样；为了满足市场需求，麦克米伦出版社一再加印这本书。在摄影机拍摄第一个镜头之前，电影就已经有了内在的营销手段。一些大型电影制作公司意识到这部电影的拍摄是稳赚不赔的事情，于是纷纷表示愿意与塞尔兹尼克合作。正在寻找资金和发行渠道的塞尔兹尼克无法摆脱被称为"片场体系"（studio system）的卡特尔的控制。

第 25 章 电影

* * *

当时，从很多方面来说这一体系都是必要的。每部电影的情节完全不同，但是每部电影的拍摄工作都耗资不菲。和工厂生产不同，一个耗资巨大的电影布景可能只使用一次，尤其是该场景涉及火灾或爆炸的时候。众所周知，关键员工、演员、编剧和导演的流动性很大。即使投入巨资顺利拍出了一部好片子，也无法保证观众买账。假如一部电影广受观众欢迎，其中的良好认知也很难直接作用于下一部电影。艺术成了生意。那些大型电影制作公司的成功，源于他们不断寻找电影产业化经营模式。

米高梅公司，也就是塞尔兹尼克最后选择拍摄《飘》的合作方，是20世纪30年代五大电影制作公司之一。该公司的源头可以上溯到整整一代人之前。从20世纪初开始，一个名叫马库斯·勒夫（Marcus Loew）的剧院老板想要将业务范围扩展到戏剧和音乐剧之外。起初，他经营了几个综艺厅，晚上上演从喜剧到短剧的各种节目。第一批电影是作为综艺节目的一部分上映的。当时的电影持续时间很短。谁也没预料到，电影后来者居上，让综艺节目相形见绌。无声电影时代的制片人不断扩大作品产量，影片长度和情节的复杂度也有所增加，一些先驱者调整了现有剧院的结构，或者建造了专为电影配备的影院。到了20年代，勒夫的剧院已经发展为纽约的大型连锁院线。位于第45号街和百老汇交会处的大剧院自身就可以容纳3200名观众，相当于一个小型体育场。这一行业的主要资本支出处是剧院，也就是这一行业的展示端，而不是电影拍摄。

投入巨资打造了电影放映场所之后，勒夫还需要源源不断的电影产品。另外，在向电影转型的过程中，一些老牌剧院和歌舞杂耍的老板的想法是，推出其他剧院所没有的独占产品与竞争者进行竞争。勒夫认为，获得源源不断的独占电影的最佳途径是收购电影制作公司。他发现米特罗电影公司旗下有一个发行力量强大的小型工作室。发行是电影业务的一部分，它将电影制作公司或制片人拍摄完成的电影推销给全国各地的剧院。对于每年拍摄一两部或五部电影的电影制作人或制片人来说，雇用从事销售和维护客户关系的员工是没有意义的；这一任务往往由发行商承担。然而，米特罗电影公司是一家电影拍摄力量薄弱的电影制作公司。收购米特罗电影公司之后，勒夫得到了收购高德温电影公司的邀约。高德温电影公司在纽约拥有一个能容纳4500名观众的剧院，还在洛杉矶拥有一个大型电影制作公司，可以提升公司的电影拍摄效率。为了管理合并后的米特罗-高德温公司，勒夫的一位主管结识了路易斯·B.梅耶（Louis B. Mayer）：一位来自俄国的犹太移民，因为成功经营新英格兰的一些小剧院而声名鹊起。后来，38岁的梅耶组建了自己的路易斯·B.梅耶电影制作公司，进入电影拍摄行业。勒夫出资7.5万美元，收购了梅耶的公司，并让他管理米特罗-高德温公司的洛杉矶业务。20世纪20年代中期，米特罗-高德温公司将"梅耶"加入公司名称，成为"米高梅"。虽然作为电影制作公司的老板，梅耶拥有很大的自主决定权，但是纽约牢牢控制着公司的所有权。

因为剧院是整个电影行业取得收入的第一个环节，电影行业的这一侧往往很清楚怎样让周末的影院满员，因此，他们需要对产品，也就是影片，进行控制。电影制片人通常只为一部电影雇人，可以根据影片具体情况削减成本；与此不同，剧院老板花重金租下放映场所或者背负着抵押贷款，因此压力很大。另外，随着新技术的出现，剧院老板不得不立刻投入大笔资金来升级剧院设施，以适应时代发展。

1927年，二线电影制作公司华纳兄弟冒着巨大风险，投入50万美元拍摄了电影《爵士歌手》。这是第一个有声对话故事片。创建公司的四个移民兄弟——哈利、艾伯特、萨姆和杰克——多年来

第 25 章 电影

已在电影届取得了一些成功；但公司的情况开始恶化。意识到有必要为自己的剧院提供一种差别化优势，他们开始投资声音技术，让电影胶片能够实现声画同步。同时，为了让观众能够听到声音，剧院需要安装扩音器和播放声音的设备。依托临时加装的剧院设备，该电影总共赚了300万美元。意识到电影对声音的需求后，华纳兄弟率先在电影制作过程中使用了录音棚，并在该公司的所有剧院里安装了扩音器。

整个行业随即跟进。新颖的有声电影让票房收入没有受到经济下滑的影响。不过，从1931年开始，票房收入开始下降。此后，受困于高资本杠杆结构的影院老板无力支付开支和贷款。几家大公司或其附属影院纷纷进入破产管理状态，由银行牵头实施了资产重组。二十世纪影业公司与威廉·福克斯（William Fox）的福克斯电影公司合并。无力还债的派拉蒙临时处于纽约投资银行雷曼兄弟的控股下。大通国家银行成为洛斯影院及米高梅电影制作公司的股东。甚至是从美国无线电公司中分离出来专门利用其声音技术的雷电华公司，也以破产告终。另外，美国银行成为哥伦比亚影业和环球影业的股东。

唯一没有伤筋动骨的公司是华纳兄弟，同姓家族仍然掌握着公司的所有权和控制权。随着《爵士歌手》最初的成功，华纳兄弟当初给所有收购的剧院中安装声音转换设备的投资获得了良好的回报。有声电影的第一批收入流让华纳兄弟从大萧条中走了出来，成为一个颇具实力的大型电影制作公司。1935年，好莱坞的"片场体系"中包括拥有各自影院的五大电影制作公司，即二十世纪福克斯、米高梅（洛斯影院）、派拉蒙、华纳兄弟和雷电华，以及三个没有影院的小型电影制作公司，即环球、哥伦比亚和联美。

这个体系设法给这个每个产品（电影）都各不相同的行业引入某些规模经济。洛杉矶占地面积广阔的电影拍摄场地几乎可以拍摄任何场景的电影。所有电影制作公司都雇用了专职的摄影师、导演、编剧、音响师和灯光师。最重要的是，每个电影制作公司都签有一批明星。福克斯可以说签了20世纪30年代中期最有名的明星：秀兰·邓波儿（Shirley Temple）。米高梅签了克拉克·盖博（Clark Gable）和诺尔玛·希勒（Norma Shearer）。埃罗尔·弗林（Errol Flynn）是华纳兄弟的签约演员。电影公司首先将影片提供给其在纽约、芝加哥和波士顿等竞争激烈的市场的电影院。众多影院中间出现了一个分级体系。首轮上映的影片在某些连锁影院上映，第二次上映的影片，也就是重映的影片，往往在另一个层次的连锁影院上映。在与独立影院老板打交道时，发行人将明星云集的大片与相较来说逊色一些的片子捆绑在一起销售，影院老板要想拿到极为火爆的大片，就必须搭配一些不叫座的片子。片场体系的所有目标都是为了从这个无法预测的行业获得利润。结果就是建立卡特尔。

塞尔兹尼克可谓一贯独来独往，他毅然离开五大电影制作公司，去拍自己理想的电影。即使是他，在拍摄《飘》的过程中也重新投身老东家米高梅的旗下。他之所以这样做，有两个原因：第一，路易斯·B.梅耶是他的岳父；第二，塞尔兹尼克需要一个理想的演员来扮演瑞德·巴特勒，而克拉克·盖博是米高梅的签约演员。米高梅同意让盖博出演《飘》的男主角，条件是发行权归其母公司（洛斯影院）所有。另外，米高梅向该电影投资125万美元，条件是分得该电影50%的利润，包括洛斯影院要收取15%的发行佣金。谈妥之后，塞尔兹尼克在尚未确定电影女主角斯嘉丽·奥哈拉的人选前就开始着手拍摄这部电影。这部电影的拍摄动用了特艺公司生产的当时最先进、最昂贵的摄影机。这部电影的拍摄场景包括亚特兰大和斯嘉丽宅邸塔拉种植园的某些外观。当塞尔兹尼克在观看亚特兰大的熊熊大火（北方军队对南方最后一击的艺术再现）之际，他的弟弟迈伦·塞尔兹尼克（Myron Selznick）给他介绍了费雯·丽

（Vivien Leigh）；后者在当时是个没什么名气的英国女演员。没过几天，她成为斯嘉丽的扮演者。

在拍这部电影的过程中，塞尔兹尼克先后动用了三个导演。第一个导演是名气很大的乔治·库克（George Cukor）。开拍没多久，塞尔兹尼克就认为他效率低下。第二位导演是维克托·弗莱明（Victor Fleming），他没能很好地表现出塞尔兹尼克设想的原著中的宏大场面；而且，在拍摄一些次要情节时，让那些高薪聘请来的明星在一旁无所事事。塞尔兹尼克尤其不满的是，这位导演没有充分地将战前场面里人们身上穿的色彩鲜亮的衣服表现出来，无法与衣衫褴褛的战后场景形成鲜明的对照。塞尔兹尼克最终用萨姆·伍德（Sam Wood）换掉了弗莱明。当时，伍德正在拍摄米高梅的《绿野仙踪》。他从《绿野仙踪》片场走出来，完成了《飘》的拍摄。*电影制作公司之间这种交换演员、借调人员的能力是片场体系的优势之一，类似于球队之间交换明星球员。为了借用奥利维娅·黛·哈佛兰（Olivia de Havilland）扮演斯嘉丽的道德楷模梅兰妮·汉密尔顿，塞尔兹尼克不得不向华纳兄弟让步，同意借宝莲·高黛（Paulette Goddard）给对方。

在为这些事情殚精竭虑的同时，让塞尔兹尼克大为恐慌的是，克拉克·盖博不愿意根据剧中的瑞德·巴特勒调整自己的口音。塞尔兹尼克只好百般恳求，让他学着说"个别带口音的词"。"瑞德"不修边幅的衣着同样让注重每个细节的塞尔兹尼克惊骇不已，立刻给他换了一个裁缝。《飘》的拍摄工作结束之后，拍摄成本已经超过了400万美元。第一次剪辑结束之后，影片放映长度将近4小时。米高梅的一位负责人打趣说，即使电影演的是耶稣如何再次降临，

---

* 作者这里有误：弗莱明从《绿野仙踪》片场来到《飘》的片场，取代了库克。后来伍德取代了疲惫不堪、压力重重的弗莱明。弗莱明身体和精力恢复后重新回到片场，完成了这部电影的拍摄。该电影的字幕中，弗莱明是这部电影的导演。——译注

这个长度也足以让观众失去耐心。塞尔兹尼克曾经透露，公司需要"让影片与过去十年里总收入最高的影片持平，才能做到收支平衡"。

虽然拍摄过程中遇到了很多困难，但是塞尔兹尼克仍然很乐观。在大多数时间里，他预测这部电影能创下新的票房纪录，带来滚滚利润。

* * *

在电影行业里，有一个人无须费心劳神与演员、导演、布景设计师和工会承包商（union contractor）打交道。他培养了一批永远不会衰老、永远不会抱怨、永远不会辞职和永远不会要求支付薪水的明星。1937年，沃尔特·迪士尼（Walt Disney）已经是一股可以与片场体系相抗衡的举足轻重的力量，成为"电影行业里霍雷肖·阿尔杰笔下的主人公"。他也需要做发行工作，不过，公司的作品拥有强大的票房号召力，与其说迪士尼需要发行公司，不如说发行公司需要迪士尼。他拥有世界上最出名的明星：米老鼠。它出演的第一部影片是1928年上映的七分钟长的卡通片《蒸汽船威利号》。更值得称道的是，即使在票房之外，米老鼠也是一个不同凡响的吸金明星。

在美国经济复苏期间，米老鼠的授权形象广泛出现在手表、毛绒动物玩具、食品、铅笔、笔记本、杯子、梳子和数百种其他商品上。仅在米老鼠问世六年后，迪士尼即与80个美国实体、40个英国实体和80个欧洲实体签订了有偿使用协议。玩具火车制造商莱昂内尔公司说，米老鼠图像的有偿使用权将他们从破产边缘拉了回来。康涅狄格州的手表制造商英格索尔公司在从1933年开始的两年内卖出了200万块米老鼠手表——增加的500万美元零售收入让公司员工人数从200增加到3200。

甚至共产主义国家也动了心。苏联电影行业领导人在1935年对好莱坞进行了为期6个星期的访问，离开时，他尤其对沃尔特·迪士尼的卡通片感兴趣，并准许苏联影院引入这些卡通片。一位苏联报纸的评论人说这些卡通片集中讽刺了美国社会的弊端，"迪士尼真实地用猪、老鼠和企鹅来象征资本主义社会的掌权者"。那位报道这件事的美国记者附上了另一种视角："自从食品紧缺时代以来，莫斯科街头从来没有这么多人在排队。"

33岁时，迪士尼已经和很多大牌电影明星一样声名远播。当然，他比任何电影制作公司的主管或导演更有名。然而，米奇、米妮和唐老鸭，甚至后来稍晚一些的"三只小猪"每次出现在银幕上的时间只是普通故事片长度的很小部分。一般来说，迪士尼公司通过将好几个卡通片放在一起连续上映的方式来占满一个时间段。有一段时间，迪士尼想把这种艺术形式向前推进一步，看看是否可以拍摄普通电影长度的卡通片。从1934年开始，他就公开暗示可能拍一部取材于《格林童话》的普通故事片长度的卡通片。据迪士尼估算，《白雪公主》的拍摄成本为25万美元，拍摄时间大约为18个月，如果顺利的话，可以净赚100万美元。

不同于拥有大型拍摄场地和舞台的电影制作公司，迪士尼的经营运作更像是一个科学艺术学校。卡通片的绘图师不断尝试表现出片中人物或动物动作和情绪的各个方面。有时候，公司会将各种活的动物拿到他们面前，让他们体会和表现森林中各种动物的细微差别。墨水和颜料在成千上万的色调中穿梭，赋予了七个小矮人各自的身份。编剧不断地调整动画的对白，彩色摄影机必须一次次地在图片上方调整位置，为的是给每个镜头赋予理想的色度、亮度和戏剧性。《白雪公主》最初拍摄时配有交响乐和画外音。300多位绘图师依靠手工绘制和上色，绘出了200万张电影胶片，摄影师对其中25万张胶片进行连续拍摄，最终成就了动画片《白雪公主》。

迪士尼最初估算的 25 万美元拍摄成本与实际情况出入颇大，他从米老鼠中获得的收入也不够弥补超出的部分。将公司先前的大笔利润投到这部影片的初期拍摄中后，他向美国银行申请贷款。1936 年，他抵押上公司的所有资产，包括"米奇"和其他所有卡通人物的商标，借到了 63 万美元。不到一年，他又借了 65 万美元。几个月之后，落后于既定拍摄进度，资金再度告急的迪士尼又借了 32.7 万美元。《白雪公主》最后的拍摄成本远远超过了 150 万美元。这意味着，这部电影获得的收入基本上都要用来归还美国银行的贷款，除非迪士尼最初 100 万美元收入的预测也是错误的。

后来的事实证明，他关于这部电影收入的预测确实有问题。美国公众迫切地想知道，这位全国最赚钱心切的艺术家这么长时间在鼓捣什么作品。《时代周刊》在 1937 年最后一期的封面上刊登了迪士尼和七个小矮人雕像的照片。该期杂志中的相关文章将他与伦勃朗相提并论。迪士尼原打算在圣诞节期间在全国放映这部电影，不过后来只有洛杉矶的观众在圣诞节看到了这部片子。《白雪公主》让洛杉矶的观众如醉如痴。克拉克·盖博和卡罗尔·隆巴德（Carole Lombard）被发现在看到白雪公主被"毒死"的一幕后默默擦眼泪。那些个性鲜明的手绘人物激发出了观众的各种情感，影片因此成为一部不朽的现代杰作。

1 月，这部电影在纽约无线电城音乐厅首映。剧院管理层估计，在最初的 4 个星期里，仅那个剧院的观影人数就超过 80 万人。整个 1938 年，《白雪公主》一直保持着最高的票房纪录。让总收入更加令人瞩目的是这一事实：观众中有很大一部分是儿童，他们的票价只有成人的一半甚至更低。然而，《白雪公主》第一年的票房纪录将在第二年被打破。

第 25 章　电影

* * *

《飘》进入发行阶段之后,塞尔兹尼克就不再和导演、演员着急上火了。他的精力转移到这部电影的发行和推广工作上。米高梅希望这部片子首先在大城市的大型初映影院上映,也就是当时所谓的"电影宫殿",之后在全国各地的普通影院上映。塞尔兹尼克不同意这个方案。不同于今天的电影发行,当时不同的电影,票价各不相同。随着电影的持续上映,票价逐渐降低,为的是激励那些错过首轮上映的人们前去观影。一个普遍的做法是,重要影片先在大城市放映,之后数年内在小城市和偏远地区上映(称为"路演")。限制首轮上映次数,为的是最大限度地增加"尊享"属性和票房收入。实现了所有迫切观影需求产生的票房收入之后,电影以较低的价格在普通影院广泛上映。塞尔兹尼克要求米高梅尝试限制上映次数,将票价定得高一些;而米高梅则希望立刻在全国各地广泛上映这部片子。在与米高梅的争论过程中,塞尔兹尼克申辩说,高价格是一种营销策略,透露出商品的非凡属性。最后,米高梅同意将上午场和午后场的最低票价定为 75 美分,夜场非预约席票价 1 美元,预约席票价 1.5 美元。

在与米高梅据理力争的过程中,塞尔兹尼克还面临着一个极为棘手的问题。从 20 年代中期开始,美国一些州开始对好莱坞的作品进行不同程度的审查和限制。为了消除地方审查带来的隐患,并进行标准化操作,电影行业引入了一套自我审查制度。美国电影制片人与发行人协会在威尔·海斯(Will Hays)的组织下,制定了一套电影制作规则,在电影中禁止直接提及性爱,不许嘲讽宗教信仰和政府官员,不许美化不道德行为,不许说脏话。会长海斯对这套规则的执行非常严格,以至于它被称为"海斯规则"。对于塞尔兹尼克来说,问题出在说脏话上。这一规则让《飘》的结尾卡在了海斯的一位副手手中。当听到对方建议他将结尾处的台词改为"亲爱的，我不在乎"（my dear, I don't care）后，塞尔兹尼克在给海斯的回信中说《飘》中的这一绝妙之语，也就是让斯嘉丽和瑞德未来关系板上钉钉的那句话，是'说实话，亲爱的，鬼才在乎呢'（Frankly, my dear, I don't give a damn）"。

海斯的态度有所缓和。也许他意识到，关于这件事，他手中几乎没有什么筹码。整个南方——当时民主党总统的大本营——对《飘》期望非常高。很多人恳求塞尔兹尼克，要这部电影一定尽可能忠实于原著；他们坚持说，把最后那句改为"亲爱的，我不在乎"会产生适得其反的效果。

在电影首映之前，塞尔兹尼克在亚特兰大安排了一场盛大的庆祝活动。亚特兰大和整个佐治亚州热情高涨地参与各项准备工作，就好像那是南部邦联的胜利游行一样。佐治亚州的州长宣布全州放假。亚特兰大的市长宣布举行三天的庆祝活动。《时代周刊》说："在佐治亚人看来，这就像是要赢回七十五年前失败的亚特兰大之战，北方人也认同他们的这一情感。"影片中的那些明星抵达机场后，沿着大约30万人组成的七英里长的夹道欢迎队伍进入城区，"前来迎接他们的人数超过了1864年7月参加亚特兰大战役双方士兵人数的总和。人群挥舞着南部邦联的旗帜，向来宾抛撒多如雪片的五彩纸屑"。很多人流下了眼泪，想象着自己在接斯嘉丽·奥哈拉"回家"。

人们对正统观点的质疑，加上这部电影对南部邦联的正面描述，南方人对他们的热烈欢迎是可以理解的。在其他地方，这部电影讲述的曾经无忧无虑、生活富足的过去时光被无法抗拒、无法预测和连续不断的意外力量所粉碎，让处于20世纪30年代经济萧条时期的人们产生了强烈共鸣。一度分裂的国家幸存下来，并发展成为一个强盛国家，这让不少美国公众感到欣慰。

《飘》讲述的是战争，同时也讲述了人们在经济上的忍耐力。

该电影相当一部分篇幅集中讲述了斯嘉丽不顾道德原则利用一切机会挽救自己的种植园的经过。斯嘉丽从一个颓废的年轻女性转变成一个坚忍不拔的生存主义者，这一点也为广大美国观众所理解。

从收获南方人共鸣的过程中，这部电影及其原著设法让人们忽视了它本身具有的巨大迷惘。所有关于奴隶制及其后果的道德判断都被抛到一边。这一沉重的遗产，即使在这部电影首映的热闹气氛中，也不难被发现。这部电影的明星之一海蒂·麦克丹尼尔（Hattie McDaniel）在片中扮演了被脸谱化的斯嘉丽的黑人保姆。她在亚特兰大庆祝这部电影的任何一个场合都不受待见。

虽然，在废奴七十五年后，海蒂凭借《飘》获得了奥斯卡最佳女配角奖，然而她却无法进入电影的首映剧场。要不是和其他明星一起去亚特兰大的话，她就无法住进盖博、费雯·丽甚至灯光师住的宾馆。她遭受的羞辱不止如此。她因为饰演一位尽职、恭顺的黑人奴隶而成为黑人报纸攻击的对象。《飘》在芝加哥首映时，有人抗议这部电影对奴隶制的同情态度。具有讽刺意味的是，海蒂·麦克丹尼尔是所有这些明星中真正的南方人：盖博拒绝用南方口音说话；费雯·丽和莱斯利·霍华德（Leslie Howard）是英国人；奥利维娅·黛·哈佛兰出生于日本，一生大多数时间在欧洲度过。不过，这位黑人奥斯卡奖获得者的爱尔兰姓氏"麦克丹尼尔"揭示了她的南方血统。这个姓氏是某个奴隶主留下的"长期遗产"。

虽然有人抗议，但《飘》打破了当时所有票房纪录。塞尔兹尼克国际影业公司仅凭一部电影就获得了和其他任何一家大型电影制作公司相同的利润。排除物价上涨因素，这部影片至今仍是总收入最高的电影之一。然而，远离战争，享受情节虚构的电影作品带来的快乐仅局限在有限的地域范围内。正当数百万美国人涌向影院去观看一场以美国历史上最严重冲突为背景的影片之际，世界上最大的一场冲突的第一幕已经开始在大洋彼岸上演。

第 26 章　飞行

大约在1933年罗斯福初任美国总统之际，阿道夫·希特勒巩固他在德国的绝对权力已有数月。就像罗斯福新政和美国联邦政府权力的增加刺激了美国经济一样，纳粹德国的权力对于恢复欧洲最大经济体的工业秩序起到了重要作用。

罗斯福新政推出了社会保障项目、最低工资法、工时限制措施、证券监管法、农业补贴措施和大型公共工程项目。相比而言，德国的经济刺激措施简单得多。希特勒的主要措施是大规模扩充国家军队。在政治上，这一措施与他着力恢复日耳曼自豪感和否定《凡尔赛和约》最终条款的优先目标相一致。除了规定战争赔款之外，《凡尔赛和约》还明确禁止德国重整军备。然而，这些大国在20世纪30年代面临的不确定形势让他们没有认真执行这一条约。国内经济问题是他们最关心的头等大事，尤其是在很多方面处在大萧条中心的美国，没有认真出面斡旋。

甚至，相当一部分美国人同情德国人，并感觉到美国参加一战是受人蛊惑的结果。即使美国有政治意愿（这是一个不可能发生的假设），美国又能做什么？1934年，联邦支出中的国防花费降到了几十年来的最低水平。在枪炮与黄油之间的预算权衡过程中，人们认为前者在和平时期就是浪费钱。考虑到美国拥有两个难以逾越又无须维护的"防御资产"，这种想法很自然。只要大西洋和太平洋仍旧浩瀚如初，水深浪高，外敌就很难入侵美国。在这种战争认知下，美国拥有的只是旧舰艇、旧枪炮、旧飞机和数量很少的常备军。

20世纪30年代后期，在一位生活在英国的美国人看来，欧洲的命运已经注定。在缩短欧洲与美国间的时空藩篱方面，查尔斯·林德伯格比当时任何在世的人做出的贡献都多。1927年，他独自驾机飞越大西洋，一举成为美国英雄和国际红人。当时的美国总统柯立芝派军舰将林德伯格和他的飞机接回美国。不过，如日中天的名誉让林德伯格彻底崩溃。在美国，对于这个生性腼腆的乡村男孩，媒体死缠烂打，要给他拍照，从他的讲话中挖掘"金句"，以满足那些对他万分崇拜的美国公众。他的不善言谈发展成了离群索居。然而悲剧发生在了这种封闭的生活中。林德伯格20个月大的儿子被人从卧室里绑架，并在勒索赎金的过程中被残忍杀害。这件事产生的轰动效应强化了这件事情的残酷。当孩子的尸体被找到并准备下葬之际，新闻摄影师居然打开棺材拍照。

林德伯格和妻子安妮离开美国远走欧洲。20世纪30年代中期，林德伯格夫妇居留法国和英国，生活相对比较平静。在战后欧洲的有利位置，他在德国看到的一切更加坚定了先前的判断，认为德国的崛起不可避免。根据这位飞行员从技术和现实方面的判断，德国人的效率在各方面都优于他的两个东道国的旧世界方法。在林德伯格看来，其他很多人也持这种观点，德国崛起带来的更多的是人们对这个国家的崇敬，而不是地缘政治焦虑。在纳粹最高统帅部看来，这两种情感密切相关。这位伟大的年轻飞行员，有一个非常德国化的名字，他很快接受了德国政府通过美国驻德国使馆武官杜鲁门·史密斯（Truman Smith）发出的邀请，成为德国人的贵客。史密斯嘲讽似的逢迎东道主的虚荣，他预测德国人会迫切地向林德伯格展示他们在航空方面的最新成就。

林德伯格夫妇抵达德国的时候，德国没有安排公众欢迎仪式，这是林德伯格事先提出的要求。当时担任德国空军总司令的赫尔曼·戈林（Hermann Göring）宴请和接待了他。后来，德国有关人员带领林德伯格参观了他们的飞机制造工厂，并演示了飞机。德国人事先精心设计和安排的参观流程让林德伯格深感震撼，他将自己的观察通过杜鲁门·史密斯传回到美国，表达出德国空军在各方面都占据优势的看法。对于德国人来说，林德伯格的第一次和以后的所有德国之行是他们高超宣传策略的一部分。这位历史上最知名的飞行员每一次充满赞赏的参观都向所有德国敌对国家传递了一个信号：他们无法抗衡德国的科学和技术优势。更为关键的是，林德伯格还明确表示，几英里宽的英吉利海峡根本无法成为针对德国空军的缓冲地带。后来，他的这一观点给德国增加了对英谈判的筹码。

1938年9月，欧洲再次出现敌对情绪。希特勒提出要将捷克斯洛伐克的苏台德地区划归德国，那里的居民主要为日耳曼人。表面上的原因是为苏台德地区讲德语的人口提供自决权。为了获得足够的谈判筹码，纳粹德国调动重兵前往德捷边界。这一带有进攻性的调动促使英法在内的很多国家向民众发出提醒，让他们为潜在冲突做好准备。同时，英国首相内维尔·张伯伦（Neville Chamberlain）率先直接与希特勒进行外交斡旋，希望通过谈判解决问题。他在数周之内多次前往德国与希特勒见面，包括马拉松式的谈判。张伯伦呼吁各方妥协，避免战争。9月30日夜，在征得墨索里尼的意大利以及法国的同意后，英国和德国达成了突破性一致。在四国签订的《慕尼黑协议》中，德国军队可以进入捷克斯洛伐克，占据苏台德地区的一部分土地。作为交换，德国不得再采取任何军事行动。

第 26 章 飞行

10月1日，伦敦和巴黎一片欢腾。法国总理爱德华·达拉第（Édouard Daladier）回国之际，热烈欢呼的人群从勒布尔热机场一路延续到战争部大楼。张伯伦同样面对着伦敦兴高采烈的民众。他兴奋地说："这是我国历史上第二次，出访德国的英国首相带着体面的和平归来。"

战争威胁消退后，林德伯格在《慕尼黑协议》签订不到三周之际再次前往德国。在美国驻德大使馆举行的一次正式宴会上，赫尔曼·戈林为林德伯格授予了"德意志雄鹰勋章"。之后，两人退席私谈。戈林深入询问林德伯格夏季访问苏联的详情，这位帝国元帅还邀请他参观德国最新制造出来的飞机，吹嘘说德国一架飞机的速度"远远超过了人类造出的任何东西"。林德伯格在不同寻常、极为详细的日记中说，他后来花了几天时间驾驶和测试德国空军的战斗机和轰炸机，很可能是获此资格的唯一外国人。他彻底被德国先进的飞机所折服，甚至还关注了柏林的房地产市场。他说："我迫不及待地想要深入了解这个国家。日耳曼民族是一个伟大的民族。欧洲的未来要倚靠这个国家的力量。除了战争，任何因素都无法削弱这个国家，而另一场欧洲战争对任何人都是灾难性的。"

3月，德国占领了整个捷克斯洛伐克。

战争的苗头已经出现。林德伯格和家人返回美国。回国之后，他立刻投入了一项需要重新在公众面前抛头露面的新事业：让美国远离战争。

* * *

一战期间担任过海军助理部长的罗斯福深知当年的战争是怎样逐步升级的，以及美国的参与是如何至关重要。然而，他面临着1940年的大选之年，而且政治是一个很复杂的事情。大萧条和坎坷的经济复苏之路让美国更加敏感，公众也坚决反对参与任何战争或同盟，美国的官方政策集中体现出了这一点。总统现在感到相当遗憾的是，他已经绑住了自己的手脚。他在 1935 年签署了《中立法案》，那时，危险和任何严重冲突似乎是遥远的事情。

很多美国人最初认为，在道德层面上，没有一个天然的盟友值得无条件保护。欧洲大地上的战争持续了好几个世纪。在 20 世纪 20 年代末，数量众多的美国人同情德国，认为英法两国强加给德国的战后条款过于屈辱。当英国后来认识到从德国手中拿到战争赔款已经无望时，只是转而请求美国免除他们欠下的战争债务。虽然 1932 年美国的经济在持续恶化，但它还是免除了英国的债务。即使 10 万名美国士兵在第一次世界大战丧生，现在英法两国还是约束不住邻国，又要美国出面干预？谢谢你请我，不过这事儿没门。

在林德伯格这样的技术专家看来，反对干预欧洲是前瞻之见。德国主导欧洲不可避免。在林德伯格等人眼中，相较于发现新世界的那些殖民帝国，德国的情况与美国非常接近。英法两国是欧洲最后的两个民主国家这一说法根本站不住脚。英国号称"日不落帝国"，请问这个"日不落帝国"的任何人都有选举投票权吗？这个殖民帝国统治下的数亿非洲人和印度人与其说是公民，不如说是臣民。法国也在遥远的印度支那拥有大片殖民地，即美国人所说的越南、柬埔寨和老挝。相比之下，德国人几乎什么都没有。现代国家超越那些被虚荣和殖民地拖垮的昔日殖民帝国不是顺理成章的事情吗？当初的殖民活动之所以成功，不就因为依靠殖民者的物质进步和先进生产力吗？这背后的理念不就是先进文化有权利传播他们的先进方式，好让所有人更加富足吗？德国的崛起不正符合大自然的消长之道吗？

《慕尼黑协议》签订数周后的一个夜晚，形势突然急转直下，让人们产生了不祥的预感。一晚上的骚乱和洗劫之后，德国人宣布

第 26 章 飞行　　　　　　　　　　　　　　　　　　　　365

要"清洗"犹太人。不过,这个词还没有呈现出它的全部历史含义。当时,它指的是将犹太人从德国的经济领域中清洗出去。《纽约时报》详细报道了犹太住宅和店铺遭受的破坏之后,猜测德国将近半数的犹太人资产在"这个星期的大破坏"中被没收、损毁。犹太人企业主被迫几乎立刻卖掉家产。慕尼黑天主教会的大主教因为出面为德国犹太人说情,其邸宅遭人洗劫。在很多持观望态度的人看来,德国现在的崛起与其说是国家主义的,不如说更像某些邪恶的东西。这一情况出现不久,前任总统胡佛就公开表达了严重关切,他不无远见地说,"这些人干的是招致未来数个世纪所有人共同指责的勾当"。

一些人的反应相对比较保守和冷漠。林德伯格觉得德国人那一晚的恐怖行为"非常不同于"德国人的"秩序感和理性"。"他们肯定有棘手的犹太人问题,不过他们为什么非要用这么不合理的方式来解决?我对德国人的敬重经常受到这种冲击。"不过,他对德国人的敬重并没有完全被击碎。

和林德伯格一样,不愿意完全排斥德国的态度散布于美国工业的各个领域。20 世纪 30 年代德国经济的发展让美国某些规模最大的企业受益良多,尤其是汽车企业。福特公司在科隆建立了北美之外的福特第二大汽车工厂。通用汽车的全资子公司欧宝公司正是德国最大的汽车生产企业。合起来,美国汽车企业提供了德国汽车产量的大部分。尤其重要的是,德国汽车生产企业戴姆勒-奔驰公司和宝马公司已经从生产民用汽车转向为德国军队制造军用车辆。不过,通用汽车和福特公司的子公司却只能将利润留在纳粹德国。就在《慕尼黑协议》签订几天前,通用汽车总裁,59 岁的威廉·努森(William Knudsen)抵达柏林,视察德国分公司运作情况。一到德国,帝国元帅戈林就将努森召见到其乡村别墅,讨论一件对德国安全极为重要的事情。在纳粹突击队员戒备森严的戈林别墅里,努森很快意识到，他被叫到那里，不是谈欧宝为德国军队生产卡车的事情。戈林事先获悉通用汽车正在美国生产一种绝密的12缸飞机引擎，想要通用在德国建设一个设备完备的工厂来生产类似的发动机。从听到戈林已得知秘密引擎的惊骇中回过神之后，努森答应与董事会讨论德国的这一提议。

不过，从1939年后期的形势发展来看，通用汽车并不打算给纳粹生产飞机引擎。结果，通用汽车德国子公司的所有权逐渐有名无实，德国控制了所有工厂，将美国所有者排除在接下来的商讨和决策之外。这一切与笔名"马克思·沃纳"（Max Werner）的作家极具先见之明的分析惊人地吻合。在1939年战争前夕出版的《大国的军事实力》一书中，沃纳认为，德国、日本和苏联这三个国家已经在20世纪30年代充分实现了经济的军事化。依托这一优势，"发动侵略的国家可以抢先大规模生产最新、最先进的战争武器；发动敌对行为时，它不仅拥有比对手强大得多的武器装备，还可以动用充分动员起来的战争工业"。

沃纳认为，在所有大国中，美国的战争准备最不充分："美国工业潜力十分雄厚，但作为陆军强国的准备工作微不足道：战争工业薄弱……战争动员方面毫无准备，受过训练的后备役军人寥寥无几。"罗斯福自己也看到了这一点。这位总统认为，不管未来局势如何发展，美国都要强化自己的军事力量。希特勒在欧洲的肆意妄为很大程度上因为德国拥有一支强大的空军力量：德国空军能够为陆军打开前进通道，极大削弱对方的应战能力，是德国战争机器的一个重要部分。签订《慕尼黑协议》不到几个星期，也就是在美国最终卷入战争的三年多之前，罗斯福召集战争部部长、财政部部长和级别最高的将军到椭圆形办公室开会，要求大幅扩充美国在和平时期的军事力量。总统扩军方案的核心是大批量生产飞机。

据后来被公认为美国空军缔造者的哈普·阿诺德（Hap Arnold）

说:"总统毫不隐晦地提出打造空中力量,现在,要生产大量飞机!"为了解释这一突然增加的开支,罗斯福悲观地说到将来有可能要抵御一场针对西半球的军事进攻。参会的陆军准将乔治·马歇尔(George Marshall)将军反对只生产飞机,而不建造机场、兵营、基地和大炮等辅助设施,认为总统的方案不合逻辑。实际上,战争部不久前曾经呼吁在增加开支方面一定要做到均衡,要考虑到各个方面。不过,看到总统坚持己见,阿诺德心里很高兴,他说总统的意思是在美国领土上,"无论在怀俄明的陆军驻地新建一个兵营,还是兵工厂里新引进一些机床",都"无法对希特勒产生一丁点震慑!"罗斯福在美国真正卷入战争的几年前就想大量生产飞机。罗斯福战略的另一个考虑未被提及:他之所以不想在美国建造基地或机场,是打算将那些飞机运往昔日的盟国,如果他们与德国开战的话。

为了生产飞机,政府要求私营大企业也要为国效力。在军队将领起草生产计划和预算之际,罗斯福不得不想办法动用一些政治手腕获得国会的批准。在第一个任期,他几乎握有应对经济危机的绝对权力,这已经成了遥远的回忆。眼下,他需要两个东西:生产飞机的资金,将飞机送到英国和法国的授权。对于罗斯福来说,所幸希特勒占领捷克斯洛伐克后不满一年就撕毁了《慕尼黑协议》,这一下公众情感名义上转向了英法两个国家。根据一项盖洛普民意调查,66%的民众支持出售武器。

然而,国会的交锋结果并没有完全反映出公众的支持,尤其是在出售武器问题上。最重要的问题是,如果英法两国与德国交战,美国是否可以向任何一方提供武器?根据约束罗斯福手脚的《中立法案》,答案是不可以。来自共和党与民主党的13位参议员,誓言要进行"毫不妥协的斗争"。"我们是不是要取代欧洲的军工厂来武装欧洲?美国是不是要成为世界的军火库?"共和党的一份报告这样质疑。随着国会1939年8月末夏季休会期的到来，罗斯福的努力以惨败告终。一位极具影响力的共和党参议员对总统"从事涉外事务"的能力没有信心，认为"取消禁运"将加剧欧洲的冲突。

两天后，战争还是爆发了。1939年9月1日，德国入侵波兰。英法两国对德国宣战。

* * *

如果罗斯福以为目前的欧洲形势可以让他的国家团结在其身后，那他就想错了。高涨的反德情绪绝不意味着美国公众对犹太难民的同情或对军事干预的支持。相反，战争的爆发催生了国会和民众中的孤立主义情绪。

然而，在英国卷入这一场刚爆发的战争后的几天里，罗斯福无法不顾念昔日的盟友。他与英国首相张伯伦交流，明确告诉对方他希望解除禁运。罗斯福还开始接触一个进入张伯伦内阁，再次担任他在一战期间担任的角色的家伙，温斯顿·丘吉尔。丘吉尔再次出任英国海军大臣，即英国海军级别最高的文官。

不过，就在向国会陈述意见之前，这位总统发现了一个跟他立场一样坚定的人在猛烈批评他的观点。长期在国外生活的林德伯格回到美国后，通过无线电台阐述反对介入欧洲战争的任何理由。"如果英法两国向处境极为困难的德意志共和国伸出援手的话，就不会有今天的战争。"在指出英法两国相互串通之后，他偏离到另一个问题上："我们与欧洲的纽带是种族上的联系，而不是政治意识形态上的联系。如果白种人受到严重威胁，那么我们有义务挺身而出，与英国人、法国人和德国人并肩而战；而不是和一方联手反对另一方，最后导致共同灭亡。"考虑到当时主流群体对人种论的接受，林德伯格的很多观点被视为明智之论。他认为，充当军火商人从战

第26章 飞行

争中牟利是一种令人深恶痛绝的做法。他说，给交战国提供资金会让美国民众觉得"那个国家取胜比我国避免战争更重要"。虽然如此，林德伯格在两个问题上做了让步。第一，他同意在法律上灵活行事，可以给友好国家出售防御性武器。第二，鉴于他个人与航空工业和陆军航空队的深厚联系，他默许美国扩充国防力量，其理由是"建立在和平主义基础之上的中立是靠不住的"。

罗斯福对这位飞行员演讲中的细微之处很不屑，他对财政部部长说："我敢肯定林德伯格是个纳粹。"

不过，林德伯格的立场为罗斯福解除武器禁运提供了足够的机会。但也有一些限制。不能向交战国提供借款。美国船只不能进入交战国海域。这一法案的签署，就意味着美国开始参与战争，只是没有进入战斗状态而已。

如罗斯福先前的预测，有一种产品所有交战国都想要：飞机。在报道解除禁运的那天早晨，《纽约时报》还报道说，据估计，美国公司收到的1940年交货的飞机订单为2600架。算上炸药、枪炮和卡车，美国公司从比利时和荷兰等获批国家获得的销售收入将达到20亿美元。

罗斯福不失时机地宣布，他将在接下来的几年里设法筹集13亿美元，用以建造95艘军舰，其中包括3艘航空母舰、52艘驱逐舰和32艘潜艇，以及6000架飞机。距离当初他在椭圆形办公室与各位部长和将军开会，希望国会能够提供资金，他已经等待了一年多。美国工业不但要为欧洲战争提供武器，还要参与到目前为止美国规模最大的和平时期军备扩充活动，超越了20世纪头十年里罗斯福的远亲泰迪的倡议。1936年到1939年，美国每年为军队生产大约900架飞机，而1940年，产量暴增到超过6000架。这个数量仅仅是后来产量的一小部分。

美国军备生产如火如荼地展开之际，孤立主义势力也在壮大。

在接下来的二十年里，林德伯格一直是这场运动最积极、最热情的声音。虽然有人指责他是纳粹的支持者，但是他在几个鲜为人知的重要方面保持了自己的声誉。一些高级军官说林德伯格让他们了解了"有关德国空军最准确的信息，包括其装备、领导人、计划、训练方式和目前的缺陷"。另外，林德伯格还是福特汽车公司竞标防卫项目的顾问。

随着1940年形势的发展，德军占领了荷兰、比利时和丹麦。6月初，德军距离巴黎只有35英里。没过两个星期，法国投降。美国战争部部长亨利·斯廷森（Henry Stimson）分析说："事实证明，法国军队虽然有350万人，但实力不强。法国空中力量不足，这在很大程度上解释了后来的惨败。"欧洲大陆的威胁解除之后，德国集中力量，每天对英国进行狂轰滥炸。同时，德国与日本结成同盟。后者将自己打造成为一个称雄亚洲大陆的帝国力量。

然而，美国仍旧处于一个自相矛盾，充满困惑的真空中。公众舆论反对干预欧洲战事，但政府却在积极为全面战争做准备。一贯头脑灵活的罗斯福援引1916年的一部法律，重新召集国防委员会，提出每年生产5万架军用飞机。随后，罗斯福任命通用汽车总裁威廉·努森负责所有军备生产的事务。不到两年前，努森还是赫尔曼·戈林的座上客，后者千方百计想从他的口中套取情报。而现在，他的任务是为美国生产大量军事装备。努森找到了前雇主福特，与他一起协调安排生产方案。和努森一样，亨利·福特也与德国人打过交道。1938年，他获得了"德意志雄鹰勋章"，和林德伯格的勋章一样。

几个月后，罗斯福在1940年的大选中遇到了截至那时最强劲的挑战者。他的竞争对手，48岁的温德尔·威尔基（Wendell Willkie）曾担任公司高管。在他看来，罗斯福新政极大地破坏了捍卫民主所需要的美国竞争力和企业活力。在大选的最后一个阶段，

第26章 飞行

在关于核心问题的辩论中，威尔基对总统每年生产5万架飞机的目标大加嘲笑。"稍有一点生产常识的人都知道，被新政耽误和打击了数年之后，这个目标根本不可能在数年内实现。"罗斯福的前任胡佛总统曾宣称，竞选第三个任期是史无前例的事情，有"专权的意味"。大选前夜，威尔基针对女性选民发出最后呼吁：千万"不要让你们的丈夫、儿子或兄弟到欧洲和亚洲战场去送死"。大选投票开始了，这实质上是针对罗斯福新政、20世纪30年代的经济情况和罗斯福处理外交事务的能力的全民表决。对罗斯福来说，这是双方差距最小的一次胜利。担任总统八年之后，他赢得了48个州中的38个州。选民再一次传递了非常明确的信息：每逢危机时刻，美国民众总是相信这个身有残疾、靠别人帮助才能进入椭圆形办公室的人。

* * *

罗斯福的胜利对于某些人绝对不是一件好事情。亨利·福特越来越怀疑政府打算接管他的公司。即使在罗斯福赢得第三个任期之前，只要提起这位总统的名字，年迈的福特就会勃然大怒。被《时代周刊》称为"国防委员"的努森，就极为尴尬地亲身体验到了这一点。努森的任务是将底特律的多家汽车制造公司的大规模生产能力运用到飞机制造上。先前习惯于不紧不慢精雕细琢，生产高精度飞机的飞机制造公司，现在根本无法满足政府大量订单要求的速度。标准的生产流程要求将其他部件送到飞机框架上。有人建议让汽车生产企业采用流水线方式生产飞机，飞机制造企业表示反对。作为妥协，努森让汽车生产企业生产飞机零部件，最后的组装工作则由飞机制造企业完成。

努森要求福特生产6000台劳斯莱斯公司设计的飞机发动机。

福特开始的时候答应了。后来，当他听说一位英国贵族在讨论这个订单，就立刻打了退堂鼓，因为他不愿意为任何外国军队生产任何东西。努森恳求福特兑现诺言。然而，在说服福特的过程中，他犯了一个致命错误——他提到了罗斯福总统对福特最初同意的喜悦。结果，努森离开福特那里时毫无收获，愤懑不已。罗斯福新政尤其让福特吃够了苦头。率先实施的 5 美元日薪制度一度让他被拥戴为劳工大众的朋友，然而在整个 20 世纪 30 年代，他发现自己在与工会的斗争中逐渐失败。福特认为罗斯福的工会政策切断了他与工人队伍的亲密关系。现在，他毕生的工作、工厂和生产方式都要听从政府的摆布，为的是一个他根本不相信的事业。相较于其他任何人，福特对美国生活方式做出的贡献可能是最大的。然而，现在却要让他容忍用一种最"不美国"的方式来保护美国。

福特的坏脾气让他的副手查尔斯·索伦森陷入两难境地，他在回忆录中写道："一边是一个意志极为坚决但被错觉折磨得痛苦不堪的老人，另一边是有能力、有热情和有机会接管福特汽车公司的富兰克林·罗斯福政府。"在这位福特的副手看来，公开违抗政府很可能导致公司被收归国有。因此，在福特公司组装第一条生产线前就在此工作的索伦森，带领公司参与了努森的生产项目。

1941 年年初，索伦森前往圣迭戈察看 B-24 "解放者"式飞机的生产情况。这是一款由联合飞机公司生产的四引擎轰炸机。空军对生产"解放者"式飞机"蜗牛般的速度"很不满意。这位福特公司的高管看到，"这是一款客户定制型飞机，它的组装就像裁缝裁剪缝制一套衣服一样"。零件的精确度极高，需要在最后组装之前，根据温度变化进行调整。底特律生产零部件后运抵加利福尼亚组装的方法没有意义。他回到科罗纳多酒店房间，开始思考福特公司怎样能在这方面有更大的作为。

索伦森产生了很多想法。他在纸上列要点，画草图，把他想到

第26章 飞行

的生产流程勾勒出来，从下午一直忙到深夜。深入考虑了所有主要部件的需求、组装时间、每个环节所需要的厂房空间和操作顺序，索伦森开始拟订一个能够显著提升B-24生产效率的方案。这款轰炸机的尺寸，将近66英尺长，两侧各设计有两个硕大的引擎，向他提出了一个自从进入汽车行业以来从未遇到的严峻挑战。

第二天早餐的时候，索伦森将他的方案告诉了亨利·福特的儿子埃兹尔（Edsel）。这位美国空军的中间人提出可以由福特公司给联合飞机公司生产一千只机翼。索伦森提出异议：空军应该给福特汽车公司拨款2亿美元，由后者建造一个世界最大的生产B-24整机的工业制造基地。根据前一天画的设计图，这位福特公司的生产主管提出需要建设一个"长一英里宽四分之一英里"的飞机制造厂。如果政府同意这一方案，这家汽车公司保证每小时生产一架轰炸机，每天生产18个小时。虽然空军方面的反应很积极，但索伦森不得不说服情绪日益乖僻的老板。也许是看到继续抵制下去没有什么意义，又或许是被建立一个巨大生产基地的挑战所打动，亨利·福特最终同意了。一个月内，政府批准了索伦森提出的方案。从铅笔草图开始，不到四个月，钢筋开始竖立在即将兴建的威洛伦生产基地。福特进入了飞机制造行业。

类似地，其他汽车生产厂家也完成了生产设备的更新。努森的前雇主通用汽车将三个工厂变成了军工企业，专门生产机枪，以补充柯尔特公司的产能。克莱斯勒公司在价值2000万美元的新基地里制造30吨重的坦克。美国汽车与铸造公司和鲍德温机车公司转产重型坦克。西尔斯公司的一名顶级销售主管被调了过来，他的任务是"确保陆军和海军购买的所有设备材料，从别针到16英寸枪械，价格最优、送货最快且质量最高"。美国钢铁公司主席辞去年薪10万的工作，负责管理所有工业原材料的采购，从钢铁到橡胶到锡。1941年，主要用于强化美军军事力量的联邦政府战争部的支出达到39亿美元。1939年，战争部支出不到7亿美元。尽管增加了5倍的支出，美国还是没有进入战争状态。

然而，另一个半球正在彻底重塑先前的秩序。1941年6月，也就是法国投降一年后，德国入侵苏联，这个共产党国家暂时与英国建立了基于利益的联盟。苏联第一次请求美国提供武器。在太平洋战场，日本政府在中国日占区建立的傀儡政权获得了德国、意大利和其他轴心国的承认。作为应对，就像对待英国一样，美国打算向中国其他地区运输武器，派遣飞行员。

美国政府看到了局势的未来走向。白宫这位杰出的政治家开始着手让广大民众深入地为这场战争做好心理准备。他不再像秋季竞选时那样用轻松的口气回答民众有关美国怎样置身事外的问题。一项民调显示绝大多数美国人仍然反对参战，但罗斯福对这一结果不予理会，他说，这就像问对方是否反对罪恶。

报纸上的激烈争论仍在持续。报纸几乎每天都要刊登社论和反战人士演讲的摘录，包括林德伯格的演讲。作为"美国优先"运动的领军人物，林德伯格竭力安慰美国民众，说两个大洋能保证他们的安全。

但是这位飞行员想错了。日本在称雄整个亚洲的过程中，发现了一个潜在的威胁。美国从夏威夷、关岛到菲律宾的一系列军事基地构成了连接美国大陆与亚洲的链条。随着太平洋战场紧张形势的加剧（这场冲突逊色于欧洲战场），战争的脚步越来越近。在华盛顿进行了一周的谈判后，裕仁天皇的特使受邀于11月27日面见罗斯福。这时候，美国和日本两国之间仍然无法达成共识。听说日本军队派兵进攻缅甸，罗斯福直接向日本天皇发出呼吁。12月7日，日军轰炸美国珍珠港海军基地，向英国和美国宣战。美国参议院投票一致同意对日作战。众议院只有一张反对票。

"我们已经将责任担在自己肩上。在这种形势下，除了战争外

第 26 章　飞行

我看不到任何其他选择，"林德伯格在日记中这样说，"如果我是国会议员的话，我肯定投票支持宣战。"在德国同日本结盟，日本对英国宣战后，美国在那个周末也对德国宣战。

美国卷入战争后，资本主义运作方式已经基本上停止了。在接下来的三年半里，政府是国民经济中最重要的行动者。它引导存在和发展了数十年的民间力量和政府一起打赢这场两条战线上的战争。美国历史上的各个重大新生事物，从油田的勘探到钢铁生产、汽车的大规模生产和包括雷达在内的无线电应用，甚至电影制作公司，都要效力于这一国家事业。政府要求好莱坞制作宣传电影以鼓舞国家士气，这个国家在内高速生产，在外英勇作战。这个1940年生产了将近400万乘用车的国家，在1942年只生产了22.2万辆。在接下来的一年里，用于公众消费的新轿车大幅减少到可怜的139辆。在珍珠港事件爆发后的12个月里，汽车公司和飞机制造厂联合生产了将近4.8万架飞机，距罗斯福的战前目标仅差2000架。第二年，产量几乎翻倍，接近10万架，这很大程度上是罗斯福的功劳，即使在美国还不具备参战的政治意志的时候，就让美国做好了军事上的准备。

美国具有如此巨大的生产制造能力，还有一个希特勒非常了解的原因。地理位置赋予了美国用之不竭的自然资源。美国的能源、矿产和食物远远超越了本国消费需要。在燃料短缺严重困扰纳粹德国之际，美国的天然气和石油生产在战争时期不断增长。类似地，美国的铁矿石、铜、锌或铅也一直没有短缺过。牛肉、猪肉、小麦和乳制品的产量达到了历史新高。这种被两大洋缓冲的地理位置优势并非历史的偶然。购买路易斯安那领地、迁移印第安人、"天定命运论"下的西进运动、打赢美墨战争获得的加利福尼亚海岸线和将美国凝结在一起的南北战争，都为美国打造自己的战略优势发挥了重要影响，同时这一战略优势又进一步强化了美国的力量，给自已提供了安全的隔离带。

然而，源源不断地生产各种武器装备（"解放者"式轰炸机和"自由号"舰船）无法掩盖这样一个事实：在战争期间，自由几乎已经不存在。就像人们常说的"危急关头见品性"，战争也揭露出现代国家的本质。任何人，即使在所谓全世界最民主和最资本主义的国家里，都可能被征召入伍并被迫为国家效力。这说明，个人只在和平时期真正拥有自己，一旦爆发战争，他就属于政府所有。同样，第二次世界大战表明，自由市场资本主义的所有工业产能都可能被政府征用。个人产权也不例外。战争似乎抹去了所有的意识形态概念。

同时，战争还表明，集中规划不但能协调运用庞大经济体的资源，还能推动快速创新。研发原子弹的曼哈顿计划，与美国历史上私营大企业的任何产品一样具有创新精神。二战这一"研发实验室"催生了无数军事技术，包括电视、喷气式飞机和电子计算的进步；后来，私营部门将那些杀伤性技术用在了更为人道的地方。实际上，那些催生巨大创新且支出庞大的科技，越来越多地来自政府资助的研发项目。具有讽刺意味的是，这些研发项目可以在不考虑商业前景的情况下进行。只有利润才能催生发明创造或产量最大化，这一观点不符合战争期间美国的情况。

不过，战争胜利之后，坚定的实用主义再次成为美国最显著的意识形态：虽然美国在战时可以收缩民主和资本主义理念，但这种收缩植根于威胁消除之后再次回归美国传统的自负的能力，这是一种根据形势调整内政外交政策的达尔文模式。

在这个能够用先进武器从空中向敌人发动恐怖袭击的现代社会，美国人意识到他们无法在国际事务中独善其身。对德国和日本的战争胜利之后，美国在这两个国家建立了永久军事基地，改写了这两个国家的宪法，要求他们非军事化并实施民主。然而，值得一提的是，美国用它的雅量和资金为昔日的战败对手提供了支持。在很短的时间内，日本和德国发展成为世界上第二和第三富裕的国家，美国的市场都对它们开放。具有讽刺意味的是，美国的盟友英法两国退出了世界舞台，放弃了先前的殖民帝国。长达几十年的血腥的欧洲战争让位于新独立殖民地的内部冲突。这些新独立的殖民地给自己注入了不同的意识形态、宗教信仰、个人崇拜、军国主义和独特的经济理论。美国的其他战时盟友还有苏联和国民党执政的中国。二战结束后不久，中国共产党掌握了中国政权，成为另一种竞争性意识形态的先锋。

为了对抗共产主义并与其实现差别化，也为了给世界其他国家输出美国模式，自由市场资本主义成了一种地位和民主一样高的信仰。与言论自由和宗教自由一样，私营企业自由竞争被视为人类自由和创造力的内在方面。这种"经济自由体系"的合法性不仅来自其提供高水平生活的能力，更有其哲学依据。

第 27 章　郊区化

在比尔·莱维特（Bill Levitt）看来，美国在战时生产方面有点过了头。作为一名海军军官，他在太平洋战区服役期间，看到的是衣食不愁的美国海军。"军队配备了那么多电冰箱，"他在演讲中回忆说，"很多冰箱运来后板条箱一直没有拆开过。我们有那么多铁皮罐咖啡，以至于弄不清是日本人还是咖啡因让我们紧张。说到香烟，负责后勤的人肯定是把'条'和'包'两个量词搞错了。我们一个个喷云吐雾，简直可以和匹兹堡的炼钢平炉有一拼。"莱维特绘声绘色的描述透露的意思很明确：这种浪费是集中规划和政府指令生产的必然结果，而他的住宅建筑商听众需要抵制这种生产命运。不过，在 1950 年发表这番演讲之际，莱维特并不是超然的旁观者。作为一名住宅建造商，他可能是前线士兵返回美国、回归平民生活的最大受益者。

第二次世界大战中，超过 1500 万美国人在军中服役。从 1944 年开始，第一批美军士兵在结束最后的海外驻守任务后，开始返乡。年长的士兵回到了妻子和孩子身边，回到城镇和乡村、家庭和农场，

第 27 章 郊区化

继续他们的成年人生活。然而，那些最年轻的士兵是在服役期间完全成年的。比如，一个正好出生在 1920 年的典型士兵，在他的国家开始陷入最严重的经济创伤时，已经 9 岁了。他就会亲眼看到大萧条的困境如何重创自己所了解到的美国。在他满 18 岁时，报纸的大标题会转而报道即将爆发的海外战争。在有资格投票选举之前（当时的投票年龄是 21 岁），这个大男孩进入部队。对于出生在 20 世纪第二个十年里，比他大一些的兄弟和堂表兄弟来说，情况可能会更糟，他们在 20 世纪 30 年代初就达到了工作年龄。

这一代人没有经历过富足的日子，即那种美国生活方式独有的看似不断向上的轨迹。他们对汽车和收音机并不惊奇，因为早在他们开始记事时，汽车和收音机已经司空见惯；即使在物质匮乏的时候，美国人也认为这是理所应当的东西。即使在约翰·斯坦贝克（John Steinbeck）讲述的发生在 1939 年的贫困故事中，作为经济难民的乔德一家也是开着自家的汽车从俄克拉何马州逃难到加利福尼亚州，一路穿越美国。这是一个可信的故事，而在世界上其他地方看来简直难以置信；按照定义，那里的穷人是没有汽车的。但同时，这一代人成年时期的美国，是一个 30 年代经济混乱、40 年代士兵在海外死伤累累的美国。十多年来，美国社会的核心协调机构是联邦政府，它让国民经济回到正轨，并打赢了太平洋和欧洲两场战争。不过，一个私人化的美国正在回归。

在战争和他生命的最后一年里，罗斯福将一部分精力转移到让数百万退伍军人重新融入经济活动的工作中。《退伍军人权利法案》在他签署时的正式名称为《军人再调整法案》，该法案覆盖了针对退伍军人的一系列保障项目，包括住房、教育和就业。该法案首先给复原士兵发放 52 个星期每个星期 20 美元的失业补贴。对于想要上大学或接受工作培训的退伍军人，该法案连续四年提供每年 500 美元的学费和每月 50 美元的生活费，已婚士兵的生活费为每月 75

美元。数百万退伍士兵利用补贴进入大学学习或参加就业培训课程。最后，对于想要买房子或创业的退伍军人，政府提供贷款担保。

虽然退伍军人可以获得购房抵押贷款，但是可以买的房子很少。《芝加哥论坛报》的一位专栏作家说，战争的胜利伴随着"疯狂地寻找并不存在的住所"。在芝加哥这样的大城市里，住房最为紧缺。《纽约时报》社论强烈呼吁全国各地建设500万套住房。好几个原因加剧了住房紧缺问题。1925年是住宅建设的高潮时期。在20世纪30年代，新建筑的数量骤降到1925年水平的一小部分。然而，正当住宅建设即将复苏时，战争爆发，人力物力都从住房建设中撤出。总的来说，在接下来的二十年中，国家的住房数量没有跟上人口增长、家庭增加和原有住房老化的步伐。人们只能将就着住。随着因战争推迟结婚的数百万年轻人开始寻找工作、组建家庭，住房成为一个很突出的问题。这个问题的解决方案让美国社会面貌发生了翻天覆地的变化。

* * *

后来，比尔·莱维特，和全国各地数百位住宅建造商一样，不仅建造房屋，还建造了整个城镇。战争结束，差两年40岁的莱维特复员后回到家族企业莱维特父子公司上班。这家公司是他的律师父亲亚伯拉罕建立的。在公司1934年的大项目中，莱维特只扮演了一个次要角色。这一项目位于长岛曼哈塞特的斯特拉斯莫尔，有200套住宅，每套价格在9000—18000美元之间。大萧条时期，这种价位只有中上层民众才能承受得起。

这个项目受益于罗斯福总统上任头几天通过的立法。从1933年开始，为了解决全国性的经济危机，罗斯福建立了两个联邦机构，帮助城市住房所有者解决他们面临的困境。这两个机构，即房主贷款公司和联邦住房管理局，主要任务是通过提供新增贷款来避免赎回权危机并鼓励建造新住宅。在罗斯福新政之前，美国绝大多数抵押贷款期限相对较短，大多数情况最多十年，很多贷款还没有完全分期偿还。这意味着，贷款期限结束后，房屋所有人仍然没有还清贷款，需要办理新的贷款。在大萧条期间，随着房价大幅下降，这种贷款很不容易获得，因为银行不愿意接受价格不断下降的抵押物。

这时候，房主贷款公司和联邦住房管理局为住房市场提供大规模贷款担保。有了政府的担保，银行或储蓄贷款协会就可以放心放贷，而不必担心对方还不起贷款。同时，为了减少贷款人的月供负担，增加稳定性，贷款期限最长可延长到三十年。另外，联邦住房管理局的担保允许银行提供高达房屋价值95%的贷款。1939年，依托贷款担保，美国住房市场显著好转。然而，战争爆发，这一良好势头戛然而止。

战争结束后，针对退伍军人，所有首付款要求都被取消了。原则上，只要有工作，就可以买房子。于是问题变成了位置：到哪里去盖数百万套房子？在这个20世纪20年代末已经实现汽车饱和的国家，答案是美国大城市周围面积广阔的郊区，比如长岛的马铃薯地。1947年，莱维特父子公司在比尔的牵头下，将赌注下在长岛中心1200英亩绿意很少的平坦农地上。这里距离帝国大厦大约30英里，远离人口稠密的布鲁克林区和皇后区，相比于到处是无轨电车、忙碌的商贩和行人及拥挤的城市街头，仿佛是另一个世界。莱维特用基督福音的语言满怀热情地说："你会惊叹人类的重生，人们终将拥有自己的一片肥沃土地，一份光明、空气和阳光。"为了这个"重生的人"，莱维特打算在郊区建造独栋式住宅。

在这片土地上，莱维特要从零开始建设一个郊区城镇。他打算建造质量过硬、格局实用的住宅，其价格在新建筑中也是前所未有的。大规模建造房屋在当时不是什么新鲜事。西尔斯和蒙哥马利-沃德公司通过目录册卖房子已有几十年历史。房产零售商运用它们在木材、金属和陶瓷制品方面的强大购买力，能够为边远地区的家庭提供现场组装盖房的全部材料，购房者只要买下地块，雇佣施工人员即可。如果有独特要求，如设计格局或土地改造，就需要另外增加资金和时间。正如福特的T型车曾向美国展示的那样，要想以最低的价格获得优良的质量，唯一的办法就是不断制造同样的东西。

在几个月之内，莱维特把他买下的马铃薯地变成了"大工厂"。一辆辆卡车停在大小完全一样的土地上，卸下"同样数量同样规格的木材、管道、砖、房屋面板和铜管，所有东西就像面包房的面包一样包装得井井有条"。挖掘机在旁边挖出长32英尺宽25英尺的房屋地基。之后，运送混凝土的卡车迅速赶到，将房屋地基打好。混凝土地基干燥之后，两到三名专业施工人员赶到，完成他们各自的工作，比如在地基上砌砖，搭造龙骨框架，固定餐具柜，安装顶棚，刷漆，等等。一项任务完成之后，工人就前往下一个房屋工地，而临近地块的施工人员过来完成下一道工序。和生产汽车流水线不同的是，汽车生产线是汽车底盘在工厂流水线上移动，而在这里，是各个工序的施工人员迅速在莱维特建造房屋的露天"工厂"里流动。

建的房子越多，管理人员和施工工人的效率就越高，每座房子的单位成本也就越低。那批房子面积不大。它们是由比尔的哥哥阿尔弗雷德设计的，是过去简陋的牧场房子的现代版：12英尺乘16英尺大小的客厅，另外有两个小卧室、一个厨房和一个卫生间，全都放在一个斜坡尖角屋顶下。房子建在100英尺长60英尺宽的地块上，前门距离马路有30英尺，屋后还有30英尺的空间作为后院。一年内，莱维特建造了4000套这样的房子，超过美国的其他所有开发商。他将这一项目命名为"莱维顿"[*]。

莱维特既擅长造房子，也擅长卖房子。他给所有房子统一定价

---

[*] Levittown，字面意思为莱维特城。——译注

为 7990 美元，其中包括电冰箱、书架和洗衣机。为了让莱维顿更触手可及，他还以每套每月 65 美元的价格向外出租这些房屋。开盘前夕，新闻摄影师拍到了有人夜晚住在帐篷里等候购房的情景。价格并不因为需求旺盛而调整，反而催生了一种疯狂抢购的情绪，起到了很好的营销效果。1948 年，莱维特希望再建造 4000 所房子。另外，他还计划给社区增加游泳池和购物中心。考虑到他的声望，莱维特的意义并不在于他是城郊房产开发的执牛耳者——他建造的数千套房子不到全国市场的 1%——而是他的开发模式：成批地建造和销售房子，几乎一夜之间就将大片农田变成居民区。

在约瑟夫·麦卡锡（Joseph McCarthy）等共和党参议员的带头下，联邦政府对私人住房计划的支持取得了新的进展，美国通过了一项鼓励建造住宅的政策，计划在接下来的十年内新建 1500 万套住宅。这些房子必须建在土地价格便宜的地方，然而综合因素是，要想应用莱维特的批量建造方法，建造商就必须拥有大片的开阔空间。他的方法不适用于城区和高层建筑，在城区建造房子必须根据地块的具体情况来考虑建筑方案。从现金流的角度来看，在城郊盖房子的重大优势是，每一套房子一经建成即可出售。如果是多层建筑的话，就要等整栋建筑全部竣工之后才能出售其中的每套房子，并允许买家搬入。

大规模房屋建造的结果是，整整一代人的家庭在距离城市不远（驾车可达）的地方形成，他们却不是城市的一部分。城郊思潮和即将到来的婴儿潮在精神和功能方面是一致的。郊区城镇的轮廓就是男性通勤者、家庭主妇和完全以生儿育女为中心的社区，就像家庭工厂。生活、家庭和社交的模式，全都千篇一律、循规蹈矩，因而引起了社会和文化批评家的强烈关注，因为年轻家庭的活力和朝气、源源不断的人力资源正在流出美国大城市。

肯尼思·杰克逊（Kenneth Jackson）在他那部很有影响力的

书《马唐草边疆》中转述了这些评论之士的观点，说郊区"既没有提供城里的优雅和见识，也没有提供农场的安宁和静谧"，城郊是"文化、经济和情感的荒地"。这一集体评价不一定反映了杰克逊的看法，不过它确实含有某些令人厌恶的精英主义论调。对于很多人来说，农村生活本来就不是一些人想象的那么浪漫。农场生活极为艰辛。任何一个奶农或养猪户都会对纽约的作家和学者们描绘的田园风光提出质疑。还有，哪里来的城市魅力？当一个人在充满噪声的工厂里每天从事8小时"舒筋活骨的"繁重体力劳动时，城市的文化魅力抵不上一杯凉啤酒。狭小逼仄的房子，孩子的声音和隔壁邻居隐约传过来的声音混杂在一起，能让人感觉到什么见识？炎热季节到来时，和那些文人墨客不一样，普通人没有条件离开城市去某个地方避暑。而在郊区，拥有四壁组成的空间、后院的一小片绿地和烤热狗的烤架，抬头能看到蓝天，日子过得也不错。那些评论人士那么热衷的文化到底是什么呢？大多数美国人喜欢去看电影，而不是读诗。这里难道不能也建几个电影院吗？从收音机上就能收听棒球比赛，住在哪里有什么区别呢？

受郊区生活条件的吸引，工厂工人、卡车司机、小店店主和基层技术人员离开他们在城市里租来的、往往逼仄狭小的住所，成为莱维特宣传的"自豪的乡间业主"。过去的几十年来，农民的后代不断涌向城市，和来自世界各地的移民混居在一起。现在，他们开始返回老家。对于一个在诺曼底战场长大的年轻人来说，他的父母曾在大萧条期间苦苦挣扎，如果不把这当作美国梦的话，就太不知感激了。

*　*　*

郊区化（suburbia）很快成为美国文化的核心驱动因素。在第一次世界大战之前的一段时间里，每年有100多万移民进入美国的事情并不鲜见。然而，在 1931 年到 1945 年超过十五年的时间里，进入美国的移民人数总和不到 70 万。移民人数在将近一代人的时间里大幅减少意味着，战后美国的绝大多数新婚夫妇出生于美国本土。他们讲的是美式英语，战争进一步强化了他们身上的美国特质，而不是作为某个族裔的父母的地方主义思维。美国白人之间跨越族裔的婚姻越来越多。战后夫妇的后代可能是爱尔兰、德国、苏格兰和英格兰血统的混合体，大家都不以为午。如果说城里的小区和父母亲所住的廉租房社区强化了族裔特征，那么郊区就是淡化了族裔根源的新美国。这种情况发生得如此成功，以至于大多数美国白人孩子都无法在"美国人"之前再加上一个单一的、占主导地位的族裔连字符。不协调的是，郊区统一的白皮肤实际上正是"熔炉"发挥作用的结果。

除了融合白人之间的族裔，新移民的缺乏也侵蚀了阶层之间的界限。不再有 100 万饥饿、绝望的灵魂登陆海岸以拉低本土工人的薪水。对于经济条件较好的家庭来说，没有新移民的妻子或女儿源源不断地给他们提供廉价的仆人，如女仆、家庭教师和厨子——这些人已经上了年纪，没有新来者替代他们。区分中上层家庭和中下层家庭的标准越来越落在这个家庭生活在哪个郊区。到 1954 年，有关"中产阶层"的一个简单而又公认的定义是，拥有自己的房子但雇不起仆人。

类似地，郊区统一了人们的品味。在《组织人》一书中，威廉·H.怀特（William H. Whyte）对郊区家庭行为进行了广泛分析，他指出，中产阶层困境中的可接受行为的核心准则是"低调消费"。当人们将物质上的舒适和奢华作为美好生活的一部分积极追逐时，约定俗成的社交契约要求人们不要在邻居们面前显得过于突出。这是一种微妙的平衡，既要显示一个人更有品位或更有钱，同时也要保持"强烈的平均主义冲动"。当一个家庭的消费能力显著超越邻居时，他们就会搬到一个更为高档的城郊住宅区。在一个住宅区被视为露骨庸俗的炫富行为，在另一个更为富裕的住宅区就会显得很正常。

阶层流动有着丰富的含义。1954年入门级的莱维顿住宅的广告价格是8490美元，要求首付440美元，月供65美元，收入不断增加的家庭可以不断跳跃到价格更高的区域。纽约的新开发住宅区，名称包括会让人们联想到静谧牧场的格德尼牧场、森林地产和绵延远山，其价格区间意味着这是中产阶层住宅。约克镇高地的房子起价是11560美元，而纽约州拉伊县的森林地产项目的房子起价是30450美元。不同于隐含着永久意味的"家"，新的美国梦让人们定期为了各种机会搬家。白领工人职务的晋升和迁移让所有人觉得这种频繁搬迁是一种很正常的事情。在很多新住宅区，房主拥有某套房子的平均时间不到七年。买房子容易使得把房子卖给别人也很容易；郊区的这种流动性，冲淡了人们关于在家乡多代同堂的古怪想法。

可以预测的是，所有这些因素催生了人们相同的想法。不过，人们没有意识到的是，迁徙到郊区让数百万美国人接触到了民主。大城市有着悠久的政治制度和稳定的选区，而这些新建的郊区需要当地人自己来治理。起初，这些地方是建造外观一模一样的房子的露天工厂，随着时间的推移，这些房子逐渐连成片，成为需要一些基本服务的社区和城镇。比如，必须申请设立消防和警察机构。居民需要计划公园用地，讨论红绿灯的具体位置。讨论购物区和商业区的位置也是一件很迫切的事情。更重要的是，所有政治博弈的核心是任何一个郊区长期生存下去的最重要问题：学校。

如果购买的是低价土地，将这片土地平均分成100小块，雇佣施工人员迅速在土地上盖房后高价出售体现的是资本主义的实质，那么将这些住宅联系在一起的公共学区就是社会主义的精髓，甚至也许是共产主义的精髓——让所有人享受免费教育，不叫共产主义叫什么？当新社区从开发商手中接管了社区维护的责任后，社区的未来就掌握在社区业主手中。一般来说，当地社区要在一起开会，举行表决，投票决定该对自己的房产征收多少税。当地的大多数税款（今天也是如此）主要用在孩子们的身上。学校成为所有社区事务的中心。应该给教室投资多少钱？应该给教师支付多少薪水？我们真的需要那栋新校舍吗？与邻居攀比变成了城镇之间保持学校水平的竞争。在那些小孩子的自豪感背后，还要算经济账：几乎所有潜在的郊区买家都知道将学校视为一个衡量社区优劣的重要指标。所在学区评级下降会影响房子的转手价格。

将税款主要拨给学校可以让社区"永葆年轻"，因为退休老人一般不愿意负担社区儿童的教育税款。这也意味着，即使业主还清了房子的抵押贷款，也要每年承担城镇规定的与房产相关的税款；和业主一样，社区也拥有这些房子的永久利益。让社区所有人在此参与政治进程，就税款和资金事务进行直接投票，这种民主参与的水平可能会让托克维尔惊叹不已。"亲自参与社会治理，发表自己的意见，"托克维尔在1835年出版的《论美国的民主》中说，"是最重要的事情，可以说是美国人所知道的唯一乐趣。"19世纪，美国经济发展超越了托克维尔观察的小城镇。随着人们纷纷从农村迁向具有各种复杂利益的大城市，美国民众影响政治的能力降低了。然而，在战后美国贫瘠、单调和清一色是白人居住的郊区，地方民主获得了重生。

* * *

不过，这种城郊民主，这一新的美国梦，并不是所有人都能享受到的。

在完成了纽约的房屋建造项目之后，比尔·莱维特将注意力转移到一个比莱维顿更大的房地产开发项目。该项目位于宾夕法尼亚州巴克斯县的牧场。他计划再次将数千英亩农田变成数万人生活的住宅区。推动这一趋势的是美国钢铁公司发布的一份声明。几十年前，卡内基钢铁公司与其他几个大型钢铁公司合并成立美国钢铁公司，这家公司的态度一直是美国经济的晴雨表，因为从建筑到汽车的所有行业都需要钢材。如果美国钢铁公司持乐观态度，就意味着经济形势不错。在20世纪50年代初期，美国钢铁公司一直很乐观。

在《纽约时报》所谓"史上最大规模的钢铁扩张项目"中，这家公司投资4亿美元，要在特拉华河岸边建设一个大型工厂。7000名建筑工人每周工作六天，忙碌了好几个星期，终于让工厂顺利投产。工厂在还没有完全建好的时候，就雇了数千人，预计还会再雇用属于典型中产阶层的数千蓝领工人。这个地区的经济发展水平，再加上便利的铁路系统，有望吸引总共40亿美元的其他工业投资。总之，这是一个开发住宅的好地方。

莱维特父子公司的这一新项目位于一片占地2000英亩的土地上，在一套房子都没完工的时候，他们就已经售出了3500套房子。一些房子完全是因为莱维特的声誉成交的。在《时代周刊》的一篇封面故事中，莱维特在谈到自己的志向时，直截了当地说："我想赚很多钱。"他这一单纯的动机是通过精心规划的社区和价格适当的房子实现的，这本身就是很好的广告。敢于承认自己私利的人讲的话往往是可靠的。同样重要的是，莱维特还向购房人做出了另一项承诺：他不会把房子卖给黑人。

不卖房子给黑人的不止他一个人。全国各地，不管是北方还是南方，很多开发商严格执行不卖房子给黑人的承诺。这在经济上是划算的。莱维特，这位不喜欢"参与任何不赚钱的事情"的人，认为市场才是主宰。他的任务就是满足市场的需求。那些购买莱维特的入门级产品的有志向的业主不愿意与黑人做邻居。"如果卖了一套房子给黑人,"他说,"90%到95%的白人客户就不会买这个社区的房子住。"价格就会跌到无利可图的地步。他的观点是房产商要么"解决住房问题,要么解决种族问题,但不可同时解决两个问题"。不管莱维特有关种族的个人观点如何,他是一个理性的、以经济利益为中心的人,只想卖房子赚钱。如果那意味着排斥黑人,那就排斥吧。

的确,联邦政府的行为也有不光明的地方。在最初成立于20世纪30年代的联邦住房管理局重塑美国住房贷款的性质时,美国政府进入了抵押担保业务。当抵押贷款机构给退伍军人或年轻夫妇提供购房贷款时,在原则上,这笔贷款的安全性与美国政府债券是一样的。如果借款人无法偿还贷款,政府担保房产回赎值与贷款额之间的差额部分。因为存在这种利益关系,政府务必要确保住宅房产不会贬值。有政府兜底,相关贷款机构就存在草率放贷的冲动,考虑到这一点,联邦住房管理局出台了一个担保说明,指出了符合担保条件的贷款类型。

简单来说,联邦住房管理局要求担保机构在办理担保之前要评估相关住宅区的质量。决定相关住宅区质量的有经济稳定性、公用设施、当地税率、交通情况与前往购物中心和商业中心是否便利等因素。但事实上,仅次于经济稳定性的第二大因素是"针对不利影响的保护措施"。这一条款的目的是防止担保存在"不和谐种族""渗透"风险的地区。这就要求社区和居民区达成一致协议,防止向某些种族群体出售房屋,就像土地使用规划条例禁止在居民区设立工厂等不受欢迎的商业因素一样。联邦住房管理局担保说明的第233款明确指出,"社会阶层或种族占有率的变化往往导致房价不稳定和贬值"。考虑到几乎所有人买房都需要贷款,所以最好是防止不利因素的渗透。否则,目前的业主想要卖房时,潜在的买房人就可能无法拿到贷款。最后,虽然最高法院的裁决宣布原有政策非法,但是,旧习惯很难改变。

1957年，莱维特顺利完成了宾夕法尼亚州的开发项目。他开发了1.55万套住宅，入住人口超过6万，能在运动场和游泳池里度过闲暇时光。莱维特再次兑现了他的诺言。他甚至还用"沃尔特·迪士尼"的名字给一所小学命名。这一轰动性事件促使沃尔特·迪士尼亲自参观了这个全美最著名的社区之一。如果想象力无法和迪士尼相比的话，该项目的规模可以和迪士尼媲美。莱维特大功告成。客户的所有需求都得到了充分满足。市场平静了下来。

然而，到了春季，这份郊区生活的美好幻想破灭了。事情的主角是两个犹太家庭，莱维特也来自犹太家庭。作为莱维顿最早的住户，他们亲眼看着附近一所房子的市场价格下跌不止。和他们住的房子一样，那也是"深绿小径"社区一幢浅粉色的房子。卢·韦克斯勒（Lew Wechsler）和比·韦克斯勒（Bea Wechsler）夫妇的邻居埃尔夫·曼德尔（Irv Mandel）一家急需钱用，急着卖掉那处房子。曼德尔找到韦克斯勒夫妇，为难地问他们是否介意让更多的人来看房子，其中可能有黑人。热心肠的韦克斯勒夫妇决定帮助他们物色买主。经过几个晚上的商量之后，夫妇俩听说附近社区的一个黑人家庭想要搬进莱维顿住。

意识到机会难得，几天后黑人夫妇比尔·迈尔斯（Bill Myers）和黛西·迈尔斯（Daisy Myers）同意买下曼德尔夫妇的房子，价格是12150美元，只比四年前曼德尔的购买价格高150美元。这说明当时开发商已经大大缓解了美国社会的住房紧张问题。为了避免邻居的压力，各方的行动秘密而高效。34岁的比尔·迈尔斯是一名退伍兵。靠着制冷工程师这一工作，他迅速获得了《退伍军人权利法案》提供的贷款。他们花了几天对新家进行入住前的准备，在这期间邻居们以为比尔是雇来干活的工人，之后，这对夫妇在8月里炎热的一天搬了进去。接下来发生的事情让莱维顿上了全国新闻。

愤怒的人群聚集在迈尔斯夫妇家门外。这对夫妇将窗帘都拉下来，整晚都在尖叫和谩骂声中度过。人群很快增加到数百人。即使在持不同政见者中，种族排斥很多情况下也是为了经济利益。《生活》杂志的一篇配图文章报道了愤怒的场面。在"种族融合问题困扰着北方城镇"的标题下，文中一个邻居表达了这种无法回避的困境："他也许不坏，但每次我看到他，就觉得我的房子贬值了2000美元。"即使不存在个人偏见，出于理性的现实的经济账强化了人们的种族歧视。有的人不喜欢黑人，有的人不喜欢房子贬值，有的人两者都不喜欢，三者结合在一起，屋外那些不考虑迈尔斯夫妇美国梦的邻居动用了暴力。他们将石块从窗户扔进屋里。有人给宾夕法尼亚州警察打电话。一位当地警察被一个飞来的石块打晕了过去。不过，没过几天，秩序就恢复了。莱维顿有了第一家黑人住户。

不过，考虑到舒适郊区的这种强烈的排斥情绪，很多人需要极大勇气才能冲破这一障碍，从而有机会实现美国梦。即使某个敢于开先河者没有遭遇到公开的暴力行为，第二天及之后交往上的排斥又该怎么应对？对于数百万逃离种族隔离旧南方（Jim Crow South）*的人来说，他们很多人最不需要的就是在北方再来一场战争。黑人发现年轻白人不断离开的城市更适合他们居住。在这些城市里，随着更多的黑人进入，更多的白人在搬出。在一个移民人数相对于之前大幅减少的年代，美国国内同时出现了两股迁徙大潮。

移民家庭的子女，来自立陶宛、意大利和爱尔兰的农民和难民的子女，在一两代人的时间里就实现了向上移动，搬出了移民廉租房。那些佃农的孩子和奴隶的孙辈经过三百年，才进入最初专门为刚进入美国的移民设立的城市街区。

---

* 直译为"吉姆·克劳南方"。吉姆·克劳是一个刻板又负面的黑人舞台形象，一度成为黑人的代号。从19世纪后期到20世纪中期，美国南方各州出台了大量针对非裔美国人的种族隔离歧视法案，被统称为"吉姆·克劳法"。吉姆·克劳南方即指实行这类制度的南方地区。——编注

第 28 章　电视

社区内的种族融合非常缓慢，不过，人们的客厅里正在发生着戏剧性的转变，就像人们涌向郊区居住一样。在整个 20 世纪 50 年代，出生于古巴的戴斯·阿纳兹（Desiderio Alberto Arnaz y Acha）和白皮肤的美国妻子露西尔·鲍尔（Lucille Ball）经过努力，终于得以每周在轻松热烈的气氛里造访美国人的客厅。他们是通过一个当时正在改变流行文化的新窗口进入美国家庭的，而这种改变的速度在美国历史上绝无仅有。

在某种意义上，电视是在经过二十年的酝酿后突然成功的。最乐观的支持者预测到这种媒介将在 20 世纪 30 年代中期进入家庭。收音机的先驱企业，包括美国无线电公司，投入数千万美元开发这项技术，打算生产用以接收实验性广播信号的设备。正当他们快要解决其中的技术障碍时，战争爆发了，研发工作被迫搁置。美国无线电公司的所有产能都转移到军用设备上。在战争前夕，人们意识到，通过无线电波传输图像的电视技术，能够被广泛地用于军事用途。在实验中，有人试图用这项技术给导弹和鱼雷装上"眼睛"，将电视作为一种制导工具,指引发射体准确命中打击目标。

* * *

同样,鉴于电视似乎不会很快地出现在家庭中,无线电广播网络,如国家广播公司和哥伦比亚广播公司中止了研发活动,将所有的报道资源和节目资源分配到战争报道上。结果,第二次世界大战的新闻报道是通过无线电广播、电影院新闻片和报纸来进行的。二战结束时,电视技术的每一部分都因为战争期间的军事研发而获得了长足进步,但是整个行业仍然处于战前的初期阶段。

战后的两年里,几乎没有什么关于电视或其民用化的实验。因为无线电的原因,针对无线电波的国家监管架构早已存在。大型广播公司具备了非常适合无线电的业务模式:一个全国性的网络承销了昂贵的节目,而各地附属公司则用低成本的本地节目对其进行扩充。出于反垄断的原因,法院甚至也出面干预,要求国家广播公司将旗下的国家广播公司蓝网分拆出去。不久,国家广播公司蓝网更名为美国广播公司,成为美国第三个全国性广播公司。这个过程中,新市场诞生后经常出现的一些混乱并没有发生。从1947年开始,电视带着曾经被搁置的对未来的期望进入了美国。

在比尔·莱维特开始推销莱维顿1950年款的住房时,电视机已经很便宜了,以至于在一次促销中,他把最新的"海军上将"电视机作为售价7995美元的住家的一部分赠送。那时最便宜的电视,有着仿木质橱柜的外观,起价是149美元。1946年,美国生产的电视机不到1万台。1955年,也就是战争结束十年后,2600万美国家庭拥有了电视机。

很明显,电视机很可能会侵蚀收音机的领地。一次性投入资金购买了电视机的消费者,很快将希望能从客厅里的电视上观看免费的电影、棒球比赛、肥皂剧、政治报道和新闻。哥伦比亚广播公司的老板比尔·佩利（Bill Paley）*在打造自己的无线电网络并与国家广播公司相竞争的过程中建立了名望，在他看来，跟上时代的简单办法就是让收音机节目里的明星进入电视里。最有名的电视新闻播音员爱德华·R. 默罗（Edward R. Murrow）在这方面的转型就很成功，他最初因为不列颠战役期间在伦敦做广播员出名。不过，两个更大牌的明星通过另一种方式展示了自己的实力。20世纪40年代末，露西尔·鲍尔是哥伦比亚广播公司广播节目《我最爱的丈夫》的明星。这是一个情景喜剧，按时间顺序表现了一对美国夫妇的家庭生活和争争吵吵。佩利提出要将广播节目改编成电视节目后，这位广播剧女明星坚持让她现实生活里的古巴丈夫戴斯·阿纳兹来扮演电视节目里的丈夫。为了说服佩利，这对夫妇同意放弃自己在广播网络公司的薪水，建立自己的公司来制作电视节目。他们打算建立自己的戴斯露制作公司（"Desi and Lucy"的缩写），向哥伦比亚广播公司出售制作完成的电视节目，而不是作为演员为其打工。

1951年10月，《我爱露西》给美国观众介绍了一对电视夫妻里基和露西·里卡多，阿纳兹用带着浓重西班牙口音的英语扮演里基。这个节目的其他地方完全不同于理想化的50年代家庭生活的夸张版本。里卡多夫妇租住在纽约的公寓里。在这个节目的第一季，这对夫妻没有孩子。里基·里卡多是一家夜总会乐队的领队，而不是典型的工厂工人或办公室职员。不断给丈夫里基制造惊慌的是，电视里露西的人生目标居然是要当名人。通常情况下，众多小问题接踵而至，让英语水平有限的里基疲于应付，最后持续爆出"一连串西班牙语粗口"。每周一晚上9点，数百万观众经常能听到那句逗人发笑的夹杂着西班牙语口音的"露西，你得给我个解释"。这个

---

* Bill 是 William 的昵称。——译注

节目一夜走红。第二季过半的时候，1953年最重大的电视事件就是露西生下了里卡多家的第一个孩子"小里基"。这集节目的收视率远远超过了第二天德怀特·D.艾森豪威尔总统就职典礼的收视率。

收看《我爱露西》和其他所有电视节目的观众，让美国电视广告收入在九年内超过了收音机广告收入。播放了不到两季之后，阿纳兹和鲍尔当初对所有权的坚持显示出了其中的先见之明。菲利普·莫里斯（Philip Morris），也就是这一节目最初的赞助人，同意支付800万美元以承揽另外两季半节目。这笔钱的一半进入戴斯露制作公司，主要用于戴斯和露西的薪水，以及节目制作费用。另一半进入哥伦比亚广播公司的账上，作为购买播出时间的费用。虽然哥伦比亚广播公司没有投入任何制作费用就获得了400万美元的收入，但重播和二次播放的权利属于戴斯露制作公司。除了在电视黄金时间第一次播放之外，如果哥伦比亚广播公司或其他任何电台想要播放《我爱露西》的任何一集，都要向戴斯和露西支付费用。

随着节目的持续播出，里卡多夫妇的美国梦站稳了脚跟。这个电视上最有名的一家（一个跨种族家庭）收拾家当，搬到了康涅狄格州。

* * *

对于过去像露西尔·鲍尔这样的广播明星，电视为他们提供了一个上升的台阶。然而，对于罗纳德·里根（Ronald Reagan），电视提供的是一个离开自己位置的台阶。在大屏幕上，里根是个知名演员，但从未真正进入过超级巨星行列。20世纪50年代，里根意识到，自己孜孜以求想成为众人追捧的明星大腕是在跟时间老人过不去。

到当时为止，里根的经历独特地折射出那个世纪美国经历的变化、艰难和成功。1911年,他出生于伊利诺伊州的一个小镇。在鞋店上班的父亲一直希望有朝一日自己能开一个鞋店。在里根成长期间,全家一直租房住,经常搬家。

当里根还是小男孩的时候,马车还是一种主要的运输工具。在街上玩耍时,他亲眼看到了汽车运输的颠覆性影响。度过了打球、上学这种平淡的童年之后,他想读大学。借助贷款,申请延期付学费,再加上橄榄球特长方面的部分奖学金和夏季当救生员赚来的钱,里根进入了共有250名学生的尤里卡大学。

父亲的梦想终于实现了,他拥有了一个名叫"时尚鞋店"的店铺。不过好景不长,鞋店很快就成了大萧条的牺牲品。1932年里根大学毕业时,美国经济正在持续下行。里根的父亲失业了。里根绝望不已,伴着毕业后惨淡的就业前景开始了他的成年生活。1932年总统大选是他第一次有资格参与大选投票。他兴奋地将选票投给了罗斯福。之后,他见证政府出台的紧急措施恢复了经济。他的父亲是这些措施的重大受益者,成为公共事业振兴署在当地的负责人,这个组织的任务是组织施工人员建设公路和桥梁。成年后的里根看到大萧条给小城镇企业主和农民带来的深切痛苦,很认同政府应对危机的措施。

大学毕业不久,里根向蒙哥马利-沃德公司申请体育器材部门的销售主管职位,然而,他被自己高中的一位篮球明星挤了下去。看不到什么确切机会的他决定追随自己的热情:当一名广播电台的体育评论员。在20世纪30年代,无线电广播是国民经济中为数不多的几个亮点之一,很多农村地区正在筹建当地的广播电台。一连几天,里根开着家里的"三手"奥兹莫比尔汽车到处跑,向一个接一个的广播电台打听工作,后来,艾奥瓦州达文波特市的一家小广播电台让他播报明尼苏达州对艾奥瓦州的橄榄球比赛,待遇是5美元,报销公共车费。后来,这家电台对他很满意,给他10美元让他评论接下来的三场比赛。不久,这家电台的一个全职主持人辞职,他们便找到了里根。

就这样,里根靠着自己的努力,一步步往上,几年后成为芝加哥小熊队的解说员。由于工作原因,他被派往距离圣芭芭拉海岸不远的卡特琳娜岛去观看小熊队的春季训练。这支球队的老板里格利家族在他们的冬季住所附近修建了训练场地。受恶劣天气的影响,里根无法从洛杉矶前往那个岛上,于是拜访了一位来自他老家,正在好莱坞打拼的老朋友。后来,她将里根推荐给她的经纪人。良好的试镜表现,加上英俊的相貌和超过六英尺的身材,使得里根从华纳兄弟手中获得了一份演出合同,待遇是每星期200美元。就这样,26岁的里根进入了好莱坞。

里根没有成为下一个加里·格兰特(Cary Grant)或亨弗莱·鲍嘉(Humphrey Bogart)。不过,他在其他方面发展迅速。在战争中,里根为新成立的美国空军管理宣传影片。战后,出色的领导和组织才能让他成为演员工会的领导,代表的是好莱坞演员的利益。作为该工会负责人,他目睹了政府将电影制作公司所有权与影院所有权分开的反垄断行为,这有效地结束了好莱坞的片场体系。虽然代表演员的利益,经常与实力强大的电影电视公司老总争得不可开交,但里根也认为,政府干预电影市场是多此一举。"已经有七家公司在相互竞争了,每一家都想拍出比其他人更好的电影,"他在自传中回忆道,"如果人们不喜欢看某个片子,完全可以用脚投票。"

电影制作公司无法再保证和控制电影的上座率,用一纸协议与演员建立固定合作关系的这种稳定机制瓦解了。演员成了一个个自由人。作为一个自诩的"新政坚定的支持者"和好莱坞自由主义者,他对政府的信任开始慢慢遭受侵蚀。如果政府等上两年的话,就会看到电影制作公司面临着来自三个电视网络的竞争压力,因为观众可以在客厅里免费看各种节目。

* * *

　　作为一个演员，里根看到了政府行为的冲击，于是想办法进入电视行业。通用电气当时正在给1953年开始每周播出的剧场节目物色一个新的主持人。里根会感兴趣吗？现在他已经没有了电影制作公司的固定收入，这个机会不容错过。不过，这里也存在一个风险。电影行业对那个小屏幕的看法是，一旦一个知名演员全职投入电视行业，就不会以有意义和有作为的方式回归。虽然如此，里根还是接受了那个职位。

　　商业模式很简单。通用电气付钱给哥伦比亚广播公司，买下每周的一段播出时间，然后再支付节目制作费。晚上的时间适合播放通用电气消费品的广告，内容是推销最新的烤箱、电冰箱、洗碗机、洗衣机和电视机等美国人认为是现代生活必备的东西。从1954年秋开始，里根担任了已开播一年的《通用电气剧场》主持人工作。以后，连续八年，在每个周日晚上九点，在收视率极高的连续剧《小城名流》后，这个长度为半小时的节目准时播出。《小城名流》是一个综艺类节目，是新式的滑稽通俗喜剧。里根的节目沾了《小城名流》的光，因为电视机前的观众很想看接下来要播放的节目。

　　在里根欢快的介绍语之后，《通用电气剧场》的内容主要是利用极简舞台排演的短剧，他们每次请不同的美国大明星担任主演。詹姆斯·迪恩（James Dean）曾经出演其中的一个短剧。在短剧里，他很后悔自己为了向一个年轻女孩献殷勤而装腔作势。小萨米·戴维斯（Sammy Davis Jr.）、詹姆斯·斯图尔特（James Stewart）、弗雷德·阿斯泰尔（Fred Astaire）和托尼·柯蒂斯（Tony Curtis）那些年都曾经在《通用电气剧场》中有过表演。在电视播放的黄金时间里，其他公司也推出了类似的节目，比如《高露洁喜剧时间》《固特异电视剧场》《帕布斯特蓝带拳击赛》《吉列系列运动》，以及深受欢迎的《美国钢铁时段》。不到十年,这些节目几乎都销声匿迹了。

在播出期间,通用电气剧场收视率非常不错,让里根得以每周在数百万美国人面前露一次脸。在1956—1957年播出季的一小段时间里,该剧场成为全国收视率排名第三的节目,仅次于《我爱露西》和《小城名流》。

在通用电气剧场做主持人的同时,里根还接受了通用电气交给他的一项内部任务:前往工厂,和厂里的员工交流。后来,里根认为,通用协议里规定的这一职责在给他提供可观的经济报酬的同时,让他接触了超过25万人。这些工厂或发电厂之行锻炼了他的政治嗅觉,这种政治嗅觉最终将他引向了电视之后的下一个职业生涯。离开好莱坞进入电视行业开启了这个自诩的"自由民主党人"和工会领袖的巨大转变,一个不相信生意人的演员,转变成为美国历史上最有名的倡议企业自由经营、限制政府权力的政界人士。

* * *

虽然里根花费了不少时间以政治人物身份登上全国舞台,但一个意识形态煽动家发现,早期的电视是在数百万美国人面前铲除美国共产党支持者的一个理想媒介。威斯康星州参议员约瑟夫·麦卡锡认为,战后世界是极权主义和没有传播保障的民主制度之间的一场激烈的殊死斗争。同样,麦卡锡认为,西方世界的民众,甚至美国人,可能借助他们享有的政治自由而选择共产主义。不像集结在加拿大或墨西哥边境的"红色大军",共产主义思想可以从内部入侵美国,而这种入侵更为隐秘和危险。

我们很容易理解为什么美国民众面对歇斯底里的反共思维如此害怕和脆弱。美国曾经打败了来自东方的日本军队和来自西方的法西斯军队。然而,不久,作为美国盟友的中华民国政府被共产党领导的政权所取代。让形势更为复杂的是，苏联展示了它的核弹。因为害怕共产主义思想的传播，第二次世界大战结束五年后，美国为了阻止一种意识形态的传播，成为朝鲜半岛事件的主要参与者。那场被遗忘的朝鲜战争让数万美国士兵丧生异国，就像在下一场的越南战争中一样。同时，大萧条和第二次世界大战让美国政府成为国民经济的重要干预者。保守的美国民众很容易想到，那些自由派的民众，还有工会，可能被国内的共产主义思想影响：既然国家集中规划和调度能够让美国走出大萧条并且打赢二战，那么，这种组织制度是不是在和平时期或任何时期都能发挥理想的效果？美国不是和苏联结盟了吗？美国国内不是将斯大林说成友好的"约瑟夫大叔"吗？美国的宣传机构自己已经弱化了人们心中的"红色威胁"。

在麦卡锡看来，必须彻底铲除美国社会各个角落的共产党支持者。1950 年，在首任参议员的职位上，他指责美国国务院包庇共产党分子。麦卡锡第一次行动的时间是在轰动一时的阿尔杰·希斯（Alger Hiss）一案做出判决几个月之后。当时，英俊的国务院高级职员希斯被法庭判决为苏联间谍。考虑到希斯之前有机会接触政府的最高层人物，陪审团的这一判决结果成为苏联在美国建立了一个活跃的间谍组织的证据。在希斯案件和麦卡锡发难之前，众议院非美活动调查委员会就开始持续调查好莱坞与共产党的联系。里根、安·兰德（Ayn Rand）、路易斯·B. 梅耶和加里·库珀（Gary Cooper）等数十人被召出庭做证。作为演员工会负责人，里根不得不一再保证他的某个工会成员没有共产党倾向。在一次与奥利维娅·黛·哈佛兰（在《飘》中饰演梅兰尼·汉密尔顿）的私下谈话中，他笑着告诉对方，他曾经怀疑这位女演员是共产党分子，结果对方一脸严肃地说，她也曾经怀疑里根是共产党。因此，当麦卡锡走上打击美国共产党活动的舞台时，他肯定不是什么先驱者，而是一个政治上的机会主义者，想通过搞一个噱头来提升个人影响力。

1952年,他已经成为全国知名人物。随着那年的大选将艾森豪威尔和他的副总统(坚定的反共者理查德·尼克松)推上宝座,麦卡锡完全成为参议院里可以与总统相提并论的实力派,权倾一时。麦卡锡将朝鲜战争的僵持状态(当时朝鲜北部已建立共产党政权)视为强化调查国内共产党的理由。作为参议院常设调查小组委员会的主席,这位参议员白天的审问和指控往往成为夜里的晚间新闻。

1954年1月,通用电气的一些员工被勒令暂停上班,原因是拒绝回答麦卡锡的委员会提出的问题;哈佛大学的教授也被迫承认自己是共产党员;接下来,麦卡锡将调查矛头转向美国陆军,这是他当时最大的目标。虽然有人对这种做法心存怀疑,但由于两党大多数人的支持,最终参议院以85比1的投票结果,同意专门拨款21.4万美元给麦卡锡,支持他继续调查。

在这种氛围下,哥伦比亚广播公司的爱德华·R.默罗挺身而出,挑战麦卡锡。默罗曾是美国最知名的广播电台记者,现在他制作和出演了一档名为《现在请看》的电视节目。这是一档公共事务节目,它用分析性杂志的新颖形式生动地向观众讲述新闻事件。这种形式后来被沿用了几十年。

在他每个星期二晚上半小时的黄金档节目中,其中一期的批评尤其尖锐。默罗将大量麦卡锡言论自相矛盾的视频片段集中在一起播出,以此证明他言不由衷,人品不佳。在节目播出前的几天里,默罗挑战麦卡锡的做法引起了哥伦比亚广播公司的一些担忧,不过,他们没有阻止默罗。默罗抨击麦卡锡"独断专行","恐吓"调查对象,接着用蒙太奇的手法描述了四年的麦卡锡主义,断定这位参议员的惯用伎俩是"国会议员豁免权"和"误导人的片面之词"的结合。在众多报纸都通过社论谴责麦卡锡和他的委员会之际,默罗通过电视画面让自己的话语产生无可辩驳的力量,让麦卡锡在全国观众面前名誉扫地。

在艾森豪威尔总统任期结束之际，电视成了人们了解国家政治和总统选举不可或缺的部分。在平均每个美国家庭拥有一台电视机不到十年之际的 1960 年，马萨诸塞州参议员约翰·F. 肯尼迪（John F. Kennedy）和副总统尼克松在有史以来的第一场总统竞选电视辩论会上对阵。身患骨髓灰质炎的富兰克林·D. 罗斯福无法行走，艾森豪威尔是一个不太有领袖魅力的公众演说者，然而现在，电视这种新出现的视觉媒介一点也不会体谅这些情况。从电视辩论开始，总统选举成了一种表演艺术，每个鬼脸、白眼和手势都会影响最终结果，民主成为资本主义重大新生事物移动摄像机的挑剔对象。

* * *

面对电视机的竞争压力，即使上帝和棒球也难免受冷落。在肯尼迪竞选时期，星期日的观众对一种似乎专门为电视转播而安排的"决斗表演"越来越欲罢不能。

1950 年，专业橄榄球已经看不到什么发展前景。在过去几十年里，专业球队和大学球队相比已经无足轻重。具有讽刺意味的是，尽管大学是精英的专属，但大学体育游戏却对流行文化产生了影响。在世纪之交，哈佛和耶鲁之间的对决已经成为人们热烈谈论和媒体报道的话题，当时的西尔斯目录册甚至推出了一款上述两个球队对阵的棋盘游戏。大学橄榄球还在其他方面产生了持久的影响：里根当演员期间扮演的最难忘的角色是 20 世纪 20 年代圣母大学身患绝症的橄榄球队员乔治·吉普。不过，大学橄榄球的吸引力并没有传递到职业比赛上。除非大学有资助橄榄球运动的传统，否则，这是一项无利可图的运动。这在某种程度上和这个项目的特点有关。这项运动需要事先做充足的准备，比赛过程中会发生暴力冲撞，导致身体受伤，这使得一个球队一周只能打一场比赛。另外，一半数量

第 28 章 电视

的比赛在客场进行，这基本上意味着，如果打 12 场比赛的话，球队只可以拿到 6 场比赛的门票收入。相较而言，在那个时代 154 场比赛的职业棒球赛季中，每个球队可以打 77 场主场比赛。仅靠门票收入无法让职业橄榄球比赛成为一项有利可图的生意。甚至比赛规则也经常变动，前传球的规则直到 20 世纪 30 年代还变化不定。

另外，棒球是全国性的消遣性活动。一般来说，棒球赛季会举办几十场白天的比赛，每逢这时候，男孩子们会逃课去看比赛。在夏日里，能在棒球场看上几个钟头的棒球，据说是最具美国特色的消遣方式，不过，随着大批人口迁往郊区，远离了棒球体育场，再加上人们可以从电视上看比赛，现场观众数量在 20 世纪 50 年代大幅减少。然而，橄榄球却大大受益于电视的兴起。

50 年代末，职业橄榄球赛开始大受欢迎，与二十年前的情况形成鲜明对比。当时，即使最优秀的大学橄榄球运动员也不会考虑进入职业橄榄球队。而现在，几乎没有人会拒绝在数百万人面前争得荣耀的机会。这一巨变的最大受益者是 12 支国家橄榄球联盟球队的老板们。就在 1950 年，该联盟的生存还是个问题。与该联盟相竞争的另一个联盟宣告解散，其旗下 3 支最成功的球队并入国家橄榄球联盟。在这 3 支球队中，克利夫兰布朗队和旧金山 49 人队勉强能生存，但巴尔的摩小马队没多久即解散。一个新成立的国家橄榄球联盟球队达拉斯得州人队不久就失败了，并被重新变为巴尔的摩小马队。这个球队的新老板硬着头皮支付了 2.5 万美元的预付款，相当于三套入门级莱维顿住宅的售价，剩余的 17.5 万美元延期支付。事实证明，这是一笔非常不错的投资。

除了旧金山、克利夫兰和巴尔的摩之外，华盛顿、芝加哥、洛杉矶、纽约、底特律、匹兹堡和费城等重要市场都拥有自己的球队。芝加哥拥有芝加哥熊队和红雀队。绿湾显然是最小的市场，但当地球迷酷爱现场看球。绿湾也有球队进入了联盟。1955 年，为了让读者了解联盟的发展情况，《生活》杂志发表了一篇配图文章，标题是"周日火拼"。在那篇简短的报道中，一位没有具名的四分卫哀叹："比赛一年比一年粗暴。与其说是体育运动，不如说是打仗。"但这个游戏不仅仅是简单的残忍粗暴。职业传球方式的变化，以及球员的严格分工，增加了这项运动的战略复杂性，教练在场边巡视时就像将军一样。考虑到这些因素，橄榄球非常适合通过电视来呈现，在家里看比赛比去体育场看得更清楚。不用说，美国民众在所有方面都被征服了。

看到橄榄球越来越受欢迎，电视台的主管很快开始出钱购买比赛转播权。国家橄榄球联盟允许旗下的每个球队作为独立实体与电视台或广播电台洽谈播放协议。哥伦比亚广播公司及其下属电台获得了大多数赛事的转播权。

不到两年，曾经白送也没有人愿意接手的巴尔的摩小马队，居然打入1958年国家橄榄球联盟的决赛。争夺冠军的比赛在纽约巨人队和约翰尼·尤尼塔斯（Johnny Unitas）带领的巴尔的摩小马队之间展开，于1958年12月底在扬基体育场举行，当时6万名观众挤满了看台。在球赛最后时刻即将到来时，巴尔的摩小马队队员进球得分，将比分扳为17平。后来巴尔的摩小马队在金球制加时赛胜出。在加时赛中，尤尼塔斯带领队友向前推进了80码之后，最终冲球一码触地得分。不过，真正的胜利者是国家橄榄球联盟。4500万人在家里收看了这场比赛。

广播电视有了其最重要的系列节目的轮廓，这类节目将一直持续到下个世纪。橄榄球联盟每周有规律地安排比赛场次，使其与电视台连续剧的播放时间、频率相一致。这种比赛数量的限制强化了每场比赛的重要性。甚至是普通季的重要比赛也会让观众觉得不容错过。前期对每个橄榄球赛季比赛数量的限制虽然影响了短期门票收入，但是，电视台可以在秋季针对整个繁忙赛季的比赛安排一个完美的节目播放组合。

由于看到了其中的商业潜力，其他人怦然心动。美国各地的富商巨贾迫切地想拥有一支橄榄球队，比如当时 20 多岁的拉马尔·亨特（Lamar Hunt），他来自美国最富有的石油家族之一。看到自己所在的达拉斯没有一支球队，亨特就与国家橄榄球联盟联系，打听对方是否有扩张计划。

在积极奔走的过程中，亨特听说芝加哥红雀队可能会搬迁，但是该队老板的态度一直难以捉摸且漫不经心。有一次，也许是装腔作势，也许是在回绝亨特，那位老板犯了一个错误，跟拉马尔吹嘘说，得克萨斯州的石油商，居住在休斯敦的巴德·亚当斯（Bud Adams）也对这支球队感兴趣，想买下红雀队。最后，两个人谁都没有将这支球队收入囊中。后来，国家橄榄球联盟给了亨特一个明确的答复：他们想将球队数量维持在 12 支。看到自己没有其他可能成为国家橄榄球联盟球队的所有者，亨特启动备用计划，联系了巴德·亚当斯。

与亚当斯和其他人一起，亨特建立了美国橄榄球联盟。和巴伦·希尔顿［Barron Hilton，希尔顿饭店创始人康拉德·希尔顿（Conrad Hilton）之子］、拉尔夫·威尔逊（Ralph Wilson，底特律一家保险公司的高管）一起，美国橄榄球联盟迅速为 1960 年的比赛建立了一个 8 支球队的联盟。这 8 支球队包括波士顿爱国者队、布法罗比尔队、洛杉矶闪电队、丹佛野马队、纽约泰坦队和奥克兰突袭者队，以及亚当斯的休斯敦油人队和亨特的达拉斯得州人队。国家橄榄球联盟闻讯后又愤怒又震惊。为了报复，这家先成立的联盟迅速宣布增加两支球队，其中包括一支达拉斯球队，特意对亨特还以颜色。

可以预测的是，美国橄榄球联盟这家初创联盟资金有限。和国家橄榄球联盟新组建的达拉斯牛仔队一样，亨特的达拉斯队亏损严重,他不得不将达拉斯队迁往堪萨斯城,改名为"堪萨斯城酋长队"。不过,亨特心里暗藏有一个财务创新的妙招,也许就是这一妙招,挽救了他的联盟。和国家橄榄球联盟不同,美国橄榄球联盟创立之际将整个联盟的电视转播权捆绑在一起。这样,无须每个球队与电视台单独谈判,整个联盟作为一个集体与电视台谈判,在联盟里各个球队之间平均分配转播权收入的做法,让小城市的球队渡过了难关,同时让每个球队的老板更加关心整个联盟的发展。被戏谑为"差不多广播公司"（Almost Broadcasting Company）的美国广播公司最终签下了美国橄榄球联盟比赛的转播权。美国广播公司此举是为了更为均衡地与国家广播公司和哥伦比亚广播公司竞争。拿到美国广播公司每个赛季提供给每个球队的17万美元之后,这些初创球队的收入已经超过了一些单独谈判的国家橄榄球联盟球队,赫赫有名的绿湾包装工队的收入仅为7.5万美元。

1962年年初,国家橄榄球联盟效仿美国橄榄球联盟,以整个联盟的身份与哥伦比亚广播公司签订了一个为期两年价值930万美元的转播权协议,每年为每个球队支付超过30万美元。随着观众数量的迅速增加,两个联盟的后续价格越来越高。1964年,在哥伦比亚广播公司和国家橄榄球联盟宣布其下一份协议金额时,国家广播公司答应与美国橄榄球联盟签署五年合同,价格为3600万美元。有了这笔收入,美国橄榄球联盟就可以与国家橄榄球联盟争抢最优秀的球员。权衡的最终结果来自第二年:被视为美国最有前途的亚拉巴马球星乔·纳马思（Joe Namath）拒绝了国家橄榄球联盟,加入了美国橄榄球联盟新改名成立的纽约喷气机队。

不到两年,迅速发迹的美国橄榄球联盟让国家橄榄球联盟不得不与他们平等合并。合并后的锦标赛称为"超级碗",超级碗的冠军争夺赛在两个联盟的冠军中产生。超级碗后来发展成为全国性的电视节日,和7月4日国庆日、感恩节和圣诞节一起,成为公众节日。这一节日带有鲜明的美国特色。在这个节日,大量的啤酒、汽车、薯片和软饮料广告成为体育赛事中人们期待的东西。在人们欣赏商家向消费者推广产品的方式时,这一盛事成了举国庆祝资本主义行为方式的活动。超级碗也暗示着"美国例外主义":尽管几乎没有几个国家开展这项运动,但超级碗的优胜者却被称为"世界冠军"。

第29章 公路

1956年夏季临近之际,哈兰·山德士(Harland Sanders)多年的事业处在崩溃的边缘。时年65岁,他最大的不幸似乎就是地点的问题。他开的加油站、餐馆和汽车旅馆正好在肯塔基州科尔宾市第25号公路的岔路口。作为大萧条时代公共工程的一部分,25号公路曾经为山德士提供了一个黄金机会。壳牌石油公司资助他建立了一个加油站。慢慢地,他用加油站赚来的钱购买附近的土地,增建了一个汽车旅馆,给经过这里前往亚特兰大、诺克斯维尔或北卡罗来纳州阿什维尔的疲惫旅行者提供一个休息的地方。山德士的汽车旅馆生意一直不错。然而,天有不测风云,1939年,他的旅馆着了一场大火。在用保险公司的理赔款、银行贷款重建旅店时,他突然顿悟:"一个人24小时只睡一次,可是要吃三次。"于是,他又加上了一家餐馆。十五年后,华盛顿特区出台的一项行文简短的政策让他这辈子的心血付诸东流。

连续好几个月,众议院和参议院一直在斟酌一个可能对国内企业经营产生深远影响的方案。简单的交通自由市场力量,像山德士

第29章 公路

这样的人赖以为生的路边服务的顾客流量，将被联邦政府的新目标完全扭曲。1956年6月，一项涉及将近33亿美元投资的公路法案被送到艾森豪威尔总统的办公桌上，要他签字。即使是艾森豪威尔也不禁赞不绝口，称国家州际和国防高速路系统是"史上最伟大的公共工程项目"。这条由联邦出资兴建的高速平坦的州级公路全长4.1万英里，旨在连接所有人口超过5万的美国大城市。

为了最终获得数额庞大的拨款，这一公路体系的倡议者拿出了冷战说辞，认为需要在全国境内实现军事物资的高效调动。为了给这一项目提供资金，除了增加轮胎和卡车销售税，政府还针对每加仑汽油加收1美分的汽油税。在立法机关之外，几乎所有州的建筑公司、住宅开发商、商业中心建筑商、汽车制造公司和石油公司都认为这一基础设施方案会给他们带来滚滚财源，成为继续刺激商业发展和经济增长的平台。

然而，这一州际公路方案具有美国现有公路和乡村道路基本不具备的重要特点。这些新建公路设有入口和出口，也就是供出入高速公路的汽车加速或减速的缓冲路段，这些地方阻止了路边的商业设施为公路上的车辆和人员提供服务。新的公路系统立刻对基于旧公路发展的小镇经济造成了严重打击。计划中的75号州际公路将经过肯塔基州科尔宾市的郊区，距离市中心还有一段距离。在两年前，还有人出价16.4万美元想要买下山德士的生意，但如今他不得不将其拍卖掉。用拍卖来的7.5万美元还掉欠债和税款之后，这位前任汽车旅店和饭馆老板只好接受领取社会保险金的命运。

不过，山德士还有一点知识产权，一点将让他重新开始的资产：多年来他在餐厅里研究完善的炸鸡配方。起初，炸鸡只是菜单上的一个辅助食品，为的是利用没有卖完的鸡肉。然而，长途行车的司机不愿意花时间等平底锅煎炸鸡肉。另一个烹制鸡肉的办法是，将放在金属网里的鸡肉浸入热油中炸熟。不过，这种快速的方法不符合山德士的高标准。使用高压锅的一次意外尝试给山德士的饭馆增加了一道特色菜：肯塔基炸鸡（Kentucky Fried Chicken，KFC）。

现在，饭馆没有了。山德士开始想办法将经营肯塔基炸鸡的特许权卖出去，尤其是他11种香草和调料的秘密配方。山德士的特许权与传统特许权不同，他希望使用特许权的路边餐馆和各种饭店都能将肯塔基炸鸡列入菜单中。他不收任何预付款。山德士提供加工好的混合调料，以及烹炸技术的注意事项，根据卖出的数量收取技术使用费：每卖出一只鸡，收取4到5美分。为了提升营销效果，山德士使用了"上校"这一表示尊敬的头衔。在肯塔基州，有名望的人往往可以从州长那里获得这一头衔。

这位"上校"的配方大受欢迎。在短短几年内，超过200家饭店提供肯塔基炸鸡，山德士获利超过10万美元。然而，山德士没有任何经营场所，甚至没有一间像样的办公室。他在他那五间卧室的房子里接待有特许经营意向的客人，在家里的厨房里给他们烹制样品。那些特许经营人开的餐馆往往向客人提供全套服务，碗碟餐具应有尽有，菜品无数。据山德士说，他的女儿玛格丽特想到了开肯德基独立门店专门卖炸鸡的主意。给一些饭馆授予了特许专营权之后，山德士上校开始打造自己的松散的炸鸡连锁店。1964年，将近75岁的山德士打算卖掉自己的商业资产。一些特许经营人和一个富有的商人，筹集了200万美元，买断了山德士的全部权益，再加上一份永久雇佣协议和重播"上校"电视广告时的广告费。

山德士通过一个独特的路边烹调配方在晚年大获成功，而另一个人将快餐体系发展到了极致，他的餐馆在服务汽车、马路方面，做到了和服务人相同的体贴程度。

第29章 公路

* * *

企业家将生产线引入食品加工是很自然的一件事。早在那个世纪之初，亨利·福特就将组装汽车零件的灵感归功于肉类加工企业和他们肢解动物的方法。现在，美国越来越成为汽车上的国家，数十亿美元投入到了公路修建和改造上，如今需要将流水线效率应用到公路边的饮食行业。

和山德士上校一样，雷·克拉克（Ray Kroc）也是在经历了经济动荡和多年艰苦打拼后无意中发现机会的。他成立的那个公司据说是战后美国文化和历史最知名的标志。克拉克的第一份工作开始于20世纪20年代，当时他挨家挨户给家庭主妇推销家用器皿。他毕业后开始推销一种创新产品，即莉莉图利普纸杯公司生产的一次性纸杯。冷饮柜和冰淇淋店用玻璃杯出售奶昔和冷饮，每次用完都要清洗。开始的时候，他的业务很难做，因为那些奶昔和冷饮经销商不愿意花1.5美分来买一次性纸杯。后来经营冷饮柜的老板看到，城里拿着这种"外带"杯子的顾客不必等在店里喝完饮料后交还杯子，减少了他们在餐厅停留的时间。一次性杯子极大地加快了顾客流转率，让经营者收入大幅攀升。

克拉克最大的客户，安装有冷饮柜的发展迅速的沃尔格林连锁店，看到了纸杯在劳动力节省方面的潜力，购买了数百万个莉莉图利普纸杯。在大萧条肆虐期间，克拉克是一个高速发展的行业里的顶级推销员。一次，在中西部地区寻找客户期间，他进入一家乳品店，这家店有个蓬勃发展的副业。这家店位于密歇根州巴特尔克里克，老板发明了一种通过冷冻牛奶、糖、玉米淀粉、香草香精和稳定剂来替代冰淇淋制作奶昔的好办法。在顾客眼中，这是一种相较于传统奶昔更为细腻、爽口的饮料。克拉克能够从内行人士的角度来看待这种新产品的销售量。通过店主订购的纸杯数量，他就可以看出这种奶昔的销售增长情况。在他看来，制作这一产品的唯一难题是，怎样在冷冻状态下迅速将奶昔搅拌在一起，倒入纸杯中。克拉克和他的另一位餐厅顾客，以及他的纸杯厂雇主，一同成立了一家公司，销售奶昔制作机器。他们给这种设备起名为"多功能奶昔机"，它同时可以迅速做出 6 份奶昔。

不久，克拉克第二次拿他的房子做抵押从银行贷款，以打造他的"资本主义成就的个人纪念物"。然而,这一举动导致他生活拮据，婚姻破裂，让先前相对富裕的生活发生逆转。在战争中的那几年，他靠推销奶昔预拌粉勉强生活。战后，因为没有太多选择，他重操旧业，继续销售多功能奶昔机。顾客主要是麦根沙士汽车餐厅、冰雪皇后等类似餐厅。不过，克拉克意识到一种不可逆转的趋势：冰淇淋店和冷饮柜在逐渐淡出市场。更为糟糕的是，一家饭店买了一台多功能奶昔机之后，就不需要再买第二台，因为饭店很少需要同时制作 6 份以上的奶昔。

然而，位于芝加哥的克拉克得知，加利福尼亚州圣贝纳迪诺市的一家汽车餐厅使用了 8 个多功能奶昔机。他很奇怪，到底是怎样的一家饭店需要不停地制作 48 份奶昔。他要亲自去看个究竟。1954 年，迪克·麦克唐纳（Dick McDonald）和莫里斯·麦克唐纳（Maurice McDonald）兄弟俩开了一家汽车餐馆，似乎是提供最简单和高效的饮食服务的典范。和那个时代其他汽车餐厅不同，麦克唐纳兄弟俩的餐厅只提供三种基本产品：汉堡、炸薯条和饮料。它没有座位。汉堡 15 美分，另加奶酪 4 美分；薯条 10 美分；奶昔 20 美分。

这种经营方式本身并没有什么惊人之处，但是，当克拉克看到等着从弟兄俩那里买午餐的汽车长龙排满那个街区的时候，他感到自己仿佛是"当代牛顿"。每个订单进来后，收银台就会通过呼叫系统通知各个环节，不到一分钟，汉堡、薯条和饮料都会摆到收银

第 29 章 公路

员面前的桌子上。克拉克提出要做兄弟俩的特许经营权代理人。具有讽刺意味的是，克拉克当时主要想的是，如果麦克唐纳弟兄俩的特许经营店增加，他就可以卖出更多的多功能奶昔机。麦克唐纳兄弟俩之前也亲自尝试过特许经营，但因为对加盟者约束不严，结果特许经营店老板给自己的菜单上增加了玉米卷饼、披萨等食物。

兄弟俩与克拉克约定，特许经营店必须完全照搬圣贝纳迪诺市这家店的经营方式，任何改动都要经过他俩的书面同意。每带来一家特许经营店，克拉克可以向特许经营店收取不超过其销售收入1.9%的佣金，其中的0.5%交给麦克唐纳兄弟，作为特许权使用费。

拿到区域特许经营协议后，克拉克回到芝加哥。首先，他出资在伊利诺伊州德斯普兰斯建立了一家麦当劳特许经营店。克拉克最早的特许经营人来自两个群体，其中的一个明显优于另一个。克拉克本人是滚动绿色乡间俱乐部的一员。该俱乐部成员都是小企业的老板和公司中级主管。从该俱乐部的成员名单来看，一个墓地老板、一个汽车经销店老板、一个供暖和通风服务公司的老板和一个住宅建筑公司老板位列第一批麦当劳特许经营权的获得者。算上购买土地、盖房，初始启动成本一般大约为8万美元。主要成本是不动产，克拉克的大多数朋友能够拿土地、房产做抵押从当地银行贷款，这些成本对他们来说不是问题。但是，克拉克后来发现，这些经验丰富的商人从事特许经营店并不在行。他们不会完全遵守事先约定的规矩，总是要增加一些自己的想法或经营特点。更糟糕的是，作为相对比较成功的男人，他们几乎根本不去店里干活或招呼客人。

在克拉克看来，理想的特许经营人莫过于贝蒂·阿加特（Betty Agate）。在克拉克担任麦当劳特许权代理人的第一年，有一天，阿加特走进他的办公室推销《圣经》。克拉克的秘书，后来成为公司大股东的琼·马蒂诺（June Martino）发现犹太人阿加特在推销天主教《圣经》过程中谈吐幽默，于是建议她考虑开一家麦当劳特许经营店。后来，贝蒂和当印刷机操作工的丈夫一起签约在芝加哥郊区沃基根开了一家麦当劳。在他们投入 2.5 万美元的积蓄，用银行贷款买地盖房之后，阿加特夫妇的门店终于在 1955 年春天开张。一开始资金条件有限，他们雇不起人，只好自己加班加点地干。这对夫妻努力坚持了下来。开业当天，销售额为 450 美元。截至那个周末，日销售额超过了 800 美元。到第一年年底，阿加特夫妇的麦当劳门店毛收入突破 25 万美元，净利润达到 5 万美元。

这一下，克拉克在招募其他特许经营人时有了一个最有说服力的例子。他还强化了"零容忍"政策，不许加盟店偏离麦当劳经营规则。阿加特的成功证明，最好的特许经营人是坚定不移地执行加盟规则的人。阿加特夫妇的成功带动了沃基根的很多亲戚和邻居投身麦当劳的加盟体系，麦当劳门店由此进入伊利诺伊州、威斯康星州和印第安纳州快速发展的郊区。为了严格控制加盟网点，在授予特许经营权时，克拉克在一个地段只授予一个申请人。其他特许人将大片地区的特许经营权交给富有的商人，与此不同，克拉克看重遵守纪律，严格考察每个加盟店执行经营规范的情况。对于经营规范执行得好的加盟店，他的奖励是再提供一个加盟店的位置。将肉饼、生菜和圆面包组合在一起的高效流水线，与不断复制的经营模式结合在一起。特许加盟揭示了资本主义的二元性：商人、特许经营人和行政人员在气质上与企业家截然不同；后者喜欢积极大胆尝试新的想法和创意，而不是用他人已经证明成熟的经营方式实现利益的最大化。在快餐行业里，众多汽车餐馆数千次新颖大胆的尝试催生了少数几个品牌，可以通过加盟者严格执行既定流程而不断壮大。

到 1961 年，克拉克成功了。《时代周刊》杂志的一篇文章惊讶地报道说，"在从康涅狄格州到加利福尼亚州的公路的 294 个停靠点上"，每个停靠点都出售一种一模一样的汉堡。当时，美国的公路建设已经达到了狂热的节奏，每个郊区都有一个州际公路停靠站。

第 29 章 公路

不久，克拉克又撤销了一批不遵守规则的加盟店的特许权资格，从麦克唐纳兄弟手中买下这一品牌，将他们从公司的历史中抹去，只留下了这个名字。到了 20 世纪 60 年代末，麦当劳加盟店数量超过了 2000 家，年收入接近 10 亿美元。随着时间的推移，越南、苏联和沙特阿拉伯等国家的首都纷纷接受了象征美国资本主义的金拱门，其热情超过了对美国式民主的欢迎。

* * *

1960 年夏，一辆牵引着露营车的绿色 GMC 皮卡被送到约翰·斯坦贝克在纽约萨格港的住处。完成《愤怒的葡萄》数年之后，他逆着这个国家的西迁潮流，离开加利福尼亚，前往长岛这一昔日渔村生活。已经进入中年，财务上的成功和文坛上的赞誉让他远离普通人生活数年之后，斯坦贝克感到有必要重新了解美国。为了不再通过新闻报道和电视片段，而是亲自去观察和感知真实的美国，斯坦贝克带上他的狗查理开始了公路旅行。

斯坦贝克行驶在新英格兰的乡间公路上，尽量避开州际公路。几天后，斯坦贝克不得不将绿色皮卡开上 I-90 高速公路。在他看来，这条公路是穿越荒野地带的"一条宽阔切口"，是"这个国家的新货运通道"。高效但毫无特色的州际公路让他心情低落起来，从纽约一路开车到加利福尼亚，路上可能"什么也看不到"，因为高速公路完全远离当地生活，乏味的交通动脉由无尽的沥青铺就，崭新的加长货运卡车飞驰而过。国家的同一性让他既震惊又难过，让他感到了美国的迷茫，即随着基础设施改变了景观，效率已成为最重要的文化脉络。

铁路，曾经是世纪之交美国最具主导性的产业，终于失去了其在商业运输中的优势。1945 年，铁路货运量是商用卡车货运量的 5

倍。在不到二十五年的时间里，加长卡车（大小和一节火车车厢相仿）的运输收入超过了铁路货运收入。这是很自然的。随着郊区住宅区的开发，整个地方经济也在它周围发展起来。电影院、购物中心和连锁商店，以及医生和牙医等当地服务机构逐渐形成了当地的商业生态系统。相较于有十字路口和人行道的古雅市中心区，这些美国后起的商业中心以大型停车场为代表。在郊区商店的后面，一般都有大型货车可以直接开进去的货物装卸区。火车运输需要在中途货运站将货物卸下并转移给当地卡车，而在供货商处装好货物的卡车可以实现长距离的门对门运输，其经济性在很多情况下远远超过了火车运输。

这对古老的小城镇和社区产生了影响，那里已经有了繁荣的主街道，分布着修鞋店、玩具店、书店和家具店。从19世纪50年代末开始，零售业中出现了折扣店这一概念。就像铁路曾经让西尔斯和蒙哥马利-沃德等目录册公司取消了由于距离成本带来的商品加价，州际公路为折扣店的兴起提供了物流方面的可能性。

和市中心百货公司豪华的多层零售商场或专门销售低价商品的杂货店不同，新出现的这种折扣店销售从日用电器、洗洁剂到割草机的所有商品。折扣店的根本优势是价格。他们的做法是摒弃所有昂贵的服务和设备，尽可能地降低价格，通过增加出货量摊低单位成本。折扣店建在城市的外围，很好地体现了这种销售战略的经济效益。明亮的灯管、油毡地面、店铺前面的收银台、购物车和数量有限的营业员都配合了折扣店最重要的组成部分：占地数英亩，有数百条分隔线的巨大停车场。

在战后美国经济繁荣的年代，席卷全国的零售趋势恰恰与镀金时代相反。19世纪末的百货商店曾让各个经济阶层都能一睹奢华，但在20世纪60年代中产阶级空前繁荣的时候，消费者被节俭和价值最大化的幻想所吸引。当时消费者认为毕恭毕敬的售货员更多地是一种没必要的干扰，只能增加自己的开支，而不是一种奢侈的享受。让消费者放心的是店里出售的那些品牌商品，那些在电视和杂志广告里经常出现的品牌。如果价格相同的话，购物环境又有什么关系？因此，郊区折扣店往往是按照建筑法规允许的最低成本标准建造的。

在美国资本主义的很多阶段，起初的成功者未必能是最终的成功者。在1962年中期，零售巨头伍尔沃思宣布新开一家叫作"伍尔科"的新连锁店。同年，类似商店运营商S. S. 克雷斯吉推出名为"凯马特"的折扣概念店。很快，两家零售店的风头被那个时代的折扣店之王尤金·费考夫（Eugene Ferkauf）给压了下去。费考夫随便给自己创立的公司起名叫"E. J. 科维特"。虽然这家公司旗下只有17家连锁店，但是其年销售收入却达到了2.3亿美元。即使坚持薄利原则，其利润也超过了400万美元。到60年代早期，整个零售行业拥有4000家商店，年销售额为数十亿美元。

不过，薄利原则也是一把双刃剑。租赁或建设大型仓储式零售空间，给里面塞满各地供应商通过卡车运来的各种产品，以接近甚至低于成本的价格销售畅销产品，几乎没有给商店留下任何出错的空间。不管是订单出错，顾客或员工顺手牵羊，还是供应商发货短缺，任何失误都会使低利润商店从赢利变为亏损。实际上，这个行业经历过一次剧烈的洗牌，大批实力弱的商店纷纷关门。问题出在运营商：折扣店关门很少是因为销售额差，往往是因为无法从销售额中获得利润。一度是行业领导者的E. J. 科维特被卖给了一家制衣厂，将折扣市场拱手让给了凯马特，后者逐渐成为美国零售行业的执牛耳者。

然而，折扣店之间激烈的竞争让另外一个群体备受打击。小型夫妻店在定价权方面无法和商品齐全的大商店竞争。当时经常有人批评，这是一个扭曲的竞争市场在起作用。在1965年出版的《折扣大误区》中，作者沃尔特·亨利·纳尔逊（Walter Henry Nelson）指出了低价的谬误以及对小商店的影响。折扣店往往在广告中将热销产品（比如一种新上市的玩具或某个畅销品牌的牙膏）的价格标得低于成本价，这种为招徕顾客亏本销售的商品把顾客吸引进折扣店，然后他们通过其他商品的销售额来弥补这一损失。对于专门销售某一类产品的小商店来说，比如说只经营玩具、书籍的商店，与采用亏本出售方式销售畅销商品的折扣店竞争，损失尤其严重，因为这些零售店无法通过其他商品来弥补亏本出售造成的损失。亏本出售的商品往往还能让顾客产生一种感觉：折扣店所有商品的价格都很低。这一感觉又能吸引人们从很远的地方前来购物，进而拉走了小镇主街商户的生意。

就在东北部折扣店，如戴顿-赫德森公司旗下的塔吉特和凯马特，向中西部和东北部郊区市场扩张时，南方一家连锁店意识到农村消费者为了买到便宜货愿意驱车更远。萨姆·沃尔顿（Sam Walton）创办的沃尔玛，总部在阿肯色州，从人口仅有6000人的城镇起步，后来逐渐成为在美国南方占据主导性优势的连锁店。沃尔顿认为，折扣店生意的关键是信息和物流，在于如何运用公路最大限度地吸引顾客购物。乘坐一架旧飞机，他四处物色交通便利、与自己的现有商店之间不会互相竞争生意的建店地点。一旦这个系统建立起来，加长货运卡车很快会千里迢迢将他需要的货物运到门口。不管是阿肯色州的农村，还是圣路易斯的郊区，对卡车司机们来说，运输条件同样便利。

* * *

五十年前，美国的经济活力如此强劲，即使移民家庭，努力工作几年，也可以买得起汽车。在20世纪60年代中期，战后美国人

第 29 章 公路

的富裕意味着，即使在麦当劳兼职的青少年也能拥有自己的车。驾驶执照成了类似犹太成人礼那样的东西。婴儿潮时期出生的孩子大都在郊区长大，他们那一代人让一家拥有两辆汽车从罕见变成必不可少——即使在 1950 年，也只有 4% 的家庭拥有一辆以上的汽车。丈夫开车上班后，家庭主妇也需要一辆汽车代步。在 60 年代，当婴儿潮一代开始开车时，路面上汽车的增长速度居然超过了人口的增长速度。1960 年到 1970 年，美国人口从 1.8 亿增长到 2.03 亿，增加了 2300 万人，而同期路面上注册的客用车增加了 2700 万。增长的车辆，相当一部分可以在中学停车场看到。

有人将这种富裕视作一种空洞的繁荣，是美国社会一种愚昧的根本性的改变。在商业活动势头的推动下，人们为经济引擎服务，而不是相反。简·雅各布斯（Jane Jacobs）认为，城市文化的活力正被那些以每小时 70 英里速度行驶的偏远的"金属岛屿"所带走。在她写作《美国大城市的生与死》的时代，因为人们大批迁往郊区，美国每个城市的核心开始衰退。东部和中西部城市先前是充满活力的中心，然而现在一提到城市，就会让人想到衰败。

雅各布斯认为，她所热爱的那些城市的死亡根本不是市场力量导致的"经济和社会方面不可避免的现象"。对于郊区化导致的"新生的颓废"，她认为，"庞大的政府财政激励造成了这种单调、无趣和粗俗"。因为联邦政府的拨款最终动用了私人承包商，"那些拿到了大笔拨款的公路建筑商"没有任何让汽车与城市相兼容的动力。另外，她还认为，政府规划者为郊区的住房贷款提供担保，但在城市却没有这样做，这导致了因信贷严重不足而造成的更大萎缩。肯德基和凯马特的建立是对联邦政策的创业反应，而不是自由市场或社会进步的有机结果，因为数百年来，自由市场和社会进步让人们生活在越来越拥挤的空间里。具有讽刺意味的是，感受到这种大规模逆转的正是美国汽车产业中心底特律。现在，城市定义中增加了地理位置上含糊其词的"内城",它往往指的是最后留下来的黑人集中居住的城市核心区。

不过,联邦的公路建设政策本身就是一种美国成功的源头的产物,这种源头被忽视了,这就是石油。从1859年宾夕法尼亚州第一次成功开采出石油开始,一个多世纪里,美国一直是世界上最大的产油国。到1970年,美国石油产量已经接近每天1000万桶,与沙特阿拉伯当今的产量相差无几。在美国建立后的大部分时间里,它从来没有进口过外国石油,也根本无须进口石油。约翰·D. 洛克菲勒、约翰·保罗·格蒂(John Paul Getty)和美国橄榄球联盟的创立者,以及艺术作品中虚构的J. R. 尤因、詹姆斯·迪恩在电影《巨人传》中扮演的人物,一直把石油当作美国巨额财富的来源。宽阔的公路、郊区住宅和数千万大型轿车(其中很多轿车用的是当时欧洲仍不多见的高耗油量自动变速器)都体现了人们对这一自然资源用之不竭的认知。然而,虽然在整个20世纪60年代,美国仍然是世界最大的产油国,但是美国城市长时间向偏远郊区发展最终显现出其严重后果。这个国家不但消耗了它钻出来的每一滴石油,还向国际市场采购廉价的石油。不久,当一些中东国家意识到美国的巨大需求为他们提供的定价权之后,一场石油危机爆发了,美国的战后经济增长戛然而止。从20世纪70年代开始,美国自从1893年以来第一次出现了贸易赤字,进口额超过了出口额。

第四部分

史蒂夫·乔布斯和比尔·盖茨，1985 年

第 30 章　计算机

刚就任福特汽车总裁 7 个星期，44 岁的罗伯特·麦克纳马拉（Robert McNamara）就已经在琢磨下一份工作了。1960 年 12 月，在密歇根州一个寒冷的早上，秘书给他递去一张纸条，上面说罗伯特·肯尼迪（Robert Kennedy），也就是新当选美国总统的弟弟，在等他接电话。那天结束之际，麦克纳马拉得到了两个职位邀请：财政部或国防部的负责人。第二天，他应召前往华盛顿与约翰·F. 肯尼迪总统见面。略作推辞之后，麦克纳马拉决定辞去福特的工作，就任美国国防部长。

在麦克纳马拉接到那个重要电话不到 5 个星期，数百万美国人就从电视上看到了艾森豪威尔面对美国同胞的告别演说。这位昔日亲自接受纳粹德国正式投降的将军，以一位年迈祖父结结巴巴的语调，郑重要求美国提防一种严峻的内部威胁。如果冷战突然白热化起来，考虑到原子弹的巨大威力，美国没有时间像过去那样将国家的工业产能用于军事生产。不过，艾森豪威尔同时也认为，时刻保持战备状态会威胁民主：

直到最近的一次世界冲突之前，美国都没有军备工业。然而，如果需要，美国犁铧工厂也能在短时间内及时铸造出战争之剑。但是，我们不能再次在危急情况发生时才仓促打造国防力量，我们必须建设一个永久的庞大军备工业。

……巨大的军事编制与庞大军备工业的结合在美国历史上是前所未有的……我们要意识到对这一发展的迫切需要，但是，我们也不能忽视它的严重影响……我们必须警惕，不能让军事-工业联合体取得未经授权的影响力，不管这种影响是有意还是无意的。

……我们决不能让上述这种结合的力量危及我们的自由和民主进程。对任何事我们都不能掉以轻心。只有清醒、有见识的公民才能迫使巨大的工业和军事防卫机器与我们追求和平的方式和目标实现完美的结合，让安全与自由共同发展。

然而，在"军事-工业联合体"进入美国词典之际，艾森豪威尔指出冷战时期的国防工业正在经历一场"技术革命"。现代研发工作动辄不惜成本配备"数百台先进的电子计算机"，成本高昂。政府科技支出增长如此之快，再加上军队在电子计算方面的投入毫不吝惜，以至于公共政策"几乎成为科技精英随意左右的东西"。三天后，艾森豪威尔总统成为一位普通公民。

在麦克纳马拉在五角大楼上任的第一天，美国有350万人效力于美国军方。这一人数超过了美国20家顶级企业雇员人数的总和。让国防部，包括国防部下属无数部门和采购系统实现现代化的任务，很自然地落到了过去在美国第二大汽车制造公司负责这一任务的人身上。不过，与二战期间接管了整个国家武器生产任务的通用汽车公司的威廉·努森不同，麦克纳马拉并非来自生产部门。20世纪30年代从加州大学伯克利分校毕业后，他进入哈佛商学院深造。

第30章　计算机

在那里，麦克纳马拉表现出在会计体系和财务控制方面深厚的领悟力。毕业一年后，他回到哈佛大学教书。二战期间，麦克纳马拉参加了一个信息分析团队。这个团队组织了一个庞大的系统，对战时信息进行分析和加工，将其变成实用的、可以用来指导战场行动的数据。战争结束后，这个团队中的几个成员被福特公司招至麾下，帮助那家当时身陷困境的汽车制造商解决现代化管理问题。这个团队绰号"天才小子"。这群年轻小伙子虽然没有受过具体的行业训练，但是深谙一种终极技术管理理念：每个组织只不过是每时每刻都在变化的海量的可量化信息的集合体；如果信息可以度量，那么就可以管理。在这个由青年才俊组成的团队里，麦克纳马拉是其中最出色的一个，佼佼者中的佼佼者。参议员巴里·戈德华特（Barry Goldwater）说他是"会走路的IBM电脑"。

让这样一个人来监督"军事–工业联合体"再合适不过了。

* * *

在所有公司里，IBM是军方大笔投资电子计算研究的最大受益者。该公司1960年的销售收入将近20亿美元，相较于十年前取得了惊人的增长。

然而，公司的根基，以及某种意义上的电子计算本身，可以追溯到和国防一样基本的宪法职能。宪法规定联邦政府必须承担为数不多的几个职责，除了维持邮政系统、海军，剩下的任务之一就是每十年进行一次人口普查。共和国建立之后，国家政策的制定者设法将联邦政府的权力约束在非常有限的范围内，为各州赋予了很大的自治权。然而，随着各州有权根据人口比例选举相应数量的代表到联邦议会，整个政府体系，即决定总统人选的选举团制度和联邦各州的国会代表，首先取决于获得各州人口的准确数据。即使那些所有权属于他人，数量按五分之三折算的人，也要计算在内。

一百年来，美国的人口从聚居在东部沿海地区的不到300万增加到散布整个大洲的数千万，人口统计方法也不断得到改进。然而，相较于工业革命给美国带来的活力，以及美国在炼钢、石油开采、产品加工、电话和电力领域的进步，手工收集与人口相关的重要统计信息的做法完全过时了。动用大量政府雇员来记录数百万人的信息，不论这种方式的效率有多高，都与当时的巨大技术进步（比如通过海底电缆向伦敦发电报）不相称。

1890年的人口普查改变了这种统计方式，孕育了一场信息革命，这场革命日后将变得和当时的工业革命一样意义深远。提升人口普查效率的想法来自人口普查办公室一个叫赫尔曼·霍列瑞斯（Herman Hollerith）的年轻雇员。1880年，霍列瑞斯认识了一个受命调查美国内战中士兵高死亡率原因的军医。这位名叫约翰·肖·比林斯（John Shaw Billings）的军医给霍列瑞斯讲了他的想法：用打孔卡片上的孔来表示和存储信息，而不使用需要人工阅读的手写记录。用一张简单轻便的硬纸片就可以做成打孔卡，这种母版就像多选题的标准化试卷。对于全国人口普查系统来说，需要针对每个美国人制作一张打孔卡。在每个人卡片上的打孔区，要标出这个人的属性。在人种一排有六个孔的位置；如果打的是第一个孔，就说明这个人是白种人。另一排显示的是年龄；如果打的是第三个孔，那么这意味着此人的年龄在18至30岁之间。婚姻状态、家里孩子数量和收入范围也可以用一排排的孔来记录。实际上，打孔卡上的一排孔可以用来记录值得收集的任何方面的数据。

在比林斯方法的基础上，21岁的霍列瑞斯开始设计一种可以识别众多打孔卡上的孔，并自动统计已识别结果的机器。比如，针对所有来自艾奥瓦州的打孔卡，机器可以通过检查每张卡片是否打了适当的孔来计算该州0到18岁之间的人口数。为了实现这个功能，霍列瑞斯充分利用了当时的电气知识。每张打孔卡，迅速通过分拣机之后，被放置在一个金属表面上。这个机器上对应打孔卡上某个孔的通电插脚就会正好处在卡的上面。打孔卡本身不导电，所以，如果卡片上相对应的位置没有打孔，电流就无法通过。利用这个原理，机器就可以迅速从数千个打孔卡中识别出某张卡的相应孔是否打好。对于每张有特定穿孔的卡片，电流会迅速接通，自动计数器就会增加一个人数。

在后来的几十年里，霍列瑞斯用于统计卡片信息的机器一直是重大突破。它的用处不仅在于计算数量的增加，它还可以分拣卡片，按要求将数据分成多个子集。了解内布拉斯加州有多少个寡妇，或者康涅狄格州多少个家庭拥有四个孩子，这可以反映出很多新情况。在为1890年的人口普查做准备期间，霍列瑞斯依托三项专利，发明了一个可以用于大规模数据管理的实用系统。美国人口普查办公室，看到霍列瑞斯机器在分类制表统计方面惊人的效率和准确度，同意以每年1000美元的价格租用50台机器。不久，美国内政部向参议院报告说，那次人口普查一共制作了62622250张打孔卡：当时登记健在的每个美国人都对应一张卡片。

* * *

人口普查上的成功让霍列瑞斯广获赞誉。1890年，《科学美国人》将他的机器的图片刊登在杂志封面上。机遇也随赞誉而来。霍列瑞斯建立了制表机器公司，将其电子信息系统进一步商业化。

世纪之交，一些行业的商业机器和仪器，比在数据制表领域仍处于不成熟阶段的霍列瑞斯机器具有更高的商业价值。大量从事称量（称量对象从肉到金属）的区域性公司合并在一起，成立了电子计算度量公司；在当时，电子计算在很大程度上指的是称重。在时间记录领域，国际计时公司已合并生产考勤钟与计时仪器，其功能从员工打卡到签发货运确认证。1911年，三家公司，即电子计算度量公司、国际计时公司、霍列瑞斯的制表机器公司合并成立电子计算–制表–记录公司（C-T-R）。最终，管理美国工业产品的称重、度量和计算等职能部门收集来的信息成了一个独立的行业。

现在，C-T-R需要一个当家人。这一组织背后的银行家查尔斯·弗林特（Charles Flint）打算从企业用户遥遥领先的某类机器的生产厂家物色一个主管。在那几年，数万小商店和连锁零售企业购买了国家收银机公司的收银机。然而，该公司因强硬的管理方式在监管部门那里惹了麻烦。联邦政府对30多名公司主管提起刑事指控，理由包括恐吓客户、编造假的竞争者来削弱竞争对手等。国家收银机公司级别最高的销售主管之一，将近40岁的托马斯·沃森（Thomas Watson）受到指控后被开除。

沃森没有气馁，他投身C-T-R旗下，担任该公司的负责人。虽然C-T-R的打孔卡业务是该公司最小的业务线，但是沃森说他从一开始就认识到了其潜力。到了20世纪20年代，打孔卡业务增长迅速，帮助企业客户追踪从客户订单到员工信息的一切内容。人口普查办公室也在这些方面继续使用打孔卡。为了显示该产品线的广泛吸引力和公司的全球目标，公司将名字改为"国际商务机器"（IBM）。

随着时间的推移，IBM的打孔卡操作越来越复杂，例如，时代公司位于曼哈顿的办公楼里有好几层专门存放打孔卡，每张打孔卡上都显示着公司数百万用户中某一客户的订阅日期、续订日期和计费条款。银行和保险公司用打孔卡来追踪账户和投保人。不久，IBM引入了一些复杂的计算流程，比如计算工资，用制表机器做必要的扣税计算以及准备支票。这些程序是一个令人惊叹的结合：用打孔卡上的孔来存储数据，用电流来分类和筛除，用机械部分来计算和输出结果。

然而，到了20世纪30年代，一位客户给IBM带来了最大的机会。据沃森的儿子小托马斯·沃森（Thomas Watson Jr.）回忆，所有"罗斯福的福利、价格控制和公共工程项目"都需要"IBM提供数百台机器"。而其中最重要的是社会保障，这让"山姆大叔成了IBM的最大客户"。国外客户也享受了运用这一机械智能的好处。在签订《慕尼黑协议》前不到一年，希特勒召唤沃森密谈，向其保证，他猜测的和平和繁荣还会回到白宫。几天之后，为了进一步表示对沃森的敬意，希特勒的财政部长授予沃森一枚装饰着纳粹独特标志的"德国鹰战功十字勋章"。公平地说，IBM给所有客户提供了均等的机会。没多久，小沃森被派到东方出差，访问苏联和日本控制下的伪满洲国，也到了东京，亲自评估这些地方的地缘政治形势。需要保护的东西很多，除了服务罗斯福新政和纳粹之外，IBM还在莫斯科设立办事处，帮助苏联"管理'五年计划'的庞大统计数据"，小沃森在其回忆录中如是说。

第二次世界大战爆发后，军队的数据管理需求成为公司的主要业务。针对每个应征入伍的军人，IBM打孔卡"会伴随他入伍、入编、训练和服役"，直到退伍。

不过，战争期间科学的进步，让电子计算从电子机械方法发展到完全的电子方法。也就是说，用来存储声音的磁带被认为是一种储存和检索数据的方法。同样的标记可以写在磁带上，而不是在打孔卡上打孔。同样的空间，磁带的存储量远远大于打孔卡。这一变化非同小可。时代公司和大都会人寿保险公司等拥有所有投保人对应打孔卡的公司，采用磁带存储技术后，可以节省大量打孔卡存放空间和信息访问成本。对于很多目标群体中的美国公司客户来说，这一新技术立刻让他们节省了大笔支出。

同时，二战期间电子线路的进步给制表机器带来了威胁。相较于能够看到的精密齿轮、机械计数器和计算程序，这些"电子大脑"

在不可见的情况下处理数据。在向客户解释计算机时，小沃森说，以光速运动的电子真正做的是"加1加1"的工作，和打孔卡机械识别器的功能一样。在IBM，公司将业务计算分成"算数和逻辑的简单步骤，如加、减、比较和列表。不过，要完成任何任务，这些步骤必须重复数百万次"。打孔卡机器最快的计算方法可以每秒完成4次加法运算，而最原始的电路可以进行每秒5000次运算；观察到这一现象之后，IBM迅速对自己的业务进行大调整。

在20世纪50年代，冷战提供了巨大机会。相较于物理学家、工程师和数学家的计算需求，大多数企业管理职能，比如工资核算，属于比较原始的计算。相较而言，美国防空需求，因为1949年苏联成功试验原子弹而大大增加，从而成为计算研发的沃土。那个时代耗资最大的项目之一是名为"SAGE"的电子计算系统。它的全称是"Semi-Automatic Ground Environment"（半自动地面防空系统）。

一旦雷达站发现敌人飞行器进入美国领空，SAGE系统就会根据飞行器的速度、高度和方向来决定该派哪一架战斗机升空拦截。有时候，SAGE系统会建议发射地对空导弹拦截。这些和房子一样大的计算机，要为将军们提供可资参考的应对方案。SAGE不仅拥有强大的计算能力，它还引入了网络连接技术。通过电话线，SAGE系统将全国划分为几个地区，每个地区的信息处理中心接收地面雷达、海军舰船和侦察机发送的信息。各地信息处理中心的电脑通过网络互联。万一发生敌对攻击，这一信息处理网络就会决定应该部署哪些作战设施。直到50年代末，从部署SAGE系统的计算中心获得的收入足足占IBM电子计算收入的一半，为该公司提供了从打孔卡时代过渡到电子计算新时代所需要的宝贵资金。

然而，苏联那边并没有闲着。几乎就在SAGE系统投入运行之际，苏联投入更多人力物力，将第一颗人造卫星送上太空。突

第 30 章 计算机

然间，资本主义世界的 SAGE 系统过时了。共产党人不但在太空中有了可以环绕地球运动的眼睛，还掌握了将它们送入太空的先进火箭技术。

* * *

随着计算机的出现和太空竞赛的开始，20 世纪 60 年代让人们对未来生活的想象成为主流意识。苏联卫星"斯普特尼克号"促使美国建立国家航空航天局，监督美国太空计划的发展。在美国广播公司的黄金时间里，美国民众可以收看卡通片《杰森一家》。故事讲的是太空时代的一家人，他们同家务机器人罗西以及宠物狗阿斯洛生活在一起。几年后，戴斯露制作公司，也就是制作《我爱露西》的那家电影制作公司，通过哥伦比亚广播公司播出了《星际迷航》。斯坦利·库布里克（Stanley Kubrick）执导的《2001 太空漫游》用一个名叫"哈尔"的几乎无所不知的电脑来指挥宇航员。60 年代中期，人工智能和自动驾驶概念不再是魔术和科幻概念，它们是美国科技发展轨迹顺理成章、不可避免的结果。

美国航空公司几乎是现代和尖端的代名词。作为迅速发展的喷气式飞机领域的领导者，这家航空公司委托 IBM 制定飞行方案。这家公司推测，借助计算机，公司的气象研究员和飞机调度员可以使用天气数据分析，让每次国内飞行任务最多节省 3 分钟；以每分钟飞行的时间成本为 15 美元计算，这一节省促使该航空公司租用了一台 IBM 电脑。就是美国公司的这些累积优势和应用程序，让 IBM 获得了越来越多的客户。

IBM 甚至吸引了令人意想不到的客户。在阿肯色州农村地区，萨姆·沃尔顿只有 5 家寒酸得要命的商店。与那些规模最大的零售商相比，这个数字无足轻重。然而，萨姆·沃尔顿还是设法参加了

IBM组织的一个零售商会议。他不擅长从情感和氛围上笼络顾客，但要提供最低的价格，就意味着要充分了解物流和信息。在那次会议上，一个叫阿贝·马克斯（Abe Marks）的发言人认为，现代社会的零售业意味着准确了解"店里有多少货物，哪些货物好卖，哪些不好卖，需要对哪些货物进行订购、降价或替换，……存货周转率越高，占用的资金就越少"。后来，马克斯改变了对沃尔顿的第一印象，他发现沃尔顿看似傻瓜般的经营方式表明了其作为零售商的天才，并最终称沃尔顿是"有史以来最善于利用信息的人"。二十多年后，萨姆·沃尔顿就成为美国最富有的人，他将自己的竞争优势归结为早期在计算系统方面的投资。小镇商人本以为记住所有顾客的名字或赞助当地"少年棒球联盟"球队会给他带来长久的优势，但他根本不懂零售业。内心深处崇尚技术的美国消费者，更看重的是货架上商品价格体现出来的效率，而不是店老板的热情面孔。要想获得这种效率，信息系统至关重要。

1962年，企业客户对IBM公司产品的需求极为旺盛，以至于年轻销售员罗斯·佩罗（Ross Perot）在1月中旬就完成了他一年的销售任务。他敏锐地意识到，虽然那些企业热衷于购买IBM最新款的电脑，但他们往往缺少让这笔投资实现价值最大化的专业知识。同年晚些时候，他从IBM辞职，创建了电子数据系统公司。因为他知道从他手里购买大型电脑硬件的客户的名字，所以可以直接向其推销软件服务。在服务一些全国知名大企业长达六年后，电子数据系统公司打算在1968年狂热的市场氛围中上市。

那个十年发生的诸多重大历史事件，"猪湾入侵"、马丁·路德·金发表"我有一个梦想"演讲、古巴导弹危机、肯尼迪遇刺、公民权立法和反越战抗议浪潮，很容易让人想到一个处于革命边缘的不稳定国家；然而，企业的情况显示出这个国家处于历史上另一个经济大繁荣时期。考虑到主流的历史叙事，分析60年代的经济形势就像是研究一个平行世界。然而，这种分析也能揭示出时代的矛盾和盲目相信现代科技的隐患。

实际上，昔日的名人罗伯特·麦克纳马拉认识到了盲目使用所谓客观事实和数字而产生的悲剧性影响。那些数据没有全面反映现实世界的真实情况，更为糟糕的是，它让使用者丧失了人类的基本判断能力。虽然美国拥有人造卫星、计算机、喷气式飞机和数十亿美元的国防开支，然而越南战争远远没有像"军事-工业联合体""太空竞赛"或"电子大脑"等词语所暗示的那么现代化。本来只需简单地计算一下双方投入的资金和武器就可以判定谁是胜利者，然而，顽固的越南民主共和国在经济方面刚刚走出稻田和农业生产，拒绝对民主和资本的双重好处敞开心扉；并且不知怎么地，与一个超级大国打成了僵局。

同样让人困惑的是，在1968年，以马丁·路德·金和罗伯特·肯尼迪遇刺为标志的那一年，也是美国士兵的越战伤亡达到最高点的一年（那年一万多美军士兵在越战中阵亡）：公众抗议集会上人们经常喊的口号是"喂，喂，LBJ（林登·贝恩斯·约翰逊），你今天杀了多少个孩子？"。美国股市似乎是没有受到任何影响的绿洲，一路创新高。

那个金融迅速发展的年代让很多资金管理人成了明星人物。新成立的共同基金公司，尤其是那些自称"业绩基金"的基金公司，似乎用它们炒股和赚取惊人回报的新技巧，取代了守旧派。在20世纪90年代互联网泡沫开始的前奏中，计算机应用和电子等个别领域的股票成为华尔街梦寐以求的投资对象。

在被埋没的公司中，建立六年的电子数据系统公司在达拉斯的总部成了备受华尔街投资银行青睐的地方。十几个投资银行家派人拜访佩罗，极力劝说他上市。考虑到电子数据系统公司每年150万美元的营业收入，保守的投资公司估计其首次公开募股（IPO）的价格将是盈利的30倍。有的投资公司提供的估值是盈利的50倍。

R.W. 普雷斯普里奇公司是一家规模较小的投资公司，效力于此的银行家肯·朗格尼（Ken Langone）非常激进，建议佩罗将公司股票发行价定为每股盈利的 100 倍。这样的估值意味着，成立六年的电子数据系统公司市值将达到 1.5 亿美元。毕竟，电子数据系统公司的公司名称中拥有当时市场上风头最盛的三个概念：电子、数据和系统。慎重考虑之后，佩罗觉得朗格尼的建议很不错。随后，电子数据系统公司上市了。

IBM 公司的沃森，当年以雇员的身份入职公司，从来没有拥有过公司很多股份。相较而言，佩罗是电子数据系统公司的大股东，拥有 950 万股公司股票；所有员工持股总数为 150 万股。佩罗同意通过公司挂牌上市，发行 32.5 万新股，并向公众出售自己的 32.5 万股票。考虑到流通股数量有限，以及公众投资者对任何与电子沾边的股票的狂热追捧，朗格尼的公司将发行价定为每股 16.5 美元，足足是电子数据系统公司每股盈利的 118 倍。首次公开发行结束之际，佩罗账面上的股票资产净值接近 2 亿美元。《财富》杂志说他是"有史以来最富有的得州人"。不到两年，他的账面净身价超过了 15 亿美元，成为科技领域第一个亿万富翁。

感受到 1968 年华尔街股市狂热的远不止得克萨斯和曼哈顿下城。就在距离旧金山海特-阿什伯里地区的"花童"[*]和伯克利市嬉皮士以南仅 50 英里的地方，一个山谷正在发生翻天覆地的变化。那里的人们也在谈论推翻旧制度的"革命"和"颠覆"，但与"花童"、嬉皮士口中这两个词的含义大不相同。从打孔卡到大型计算机的演化过程中，电子在真空管中流动，取代了机械过程。现在，真空管已迅速让位于现代神奇的晶体管和半导体。制造半导体的最佳材料是一种被称为"硅"的物质。

---

[*] 简言之，"花童"是旧金山"嬉皮一代"的自称。——编注

第 31 章 初创企业

1969 年 7 月，地球上数亿人围在电视机前，一睹那个人类触手可及的新世界。这是人类科技成就的一个高峰。当克里斯托弗·哥伦布或瓦斯科·达·伽马动身探索新世界之际，在岸边给他们送行的很可能只有几十个人；然而，登月是一次集体旅行，通过电视从外太空向地球实时传送的图片，让人敬畏，让很多人如痴如醉。这是一件极为重要的历史事件，《纽约时报》用整个头版介绍了太空时代这一人们高度期待的重大事件最全面的具体细节和广泛影响。

当时，人们憧憬着，在不太遥远的未来，至少极少数人可以移居月球。有人乐观地猜测，两个星球之间的营运服务也就是十年之后的事情。美国登月活动让人们想到的这一未来即将出现的情况，引出了很多有意思的探讨。《纽约时报》编辑委员会的一位成员在第二天的报纸上发表社论文章，用粗体标题发问："月亮属于资本主义还是社会主义？"作者在文中提出，既然到现在为止没有人对月亮拥有所有权，将来月球上的矿产权或月球酒店的产权要如何分配？现在，月球表面上傲然竖立的是美国国旗，而不是苏联的锤子镰刀旗帜，这是不是意味着月亮理所应当向自由市场国家开放？作者提出这些问题是为了给下文做铺垫。接下来，作者质疑了"在某种意义上登月竞赛是美国资本主义和苏联社会主义之间的一场角逐和竞赛"的说法。考虑到整个登月计划都是由美国财政部和纳税人资助，作者认为，美国登月计划在统一领导和统一拨款方面，和苏联的太空计划一样具有完全相同的社会主义性质。在确定月球将来的产权方面，应该考虑这一点。既然人类登月是美国创造力的胜利，而不是美国资本主义的胜利，为什么有人觉得月球应该属于自由市场呢？这似乎是人类登月之后相对有些意义的讨论。

不过，美国和苏联之间还是存在着根本的不同。在接下来的几十年里，行事方式的区别给美国提供了综合性的经济收益，这些收益与月球酒店没有任何关系。虽然苏联和美国的太空计划都由国家资助，但是美国太空计划所需要的数量庞大的零件、服务和技术依赖于与私人供应商签订的供应合同。完全可以说，这些合同资助了那些私人供应商的研发活动。如果没有政府合同带来的源源不断的收入，任何以营利为中心的企业都不会去从事那种规模的研发。而那些供应合同不论公平与否，都允许私人实体继续保留和利用他们在公共资金资助下获得的知识和技术。因此，虽然最初的登月计划在联邦政府统一规划下完成，但剩余的和偶然的影响都是由自由市场发现的。苏联的集中统一规划缺少这至关重要的第二步，那些可以给民间带来利益的偶然事件无从发生。

在半导体领域，这一点体现得再明显不过。最简单的是，用硅材料制作的半导体可以更便捷、更迅速和更可靠地控制电流，这对执行各种计算程序至关重要。在五六十年代，基于他们的任务性质，需要最可靠和最昂贵半导体的客户，也是最早使用这些材料的机构，是美国空军，以及后来的国家航空航天局。

硅谷的故事开始于半导体的故事。20世纪50年代后期，在肖克利半导体实验室为威廉·肖克利（William Shockley）工作的8个工程师想离开那位性情多变、才华横溢的老板。1956年肖克利因为发明晶体管获诺贝尔奖。这组人最初想找一个工作机会，将他们作为一个团队雇用。在集思广益的过程中，他们中一个人的父亲介绍他们认识了一位海登斯通投资银行的纽约银行家。这位名叫阿瑟·洛克（Arthur Rock）的银行家建议他们自己创建公司，而不是像一个流动的行业公会一样四处漂泊。这个小组告诉洛克，他们需要大约75万美元来开发新一代的半导体。在帮他们考察了数十个可能的合作伙伴（几乎都是军工领域的承包商）之后，洛克毫无收获，后来，他给仙童摄影器材公司打电话。控股股东谢尔曼·费尔柴尔德（Sherman Fairchild）同意投资，投入了138万美元。

碰巧，费尔柴尔德是IBM公司最大的股东。在IBM公司仍然处在电子计算-制表-记录公司这个阶段的时候，他的父亲就先于老托马斯·沃森投资了这家公司。不过，这项新投资有一个条件：如果产品开发成功，费尔柴尔德有权出资300万美元购买他们8个人和海登斯通持有的所有股份。就这样，8个人正式创建了仙童半导体公司。不难预测，考虑到费尔柴尔德的关系，公司的第一个客户是IBM公司，产品用于军事领域。不久，费尔柴尔德动用购股权，买下了仙童半导体公司的全部股份。尽管8位研发人员突然拿到一大笔钱，但该公司的资本结构缺乏当下硅谷初创企业内在的科技创业者回报上不封顶的核心元素。

1968年，8个人中的2个人，即鲍勃·诺伊斯（Bob Noyce）和戈登·摩尔（Gordon Moore）想要创建一个自己的公司。考虑到当时的资本市场对与电子和计算机应用沾边的概念都极为追捧，同样的情况也使罗斯·佩罗刚成立六年的电子数据系统公司估值超过2亿美元，两人这次建立公司可以不去寻求企业投资。他们还是再次求助于阿瑟·洛克，让他作为他们的银行家去筹集资金。最容易被想到的是艾奥瓦州格林内尔学院，因为诺伊斯是该学院董事会的成员。一个名叫沃伦·巴菲特（Warren Buffett）的年轻资金管理人也是董事会成员。学院董事会同意动用30万美元的学院资金投资这家新企业。当年晚些时候，新公司更名为英特尔（Intel），是"集成电子"（integrated electronics）的缩写。依托250万美元的资金（其中包括洛克菲勒家族作为被动投资者的一大笔资金），诺伊斯和摩尔开始了他们的公司运作。

顾名思义，英特尔公司的运营方案是将多个电子电路的功能集成在一个处理单元里，在不断扩展该处理单元计算能力的同时，缩小它的尺寸。随着时间的推移，英特尔的微处理器能让很小的设备实现功能强大的新型计算机应用，如科学计算器。不过，金融同样是英特尔公司持久而有影响力的领域。1971年，在实现仅900万美元营业收入的过程中，英特尔申请当今成功初创企业实现质的飞跃的最后一步：公开上市。英特尔公司股票的首次公开发行发生在公司创立的三年内，它有助于最终完善硅谷的融资经验。

虽然英特尔是硅谷最具传奇色彩的品牌之一，但是它最初的融资方式并非典型的风险投资融资，它最初的资金分别来自几个富有的个人和家庭，包括格林内尔学院和两个公司创始人。然而，作为没有任何过往财务数据的初创企业，养老基金、大学捐助基金和基金会等机构投资者，没有能力评估这些新创立公司的赢利能力和相应的投资前景。因为没有经营记录，所以对初创企业的投资完全不符合这些金融机构所奉行的安全和稳健原则。然而，鉴于股票市场对英特尔和电子数据系统公司等公司的追捧，抢先投资未来龙头企业的"钱景"对大型投资者越来越有吸引力。

60年代后期，在股票市场对科技股的明显偏好显露出来之前，如果投资者要投资一家前景不错的公司，他必须等到这家公司提供富有希望的现实经营业绩，以实现利润回报。然而，公开市场的投

第31章 初创企业

资者押注热门公司的未来的愿望改变了这一规则：它让在萌芽阶段进行风险投资的投资者，在公司达到财务成熟甚至赢利之前就能获得经济回报。一旦该公司的股票可以公开交易，最初买入这家公司股票的投资者就可以向公众出售大量股票以降低风险。反过来，其他投资者也有机会在早期阶段投资这家公司。英特尔公开上市的成功，证明从初创企业到公开上市之间的间隔可以压缩到三年，催生了一个可以投资多个初创企业的正式金融工具：风险投资基金。

风险投资基金的投资者拥有多样化投资的优势：一笔投资获得的巨大收益完全可以弥补其他多个投资的损失。管理这些资金的风险投资公司本身就具有创业精神。投资公司从外部投资者手中筹集资金，投资初创企业。它们物色、筛选和培养初创企业，往往可以获得20%的投资收益。高风险初创企业投资领域构成的"美丽新世界"开始吸引昔日的工业财富、大学捐助基金和养老基金。

同时，在最早一批的风险投资人中，很多人并不是金融家，而是半导体专业毕业生。1972年，也就是英特尔公司上市的第二年，仙童半导体的8个创立者中的尤金·克莱纳（Eugene Kleiner）建立了风险投资公司凯鹏华盈。同一年，仙童半导体公司的前任销售主管唐·瓦伦丁（Don Valentine）建立了红杉资本。就像创业者一样，凯鹏华盈和红杉资本成了硅谷的固有元素；这两家投资公司就相当于好莱坞的大制片公司，而创业者则是演员、导演和制作人。在接下来的四十五年里，美国的好几个市值最高的公司，包括前四名中的三家，在其发展初期都曾接受过凯鹏华盈或红杉资本的投资，或者两者共同的投资。

风险资金的诞生（更准确地说是重生）回归了早于美国民主缔造者的最具美国特色的根。当初的弗吉尼亚公司向"风险投资者"筹集风险资金。几年后，伦敦的商业风险投资协会在咖啡馆里同意为一艘名为"五月花号"的大型糖蜜船提供资金支持。

三百五十年后，一种经过改进的"风险资金"概念被运用于美国的下一个大发现时代。

* * *

如果没有风险资金，让众人着迷的硅谷就不会存在。就像殖民新世界的风险项目需要的不仅仅是船只和水手，初创企业的融资机制是建立这些企业的关键。因为大多数初创企业都会倒闭，所以说初创企业失败率极高并没有什么特别的启示。不过，初创企业不等于小生意。创业公司从一开始就被设计成要么非常强大，要么彻底失败：在现代，这相当于前往新世界的前途未卜的越洋航行，而不是17世纪从伦敦到鹿特丹的司空见惯的、赢利能力适度的商业航行。相较于提升获得普通回报率的可能性，初创企业的股东对获得一个辉煌的结果更感兴趣。因此，金融生态系统愿意接受资金损失的高风险，这使得异常者和怪人也可以获得风险资本。

这样的一个怪人为将太空旅游与电子计算能力结合在一起，并将相关产品交到顾客手中，做了很多事情。60年代，效力于五角大楼项目的程序员开发出了一种游戏。在第一代电脑显示屏上，鉴于当时的图像处理的清晰度，这款名叫《太空大战》的游戏充分显示了电脑的计算能力。像素构成的小型宇宙飞船（呈三角形），与作为背景的星星形成鲜明对照，键盘上的控制按钮可以用来旋转飞船方向，电脑会同时计算出星星的轨迹、速度和位置。这种令人惊叹的研发成就让可以接触到这款游戏的程序员消磨了无数时间，其中包括犹他大学工程专业的学生诺兰·布什内尔（Nolan Bushnell）。

除了深谙技术之外，布什内尔还对嘉年华和游乐园有一定的理解。夏天，他曾经在嘉年华或游乐园的游戏间里工作。在那里，如果能用棒球击倒摆在桌子上的所有牛奶瓶子，就可以得到一个毛绒

第31章 初创企业

玩具。他还非常了解一种投币的弹球机游戏。在那种游戏中，一个很重的金属球在迷宫弯道里滚动，按照击倒的障碍物的数量算分。毕业后，布什内尔前往旧金山湾区，进入一个名叫"安培"的大型电子公司。1971年，他打算在他先前见过的《太空大战》的基础上打造一个更大的版本。

布什内尔设想的游戏机是一个放在木头壳子里的电视机，玩家站在游戏机前控制屏幕上物体的移动。当时的计算类电子产品实现了巨大的进步，先前需要10万美元的大型计算机才能运行的程序，那时用价值仅几百美元的处理器就能实现。布什内尔开发的这款名为《电脑太空战》的游戏是街机游戏的先驱者。虽然《电脑太空战》没有一炮走红，但布什内尔察觉到了这一领域的巨大潜力，于是正式成立雅达利公司。第二年，公司推出了他的下一个产品。

这款游戏名叫《乓》，需要投入25分的硬币激活。它由两个人来玩，要求球拍不能漏接球。玩家用的球拍形状是一条垂直线，可以在屏幕上下移动。用球拍击中球时，球就向对方方向飞过去。这款游戏操作极为简单，一学就会，上市后反响热烈。一套设备集电视机、电视柜、控制器、数币机和计算硬件于一体，零售价是几千美元。最初，这款游戏机摆放在酒吧、台球室和饭馆的香烟自动售卖机或自动点唱机的旁边。经销商将游戏机摆放在商业场所，和这些商业场所的老板共享利润。后来，众多创业者自己开发游戏，纷纷进入这个市场，拥有各式游戏机的电子游戏厅就成为一种司空见惯的东西，吸引着男性青少年在屏幕上争夺积分。《纽约时报》称游戏机为"太空时代的弹球机"。

1974年，雅达利公司生意兴隆，虽然这一年的美国并不顺利。5.8万名美国士兵在越战中阵亡，越南马上就要落入共产党手中。因为其他原因名誉扫地的尼克松总统成为第一个辞职的美国总统。产油国大幅收缩石油产量，导致美国石油短缺，油价飙升。鉴于美国仍然是产油量位列世界前三名的国家，然而无节制的石油消耗让自己的经济命运暴露在阿拉伯沙漠国家的影响之下，这是一个自酿的苦果。甚至美国制造业的实力，也就是它的工业实力，也开始受到挑战，因为高效的日本工业正在迎头赶上。

然而，硅谷的报纸上随处可见几十页的招聘广告。1974年雅达利公司的一份招聘广告简单明了地写着"边玩边赚钱"。就在广告登出的当天，在附近库比蒂诺市长大的一个邋里邋遢的18岁男孩来到那家游戏开发公司的前台，说是不给一份工作他就不走。前台将他的要求转告给一位高级工程师，并询问是否需要报警。工程师阿尔·奥尔康（Al Alcorn）与那个"看上去像个嬉皮士的孩子"深聊后，得知他是文理学院里德学院的辍学学生，虽然没有什么正规的工程学背景，却对电脑技术非常着迷。尽管存在不足，奥尔康还是给了他一份时薪5美元的技术员工作。这个男孩的名字是史蒂夫·乔布斯。

雅达利公司这种不走寻常路线的招聘方式没有让红杉资本打退堂鼓。雅达利公司的生产车间也没有。"在他们的工厂里走一走，空气中的那股浓重的大麻味简直能把人熏倒。他们一边抽大麻一边干活。"红杉资本的唐·瓦伦丁在后来这样写道。这和日本的品控完全不同。虽然如此，这位风险投资人还是以大局观来对待自己的董事会职责，他表示故作正经没有必要："我能说什么，要抽就抽好牌子的大麻？"这也是一个根本的变化。旧金山和伯克利的反主流文化已经影响到了南方。硅谷的半导体公司都拥有强大的技术实力，雇用的大都是名校的科技精英。那些穿正装打领带的男员工负责向军工系统的买家推销产品。考虑到产品的精确度、质量和可靠性，产品制造流程采用了医学实验室严谨的工作方式。现在，军事-工业联合体投资的积极效果正在与反战人士和嬉皮士倡导的自由生活文化融合在一起。在雅达利，这意味着大家坐在热气腾腾的浴缸里开董事会。

第31章 初创企业

这种灵活性很快进入了硅谷的雇用文化中。在其他行业里，不管是《组织人》描述的白领职员，还是参加了工会的蓝领工人，都表现出对公司的极度忠诚，希望为公司工作到退休。而公司则通过养老金、退休福利、津贴和稳定的工作来回报这份忠诚。但是，初创企业就像是雇佣军团。在那里，年轻人的想法完全和传统的公司文化不一样，但是他们在个人财务理想和奉献方面极其信仰资本主义原则。初创企业风险非常高，大多数初创企业以失败告终，因此初创企业的员工根本没有考虑过稳定，也不指望稳定。另外，初创企业的薪水往往低于同类公司的工作，但工作时间更长。为了补偿这种低薪水和不稳定性，初创企业以股票期权的方式为员工提供公司股权。如果员工通过期权赚了大钱，这些新富起来的元老级员工往往很难管理。这种情况很像是加入了海盗，而不是正规的皇家海军。

然而，有的员工还没富起来就不好管理了。雅达利的同事们无法忍受史蒂夫·乔布斯。他身上总是有股臭味，天天把同事们当傻蛋对待。考虑到雅达利是一个对员工要求与普通公司不同的企业，于是人事部门经常给他调换岗位，好让公司正常运转。然而，刚过了6个月，乔布斯就要去印度朝圣。他在印度待了一年。在那里，他体验印度生活，嗑药，加入了一个共治社区。后来，和当初进入雅达利同样戏剧性的是，他再次出现在雅达利，要求继续上班。这一次，他身穿橘红色长袍，头发剃得精光，脚上是一双凉鞋。在乔布斯的有生之年，他不会再离开商业世界了，但这一次他也没有在雅达利待多久。

* * *

1975年夏，新墨西哥州的阿尔伯克基市Portals公寓大楼114房间越来越拥挤。这家临时公司的建立要追溯到几个月前东海岸的一个报摊。那是马萨诸塞州剑桥市的初冬，两个从西雅图来的高中老朋友兴奋地盯着1月的那期《大众电子》杂志。那家杂志和一家小型电子器材公司合作，推出了一款需要自己动手组装的电脑。这款电脑名为"牛郎星"，取材于《星际迷航》中一个虚构的目的地。其中的一个人是比尔·盖茨，当时在哈佛大学读大一，他的好友保罗·艾伦来哈佛看他。几年来，这两个人一直在兴奋地谈论迅速发展的电脑行业的各种机会。现在，这款售价360美元、简单粗糙的电脑套装似乎代表着电脑价格的革命性变化。

不过，盖茨和艾伦买这款电脑可不是为了玩的。他们用高中时代就已经倒闭的交通数据公司*（Traf-O-Data）的信笺给牛郎星的制造商写信。当年的交通数据公司的业务是帮助公共交通部门统计路上的车辆，但是对于这两个年轻人来说，这家公司现在的价值就是让他们的信件看上去更加正式，而且不用花工夫考虑信笺抬头该怎么写的事情。在写给新墨西哥的微型仪器与自动测量系统公司（MITS）的信中，两个人表示他们愿意给对方写一份编程语言，以提高牛郎星的实用性和吸引力。编程语言可以帮助电脑硬件理解程序员的指令。接到这封信之后，MITS公司答应与交通数据公司的主管见面。"主管们"答应见面。

盖茨和艾伦开始为会面做准备，他们给牛郎星编写了BASIC语言。成功地向对方演示了他们的作品之后，艾伦收到了来自MITS公司的工作邀请，他在Portals大厦租下了一套公寓。MITS希望给公司下一步推出的产品开发新版本的BASIC语言。为了完成这个任务，盖茨和艾伦建立了微软公司，取意"针对微型电脑的软件"。两人迅速雇了几个程序员朋友，一起在艾伦的公寓里忙了一个夏天。哈佛的春季课程结束之后，盖茨也加入了他们。9月，

---

* 这是比尔·盖茨和保罗·艾伦在高中时创办的一家企业。——编注

第31章 初创企业

盖茨决定留下来，不去上学了。

当时，牛郎星电脑在早期使用者中间产生了巨大反响。这些狂热的业余爱好者里还有一些来自硅谷的人。就在《大众电子》第一次刊登牛郎星广告的几个星期后，家酿计算机俱乐部成立。史蒂夫·沃兹尼亚克参加了该俱乐部的第一次会议，后来他说，那个会议是他人生中"最重要的场合之一"。在那次会议上，他目睹了牛郎星的展示过程，开始了解低成本微处理器的含义和灵活性。在接下来的几个月里，沃兹尼亚克将键盘和微处理器的功能结合在一起，让显示屏可以显示出敲击键盘的动作。用沃兹尼亚克的话说，这一成就从来没有在价值几万或几十万美元的大型公司电脑之外的其他电脑上实现过。在后来举行的家酿计算机俱乐部会议上，众人全都叹服于沃兹尼亚克展示的杰作，其中包括沃兹尼亚克的朋友史蒂夫·乔布斯。

大约就在那段时间，雅达利修改了乔布斯的雇佣合同，交给他一个独立项目。雅达利的创立者要乔布斯设计单人版的《乓》游戏，让乒乓球在撞墙之后弹回来。乔布斯找当时在惠普公司工作的沃兹尼亚克帮忙。在接下来不到一个星期的时间里，两人开发出了单人版的《乓》游戏。乔布斯的时间很紧，他要赶回俄勒冈的一个共治社区，那里的苹果采摘季快要开始了。

不过，沃兹尼亚克有关键盘功能的演示在两个人的脑海中仍然很清晰。在雅达利公司，乔布斯感受到了终端用户看到他的操作在屏幕上得以实现时的那种兴奋感。那是一种非常直观的体验。那个时代的电子游戏几乎都是用手柄和按键给电脑输入信息。数百万没有一丁点儿电脑知识的男孩第一次通过雅达利公司实现了与电脑芯片的互动。乔布斯深入见识过一贯特立独行的雅达利创立者风趣夸张的产品展示才能。雅达利流畅的性能是乔布斯塑造沃兹尼亚克产品的灵感来源。这不是他们第一次合作。早在乔布斯还在读中学，沃兹尼亚克在伯克利的时候，两人就一起经营过一家硬件公司。不过，那个公司的业务需要非法进入电话公司的线路系统，实现免费通话。这一次，他们的业务不需要违反联邦法律。

在微软成立的最初几个月，盖茨和艾伦将自己关在公寓房间里，而乔布斯和沃兹尼亚克成立了苹果电脑公司。为了启动苹果，乔布斯卖掉了他的大众面包车，沃兹尼亚克卖掉了他的惠普科学计算器。就这样，后来成为美国商界一对伟大对手的两个企业诞生了：一个公司的创立者需要变卖象征嬉皮士标志的汽车来获得种子资金，另一个公司的创立者是SAT成绩接近完美的哈佛学生。

* * *

苹果是硅谷初创企业的典型。最初，公司总部就在乔布斯父母的车库里。顺便说一句，在车库里创业不是因为办公成本低，当然这也是一个因素。更重要的是，车库是组装、焊接、紧固和连接电脑硬件的一个理想场所。沃兹尼亚克改进了最初版本的键盘和处理器之后，又给家酿计算机俱乐部做了一次演示。看到这一新成果，一家刚开业不久的电脑电子产品商店的老板以500美元的单价购买了50台产品，这款产品就是Apple I。

苹果也是一家由来已久的美国式初创企业。正如那些没上过什么学，家庭背景普通但精力旺盛且勇于拼搏的人，他们像小霍雷肖·阿尔杰的一本小说的名字那样，拥有"运气和勇气"，发现了美国资本主义这一进阶之梯。苹果是另一个美国成功故事的开始。民主只是平衡资本主义的一个政治因素而已。自由市场遵循的是达尔文式的竞争原则。在共和国初期，当人们第一次学会开着蒸汽船逆流航行时，征服市场的就是坚韧不拔且没受过什么教育的范德比尔特。13岁的卡内基——刚从来自苏格兰的船上下来不久，父亲因为工业革命而流离失所——开始在锅炉房里工作，一连几天看不到太阳，后来在电报局送电报，最终成为美国钢铁行业的巨擘。在成为企业巨子很久后的一次法庭做证过程中，亨利·福特不知道美国革命发生的时间，推测它可能发生在19世纪。不过，这有什么关系？市场考的不是饱学之士，市场要的是知道怎样让客户掏钱的人。

现在，个人电脑这一新兴领域对另一个出身卑微的美国之子敞开了机遇之门。乔布斯是被一对自己无法生育孩子的工人阶层夫妻收养的。乔布斯的生母没有结婚，但受过大学教育。1955年乔布斯出生时，他生母的这两个特征在当时都很罕见。她要求乔布斯的养父母保证将来一定让她的儿子上大学。他的生父是叙利亚人，当时正在威斯康星州读研究生。乔布斯小时侯，邻家女孩说他的亲生父母不想要他，他便一路哭着回了家。不过，养父母一家给了他无微不至的关爱。成年之后，为了不伤养父母的感情，他从来没有打听过亲生父母的消息。不过，硅谷对他的开放，就像对待比尔·盖茨一样。后者是西雅图一个富有家庭的子弟，读中学时在国会做过实习生，在高档私立学校上学时就接触过大型电脑，后来进入哈佛读书。

其实，乔布斯比盖茨更快地到达了经济顶峰。其推动因素是风险资本、地理位置和与关系密切的硅谷生态圈的联系。乔布斯意识到他的产品会受到市场欢迎时，他联系了雅达利的创立者诺兰·布什内尔。当时的布什内尔刚将公司卖给华纳传播股份公司，即当年孤注一掷拍摄第一部有声电影的华纳兄弟电影制作公司的母公司，手里握有2800万美元的巨款。然而，布什内尔拒绝了投资要求，让乔布斯去找红杉资本。红杉资本有条件地拒绝了出资要求，建议他先招聘一位营销高管。他们给他推荐了迈克·马库拉（Mike Markkula）。马库拉是一位年轻的营销老手，曾经帮助英特尔做公开上市前的营销工作而从股价上涨中大赚了一笔。马库拉同意向乔布斯提供由贷款和股本投资组成的总共25万美元的投资。作为回报，马库拉获得公司三分之一的股票，和乔布斯、沃兹尼亚克的股权比例相同，将先前的实体变更为股份公司。

在1977年的前9个月里，苹果卖出了570台改进后的新产品，也就是Apple II。后来，马库拉又筹集了略超50万美元的资金。这一轮筹资活动筹集来的资金不是来自硅谷，而是来自洛克菲勒家族的一个风险资本部门。巨额石油财富的一小部分不久前流入了英特尔，现在流入了苹果。1978年，苹果公司的销售额达到800万美元，后来攀升到4800万美元。1980年，这家建立还不到四年的公司销售收入已超过1亿美元。虽然1980年通货膨胀严重，经济面临重大不确定性——这也是里根在选举中大胜吉米·卡特的原因之一——但证券市场还是热情期待着苹果公司的上市。1980年12月12日，苹果公司的股票开始公开交易。那天下午收市时，24岁的乔布斯拥有的股票价值为2.5亿美元。

当乔布斯成为全国知名人物之际，还没有几个人知道同样年轻的比尔·盖茨。微软不卖像电脑这样令人着迷的实物产品，它面向硬件厂商销售软件。微软从销售硬件或销售编程服务中获得使用费。看到苹果的成功，很多人纷纷效仿，进入个人电脑行业，因为这是一个新兴产业，是快速崛起的日本当时还没有完全主导的一个电子制造领域。20世纪70年代后期，日本控制了从电视机到收音机，再到新型录像机在内的一切产品的市场份额。一个非常急于进入这一领域的公司，即IBM，已经听说了盖茨和微软。这个电子计算领域的巨人企业正在努力开发个人电脑，并制定了一个叫作"曼哈顿计划"的行动方案以示其严肃性。他们找到微软，希望后者提供一套与公司的新型电脑绑定出售的编程语言。另外，IBM还提到他们需要一个"磁盘操作系统"，简称"DOS"，相当于IBM电脑的中枢神经系统，其他所有软件程序都需要在这个磁盘操作系统的基础上运行。微软首先将IBM介绍给蒙特雷的一家公司，后来答应为他们开发磁盘操作系统。同时，IBM 允许微软将这个操作系统授权给其他电脑制造商使用。

IBM 推出个人电脑之时，苹果嘲笑了这个巨型企业的姗姗来迟。然而，随着时间的推移，苹果很快发现它的竞争对手并不是 IBM。事实证明，操作系统成了微软使用的特洛伊木马。随着 IBM 进入电脑硬件领域，应用程序开发者预测 IBM 的个人电脑销量会很强劲，纷纷开发兼容软件。包括日立、NEC 和康柏在内的其他硬件制造商，考虑到 IBM 个人电脑可以使用的软件广泛普及，觉得最好还是生产也能运行同样软件的电脑，也就是 IBM 电脑的"克隆机"。为了让其电脑能够像 IBM 的电脑那样平稳运行，他们必须从微软那里获得 MS-DOS 的许可使用权。对于软件公司来说，给庞大的市场开发一款程序要比开发不同的多个程序省事得多。结果，微软成为所有程序开发者事实上的行业标准。统一的标准对硬件生产商和软件开发商都有好处，可以帮助他们节省成本。这种不断提高的效率，自然而然地让微软的操作系统成为市场上的垄断产品。微软将电脑硬件变得如此商品化，因为所有 IBM 式电脑在硬件的运作上都一样。看到利润越来越低，IBM 后来就退出了个人电脑业务。事实证明，个人电脑行业利润最大的业务是软件：每卖出一台安装有微软操作系统的电脑，微软都能赚钱。在接下来的二十年里，市场上卖出的数量庞大的电脑都安装着微软的操作系统。慢慢地，那个从来没有生产一台电脑的人拥有了越来越多天然的垄断优势。

然而，在很多方面，微软最终的崛起与典型的硅谷初创企业有着鲜明的不同。盖茨的公司从开始就在赚钱。公司总部从新墨西哥迁到了西雅图的郊区，而不是旧金山湾区。盖茨本人在财务上比较保守，希望经营独立，不想和风险投资人扯上关系。在硅谷一再表示希望投资微软之后，微软的态度有所缓和。1981 年，微软从硅谷融资 100 万美元，仅占公司股份的 5%；那一年，微软的销售收入是 1500 万美元。微软一直游离于硅谷初创企业的上市路径之外，在最初的五年里，它甚至不是一家股份公司，而是一家合伙制公司。没有过多来自外部的投资，盖茨和艾伦能够在 80 年代一直持有公司的绝大多数股份。随着苹果公司的崛起，乔布斯的资产净值攀升至可观的数目，但是他的股份比例不足以让他控制自己的命运，因此他被解雇了。这是一个残酷的讽刺，虽然乔布斯富有反主流精神，才华横溢，但也遭遇了雇佣兵的命运：留下的只有金钱，而不是江山。不过，即使在微软成立十年后，盖茨仍然不愿意上市。最后，由于美国证券法律要求股东超过 500 名的公司必须进行注册，而持有微软股票的员工数量很快就要超过这个标准，因此盖茨最终同意上市。作为最后的一个抵制行为，在上市路演过程中他尽量选择航班的经济舱（这是他最后一次的"抠门"），直到承销商提出异议。

第 32 章　金融

1965 年，马萨诸塞州小城镇新贝德福德流传着这样的消息：镇上最大的用人单位伯克希尔·哈撒韦公司发生了类似"股东政变"的事情。然而，没有人能准确预测这件事对未来的具体影响。一个世纪前，新贝德福德是美国的捕鲸中心；当鲸油让位于宾夕法尼亚油田的石油后，这里的命运就发生了转折。这个坚强的新英格兰小镇转型发展纺织业，和新英格兰其他几十个发展纺织业的小镇一样，纺织厂成为当地最大的就业单位。第二次世界大战结束后不久，新英格兰地区纺织工人总数达到 40 万人。然而，好景不长，这个行业开始面临南方各州新建纺织厂的竞争压力，因为南方的劳动力成本很低。

一些小纺织厂通过合并来降低成本并提升效率。工资下降经常导致罢工。在战后的那段繁荣期里，新英格兰的纺织工人并没有沾多少光。他们根本没法和汽车制造企业那些拥有丰厚养老金和高薪的幸运者相比。另外，这些城镇也不具备郊区的特征。这些小镇是烟囱林立的小型工业城镇。因此，当伯克希尔·哈撒韦公司的工人听说经营工厂几十年的斯坦顿家族要失去对这一产业的控制权，都感到很惊讶，不知道发生了什么事。然而，伯克希尔·哈撒韦公司虽然规模不大，却是一家上市公司，远在奥马哈的人也可以买它的股票。35岁的沃伦·巴菲特就买了这家公司的股票，认为它是一个被人丢弃的"烟头"，几乎没有成本但存在一定价值，因为在完全熄灭之前还可以再吸几口。不久，巴菲特也得知，那只股票价格那么低，是有原因的。

对于巴菲特来说，这家公司是一个有趣的人性上的两难选择，一直困扰他到80年代。但从经济角度看，答案从一开始就很明确。纺织行业是一个朝不保夕的行业。伯克希尔的前任主管购买了最新的纺织设备，试图维持工厂的生产，但当时所有工厂都是如此，从而消除了竞争优势。当时的衰落趋势很明显，最好的出路是让经营利润最大化，而不是继续投资美国纺织行业。美国工人，不管是北方工人还是南方工人，在不远的未来，其劳动力成本不会和亚洲工人一样便宜。往前看的话，巴菲特将会关掉不赢利的工厂，变卖伯克希尔公司的资产，然后投资其他和纺织业无关的企业。对于伯克希尔的股东来说，这是一件明智的事情；对于新贝德福德的员工来说，资本主义的力量将终结他们的生活来源。

当然，这类事情最终的决策者不是沃伦·巴菲特，而是美国消费者：他们想要的是更便宜的衣服，并不关心某个经营困难的企业的工人是否会丢掉工作。同情心人人有，但要他们从钱包里拿钱出来，那可不行。他们和伯克希尔·哈撒韦公司新上任的董事长同等务实。最终承受苦果的是那些工人。在工人们看来，这就是一个零和游戏，其他人以他们损失的部分为代价获得利益。没有人去跟他们解释：社会整体生活水平的提升，需要个别企业或行业的兴起或死亡，并且，面对社会发展的大趋势，抱怨是经济上输不起的表现。

在过去的几个世纪里，这个世界上的大多数人几乎一生都没有离开过自己生活的那个村庄。现在，有的整个行业，比如捕鲸和纺织，从开始到结束，只是两三代人的时间。企业所有者（数千股东）遍布全国各地，而且大多数没有留下姓名。正当硅谷兴起，催生了一些巨型企业的同时，新英格兰的纺织业正在死亡。劳动力流动问题不好解决：一个人到中年的纺织工人很难学会新的技能并在硅谷找到工作。

到了70年代中期，面临困境的不仅仅是纺织业。整个美国制造业都陷入了螺旋式下降，主要原因是战后美国经济的增长方式。过去几十年来，美国石油公司与中东地区建立了密切的供应关系，以弥补国内石油产量的不足。后来，几个中东国家开始加强对本国事务的控制，大幅削减供应量以提升油价。在1973年的几个星期内，油价突破每桶10美元的价格，达到十几美元。美国的政策制定者不得不通过限量供应汽油和将汽车限速在55英里每小时来应对油价冲击。然而，高油价并没有改变，而是成了美国社会的常态。考虑到之前价格低廉的汽油如今在美国家庭的收入中占到更大的支出比例，他们相当于被降薪。这种影响对人们的生活形成了持续的冲击。

让形势更为复杂的是，随着美国从越南撤军，长达二十年的国防项目扩张现在也结束了。美国无线电公司和米罗华公司这样的电视生产商，先后被日本索尼和三洋的彩色电视超越。在电子产品的所有领域，美国制造商都被日本企业远远甩在后面。石油危机为紧凑、轻便和低油耗的日本车打开了美国市场的大门，而福特、通用和克莱斯勒等公司在制造这种车方面毫无经验。来自日本、中东的两股意外的"侧风"让美国汽车制造企业措手不及，钢铁生产等相关的行业也开始受到影响。曾经红火一时的伊利湖周边新月形地区，包括布法罗、匹兹堡和克利夫兰，成了"铁锈地带"。宽敞的厂房空无一人，让人触目惊心，随处可见的锈迹诉说着美国工业昔日的荣耀。1980年，克莱斯勒无力偿债，需要大笔政府贷款才能生存。

就在苹果紧锣密鼓将要上市之际，克莱斯勒正在靠救助摆脱困境。

在这一美国工业的送葬队伍里，华尔街承担了资助人和葬礼承办人的角色。

* * *

20世纪80年代金融业发展处于高潮之际，华尔街的中心在贝弗利山庄罗迪欧大道和威尔夏大道的街角处。在一座毫无特色的建筑的某一层，迈克尔·米尔肯（Michael Milken）坐在一张"X"形办公桌后，周围都是股票交易员。迈克尔经营着公司债券市场上一个曾经如同死水般的沉寂板块。在80年代，他的年薪巅峰曾高达5.5亿美元现金。他的工作要求他全面控制美国的垃圾债券市场，而垃圾债券市场是将美国企业界变成一个巨大棋盘的推动剂。他工作的地方距离曼哈顿下城三个时区。他之所以能够取得这个成就，是因为深入观察了70年代倒闭的公司，尤其是身负巨债的企业。米尔肯最重要的身份是学生。

不同于经历了戏剧性大起大落的股票市场，债券市场几十年来都是其生性乏味、内向的堂兄弟。债券，不管是市政府、州政府、联邦政府，还是企业发行的，实质上就是一笔贷款。公司发行债券，目的是借钱。个人或机构购买债券，是为了定期获得稳定的利息，债券到期后拿回全部本金。稳定就意味着乏味和不温不火：购买债券的最佳结果就是拿到约定的利息，收回全部本金。在这一点上，没有消息就是好消息。

债券的某个方面比较特别。把钱借给一些公司风险很大。购买那些信誉较差公司的债券的投资者，往往希望用高利息来弥补风险，就像是信用评级不高的个人要支付更高的贷款利息一样。在迈克尔·米尔肯进入华尔街之前，人们对这一点并没有太大兴趣。

20 世纪 60 年代在加州大学伯克利分校读本科的时候，米尔肯无意中看到了经济学家沃尔特·布拉多克·希克曼（Walter Braddock Hickman）发表的一篇研究文章。在分析了 1900 年至 1948 年期间的几乎所有公司债券之后，希克曼发现，对评级最低的债券（也就是风险最大的债券）进行多样化组合，其收益往往大大超过中等评级的债券组合。当时和现在一样，很少公司的评级能达到最高的 3A 级，中间评级的债券占据了公司债券市场的大多数。然而，投资者往往错误地认为中间评级的债券比实际情况更安全，认为评级最低的债券比实际情况风险更大。米尔肯认识到，低评级债券中蕴藏着最大的价值。从这一基本判断中，米尔肯找到了让他安身立命的事情。

70 年代，从沃顿商学院毕业后，他进入德雷克赛尔·费尔斯通公司的债券部门工作。不久，该公司与伯恩汉姆公司合并。合并后的德雷克赛尔·伯恩汉姆也只不过是一家三级投资银行。在交易大厅的一角，米尔肯挑选那些债券市场认为风险极大，但他觉得公司具有还债能力的被低估的债券。在石油危机带来的"大屠杀"期间，很多企业虽然经营困难，但仍然能支付债券利息。然而，一贯保守的债券投资者倾向于将所有陷入困境的公司混为一谈。结果，这些债券的价格被打压得很低，价格下降了 30% 或 40%，甚至 50%。一旦公司债券在资本市场上失宠，银行就不愿意支持这些债券的交易，这就阻碍了投资者购买这些债券，因为他们在需要时无法将其轻易卖出。米尔肯几乎掌握了这个世界上每个公司和每个债券的详细信息，他向包括养老基金、保险公司和储蓄银行在内的机构投资者陈述利害，劝说他们购买这些经营困难的公司的债券。到了 70 年代后期，米尔肯的客户获得了丰厚的回报，米尔肯也因此成为高收益债券市场的明星。在报告中，米尔肯的一位忠实客户开玩笑地说，某个高收益债券的价格低得就像"垃圾"。"垃圾债券"由此得名。

不过，两个十年交替之际，市场上出现了一个意外的竞争者。和垃圾债券一样，政府债券也有利息。罗纳德·里根于1981年1月上任总统时，美国处于一个罕见的经济衰退和严重通胀同时存在的时期，美国中期国债的年利息超过了13%，6个月的联邦存款保险公司承保的定期存单的利率也差不多如此。在里根执政的第一个月里，克莱斯勒发行了由联邦政府完全担保的4亿美元债券。即使有美国政府的信心和信用做全面支持，克莱斯勒债券的利息率还是高达14.9%。

尘埃落定，利率恢复正常之后，投资者依然想要过去的那种高利率。但在债券市场上，只有那么多公司有足够的偿付能力，但又有足够的麻烦，可以像"垃圾债券"一样交易。米尔肯的机构投资者想要大量投资垃圾债券。解决方案简单粗暴：创造更多的高收益债券。

为了满足市场需求，米尔肯找到了两类候选对象：第一类是想要大幅扩大公司规模的小企业家。米尔肯的企业都属于资本密集型企业，或者在当时华尔街没有涉足的行业。史蒂夫·韦恩（Steve Wynn）第一次见到米尔肯的时候，他经营着一家年收入几百万美元的赌场。史蒂夫想筹集1亿美元，在下一个大项目，即大西洋城建立一个名叫"金砖"的大型赌场。最后，当史蒂夫将目光锁定拉斯维加斯，打算在那里重塑美国赌博中心之际，米尔肯帮他筹集了数亿美元的资金。

澳大利亚创业者鲁伯特·默多克（Rupert Murdoch）拥有很多五花八门的报社，他想重塑自己的经营领域，并收购美国的一系列电视台，第一次正式进入这一媒体行业。默多克用手中数量可怜的现金，加上10亿多美元的贷款，还有发行垃圾债券的收入，在1985年的12个月里，一次性地买下了二十世纪福克斯，随后又从Metromedia手中买下了七家地方电视台。在米尔肯的支持下，股票

第 32 章　金融

交易员和银行家在给默多克筹资，在帮助他打造与 CBS、NBC 和 ABC 竞争的福克斯电视品牌的过程中，扮演了多重角色。

类似地，作为电视业新生潮流的有线电视属于资本密集型业务，尤其适合通过发行垃圾债券来筹集资金。从 80 年代初期开始，美国家庭开始大量开通需要付费的有线电视。有线电视通过埋在地下的线缆提供多种电视频道，但需要数十亿美元将线路接入千家万户。五年内，有线电视频道的数量迅速增加，其中包括 MTV、TBS、CNN 和 ESPN。这些频道的市场需求非常旺盛。有线电视公司，如电信公司，通过米尔肯发行债券，筹集铺设线缆所需的资金。他们可以用后期有线电视用户缴纳的收视费支付债券利息。

第二类创业者，从购买米高梅电影资料库的特德·特纳（Ted Turner），到伦纳德·瑞吉欧（Leonard Riggio）及其不断壮大的巴诺连锁书店，都找米尔肯帮忙。然而，投资者出借大笔资金获得高利率收益的欲望是没有止境的，这种形势催生了一批非常独特，完全颠覆了传统经营思想的借款人。他们不像默多克、韦恩或特纳这种有具体业务范围或愿景的借款人，而是从威胁美国企业的做法中看到了巨大的机会。

* * *

在奥马哈，沃伦·巴菲特的经营活动似乎发生在和米尔肯的环境完全不同的平行世界，不过巴菲特集中体现了导致 80 年代中期美国资本角色大大增强的众多因素。获得伯克希尔·哈撒韦公司控股权二十年之后，他决定关闭该公司的最后一家纺织厂。多年来，伯克希尔·哈撒韦公司用这家纺织厂的利润来投资包括 GEICO 在内的保险公司和巧克力生产企业时思糖果公司，以及包括《布法罗新闻》在内的报纸。现在，伯克希尔·哈撒韦公司已经成为一家旗下广泛拥有各类资产的控股公司，而不再是几十年前的一家单纯的纺织厂。到 80 年代，伯克希尔·哈撒韦公司拥有了美国运通和《华盛顿邮报》等公司的大量股份。然而，这对巴菲特，以及整个美国企业界提出了一个有趣的两难问题：公司的职责是什么？就是为了实现股东利益最大化吗？如果是这样的话，巴菲特在 70 年代就应该关掉伯克希尔·哈撒韦公司下属的纺织厂，将厂里的所有剩余资金抽走，卖掉剩余资产，投资其他行业；但是他没有这样做。

针对股东，他在 1978 年的一封信中解释说，虽然资金存在"其他更有吸引力的用途"，但是伯克希尔·哈撒韦公司在新英格兰的纺织厂"对于当地人就业很重要"，每次这些工厂恢复微利状态，他就会尽力维持其运转。然而，形势非常明显。1986 年初，他向投资者承认，虽然纺织厂的管理层尽到了最大努力，但是"到了最后，什么办法都不管用，我应该为没有更早退出而受到责备"。当时的伯克希尔·哈撒韦公司效益非常好，但是在巴菲特看来，继续投资一个毫无转机可能的亏损的纺织企业是财务上的失职。当谈到为什么出于社会效益没有在 70 年代将那个工厂关掉，而后来因为经济原因才彻底关掉时，巴菲特告诉他的股东，"亚当·斯密不同意我的第一个"决定，而"卡尔·马克思不同意我的第二个决定，中间地带是唯一让我感到踏实的做法"。

然而，事实仍然是，这位 20 世纪最伟大的投资者接手了在马萨诸塞州雇用了数千名员工的纺织企业，并将其转变为一系列金融控股资产，仅仅在内布拉斯加州设有总部并配备了几名行政人员。这个纺织厂缓慢的倒闭过程和他缜密的思维方式为他提供了保护，使他免受批评。不过，既然纺织厂的倒闭命运不可避免，为什么不在当初它不赢利的时候就立刻关掉它？这是来自金融雇佣军的立场，他们眼中只有利益，认为同情是多余和低效率的表现，是股东财富的破坏因素。然而，在另一方面，公司认为自己要服务的不仅仅是书面上拥有公司的那些股东，他们还要服务员工、供应商和当地民众等一大批利益相关者。这一分歧催生了两个利益群体之间的角力：公司和出资者。

这种不满酝酿了几十年。当现代公司制度在世纪之交的信托运动中成熟时，大公司的最大股东是先前企业的所有者，他们在出售自己的企业并和其他企业组成一个大公司之后持有股票。随着时间的推移，由于股票继承或出售，这些股票分散到更多人的手中。在60年代共同基金兴起的时候，美国的股东基础进一步多样化。机构投资者的进入让小股东和他们投资的公司之间又增加了一层隔膜。到了80年代，持股结构进一步分散，以至公司的核心控制权从股东转移到了公司高管。持有公司微不足道股份的首席执行官，在任时的权力超过了任何一个股东。因此，股东约束强权管理层的能力很有限。和管理层与劳工队伍之间工资冲突形成鲜明对比的是，80年代的公司财务管理领域是股东与管理层之间的战场。

80年代出现了一批以维护股东利益为名，肆意掠夺企业的所谓"财务创业者"（financial entrepreneur）。那是一股虚张声势、趾高气扬的变革力量，专门以强权CEO为下手对象。沉默寡言的共同基金经理和勤勉的华尔街分析师，无法与爬到公司顶层位置的那些"男一号"相抗衡，然而新出现的这一批人不一样，他们经常被贬称为"绿票讹诈者"* 或企业掠夺者。他们似乎完全胜任这项任务。随着这种人的大量出现，美国文化中出现了新的恶棍、偶像、电影人物和漫画对象，这些都是80年代经久不衰的形象的一部分。

公司的使命是什么？将有关这个问题的不同观点完美地放在一起的是美国的电影。在电影《金钱太保》中，格利高里·派克

---

* greenmailers，指溢价回购，由green（美元的俚语）和blackmail（勒索、讹诈）组合演绎而成。投资者大量购买目标公司的股票，为了避免被收购，目标公司会以溢价的方式回购其股票（相当于给付赎金），投资者从而谋利。——编注

（Gregory Peck）饰演新英格兰地区电线电缆公司温文尔雅的贵族总裁。电线电缆公司的总部位于一个与新贝德福德有某些类似之处的虚构小镇。丹尼·德维托（Danny DeVito）扮演那位神气活现、毫无道德原则的公司清算人拉里。拉里发现电线电缆公司的股票很便宜，认为清算这家新英格兰公司的资产带来的收益会高于他为股票支付的成本，于是，他要其他股东和他一起把那家公司搞破产。在影片的结尾，在坐满了公司员工和股东的大厅里，派克扮演的主人公斥责说，对方的行为无异于谋害整个社区，"只有华尔街，才会认为那是在最大限度地实现股东价值，才会认为那是合法的，他们只考虑钞票，不考虑良心"。接下来他情绪失控，哀叹说："真见鬼，企业当然比股票更有价值……因为它是赖以谋求生计的地方……让我们有所希冀的地方。在各方面，公司完全是将我们社区凝结在一起的东西。"换句话说，这个公司涉及每个人的利益，甚至那些手里没有该公司股票的人。

当然，那位清算人不同意这一点。"阿门"，他说，因为"人们总在听到祈祷后说阿门"。对着满屋子全神贯注、充满敌意的听众，他继续说："这个公司已经死了。这不能怪我。在我来到这里之前它就已经死了。"因为新技术，也就是光纤技术，这个电线电缆公司过时了。"我们现在还没有破产，然而最好的破产方式就是：在萎缩的市场中保持增长的份额。"接下来，为了达到理想的效果，他故意停顿了好一会儿。"你们知道，生产马车鞭子的公司曾经有好几十家。我敢说，撑到最后的公司能做出你见过的最棒的鞭子。"企业倒闭是很正常的事情。有权决定什么时候倒闭的人是股东，也就是现在的清算人。

在很多方面，清算者拉里的价值观正好与创业企业家的相反。初创企业可以从零开始打造一个崭新的企业，然而财务创业者认为自己在扮演一个理所应当的角色：清理美国企业圈过时企业的尸体。

这虽然也说出了某些事实，不过，仅有逻辑是不够的。就像硅谷创业者需要风险资本，华尔街的创业者也需要资金来资助他们的独特运作。华尔街最优秀、最有天分的创业者将目光投向了西部的贝弗利山庄。在那里，如果需要的话，迈克尔·米尔肯可以为他们筹集数十亿美元。就这样，垃圾债券成为企业掠夺者扬帆出海乘坐的海盗船。

* * *

如果比赛谁更像现实版的清算人拉里（他就是 20 世纪 80 年代金融煽动者式的人物）的话，那么大奖获得者非卡尔·伊坎（Carl Icahn）莫属。他出身于纽约皇后区的中产家庭。从普林斯顿大学毕业后，他进入纽约大学医学院学习。两年后，他退学参军。在军队里，他的主要任务似乎就是打扑克。后来，伊坎通过一个父辈亲戚的关系进入华尔街。在很短的时间内，他通过抽象的期权交易赚了大钱。他的主要途径是套利，发现价格差异后进行无风险操作。

到了 20 世纪 60 年代后期，伊坎自己创业，用从亲戚那里借来的几十万美元成立了伊坎公司。很快，期权市场的操作给他带来了丰厚的年度回报。几年后，伊坎开始在估值偏低的股票中寻找更大的机会，以更长远的眼光购买了更多股票。每次买入某个公司一定数量股票之后，他就大声疾呼，公开发难该公司管理层。同时，这个举动也让其他投资者开始关注这家公司股票被低估的问题。最初，伊坎并没有打算收购或管理任何公司。他曾经明确告诉一家造纸厂的首席执行官："我对造纸一窍不通。我不关心造纸行业的任何事情。我就关心钱。我想快点赚钱。"

在 20 世纪 70 年代末和 80 年代初，伊坎给自己的操作增加了一些创新。在 20 世纪 80 年代的几次操作中，被伊坎买入股票的几家公司屈从于绿票讹诈的压力，溢价回购了公司股票，用以安抚他。虽然伊坎得到了大笔收益，但其他股东却丝毫没有沾光。美国国会也看不惯绿票讹诈的行为。任何名字来源于美钞颜色和讹诈的做法都不可能持久下去。有时候，绿票讹诈会产生回火，让伊坎这样的投资者受损失。大公司也开始意识到，可以不用去理会这类讨厌的投资者，毕竟，伊坎这样的投资者没有买下整个公司的资金实力，除了发发牢骚，他们还有什么办法？

这时候，米尔肯的德雷克赛尔·伯恩汉姆公司发现了其中的机会。通过推荐那些忠诚的投资者客户购买债券，米尔肯几乎可以筹集到数量无限的资金。如果德雷克赛尔·伯恩汉姆公司为小公司或小规模交易的金融企业家提供资金，以收购巨型企业，又会怎么样呢？这是一个大胆的策略。依托德雷克赛尔·伯恩汉姆公司的支持，投资者先前只能购买5%或10%的公司股票，现在通过发行垃圾债券，可以买下剩余的90%或95%股份，从而收购整个公司。用这家公司每年的盈利，或者卖掉该公司资产的一部分，就可以支付债券的利息。用垃圾债券筹资就像是拿对外出租的房产做抵押申请贷款，用租金支付月供。只不过这里，出租型房产换成了露华浓或迪士尼这样的公司。伊坎这样的"叛乱者"可以利用手中的一点资金和筹集来的一大笔钱，引发数年激烈的公司纷争，让那些历史悠久的老牌企业深陷舆论漩涡，那些杰出的高管受到米尔肯和德雷克赛尔·伯恩汉姆公司资助的那些新投资者的猛烈抨击。

然而，一个至关重要的问题没有说明白：伊坎这类人，他们没有什么专业管理经验，对经营《财富》500强企业了解多少？这个答案可以从60年代末和70年代的一个潮流中找到。那个时期，公司价值的下降引发了一种有趣的疯狂收购模式。类似伯克希尔·哈撒韦这样的公司收购的企业和他们已有的企业没有一点关系。比如，该公司经营纺织厂，却收购了巧克力连锁商店和保险公司。不同于

第 32 章　金融

一家钢铁公司收购另一家钢铁公司是为了提升工作效率或增加规模效益，这种新型跨行业收购不是为了获得任何协同效应。例如，美国国际电话电报公司经营着喜来登连锁酒店。一家停尸房运营商居然成了华纳兄弟的控股股东，后来又收购了雅达利等公司。通用汽车收购了罗斯·佩罗的电子数据系统公司。当时流行着这样一种观点：大公司只是一个赚钱的机器，他们从事什么业务根本不重要。这一观点为美国社会进入疯狂的杠杆收购和公司掠夺时代铺平了道路。沃伦·巴菲特了解多少有关巧克力或报纸的事情？如果大公司的某个贪婪的首席执行官可以收购和持有他根本不了解的某个企业，那么像伊坎这样拥有融资渠道的精明创业者难道就不可以？商业规则应该是通用的，适用于所有人。这一假设将得到验证。

1985年春，作为美国第五大航空公司的环球航空公司，发现自己成了这种行为的目标。通过一份13-D证券备案文件，卡尔·伊坎宣布他已经积累了20%的环球航空公司股份。该公司的管理层惊恐万分。为了击退伊坎这样的掠夺者，环球航空的管理层同意由得克萨斯航空公司来收购公司。得克萨斯航空对环球航空的收购将让伊坎的股票获利数千万美元。然而，让美国企业界惊讶和沮丧的是，伊坎实际上是想拥有这家公司。在很多人看来，这就像是一条追着邮件车猛跑的恶犬，它是要占有这辆车，而不是简单地享受追逐的刺激。事情的结果如何？

后来的结果，得克萨斯航空和环球航空都没有预料到，那场公司掠夺让昔日的冤家鬼使神差地成了合作对象。得克萨斯航空的首席执行官弗兰克·洛伦佐（Frank Lorenzo）与公司工会的关系是出了名的糟糕；飞行员、机组人员、机械师、乘务员和行李搬运工，所有这些真正从事具体工作的人员组成的工会，他都看不惯。和多数情况一样，环球航空的管理层也遭到了工会的严厉批评。这时候，伊坎登场了。为了让工会支持他的收购要约，伊坎承诺，如果他获得控股权，他将对工会做出一系列让步。令人震惊的是，伊坎的承诺一出，该公司的所有工会组织鼎力支持伊坎的收购。在舆论法庭上，工会的大力支持极大地淡化了航空公司管理层是这一收购的牺牲品的看法。在工会看来，在这场明显充满敌意的收购中，掠夺公司的人就是他们眼中的"白衣骑士"。结果，到了秋天，伊坎最终控制了环球航空，成了实际的首席执行官。这是他在未来不愿重复的壮举。

不过，伊坎他们为一批新出现的公司收购者提供了一个样板，这些收购者举止彬彬有礼，或至少他们足够精明，可以表现得很得体。他们使用的新型收购方式称为杠杆收购。杠杆收购也需要借钱来操作，但这种收购不是恶意收购，而且往往需要被收购公司的管理层积极合作。这种收购活动的先驱，有来自俄克拉荷马州的一对表兄弟，即亨利·克拉维斯（Henry Kravis）和乔治·罗伯茨（George Roberts），他们在20世纪70年代末一同离开了贝尔斯登公司。他们和该公司资深合伙人杰尔姆·科尔伯格（Jerome Kohlberg）共同建立了KKR公司*。KKR公司的业务是让上市公司私有化，这和公开募股的操作方向相反。这种商业模式的原理是，股份不公开的所有权制度可以给效率低下的上市公司注入严格的运营规则。上市公司退市之后，新进入的股东身上担负着巨大的垃圾债券的付息压力，为了支付债券利息，会大力削减各种不必要的支出。从这个角度来看，债务是一个严格的规则执行人。然而，这一逻辑也有些嘲讽的意味：那些规模庞大、追求利润的上市公司，虽然有自由市场资本主义力量推动他们创造利润，但是如果缺乏监督和鞭策，很可能效率低下，浪费严重。

---

* 即Kohlberg Kravis Roberts & Co. L.P.，世界著名投资公司，最初业务是私募股权投资，现在也涉及房地产、能源和基础设施等领域。——编注

第 32 章　金融

20 世纪 80 年代后期，KKR 顺利完成了美国公司历史上规模最大的杠杆收购。用发行债券筹集的资金，KKR 投入将近 250 亿美元，收购了经营烟草和快餐的雷诺兹-纳贝斯克公司。在大多数方面，KKR 的这次收购活动标志着一个时代的终结。但终结并不意味着死亡。在接下来的日子里，杠杆收购将改头换面成为私募股权（private equity），即私募股权公司提供收购的首付款，剩余款项从外部借入；而伊坎这样的人则被重新包装为激进投资者。在接下来的那个时代，专门的对冲基金成为公开发难公司首席执行官的司空见惯的高超手段。标签变了，但游戏还是一样。

然而，在 20 世纪 80 年代的狂热氛围里，被誉为"垃圾债券之王"的米尔肯栽了跟头。他被控在交易前传递内部消息，为自己的客户持有股票以掩盖真正所有者的身份，并参与了无数技术性证券违规行为，目的是使他的债券市场能平稳运行。在这里，"平稳运行"指的是赚取超额利润，破坏美国企业界的金融环境。1988 年，大陪审团对他提出 98 项指控。德雷克赛尔·伯恩汉姆，作为一家公司，也深陷官司漩涡，不久倒闭。后来，米尔肯承认六项罪名，被判十年监禁。

值得注意的是，像金融这样复杂的话题，有关股票交易和董事会宏伟决心的情节在流行文化中得到了充分的表达。在 20 世纪 80 年代中期收视率第二高的电视剧《亲情纽带》中，迈克尔·J.福克斯（Michael J. Fox）扮演亚历克斯·P.基顿。这是一个有些早熟、招人喜欢的年轻人，理想是赚大笔的钱。1988 年，汤姆·沃尔夫（Tom Wolfe）的作品《虚荣的篝火》好几个星期稳居《纽约时报》畅销书榜第一名。该书中的主要人物是债券交易领域的佼佼者。用沃尔夫的话说，他是"宇宙之王"。在奥利弗·斯通（Oliver Stone）导演的电影《华尔街》中，迈克尔·道格拉斯（Michael Douglas）演绎了美国电影史上最令人难忘的反英雄角色之一——戈登·盖柯。

最后盖柯的陨落源于他试图收购一家航空公司，该故事情节大致以伊坎收购环球航空为线索。后来，让道格拉斯感到难过的是，即使几十年后，仍有人在餐厅里遇到他时，告诉他当年的那个角色对他们激励有多大，促使他们去华尔街发展。甚至爱情电影也发现金融领域是让人改过自新的沃土。借助爱情的力量，《漂亮女人》中朱莉娅·罗伯茨（Julia Roberts）饰演的角色将理查·基尔（Richard Gere）饰演的男主角，从一个毫无怜悯之心、贪得无厌的企业掠夺者变成了一个企业缔造者。对于听说了太多金融丑闻的美国观众来说，让应召女郎来做职业投资人的道德楷模，是完全说得过去的。

第 33 章　运动鞋

1988 年，那是一个潮湿的 8 月夜晚，午夜已经过了几个钟头，纽约哈莱姆区 125 号大街的一家商店门前，停着一辆浅黄色的劳斯莱斯"Corniche"款轿车。在店里，重量级拳击冠军迈克·泰森（Mike Tyson）正在试穿一件定制的外套。那件外套上绣着说唱乐队"全民公敌"的口号"Don't believe the hype"（不要相信炒作）。当时已经很晚了，但泰森深夜出去买东西的消息不知怎么传到了另外一位重量级拳击手米奇·格林（Mitch Green）的耳中。格林曾与泰森在拳击场上相遇，当时他仍是少数几个没有被那位冠军打得一败涂地的对手之一。虽然如此，在上次对阵中，他还是输给了泰森，并陷入困境。格林认为那场比赛前签的协议在经济上对自己不公平，于是他要利用这个机会和泰森理论一番。两个人的争吵从店里持续到马路上，逐渐升级。格林吃了败仗，一只眼睛肿得睁不开，而泰森重击格林时手骨受伤。泰森加速驾车离开时，那辆劳斯莱斯撞坏了一个侧视镜。

那天夜里的另一个倒霉蛋，是那家名为"Dapper Dan"的高档时装店的老板。因为电视新闻的视频背景里反复出现那家时装店，人们在好奇心的驱动下开始询问什么样的服装店在凌晨4点还在营业。

丹尼尔·戴（Daniel Day，店主的名字）主要经营独特的客户定制服饰。他使用如芬迪、古驰、路易威登和香奈儿等高端时尚品牌的材料，来制作自己的款式。最初开店时，他直接从第五大道上距他以南60个街区的路易威登店购买提包，拆解材料后，根据顾客的独特偏好缝合成各种前卫的款式。不久，丹尼尔决定绕过中间环节，自己来印制那些商标。没多久，说唱歌手们就有了一个可靠的供应商，给他们的奔驰560SEL款轿车装饰上带有古驰商标的座套。想让敞篷车顶盖看起来像路易威登的皮包？没问题。这虽然不合法，但也是公开的秘密。丹尼尔的设计作品经常出现在杂志和名人客户的后背上。所有人，包括被侵权的公司，都知道那些产品不是正品，路易威登知道自己不生产连体裤，但它们比正品还好：它们来自丹尼尔·戴的商店。

对于渴望上流生活的年轻黑人男性来说，穿戴上丹尼尔的产品就意味着成功。过上奢侈的生活，有两个人所共知，但一般人又很难走得通的路径：体育和音乐。另一类街头明星也经常成为Dapper Dan的重要顾客群体：当地毒贩和大毒枭。随着这些人势力的壮大，如垄断了街区或一座居民楼的快客可卡因生意，他们的自我庆祝往往意味着从丹尼尔那里订一件行头。

到了20世纪80年代，除了曼哈顿的几个住宅区，美国所有主要城市的白人居民纷纷逃离内城区。大型的公共住房项目周围不再规划有各种店铺和供人们散步交流的人行道，仿佛是城市里的监狱一般。不断流出的人口意味着不断流出的生意，不断流出的生意意味着就业机会和当地资本的减少。黑人群体被非法奴役了两百年，又被合法地隔离了一百年，后又被房地产开发商、房东、房产销售员、贷款机构和当地习俗联手排除在购房选择之外；要求这样的一个群体在获得平等时立刻自我振作起来，是一个艰巨的任务。虽然1968年颁布的《公平住房法》禁止住房歧视，然而70年代对内城的打击和对垂死的工业城市的打击一样沉重，同时，这些地区的犯罪率也迅速直线上升。

80年代中期，美国黑人遭谋杀的比例高于墨西哥毒品战争中的谋杀率高峰，这很大程度上要归因于内城的毒品交易。令人痛心和引人注目的是，以毒品为基础的犯罪活动的阴郁，是黑人在美国流行文化中广泛占据一席之地的火花之一。说唱明星、运动员和黑帮大佬，作为Dapper Dan客户的三大群体，几乎成为引领一代潮流的人。

对于80年代的大多数人来说，电视和音乐中的"黑人"元素已经大大弱化了。收视率最高的电视剧《考斯比一家》讲述了一个富裕的非裔美国人家庭的故事。做医生的赫克斯特布尔先生和他当律师的妻子住在一个高档的褐石房子里。虽然流行音乐巨星迈克尔·杰克逊（Michael Jackson）是黑人，但他的音乐里却没有强烈的种族元素。赫克斯特布尔夫妇也没有体现出年轻黑人男性面临的现实：90年代早期，18至24岁之间的黑人男性在一年中被杀的概率接近五百分之一。1991年，年轻黑人男性相较于人口统计的其他任何群体，杀人概率几乎比后者高10倍，而且他们杀害的往往也是年轻的黑人。当时的那种氛围，类似N.W.A（全称是Niggas with Attitude，意为"有态度的黑人"）乐队的说唱词比杰克逊的《避开》诠释得更为充分。

嘻哈音乐，也叫说唱音乐，成为美国城市的独特声音，其主题是帮派生活、姑娘、汽车和衣服，以及非法勾当。在从暴力和毒品交易的丰富材料中挖掘艺术题材时，那些嘻哈巨星转向了赤裸裸的自夸，公开享受他们的成功，不断高喊对金钱的追求。具有讽刺意味的是，这种街头新诗成为美国历史上最直白的资本主义艺术形式。

商业主义是这种通俗艺术流派的核心。除了歌词里用高档品牌来抬高身份，说唱歌手还经常用美元符号取代艺名里的"S"：身高5英尺7英寸的托德·安东尼·肖（Todd Anthony Shaw）成了"Too $hort"。他1990年的专辑封面是梅赛德斯-奔驰和法拉利轿车的素描画。自安·兰德发表《阿特拉斯耸耸肩》之后，美元符号从未有过如此令人崇拜的内涵。

对金钱的崇拜与硬摇滚和另类音乐形成鲜明的对照。对于摇滚歌手来说，销售太多唱片可能会被听众贴上商业化标签，赚钱太多会让人们质疑音乐的真实性。珍珠果酱乐队和涅槃乐队从来不在歌里唱他们赚了多少钱，而是不厌其烦地表达自己的痛苦和苦恼，不管他们多么富有。对于嘻哈乐队的黑人歌迷来说，歌颂消费主义是在逃避严酷的现实——这是一种自我胜利的感觉，一种间接享受捉摸不定的经济成功的感觉，一种将自己视为命运主人而不是受害者或阉人的感觉。上乘的嘻哈歌曲伴随着丰富、充满活力的节拍，像霍雷肖·阿尔杰讲述的19世纪的故事一样让人热血澎湃。因为成功是这门艺术的关键，所以这个流派的顶级明星，比如绰号为"Notorious B.I.G."*的克里斯托弗·华莱士（Christopher Wallace），会大言不惭地称自己曾贩卖过快客可卡因，并精于此道。华莱士甚至还用带有教唆性的歌曲《快客可卡因十诫》将他的生财之道传授给别人。肖恩·卡特（Shawn Carter），也就是说唱歌星杰伊·Z（Jay Z），紧随其后，在一首歌里暗示，在进入音乐行业时，他已经靠卖毒品赚了"足足10万美元"，他现在奔着100万美元努力。他在歌里唱到"给我一块上帝的沃土，我就能让身价增至三倍"。他继续

---

* 意为"声名狼藉先生"。——编注

第 33 章　运动鞋

赚大钱的理想延伸到了他的唱片公司的名字——Roc-A-Fella*，它以发音致敬美国历史上最著名的财富传奇。

* * *

嘻哈音乐的兴起与体育圈的文化转型同时进行。一个明星改变了一个至关重要的商业等式。

迈克尔·乔丹最早被美国公众关注时还是个大一学生，当时他在 1982 年的 NCAA（全国大学体育协会）锦标赛上，用一记投篮让北卡罗来纳大学战胜了乔治敦大学。两年后，乔丹决定弃读大学最后一年，宣布自己有资格参加美国职业篮球联赛（NBA）的选拔。后来，他成为选秀大会第三顺位的新秀，仅次于基姆·奥拉朱旺（Hakeem Olajuwon）和萨姆·鲍维（Sam Bowie）。

虽然没有以选秀第一入选联盟，但是乔丹卓越的篮球天分无与伦比。像往常一样，他的经纪人想要联系一家可以让乔丹做代言的运动鞋生产企业，以增加乔丹的收入。代言合同很常见，但大多数运动员的代言费并不高。当时，很多大学球队穿耐克鞋，拿代言费的是教练。考虑到网球是单人运动，所以网球明星拥有费用最高的球鞋代言合同。耐克有约翰·麦肯罗（John McEnroe）代言。不过，大多数其他运动员的代言费并不很高。拿到最高运动鞋代言费的篮球运动员是乔丹在北卡罗来纳大学的昔日队友詹姆斯·沃西（James Worthy），新百伦与他签了八年的代言协议，每年的代言费是 15 万美元。

作为品牌粉丝，乔丹想和阿迪达斯签约。经过经纪人和父亲的

---

*　源自美国亿万富翁洛克菲勒（Rockefeller）。在黑人口音特别是说唱音乐中，卷舌音习惯被消去，因此 er 变成了 a。——编注

施压，乔丹做了让步，前往俄勒冈州的耐克总部。在那里，耐克极力劝说乔丹给他们做代言，承诺五年内每年支付50万美元代言费，还有销售收入提成。另外，他们还会根据乔丹对运动鞋设计方面的建议，专门设计一款乔丹运动鞋。

对非裔美国人来说，这是革命性飞跃的一部分。1966年，乔丹还在蹒跚学步时，北卡罗来纳州禁止黑人进入球队打球。就在十年前，1980年名震南方的优秀橄榄球跑卫赫舍尔·沃克（Herschel Walker）没有资格进入佐治亚大学橄榄球队。然而现在，一家公司答应给乔丹支付接近他打球薪水的价格，为的是推销鞋。

乔丹不一定有被解放的感觉。这给他带来很多压力，只是这些压力他从来没有在公开场合完全承认过。在美国公众的印象中，美国历史上的杰出黑人运动员要么桀骜不驯，目空一切；要么百依百顺，唯唯诺诺。杰克·约翰逊是第一位黑人重量级拳王，既爱炫耀又有很高的文化素养，这些品质让很多美国人希望"白人的伟大希望"能够打败他。看到约翰逊的遭遇，后来的黑人优秀运动员都彬彬有礼，直到卡修斯·克莱（Cassius Clay）。这位老兄盛气凌人，还皈依伊斯兰教，改名为穆罕默德·阿里（Muhammad Ali）。大学篮球历史上最优秀的球员，加州大学洛杉矶分校的卢·阿尔辛多（Lew Alcindor）也是如此；他后来改名为卡里姆·阿卜杜勒-贾巴尔（Kareem Abdul-Jabbar）。过多地提及公民权完全不符合运动员的经济利益。有的人闭口不言，有的人则不是这样。在20世纪的体育圈，自由市场并不意味着那些最出色的运动员可以决定规则。

不过，1984年乔丹签约耐克的时候，争取公民权的时代已经结束了。除了曲棍球，黑人运动员可以参加其他所有重大体育项目，没有一个大学会公开歧视黑人运动员。不过种族歧视的影子仍然存在。例如，不论职业橄榄球队还是大学橄榄球队，球队最重要、最需要动脑的位置，四分卫，仍然大都由白人来担任，尤其是进攻计划涉及抛球的情况下，抛球意味着决策。休斯敦油人队的沃伦·穆恩（Warren Moon）是那一年国家橄榄球联盟唯一的黑人首发四分卫；为证明自己的实力，他此前不得不从加拿大橄榄球联盟迂回前进。因此，在乔丹接受耐克的代言协议之际，不管他是否意识到，他在为其他黑人代言人打开大门，并开创一个商业机会的时代。

耐克预测，靠这笔支出带来的营销效果，第一年的销售额将达到 300 万美元。公司用醒目的红白两色，外加一个黑色对勾图标设计了一款运动鞋。乔丹穿上这款鞋第一次上场比赛时，NBA 不允许他穿自己定制的鞋，因为那款鞋和公牛队的统一服饰不匹配。乔丹照穿不误。后来，联盟决定，每次他穿那双鞋上场，都要罚他 5000 美元。对于耐克来说，这等于给他们做了极好的广告宣传。当这款鞋在乔丹脚上亮相 6 个月后，终于公开发售，市场需求可以用疯狂来形容。到 1986 年第二款乔丹运动鞋上市时，第一款运动鞋的销售额超过了 1 亿美元。

虽然乔丹的杰出成就有目共睹，但是 1986 年 11 月《纽约时报杂志》对乔丹的描述并不完全认可这些成就。"广告领域约定俗成的看法是，黑人运动员做的广告很难对中产白人顾客产生影响。当然，也有个别黑人运动员能突破这个限制，比如之前的橄榄球明星 O. J. 辛普森（O. J. Simpson）和阿瑟·阿什（Arthur Ashe）。两个人都极有魅力，并且能说会道。"那篇文章指出，调查显示，辛普森、阿什"在人们心目中已经超越了种族"，广告商认定"乔丹也具有这种罕见的属性"。

然而，辛普森和阿什属于另类。阿什打的是网球，美国公众往往把这种运动与乡间俱乐部、富裕阶层联系在一起。辛普森从 70 年代起就为赫兹做过代言，这是一家面向商务出行的轿车租赁公司。辛普森住在布伦特伍德，他打高尔夫球，是好莱坞追捧的对象。同样重要的是，阿什和辛普森的皮肤颜色都比较浅，使用白人的英语口音和措辞；这些因素无疑增加了他们的广告对白人的影响力。然而，让白人觉得有号召力的黑人运动员，都缺少街头吸引力所需要的真正城区属性。但是，乔丹不一样。

他从小在内城打球。内城房产项目都没有设计网球场或翠绿的草坪，不过他们有柏油路，可以找到用作篮网的铁环。乔丹打球的特点，比如快速抢断、奋力突破和势不可挡的强力灌篮，让他在贝德福德-斯图文森区和哈莱姆区的任何球场都能赢得荣耀。在球场上，他趾高气扬，昂首阔步；但出了球场，他为人随和，寡言少语。在那些后来对乔丹感兴趣的公司看来，作为1984年奥运会代表队的一员，他拥有全美国的吸引力，再加上他的耐克曝光度和在赛场下的谦和，让那些想要打动白人消费者的品牌感觉很放心。《纽约时报》的一篇文章指出，"他的谦逊吸引了所有人"——这里的"所有人"指的是乔丹的新赞助商，包括可口可乐、伊利诺伊州的雪佛兰汽车经销商和麦当劳。现在，篮球球迷都知道，谦逊并不是乔丹的独特强项，但在1986年，这种对他的微笑沉默的诠释为他赢得更多代言合同铺平了道路。

乔丹也为其他人铺平了道路。到1988年，可以说，耐克拥有了一个比迈克尔·乔丹更为耀眼的代言明星：双料运动员博·杰克逊（Bo Jackson）。杰克逊是美国最优秀的大学橄榄球运动员，以状元身份入选国家橄榄球联盟。但是，他觉得坦帕湾海盗队在协议中做了手脚，让他丢掉了为大学球队打棒球的机会，迫使他进入职业橄榄球队。他没有和国家橄榄球联盟签订薪酬丰厚的协议，而是签约堪萨斯市皇家队，打棒球去了。要是在十年前，黑人运动员这种藐视权威的行为是不可想象的，即使在当时，或许除了他本人之外，这对其他人也是不可想象的；不过，杰克逊的才华确实无法否认。后来，在他签约后的第二个棒球赛季即将落幕之际，杰克逊与洛杉矶突袭者队签订协议，在赛季中间进入橄榄球赛场。他轻描淡写地

第33章 运动鞋

将这一业余第二职业说成个人爱好。这种骄傲自大的味道让人们的好奇心更为强烈。杰克逊确实不简单,他在加入国家橄榄球联盟不久后进行的周一夜赛中攻下了200多码。不到两年,在美国职业棒球大联盟的全明星赛中,担任第一击球手的杰克逊挥棒将对方投来的球打飞入观众席深处。当时,前总统里根正在探访比赛的直播间,球飞过外场之际,观众可以听到他屏息憋出的一声"哦!"。几乎在同时,全明星赛直播接下来的广告时间里,播放了耐克一个长达一分钟的广告,名为《博知道》,堪称广告史上最有名的作品之一。

耐克包装的这两个明星都出生在美国南方,一个是1962年,一个是1963年。当马丁·路德·金发表"我有一个梦想"演说的时候,他们仅几个月大。现在,他们已经是美国最有市场号召力的人。这是打破和重新设定种族界限的商业壮举。两年后,佳得乐制作了广告《像乔丹一样》,在广告镜头里,各种肤色的孩子一起高唱心中的乔丹梦。

* * *

耐克的市场营销是一个美国制造的文化故事,而运动鞋的生产却是一个亚洲故事。

耐克的起源可以追溯至1962年斯坦福大学商学院给学生布置的一项作业。具有田径背景的学生菲尔·奈特(Phil Knight)上交了一份从日本进口低成本运动鞋的商业计划。MBA毕业后,奈特选择了一年的间隔年,之后他继续致力于在那篇作业中勾勒的想法,并前往日本进行深入调研。奈特以自己还在筹备中的蓝带运动公司总裁身份亮相,并安排了与一家名叫"鬼冢"的制鞋企业的会议和工厂参观。和当时很多羽翼未丰的日本公司一样,鬼冢正在谋求进入美国市场的策略。

在与奈特的会面中，鬼冢公司的代表展示了好几款原型产品，包括训练鞋"Limber Up"和跳高鞋"Spring Up"，以及让他印象深刻的铁饼鞋"Throw Up"。听他们介绍了情况之后，奈特感觉自己可以帮助鬼冢公司更好地理解美国市场的"语言"。当时，美国消费者非常信赖美国产品的质量，认为日本的进口货粗制滥造。不过，日本企业有一个显著优势：劳动成本比美国低得多；因此，日本产品可以把价格定得很低。奈特认为，美国消费者对日本产品的认知会随着时间的推移而改变，于是，他订购了一些样品。

后来，奈特联系了他在俄勒冈大学的前任田径教练比尔·鲍尔曼（Bill Bowerman）。两人各出 500 美元投资成立了蓝带运动公司后，就开始从日本进口鬼冢鞋。对于这两人来说，这个公司只是副业。奈特白天还在普华会计师事务所做注册会计师。四年后，蓝带运动公司给他带来的利润已足以使他辞掉工作。到 1972 年，蓝带公司进口的鬼冢鞋在美国的市场销售额接近 200 万美元。然而，好景不长，鬼冢决定甩掉奈特这个中间人，在美国直接设立分销中心。

为了挽救公司，奈特和鲍尔曼开始利用他们的长处，即对跑者需求的深入了解。当时的鲍尔曼担任了 1972 年美国奥林匹克代表队的径赛教练。两人决定开发自己的产品，并以希腊胜利女神的名字为他们的品牌命名为"耐克"。他们花 35 美元请当地女学生卡罗琳·戴维森（Carolyn Davidson）给他们设计了一个标志。那个设计后来成为大名鼎鼎的耐克"对勾"。

20 世纪 70 年代早期，运动鞋主要是运动时才穿，美国市场上出售的鞋，运动鞋只占十二分之一。到了 70 年代末，这一比例上升到四分之一。耐克是当时风行美国的跑步热潮最大的受益者。1977 年，耐克的销售额达到了 2800 万美元。最初日本鞋吸引奈特的地方是低劳动成本和高质量，而日本的崛起意味着劳动成本的上升。日本经济的迅速发展和生活水平的提高意味着它无法生产低价

第33章 运动鞋

值产品，如鞋子。为了应对这一形势，除了从亚洲其他国家进口替代品，耐克还在新英格兰地区建立了自己的制鞋工厂。1979年，耐克拥有3个工厂和1500名员工，跻身缅因州和新罕布什尔州较大的雇主之列。1981年，耐克的年销售额达到了4.57亿美元。耐克在1977年至1981年的高速增长和苹果公司的非常相像。机缘巧合的是，耐克上市只比那家计算机制造企业早了几天。

然而，后来的形势证明，在美国生产运动鞋对耐克来说只是暂时的。作为上市公司，耐克的第一份年报指出，它们正在增加美国工厂的产量，同时浓墨重彩地提到，公司开始在泰国、马来西亚和菲律宾设立生产基地。日本成功进入第一世界国家行列，意味着日本在过去二十年里从事的低技术生产活动，正在转移到欠发达的其他亚洲国家。然而，影响极为深远的是耐克披露的另一个消息，它几乎是事后才考虑到的，当时很少有人真正体会到它蕴含的深刻意义。原文是这么说的："同样，我们启动了在中华人民共和国建设生产基地的长期议程。"这是中国领导人邓小平推动的经济改革的最早信号之一。

苏联醉心于将自己打造成在军事上可以和美国相抗衡的对手，与之不同的是，中国共产党决定让这个人口近10亿的国家成为向资本主义世界输出产品的巨大工厂。1980年，这个当时世界上较贫穷的国家之一进入全球市场。这是一个无声无息、无人注意的故事，被日本经济奇迹和反日情绪笼罩，在那个十年一直隐而不彰。

同时，耐克正在转变成为一个全球企业，开始质疑作为逐利实体的单一国家身份。在发布上市公司的第一份年报时，耐克的2700名员工中的大多数在美国生产鞋子。但最终，这家制鞋企业的主要业务不是生产鞋，而是设计、测试和推广鞋。至于那些将鞋底缝合到鞋帮、穿鞋带和给鞋里塞纸防止鞋在运输过程中变形的工作，都由国外生产商拥有的企业完成，他们根据订单为耐克生产鞋。随着

1985年美国最后一家耐克工厂的关闭,耐克从世界范围内寻求能够以最低价格生产出符合高质量标准产品的生产商。然而,耐克在美国拥有最值钱的资产,也就是它的对勾,这是现代资本主义的一个伟大的抽象概念,被称为"商标"。随着中国生产的耐克鞋销往世界各个角落,这一商标让耐克在美国国内就可以获得源源不断的利润。耐克,作为美国的新象征,是高利润、高价值的美国知识产权和低利润、低价值的国外劳动力的高效结合。这种模式的关键是美国人的营销。

* * *

在逐渐成为全球偶像的同时,乔丹想在公众中塑造一个"既不是黑人也不是白人"的形象。因此,他从不在种族问题上站队。他也没法在这个问题上站队。购买运动鞋的白人消费者接受这位黑人运动员,是因为他在球场上的统治地位。利用这种友善呼吁人们关注黑人的受害者形象,肯定会让白人觉得这是在指责他们要为黑人的不利处境负责,这会极大地影响他的市场号召力。花将近100美元买双鞋,消费者可不需要飞人乔丹给他们上什么公民课。乔丹的立场并非那么刻意或复杂。他的考虑真的超越了种族。至少,他想要超越种族。

然而,非裔美国文化中崛起的另一个部分,即嘻哈音乐,则完全沉醉于黑人性,这是其作为艺术最本质的条件。在80年代后期,"黑鬼"(nigga)这个词在越来越多的歌曲和专辑中被随意使用。这是一个昔日奴隶主用来指代黑人的词语;是一个全国有色人种协进会劝说电影《飘》不要使用的词语;是一个在禁止黑人与白人共用水龙头的年代里,侮辱黑人基本尊严的词语;也是一个曾经让学校无法将一些经典作品当阅读作业布置给学生的词语。现在,这个词可以用随便的口吻说出来，往往后面搭配有暗示暴力的话。在郊区的白人少年看来，那些歌词是对一切社会准则的大胆挑衅；而在内城的人们看来，歌词反映的是现实生活。

推销运动鞋和嘻哈音乐之间的二元性没有也无法温和共处。它们离不开黑人街头文化。乔丹离不开。耐克离不开。在美国黑人中，乔丹的成功成为一种不利因素。1990年的一期《体育画报》的封面在社会上引起了强烈反响。上面画了一支枪，配有醒目大字"要鞋还是要命"。该期杂志呼吁人们关注与运动装有关的犯罪行为的上升。那篇文章首先讲述了15岁少年迈克尔·托马斯（Michael Thomas）被一个17岁的熟人掐死的事情。杀人动机就是想偷走托马斯那几天穿的那双飞人乔丹鞋（Air Jordan）。迈克尔·托马斯很珍惜那双鞋，每天晚上将它擦得一尘不染后收在鞋盒子里。他甚至还保存着购鞋发票，上面赫然标着115.5美元。对于劳工阶层或弱势群体的孩子来说，乔丹运动鞋是他们梦寐以求的东西，是一件可以瞬时提升身份的奢侈品。那篇文章的作者里克·特兰德（Rick Telander）批评乔丹，说他"费尽心思营造自己作为全美楷模的形象"，说他不应该保持沉默，批评他"和其他运动员代言人鼓动美国青少年去买那些运动装束"。四年前，《纽约时报》质疑黑人运动员在打动白人消费者方面的"罕见能力"。现在，《体育画报》将这股犯罪浪潮归咎于黑人代言人无可抗拒的吸引力。

让事情更为复杂的是，有人批评黑人运动员在推销运动鞋时显得过于"干净"，而黑人艺术家则把自己装扮成杀人犯和毒品贩以推销唱片。在很多层面，这是一个悲剧性的对比。另外，美国的犯罪率正处于代际高峰。对于两个党派来说，这都是一个很棘手的政治问题。自由派同意采用严刑峻法，而保守派也同意限制攻击性武器的使用。甚至一贯偏向自由主义的纽约市也开始连续二十年选择共和党或共和党独立派的市长，这是对高犯罪率的直接反应。在大约二十年的时间里，全国凶杀案将下降70%。

然而，没过多久，乔丹很快比其他任何在报刊上批评他的人更为深刻地了解了这种犯罪的疯狂程度。1993年8月3日，有人发现南卡罗来纳州的一条溪流里漂着一具非裔美国老人的尸体。经查，死者是乔丹的父亲。两星期前，詹姆斯·乔丹（James Jordan）在路边一个休息站停车，从此后就音信皆无。他驾驶的那辆紫红色雷克萨斯轿跑车引起了两个年轻黑人的注意。他们抢劫了他的财物，杀死了他，处理掉尸体。后来，那辆车出现在北卡罗来纳州，轮胎和车上的音响设备被除去了。几个星期后，嫌疑人被抓获时还戴着那位老人身上的饰品。与《体育画报》对乔丹的指责形成对照的是，没有人指责丰田的雷克萨斯部门生产令人垂涎的豪华车。

然而，人们没有认识到乔丹的沉默意味着尊严和坚持。作为北卡罗来纳的一个巨星，他完全可以利用自己的影响力要求对杀人凶手处以极刑。然而，他什么都没有说，也没有旁听最后的审判。他曾想要超越种族，然而，虽然他拥有巨大的声誉和财富，也没有摆脱每年降临数千黑人家庭的厄运。父亲死后不到3个月，他从篮坛退役。

后来，他再次驰骋球场。他腾跃空中的轮廓成为一个全球符号：乔丹品牌，另一个令人着迷的现代美国标志。这个品牌让他成为亿万富翁。也许更为重要的是，这让他成为球队的老板，从此在商业上和先前雇他打球的那些人平起平坐。

第 34 章　因特网

跟在《纽约时报》的头版标题"面对超市，布什一脸惊讶"之下的，是一篇很适合刊登在讽刺类报纸《洋葱》上的故事。在1992年竞选连任的最初几个月里，布什与俄罗斯新任总统鲍里斯·叶利钦（Boris Yeltsin）会面几天后，出席了全国食品杂货商协会的年会。在一次演示活动上，这位总统从货架上拿了一夸脱包装的牛奶、一袋糖果和几个灯泡。在付款台，当商品经过扫描仪而屏幕显示出价格时，"他一脸惊愕"。接着，他问这家已有十年历史的知名美国杂货店："这是在结账吗？"

要知道，67 岁的布什（George H. W. Bush）可是一个阅历极不简单的人。他不到 20 岁便作为空军飞行员参加了二战，曾经在太平洋上空被敌军击落，也曾在耶鲁大学棒球队打球，赴得克萨斯州开采石油，还担任过国会议员、美国驻联合国大使、中央情报局局长、里根的副总统、海湾战争总指挥和联军缔造者，也是苏联解体时的美国总统。就是这样的一个人，对一项司空见惯的技术一无所知，这进一步强化了当时的主流看法：他脱离了民众。

相较而言，影响力正在上升的民主党候选人，即比尔·克林顿（Bill Clinton）和阿尔·戈尔（Al Gore），当时年龄都在四十几岁，经常谈论未来神奇地连接美国千家万户的"信息高速路"。同时，计算机应用领域第一个亿万富翁 H. 罗斯·佩罗（即前文中的罗斯·佩罗）扮演了一个另类候选人的角色，带走了两个传统政党的大量选民。最终的结果是一个预言性的转变：这位有着贵族气质，在治国方面拥有无可匹敌经验的总统，被两位技术专家推翻了，后者似乎都比布什总统更了解经济的未来。随着冷战的结束和美国在那个世纪的胜利延续进入新千年，资本主义无可争论的凯旋时刻将由克林顿来主持。

在克林顿上任的第一年，这条信息高速路就开始进入人们的视线。在人类商业历史上，没有任何事物能像这个新型通信和计算机应用系统一样，将商业、信息和工业的众多分支融合在一起。很快，电力、电话线、大型计算机、个人电脑、电缆、邮件、电视、音乐、银行、出行、中介、地产和购物等人类过去的所有重大发明和发现都融入了这一新鲜事物。甚至很短的几个字的电报也将再次在这一崭新的世界中找到自己的位置。

计算机通过电话线相互通信这一想法已经有几十年的历史了。美国军方在 20 世纪 50 年代就建立了协调导弹防卫的网络。60 年代，航空订票系统等商业应用也很快跟进。自动柜员机让数百万美国人第一次与联网机器直接互动。20 世纪 60 年代，甚至邮政部门也资助了"快速邮件"的研发。从 70 年代开始，大学教师和科学家就已经在使用终端设备进行交流和远程访问研究。随着个人电脑进入社会，甚至消费者服务也可以通过网络进行。80 年代早期，包括《纽约时报》《华盛顿邮报》和《洛杉矶时报》在内的报纸，希望通过在线信息服务机构 CompuServe 将所有编辑内容推上网络，以效仿《哥伦布电讯报》。然而，每浏览一小时收费 5 美元的价格没有让这种创新立即获得商业上的可行性。

虽然如此,其他业务很快通过网络进入市场。关于一些业务的想法是意外产生的。弗吉尼亚州的创业者威廉·冯·迈斯特(William von Meister)想到一个创意,通过卫星向千家万户传送音乐。冯·迈斯特本来已经成功地让华纳兄弟同意对其授权,然而后来他们担心惹怒销售其唱片的零售商,就撤回了许可。为了抚慰冯·迈斯特,华纳兄弟通过旗下的雅达利向他提供了一个机会。不久,冯·迈斯特建立了控制视频公司,为雅达利公司的游戏机生产调制解调器,用户可以通过游戏机远程下载游戏。鉴于当时数百万美国家庭在客厅里安装了雅达利的家用游戏机,所以冯·迈斯特向主要投资者筹集了数百万美元来推出 GameLine 服务。1983年1月,冯·迈斯特大张旗鼓地宣布了这个消息,但当该装置在那年圣诞节正式上市的时候,却遭遇了彻底失败。

控制视频公司经历重组后,于1985年更名为量子计算机服务公司。量子计算机服务公司后来放弃了制造调制解调器的设想,开始专注于为现有的电脑制造商提供在线服务。该公司从康懋达公司及其当时广受欢迎的连接电视屏幕的 Commodore 64 主机找到了一个切入点。量子公司给康懋达公司提供的是一种基于文本的服务,不过,用户可以借助它来聊天,查看新闻、天气和体育比赛结果。到1986年年底,量子公司的 Q-Link 业务已有将近5万用户。后来,苹果电脑成为它的合作伙伴。它给苹果内嵌了一个名为 AppleLink 的定制在线服务。然而没过多久,它与苹果的合作便陷入危机,合作协议终止。量子计算机服务公司决定专注于一项在线服务,而不再与电脑制造商合作。它将公司名称改名为"美国在线"(AOL)。

到了克林顿上任之际,美国在线或 AOL,已经是一家拥有超过15万名用户,年销售额3000万美元的成功的上市公司。它的用户可以在线访问报纸、杂志、体育比赛结果、天气、电视节目单和电子邮件。其他在线服务公司，如 CompuServe 和 Prodigy，声称他们推出的类似服务也获得了市场的认可。类似美国在线，这些在线服务将消费者带往一个在内容方面极有条理且完全受控的封闭空间。美国在线向出版商和其他内容提供者支付费用后，将相关信息上传网络，供用户浏览。

不过，这些服务并不是1993年《时代周刊》探讨信息高速路的那篇封面文章所暗指的内容。那篇文章设想了一个相对于"面向学生、科学家和五角大楼的巨大电脑网络"的消费者版本的计算机网络。那位记者向读者展现了一个行业愿景：有线电视公司和电话公司将建设进入家庭的高速网络，大型媒体公司将提供其音乐和电影库，银行、航空公司和餐厅可以与客厅里的用户实现直接互动，而无须通过美国在线、CompuServe 这种网络闸门。然而，栩栩如生的讲述与现实可能性之间仍然存在巨大差距。对于60年代早期《杰森一家》首播时看过这部电视剧的美国人，家务机器人和飞行汽车一度也是很容易想象的东西，不过，要变成现实，还需要关键性的突破。

* * *

如果人类的聪明才智在某个具有自我认知能力的机器的时代面前黯然失色的话，史书会将这一新文明诞生时间记录在互联网发轫之际——最初将人类所有有记载的知识，以及每个人的个体行为、交易、好奇心、空间上的移动、反映人类所有情感的大量交流和安排迁移到网络上的那个时刻。

互联网的初衷是一个开放的网络。任何联网电脑都可以访问另一台使用标准语言，也就是网络通讯协议的电脑。在这种分散的系统里，一个大学的教师发表一系列论文或实验性数据之后，其他大学的相关研究者就可以访问这些信息。人们还可以通过网络放心地交流，收发电子邮件。到 20 世纪 80 年代末，互联网的应用已经比较成熟了，大学和军队是其主要使用者。然而，启动消费者互联网的是一个组织和访问所有网络信息的可视化方法。

从 1980 年开始，一个名叫蒂姆·伯纳斯-李（Tim Berners-Lee）的年轻英国人在瑞士的欧洲核子研究中心从事软件咨询工作，他拥有牛津大学物理学学位。在一个欧洲财团的支持下，核子研究中心从事物理学方面的实验性研究。该组织有数千研究人员在总部工作，伯纳斯-李在实验室里看到了大量一手的论文和实验成果。让他感到很可惜的是，这些文件没有将大量真知灼见和偶然情况记录在内——研究人员将最正式的结果发表，然而最有意义的思想火花往往出现在自助餐厅和其他非正式的随意的场合里。因为"人类思维具有将散乱的数据联系在一起的能力"，所以，即使在计算机网络上，存储研究报告存在的线性限制也不允许创意之间进行"相互授粉"。网络文件并不存储这些作为人脑实现发明创造之基础的随机联想。于是，伯纳斯-李产生了一个想法：将蕴藏在不同文档中的想法与其他文档、在线对话和消息关联起来。

到 80 年代中期，在那些同样在信息组织方面被困扰的人们中间，伯纳斯-李成为一个熟悉的名字。在第二次世界大战结束之际，科学研究与开发办公室的战时主任万尼瓦尔·布什（Vannevar Bush），在《大西洋月刊》上发表了一篇题为《诚如所思》的文章。布什曾组织数千名科学家迅速将科学运用到战争中，他担心价值数十亿美元的研究成果遗失。他指出，"孟德尔提出的遗传定律淹没在当时那个时代"，是因为当时内行人看不到那份研究。布什认为，"这种灾难无疑正在我们身上重复"。他建议用一个名叫"麦克斯储存器"（Memex）的理论体系来创建一种新型的目录编制系统，这种系统将成为一个带有联想浏览轨迹的网络。但是，布什远远超越了他所处的时代。

1965年，电子计算时代到来之际，另外一位思想者继续研究这个问题。自称"诗人、哲学家和恶棍"的特德·纳尔逊（Ted Nelson）概念化并创造了"超文本"（hypertext）一词，指文本中与其他文本相关联的单词。不过，因为缺少科学和电子计算背景，纳尔逊无法将超文本变成现实。除了布什和纳尔逊，伯纳斯-李赞扬斯坦福大学的道格·恩格尔巴特（Doug Engelbart）在60年代的时候第一次展示了鼠标。那是一个内置传感器且下面有一个小球的木块，移动鼠标，点击屏幕上的单词，就可以浏览网页信息。

　　1989年，伯纳斯-李将过去人们积累的知识汇集在一起，提出了互联网的"视觉层"概念，也就是界面。经过多次斟酌之后，他将这一界面称为"万维网"，也就是无限超文本链接组成的"蜘蛛网"。运用纳尔逊提出的"超文本"一词，他将自己通过链接检索信息的方式称为"超文本传输协议"（http）。为了让研究人员和大学教师能够创建可以通过http传输的网页，伯纳斯-李创建了超文本标记语言（HTML）。点击一个链接为超文本的单词，浏览者就可以进入互联网的另一部分。网页的位置由统一资源定位符(URL)来表示。后来，他成为万维网的布道者。严格来说，欧洲核子研究中心和欧洲人是万维网的所有者。

　　不过，头脑反应最快的听众是大洋彼岸的美国。到1992年，计算机应用领域关于万维网的知识在迅速增加。在联邦政府资助的伊利诺伊大学国家超级计算机应用中心，一群学生程序员创建了用以浏览互联网的一种新型界面，即浏览器。1993年推出的Mosaic浏览器，问世后迅速成为互联网浏览这一新兴领域的领导者。鉴于伯纳斯-李之前承诺无偿开发互联网的开放标准，欧洲核子研究中心同意向公众领域免费公布所有技术依据。

　　考虑到最好的研发形式是不需要付费的研发，这引起了硅谷的注意。

第34章 因特网

* * *

1994年1月，50岁的詹姆斯·克拉克（James Clark）正在清理办公室。硅谷制图公司是一家为好莱坞很多电影制作公司和其他公司生产高端电脑的企业。在创立这家公司十多年之后，克拉克在公司内部的政治斗争中败下阵来，愤然辞职。虽然硅谷制图公司当时的市值已达到数十亿美元，然而克拉克沮丧地发现，自己手中的公司股份价值仅为2000万美元。随着被迫退出的临近，克拉克暗下决心，下一次，他一定要将命运控制在自己的手中。在硅谷，这意味着他需要变得非常富有。一位同情克拉克的同事建议他考虑Mosaic。搜寻网页之后，他找到了Mosaic精力最充沛的程序员的电子邮箱；这个人是23岁的马克·安德森（Marc Andreessen）。克拉克给安德森写了一封信介绍自己，安德森几乎立刻就回复了他。他后来发现，安德森当时已经离开了伊利诺伊州，刚加入帕洛阿尔托（Palo Alto）的一家公司。

第二天，他们在帕洛阿尔托的维罗纳咖啡厅见面。具有讽刺意味的是，就在超链接和电脑网络全球连通开始之际，地理空间上的接近和面对面交流成为双方深入了解和合作的催化剂。在吃早餐时，克拉克讨论了他想再开一家公司的想法，两人同意一起寻找可行的办法。在克拉克看来，之前的努力让安德森心力疲惫，后者只有一个限制条件："我再也不想摆弄那个该死的Mosaic了。"

他们开始到处搜寻好的创意。经历了不断失败的几个月后，安德森忽然醒悟："好吧，我们总可以制造一个Mosaic杀手。"在克拉克看来，"这个主意再好不过"。克拉克投资300万美元，委托安德森聘请来年春天将从伊利诺伊大学香槟分校毕业的Mosaic团队的核心成员。不久，公司被命名为网景公司，专注于打造一个商用网页浏览器。这件事引发的一系列事件就像是现代版本的淘金热、工业革命和美国股市的疯狂，所有这些都被压缩在五年之内。

* * *

为什么这一构思精妙的信息浏览系统需要美国这个催化剂？万维网起源于英国和欧洲大陆。这个问题的一个回答是，美国有能力为处于早期阶段的创意融资，硅谷的生态系统允许新兴市场中的初创公司获得迅速发展。只要那里的风险投资者认为初创公司最终的市场支配地位可以带来丰厚的利润回报，他们就会容忍，甚至鼓励公司多年经历亏损。相较于欧洲市场和亚洲市场，美国的公开证券市场愿意更早吸收风险。

这其中的部分原因和市场规模有关。当西欧在生活水平方面高度发达之际，他们并没有形成统一的市场。在法语、西班牙语、英语、葡萄牙语、意大利语和德语之间，没有一种语言可以在欧洲连接超过1亿人的统一市场。另外，当时这些国家的货币也不一样。不同文化之间的角力也制约了市场的规模。印度和中国是仅有的两个人口数量超过美国的国家，但以美元计算，这两个国家的富裕程度还不足以构成大型市场。实际上，在世界上相当一部分地区，英语是第二语言——这本身就是一种国际协议——它能让美国企业相较于法国和德国企业更容易为软件产品找到国外市场。

除了拥有愿意接受风险的资本市场和购买力最大的消费市场，美国文化青睐愿意奋斗并敢于冒险的人。美国民众对金融和银行持谨慎态度，也不喜欢无名公司，但他们非常崇拜那些不顾一切追求梦想，尤其是赚钱梦想的人。这种文化不会将失败与耻辱联系在一起。实际上，做自己喜欢做的事情，例如，像乔布斯和盖茨那样从大学退学，走上一条未知和独立的道路，是在发挥一个人最本质的自由。在欧洲大陆和英国，由于仍然受长达数个世纪的贵族统治的

第 34 章　因特网

影响，公开追求财务上的成功有悖于表面的优雅。在美国，文雅被视为精英的做派，对于销售、组织管理、游说和执行等粗犷的工作来说，这是一种完全不切实际的品质。公开追求财富已经成为一个生机与活力的显著标志。即使在美国成为世界上最富有国家将近一个世纪之后，寻找下一个重大新生事物的动力仍旧激励美国人放下一切，追逐财富；无论他们是刚刚发迹的新贵还是早已功成名就的人。

杰夫·贝索斯（Jeff Bezos）受雇于纽约的一家对冲基金，29 岁的他拥有普林斯顿大学计算机科学学位，收入丰厚。通过一则新闻，贝索斯得知，万维网的规模在过去的一年里增长了 1000 倍。贝索斯感觉到万维网的发展是一个千载难逢的"革命性事件"，就在年中辞掉了工作，放弃了华尔街丰厚的年终奖。为了参与这场革命，贝索斯决定借助网络来卖书。书籍体积不大，所以运费很低。因为种类太多，任何一家实体店都无法容纳太多图书，这就给篇幅可以无限大的目录提供了优势。另外，互联网的早期使用者被认为都是有文化的人士，喜欢看书。于是，他驾驶一辆雪佛兰开拓者向西驶去。1994 年 11 月 1 日为亚马逊注册"Amazon.com"域名之后，贝索斯马不停蹄地建立网站，筹集资本，开始卖书。

毅然放弃更高薪酬的大有人在。33 岁的罗布·格拉泽（Rob Glaser）是微软一位冉冉上升的明星，拥有耶鲁大学的多个学位。他没有继续作为二十几个高薪高管之一留在微软，而是组建了进步网络公司，开发通过互联网对音频和视频文件进行流式传输的软件。他的 1994 年西部之行只是从雷德蒙德郊区到西雅图拓荒者广场的"前哨"，中间只有 12 英里。

在硅谷，詹姆斯·克拉克和马克·安德森与房东签订了一份租赁协议，租下了 1.1 万平米的办公空间。安德森在伊利诺伊大学的几位工程师同事也前往西部，加入马赛克通信公司。他们每人都有

6.5万美元的薪酬补偿和10万股公司股票期权。安德森作为创立者之一持有多得多的股份，共100万股。到1994年夏，克拉克开始有点紧张起来。烧钱的速度，也就是初创企业为了成为一家有生存能力的企业而投入资金的速度，超过了他的预期。在某种程度上，这是事先规划的问题。看到必须加速推进，克拉克不惜重金加速推进研发第一款商用网页浏览器。关于资金问题，他后来求助于沙山路，那是硅谷大型风险投资公司集中的知名地方。凯鹏华盈，这一正式风险投资的开先河者之一，同意投入500万美元换取公司20%的股权。

借助这笔资金，网景得以将浏览器推向市场。很快，形势表明网景很受欢迎。面世后头3个月的营收将近500万美元。他们面向消费者的产品是一款新型的先进网页浏览器，售价39至45美元。后来，他们向软件开发商、电脑制造商推销服务器工具——可以托管网站的软件。之后，出现了一个小奇迹。一些公众投资者，因为被过去几年有关信息高速公路的大力宣传所影响，感觉到某种重大事件正在发生。这为网景通过公开募股上市提供了可能性。即使在硅谷，让一个成立刚满一年，只有3个月实际营收的公司上市，也是一件比较困难的事情。苹果和微软从创建到上市，中间经历了好几年时间，而且两家公司都是赢利水平很高的企业。

即使上市在即，也没有人真正清楚互联网或万维网到底有什么好处。网景在招股文件中详细说明，"所有公司都可以用互联网发布企业产品和支持信息，就像'电子使用手册'"。当时的一些公司确实也有"电子使用手册"，但当时的大多数公司还没有网站或域名。绝大多数美国家庭甚至没有电脑。不过，新的商业秩序似乎正在形成。

1995年夏，网景大力推进上市。在网景新任CEO吉姆·巴克斯代尔（Jim Barksdale）和马克·安德森与一批美国顶级共同基金和金融机构进行路演之后，投资银行摩根士丹利看到了这家刚成立15个月的公司受到的热烈欢迎。网景第二个季度的销售收入达到了2200万美元，这一高增长让银行家们私下里认定网景是"历史上增长最快的软件公司"。

可以预测的是，首次公开发行那天，绝大多数投资者无法以28美元的发行价买到网景的股票。8月9日上午11点，网景股票开始交易时，交易申请单上积累了大量的买入申请，第一批股票的成交价是71美元。在交易当天以28美元获得的股票甚至在付款之前就可以实现收益翻番。《纽约时报》称之为"投资者狂热"。詹姆斯·克拉克手中的970万股股票，在那个交易日，价值一度高达7亿美元。凯鹏华盈一年前的投资获得了40倍的收益——当初500万美元的投资变成了2亿多美元。网景公司CEO的收获最多：上任7个月之后，巴克斯代尔通过期权和赠予获得420万股股票。数十名员工通过期权获得了数百万美元的账面利润。这种员工参与的重要理念，让员工的回报远超其贡献或专长成为可能，更增加了公司成功上市的兴奋氛围，将数千人才吸引到旧金山湾区。

24岁的安德森成为《时代周刊》杂志独特的标志式封面。赤着脚，坐在金质宝座上，他被人们称作"金色极客"。在这个故事中，历史学家艾伦·布林克利（Alan Brinkley）指出，与铁路、钢铁和石油等行业需要用一辈子才能获得的财富相比，这种财富创造的瞬时性是前所未有的。

然而，狂热才刚刚开始。

* * *

在最根本的层次上，这种狂热来源于人们同时看到的一个真理。互联网的巨大冲击就像是一种压缩的历史必然性，是迅速发生在所有人面前的社会巨变。问题只是这一巨变的深度和性质。

亿客行开始通过网络销售飞机票，预订宾馆房间。富国银行开通了无需信封和邮票的网上支付功能。为了适应互联网时代，E*Trade等折扣券商先前提供语音服务，如今开始提供在线交易服务。全国的报纸纷纷开始将全部内容推向网络。这一切似乎发生在一夜之间。这些公司急切地利用网络，是为了抢在那些没有传统业务负担的新竞争者出现之前占取先机。

几乎所有知名品牌和公司都购买了相关的域名，并且将公司网站地址添加到营销材料上。1996年，这种变化不仅仅局限在消费者和机构投资者阅读的材料上，而且已经深入他们的日常生活，无处不在。即使没有条件上网的人，也不会看不到公交车侧面、出租车顶灯和电视广告中诸如"http://""www""@"的奇怪字符。

看到当时的这种狂热氛围，硅谷和华尔街意识到下一步该做什么：让更多公司上市。这一想法在某种程度上缘于投资者对网景的持续看好。网景上市之后，除了上市第一天股价飙升让人们震惊或兴奋，这家公司接下来的业绩也依然令人赞叹。1995年，公司的销售收入超过8000万美元，而1994年3月的时候它的销售收入为零。在炫目的开盘6个月后，股价增长了一倍还多，最高交易价172美元。行情好的时候，詹姆斯·克拉克是亿万富翁。

1996年初，雅虎的支持者们认为，凭借130万美元的总收入，这家成立9个月的公司应该上市。他们说得没错。雅虎上市第一天收市时，两位公司创立者的账面身价超过1亿美元；其投资公司红杉资本最初投入的100万美元获得了超过100倍的回报。昔日雅虎在搜索和网络目录领域的三个竞争对手Excite、Infoseek和Lycos不甘落后，也在数月之内接连上市。看到私人非流动投资转变为公开交易证券的速度，硅谷的风险资本家们加大了投资初创企业的力度。从融资到上市的时间急剧缩短，降低了风险。另外，那些抢先

第 34 章 因特网

投资互联网初创企业的投资者尝到甜头之后，现在又为下一波投资浪潮增加了可投资资本。

凯鹏华盈给亚马逊投资了 800 万美元。亚马逊随后上市。标杆资本投资了在线拍卖公司 eBay。eBay 之所以值得一提，是因为实体世界不可能有类似的拍卖公司。如果没有互联网，某个家庭主妇就无法面向全国市场实时拍卖她的餐椅。来自各种可能领域的数百家电子商务初创企业获得了风险资金的支持：经营宠物商品的 Pets.com、经营音乐 CD 的 CDNow 和 Music Boulevard，经营电子产品的 Buy.com，等等。免费电子邮件提供商 Hotmail 在得到风险投资后，用户迅速增长到 1000 万，成立一年多以后就被微软以 3.5 亿美元的价格收购。

在很多方面，微软可能是最容易被人忽视的互联网受益者。互联网的到来对于电脑生产企业来说是一个巨大的利好因素，因为上网必须使用电脑。人们大都购买安装了微软 Windows 操作系统的个人电脑，给这家软件研发企业提供了巨大的收入。由于看到数百万新的电脑用户买到电脑后做的事情就是上网并使用网景浏览器，微软开发了自己的浏览器 Internet Explorer。然而，微软并没有像网景公司那样销售浏览器的使用权，而是免费将它和微软至关重要的收费操作系统一起捆绑在个人电脑上，向美国公众出售。微软辩解所有这些都是合法的自由市场做法。很多人不同意。最后，联邦政府出台了一部重要的反垄断法。这一次，硅谷的很多人，包括那些倡导遵循市场自由意志的人，坚定地站在政府一边。

然而，对网景来说，这部法律来得太晚了。虽然它令人惊叹的崛起开启和定义了那个时代，但是市场认为微软对它的威胁过于强大。因此，就在互联网泡沫远没有到达顶峰的时候，网景的鼎盛时期似乎就已经成了过去。

＊＊＊

第一批互联网公司上市的时候，谨慎的投资者曾嘲笑这些公司收入太少。后来，随着亚马逊和雅虎获得了数亿美元的收入，那些批评的声音又说他们缺乏利润。虽然那些阅历丰富的人知道互联网是一个颠覆性的新生事物，但也希望看到公司客户数量、销售收入和利润等方面的显著增长，而且是同时增长。在务实的机构投资者看来，进入1999年，似乎只有一个互联网公司满足这个标准：美国在线。

美国在线产生销售收入的时间相对较长，在网页浏览器问世之前，该公司就把人们带到了网上。作为一个互联网服务提供商，通过为拥有调制解调器的用户提供拨号上网服务，美国在线每月可以从数百万美国家庭收取每户大约20美元的服务费。公司收入从1992年的3800万增长到1996年的10多亿美元。几乎所有销售收入都来自每月的拨号订阅。拨号连接到美国在线后，网页将向用户显示各种广告，这是美国在线的第二个收入流。到1999年，美国在线的拨号订阅收入增加到30亿美元。当时，公司的在线广告也非常成功，广告收入另外给公司贡献了10亿美元。那一年，美国在线净收入总共超过了7.5亿美元。美国在线占据了整个行业的绝对主导地位，以至该公司招牌式的问候语"You've got mail"（你有新邮件了）成为汤姆·汉克斯（Tom Hanks）和梅格·瑞安（Meg Ryan）主演的一部电影的名字。

公司价值可以反映出这一切。1999年夏，市场认为美国在线的价值超过了1750亿美元，一度接近2000亿美元。自网景上市以来，美国在线的股价已上涨了100多倍。实际上，美国在线后来收购了网景，将其添加到自己的"武器库"中。媒体公司却很难有这样的荣耀。有线电视公司、电视网络、电影制作公司、唱片公司和杂志社只有羡慕的份儿。没错,所有大型媒体公司都会投资一些在线业务,但他们并不被视为这个美丽新世界的规则的颠覆者。

就在要被世界忽视之际,时代华纳打算迈出一大步。当时,时代华纳旗下拥有HBO、CNN、TBS和TNT等知名媒体公司,以及《时代周刊》《人物》和《体育画报》等杂志,拥有华纳兄弟电影制作公司和唱片公司,还有一家有线电视公司,每月付费用户超过1000万。它的收入和利润远远超过美国在线。然而,它倒在互联网泡沫给人的错觉中,太相信所谓股市的智慧。时代华纳与美国在线以45比55的比例合并。也就是说,美国在线的股东获得新实体55%的股份,而时代华纳股东获得剩余45%的股份。这是收购史上最大的打劫事件,一部分股东打劫了另一部分股东的利益。

事实表明,这是互联网繁荣时期最绝妙的讽刺。财务指标最强劲的一家公司靠拨号上网业务赚钱,然而连接在美国在线网站上速度很慢的调制解调器发出的"嘟——嘟——嘟"声不是未来的发展方向。更为残忍的是,时代华纳已经拥有了未来高速宽带的一部分,它控制着通过时代华纳有线公司连接数百万家庭的电线。没过几年,美国在线的用户增长率、销售收入和利润就被证明只是昙花一现,这位拨号上网的领导者那时就相当于1904年美国最大的汽车生产企业奥兹莫比尔公司;通过有线电视和电话公司进行的宽带连接,即将淘汰美国在线的拨号上网业务。那些拥有会计和金融背景的精明且现实的投资者,通过可以计算的销售收入和利润来寻求安全。不过,这正是纽约金融圈失误的地方。

进入新千年几个星期之后,变化发生了。互联网泡沫的破灭开始于股价疯涨之后投资者情绪的降温。私募市场有了反应,感到无法像以前那样迅速让公司上市。在线公司无法启动下一轮融资。没有新的资金,这些公司无法继续把钱花在广告或其他在线服务上;而这些公司的最佳客户往往是其他网络公司。当这一形势明朗起来之后，华尔街立刻退出。

然而，一个根本看法误导了这些思维清晰的人，他们执着地相信市场的理性。分析师、银行家和基金管理人几十年来一直笃信市场效率理论。这一理论认为，某支股票在某个时间点的市场价格是市场参与者集体认知和智慧的完美体现——这是老天针对资本主义的价值计算方式。即使那些不完全相信这一理论的人，也认为市场价格即使偏离实际价值，也只是偏离一点点；很少有人认为，市场价格会高于资产实际价值百倍。然而，这是很有可能的，而且确实发生了。当市场上集体不理性后果显现时，最有名的互联网公司价值下跌了99%。

美国在线-时代华纳的崩溃就是明证。美国在线股东得到了合并后新公司大多数股份后，又过了十年，美国在线被分拆出来，成为一个独立公司。这一次，市场的价值评估是20亿美元，比泡沫时期的最高价低了1980亿美元。然而，为了美国在线，那家拥有HBO、CNN、TBS、一家知名好莱坞电影制作公司、一个唱片公司和一家有线电视系统的公司出让了55%的股份，以避免错过互联网热潮。但现在，即使是时代华纳处境艰难的纸媒杂志，如《人物》《时代周刊》和《体育画报》，价值也超过了新独立出来的美国在线。

不过，这不完全是一个投机、毁灭性的骗局。如亚马逊和eBay这样有生存能力的公司都经历波动和生死考验活了下来，并发展壮大。很多消费行为，从在线银行到在线预订飞机票，在五年时间里发生了巨大变化。报纸上的广告版面和黄页开始备受冷落。到2000年，绝大多数美国家庭拥有了电脑，上网很方便。让互联网泡沫显得特别的地方是，从诞生到死亡的周期如此之快，如此之明显，所有人都能看到作为资本主义内在特点的不断尝试是一种多么巨大的浪费，必须通过大规模的试错来发现真正有价值的东西。

在硅谷，这个以其看似轻率的下注而让局外人感到迷惑和沮丧的地方，有一个与美国在线的称雄一时相反的例子。互联网时代最大的赢家并没有在90年代上市，当时它几乎没有什么收入。该公司的投资者凯鹏华盈和红杉资本没有理会市场的噪声，决定投资一个网站。那个网站只有一个极简的搜索框、网站标识和大量空白。实际上，由于迫切地将收入最大化和保住华尔街的青睐，雅虎和其他早期搜索引擎放弃了搜索领域。在互联网狂热上演之际，谷歌安静而耐心地积累着自己的客户，毫不关心收入、投资者和新闻记者。

然而，疯狂过后，人们损失惨重。在世俗化的硅谷，汽车保险杠贴纸上的一句话可以充分表达市场暴跌之后人们的心情："上帝啊，再来一次泡沫吧。"

第 35 章　手机

　　几乎所有人都能清楚地看到，苹果电脑公司风光的日子已经过去了。微软主导了个人电脑市场。新贵们主导了互联网服务。戴尔等电脑公司通过生产运行着无所不在的微软 Windows 操作系统的电脑大发其财。相较而言，1997 年苹果电脑的市场已经不仅是小众市场的问题了，而是一个逐渐枯竭的小众市场。史蒂夫·乔布斯的公司已经输掉了这场战争。

　　创始人乔布斯于 1985 年被苹果公司解雇，到此时已有十二年。乔布斯在推出 Macintosh 电脑*时遭遇失败（这款产品最初销量平平），为他敲响了最后的丧钟。当时，苹果的故事成了一个经典传说：一位神秘莫测的打破传统的创始人为老练的商界领袖让路。怪癖和想象力可能提供了最初的灵感和动力，但一家公司上了规模实现数亿美元的销售额后，企业的进一步发展就需要专注于赢利能力，

---

* 苹果公司发布于 1984 的一款电脑，以英国设计师 Charles R. Mackintosh 的姓氏命名，多译为麦金托什电脑或麦金塔电脑。此后苹果的电脑产品沿用此名称，简称为 Mac。——编注

第 35 章 手机

而创业者的能力不足以满足股东的需求。至少，人们是这样认为的。驾驭困难的现实，而不是一味空想，才是让投资者回报实现最大化的基础。

被苹果公司解雇之后，乔布斯另起炉灶。1986 年初，他花 1000 万美元，从《星球大战》的开发者乔治·卢卡斯（George Lucas）手中买下了一个动画制作公司，然后，他卖掉手中迅速缩水的苹果公司股票，给这家公司投资数千万美元。后来，他建立了一家名为"NeXT"的电脑生产企业，与苹果抗衡。虽然 NeXT 没有让乔布斯如愿以偿，但是它也有荣耀时刻：蒂姆·伯纳斯-李将他对 HTTP、HTML 和万维网的开发归功于他对 NeXT 功能的使用。乔布斯的皮克斯（Pixar）动画制作公司运用电脑动画，而不是沃尔特·迪士尼开创的手绘技术，制作了轰动一时的电影《玩具总动员》。《玩具总动员》上映后，皮克斯公司于 1995 年上市，这让乔布斯第一次成为亿万富翁。他赚取的第二笔财富远远超过了第一笔。在一个每年只制作一部电影的动画制作公司担任首席执行官，和他昔日拥有的声望相距甚远，尤其是他几乎没有参与创作电影情节或指导动画制作。这时候，机会来了。乔布斯在 NeXT 面临的挑战，与苹果管理的失败不期而遇。为了召回乔布斯以提升公司士气，同时为了获得某些技术，苹果在 1996 年同意以略超 4 亿美元的价格收购 NeXT。就这样，乔布斯以顾问的身份回到了苹果公司。

在互联网盛行的 90 年代，除了苹果的一些死忠粉之外，所有人都觉得乔布斯回归苹果是一件奇怪的偏重于仪式的事情。他现在只是一个年迈的昔日明星，只能让人们联想到那些无望重现的昔日荣耀。在几乎所有人都在蓬勃发展的年代，苹果在技术生态系统中的地位似乎无足轻重。1997 年夏季，让人们对苹果公司不可小觑的唯一一件事情是，苹果可能会连续第二年亏损超过 10 亿美元。这是互联网公司从未有过的年度亏损"壮举"。苹果债券被降级到垃圾债券的级别。它甚至开始在美国和海外出售由于销量下降而闲置的制造设备，以筹集现金。乔布斯甚至从微软那里讨得1.5亿美元的投资，部分条件是Mac电脑要将IE浏览器设置为默认浏览器。在年度Macworld展示会上，出现在大屏幕上的盖茨让主席台上的乔布斯相形见绌；对乔布斯来说，盖茨的出现是一件不祥的事情。在大屏幕上，盖茨说了几句话以表达支持。然而，他没有说出来的话是人们心照不宣的事情：微软已经取得了彻底的决定性的胜利，支持一个处于生命维持状态的具有竞争性的操作系统已经没有什么意义了。有人毫无同情心。当有人问戴尔电脑公司老板迈克尔·戴尔（Michael Dell）该怎么处理苹果时，他回答说："我会关掉公司，把钱还给股东。"

然而，对于包括戴尔在内的所有电脑生产企业和互联网公司来说，令人兴奋的日子马上就要结束了。经历2000年的顶峰后，那简直是结束所谓"美国世纪"的完美时间点，美国纳斯达克这一专门覆盖美国顶级技术公司的证券指数下跌了80%。华尔街那些兴高采烈的分析师名誉扫地。在其他领域，安然和世通等公司的会计欺诈案件曝光。后来的"9·11"事件给美国注入了一种全新的脆弱感。在19个月的时间里，那个在千禧年之交时稳健又欢欣鼓舞的美国，已经成了遥远的记忆。

互联网公司的破产潮对乔布斯和苹果产生了解放的效果。那个时代的新星，如网景和美国在线，转眼即消失或遭到打击。从2000年到2001年，虽然苹果也经历了销售额的巨大滑坡，从80亿美元下降到53亿美元，但却因祸得福。2001年，苹果在美国的产能十分显著，在萨克拉门托市保持了74.8万平方英尺的生产车间。另外，苹果还在爱尔兰和新加坡拥有工厂。因为销售额下滑，苹果开始关闭自己的生产车间，转而青睐代工企业，让外国第三方企业根据苹果提供的规格生产新款苹果产品。

第35章 手机

苹果在不再直接生产产品的同时，还彻底调整了销售策略。他们不再完全依赖于第三方零售商，开始大量布局自己的零售店，为的是直接向消费者展示和销售自己的产品。在一个向电子商务倾斜的世界，苹果开始进入实体商店。从2001年建立第一家直营店开始，苹果在两年内设立了65家店铺。在销售软件和硬件的零售连锁店濒临崩溃的时刻，这一举动尤其大胆。在销售额下降33%之际，其他公司的首席执行官不可能仍然有这么大的战略决策权。

同时，为了拓展电脑之外的业务，公司开始考虑互联网泡沫破裂后仍在高速发展的一个领域：盗版音乐。进入新千年之后，数百万年轻人开始在线上分享音乐。音乐行业和唱片艺术家们认为这种行为无异于偷窃。随着新型高速宽带的发展，用户可以在几分钟内完成音乐文件的交换。按理说，这种行为也会对好莱坞产生冲击，但是电影和电视剧的文件要大很多，需要更多的时间下载，而且会占用非常大的硬盘空间。音乐就不一样了，任何人都可以把CD盘上的音乐拷贝到电脑里，然后上传到网络。由于唱片公司不愿意以数字方式销售音乐，音乐分享的技术超过了音乐行业寻找新型商业模式以跟上发展的能力。这种侵权是对互联网技术的下一次迭代的早期展望，超越了简单的网站。

P2P网络让其中的每台电脑都可以成为服务器。P2P技术不会将数百万首歌曲集中放在由一个公司控制的几台中央服务器上——当然，那样会方便法院和执法部门关闭音乐下载——而是让网络中的每个人都可以直接面向另一个人上传或下载歌曲。当数百万人在上传歌曲时，整个唱片行业的歌曲目录就分散在数百万人的电脑里，供另外数百万人下载。显而易见的是，音乐行业对这项新技术很反感。然而，电子产品的生产厂家无法抵挡赚钱机会，竞相推出可以储存数百首歌曲的迷你播放设备。苹果也是如此。宣布推出苹果零售店的同一年，它还推出了iPod。

这时候，乔布斯的独特身份给苹果带来了一个重要机会。不同于硬件设备生产企业背后那些技术专家出身的老板，也不同于提供文件分享的Napster*背后那些"叛徒"，乔布斯深得媒体公司的信任，原因只有一个：他和他们是同一条船上的人。在好莱坞圈子里，乔布斯仍旧是一家动画制作公司身价数十亿的首席执行官。他的皮克斯动画制作公司，只有通过人们去电影院观看《海底总动员》和从沃尔玛购买《玩具总动员》光碟才能赚钱。多年来，乔布斯冒着数千万美元的风险来开发皮克斯的第一部电影。他不相信仅靠纯粹的电脑运算法则就可以主宰未来世界。艺术在他的世界里有一席之地。他认为，艺术作品的创造者，不管这些艺术品是否可以分享，都应该获得回报。这种观点有很多先例，虽然这可能不受孩子们的欢迎。现代美国的所有实验都建立在对抽象产权的尊重和界定上：商标、版权、专利、土地规划法律、频率和领空。美国资产的价值不仅体现在物质上，也体现在智力上。偷窃无形资产，不管多么方便、自我感觉多好或多么省事，都使财产本身的神圣属性受到质疑，买到一首歌的收听权并不意味着你拥有了它的无限所有权。

然而，未来是不可避免的，就像录音带和黑胶唱片让位于CD光盘一样，消费者已经选择了新的音乐媒介。包括Napster在内的很多技术公司，将消费者的力量当作筹码。Napster的创立者和支持者认为，如果Napster的用户群体足够大，不管它的来源多么不合法，唱片公司将来都会被迫与他们合作，而不是对未来趋势提起诉讼。事与愿违，这种战略上的傲慢让唱片公司和歌曲创作者坚定了进一步打击侵权的立场。没有唱片公司的合作，Napster被迫停业。然而，唱片公司相信乔布斯。他们觉得他是一个可靠的很有气场的

---

* Napster创建于1999年，是一款提供MP3文件下载的网络软件，它同时能够让用户的电脑也成为服务器，为他人提供下载。——编注

第35章　手机

谈判伙伴，一个具有明星光环的人；他既懂技术又了解媒体，在这两个领域分别经营着一家公司。从2003年开始，乔布斯就说服唱片公司通过苹果电脑来出售单曲，每首歌曲价格为99美分。这些唱片公司为了顺应乔布斯，事实上放弃了凭借一两首热门歌曲将10或12首歌曲捆绑在一张专辑中销售的能力。苹果的iTunes程序，加上人人皆知的在线歌曲购买，让它的袖珍硬件产品显得更加炫酷。

随着年轻人关于音乐的光环效应延伸入品牌，苹果的Mac的新电视广告开始戏谑安装微软系统的电脑，将后者塑造成一个守旧、呆板和难用的形象。同时，苹果通过手持电子产品的复兴是以另一家巨头的损失为代价的。自从晶体管收音机问世以来，日本企业就一直专注于以更低的价格生产基础技术。到20世纪70年代，美国市场上销售的大多数彩色电视来自日本。1981年，当索尼公司推出单人卡带播放机Walkman（随身听）时，这家日本企业已经以尖端、小巧的电子产品而闻名。在长达二十年的时间里，提到优质电子产品，人们往往会联想到索尼和日本。依托iPod，这一让苹果进入个人电子产品领域的产品，苹果挑战了索尼的行业优势地位，彻底地结束了战后日本的经济奇迹。

*　*　*

令人难以想象的是，苹果公司的重生和下一步崛起成为全球最具价值的企业，竟然植根于现代共产主义国家的变迁。在20世纪下半叶，有两场完美实验，让共产主义对抗资本主义，让中央计划经济对抗以市场为基础的经济体制。在朝鲜半岛，双方力量的僵持催生了两个国家。北部的朝鲜发展成为集权国家；而韩国则有美国的永久驻军，是市场主导的国家。到了世纪末，韩国的生活水准到达了发达国家的水平；而朝鲜则不是这样。第二次世界大战结束后，德国一分为二，分属不同阵营。东德追随和模仿苏联；西德拥有美军的基地、自由选举和自由市场。在西德，市场经济的优越性也很明显。

随着1989年柏林墙的倒塌、德国的统一和随后苏联的解体，获得了自由的东欧社会主义国家纷纷引入西方制度时，没有几个人会猜测在21世纪头十年内冉冉升起的经济强国仍然会牢牢地控制在共产党手中。20世纪80年代末以后，中国的政治制度并没有发生多大改变，但经济改革继续快速推进。不同于苏联僵化的思想和政治经济体制，中国调整了他们的版本，使之适合地缘政治现实。实际上，他们发挥了很大的灵活性。作为超级大国，中国没有付出全球驻军的代价。他们也无须为了抗衡美国、拉拢盟国而在思想意识形态上较劲。中国政府认为，消除不同意见和紧张情绪的最实用的办法就是提升人们的生活水平。因此，他们没有着意于意识形态输出，而是向西方民主国家的消费者输出实物商品，并且取得了一步步的成功。

中国政府完全可以说，美国的资本主义并非仅仅是一套有机运作的自由市场力量。北京强有力的中央政府为十多亿人设计经济发展轨迹，就像华盛顿在一个多世纪里所做的那样。在镀金时代，征收钢铁关税对于卡内基和其他钢铁企业的成功发挥了核心作用。美国联邦政府担保的购房贷款，过去和现在都始终是房地产行业和建筑行业的支撑力量。另外，消费者的银行存款也同样受到联邦政府的保障。无线电、电视、卫星、主机计算（mainframe computing）和互联网等领域的重大进步离不开国家的军事支出。美国这一全球最大的粮食生产国对农业给予了巨大补贴。在第二次世界大战期间，国家基本上接管了国内所有的汽车生产企业，禁止汽车企业面向私人销售将近三年之久。后来，汽车企业获得了大笔的资金救助和政府担保贷款。实际上，美国经济的参与者大都在政府支持的公立学校和大学中接受过教育。美国政府还通过社保体系为民众解决后顾之忧。美国的资本主义制度绝非一种僵化的意识形态;它是国家补贴、社会公共项目、政府采购合同、监管、自由意志、创业精神和自由市场等因素之间的不断校准和平衡。中国政府设法做的也正是这些事情。

市场经济是一个务实的制度,追求利润的创业者可以受益于宽松的政府政策,而中国共产党正是这一理念认真的实践者。在这个过程中,它催生了中国经济增长的早期动力,使其成为20世纪最后20年里被忽视的伟大故事。在进入新千年后的十年里,世界开始关注中国。这时,它已经在生产价值链中上升。凭借生产乔布斯和苹果公司标准严苛的产品的能力,中国将冲击日本精心打造的堡垒,将"中国制造"的标签从耐克鞋、塑料玩具等简单的产品升级为越来越复杂的产品。在80年代,日本看起来如此现代化,如此势不可挡,尽管人口还不到美国的一半,但它被预测将取代美国成为全球最强大的经济体。苏联一度也牢牢控制着地域广阔的势力范围,以至80年代中期美国总统与苏联政府首脑之间的会晤似乎是同等级别的会晤。然而,只有中国,在进入新世纪时始终是一个上升的力量。

对于这一美国世纪来说,冷战的结束是两条战线上的胜利:资本主义和民主制度。然而,具有讽刺意味的是,当市场经济力量深入中国大陆之际,这种胜利给美国带来的却是越来越多的挑战。

* * *

2007年,距离他回到苹果十周年纪念日还剩几个月时,乔布斯走上Macworld展示会的主席台,向人们宣布:"今天,我们要做一件具有历史意义的事情。"

他的自信是有原因的。在 2006 财年里，苹果从 iPod 获得的销售收入超过了笔记本电脑和台式电脑的销售收入总和——iPod 与后两者的总收入分别是 77 亿美元和 74 亿美元，掌上电子设备占据了苹果各种产品的半壁江山。上市六年，平均售价 200 美元的 iPod 让苹果品牌进入 8000 多万人的手中，其中主要是年轻人。在某些方面，iPod 的普及程度，是零售价超过 1000 美元的高端 Mac 电脑从未达到过的。

在揭示新产品之前，面对人们雷鸣般的掌声，乔布斯说："偶尔会有革命性的产品出现，从而改变一切。"在将近十年的时间里，互联网公司和手机生产企业一直尝试将网络与基本的移动电话结合起来。乔布斯拿 iPhone 与当时市面上的"所谓智能电话"做了比较，用那些手机上的全套键盘来衬托他的突破："我们要抛弃那些按键，让它变成一个大屏幕。"接下来，他展示了锃亮的金属和玻璃材质的 iPhone。

很难形容 iPhone 和当时市面上的手机在功能方面的惊人差异。当时美国市场上最流行的手机是摩托罗拉的 RAZR，它和 1997 年推出的翻盖手机在实用性方面大同小异。然而，第一款 iPhone 可以播放电影，拍出高清晰度的照片，提供地图和浏览网页，以及像 iPod 一样存储音乐。一些竞争对手根本不理解。微软的首席执行官史蒂夫·鲍尔默（Steve Ballmer）听到 iPhone 的推荐价格，不禁大笑："500 美元！这是世界上最贵的手机。商务用户肯定不感兴趣，因为它没有键盘，不方便收发电子邮件。"对苹果来说，幸运的是，这种设计几乎吸引了世界上所有其他人。上市后不到八年，苹果就卖出了 6 亿多部中国制造的不同版本的 iPhone，给苹果带来超过 5000 亿美元的收入；仅在 2015 年，就有 2.3 亿部 iPhone 被售出，收入超过 1550 亿美元。iPhone 让苹果成为世界上最有价值的公司。

热销程度超乎人们的想象。刚上市时，iPhone 的价格比 2007

第35章 手机

年最畅销的手机贵出将近5倍。之后没出一年，美国进入了"经济大衰退"时期，据说那是"大萧条"以来最严重的经济危机。房价崩溃。随之而来的是一场严重的金融危机，促使美国政府以数万亿美元出手干预，包括补贴和救助，以及买入大公司的绝大多数股权，包括通用汽车和保险巨头美国国际集团在内。2009年，失业率上升至10%。反动的民粹派以"茶党"的形式主导了政界的右翼力量，而"占领华尔街"主导了左翼。然而，奢侈的iPhone这一象征追求物质享受的锃亮的技术奇迹，开始以每年数百亿美元销售额的速度销售，要知道，这可是发生在经济危机导致人们收入大幅下降的时期。

对于消费者来说，智能电话取代了电脑。很多第三世界国家的用户完全跳过了个人电脑，智能手机成为他们第一次接触互联网的工具。可以肯定，来自硅谷的一些重大创新推动了这股智能手机热潮。Facebook发起的社交网络将人们的熟人、朋友和家人的整个历史联系起来。小巧屏幕和内置照相机带来的舒爽触摸体验，再加上方便携带，让智能手机成为这种社交行为的天然配置。那些提供餐馆和旅店的评论、电影放映时间、按需汽车服务和交通更新的在线服务和应用，以及大量其他的手机功能，让智能手机成为人手必备的东西。

然而问题依然存在：对于大多数人来说，尖端的未来如此容易、迅速地触手可及，这一现象如何与美国已经落后的叙事共存？对经济的满意度在多大程度上属于个人感受？在用新iPhone拍下高清视频并将其发布到Facebook的同时，左翼和右翼中的某些人走上街头来表达他们的经济愤怒是否有意义？部分答案是美国已经丧失了他们的传统叙事，也就是诠释他们的制度是怎样发挥作用的理论框架。

就像教会和国家、新闻和政府之间的关系是独立的，作为美国特征的一部分，商业和政府之间也是独立的。但是，美国政府对个别企业的倾力救助，让这一制度变得极为不透明、复杂和抽象。美国似乎破坏了明显的市场规则。甚至硅谷的特斯拉公司，当风险投资机构都拒绝资助其"S型车"（特斯拉第一款量产的汽车）时，也在2009年收到了来自政府数亿美元的救命钱。资不抵债的银行收到了政府数千亿美元的支持，然而一些银行家却带着数百万美元走人。在很多美国人看来，美国制度被人操纵了；上层的利润被私有化，让少数人享受，下层的损失却被社会化，让所有人承担。美国出兵伊拉克和阿富汗，致使美国经济大幅衰退。一个将自己视为有史以来军事力量最强大的国家，在两场战争中居然都没有取得预期的辉煌胜利。

　　iPhone尤其揭示了对经济等式的根本性颠覆。将近一个世纪前，当亨利·福特宣布公司工人每天的薪酬为5美元时，那时的重要事物，一辆新车，其价格等于普通工人3个月的薪水。不管是用双手挣钱的普通工人，还是办公室拿笔杆子的职员，都是创造美国企业成就不可或缺的一部分，共同最大限度地推进了企业的发展。然而，新技术时代改变了这一切。像iPhone这样突破性的美国产品，设计工作使用的是硅谷的头脑，而生产靠的是中国人的汗水。在苹果庞大、专门的中国独资工厂里，中国工人的薪水约为每月200美元[*]。当薪水这么低的中国工人却在生产最现代化的产品时，美国工人在这个全球市场上处于什么位置？虽然美国商店里到处是便宜的中国货，然而，人们对这个不对等的等式最终如何发展而感到不安。在80年代中期，萨姆·沃尔顿对不得不从中国采购大量货物忧心忡忡，尝试鼓励大家从美国进货，他的回忆录名为《萨姆·沃尔顿：美国制造》（中文版为《富甲美国》）。然而，美国消费者已经对低价格

---

[*] 约为2016年左右的水平。——编注

第 35 章 手机

上了瘾，对贸易赤字的担心已经大大消退。政界传递出来的信息已经从"买美国货"变成了对自由贸易的赞扬。

贸易赤字上升到了创纪录的水平。美国进口额与出口额之间的差距为 5000 亿美元。外国商品的涌入让美国人均年度逆差超过了 1500 美元。即使是服务领域也不乐观。客服代表和某些程序员的工作朝不保夕。数百万受过大学教育且英语熟练的印度人愿意以每月不到 500 美元的底薪从事白领工作，就像普通中国人愿意做蓝领工作一样。

两种观点之间没有中间立场。本土主义者看到就业机会因自由贸易而减少，而全球主义者认为生活水平因自由贸易而提升。一种很普遍的看法是，美国不再生产任何东西了。当然，这种观点站不住脚。美国肯定要盖房子，美国人比西方世界的任何人都有更大的住房面积。美国人还要种植自己食用的粮食，美国仍旧是世界上最大的农产品生产国。从 80 年代开始，包括梅赛德斯-奔驰、宝马、本田、日产和丰田在内的主要汽车生产企业都在美国建立了工厂，生产包括凯美瑞和雅阁在内的畅销汽车，美国是世界上第三大汽车生产国。从 1859 年宾夕法尼亚出现第一口油井开始，到 20 世纪 70 年代初，美国一直是世界上最大的产油国，之后也一直位居前三；后来，随着新型开采技术的出现，美国原油产量又上升到世界首位。波音仍在制造飞机。美国的制药公司和医疗设备公司仍然处于世界领先水平。约翰迪尔公司和卡特彼勒公司仍然是农业机械和建筑设备领域的全球领军企业。美国在技术上有压倒性优势，以自动驾驶汽车等事物来塑造未来的发展方向。

在很多人看来，一些美国民众心头挥之不去的不满来自他们对昔日辉煌年代的怀念。然而，他们似乎忘了，20 世纪 30 年代有大萧条，40 年代有第二次世界大战，田园诗般的 50 年代有让 3 万多美国士兵阵亡的朝鲜战争和学童也要参加的核战演练，60 年代有越南战争和三次政治暗杀，70年代有石油危机、经济萎靡和高通胀，80年代有关于艾滋病的恐惧、街头犯罪和对日本的猜忌。即使是顺利的时候也会有不愉快。依据类似收入不均和工资水平等纯粹的衡量方法，很可能无法全面认识美国社会，忽视影响到社会各阶层生活质量的巨大进步，例如，汽车安全气囊和安全带挽救的众多生命。在新千年里，谋杀案相较于二十年前一度下降了将近70%，在这方面，最贫困的住宅区是最大的受益者。经济困难时代高发的财产犯罪，如入室盗窃，在过去三十年里迅速下降。美国在种族方面也取得了巨大进步：这个白人占大多数的国家推选了一位中间名为"侯赛因"的黑人当总统。同时，计算机、互联网、手机和高清电视这些过去二十五年里诞生的新产品，都已触及绝大多数的美国人。如果有什么区别的话，那就是从最早被少数人购买到普及大众市场的时间间隔越来越短，让所有人能像先前那样平等地，或者比先前更加平等地，享受到技术进步。

* * *

不过，美国过去的重要新生事物存在一个问题。过去，生产每一辆汽车、每一台电视或每一吨轧制钢材都需要美国工人的参与。过去四十五年的技术进步虽然有益于作为消费者的大多数美国民众，却使绝大多数美国劳动者无法参与生产。那些体力活以大约每小时1美元的价格外包到国外，而与下一个重要新生事物相关的高薪工作只向沿海极少数高学历的技术工人开放。在过去一个世纪里，美国实验史无前例地将工人劳动力的价值和他们作为消费者的购买力对等起来。每个家庭都为自己既是消费者又是生产者而骄傲。然而，技术进步日益将美国工人们抛在了后面。如果工人对技术进步做出贡献的能力基本上是零的话，那么全球体系允许他们充分享受

第35章　手机　　　　　　　　　　　　　　　　　　　　　　　　　　511

这种进步成果的时间会有多长？如果不是高价值的生产者，他们还可能一直是高价值的消费者吗？

美国的自相矛盾之处在这里，这个国家就像是一个永久的施工区域：旧的方式不断被拆掉以为新方式让路，变化不断造就着赢家和输家，人们被承诺所有痛苦都是暂时的——这是一种达尔文式的激励，促使人们适应。美国过去的成就让人们深信这一点。即使那些激烈讽刺和批评美国资本主义的人，也要委婉地承认这种不断变化的好处，虽然有时候不合时宜。2011年整个9月，社交媒体上出现了大量来自曼哈顿下城的视频和报道。"占领华尔街"运动的年轻抗议者表现出"对社交媒体的熟悉、狂欢心态、深切的挫败感和公民权被剥夺感"的结合。他们走上街头，使用推特和Facebook来组织这场针对国民经济破坏者的集会活动。

然而，在10月初的一个晚上，集会的气氛突然从不满转为哀伤。抗议的人们得知史蒂夫·乔布斯，也就是那位世界上最有价值的公司的创立者已经去世了。人们暂时停下抗议活动，掏出产自中国的iPhone，在两个价值数十亿美元的社交网络上表达对失去这位推动资本和产品全球流动的一流人才的悲伤，悼念这位成功的企业领袖——他让印度顾客可以方便地买到中国生产的产品，而这种产品虽然在上市之前根本没有进入美国领空或经过任何一个美国劳动者的手，却只说设计地点在加利福尼亚。不过，也许他们在守夜中表现出的真诚与他们的愤世嫉俗，并没有看起来那么自相矛盾。美国人一直理解物质上的进步要归功于资本主义，但同时，他们也会动用自己的民主权利来约束资本主义的滥用。从资助"五月花号"分离派信徒的风险项目开始，相反的力量和动因是美国人理念融合的内在因素，也就是资本主义与民主的不断结合。

致　谢

　　这个项目起源于七年前的一系列信手涂鸦、草稿、零散任意的想法和一本日记中的语句。开始，我没打算写一本书，也不觉得自己有这个能力。我也知道，自己的工作环境和家庭生活根本不允许我写书。然而，这方面的无穷好奇心——这些年来塞满书房的这一类书籍就可以证明这一点——让我逐渐整理了一个大致的提纲。虽然如此，我还是下不了决心。我考虑将来可以用那些材料做一个数字项目或系列纪录片，而不是写一本书。不过，这种信心的缺乏也给我带来了一个好处：经常想象这本书的样子让这本书的最终结构得以确定。这本书解决了一个最严峻和最令人困惑的问题：怎样将四百年的美国资本主义历史连缀成文，完成一个连贯的叙事。

　　经过将近一年半紧张的资料准备工作之后，我找到了在我18岁时激励我的那位教授。理查德·怀特教授当时在斯坦福大学。他从百忙中抽出时间，非常及时地提升了我的信心。一个月后，我开始满怀热情地将这一叙事付诸笔端。

　　如果背后没有无数人的倾力相助，这样一本覆盖范围极为广泛的书是不可能完成的。直接或间接地帮助我理解美国经验各个维度的学者、记者、传记作者和作家数量众多，我无法一一感谢。虽然很多人提出抽出时间接待和帮助我，但鉴于对他们学识的敬仰，我还是选择认真阅读他们发表的作品，而不愿意过多占用他们的时间。虽然参考书目基本上列出了所有引用材料的出处，但我要感谢他们在收集这些历史记录方面的付出。

同时，这些年来，很多人在生活和工作上给了我巨大支持，我受益匪浅，无法尽数。这些给与我莫大帮助的人有尚卡尔·斯里尼瓦桑（Shanker Srinivasan）、莱斯·苏夫林（Les Sufrin）、凯西·B. P. 汤普森（Kasey B. P. Thompson）、大卫·埃拉克尔（David Eraker）、扎克·奥尔科隆（Zack Alcyone）、安妮·奥尔科隆（Anne Alcyone）、弗兰克·奥布赖恩（Frank O'Brien）、凯文·沃森（Kevin Watson）、彼得·库恩（Peter Kuhn）、瑞安·李（Ryan Lee）、鲍勃·巴格（Bob Bagga）、安德鲁·赫格特（Andrew Hergert）、玛格丽特·德雷恩（Margaret Drain）、萨拉·科尔特（Sarah Colt）、乔丹·海曼（Jordan Hyman）、埃里克·拉斯金（Eric Raskin）、约翰·莫利（John Morley）、戴夫·沙佩尔（Dave Schappell）和伊夫·克拉克斯顿（Eve Claxton）等。杰克·卢普（Jack Loop）和布鲁斯·威尔逊（Bruce Wilson）多次在我正需要的时候送上鼓励的话语。我曾经和吉米·勒邦撒尔（Jim Lebenthal）在吃饭的时候讨论过写这本书的事情。要是他仍然健在的话，会很高兴看到这本书的出版。

在处理关于本书中相互联系的一些内容的想法时，我采用了情节串联图板这种工具，这往往成为一个放慢速度的好办法，让我能够一边写作一边梳理思路。在此过程中，贾森·柯里（Jason Curry）、丹尼尔·萨拉查（Daniel Salazar）、克丽斯蒂·柯里（Kristy Curry）、马利尼·苏里（Malini Suri）和格里沙·阿拉萨蒂（Grisha Alasadi）总会帮我排忧解难。

致 谢

当这本书只完成了一部分时,我的代理人,即Janklow & Nesbit公司的艾玛·帕里(Emma Parry),在我们第一次交流时就表示了极大的信心和承诺,给我提供了大量的专业指导。另外,莫特·詹克洛(Mort Janklow)提供的宝贵建议意义重大,让我能够始终专注于手里的这项任务。Creative Artists Agency的布鲁斯·维诺克(Bruce Vinokour)和皮埃尔·布罗根(Pierre Brogan)给这个项目注入了活力,提供了一些新颖有趣的建议。

非常感谢安·戈多夫(Ann Godoff)和斯科特·莫耶斯(Scott Moyers)。两人愿意冒很大的风险和一个从未写过书的人签约合作。值得一提的是,见面那天企鹅出版社表现出的热情一直延续到这本书的完成。在这里,我要感谢该出版社的同人马特·博伊德(Matt Boyd)、萨拉·赫特森(Sarah Hutson)、利兹·卡拉马里(Liz Calamari)和科琳·博伊尔(Colleen Boyle)等。

埃里克·韦希特(Eric Wechter)和希拉里·罗伯茨(Hilary Roberts)出色地完成了本书的润色和编辑工作。让我大为欣慰的是,在我交稿前的最后几个星期里,泰勒·布雷(Tyler Bray)从多年积累的原始资料、备注、杂志或报纸剪下来的文章中找出了与本书相关的信息,高效地将这些信息整理入这本书的尾注中。

企鹅出版社负责这本书的编辑埃米莉·坎宁安(Emily Cunningham)以她的专业、智慧和深厚的知识积累,不知疲倦地帮助我塑造和调整叙述结构和方式。与她合作是一件很幸运的事情。

我写的任何东西,不管多么粗糙,苏查·苏达萨纳姆(Sucha Sudarsanam)和艾丽斯·希拉勒(Alice Hilal)都要拿去读。在这个过程中,他们给我提供了坚定的信心。我的父亲马鲁尔·文卡塔拉曼·斯里尼瓦桑(Marur Venkataraman Srinivasan)总是一个让人心气平和的存在,是一种支撑力量,让我的写作过程变得更加流畅。我的母亲苏巴·斯里尼瓦桑(Subha Srinivasan)在我的所有努力中总是鼓励我，这件事也不例外。

　　一些章节涉及经济学，写作过程中我经常想起已故祖父不愿意接受虽然约定俗成但没有逻辑支撑的观点。巴拉桑卡（Balasankar）在90多岁时依然能言善辩，这本书出版的时候，他活着的话应该有100岁了。

　　斯里尼瓦桑家的孩子，米拉（Meera）、阿肖克（Ashok）、亚历克斯（Alex）和玛娅（Maya）听话乖巧，容忍爸爸在工作中不时兴奋地大呼小叫。

　　最后，任何语言都无法表达我对妻子迪娜（Dina）的爱意和感谢。她的支持、耐心和宝贵建议是我不断进取的最大动力。

注 释

第1章 风险投资

3. "和善、漂亮"：William Bradford, *Of Plymouth Plantation: 1620–1647*, ed. Samuel Eliot Morison (New York: Knopf, 1989), 17.
3. 一份记载：Ibid., 19–20.
4. 苦力营生：Ibid., 23.
4. "一些人宁愿选择"：Ibid., 24.
4. "亵渎神"：Ibid., 25.
4. "地域广阔、人烟稀少"：Ibid., 25, 26.
4. "西班牙佬可能"：Ibid., 27.
5. 亏损得一无所有：Edward Duffield Neill, *History of the Virginia Company of London* (Albany, NY: Joel Munsell, 1869), 24–25.
5. 饱受各种挫折和困难：Ibid., 65.
5. 从事宗教活动：Bradford, *Of Plymouth Plantation*, 30.
5. 英王主权：Ibid., 31.
6. "可以让朋友们"：Ibid., 38.
6. 商业风险投资协会：Ibid., 1, 9.
7. 指的是……股东关系：Ibid., 17.
7. 最后一个推动因素：William Robert Scott, *The Constitution and Finance of English, Scottish and Irish Joint-Stock Companies to 1720*, vol. 1 (New York: Cornell University Library Digital Collections, 2015), 18.
8. 弗朗西斯·德雷克爵士的：Ibid., 77.
8. "假如"：Ibid., 73.

8. 资本的 47 倍：Ibid., 81.
8. "善良和气"：Robert Johnson, "Nova Britannia: Offering Most Excellent Fruits by Planting in Virginia," *American Colonial Tracts*, October 1897, 10. Originally printed for Samuel Macham in 1609.
8. "前往世界的每个角落"：Ibid., 17, 18.
9. 12 英镑 10 先令：Ibid., 23.
9. 对于很多经济拮据：Douglass C. North and Robert Paul Thomas, *The Growth of the American Economy to 1860* (New York: Harper & Row, 1968), 31.
9. 律师理查德·马丁：Neill, *History of the Virginia Company*, 69–70.
10. 每股 10 英镑：Bradford, *Of Plymouth Plantation*, 40.
10. 在最初的条款里：Ibid., 41.
10. "捕鱼、贸易等工作"：John Robinson to John Carver, June 14, 1620, quoted in Bradford, *Of Plymouth Plantation*, 43.
10. "没有一天不劳动"：Ibid., 44.
10. 开始腌制牛肉：Robert Cushman to John Carver, June 10, 1620, quoted in Bradford, *Of Plymouth Plantation*, 45.
11. "不知流下了多少泪水"：Ibid., 47–48.
11. "确认协议条款"：Dissenting Pilgrims to Leyden Congregation, August 3, 1620, quoted in Bradford, *Of Plymouth Plantation*, 49.
11. "重要因素"：Ibid.
12. "佳速号"被彻底放弃：Nathaniel Philbrick, *Mayflower* (New York: Viking, 2006), 29.
12. 规定的登陆地点：Ibid., 36.
12. 英国的官员们将：Neill, *History of the Virginia Company*, 206.
13. "只有六七个人"：Bradford, *Of Plymouth Plantation*, 77.
13. "船上没有送回来什么东西"：Thomas Weston to John Carver, July 6, 1621, quoted in Bradford, *Of Plymouth Plantation*, 93.
14. 首次打招呼：Philbrick, *Mayflower*, 92.
14. 捕猎河狸的技术非常娴熟：Eric Jay Dolin, *Fur, Fortune, and Empire* (New York: W. W. Norton, 2007), 45.
15. 捕猎和加工：Ibid., 42.
15. "一些微不足道之物"：Bradford, *Of Plymouth Plantation*, 94.
15. "大约是 1200～1600 英镑"：Ruth A. McIntyre, *Debts Hopeful and Desperate: Financing the Plymouth Colony* (Plymouth, MA: Plimouth Plantation, 1963), 19.
15. 影响了韦斯顿……的威信：Ibid., 27.
15. "这个办法很成功"：Bradford, *Of Plymouth Plantation*, 120.
16. "那种时候"：James Sherley et al. to William Bradford, December 18, 1624, quoted in Bradford, *Of Plymouth Plantation*, 120.
16. 超过了 50%：Bradford, *Of Plymouth Plantation*, 178.
16. 九年共计：Ibid., 194.
17. 建立了贸易站：Dolin, *Fur, Fortune, and Empire*, 66.
17. 繁殖率低：Ibid., 44.

注 释

17. 布雷德福和信徒们重新与出资人谈判：McIntyre, *Debts Hopeful and Desperate*, 60.

第2章 烟草

18. 100 船：Charles C. Mann, *1493: Uncovering the New World Columbus Created* (New York: Alfred A. Knopf, 2011), 68.
18. 弗吉尼亚人口：Arthur Woodnoth, *A Short Collection of the Most Remarkable Passages from the Original to the Dissolution of the Virginia Company*, cited in William Robert Scott, *The Constitution and Finance of English, Scottish and Irish Joint-Stock Companies to 1720*, vol. 1 (New York: Cornell University Library Digital Collections, 2015), 287.
19. 开始感到好奇：Joseph C. Robert, *The Story of Tobacco in America* (New York: Alfred A. Knopf, 1952), 3–5.
19. 向女王介绍：Firsthand account from Thomas Hariot to Sir Walter Raleigh, 1885, Virtual Jamestown Archive, Virginia Center for Digital History, University of Virginia.
19. "酗酒恶习的一个藁枝"：King James I, *A Counter-Blaste to Tobacco* (London: R. B., 1884), 12, 27.
19. "质劣且赢弱"：William Strachey, "The Voyages to Virginia, 1609–1610," cited in Mann, *1493*, 33.
20. "土壤和种子的结合"：Robert, *Story of Tobacco in America*, 8.
20. "种粮食"：John Rolfe, "A True Relation of the State of Virginia Lefte by Sir Thomas Dale Knight in May Last 1616," in *Jamestown Narratives: Eyewitness Accounts of the Virginia Colony, the First Decade, 1607–1617*, ed. Edward Wright Haile (Champlain, VA: Roundhouse, 1988), 871.
20. 英属美洲殖民地的南部地区：Edward Duffield Neill, *History of the Virginia Company of London* (Albany, NY: Joel Munsell, 1869), 174.
20. "荷兰战士"：John Smith, *The Generall Historie of Virginia, New-England, and the Summer Isles* (New York: Readex Microprint, 1966), 126.
21. "再给我们送来"：Sir Edwin Sandys, Treasurer of Virginia, to Sir William Cockaine, Knight Lord Maior of the City of London, November 17, 1619, quoted in Neill, *History of the Virginia Company of London*, 161.
21. "将其送到"：Sir Edwin Sandys to Sir Robert Naughton, January, 28, 1620, cited in Neill, *History of the Virginia Company of London*, 160–161.
21. 弗吉尼亚人口：Bureau of the Census, "Historical Statistics of the United States, 1789–1945," Washington DC, 1949, series Z 24–132 (Population Censuses Taken in the Colonies and States During the Colonial Period and Pre-Federal Period), 1171.
21. "骇人的流行病环境"：Betty Wood, *The Origins of American Slavery: Freedom and Bondage in the English Colonies* (New York: Hill and Wang, 1997), 43.
22. 成千上万奴隶：Robert William Fogel and Stanley L. Engerman, *Time on the Cross: The Economics of American Negro Slavery* (Boston: Little, Brown, 1974), 16.
23. 年轻的国王查理一世：Alan Taylor, *American Colonies* (New York: Viking, 2001), 136–137.
23. 27.2 万磅烟草：Bureau of the Census, "Historical Statistics of the United States, 1789–1945,"

Washington DC, 1949, series Z 457–59 (American Tobacco Imported by England: 1616 to 1695), 1191.

23. 75% 是契约仆人：Wesley Frank Craven, *White, Red, and Black* (New York: W. W. Norton, 1977), 5.
23. 另外提供 50 英亩：Taylor, *American Colonies*, 142.
23. 随着烟草种植区：Ibid., 143.
23. 英格兰皇家非洲公司：Scott, *Constitution and Finance of English*, 283.
24. 奴隶超过：Bureau of the Census, "Historical Statistics of the United States, 1789–1945," Washington DC, 1949, series Z 146–49 (Slave Trade in Virginia: 1619–1767), 1172.
24. 平均数量在 20: Ibid.
24. 达到 1.6 万：Bureau of the Census, "Historical Statistics of the United States, 1789–1945," Washington DC, 1949, series Z 1–19 (Estimated Population of the American Colonies: 1610 to 1780), 1168.
24. 投机郁金香：Edward Chancellor, *Devil Take the Hindmost: A History of Financial Speculation* (New York: Plume, 2000), 15.
24. "无家可归的波兰、立陶宛"：Eric Jay Dolin, *Fur, Fortune, and Empire* (New York: W. W. Norton, 2010), 91.
25. 4.5 万平方英里：Taylor, *American Colonies*, 264.
25. 有关安息日的规矩和习俗：Ibid., 340, 224.
26. 美洲殖民地出口：Bureau of the Census, "Historical Statistics of the United States, 1789–1945," Washington DC, 1949, series Z 213–226 (Value of Export to and Imports from England by American Colonies: 1697–1791), 1176–1177.
26. 30 万英亩的烟草：Robert, *Story of Tobacco in America*, 23; Allan Kulikoff, *Tobacco and Slaves: The Development of Southern Cultures in the Chesapeake, 1680–1800* (Chapel Hill: University of North Carolina Press, 1986), 265.
27. 大多数人：Kulikoff, *Tobacco and Slaves*, 268.
27. 烟草这样的邪恶作物：Robert, *Story of Tobacco in America*, 24.
28. "烟草种植者"：Ibid., 25.
28. 英国奢侈品：Kulikoff, *Tobacco and Slaves*, 276.
28. 经纪人的控制：Jon Meacham, *Thomas Jefferson: The Art of Power* (New York: Random House, 2012), 69–70; George Washington to Robert Cary & Company, September 20, 1765, George Washington Papers at the Library of Congress, account book I.
29. 北美出口总量的 80%: Bureau of the Census, "Historical Statistics of the United States, 1789–1945," Washington DC, 1949, series Z 213–226 (Value of Exports to and Imports from England by American Colonies and States 1897–1791), 1176–1177.

第3章　赋税

30. 反对共同的敌人："Join, or Die," *Pennsylvania Gazette*, May 9, 1754.
31. 定居的权利：Ron Chernow, *Washington: A Life* (New York: Penguin, 2010), 20–21.
31. 弗吉尼亚人也设法强化：Eric Jay Dolin, *Fur, Fortune, and Empire* (New York: W. W. Norton,

注 释

2010), 114–115.
31. 罗伯特·丁威迪委托：Chernow, *Washington*, 31.
31. 5月28日上午：Ibid., 42.
31. "分裂状态"：Benjamin Franklin to Richard Partridge, May 8, 1754, printed in the *Pennsylvania Gazette*, Public Record Office, London.
32. 佩恩家族：Ron Taylor, *Colonial America: A Very Short Introduction* (New York: Oxford University Press, 2012), 264.
32. 4.5万平方英里：Ibid.
32. 佩恩家族极力反对：Walter Isaacson, *Benjamin Franklin: An American Life* (New York: Simon & Schuster, 2004), 192.
32. 富兰克林远赴英国：Ibid., 175–176.
33. 债务超过了6000万英镑：Paul Kennedy, *The Rise and Fall of Great Powers: Economic Change and Military Conflict from 1500 to 2000* (New York: Random House, 1987), 81.
33. 维持……常备军：Edmund S. Morgan and Helen M. Morgan, *The Stamp Act Crisis: Prologue to Revolution* (Chapel Hill: University of North Carolina Press, 1995), 20–21.
33. 通过了……《印花税法案》：George III, "Duties in American Colonies Act 1765," March 22, 1765, Avalon Project, Lillian Goldman Law Library, Yale University.
33. "君主政治、贵族阶层、民主精神"：Daniel Dulany, *Considerations on the Propriety of Imposing Taxes in the British Colonies*, 2nd ed. (Annapolis, MD: Jonas Green, 1765), 5.
34. "至关重要的一个原则"：Ibid., 11.
34. "反对苛重税负"："Morgan and Morgan," *Stamp Act Crisis*, 99.
34. "我们卑微意见的声明"："Resolutions of the Continental Congress," October 19, 1765, Avalon Project, Lillian Goldman Law Library, Yale University.
35. 下议院：Benjamin Franklin, Testimony before the House of Commons, August 1766, described in William Jennings Bryan, *The World's Famous Orations: America, 1761–1837*, vol. 7 (New York: Funk & Wagnalls, 1906), 37–52.
36. "性质最为危险"：House of Lords, *Protest Against the Bill to Repeal the American Stamp Act* (Paris: J. W. Imprimeur, 1766), 4.
36. 年收入的1%：Ibid., 7.
36. 对货物征税：Benjamin Woods Labaree, *The Boston Tea Party* (London: Oxford University Press, 1975), 20.
36. 《食糖法》：Text of the act, Avalon Project, Lillian Goldman Law Library, Yale University.
37. 让英国商人和工厂受益：Morgan and Morgan, *Stamp Act Crisis*, 25.
38. 游说议会：Labaree, *Boston Tea Party*, 42–43.
38. 这个庞大的地区：Ibid., 58.
38. 140万英镑的巨额贷款：Ibid., 63.
39. 船只……的第二十天：Ibid., 137.
39. 装载着和"达特茅斯号"一样多的茶叶：Ibid., 139–143.
40. 很多英国人：Ibid., 178–179.
40. 成为贵族：Jon Meacham, *Thomas Jefferson: The Art of Power* (New York: Random House, 2012), 13–20.

41. 数千磅：Chernow, *Washington*, 77.
41. 在欧洲大陆国家的人看来：Gordon S. Wood, *The Radicalism of the American Revolution* (New York: Alfred A. Knopf, 1992), 13–15.
42. 潮水区的烟草种植园主：Chernow, *Washington*, 107; Joseph C. Robert, *The Story of Tobacco in America* (New York, Alfred A. Knopf, 1952), 44.
42. "羁绊"：George Washington to Robert Cary & Company, August 10, 1764, in John Rhodehamel, ed., *George Washington: Writings* (New York: Library of America, 1997), 111.
42. 这种形势：Robert, *Story of Tobacco in America*, 45.
42. "人民首席长官"：Thomas Jefferson, *A Summary View of the Rights of British America* (Williamsburg, VA: Clementina Rind, 1774), 6.
43. "个人风险投资者"：Ibid., 11.
43. 辗转传到了：Meacham, *Thomas Jefferson*, 74–77.
44. 解放弗吉尼亚的奴隶：Alan Taylor, *The Internal Enemy: Slavery and War in Virginia, 1772–1832* (New York, W. W. Norton, 2014), 23.
44. 解放奴隶：*Howell's State Trials* (London: Longman, 1816), Vol. 20, 79–82, in "Black Presence: Asian and Black History in Britain," National Archives, United Kingdom.
44. 激进传言：Taylor, *Internal Enemy*, 21–22.
44. 饱学之士：Chernow, *Washington*, 186; Meacham, *Thomas Jefferson*, 86.
44. 杰斐逊……的大量奴隶：Taylor, *Internal Enemy*, 24.
44. 华盛顿的8个奴隶：Chernow, *Washington*, 441.

第4章　棉花

47. 蒸汽气缸：James Watt, *Specification of James Watt: Steam Engines* (London: G. E. Eyre, 1855), 2–7.
47. 几千年来：Sven Beckert, *Empire of Cotton: A Global History* (New York: Alfred A. Knopf, 2014), 5.
48. 新生产方式取代旧生产方式：Adam Smith, *An Inquiry into the Nature and Causes of the Wealth of Nations*, vol. 1 (1776; repr., Indianapolis, IN: Liberty Fund, 1981), 18–20.
49. 南卡罗来纳的家："Notes of Catharine Greene," quoted in Edward T. James et al., *Notable American Women, 1607–1950: A Biographical Dictionary*, vol. 3 (Boston: Harvard University Press, 1971), 85–86.
49. 给那里事先安排的：Jeannette Mirsky and Allan Nevins, *The World of Eli Whitney* (New York: Macmillan, 1952), 46–47.
49. 长信中解释的那样：Eli Whitney Jr. to Eli Whitney, September 11, 1793, Eli Whitney Papers, Yale University Manuscripts & Archives.
49. 也有人说：Denison Olmsted, *Memoir of Eli Whitney* (New Haven, CT: Durrie & Peck, 1846).
50. 简单设备：Whitney, "Patent for Cotton Gin," issued March 14, 1794, Records of the Patent and Trademark Office, Group 241, National Archives.
50. 3000包棉花：Bureau of the Census, "Historical Statistics of the United States, 1789–1945," Washington DC, 1949, series E 211–244 (Crop Statistics—Hay and Cotton), 109.

注 释

51. "科学技术和实用技巧"：U.S. Constitution, art. 1, sec. 8, cl. 8 ("Copyright Clause").
51. "我们最头疼的问题之一"：Thomas Jefferson to Eli Whitney Jr., November 16, 1793, Thomas Jefferson Papers, Library of Congress.
52. 清理棉花里的棉籽：Olmsted, *Memoir of Eli Whitney*, 19.
52. 广泛的侵权行为：Ibid., 18.
52. "被称为'经纪人'的秃鹫"：Ibid., 19.
52. "50 到 100 台轧棉机"：Phineas Miller to Eli Whitney Jr., October 26, 1794, in Olmsted, *Memoir of Eli Whitney*, 20.
52. "那是不应该的"：Ibid., 22.
53. "赚大钱"：Ibid.
54. "我们不会对"：Phineas Miller and Eli Whitney Jr. to the joint committee of both Houses of the Legislature of South Carolina, December 20, 1801, quoted in Olmsted, *Memoir of Eli Whitney*, 29.
54. 先支付 2 万美元：Eli Whitney to J. Stebbins from Columbia, South Carolina, December 20, 1801, quoted in Olmstead, *Memoir of Eli Whitney*, 30.
54. "重罪犯、骗子和恶棍"：Ibid., 37.
54. 惠特尼的专利权：Speech before the Georgia House of Representatives by James Jackson, 1800, quoted in Mirskey and Nevins, *The World of Eli Whitney*, 148.
54. 1 万支滑膛枪：Olmstead, *Memoir of Eli Whitney*, 47.
55. 派詹姆斯·门罗：Jon Meacham, *Thomas Jefferson: The Art of Power* (New York: Random House, 2012), 387.
56. 闲散劳动力：Frederic Bancroft, *Slave Trading in the Old South* (Columbia: University of South Carolina Press, 1996), 6.
56. "黄金海岸的上好奴隶"：Ibid., 4.
56. 棉花种植户迅速增加：Beckert, *Empire of Cotton*, 104.
56. 世界原棉：Bureau of the Census, "Historical Statistics of the United States, 1789–1945," Washington DC, 1949, series E 211–44 (Crop Statistics—Hay and Cotton), 109.
56. 10 亿磅：U.S. House of Representatives, "Communication from the Secretary of the Treasury," 32nd Cong., 2nd sess. (1853), 818, 824–827.
56. 成千上万奴隶：Robert William Fogel and Stanley L. Engerman, *Time on the Cross: The Economics of American Negro Slavery* (Boston: Little, Brown, 1974), 47.
57. "老办法"：*Milledgeville Federal Union*, January 17, 1860, quoted in John Rogers Commons et al., *A Documentary History of American Industrial Society*, vol. 2 (Cleveland: A. H. Clark, 1910), 73–74; also quoted in U. B. Phillips, *Life and Labor in the Old South* (New York: Grosset & Dunlap, 1929), 180; Phillips, *The Economic Cost of Slave-holding in the Cotton Belt*, 177–178.
57. 布匹价格……下降：Beckert, *Empire of Cotton*, 141.

第 5 章　蒸汽

58. 一个执着的发明家：Thomas Boyd, *Poor John Fitch* (New York: G. P. Putnam's Sons, 1935), 142–145.

58．投资者提供的资金：Ibid., 152, 211.
58．州议会承诺：New York State Senate, *Journal of the Senate of the State of New-York*, 40th sess. (January 25, 1817), 109.
59．意味着没有多少资金：Boyd, *Poor John Fitch*, 221.
59．"没有尝试"：New York State Senate, *Journal of the Senate of the State*, 109.
60．二十年的期限：Ibid., 109–110.
60．将期限又延长：Ibid.
60．富尔顿当时涉及的很多：Robert Henry Thurston, *Robert Fulton: His Life and Its Results* (New York: Dodd, Mead, 1891), 53–54; Cadwallader David Colden, *The Life of Robert Fulton* (New York: Kirk & Mercein, 1817), 69, 294, 305.
61．"终结"：Robert Fulton to the Governor and Mayor and Corporation of New York, 1810, quoted in Thurston, *Robert Fulton*, 98.
62．"先前的错误"：Thurston, *Robert Fulton*, 106.
62．排水量 160 吨：Ibid., 126.
62．富尔顿听到……窃笑：Robert Fulton to Joel Barlow, 1807, in Colden, *Life of Robert Fulton*, 176.
63．"投入了大量时间"：Ibid.
63．第一艘蒸汽船的两倍：Thurston, *Robert Fulton*, 135.
63．价值 32 万美元：Ibid., 138.
64．头版新闻：Cynthia Owen Philip, *Robert Fulton: A Biography* (New York: Franklin Watts, 1985), 1.
64．身材魁梧：T. J. Stiles, *The First Tycoon* (New York: Alfred A. Knopf, 2009), 43.
64．没有接受吉本斯的决斗建议：Herbert A. Johnson, *Gibbons v. Ogden: John Marshall, Steamboats, and the Commerce Clause* (Lawrence: University Press of Kansas, 2010), 42–43.
65．"意志最坚定的人"：Cornelius Vanderbilt, in *Den D. Trumbull et al. v. Gibbons*, April 10, 1849, quoted in Stiles, *First Tycoon*, 37.
65．年轻的船长：Memorandum of Agreement between Thomas Gibbons and Cornelius Vanderbilt, June 26, 1818, Gibbons Family Papers, Archives and Special Collections, Drew University, Madison, New Jersey, quoted in Stiles, *First Tycoon*, 46.
66．阿伦·伯尔的明智建议：Aaron Burr, "Of the Validity of the Laws Granting Livingston & Fulton the Exclusive Right of Using Fire and Steam to Propel Boats or Vessels," Gilder Lehrman Institute of American History, New York Historical Society, quoted in Stiles, *First Tycoon*, 47.
66．"真正懂市场的人"：Stiles, *First Tycoon*, 58.
67．"贝娄娜府"的收入：*New York Times*, November 13, 1877, 2.
67．甚至 75%：Stiles, *First Tycoon*, 102.
67．避免……价格战：Ibid., 85.
68．买了下来：William Gibbons to E. Hall, February 6, 1829, cited in Stiles, *First Tycoon*, 612.
68．价格降到：Advertisements in *Albany Argus*, September 2 and 3, 1843, and *Albany Evening Journal*, November 7, 1834, and March 27, 1835, cited in Stiles, *First Tycoon*, 103, 617.
68．答应每年支付 5000 美元：Stiles, *First Tycoon*, 103.

第6章 运河

69. 陆上商业来往: Robert Fulton to Governor Thomas Mifflin, March 1796, quoted in Robert Fulton, *A Treatise on the Improvement of Canal Navigation* (London: I. and J. Taylor, 1796), 133–134.
70. 匹兹堡运到新奥尔良: Albert Gallatin, *Report of the Secretary of the Treasury on the Subject of Public Roads and Canals* (Washington DC: R. C. Weightman, 1808), 35.
70. 脆弱的政治联合: George Washington to Benjamin Harrison, January 18, 1784, Washington Papers, National Archives.
70. 地产用于投机生意: Ron Chernow, *Washington: A Life* (New York: Penguin, 2010), 479.
71. "纪念他的荣耀": "An Act for vesting in George Washington, Esq. a certain interest in the companies established for opening and extending the navigation of Potomac and James Rivers," State of Virginia, October 1784, found in *Acts of the states of Virginia, Maryland, and Pennsylvania, and the Congress of the United States, in relation to the Chesapeake & Ohio Canal Company* (Washington: Gales & Seaton, 1828), 101.
71. 将这些股份遗赠: George Washington to Edmund Randolph, August 13, 1785, Washington Papers, National Archives; George Washington to Patrick Henry, October 29, 1785, Washington Papers, National Archives.
71. 超越物质利益: George Washington to Benjamin Harrison, January 22, 1785, Washington Papers, National Archives.
71. 华盛顿所拥有的这些股份: General Assembly of Maryland, *Report to the House of Delegates by the Committee to Whom Was Referred the Executive Communication Relating to the Appointment of Commissioners to Inspect the Potomac River*, December sess., 1821 (Annapolis, MD: Jehu Chandler, 1821), 11.
72. 处罚……投资者: General Assembly of Virginia, *An Act Giving a More Speedy Remedy Against Delinquent Subscribers to the Potowmac and James River Companies*, Acts of 1787, ch. 24, pa. 21, December 1, 1787 (Richmond, VA: Samuel Pleasants Junior, 1808).
72. 20吨以上: Robert Fulton to Governor Thomas Mifflin from London, March 1796, quoted in Fulton, *A Treatise on the Improvement of Canal Navigation*, 132.
73. "不出一个世纪": Robert Fulton to President George Washington, February 5, 1797, George Washington Papers, series 4, Library of Congress.
74. 大量的预算盈余: Bureau of the Census, "Historical Statistics of the United States, 1789–1945," Washington DC, 1949, series P 99–108 (Federal Government Finances—Treasury Expenditures: 1789 to 1945), 300.
74. 开掘成本为2万美元: Gallatin, *Report of the Secretary of the Treasury*.
75. 6个月里: Peter L. Bernstein, *Wedding of the Waters: The Erie Canal and the Making of a Great Nation* (New York: W. W. Norton, 2006), 104.
75. "这一工程规模浩大": "Introductory Essay by Jesse Hawley," in David Hosack, *Memoir of De Witt Clinton* (New York: J. Seymour, 1829), 208.
75. "一般来说,政府的目标": Hercules, "Observations on Canals," in Hosack, *Memoir of De Witt Clinton*, 311.
75. "开掘一条……的运河": Bernstein, *Wedding of the Waters*, 125.

75．筹集到区区 20 万美元：Ibid., 124.
76．1811 年……的预算：Bureau of the Census, "Historical Statistics of the United States, 1789–1945," Washington DC, 1949, series P 99–108 (Federal Government Finances—Treasury Expenditures: 1789 to 1945), 301.
77．靠奴隶挖掘：State of Maryland, "An Act in favour of the president and directors of the Patowmack company, and the commissioners of the federal buildings," November, 1794, in *The Laws of Maryland* (Baltimore, MD: Phillip H. Nicklin & Co., 1811), 272.
77．特拉华州：Bernstein, *Wedding of the Waters*, 204.
77．"征地权"：New York State Legislature, *An Act Respecting Navigable Communications, Between the Great Western and Northern Lakes, and the Atlantic Ocean*, April 15, 1817, *Laws of the State of New York in Relation to the Champlain Canals*, vol. 1 (Albany, NY: E. Hosford, 1825), 360.
77．运输量为 50 万吨：*Report of the Commissioner Under the Act of April 8, 1812*, April 15, 1817, *Laws of the State of New York in Relation to the Champlain Canals*, vol. 1, 80.
77．负债……780 万美元：Don Conger Sowers, *The Financial History of New York State from 1789 to 1912* (New York: Longmans, Green, 1914), 70.
77．不到十年就超过了：New York State Legislature, *Annual Report of the Commissioners of the Canal Fund of New York Respecting the Tolls Collected and the Property Transported on the Canals, During the Year of 1841* (Albany, NY: Thurlow Weed, 1842), 14.
78．主干线：Ronald E. Shaw, *Canals for a Nation: The Canal Era in the United States, 1790–1860* (Lexington: University Press of Kentucky, 1990), 62.
78．内部动脉：Ibid., 160–161.
79．运河让西部：Bureau of the Census, "Historical Statistics of the United States, 1789–1945," Washington DC, 1949, series B 48–71 (Population—Race by Regions: 1790 to 1940), 27.
79．领先的资本市场：Bernstein, *Wedding of the Waters*, 364–369.

第7章　铁路

80．被新生事物取代：Robert A. Fulton, *A Treatise on the Improvement of Canal Navigation* (London: I. and J. Taylor, 1796), 17.
80．"大幅增加"：Smith, *An Inquiry into the Nature and Causes of the Wealth of Nations*, vol. 1 (1776; repr., Indianapolis, IN: Liberty Fund, 1981), 22.
81．依赖畜力和尝试了混合方法：Nichols Wood, *A Practical Treatise on Rail-Roads, and Interior Communication in General* (London: Longman, Orme, Brown, Green & Longmans, 1838), 1, 2.
81．7 月 4 日：Christian Wolmar, *The Great Railroad Revolution* (New York: Public Affairs, 2013), 1; Ronald E. Shaw, *Canals for a Nation: The Canal Era in the United States, 1790–1860* (Lexington: University Press of Kentucky, 1990), 101.
81．公私合营：B & O Railroad Company, *Report of the Directors of the Baltimore and Ohio Rail Road Company to the Legislature of Maryland* (Annapolis, MD: John Green Printer, 1831).
82．筹集 150 万美元：Baltimore and Ohio Rail Road Company, "Report of the Select Committee Appointed to Prepare an Exposition in Reference to so Much of the Governor's Message of

January 2, 1840," January 13, 1840, 6, 7.
82. 工程师霍雷肖·艾伦：Alba B. Johnson, "Locomotive and Engine Works," in Chauncey Mitchell Depew, *One Hundred Years of American Commerce, 1795–1897*, vol. 2 (New York: D. O. Haynes, 1895), 337.
82. 直到……木制轨道：Wood, *Practical Treatise on Rail-Roads*, 20–24.
82. 西点铸造厂：Johnson, "Locomotive and Engine Works," 337.
82. 股东和政府官员：Wolmar, *Great Railroad Revolution*, 20.
82. 世界最长的铁路：Ibid., 22.
83. 一度成本高昂：Dorothy R. Adler, *British Investment in American Railways, 1834–1898*, ed. Muriel E. Hidy (Charlottesville: University Press of Virginia, 1970), 28.
83. 1500 英里：Bureau of the Census, "Historical Statistics of the United States, 1789–1945," Washington DC, 1949, series K 1–17 (Railroads Before 1890—Mileage, Equipment, and Passenger and Freight Service: 1830 to 1890), 200.
83. 每英里 2 万美元：B & O Railroad company, *Report of the Directors of the Baltimore and Ohio*, 42.
83. 时速……60 英里：Johnson, "Locomotive and Engine Works," 338.
84. 有权强迫：New York State Senate and Assembly, *An Act to Incorporate the New-York and Erie Rail-road Company*, April 24, 1832 (New York: George P. Scott, 1835), 9.
85. 1497 英里铁路：Bureau of the Census, "Historical Statistics of the United States, 1789–1945," Washington DC, 1949, series K 1–17 (Railroads Before 1890—Mileage, Equipment, and Passenger and Freight Service: 1830 to 1890), 200.
85. 1837 年金融大恐慌：Wolmar, *Great Railroad Revolution*, 51–52.
86. "能够……结合在一起"：Smith, *Inquiry into the Nature and Causes*, 21.
86. 50 万美元：T. J. Stiles, *The First Tycoon* (New York: Alfred A. Knopf, 2009), 133.
86. 罗德岛和波士顿港：Ibid., 107–109.
87. "第一次"：Ibid., 120.
87. 3 艘蒸汽船：Ibid., 142.
89. "文盲和粗人"：Records of R. G. Dun & Co., Baker Library, Harvard Business School (New York City), Vol. 1, Entry 1, 374, cited in Stiles, *The First Tycoon*, 165.
89. "睡在火山口上"：Alexis de Tocqueville, "Speech in the Chamber of Deputies Before Outbreak of Revolution in Europe," January 29, 1848, published by *Le Moniteur*, January 30, 1848, quoted in Alexis de Tocqueville, *Recollections: The French Revolution and Its Aftermath*, ed. Olivier Zunz, trans. Arthur Goldhammer (Richmond: University of Virginia Press, 2016).
89. 被推翻了：Eric Hobsbawm, *The Age of Capital: 1848–1875* (New York: Vintage Books, 1996), 9.
89. 50 万德国人：Bureau of the Census, "Historical Statistics of the United States, 1789–1945," Washington DC, 1949, series B 304–330 (Immigration—Immigrants by Country: 1820–1945), 34.
90. 将近 2.5 万：Bureau of the Census, "Historical Statistics of the United States, 1789–1945," Washington DC, 1949, series K 1–17 (Railroads Before 1298—Mileage, Equipment, and Passenger and Freight Service: 1830 to 1890), 200.

90. 500万美元: John F. Stover, *History of the Illinois Central Railroad* (New York: Macmillan, 1975), 38.
90. 广告传单上印着和"大好机会": Ibid., 46–47.
91. 1000名新移民: Bureau of the Census, "Historical Statistics of the United States, 1789–1945," Washington DC, 1949, series B 304–330 (Immigration—Immigrants by Country: 1820–1945), 34.
91. 美国最长的铁路: Stover, *History of the Illinois Central Railroad,* 38.
91. 400万人: Bureau of the Census, "Historical Statistics of the United States, 1789–1945," Washington DC, 1949, series B 48–71 (Population—Race by Regions: 1790 to 1940), 27.
91. 本地乡村律师: David Herbert Donald, *Lincoln* (New York: Simon & Schuster, 1995), 157.

第8章　电报

93. 荷兰城市莱顿: William Bradford, *Of Plymouth Plantation: 1620–1647,* ed. Samuel Eliot Morison (New York: Alfred A. Knopf, 1989), 47.
93. 一个储存电能的办法: Jill Jonnes, *Empires of Light: Edison, Tesla, Westinghouse, and the Race to Electrify the World* (New York: Random House, 2004), 23–24.
94. 写给父亲的信: Kenneth Silverman, *Lightning Man: The Accursed Life of Samuel F. B. Morse* (New York: Alfred A. Knopf, 2003), 13.
94. 为总统……画像: Ibid., 55.
95. 《卢浮宫画廊》: Ibid., 154.
95. 两个法国人宣布: James D. Reid, *The Telegraph in America and Morse Memorial* (New York: Derby Brothers, 1879), 87.
95. 架设了三分之一英里: Samuel B. Morse to the editors of the *Journal of Commerce,* September 4, 1837, quoted in Taliaferro P. Shaffner, *Shaffner's Telegraph Companion,* vol. 1 (New York: Pudney & Russell, 1854), 292.
95. 电线的长度增加到10英里: Samuel B. Morse to Levi Woodbury, Secretary of Treasury, November 28, 1837, quoted in Shaffner, *Shaffner's Telegraph Companion,* 29.
96. "不可思议，非常超前": Alfred Vail to Stephen Vail, February 17, 1838, Alfred Vail Transcripts, New York Historical Society, cited in Silverman, *Lightning Man,* 169.
96. 让莫尔斯在: General Thomas T. Eckert, "The Telegraph," in Chauncey Mitchell Depew, *One Hundred Years of American Commerce, 1795–1895,* vol. 1 (New York: D. O. Haynes, 1895), 127.
96. 英国期刊……披露: *London Mechanic's Magazine,* February 18, 1838, cited in Reid, *Telegraph in America,* 91.
96. 俄国沙皇: Silverman, *Lightning Man,* 194.
96. "没吃饭了": Notes of General Strother, 1841, quoted in Samuel Finley Breese Morse, *Samuel F. B. Morse: His Letters and Journals,* ed. Edward Lind Morse (New York: Houghton Mifflin, 1914), 164.
97. 为莫尔斯提供3万美元: U.S. Senate, *Government Ownership of electrical means of communication,* Document No. 399, 63rd Congress, 2nd sess. (Washington DC: Government Printing Office,

1914), Appendix A, 18–19.
97. 2000 美元的年薪：Ibid.
97. 叫埃兹拉·康奈尔：Silverman, *Lightning Man*, 225.
98. 埋线的方式出现了一些问题：Morse to Ferris.
98. "速度快得就像普通的"：Silverman, *Lightning Man*, 234.
98. 莫尔斯的传记作者提到：Ibid., 241.
99. 肯德尔随后将该专利：General Thomas T. Eckert, "The Telegraph," in Depew, *One Hundred Years of Commerce*, 128.
99. 不到 2 万美元：Ibid.
100. 电报线路：John Moody, *The Truth About Trusts* (New York: Moody, 1904), 382.
100. 出资 50 万美元：Silverman, *Lightning Man*, 406.
101. "条理清楚，准确无误，吃苦耐劳"和她们的薪水："Women Who Work," *Pall Mall Budget* 32, no. 816 (May 16, 1884): 12.
101. "在光线昏暗的地下室"：Andrew Carnegie, *The Autobiography of Andrew Carnegie* (Boston: Northeastern University Press, 1986), 37–38.
102. "我的父亲一向很害羞"：Ibid., 60.

第9章　黄金

103. "资产阶级在"：Karl Marx and Friedrich Engels, *Manifesto of the Communist Party* (Peking: Foreign Language Press, 1968), 37.
103. "自然力的征服"和"就再也没有任何别的联系了"：Ibid.
103. 同胞们：Ibid., 33.
103. "永远的不安定"：Ibid., 34.
103. "家长式师傅"：Ibid., 39.
104. "机器的推广"：Ibid.
104. "机器的附属品"：Ibid., 40.
104. 1848 年的那场革命：Eric Hobsbawm, *The Age of Capital: 1848–1875* (New York: Vintage Books, 1996), 10.
105. 门罗政府……购买佛罗里达：Treaty of Amity, Settlement, and Limits Between the United States of America and His Catholic Majesty," February 22, 1819, Avalon Project, Lillian Goldman Law Library, Yale University.
105. 西班牙同意：Daniel Walker Howe, *What Hath God Wrought: The Transformation of America, 1815–1848* (New York: Oxford University Press, 2007), 108–111.
105. 怂恿大批美国白人：Ibid., 659–660.
106. 扎卡里·泰勒将军：Ibid., 734.
106. "天定命运"：James L. O'Sullivan, "Annexation," *The United States Democratic Review*, 17 (85) (July-August 1845): 5.
106. 成立了美国联合通讯社：Frank Luther Mott, *American Journalism: A History, 1690–1960*, 3rd ed. (New York: Macmillan, 1962), 251.
106. 支持这一美国"天定命运论"的人们：Howe, *What Hath God Wrought*, 703.

107. 约翰·萨特：H. W. Brands, *The Age of Gold: The California Gold Rush and the New American Dream* (New York: Doubleday, 2002), 3.
108. "金子！金子！金子！"：Ibid.
108. 每天能挣到 20 美元：William Tecumseh Sherman to Major H. S. Turner, August 25, 1848, quoted in *The Sherman Letters: Correspondence Between General and Senator Sherman from 1837 to 1891*, ed. Rachel Sherman Thorndike (London: Sampson Low, Marston, & Company, 1894), 42, 52.
108. 200 盎司：Brands, *Age of Gold*, 46.
108. "我敢担保"：William Tecumseh Sherman to John Sherman, August 1, 1848, quoted in Brands, *Age of Gold*, 46.
108. "充裕的黄金"：James K. Polk, "Fourth Annual Address to the House of Representatives," December 5, 1848, American Presidency Project, University of California, Santa Barbara.
109. 十多艘捕鲸船：Eric Jay Dolin, *Leviathan: The History of Whaling in America* (New York: W. W. Norton, 2007), 211.
109. 乘坐蒸汽船前往……巴拿马地区：T. J. Stiles, *The First Tycoon* (New York: Alfred A. Knopf, 2009), 205.
109. "很多人已经很富了"：William Tecumseh Sherman to his family, August 1848, quoted in Thorndike, *Sherman Letters*, 40.
110. 赌博和女人：William T. Sherman, *Memoirs of General W. T. Sherman*, vol. 1 (New York: D. Appleton, 1875), 67.
110. "到处是小卖店"：Ibid., 54.
110. "我看到纽约卖一两美元的毯子"：Sherman to his family, August 1848.
110. 采用水压和数千中国人：Brands, *Age of Gold*, 63, 230.
110. 移民李维·斯特劳斯：Ibid., 345.
110. 亨利·韦尔斯和合作伙伴："Wells, Fargo, & Co.: The Origin and Development of a Great Institution," *Cincinnati Express Gazette*, September 15, 1896.
111. 赫斯特听说……发现银矿：David Nasaw, *The Chief: The Life of William Randolph Hearst* (Boston: Houghton Mifflin Company, 2001), 4–6.
111. 康斯托克矿脉：Ibid., 6–8.
112. 筹集私人资金：Stiles, *First Tycoon*, 191.
113. 一例证据：Bureau of the Census, "Historical Statistics of the United States, 1789–1945," Washington DC, 1949, series K 18–27 (Railroads Before 1890—Capital, Property Investment, Income and Expenses: 1850 to 1890), 201.
113. 世界黄金供应：Byron Webber Holt, *Gold Supply and Prosperity* (New York: Moody, 1904), 76.
114. 基本相仿：Bureau of the Census, "Historical Statistics of the United States, 1789–1945," Washington DC, 1949, series B 48–71 (Population—Race by Regions: 1790 to 1940), 27.
114. 大辩论发生：Merrill D. Peterson, *The Great Triumvirate: Webster, Clay, and Calhoun* (New York: Oxford University Press, 1987), 448–449.
115. "1850 年妥协案"："Fugitive Slave Act 1850," September 18, 1850, Avalon Project, Lillian Goldman Law Library, Yale University.

第10章 奴隶制

116. 有一个巴特勒岛：Mortimer Thomson, "Great Auction Sale of Slaves at Savannah, Georgia," *New York Tribune,* March 2 and 3, 1859.
117. 400万奴隶：Bureau of the Census, "Historical Statistics of the United States, 1789–1945," Washington DC, 1949, series B 48–71 (Population—Race by Regions: 1790 to 1940), 27.
117. "逃亡的奴隶和仆人"："Notes on Constitutional Convention by James Madison," August 28, 1787, Avalon Project, Lillian Goldman Law Library, Yale University.
118. 2个逃亡奴隶：Merrill D. Peterson, *The Great Triumvirate: Webster, Clay, and Calhoun* (New York: Oxford University Press, 1987), 470.
118. "体验过的激动心情"：Frederick Douglass, *Narrative of the Life of Frederick Douglass, an American Slave* (1845; repr., New York: Anchor, 1989), 105–106.
119. "在任何审判或听证中……不得"："Fugitive Slave Act of 1850," September 18, 1850, Avalon Project, Lillian Goldman Law Library, Yale University.
119. 第一年就卖掉30万册：David Goldfield, *America Aflame: How the Civil War Created a Nation* (New York: Bloomsbury, 2011), 80.
119. 希望……定居：Eric Foner, *Free Soil, Free Labor, Free Men: The Ideology of the Republican Party Before the Civil War* (New York: Oxford University Press, 1995), 57–58.
120. "干活和奴隶联系起来"：Alexis de Tocqueville, *Democracy in America and Two Essays on America,* ed. Isaac Kramnick, trans. Gerald Bevan (London: Penguin Books, 2003), 406.
120. 前九年里：Bureau of the Census, "Historical Statistics of the United States, 1789–1945," Washington DC, 1949, series B 304–330 (Immigration—Immigrants by Country: 1820 to 1945), 34.
120. "一无所知党"：Goldfield, *America Aflame,* 90.
121. 《堪萨斯—内布拉斯加法案》："An Act to Organize the Territories of Nebraska and Kansas," May 30, 1854, Avalon Project, Lillian Goldman Law Library, Yale University.
121. 参议员查尔斯·萨姆纳：Goldfield, *America Aflame,* 115.
121. "无声证据"：Ibid., 116.
121. 排斥性政治主张：David Herbert Donald, *Lincoln* (New York: Simon & Schuster, 1995), 191.
121. "自由的土地和弗里蒙特"：Goldfield, *America Aflame,* 124.
121. 亲自……告知他：Ibid., 138.
122. 一直是主人的财产：U.S. Supreme Court, *Scott v. Sandford,* 60 U.S. 393, opinion of Roger B. Taney; "The Ordinance of 1787 and the Missouri Compromise Declared Unconstitutional," *New York Times,* March 6, 1857.
122. "政府不能永远维持"：Abraham Lincoln, "House Divided Speech," Text of the address, 1856–1857, The Gilder Lehrman Institute of American History.
123. 里士满，以及位于：Frederic Bancroft, *Slave Trading in the Old South* (Columbia: University of South Carolina Press, 1996), 234.
123. 对那场拍卖会做一番深入调查报道：Thomson, "Great Auction Sale of Slaves."
123. "听不到其他话题"：Ibid.

124. "知道黑鬼的底细"：Ibid.
126. 总价值约为 28 亿美元：Bureau of the Census, "Historical Statistics of the United States, 1789–1945," Washington DC, 1949, series B 48–71 (Population—Race by Regions: 1790 to 1940), 27.
126. 2500 万美元：*History of the Illinois Central Railroad* (New York: Macmillan, 1975), 64.
126. 美国 3 万英里的铁路：Bureau of the Census, "Historical Statistics of the United States, 1789–1945," Washington DC, 1949, series K 1–17 (Railroad Before 1890—Mileage, Equipment, and Passenger and Freight Service: 1830 to 1890), 200.
126. 是 6900 万美元：Bureau of the Census, "Historical Statistics of the United States, 1789–1945," Washington DC, 1949, series P 99–108 (Federal Government Finances—Treasury Expenditures: 1789 to 1945), 300.
126. 不惜一切地……辩护：Bancroft, *Slave Trading in the Old South*, 339.
127. 一大半：Bureau of the Census, "Historical Statistics of the United States, 1789–1945," Washington DC, 1949, series E 211–224 (Crop Statistics—Hay and Cotton, Acreage, Production and Price: 1790 to 1945), 109; and series M 56–67 (Foreign Trade—Value of Merchandise Exports and Imports by Economic Classes: 1821 to 1945), 247.
127. 越来越多地：Dorothy R. Adler, *British Investment in American Railways, 1834–1898*, ed. Muriel E. Hidy (Charlottesville: University Press of Virginia, 1970), 27 (table 3).
127. 对美国北方投资的资金：Ibid., 48–49.
127. 贷款抵押……强很多：Richard Holcombe Kilbourne, *Debt, Investment, Slaves: Credit Relations in East Feliciana Parish, Louisiana, 1825–1885* (Tuscaloosa: University of Alabama Press, 1995), 56.
128. "黑人和棉花之间的"："Cotton and Negroes," *De Bow's Review* 28 (August 1860).
128. 每年的产值超过 2.5 亿美元：Bureau of the Census, "Historical Statistics of the United States, 1789–1945," Washington DC, 1949, series P 99–108 (Federal Government Finances—Treasury Expenditures: 1789 to 1945), 300; and series E 211–224 (Crop Statistics—Hay and Cotton, Acreage, Production and Price: 1790 to 1945), 109.
128. 经纪人：Edward E. Baptist, *The Half Has Never Been Told: Slavery and the Making of American Capitalism* (New York: Basic Books, 2014), 353; Walter Johnson, *River of Dark Dreams: Slavery and Empire in the Cotton Kingdom* (Cambridge, MA: Harvard University Press, 2013), 261.
129. 广泛的二级市场：Johnson, *River of Dark Dreams*, 261.
129. 圈养奴隶的围栏：Maurie D. McInnis, *Slaves Waiting for Sale: Abolitionist Art and the American Slave Trade* (Chicago: University of Chicago Press, 2001), 87.
130. "最佳投资对象"：Bancroft, *Slave Trading in the Old South*, 343.
130. 500 多个奴隶：Ibid., 353.
130. 一共售得 580150 美元：Ibid., 355.
130. 价值为 40 亿美元：Ibid., 351.
131. 最高法院首席大法官罗杰·B. 托尼：Timothy S. Huebner, "Roger B. Taney and the Slavery Issue: Looking Beyond—and Before—*Dred Scott*," *Journal of American History* (June 2010): 17–37.

第11章 战争

135．一个大众化的名字："Negro Insurrection," *New York Times*, October 19, 1859.
136．"解救你们的奴隶"：Ibid.
136．"大胆的暴动计划"：Ibid.
136．"各阶层一片恐慌"："30,000 Federal Troops in Charlestown," *New York Times*, November 30, 1859.
136．"不愿意……受苦受难的人"："Sermon by Henry Ward Beecher," *New York Times*, November 28, 1859.
137．反对奴隶制：Doris Kearns Goodwin, *Team of Rivals: The Political Genius of Abraham Lincoln* (New York: Simon & Schuster, 2005), 225.
137．"如果奴隶制是对的"：Abraham Lincoln, "Cooper Union Speech," *New York Times*, February 28, 1860.
137．"当选的那个人"："Confederate States of America—Declaration of the Immediate Causes Which Induce and Justify the Secession of South Carolina from the Federal Union," December, 24, 1860, Avalon Project, Lillian Goldman Law Library, Yale University.
138．"让步"："A Declaration of the Immediate Causes which Induce and Justify the Secession of the State of Mississippi from the Federal Union," January 9, 1861, Avalon Project, Lillian Goldman Law Library, Yale University.
138．"30亿美元财产"："Confederate States of America—Georgia Secession," January 29, 1861, Avalon Project, Lillian Goldman Law Library, Yale University.
139．"在你们的手中"："First Inaugural Address of Abraham Lincoln," March 4, 1861, Avalon Project, Lillian Goldman Law Library, Yale University.
139．"和平，还是刀剑"：David Herbert Donald, *Lincoln* (New York: Simon & Schuster, 1995), 283.
139．给养只能维持：Ibid., 285.
140．宾夕法尼亚铁路：David Homer Bates, *Lincoln in the Telegraph Office* (Lincoln: University of Nebraska Press, 1995), 20.
140．卡内基受命：Ibid., 20.
140．铁路修过……长桥：Ibid., 22.
141．轨距：Richard White, *Railroaded* (New York: W. W. Norton, 2012), 8; Christopher R. Gabel, *Rails to Oblivion: The Decline of Confederate Railroads in the Civil War* (Fort Leavenworth, KS: Combat Studies Institute, 2002), 5–6.
141．"相隔很远的部队"：Bates, *Lincoln in the Telegraph Office*, 11.
141．战场传来的信息和报告：Ibid., 9.
141．"如果部队被打败，他们"：Christopher R. Gabel, *Railroad Generalship: Foundations of Civil War Strategy* (Fort Leavenworth, KS: Combat Studies Institute, 1997), 8.
141．"如果战争在"：Gabel, *Rails to Oblivion*, 9–11.
142．替换……报废部分：Ibid., 11–12.
142．"新铁轨的存货已经没有了"：Ibid., 13.

142. 仅仅 1860 年：Dorothy R. Adler, *British Investment in American Railways, 1834–1898*, ed. Muriel E. Hidy (Charlottesville: University Press of Virginia, 1970), 27 (table 3).
142. 美国战前出口额：U. S. Congress, "Communication from the Secretary of the Treasury Transmitting the Report of Israel D. Andrews," 32nd Cong., 2nd sess., 1853, quoted in Douglass C. North and Robert Paul Thomas, *The Growth of the American Economy to 1860* (New York: Harper & Row, 1968), 190; Douglass C. North, *The Economic Growth of the United States 1790-1860* (New York: W. W. Norton, 1966), 233, Table A-VIII.
143. 越来越不满："Seizure of the Trent," *London Times*, November 28, 1861.
143. 一种自信的南方立场：Sven Beckert, *Empire of Cotton: A Global History* (New York: Alfred A. Knopf, 2014), 256–263.
143. 英国蒸汽船：Donald, *Lincoln*, 322; Andrew Carnegie, *The Autobiography of Andrew Carnegie* (Boston: Northeastern University Press, 1986), 98.
144. "在短短三天内启程"：Harold B. Hancock and Norman B. Wilkinson, "The Devil to Pay," *Civil War History* 10, no. 1 (March 1964): 24.
144. 伦敦报纸呼吁对美开战：Thomas L. Harris, *The Trent Affair* (Indianapolis, IN: The Bobbs-Merrill Company, 1896), 141.
144. 440 万包：Bureau of the Census, "Historical Statistics of the United States, 1789–1945," Washington DC, 1949, series E 211–224 (Crop Statistics—Hay and Cotton, Acreage, Production and Price: 1790 to 1945), 109.
145. "被迫像前两次"：Donald, *Lincoln*, 321.
145. 英国工业……影响：Beckert, *Empire of Cotton*, 263–264.
145. 对美国的生铁出口：Adler, *British Investment in American Railways*, 27 (table 3).
145. "漠视自己的利益"：William H. Seward to William Thayer, December 15, 1862, quoted in Beckert, *Empire of Cotton*, 264.
145. "采购棉花提供资金"：Ibid., 257.
145. "埃及历史学家"：Ibid., 256.
146. 前一年是 6800 万美元：Bureau of the Census, "Historical Statistics of the United States, 1789–1945," Washington DC, 1949, series P 99–108 (Federal Government Finances—Treasury Expenditures: 1789 to 1945), 300.
146. 发行 1.5 亿美元：U.S. Congress, *An Act to Authorize the Issue of United States Notes, and for the Redemption or Funding Thereof, and for Funding the Floating Debt of the United States*, 37th Cong., 2nd sess. (February 25, 1862), Library of Congress.
146. 《法币法案》：Ellis Paxson Oberholtzer, *Jay Cooke: Financier of the Civil War*, vol. 1 (Philadelphia: George W. Jacobs, 1907), 173–174.
146. 到 4.74 亿美元：Bureau of the Census, "Historical Statistics of the United States, 1789–1945," Washington DC, 1949, series P 99–108 (Federal Government Finances—Treasury Expenditures: 1789 to 1945), 300.
147. 运营邮局：David Goldfield, *America Aflame: How the Civil War Created a Nation* (New York: Bloomsbury, 2011), 302.
147. 向当地储户推销债券：Oberholtzer, *Jay Cooke*, 170; White, *Railroaded*, 11.
147. 增加到将近 30 亿美元：Bureau of the Census, "Historical Statistics of the United States,

注　释

1789–1945," Washington DC, 1949, series P 132–143 (Federal Government Finances—Public Debt: 1791 to 1945), 306.
147. 科利斯·亨廷顿和利兰·斯坦福：White, *Railroaded*, 18.
147. 价值超过1亿美元：Bureau of the Census, "Historical Statistics of the United States, 1789–1945," Washington DC, 1949, series M 42–55 (Foreign Trade—Value of Exports and Imports: 1790 to 1945), 244.
147. 从英国进口的生铁：Adler, *British Investment in American Railways, 27* (table 3).
148. 自己在战争期间赚了：Joseph Frazier Wall, *Andrew Carnegie* (New York: Oxford University Press, 1970), 189.
148. "300 美元男人"：Iver Bernstein, *The New York City Draft Riots* (New York: Oxford University Press, 1990), 10.
148. 根据他个人账簿的记载：Jean Strouse, *Morgan: American Financier* (New York: Random House, 1999), 109.

第12章　石油

149. 主人已经……卖给：Eric Jay Dolin, *Fur, Fortune, and Empire* (New York: W. W. Norton, 2010), 310.
149. "恐怖和沮丧"："The Great Stone Fleet," *New York Times*, November 22, 1861.
150. 创业人士塞缪尔·基尔：Ida M. Tarbell, *The History of the Standard Oil Company*, ed. David M. Chalmers (New York: Dover, 2003), 2.
150. "基尔的石油"：*The Derrick's Handbook of Petroleum* (Oil City, PA: Derrick, 1898), 11.
150. 宾夕法尼亚石油公司：Ibid., 12.
150. 煤油石油公司：Ibid., 17.
150. 200万个煤油灯：Daniel Boorstin, *The Americans: The Democratic Experience* (New York: Random House, 1973), 43; Catharine E. Beecher and Harriet Beecher Stowe, *The American Woman's Home* (1869; repr., New Brunswick, NJ: Rutgers University Press, 2004), 267.
150. 每加仑50美分：*Derrick's Handbook of Petroleum*, 14.
151. 60 多英尺：Ibid., 17.
151. 储油层：Tarbell, *History of the Standard Oil Company*, 5.
151. "每个遍布石头的农场"：Ibid., 6.
152. "买不到足够的油桶"和"教师"：Ibid.
152. "即使用枪指着"：Ibid., 7.
152. 2500 桶：*Derrick's Handbook of Petroleum*, 20.
153. 每桶20美元：Tarbell, *History of the Standard Oil Company*, 6.
153. "他们喜欢那种营生"：Ibid., 12.
154. 从4000美元起家：John D. Rockefeller, *Random Reminiscences of Men and Events* (Garden City, NY: Doubleday, Page, 1913), 41–42.
154. 该年的利润达到1.7万美元：Grace Goulder, *John D. Rockefeller: The Cleveland Years* (Cleveland: Western Reserve Historical Society, 1972), 59.
154. "一个铸铁的蒸馏器"：Rockefeller, *Random Reminiscences of Men and Events*, 81.

155. "敬畏数字": Ibid., 21.
155. 又拿了一系列: Goulder, *John D. Rockefeller*, 76.
155. "我叫了 1000": Rockefeller, *Random Reminiscences of Men and Events*, 78.
155. "最后，价格抬升到": Ibid., 79.
155. "我不再叫价了": Ibid., 79.
156. 500 桶: Ron Chernow, *Titan: The Life of John D. Rockefeller, Sr.* (New York: Vintage Books, 1999), 87.
156. 赶车人提供的: Tarbell, *History of the Standard Oil Company*, 7.
157. 塞缪尔·范·塞克尔: Ibid., 9.
157. 两英寸粗的输油管: *Derrick's Handbook of Petroleum*, 34.
157. "众多奇迹中": Ibid., 29.
157. 每天工作 10 小时: Ibid., 52 (item 16).
157. 的时代提供了模板: Tarbell, *History of the Standard Oil Company*, 10.
158. 4.5 万桶: Ibid., 30.
158. 精炼数量为 1500 桶: Ibid., 26.
159. 杰伊·古尔德的伊利铁路公司的 27.5%: Chernow, *Titan*, 136.
160. 每日精炼产量: Ibid., 142–143.
160. 60 节车厢: Chernow, *Titan*, 113.
160. 诸多现代著名品牌: Ibid., 558.
161. 薄纸: Eric Jay Dolin, *Leviathan: The History of Whaling in America* (New York: W. W. Norton, 2007), 112.

第13章　钢铁

163. 古尔德参与: Maury Klein, *The Life and Legend of Jay Gould* (Baltimore: Johns Hopkins University Press, 1997), 92–97.
164. "第一次": Horatio Alger, *Ragged Dick; or, Street Life in New York with the Boot-Blacks* (Philadelphia: John C. Winston, 1910), 140.
164. 卡内基帮助: Joseph Frazier Wall, *Andrew Carnegie* (New York: Oxford University Press, 1970), 192.
165. 利用……人脉: Andrew Carnegie, *The Autobiography of Andrew Carnegie* (Boston: Northeastern University Press, 1986), 136.
165. 凯斯通桥梁公司: Wall, *Andrew Carnegie*, 229.
165. 波动太大: Ibid., 198.
165. "主导": Ibid., 232.
166. 出售债券: Ibid., 272.
166. 积聚了 40 万美元和"两年之后，绝不再赚钱": Andrew Carnegie to himself at the St. Nicholas Hotel in New York, December 1868, quoted in Wall, *Andrew Carnegie*, 224–225.
167. 钢在……远胜: Charles Huston, "The Iron and Steel Industry," in Chauncey Mitchell Depew, *One Hundred Years of American Commerce, 1795–1895*, vol. 1 (New York: D. O. Haynes, 1895), 320–326.

注 释

- 167. 铺一层铁皮：Wall, *Andrew Carnegie*, 234.
- 167. 几个月……损坏：Carnegie, *Autobiography of Andrew Carnegie*, 178.
- 167. 联合炼铁公司：David Nasaw, *Andrew Carnegie* (New York: Penguin, 2006), 138.
- 167. 增加了70%还多：Bureau of the Census, "Historical Statistics of the United States, 1789–1945," Washington DC, 1949, series K 1–17 (Railroads Before 1890—Mileage, Equipment, and Passenger and Freight Service: 1830 to 1890), 200.
- 167. 去除……杂质：Isaac Lowthian Bell, *Principles of the Manufacture of Iron and Steel* (New York: George Routledge & Sons, 1884), 9–18.
- 168. 贝塞麦发明了：Ibid., 20.
- 168. "初为人母的自豪感"：Wall, *Andrew Carnegie*, 264–265.
- 169. 25万美元来自卡内基的个人腰包：Ibid., 309.
- 169. "一切进展顺利"：Carnegie, *Autobiography of Andrew Carnegie*, 182.
- 169. "杰伊·库克公司倒闭了"："Another Panic," *New York Times*, September 19, 1873.
- 169. 爱国人士……推销人：Richard White, *Railroaded* (New York: W. W. Norton, 2012), 10–11.
- 169. "几乎每个钟头"：Nasaw, *Andrew Carnegie*, 151.
- 170. 进入危机状态：White, *Railroaded*, 80–83.
- 170. 铁路延伸到的地方：Wall, *Andrew Carnegie*, 317.
- 170. 施工也不得不暂停：Ibid., 319.
- 170. 保持着偿付能力：Carnegie, *Autobiography of Andrew Carnegie*, 183–184.
- 170. 手里的现金：Charles R. Morris, *The Tycoons* (New York: Owl Books, 2006), 130.
- 170. "正确的办法"：Carnegie, *Autobiography of Andrew Carnegie*, 170.
- 171. 远超10万美元：Wall, *Andrew Carnegie*, 324.
- 171. 在相应的注释里：William P. Shinn (general manager), note to Andrew Carnegie, quoted in Wall, *Andrew Carnegie*, 326. It is likely Carnegie or his manager mistakenly wrote $9.86 rather than $9.68. The addition of the figures is also incorrect in the original source.
- 172. 贝塞麦钢铁协会：Wall, *Andrew Carnegie*, 331; Nasaw, *Andrew Carnegie*, 169.
- 172. 大项目：Wall, *Andrew Carnegie*, 333–335.
- 173. 28美元：Carnegie, *Autobiography of Andrew Carnegie*, 141.
- 173. "起到了巨大作用"：Ibid., 141.
- 173. "开发重要资源的爱国责任"：Ibid.

第14章 机器

- 174. "适者生存"：Herbert Spencer, *The Principles of Biology*, vol. 2 (New York: D. Appleton, 1891), 455.
- 174. "非理性学说"和"木匠造物理论"：Herbert Spencer, *First Principles* (London: Williams and Norgate, 1862), 120.
- 174. "必要的严厉专制"：Ibid., 119.
- 175. "用单一的声音来表达"……"传递复杂细腻的含义" Ibid., 162.
- 175. "猎人、工具制造者和帐篷搭建人"：Ibid., 158.
- 176. 棉花产量甚至超过了：Bureau of the Census, "Historical Statistics of the United States,

1789–1945," Washington DC, 1949, series E 211–224 (Crop Statistics—Hay and Cotton, Acreage, Production and Price: 1790 to 1945), 109.
176. 最后一个标桩被敲入：Richard White, *Railroaded* (New York: W. W. Norton, 2012), 37.
176. 数千万头野牛：Eric Jay Dolin, *Fur, Fortune, and Empire* (New York: W. W. Norton, 2010), 295.
176. "他们必须被消灭"：William Tecumseh Sherman to John Sherman, July 16, 1867, in William Tecumseh Sherman and John Sherman, *The Sherman Letters*, ed. Rachel Sherman Thorndike (New York: Charles Scribner's Sons, 1894), 291.
177. 科迪，"野牛比尔"……杀死了 4280 头野牛：Dolin, *Fur, Fortune, and Empire*, 304.
177. 仅仅几百头：Ibid., 306–309.
177. 250 万德国移民：Bureau of the Census, "Historical Statistics of the United States, 1789–1945," Washington DC, 1949, series B 304–340 (Immigration—Immigrants by Country: 1820 to 1945), 34.
177. 印第安人口：Historical Statistics of the United States, 1789–1945," Washington DC, 1949, series B 48–71 (Population—Race by Regions: 1790 to 1940), 27.
177. 逃避政治危机的德国人：David Goldfield, *America Aflame: How the Civil War Created a Nation* (New York: Bloomsbury, 2011), 88–89.
178. "大多数人是酒鬼"：Alexis de Tocqueville, *Democracy in America and Two Essays on America*, ed. Isaac Kramnick, trans. Gerald Bevan (London: Penguin Books, 2003), 263.
178. "让人上头的烈性酒"："Lager Beer Case," *New York Times*, May 21, 1862.
179. 巴氏灭菌法，让……成为可能：Fred Pabst, "The Brewing Industry," in Chauncey Mitchell Depew, *One Hundred Years of Commerce, 1795–1895*, vol. 2 (New York: D. O. Haynes, 1895), 416.
179. 成功……瓶装技术："Adolphus Busch Dies in Prussia," *New York Times*, October 11, 1913.
179. 密尔沃基市的帕布斯特：Maureen Ogle, *Ambitious Brew: The Story of American Beer* (Orlando, FL: Harcourt, 2006), 79–80.
180. 康拉德的依据是：Ibid., 80–81.
181. 技术极为高超的机械企业：P. G. Hubert Jr., "The Typewriter: Its Growth and Uses," *Cataquan* 8, series 10 (April 1888).
181. 有关书写机器的："Type Writing Machine," *Scientific American*, July 6, 1867, 3.
181. C. 莱瑟姆·肖尔斯：Clarence W. Seamans, "American Typewriters," in Depew, *One Hundred Years of American Commerce*, vol. 2, 544.
181. "缝纫机对针"：Hubert, "The Typewriter."
182. 每年销售超过 50 万台缝纫机：Seamans, "American Typewriters," 530.
182. 周薪是 15 到 20 美元：Hubert, "The Typewriter."
182. "很有吸引力的方面"：Ibid.
183. 基督教女性禁酒联盟：Daniel Okrent, *Last Call: The Rise and Fall of Prohibition* (New York: Scribner, 2011), 12, 16–18.
183. 工薪阶层客厅：Ibid., 28.
183. 19 世纪的酒吧：Madelon Powers, *Faces Along the Bar: Lore and Order in the Workingman's Saloon, 1870–1920* (Chicago: University of Chicago Press, 1999), 65, 55.

注 释

183．2400 万桶：Pabst, "Brewing Industry," 415.
183．新的"国民饮料"：Okrent, *Last Call*, 26.

第15章 照明

185．查尔斯·布拉什……发明家："Charles Francis Brush," *Harper's Weekly*, July 26, 1890.
186．弧光照明："The Brush Electric Lighting," *Scientific American* 44, no. 274 (April 2, 1881).
187．"半径两英里内"：Ibid.
187．6000 多盏电灯：Ibid.
187．"垄断电灯领域"：Ibid.
188．门罗公园区：Jill Jonnes, *Empires of Light: Edison, Tesla, Westinghouse, and the Race to Electrify the World* (New York: Random House, 2004), 52.
188．灯也不稳定："The Risks of Electric Lighting," *New York Times*, March 26, 1882; Jonnes, *Empires of Light*, 142–143.
188．每月 75 美元：Robert E. Conot, *A Streak of Luck: The Life and Legend of Thomas Alva Edison* (New York: Seaview Books, 1979), 19.
189．酸溶液溢出：Ibid., 24–25.
189．爱迪生开发出……突破性产品：Ibid., 23; "Annual Report of the Western Union Telegraph Company," *New York Times*, October 15, 1874.
190．6 万英里的平行线路：John Moody, *The Truth About Trusts* (New York: Moody, 1904), 384.
191．巨大的技术突破：Ibid.
191．将近 50 万美元：Conot, *Streak of Luck*, 64.
191．大西洋—太平洋电报公司：Ibid., 66; "Annual Report of the Western Union."
191．一部分现金和一部分股份：Maury Klein, *The Life and Legend of Jay Gould* (Baltimore: Johns Hopkins University Press, 1997), 200–201.
192．他父亲 95% 的遗产：T. J. Stiles, *The First Tycoon* (New York: Alfred A. Knopf, 2009), 549, 557.
192．J.P. 摩根也积极支持：Jean Strouse, *Morgan: American Financier* (New York: Random House, 1999), 232–233.
193．珍珠街……设在那里：Ibid., 233.
193．报纸……产生怀疑：Conot, *Streak of Luck*, 138.
193．14 英里：Jonnes, *Empires of Light*, 82.
193．范德比尔特要求爱迪生：Ibid., 13.
193．藏书室还着了一次火：Strouse, *Morgan*, 232.
194．超出了 32 万美元：Conot, *A Streak of Luck*, 192.
194．800 个灯泡：Ibid., 198.
194．整个电路系统："Edison Electric Light," *New York Times*, September 5, 1882, 8.
194．印第安纳州韦恩堡："Base-Ball by Electric Light," *New York Times*, May 29, 1883.
194．杰伊·古尔德的大游艇："Jay Gould's Yacht Atalanta," *New York Times*, June 23, 1883.
194．美国照明公司："The Brooklyn Bridge, Bids for Lighting the Structure by Electricity," New

195. *York Times*, February 13, 1883; David McCullough, *The Great Bridge* (New York: Simon & Schuster, 1972), 515.
195. 1883 年的报纸大标题: "Too Much Electricity for Comfort," *New York Times*, April 20, 1883.
195. 同上: "The Horse Injured by Electricity," *New York Times*, November 28, 1883.
195. 同上: "Nuisance of Poles and Wires," *New York Times*, December 1, 1883.
195. 同上: "Almost a Panic at Ridley's," *New York Times*, February 11, 1883.
195. 完善的基础设施: Emerson McMillin, "American Gas Interests," in Chauncey Mitchell Depew, *One Hundred Years of American Commerce, 1795–1895*, vol. 1 (New York: D. O. Haynes, 1895), 297–299.
196. 成本低: Jonnes, *Empires of Light*, 218.
196. 新泽西州不久前刚颁布: Naomi R. Lamoreaux, *The Great Merger Movement in American Business, 1895–1904* (Cambridge: Cambridge University Press, 1988), 1.
196. 筹集了几百万美元: Strouse, *Morgan*, 312–313.
196. 还不到 65 万: Bureau of the Census, "Historical Statistics of the United States, 1789–1945," Washington DC, 1949, series G 224–233 (Power—Electric Utilities, Sales to Ultimate Consumers: 1902 to 1945), 159.

第16章　零售

198. "科学、艺术": Catharine Esther Beecher, "How to Redeem Woman's Profession from Dishonor," *Harper's*, November 1865.
199. 干净、健康的基督教生活方式: Catharine E. Beecher and Harriet Beecher Stowe, *The American Woman's Home* (1869; repr., New Brunswick, NJ: Rutgers University Press, 2004), 25.
199. 家境贫穷的爱尔兰天主教徒: Ibid., 232.
200. "亚历山大·特尼·斯图尔特……去世": "Obituary of A. T. Stewart," *New York Times*, April 11, 1876.
201. 专营爱尔兰亚麻织物: Robert Hendrickson, *The Grand Emporiums: The Illustrated History of America's Great Department Stores* (New York: Stein and Day, 1980), 34.
201. 比如玛丽·林肯: Ibid., 36.
201. 这位第一夫人: Doris Kearns Goodwin, *Team of Rivals: The Political Genius of Abraham Lincoln* (New York: Simon & Schuster, 2005), 401–402.
201. 国会拨款: David Herbert Donald, *Lincoln* (New York: Simon & Schuster, 1995), 312.
201. "买卖双方之间绝对诚信"……"任何人……闲逛": "Obituary of A. T. Stewart."
202. 推测斯图尔特的财富: Ibid.
202. 休闲消遣的事情: Hendrickson, *The Grand Emporiums*, 35.
203. 被命名为"仕女一英里": Ibid., 40.
203. 蒸汽电梯: Ibid., 41.
203. 沃纳梅克……拜访了斯图尔特: Ibid., 38.
203. 在报纸上做广告效果最好: "Wanamaker, America's Master Merchant, Never Takes

注 释

Vacation from Advertising," *Editor & Publisher*, September 18, 1919.
203．每天销售收入：Ibid.
204．农村免费邮寄：John Wanamaker, "Report to the President," *New York Times*, December 6, 1892.
205．去掉自己的名：Charles R. Morris, *The Tycoons* (New York: Owl Books, 2006), 174.
206．以为是圈套："Grangers Beware," *Chicago Tribune*, November 8, 1873.
206．"每一方都要想办法"：*Catalogue and Buyers' Guide, Spring and Summer 1895, Montgomery Ward & Co.* (New York: Skyhorse, 2008), 235.
206．"想照就照"：Ibid., 217.
207．"医生开出的药物没有效果时"……"包你满意"：Ibid.
207．理查德·西尔斯是……代理人："Richard W. Sears Dies," *New York Times*, September 29, 1914.
207．500枚金表：Hendrickson, *Grand Emporiums*, 218, 238.
208．1886年，西尔斯觉得：Ibid., 238.
208．是前者的两倍：*Sears, Roebuck & Co. Consumer Guide for 1894* (New York: Skyhorse, 2013), 37.
208．"汉普登手表的价格屠夫"……"打倒垄断"：Ibid., 29.
208．"我们不保证"：Ibid., 17.
208．没有可比性：Ibid., 181.
209．《纯净食品与药品法》："The 'Wiley Act': Federal Food and Drugs Act of 1906," June 30, 1906, U.S. Food and Drug Administration Archives.
209．"没有任何副作用"：*The 1902 Edition of the Sears, Roebuck Catalogue* (New York: Gramercy Books, 1993), 441.
209．"按说明书食用"：Ibid., 447.
209．海德堡电腰带：Ibid., 476.
209．出于道德上的考虑：Ibid., 440.

第17章 工会

211．将炸弹扔向："A Hellish Deed": A Dynamite Bomb Thrown into a Crop of Policemen," *Chicago Tribune*, May 5, 1886.
211．炸药和革命：James Green, *Death in the Haymarket: A Story of Chicago, the First Labor Movement, and the Bombing That Divided Gilded Age America* (New York: Pantheon, 2006), 140–141.
212．绝大多数体力劳动者：Richard Theodore Ely, *The Labor Movement in America* (New York: T. Y. Crowell, 1886), 94–96.
213．"改变……恶劣的工作条件"：Ibid., 96.
213．"推翻资产阶级的统治"：Karl Marx and Friedrich Engels, *Manifesto of the Communist Party* (Peking: Foreign Language Press, 1968), 33, 27.
213．社会主义团体：Ely, *Labor Movement in America*, 232.
214．开除了一些工人：Green, *Death in the Haymarket*, 148.

214. 数百名芝加哥警察：Ibid., 151.
215. 1883 年……5.2 万名成员：Ely, *Labor Movement in America*, 74–75.
215. 英语报纸《警钟报》：Green, *Death in the Haymarket*, 126.
215. 号召……举行大罢工：Ibid., 145–146.
216. 芝加哥的这场大规模集体行动：Ibid., 157.
216. 上工的星期六：Green, *Death in the Haymarket*, 160–165.
216. 施皮斯被激怒了：*Chicago Tribune*, May 4, 1886.
217. "炸弹"可能会：Green, *Death in the Haymarket*, 178.
217. 传阅着一张传单：Ibid., 179.
217. 第二天的头条新闻：*New York Times*, May 5, 1886.
217. 以及被殃及的劳工组织："The Anarchists and Labor," *New York Times*, May 7, 1886.
217. 《怎样结束这件事》：*Chicago Tribune*, May 5, 1886.
217. 《违法者已受到制裁》和"震慑住……杀气"：*New York Times*, November 12, 1887.
218. 社会主义者和无政府主义者：Andrew Carnegie, "Wealth," *North American Review* 148 (July 1889).
219. 约翰·D. 洛克菲勒：Ron Chernow, *Titan: The Life of John D. Rockefeller, Sr.* (New York: Vintage Books, 1999), 312–313.
219. 亚特兰大的斯佩尔曼神学院：Ibid., 240.
219. 斯坦福……他的妻子：Richard White, *Railroaded* (New York: W. W. Norton, 2012), 402–403.
220. 范德比尔特：T. J. Stiles, *The First Tycoon* (New York: Alfred A. Knopf, 2009), 549.
220. 弗里克逐渐……卖给了：David Nasaw, *Andrew Carnegie* (New York: Penguin, 2006), 290.
221. 钢材的市场价格：Bureau of the Census, "Historical Statistics of the United States, Colonial Times to 1970," Washington DC, September 1975, series J 165–180 (Physical Output, Annual Data—Selected Manufactured Commodities: 1840 to 1945), 187.
221. "态度简单、直白"：Joseph Frazier Wall, *Andrew Carnegie* (New York: Oxford University Press, 1970), 522.
221. "11 英尺高的栅栏"：Nasaw, *Andrew Carnegie*, 415.
221. 1.2 万人：Wall, *Andrew Carnegie*, 164.
222. 平克顿派出了 300 人：Ibid., 559.
222. 企业雇来的：Ibid.
222. 8000 名民兵：Ibid.
222. 开了两枪：Ibid., 562.
223. 他继续办公：Ibid., 563.
223. 内容只有一个词：Ibid., 556.

第18章　报纸

225. "外国贫民"："The Democratic Platform," *Chicago Tribune*, June 23, 1892, 12.
225. 和关税：Bureau of the Census, "Historical Statistics of the United States, 1789–1945," Washington DC, 1949, series P 89–98 (Federal Government Finances—Treasury Receipts,

and Surplus or Deficit: 1789 to 1945), 295–96.
225. 转嫁到了普通消费者：Grover Cleveland, "Third Annual Message to Congress," December 6, 1887, American Presidency Project, University of California, Santa Barbara.
225. 1890 年……带头向国会："The Tariff and Taxation." *New York Times*, October 21, 1890, 9.
225. 即使……卡内基，也和：Joseph Frazier Wall, *Andrew Carnegie* (New York: Oxford University Press, 1970), 450–452.
226. 出口谷物：Bureau of the Census, "Historical Statistics of the United States, 1789–1945," Washington DC, 1949, series D 32–46 (Labor Force—Sex and Age of Persons 16 Years Old and Over in Labor Force, 1940, and Gainful Workers, 1890 to 1930), 64.
226. 出口额是：Bureau of the Census, "Historical Statistics of the United States, 1789–1945," Washington DC, 1949, series M 56–67 (Foreign Trade—Value of Merchandise Exports and Imports by Economic Classes: 1821 to 1945), 246.
226. 他们越来越意识到："The Farmers' Demands," *New York Times*, July 29, 1890.
226. "只为收入征收关税"："A Tariff for Revenue Only," *Chicago Tribune*, June 6, 1892.
226. 一个愤怒的日本人："Chinamen Cut by a Jap," *World* (New York), November 5, 1888.
227. 销售量达到了 260030 份：Ibid., 2.
227. 购买了……股份：James McGrath Morris, *Pulitzer: A Life in Politics, Print, and Power* (New York: Harper, 2010), 92–93.
227. 抓住机会：Ibid., 155.
227. 《圣路易斯快邮报》：Ibid., 161.
227. 普利策和杰伊·古尔德：Ibid., 205.
228. 普利策先生很快成功地："Joseph Pulitzer Dies Suddenly," *New York Times*, October 30, 1911.
228. 劳动阶层和移民：Morris, *Pulitzer*, 215.
228. 城市中的冷热："Broiling Human Beings—No Relief to Be Expected," *World* (New York), July 8, 1892.
229. "假如你有一百万"："$1,000,000: What Would You Do with Your Money and Yourself," *World* (New York), November 5, 1888, 2.
229. 导致他失明：Morris, *Pulitzer*, 4.
230. 黄金铸成法定货币：Irwin Unger, *The Greenback Era: A Social and Political History of American Finance, 1865–1879* (Princeton, NJ: Princeton University Press, 1964), 330–331.
230. 大量发现的白银：Ibid., 335.
231. 东部银行集团的利益："The Democratic Platform," *Chicago Tribune*, June 23, 1892, 12.
231. 克利夫兰命令：James Green, *Death in the Haymarket: A Story of Chicago, the First Labor Movement, and the Bombing That Divided Gilded Age America* (New York: Pantheon, 2006), 295.
232. 个人所得税："The Income-Tax Provisions," *New York Times*, August 17, 1894, 12.
232. 克利夫兰总统的健康状况：Wall, *Andrew Carnegie*, 456–465.
232. 威廉·伦道夫·赫斯特：David Nasaw, *The Chief: The Life of William Randolph Hearst* (Boston: Houghton Mifflin, 2001), 28.
232. 内华达的银矿：Ibid., 11.

232. 精通文学，文化修养很高：Ibid., 24.
232. 获得……任命：Ibid., 61.
232. 列为新的发行人：Ibid., 63.
233. 加入了虚构故事、体育和新闻：Ibid., 76–79.
233. 以15万美元：Ibid., 97–98.
233. 颠覆新闻界：*New York Times*, April 14, 1895.
234. 通货膨胀的灵丹妙药："Bryan Is Notified Again," *New York Times*, September 9, 1896.
234. 高价值美元归还："The Debtor States," *New York Times*, June 3, 1896.
235. 民主党建制派：*Official Proceedings of the Democratic National Convention Held in Chicago, Illinois, July 7, 8, 9, 10, and 11, 1896* (Logansport, IN: 1896), 226–234, reprinted in *The Annals of America, 1895–1904: Populism, Imperialism, and Reform* (Chicago: Encyclopedia Britannica, Inc., 1968), 100–105.
237. 阿道夫·奥克斯：Susan E. Tifft and Alex S. Jones, *The Trust* (New York: Little, Brown, 2000), 15–17.
237. 250美元的首付款：Ibid., 37.
238. 如果他能：Ibid.
238. 秘密保留对其：Ibid., 75.
239. 如果奥克斯：Ibid., 35.
239. 资金实力：Willis J. Abbot, *Watching the World Go By* (Boston: Little, Brown, 1933), 148–49.
239. 竞选总统的纽约总部：Nasaw, *Chief*, 118.
239. 抵制住了……诱惑：Abbot, *Watching the World Go By*, 148–149.

第19章 托拉斯

240. "充气的怪物"：*World* (New York), November 3, 1896.
241. 卖出了150万份：David Nasaw, *The Chief: The Life of William Randolph Hearst* (Boston: Houghton Mifflin, 2001), 119.
241. 让普利策震惊和沮丧的是：James McGrath Morris, *Pulitzer: A Life in Politics, Print, and Power* (New York: Harper, 2010), 328.
242. 不理性的价格战：Jean Strouse, *Morgan: American Financier* (New York: Random House, 1999), 313.
242. 黄金储备告急：Ibid., 345–349.
242. 罕见、简洁的大标题：*Seattle Post-Intelligencer*, July 17, 1867.
243. 乘客的财富："Wealth of the Klondike," *New York Times*, July 18, 1897.
243. 1898年……攀升到6.57亿美元：Bureau of the Census, "Historical Statistics of the United States, 1789–1945," Washington DC, 1949, series N 152–165 (Currency and Gold—Money in Circulation by Kind: 1860 to 1945), 275.
244. 生铁生产：Bureau of the Census, "Historical Statistics of the United States, 1789–1945," Washington DC, 1949, series G 93–101 (Metals, Ferrous—Iron Ore, Pig Iron, and Ferro-Alloys: 1810 to 1945), 149.

注 释

244. 可行的方法：John Moody, *The Truth About Trusts* (New York: Moody, 1904), 5–11.
244. 该信托机构就拥有：Ron Chernow, *Titan: The Life of John D. Rockefeller, Sr.* (New York: Vintage Books, 1999), 227.
245. "纱线托拉斯"：Moody, , 234.
245. "排水管托拉斯"：Ibid., 232.
245. "饼干托拉斯"：Ibid., 259.
245. 左右整个领域的渴望：Naomi R. Lamoreaux, *The Great Merger Movement in American Business, 1895–1904* (Cambridge: Cambridge University Press, 1988), 3.
245. 银行家或企业家：Edward Sherwood Mead, *Trust Finance: A Study of the Genesis, Organization, and Management of Industrial Combinations* (New York: D. Appleton, 1913), 88–94.
246. 全球最大的经济体：Harold Underwood Faulkner, *The Decline of Laissez Faire, 1897–1917* (White Plains, NY: M. E. Sharpe, 1951), 69.
246. 赫斯特恳求布赖恩：Louis W. Koenig, *Bryan: A Political Biography of William Jennings Bryan* (New York: G. P. Putnam's Sons, 1971), 442.
246. 强调反对帝国主义：Ibid., 300–301.
247. 市值4000万美元：Moody, *Truth About Trusts*, 157.
247. 联邦钢铁公司：Ibid., 155–156.
247. 美国镀锡板材公司：Ibid., 157–159.
247. 国家钢管公司：Ibid., 161.
247. 联邦钢铁公司的组建：Mead, *Trust Finance*, 198–209.
247. "生产股权凭证"：Strouse, *Morgan*, 399.
248. 让菲律宾独立：Wall, *Andrew Carnegie*, 695.
248. 列出了自己的条件：Strouse, *Morgan*, 403.
248. "最富有的人"：Wall, *Andrew Carnegie*, 789.
249. 摩根的公司存入了：Moody, *Truth About Trusts*, 135–137.
249. 大型钢铁公司合并：Ibid., 142.
249. 第一家市值超过："U.S. Steel Corporation, Preliminary Report to Stockholders," February 17, 1902.
249. "对我的成功做出极大贡献"：Andrew Carnegie to employees of Carnegie Steel, March 12, 1901.
249. 纽约市的68个图书馆：Carnegie, *The Autobiography of Andrew Carnegie* (Boston: Northeastern University Press, 1986), 249.
249. 卡内基研究院：Ibid., 257.
249. "培养人才"：Ibid.
250. 考虑到罗斯福的成长背景：Edmund Morris, *Theodore Rex* (New York: Modern Library, 2002), 6–7.
251. 麦金利去世："Peace Follows War in Northern Pacific," *New York Times*, November 14, 1901.
251. 两万多英里的铁路：Moody, *Truth About Trusts*, 435.
251. 80%的铁路里程：Bureau of the Census, "Historical Statistics of the United States, 1789–1945," Washington DC, 1949, series K 28–42 (Mileage, Equipment, and Passenger Service;

Operating Steam Railways: 1890 to 1945), 201; Moody, *Truth About Trusts*, 439.
252. 罗斯福在国会发表了相当于那个时代："First Annual Message," December 3, 1901, American Presidency Project, University of California, Santa Barbara.
254. 海军部的预算：Bureau of the Census, "Historical Statistics of the United States, 1789–1945," Washington DC, 1949, series P 99–108 (Federal Government Finances—Treasury Expenditures: 1789 to 1945), 299.
254. "我们哪里有问题"：Morris, *Theodore Rex*, 91–92.
255. "生意场上的劲敌"：Ibid., 92.
255. 美国钢铁公司……销售收入：U.S. Steel Corporation, Preliminary Report to Stockholders."
255. 煤矿工人："Anthracite Strike's Effect," *New York Times*, May 6, 1902.
255. 无烟煤开采量：Bureau of the Census, "Historical Statistics of the United States, 1789–1945," Washington DC, 1949, series G 13–18 (Bituminous and Anthracite Coal, Production: 1807 to 1945), 141.
256. 英国和德国矿工：Anthracite Coal Strike Commission, *Report to the President on the Anthracite Coal Strike* (Washington DC: Government Printing Office, 1903), 28–31.
256. 513人死于工作原因：Ibid., 29.
257. "米切尔的垄断力量"：Morris, *Theodore Rex*, 154.
257. 白宫：Technically, the negotiations took place in a temporary White House across the street while the West Wing was under construction.
257. 一万人的常备军：Morris, *Theodore Rex*, 164–165.
258. 工资增加：Anthracite Coal Strike Commission, *Report to the President*, 80–83.

第20章　食品

259. 财务……困境：Nettie Leitch Major, *C. W. Post: The Hour and the Man* (Washington DC: Press of Judd and Detweiler, 1963), 14.
259. 巴特尔克里克疗养院：Ibid., 2.
259. 凯洛格对……拼写：John Harvey Kellogg, *The Battle Creek Sanitarium System: History, Organization, Methods* (Battle Creek, MI: Gage Printing, 1908), 13.
259. 专业的医学训练：Ronald L. Numbers, *Prophetess of Health: A Study of Ellen G. White* (Grand Rapids, MI: Wm. B. Eerdmans, 2008), 179.
260. 人类的大多数性行为：John Harvey Kellogg, *Plain Facts for Old and Young* (Burlington, IA: Segner & Condit, 1881), v–viii.
260. "杀婴和堕胎"：Ibid., 271.
260. "孕期放纵"：Ibid., 241.
260. "夜夜狂欢"：Ibid., 226.
260. "放纵可以增强"：Ibid., 227.
260. "作用是生产新的个体"：Ibid., 221.
260. 归因于吃肉：Ibid., 202.
260. "没有其他能与之相比"和"躺着或趴着"：Genesis 19:5, cited in Kellogg, *Plain Facts for Old and Young*, 315, 330.

注 释

260. "糖果、香料、肉桂"：Kellogg, *Plain Facts for Old and Young*, 330.
261. 看看罗马的下场：Ibid., 288.
261. 巴特尔克里克疗养院的理念：Kellogg, *Battle Creek Sanitarium*, 137.
261. "烤制的谷物片"：Ibid., 137.
261. 在凯洛格的疗养院：Major, *C. W. Post*, 30–31.
261. 为了推销葡萄-坚果：Ibid., 51–57.
262. 最好的补脑佳品：Testimony of Floyd W. Robinson, state chemist of the state of Michigan, quoted in Robert Joseph Collier, *The $50,000 Verdict* (New York: P. F. Collier & Son, 1911), 41, 30.
262. 最终弟弟胜诉："Digest of Michigan Supreme Court Decision on 'Kelloggs,'" *Spice Mill* 44, no. 2 (February 1921).
262. "众多假冒仿制品"：Kellogg, *Battle Creek Sanitarium*, 137.
263. 最伟大的成就：Samuel Hopkins Adams, *The Great American Fraud* (New York: P. F. Collier & Son, 1905), 48–49.
263. 针对耳聋：Ibid., 48.
263. 破产、火灾和失败：Mark Pendergrast, *For God, Country & Coca-Cola* (New York: Basic Books, 2000), 20.
263. 大补丸：Ibid., 21.
263. 某些神奇效果：Ibid.
264. 所谓"马里亚尼酒"：Ibid., 22.
264. 禁酒令：Ibid., 27.
264. 彭伯顿的"无酒精饮料"：Ibid., 29, 30.
264. 错综复杂的交易：Ibid., 36.
264. "理想的补脑佳品"：Ibid., 60.
265. 艾达·塔贝尔发表：Ida M. Tarbell, *The History of the Standard Oil Company*, ed. David M. Chalmers (New York: Dover, 2003).
265. 行业的收入：Ibid., 73.
266. "双方一致同意"：Ibid., 6.
266. "当你摸到"：Ibid., 90.
267. 进入美国：Bureau of the Census, "Historical Statistics of the United States, 1789–1945," Washington DC, 1949, series B 304–330 (Immigration—Immigrants by Country: 1820 to 1945), 33.
268. 爱尔兰总人口：Ibid.
268. 美国所有出口商品：Bureau of the Census, "Historical Statistics of the United States, 1789–1945," Washington DC, 1949, series M 56–67 (Foreign Trade—Value of Merchandise Exports and Imports, by Economic Classes: 1821 to 1945), 246.
268. 冷藏技术的出现：Philip D. Armour, "The Packing Industry," in Chauncey Mitchell Depew, *One Hundred Years of American Commerce, 1795–1895*, vol. 2 (New York: D. O. Haynes, 1895), 338.
269. 1300万头牛：Bureau of the Census, "Historical Statistics of the United States, 1789–1945," Washington DC, 1949, series E 136–151 (Meat—Slaughtering, Production, and Price: 1899 to 1945), 102.

269. "二十五年前": Armour, "Packing Industry," 338.
269. "眼前是斜道": Upton Sinclair, *The Jungle* (1906; repr., Ann Arbor, MI: Borders Classics, 2006), 37.
270. "有机物质也不会被浪费": Ibid., 44.
270. "用餐": Ibid., 89.
270. "不再冷得发抖": Ibid., 90.
271. "零碎的肉渣": Ibid., 67.
271. "高档猪油": Ibid., 107.
271. "猪油": Ibid., 108.
271. "这些别出心裁的东西": Ibid., 109.
272. 没有提及: "Jurdis Rudkus and 'The Jungle,'" *New York Times*, March 3, 1906.
272. "那个手拿粪耙……的人": Theodore Roosevelt, "Fifth Annual Message," December 1905, American Presidency Project, University of California, Santa Barbara.
273. "假冒伪劣": Ibid.
273. "我的建议是": Upton Sinclair to President Theodore Roosevelt, March 10, 1906, National Archives, Identifier: 301981, Record Group 16.
274. "有权知晓……具体内容": "Sinclair Gives Proof of Meat Trust Frauds," *New York Times*, May 28, 1906, 2.
274. "毫不在意的样子": "Horrifying Conditions in Packing Houses," *Eugene Register-Guard*, June 4, 1906.

第21章 汽车

279. "革命性的发明": "The Evolution of the Industry," *Horseless Age* 6, no. 1 (April 4, 1900).
279. 卖出了大约4000辆汽车: Bureau of the Census, "Historical Statistics of the United States, 1789–1945," Washington DC, 1949, series K 225–235 (Production, Registrations, and Motor Fuel Usage: 1900 to 1945), 223.
279. 时速达到: "A Gasoline Steam Carriage," *Scientific American* 66 (May 21, 1892).
280. 印度的弗朗西斯时代公司: Arthur Pound, *The Turning Wheel: The Story of General Motors Through Twenty-five Years, 1908–1933* (London: Forgotten Books, 2012), 47.
280. 缺乏……电池存储: Allan Nevins, *Ford: The Times, the Man, the Company* (New York: Charles Scribner's Sons, 1954), 175.
280. 售价650美元: "Advertising Supplement," *Horseless Age* 6, no. 3 (April 18, 1900).
280. 三分之一: Pound, *Turning Wheel*, 54.
280. 20万美元的资金: Ibid., 51.
280. 1903年……16辆汽车: Ibid., 76.
280. 别克公司的大多数股权: Ibid., 79.
281. "仅仅为了赚钱": Henry Ford and Samuel Crowther, *My Life and Work* (Garden City, NY: Doubleday, Page, 1922), 36, cited in Nevins, *Ford*, 211.
281. "最好的汽车": Ford and Crowther, *My Life and Work*, 50.
282. "一辆车一条命"和"吵死人": Ibid.

注 释

282．福特就给：Nevins, *Ford*, 218.
282．奥德菲尔德在同一个：Ibid.
282．1903 年，在……确定下来：Ibid., 238.
284．"低价购买……阶层"："Proposal to License Owners," *New York Times*, December 4, 1910.
284．"他看不起"：Charles E. Sorensen, *My Forty Years with Ford* (Detroit: Wayne State University Press, 2006), 11.
284．A 型车：Nevins, *Ford*, 241.
285．"习惯性地抓住"：Ford and Crowther, *My Life and Work*, 49.
285．98851 美元：Nevins, *Ford*, 246.
285．引入了新车型：Ford Motor Co., advertisement, *Motor Age* 6, no. 25 (December 22, 1904).
285．将近 200 万美元：Nevins, *Ford*, 647 (Appendix VI: Net Income of Ford Motor Company).
285．净收入：Ibid., 287 (Appendix IV: Dollar Sales of Ford Cars).
285．新型车：Ibid., 324.
285．速度达到：Ibid., 327.
285．买下了马尔科姆森手中：Ibid., 330.
286．工业艺术家：Ibid., 574–577.
286．8000 多辆：Pound, *Turning Wheel*, 90.
286．其产量超过了：Ibid.; Nevins, *Ford*, 644–645.
287．注册通用汽车公司："General Motors Company Starts Rumors Anew," *New York Times*, December 29, 1908.
287．刚超过……上升：Bureau of the Census, "Historical Statistics of the United States, 1789–1945," Washington DC, 1949, series K 225–235 (Production, Registrations, and Motor Fuel Usage: 1900 to 1945), 223.
287．其中包括零配件：Pound, *Turning Wheel*, 119.
287．卖出了……多辆：Ibid., 108–109.
287．辉煌的第一年：Ibid., 123.
288．四缸发动机："Ford 1908 Features," *Horseless Age* 21 (April 1, 1908).
288．钒钢：Henry Ford, "Special Automobile Steels," *Harper's*, March 16, 1907, cited in Nevins, *Ford*, 349.
288．西尔斯目录册：Nevins, *Ford*, 409.
288．售出了近 20 万辆汽车：Bureau of the Census, "Historical Statistics of the United States, 1789–1945," Washington DC, 1949, series K 225–235 (Production, Registrations, and Motor Fuel Usage: 1900 to 1945), 223.
288．1000 多万辆：Ibid.
289．福特在……卖出了：Pound, *Turning Wheel*, 644 (Appendix III: Total Sales of Ford Cars).
289．"悬挂输送线"：Ford and Crowther, *My Life and Work*, 81.
289．"由一个工人"：Ibid.
290．"底盘框架上"：Ibid., 82.
290．每小时 26 美分：Pound, *Turning Wheel*, 529.
290．每年拥有 18 天的带薪休假福利：Nevins, *Ford*, 531.
290．但不包括女性：Ibid., 534.

290. 占据了全国报纸的头条："Gives $10,000,000 to 26,000 Employees," *New York Times*, January 6, 1914; "Henry Ford Gives $10,000,000 in 1914 Profits to His Employees," *Detroit Journal*, January 6, 1914.
290. 社会学部门：Nevins, *Ford*, 533, 556–558.
291. 南方佃农：Christopher L. Foote, Warren C. Whatley, and Gavin Wright, "Arbitraging a Discriminatory Labor Market: Black Workers at the Ford Motor Company, 1918–1947," *Journal of Labor Economics* 21, no. 3 (July 2003): 493–532.

第22章 无线电

292. 一种展示活动：Gleason Leonard Archer, *History of the Radio to 1926* (New York: American Historical Society, 1938), 110–111.
292. 交流的内容："Statement of Lieut. S. C. Hooper, US Navy," *Hearings Before the Committee on the Merchant Marine and Fisheries on H. R. 19350, A Bill to Regulate Radio Communication*, 64th Cong., 2nd sess., January 16, 1970 (Washington DC: Government Printing Office, 1917), 120–121.
293. 预算的大扩张：Bureau of the Census, "Historical Statistics of the United States, 1789–1945," Washington DC, 1949, series P 99–108 (Federal Government Finances—Treasury Expenditures: 1789 to 1945), 299.
293. 无线电操作员：Edmund Morris, *Theodore Rex* (New York: Modern Library, 2002), 455.
293. 马可尼无线电站："Allan Liner Virginian Now Speeding Toward the Big Ship," *New York Times*, April 15, 1912.
294. 发光布告栏："Times Bulletins Sent Far and Wide," *New York Times*, April 17, 1912.
294. 斯特劳斯和阿斯特四世：Stephen Birmingham, *The Rest of Us: The Rise of America's Eastern European Jews* (Syracuse, NY: Syracuse University Press, 1999), 104.
294. 劳合社："A $5,000,000 Risk Carried by Lloyd's," *New York Times*, April 16, 1912.
294. 从175美元暴涨到245美元："Marconi Stock $10,000,000," *New York Times*, April 19, 1912.
295. 由联邦政府统一控制："President Taft Early Wired for News of Major Butt," *New York Times*, April 17, 1912.
296. 经济霸主地位：Paul Kennedy, *The Rise and Fall of the Great Powers: Economic Change and Military Conflict from 1500 to 2000* (New York: Random House, 1987), 279–282.
297. 斐迪南大公和："Heir to Austria's Throne Is Slain with His Wife by Bosnian Youth to Avenge Seizure of His Country, *New York Times*, June 29, 1914.
298. 西奥多·罗斯福……很恼火：A. Scott Berg, *Wilson* (New York: G. P. Putnam's Sons, 2013), 362–363.
298. 实物黄金：Bureau of the Census, "Historical Statistics of the United States, 1789–1945," Washington DC, 1949, series M 42–55 (Foreign Trade—Value of Exports and Imports: 1790 to 1945), 244.
298. 各种产成品：Bureau of the Census, "Historical Statistics of the United States, 1789–1945," Washington DC, 1949, series M 56–67 (Foreign Trade—Value of Merchandise Exports and

Imports by Economic Classes: 1821 to 1945), 246.
299. 力量对比：Berg, *Wilson*, 431–437.
299. 联邦总开支：Bureau of the Census, "Historical Statistics of the United States, 1789–1945," Washington DC, 1949, series P 99–108 (Federal Government Finances—Treasury Expenditures: 1789 to 1945), 299.
300. 所得税收入迅速：Bureau of the Census, "Historical Statistics of the United States, 1789–1945," Washington DC, 1949, series P 89–98 (Federal Government Finances—Treasury Receipts and Surplus or Deficit: 1789 to 1945), 296–298.
300. 生产的飞机：Bureau of the Census, "Historical Statistics of the United States, 1789–1945," Washington DC, 1949, series K 239–245 (Air Transport—Aircraft Production and Exports: 1913 to 1945), 224.
300. "自由牌"发动机：Henry Ford and Samuel Crowther, *My Life and Work* (Garden City, NY: Doubleday, Page, 1922), 246.
300. 全世界数百万人死于：Kennedy, *Rise and Fall of the Great Powers*, 278.
301. 最大的企业用户：Gleason Leonard Archer, *Big Business and Radio* (New York: American Historical Company, 1939), 6–8.
302. 马可尼想要……使用许可：Tom Lewis, *Empire of the Air: The Men Who Made Radio* (New York: Edward Burlingame Books, 1991), 142.
302. 落在外国人手中：Archer, *Big Business and Radio*, 5.
302. 美国无线电公司：Ibid., 8; Lewis, *Empire of the Air*, 145–147.
303. 带来4500万美元的收入：David Sarnoff to Owen D. Young, January 31, 1920, quoted in Archer, *Big Business and Radio*, 19.
303. 叫"radiola"：Ibid., 13–16.
304. 收听拳击比赛："Times Square Roars for Both," *New York Times*, July 3, 1921, 5.
304. 最重要的15分钟：Lewis, *Empire of the Air*, 159.
304. 2.5万业余广播爱好者："25,000 Transmitting Stations," *Radio Dealer* 1 (April 1922), 19.
305. "任何试图"："Air Advertising Can't Be Sold Now," *Radio Dealer* 1 (April 1922), 30.
305. "专业人士"的工作：David Sarnoff to E. W. Rice Jr., June 17, 1922, quoted in Archer, *Big Business and Radio*, 29.
305. 先进的电话线路系统：Archer, *Big Business and Radio*, 282.
305. 其他地方电台：Ibid.
306. 国家广播公司：Ibid., 280.
306. 半数美国家庭：Bureau of the Census, "Historical Statistics of the United States, 1789–1945," Washington DC, 1949, series G 217 (Power—Installed Generating Capacity by Class of Ownership: 1902 to 1945), 158–159.

第23章　私酒

307. 政治风暴：Daniel Okrent, *Last Call: The Rise and Fall of Prohibition* (New York: Charles Scribner's Sons, 2011), 27.
308. 财政预算足足：Bureau of the Census, "Historical Statistics of the United States, 1789–1945,"

Washington DC, 1949, series P 120–131 (Federal Government Finances—Internal Revenue Collections, Income, Excess Profits, Capital Stock, Gift Taxes, etc.: 1863 to 1945), 304.

308. 啤酒和烈酒：Bureau of the Census, "Historical Statistics of the United States, 1789–1945," Washington DC, 1949, series P 109–119 (Federal Government Finances—Internal Revenue Collections, Total and Selected Tax Sources: 1863 to 1945), 302.

308. 数十亿美元的财政收入：Bureau of the Census, "Historical Statistics of the United States, 1789–1945," Washington DC, 1949, series P 120–131 (Federal Government Finances—Internal Revenue Collections, Income, Excess Profits, Capital Stock, Gift Taxes, etc.: 1863 to 1945), 304.

308. 美国酿酒商协会：Irving Fisher, *Prohibition at Its Worst* (New York: Macmillan, 1927), 9–11; Okrent, *Last Call*, 85.

308. 口头和书面德语：Okrent, *Last Call*, 30.

308. 德国皇帝生日：Ibid., 85.

308. 600万女性："Women Ask Ban on Beer," *New York Times*, March 1, 1919.

308. 英国议会中……啤酒生产："Noted Man to Fight Dry Amendment," *New York Times*, March 16, 1919.

309. 反德情绪：Okrent, *Last Call*, 100–101.

309. 最早批准……五个州之一：Ibid., 104.

309. "酿制、销售和运输"：Eighteenth Amendment to the United States Constitution, passed December 18, 1917, ratified January 16, 1919, Avalon Project, Lillian Goldman Law Library, Yale University.

309. 宗教仪式用酒：Okrent, *Last Call*, 186–189.

310. "如何为葡萄产品……"：Italian-American Bank, advertisement in *California Grape Grower* 2, no. 7 (June 1, 1921), 10.

310. 东部的600万人口：Leo G. Altmayer, advertisement in *California Grape Grower* 2, no. 7 (June 1, 1921), 14.

310. "就好像魔法一样"：H. F. Stoll, "Have Prohibition Laws Made Growers Prosperous?," *California Grape Grower* 2, no. 2 (January 1, 1921), 1.

310. "一贯遵纪守法的公民"："Modifying the Volstead Law," *California Grape Grower* 2, no. 2 (January 1, 1921), 8.

311. "响当当"的名字："Selection of a Winning Trade Name: Some Popular New Brands," *California Grape Grower* 2, no. 2 (January 1, 1921), 11.

311. "消费者仍然令人遗憾地不知道"："Campaign of Education Necessary: Homebrewers Do Not Know All Our Wine Grapes," *California Grape Grower* 2, no. 12 (November 1, 1921), 3.

311. 一首热情洋溢的诗："Our Grape-Season Swan Song," *California Grape Grower* 2, no. 12 (November 1, 1921), 6.

311. 先前充斥着：Jeffrey A. Miron and Jeffrey Zwiebel, "Alcohol Consumption During Prohibition" (working paper no. 3675, National Bureau of Economic Research, April 1991), 1–2.

312. 私人窖藏：Okrent, *Last Call*, 120.

312. 禁酒运动：Ibid., 74.

注　释

312. 沙皇对伏特加的限制：Ibid., 75.
313. "白人的伟大希望"：David Wallace, *Capital of the World: A Portrait of New York City in the Roaring Twenties* (Guilford, CT: Lyons, 2012), 224.
313. "最了不起的黑人之城"：James Weldon Johnson, "The Making of Harlem," *Survey Graphic* 6, no. 6 (March 1925).
313. "城中城"：Ibid.
314. 充满生气和活力的艺术形式：Stanley Walker, *The Night Club Era* (Baltimore: Johns Hopkins University Press, 1999), 94–95.
314. 人们就要：Wallace, *Capital of the World*, 224.
314. 接触频繁：Mark Pendergrast, *For God, Country & Coca-Cola* (New York: Basic Books, 2000), 163.
314. "致瘾特性"：Ibid., 158.
315. 沃尔格林连锁药店：Okrent, *Last Call*, 197.
316. 贿赂当地执法者："State Enforcement Law Unnecessary," *California Grape Grower* 2, no. 12 (November 1, 1921), 6.
316. 一篇大标题为："The Free Kingdom of Torrio," *Chicago Tribune*, November 21, 1924.
316. 旁边的第 2222 号：John Kobler, *Capone: The Life and World of Al Capone* (Cambridge, MA: Da Capo, 2003), 67.
317. 一家花店里：John H. Lyle, "Kill Dion O'Banion—The Mob Says It with Flowers: Prohibition Era's Worst Gang War Lay Ahead," excerpt from *The Dry and Lawless Years* (Englewood Cliffs, NJ: Prentice Hall, 1960), printed in the *Chicago Tribune*, November 26, 1960.
316. 根纳兄弟："Death Marked for 3 More of Genna Family," *Chicago Tribune*, July 10, 1925.
317. 安杰洛·根纳的葬礼："Our Genna's Funeral," *Chicago Tribune*, June 1, 1925.
318. "品行高洁的芝加哥市民"："'You Can All Go Thirsty' Is Al Capone's Adieu," *Chicago Tribune*, December 6, 1927.
318. 100 万美元：Selwyn Rabb, *Five Families* (New York: St. Martin's Press, 2006), 42.
319. 敲响了警钟：Ibid., 43.
319. 登上……封面："Al Capone," *Time*, March 24, 1930.
319. 掌握统治大权的家族：Peter Maas, *The Valachi Papers* (New York: Harper Collins, 2003), 15–17.

第24章　银行

320. "这个国家"：Calvin Coolidge, "Final Address to Congress," December 7, 1928, American Presidency Project, University of California, Santa Barbara.
320. 注册汽车将近 2600 万辆：Bureau of the Census, "Historical Statistics of the United States, 1789–1945," Washington DC, 1949, series K 225–235 (Motor Vehicles—Production, Registrations, and Motor Fuel Usage: 1900 to 1945), 223.
320. 电气时代的美国家庭：Bureau of the Census, "Historical Statistics of the United States, 1789–1945," Washington DC, 1949, series G 225–233 (Power—Electric Utilities, Sales to Ultimate Consumers: 1902 to 1945), 159.

320. 战后……财政一直保持着盈余：Bureau of the Census, "Historical Statistics of the United States, 1789–1945," Washington DC, 1949, series P 89–98 (Federal Government Finances—Treasury Receipts, and Surplus or Deficit: 1789 to 1945), 296.
321. 世界上最大的债权国：Paul Kennedy, *The Rise and Fall of the Great Powers: Economic Change and Military Conflict from 1500 to 2000* (New York: Random House, 1987), 281.
321. 德国欠下……战争赔款：Liaquat Ahamed, *Lords of Finance: The Bankers Who Broke the World* (New York: Penguin Books, 2009), 207.
321. 欠下美国巨额债务："Britain Warns Dec. 15 Payment Imperils Lausanne," "Paris Note Pleads France Is Bulwark," *New York Times*, December 2, 1932.
321. "一种合法的盗窃"：Calvin Coolidge, "Inaugural Address," March 4, 1925, American Presidency Project, University of California, Santa Barbara.
322. "股神"：I. B. N. Gnaedinger, "Radio Has Made a New Millionaire," *New York Times*, March 18, 1928.
322. 女性杂志报道：John Kenneth Galbraith, *The Great Crash, 1929* (Boston: Mariner Books, 1997), 52, 76.
322. 新型金融工具：Ibid., 46–48.
322. 保证金账户："Stock Exchange Practices," Senate Report, 1934, cited in Galbraith, *Great Crash*, 78.
322. 现金：Milton Friedman and Anna Jacobson Schwartz, *The Great Contraction, 1929–1933* (Princeton, NJ: Princeton University Press, 2009), 21.
322. 40亿美元："A.T.&T. Valued in Market at $4,047,241,500, Up $138,198,500 in Day, with Shares 307½," *New York Times*, September 19, 1929.
323. "高歌猛进"：Galbraith, *Great Crash*, 179.
323. 语言掩盖市场的绝望情绪："Bankers Halt Stock Debacle," *Wall Street Journal*, October 25, 1929.
324. 比……亚历山大·汉密尔顿：David Cannadine, *Mellon: An American Life* (New York: Alfred A. Knopf, 2006), 396.
324. 银行放贷……财富：Ibid., 277.
325. 280亿储蓄总额：Bureau of the Census, "Historical Statistics of the United States, 1789–1945," Washington DC, 1949, series N 99–106 (Savings Banks and Deposits—Savings and Other Time Deposits and Depositors: 1910 to 1942), 271.
325. 256家……小银行：Friedman and Schwartz, *Great Contraction*, 25.
325. 美国银行：Kenneth S. Davis, *FDR: The New Deal Years 1933–1937* (New York: Random House, 1986), 62.
326. 纽约房产："Bank of U.S. Closes Doors; State Takes Over Affairs; Aid Offered to Depositors," *New York Times*, December 12, 1930, 2.
326. "最严重的失误"：*Annual Report of Superintendent of Banks*, State of New York, December 31, 1931, quoted in Friedman and Schwartz, *Great Contraction*, 26.
326. 布罗德里克宣布："Bank of U.S. Closes Doors."
326. "大批储户不知所措地"："Throngs Are Calm as Branches Close," *New York Times*, December 12, 1930.

注 释 555

326. 国家联想：Friedman and Schwartz, *Great Contraction*, 26.
327. 三国代表团：Ahamed, *Lords of Finance*, 333.
327. 德国同意：Ibid., 199, 336.
327. 金本位：Ben Bernanke and Harold James, "The Gold Standard, Deflation, and Financial Crisis in the Great Depression: An International Comparison," in Ben S. Bernanke, *Essays on the Great Depression* (Princeton: Princeton University Press, 2004), 77–78.
328. 不顾一切坚持：Freidman and Schwartz, *Great Contraction*, 169–182.
328. 英国放弃了金本位：Bernanke and James, "The Gold Standard," 74 (table 1).
328. 小银行倒闭：Bureau of the Census, "Historical Statistics of the United States, 1789–1945," Washington DC, 1949, series N 135–140 (Bank Suspensions—Number of Suspensions: 1864 to 1945), 273.
328. 养家的人失业：Bureau of the Census, "Historical Statistics of the United States, 1789–1945," Washington DC, 1949, series D 62–76 (Labor Force—Industrial Distribution of Employed (NICB): 1900 to 1945), 65.
328. 美国的总收入：Bureau of the Census, "Historical Statistics of the United States, 1789–1945," Washington DC, 1949, series 101–116 (Gross National Product or Expenditures (Revised, July 1947): 1929 to 1945), 12.
328. 急剧下降到：Bureau of the Census, "Historical Statistics of the United States, 1789–1945," Washington DC, 1949, series H 1–26 (Construction Expenditures—Estimates: 1915 to 1945), 168.
329. 汽车生产：Bureau of the Census, "Historical Statistics of the United States, 1789–1945," Washington DC, 1949, series K 225–235 (Motor Vehicles—Production, Registrations, and Motor Fuel Usage: 1900 to 1945), 223.
329. 美国农场收入：Bureau of the Census, "Historical Statistics of the United States, 1789–1945," Washington DC, 1949, series E 88–104 (General Statistics—Farm Income, Prices Received and Paid: 1910 to 1945), 99.
329. 已注册农场的数量：Bureau of the Census, "Historical Statistics of the United States, 1789–1945," Washington DC, 1949, series E 43–60 (General Statistics—Farm Tenure, by Color and Tenure of Operator: 1900 to 1945), 96.
329. 价格是那时的一半：Bureau of the Census, "Historical Statistics of the United States, 1789–1945," Washington DC, 1949, series E 117–134 (Livestock—Number, Value Per Head, Production and Prices: 1867 to 1945), 101; Bureau of the Census, "Historical Statistics of the United States, 1789–1945," Washington DC, 1949, series E 152–164 (Dairying—Cows Kept for Milk on Farms, Milk Produced and Sold, Manufactured Dairy Products: 1849 to 1945), 103.
329. 收获面积：Bureau of the Census, "Historical Statistics of the United States, 1789–1945," Washington DC, 1949, series E 181–195 (Crop Statistics—Corn and Wheat: 1859 to 1945), 106; Bureau of the Census, "Historical Statistics of the United States, 1789–1945," Washington DC, 1949, series E 231–243 (Crop Statistics—Oats, Barley, Flaxseed, and Soybeans: 1839 to 1945), 107.
329. 产量……梨：Bureau of the Census, "Historical Statistics of the United States, 1789–1945,"

Washington DC, 1949, series E 231–243 (Fruits and Vegetables—Apples, Peaches, Pears, Grapes, Oranges, and Grapefruit: 1889 to 1945), 110.
329. 抵押贷款……群体：Bureau of the Census, "Historical Statistics of the United States, 1789–1945," Washington DC, 1949, series E 244–255 (Farm Credit—Farm-Mortgage Debt, Loans, Interest: 1910 to 1945), 111.
329. "我不是抱怨"："Capone Moralizes on Eve of Sentence," *New York Times*, July 30, 1931.
330. 失业率直奔：Bureau of the Census, "Historical Statistics of the United States, 1789–1945," Washington DC, 1949, series D 62–76 (Labor Force—Industrial Distribution of Employed (NICB): 1900 to 1945), 65.
330. 取出纸币：Friedman and Schwartz, *Great Contraction*, 37.
330. 提高了个人所得税：Ibid., 47.
330. "根本问题"：Herbert Hoover, "Address in Indianapolis, Indiana," October 28, 1932, American Presidency Project, University of California, Santa Barbara.
331. 卢瑟·马尔："Buyer of Farm Slain After Forced Sale," *New York Times*, February 1, 1933.
331. "农村革命"：Davis, *FDR*, 71.
331. 中止取消农场赎回权："Farm Moratorium Made Nation-Wide," *New York Times*, February 1, 1933.
332. 形势恶化：Davis, *FDR*, 25.
332. "我们唯一值得恐惧的"：Franklin Roosevelt, "First Inaugural Address," March 3, 1933, Presidency Project, University of California, Santa Barbara.
333. 发表了总统公告："Roosevelt Orders 4-Day Bank Holiday, Puts Embargo on Gold, Calls Congress," *New York Times*, March 6, 1933.
333. 强迫"囤积者"："Gold Inflow Brings $20,000,000 in Day," *New York Times*, March 11, 1933.
333. "简单事实"：Franklin Roosevelt, "First Fireside Chat," March 12, 1933, Franklin D. Roosevelt Presidential Library, Marist College.
334. 啤酒……酒精："Roosevelt Asks for Beer to Provide Needed Revenue," *New York Times*, March 14, 1833.
334. 总市值："Record Rise in Shares," *New York Times*, March 16, 1933.
334. "增加农民购买力"："Text of the Administration Farm Relief Bill Submitted to Congress," *New York Times*, March 17, 1933.
335. 汽车产量翻了一番：Bureau of the Census, "Historical Statistics of the United States, 1789–1945," Washington DC, 1949, series K 225–235 (Motor Vehicles—Production, Registrations, and Motor Fuel Usage: 1900 to 1945), 223.
335. 国民生产总值：Bureau of the Census, "Historical Statistics of the United States, 1789–1945," Washington DC, 1949, series 101–116 (Gross National Product or Expenditures (Revised, July 1947): 1929 to 1945), 12.

第25章 电影

337. "最出色的": "A Fine Novel of the Civil War," *New York Times*, July 5, 1936.
337. 50多万册: Richard Harwell, "Since 1936, a Landmark in American Fiction," *Chicago Tribune*, July 2, 1961.
337. "我乞求、力劝、恳求": Telegram to David Selznick from Kay Brown, quoted in Thomas Schatz, *The Genius of the System: Hollywood Filmmaking in the Studio Era* (Minneapolis: University of Minnesota Press, 2010), 180.
337. 然而，塞尔兹尼克想要再等一等: David O. Selznick, *The Creation of "Gone with the Wind" and Other Motion Picture Classics*, ed. Rudy Behlmer (New York: Viking, 1972) 138–139.
337. 100万册: Harwell, "Since 1936, a Landmark."
337. 自己的作品: Schatz, *The Genius of the System*, 176.
338. 可能超过200万美元: David O. Selznick to Edward W. Butcher (production manager), September 23, 1938, quoted in David O. Selznick, *Memo from David O. Selznick*, ed. Rudy Behlmer (New York: Viking Press, 1972), 164; Scott Eyman, *Lion of Hollywood: The Life and Legend of Louis B. Mayer* (New York: Simon & Schuster, 2005), 258.
339. 第45号街和百老汇: Douglas Gomery, *The Hollywood Studio System* (London: Palgrave, 2015), 30–31.
339. 发行力量强大: Ibid., 30.
339. 收购高德温电影公司的邀约: Schatz, *Genius of the System*, 30.
340. 勒夫出资7.5万美元: Ibid., 30–31.
340. 总共赚了300万美元: Ibid., 63.
340. 牵头实施了资产重组: Michael Conant, *Antitrust in the Motion Picture Industry* (Berkeley: University of California Press, 1960), 31.
341. 分离出来: Ibid.
342. 50%的利润: Eyman, *Lion of Hollywood*, 260.
342. 塞尔兹尼克不得不: David O. Selznick to Daniel T O'Shea, November 18, 1938, in Selznick, *Memo from David O. Selznick*, 171–173.
342. "个别带口音的词": David O. Selznick to Will Price, March 25, 1939, in Selznick, *Memo from David O. Selznick*, 199.
343. "瑞德"不修边幅的衣着: David O. Selznick to Mr. Klune and Mr. Lambert, April 17, 1939, in Selznick, *Memo from David O. Selznick*, 203.
343. 超过了400万美元: David O. Selznick to Howard Dietz, May 2, 1939, in Selznick, *Memo from David O. Selznick*, 204.
343. "总收入最高的": Ibid.
343. "霍雷肖·阿尔杰笔下": Douglas W. Churchill, "Now Mickey Mouse Enters Art's Temple," *New York Times*, June 3, 1934.
343. 米老鼠的授权形象: L. H. Robbins, "Mickey Mouse Emerges as Economist," *New York Times*, March 10, 1935.
343. 米老鼠手表: "Watch Concern Credits Mickey Mouse with $5,000,000 Sales in Year and a

344. 沃尔特·迪士尼的卡通片："Mr. Shumiatsky on American Films," *New York Times*, August 4, 1935.
344. "迪士尼真实地"："Mickey Mouse Portrays Capitalist, Reds Assert," *New York Times*, December 11, 1935.
344. 拍摄成本为：Churchill, "Now Mickey Mouse Enters Art's Temple."
344. 科学艺术学校：Neal Gabler, *Walt Disney: The Triumph of the American Imagination* (New York: Vintage Books, 2006), 258.
345. 默默擦眼泪：Ibid., 272.
345. 观影人数："'Snow White,' First to Remain for Fourth Week at the Music Hall, Expected to Draw 800,000," *New York Times*, January 31, 1938, 15.
346. 最低票价：David O. Selznick to Vice President Al Lichtman, October 20, 1939, in Selznick, *Memo from David O. Selznick*, 225–226.
346. 这一规则让：Gomery, *Hollywood Studio System*, 67.
346. "说实话，亲爱的"：David O. Selznick to Will H. Hays, October 20, 1939, in Selznick, *Memo from David O. Selznick*, 221.
347. "在佐治亚人看来"："G with the W," *Time*, December 25, 1939.

第26章 飞行

349. 1934年……国防花费：Bureau of the Census, "Historical Statistics of the United States, 1789–1945," Washington DC, 1949, series P 99–108 (Government Finances—Treasury Expenditures: 1789 to 1945), 299.
350. 从卧室里绑架：A. Scott Berg, *Lindbergh* (New York: G. P. Putnam's Sons, 1998), 238–239.
351. 参观了他们的飞机制造工厂：Journal entry, October 23, 1938, in Charles A. Lindbergh, *The Wartime Journals of Charles A. Lindbergh* (New York: Harcourt Brace Jovanovich, 1970), 101.
351. 《慕尼黑协议》中："Munich Pact," September 29, 1938, Avalon Project, Lillian Goldman Law Library, Yale University.
352. 热烈欢呼的人群："Peace Aid Pledged," *New York Times*, October 1, 1938.
352. "我国历史上第二次"：Chamberlain's reference is to the Treaty of Berlin (1878), which concerned affairs in Eastern Europe after the Russo-Turkish War.
352. "德意志雄鹰勋章"：Journal entry, October 18, 1938, in Lindbergh, *Wartime Journals of Charles A. Lindbergh*, 102.
352. 林德伯格夏季访问：Ibid., 101.
352. "远远超过了……任何东西"：Ibid.
352. "我迫不及待地"：Journal entry, October 25, 1938, in Lindbergh, *Wartime Journals of Charles A. Lindbergh*, 110.
353. 免除了英国的债务：Liaquat Ahamed, *Lords of Finance: The Bankers Who Broke the World* (New York: Penguin Books, 2009), 430–431.
353. 美国的经济：Bureau of the Census, "Historical Statistics of the United States, 1789–1945,"

注 释

Washington DC, 1949, series D 62–76 (Labor Force—Industrial Distribution of Employed (NICB): 1900 to 1945), 65.

354. 德国人宣布要:"Reich Bars Jews in Trade," *New York Times*, November 13, 1938.

354. "这个星期的大破坏":"Arrests Continue," *New York Times*, November 13, 1938.

354. "这些人干的是":"Hoover Protests Brutality in Reich," *New York Times*, November 14, 1938.

354. 恐怖行为和"秩序感": Journal entry, November 13, 1938, in Lindbergh, *Wartime Journals of Charles A. Lindbergh*, 115.

355. 绝密的: A. J. Baime, *The Arsenal of Democracy* (Boston: Houghton Mifflin Harcourt, 2014), 52–54.

355. 美国所有者: Ibid., 57–62.

355. "发动侵略的国家": Max Werner, *The Military Strength of the Powers*, trans. Edward Fitzgerald (New York: Modern Age Books, 1939), 6.

355. "工业潜力": Ibid., 5.

355. 美国……的军事大量: Davis, *FDR: Into the Storm, 1937–1940* (New York: Random House, 1993), 372.

355. 德国空军能够: H. H. Arnold, *Global Mission* (Blue Ridge Summit, PA: TAB Books, 1989), 177.

356. "总统毫不隐晦地"和"新建一个兵营": Ibid.

356. 出售武器: George Gallup, "The American Mind: A Test of Democracy," *New York Times*, April 24, 1938.

357. "取代……军工厂":"Opposition Forms to Neutrality Bill," *New York Times*, June 17, 1938, 5.

357. "从事涉外事务":"Roosevelt Decries 'Neutrality' Effect," *New York Times*, August 30, 1939, 3.

357. 丘吉尔再次: Davis, *FDR*, 491.

357. "英法两国":"Lindbergh's Talk on Arms Embargo," *New York Times*, October 14, 1939.

358. "更重要": Ibid.

358. "我敢肯定": Davis, *FDR*, 504.

358. 1940年……2600架:"Neutral Nations Bid for American Planes," *New York Times*, November 5, 1939.

358. 13亿美元: Davis, *FDR*, 537; Leland C. Speers, "$1,300,000,000 Bill for Navy Will Ask 95 New Warships," *New York Times*, November 5, 1939.

358. 900架飞机: Bureau of the Census, "Historical Statistics of the United States, 1789–1945," Washington DC, 1949, series K 293–245 (Air Transport—Aircraft Production and Exports: 1913 to 1945), 224.

359. "有关德国空军": Berg, *Lindbergh*, 387.

359. "法国军队": Arnold, *Global Mission*, 199.

359. 任命……威廉·努森: Davis, *FDR*, 553.

360. "稍有一点……的人": James C. Hagerty, "Republican Holds Rival Exaggerated Picture of Aircraft Output," *New York Times*, November 2, 1940.

360. 努森要求福特: Charles E. Sorensen, *My Forty Years with Ford* (Detroit: Wayne State

University Press, 2006), 275.
361. "一边是": Ibid., 278.
361. "蜗牛般的速度"和"客户定制型飞机": Ibid., 280.
362. 提升……生产效率: Ibid., 282.
362. "长一英里": Ibid., 283.
362. 30吨重的坦克: "Procurement: 100 Days," *Time*, October 7, 1940.
362. "价格最优、送货最快": Ibid.
362. 联邦政府战争部的支出: Bureau of the Census, "Historical Statistics of the United States, 1789–1945," Washington DC, 1949, series P 99–108 (Government Finances—Treasury Expenditures: 1789 to 1945), 299.
363. 反对罪恶: Frank L. Kluckhorn, "President Hopes We Can Avoid War," *New York Times*, July 2, 1941.
363. 派兵进攻缅甸: "New Troop Moves," *New York Times*, December 7, 1941.
363. "将责任担在自己肩上": Journal entry, December 8, 1941, in Lindbergh, *Wartime Journals of Charles A. Lindbergh*, 561.
364. 400万乘用车: Bureau of the Census, "Historical Statistics of the United States, 1789–1945," Washington DC, 1949, series K 225–235 (Motor Vehicles—Production, Registrations, and Motor Fuel Usage: 1900 to 1945), 223.
364. 飞机制造厂: Bureau of the Census, "Historical Statistics of the United States, 1789–1945," Washington DC, 1949, series K 239–245 (Air Transport—Aircraft Production and Exports: 1913 to 1945), 224.
364. 美国的铁矿石: Bureau of the Census, "Historical Statistics of the United States, 1789–1945," Washington DC, 1949, series G 93–101 (Metals, Ferrous—Iron Ore, Pig Iron, and Ferro-Alloys: 1810 to 1945), 149.
364. 牛肉、猪肉、小麦: Bureau of the Census, "Historical Statistics of the United States, 1789–1945," Washington DC, 1949, series E 117–134 (Livestock—Number, Value per Head, Production and Prices: 1867 to 1945), 101.

第27章 郊区化

367. "很多冰箱": William J. Levitt, "Let's Build Up—Not Tear Down," speech delivered October 23, 1950, at Herald-Tribune Forum, in *Vital Speeches of the Day*, vol. 16, 70.
368. 《军人再调整法案》: "Roosevelt Signs 'G.I. Bill of Rights,'" *New York Times*, June 23, 1944.
369. "寻找并不存在的住所": "Helping to Perpetuate the Housing Shortage," *Chicago Tribune*, December 22, 1945.
369. 住房最为紧缺: Bureau of the Census, "Historical Statistics of the United States, 1789–1945," Washington DC, 1949, series H 81–83 (Housing—Available Housing Units and Total Families, Nonfarm Areas: 1900 to 1938), 173.
369. 住宅建设的高潮时期: Bureau of the Census, "Historical Statistics of the United States, 1789–1945," Washington DC, 1949, series H 1–26 (Construction Expenditures—Estimates:

注 释

1915 to 1945), 168.

369. 曼哈塞特的斯特拉斯莫尔："Housing: Up from the Potato Fields," *Time*, July 3, 1950.
369. 新政之前：Kenneth T. Jackson, *Crabgrass Frontier: The Suburbanization of the United States* (New York: Oxford University Press, 1987), 203–206.
370. 首付款要求都被取消了：Gordon H. Sellon and Deana VanNahmen, "The Securitization of Housing Finance," *Economic Review* (July 1988).
370. 赌注……1200 英亩："Nation's Biggest Housebuilder," *Life*, August 23, 1948, 74–78.
370. "你会惊叹"：Levitt, "Let's Build Up."
370. 西尔斯和蒙哥马利-沃德公司：Sears, Roebuck and Co., *Sears Modern Homes Catalogue* (New York: Dover, 2006).
371. "同样规格的"："Housing: Up from the Potato Fields."
371. 所有房子统一定价："Nation's Biggest Housebuilder."
372. 社会和文化批评家：Jane Jacobs, *The Death and Life of Great American Cities* (New York: Vintage Books, 1992); Herbert J. Gans, *The Levittowners: Ways of Life and Politics in a New Suburban Community* (New York: Columbia University Press, 1982).
372. "城里的优雅和见识"：Jackson, *Crabgrass Frontier*, 244.
373. "自豪的乡间业主"：Levitt, "Let's Build Up."
373. 移民……70 万：Bureau of the Census, "Historical Statistics of the United States, 1789–1945," Washington DC, 1949, series B 304–330 (Immigration—Immigrants by Country: 1820 to 1945), 32.
374. 区分……的标准：William H. Whyte, *The Organization Man* (Philadelphia: University of Pennsylvania Press, 2002), 299.
374. "低调消费"和"强烈的平均主义冲动"：Ibid., 312.
374. 莱维顿住宅的广告：Levitt & Sons, advertisement, *New York Times*, January 10, 1954, section 3.
375. 定期为了各种机会搬家：Whyte, *Organization Man*, 303.
376. "亲自参与"：Alexis de Tocqueville, *Democracy in America and Two Essays on America*, ed. Isaac Kramnick, trans. Gerald Bevan (London: Penguin Books, 2003), 284.
377. "最大规模的钢铁扩张项目"：Thomas E. Mullaney, "Delaware Valley Undergoes a Boom," *New York Times*, February 29, 1952.
377. "我想赚很多钱"和"参与任何"："Housing: Up from the Potato Fields."
377. "如果卖了一套房子"：David Kushner, *Levittown* (New York: Walker Publishing Company, 2009), 66.
377. "解决住房问题"：Jackson, *Crabgrass Frontier*, 241.
378. 务必要确保：Ibid., 206.
378. "针对不利影响"：Federal Housing Administration, "Underwriting Manual: Underwriting and Valuation Procedure Under Title II of the National Housing Act," 1936, part 2, section 2, no. 210.
379. 沃尔特·迪士尼亲自：Kushner, *Levittown*, 74.
379. "深绿小径"：Ibid., 80–82.
379. 买下……房子：Ibid., 82.

379. "他也许不坏"："Integration Troubles Beset Northern Town," *Life*, September 2, 1957, 43–45.
380. 秩序就恢复了：William G. Weart, "Mob Again Chased from Negro Home," *New York Times*, August 21, 1957.

第28章　电视

381. 突然成功："Cinema: Television," *Time*, May 18, 1931.
381. 导弹和鱼雷：Gary R. Edgerton, *The Columbia History of American Television* (New York: Columbia University Press, 2009), 70–71.
382. 电影院新闻片：Raymond Fielding, *March of Time, 1935–1951* (New York: Oxford University Press, 1978), 273.
382. 起价是149美元：Admiral, advertisement, *New York Times*, October 8, 1950, 63.
382. 2600万美国家庭：Bureau of the Census, "Historical Statistics of the United States, Colonial Times to 1970," Washington DC, September 1975, series R 93–105 (Radio and Television Stations, Sets Produced, and Households with Sets: 1921 to 1970), 796.
383. 扮演：Boyne Steven Sanders and Tom Gilbert, *Desilu: The Story of Lucille Ball and Desi Arnaz* (New York: Harper Collins, 2011), 27–28.
383. 戴斯露制作公司：Ibid., 37–39.
383. 里基·里卡多："Desi Arnaz, TV Pioneer, Is Dead at 69," *New York Times*, December 3, 1986, D26.
383. "露西，你得给我个解释"：Author's phonetic rendering.
383. 收入……超过了收音机广告收入：Bureau of the Census, "Historical Statistics of the United States, Colonial Times to 1970," Washington DC, September 1975, series R 106–122 (Radio Advertising Expenditures, Finances, and Employment: 1935 to 1970), 797; and series R 123–139 (Television Advertising Expenditures, Finances, and Employment: 1945 to 1970), 798.
384. 马车：Ronald Reagan, *An American Life* (New York: Threshold Editions, 2011), 25.
384. 橄榄球特长方面的部分奖学金：Ibid., 45.
384. 兴奋地将选票：Ibid., 66.
385. 广播电台的体育评论员：Ibid., 65.
385. 5美元，报销公交车费：Ibid., 66.
385. 每星期200美元：Ibid., 105.
386. "已经有七家公司"：Ibid., 117.
386. "新政坚定的支持者"：Ibid., 105.
387. 超过25万人：Ibid., 128.
387. "自由民主党人"：Ibid., 134.
389. 怀疑这位女演员：Ibid., 128.
389. 参议院……专门拨款：W. H. Lawrence, "Senate, 85–1, Votes McCarthy $214,000," *New York Times*, February 3, 1954.
389. 默罗……制作：Jack Gould, "Television in Review: Murrow vs. McCarthy," *New York Times*, March 11, 1954, 23.

注 释

389. "独断专行": Transcript of "A Report on Senator Joseph R. McCarthy," *See It Now*, CBS-TV, March 9, 1954, Moffitt Library, University of California at Berkeley.
390. 电视成了: Robert Bendiner, "How Much Has TV Changed Campaigning?" *New York Times*, November 2, 1952, 276.
391. 拒绝……机会: "Sport: Kickoff," *Time*, September 9, 1940.
391. 勉强能生存: Michael MacCambridge, *America's Game* (New York: Anchor Books, 2005), 75.
391. 新老板硬着头皮: Ibid., 79.
392. "一年比一年粗暴": "Savagery on Sunday," *Life*, October 24, 1955, 133–38.
392. 1958 年……争夺冠军的比赛: Louis Effrat, "Colts Beat Giants, Win in Overtime," *New York Times*, December 29, 1958, 1.
392. 4500 万人: MacCambridge, *America's Game*, 112.
393. 亨特就与: Ibid., 118–119.
393. 得克萨斯州的石油商: Ibid., 121.
393. 美国橄榄球联盟: Ibid., 124–125.
393. 达拉斯球队……还以颜色: Ibid., 125.
393. 资金有限: Ibid., 132.
393. 每个赛季……17 万美元；7.5 万美元: Ibid., 171.
394. 与哥伦比亚广播公司签订: "Each Club to Get $320,000 a Year," *New York Times*, January 11, 1962, 39.
394. 3600 万美元: MacCambridge, *America's Game*, 200.

第29章 公路

395. 壳牌石油公司: Col. Harland Sanders, *Life as I Have Known It Has Been Finger Lickin' Good* (Carol Stream, IL: Creation House, 2011), 51.
395. 着了一场大火: Ibid., 75.
395. "只睡一次": Ibid., 76.
395. 产生深远影响: Ibid., 87.
396. "最伟大的公共工程项目": John D. Morris, "Eisenhower Signs Road Bill; Weeks Allocates 1.1 Billion," *New York Times*, June 30, 1956.
396. 每加仑汽油加收 1 美分汽油税: Joseph C. Ingraham, "U.S. Gasoline Tax Up a Penny Today," *New York Times*, July 1, 1956, 31.
396. 出价 16.4 万美元: Sanders, *Life as I Have Known It*, 88.
397. "上校"这一表示尊敬的头衔: Ibid., 99.
397. 山德士获利超过 10 万美元: Ibid., 114.
397. 200 万美元，买断了: Ibid., 125.
398. 莉莉图利普纸杯公司: Ray Kroc, *Grinding It Out: The Making of McDonald's* (New York: St. Martin's, 1987), 54–55.
398. 一次性纸杯: Ibid., 42.
398. 安装有冷饮柜的……沃尔格林连锁店: Ibid., 55.

564　美国四百年

398. "资本主义成就的个人纪念物"：Ibid., 61.
399. 麦克唐纳兄弟俩的餐厅只提供三种：Ibid., 9.
399. "当代牛顿"：Ibid., 71.
399. 可以向……收取：Ibid., 79.
399. 滚动绿色乡间俱乐部：John F. Love, *McDonald's: Behind the Arches* (New York: Bantam, 1995), 75.
400. 启动成本一般：Ibid., 73.
400. 2.5 万美元的积蓄：Ibid., 80.
400. 净利润达到：Ibid., 81–82.
400. 快速发展的郊区：Ibid., 82–85.
400. 看重遵守纪律：Ibid., 85–86.
401. 特许加盟揭示了资本主义的二元性：Ibid., 86.
401. "294 个停靠点"："Corporations: Meat, Potatoes & Money," *Time*, November 3, 1961.
401. 收入接近 10 亿美元："Food: The Burger That Conquered the Country," *Time*, September 17, 1973.
401. "一条宽阔切口"：John Steinbeck, *Travels with Charley in Search of America* (New York: Penguin Books, 2002), 71.
402. 运输收入：Bureau of the Census, "Historical Statistics of the United States, Colonial Times to 1970," Washington DC, September 1975, series Q 23–35 (Operating Revenues, by Type of Transport: 1936 to 1970), 708; and series Q 331–345 (Railroad Freight Traffic and Revenue: 1890 to 1970), 732–733.
402. 新出现的这种：Herbert Brean, "Discount Houses Stir Up a $5 Billion Fuss," *Life*, August 9, 1954, 53–61.
403. 4000 家商店：Ibid.
404. 标得低于成本价：Walter Henry Nelson, *The Great Discount Delusion* (New York: David McKay, 1965), 17.
404. 亏本出售方式：Ibid., 68.
404. 人口仅有：Sam Walton, *Sam Walton: Made in America* (New York: Bantam, 1993), 59.
405. "社会方面不可避免的现象"：Jane Jacobs, *The Death and Life of Great American Cities* (New York: Vintage Books, 1992), 7.
406. 石油产量：Michael Ratner and Carol Glover, "U.S. Energy: Overview and Key Statistics," *Congressional Research Service*, July 27, 2014.
406. 贸易赤字：Bureau of the Census, "Historical Statistics of the United States, Colonial Times to 1970," Washington DC, September 1975, series U 1–25 (Balance of International Payments: 1790 to 1970), 864.

第30章　计算机

409. 一个寒冷的早上：Robert S. McNamara, *In Retrospect: The Tragedy and Lessons of Vietnam* (New York: Vintage Books, 1996), 13–16.
410. "世界冲突"："Eisenhower's Farewell Address to the Nation," January 17, 1961, American

注 释

Presidency Project, University of California, Berkeley.
410. 超过了……总和：McNamara, *In Retrospect*, 22.
411. 被福特公司招致麾下：David Halberstam, *The Best and the Brightest*, 20th anniv. ed. (New York: Ballantine Books, 1993), 227–229.
411. "会走路的 IBM 电脑"：Stephen Braun, "Robert McNamara Dies at 93; Architect of the Vietnam War," *Los Angeles Times*, July 7, 2009.
411. IBM 是……1960 年的销售收入：1968 Annual Report.
412. 军医；给霍列瑞斯讲了：Leon Edgar Truesdell, *The Development of Punch Card Tabulation in the Bureau of the Census, 1890–1940* (Washington DC: Government Printing Office, 1965), 30.
412. 打孔卡：Ibid., 35.
412. 霍列瑞斯开始设计……众多：Ibid., 47.
413. 数千个打孔卡：Ibid., 48.
413. 依托三项专利：Ibid., 37–40.
413. 租用 50 台机器：John W. Noble, Secretary of the Interior, to the 52nd Congress, in 1st sess., March 28, 1892, "A Report of Examination and Review of the Census Office," Ex. Doc. No. 69, 11.
413. 62622250 张打孔卡：Ibid.
413. 图片刊登在杂志封面上：*Scientific American* 63, no. 9 (August 30, 1890).
414. 合并成立："Tabulating Concerns Unite," *New York Times*, June 10, 1911, 16.
414. 电子计算-制表-记录公司：John Moody, *The Truth About Trusts* (New York: Moody, 1904), 269.
414. 这一组织背后的银行家：Emerson W. Pugh, *Building IBM* (Cambridge, MA: MIT Press, 1995), 24–25.
414. 在监管部门那里惹了麻烦：Ibid., 32–33.
414. 沃森……将名字改为：Ibid., 28.
414. 例如，时代公司：Thomas J. Watson, *Father, Son & Co.*, ed. Peter Petre (New York: Bantam, 2000), 195.
415. "罗斯福的福利、价格控制"：Pugh, *Building IBM*, 33.
415. 召唤沃森：Tom Watson Sr. to Adolf Hitler, June 1940, quoted in Watson, *Father, Son & Co.*, 55.
415. "管理……庞大统计数据"：Ibid., 57.
415. "伴随他"：Ibid., 112.
416. 所有投保人对应打孔卡：Ibid., 195.
416. 这些"电子大脑"："New Giant 'Brain' Does Wizard Work," *New York Times*, August 24, 1947.
416. "加 1 加 1"：Watson, *Father, Son & Co.*, 189.
416. Semi-Automatic Ground Environment (半自动地面防空系统)：Pugh, *Building IBM*, 213–219.
416. 引入了网络连接技术：Ibid., 218.
417. 第一颗人造卫星送上太空：Dwight D. Eisenhower, *Waging Peace* (Garden City, NY:

Doubleday, 1965), 210–211.
417. 建立国家航空航天局：Ibid., 257–260.
417. 美国航空公司："Computer Used on Flight Plans to Save Both Time and Money," *New York Times*, March 25, 1962.
418. "店里有多少货物"和"利用信息的人"：Sam Walton, *Sam Walton: Made in America* (New York: Bantam Books, 1993), 110.
418. 完成了他一年的销售任务：Ross Perot, *My Life & the Principles for Success* (Arlington, TX: Summit, 1996), 71–72.
418. 创建了电子数据系统公司：Ibid., 73.
418. 打算……上市：John Brooks, *The Go-Go Years* (New York: Weybright & Talley, 1973), 17.
420. 接近2亿美元："H. Ross Perot: America's First Welfare Billionaire," *Ramparts*, November 1968.
420. 《财富》杂志说他是：Arthur M. Louis, "The Fastest Richest Texan Ever," *Fortune*, November 1968.

第31章 初创企业

421. 人们憧憬着……移居月球：George E. Mueller, "In the Next Decade: A Lunar Base, Space Laboratories and a Shuttle Service," *New York Times*, July 21, 1969.
422. "登月竞赛"：Harry Schwartz, "Capitalist Moon or Socialist Moon?" *New York Times*, July 21, 1969.
422. 半导体领域：T. R. Reid, *The Chip* (New York: Random House, 2001), 148–151.
422. 美国空军，以及后来的国家航空航天局：Ibid., 150.
423. 肖克利半导体实验室：Leslie Berlin, *The Man Behind the Microchip: Robert Noyce and the Invention of Silicon Valley* (New York: Oxford University Press, 2005), 68.
423. 告诉洛克：Ibid., 78–79.
423. 仙童摄影器材公司：Ibid., 82–84.
423. 投入了138万美元：Ibid., 88.
423. 出资300万美元：Ibid., 89.
423. 第一个客户是IBM公司：Donald T. Valentine, "Early Bay Area Venture Capitalists: Shaping the Economic and Business Landscape," Regional Oral History Office, Bancroft Library, University of California, Berkeley, 2010.
423. 名叫沃伦·巴菲特：Berlin, *Man Behind the Microchip*, 189.
424. 250万美元的资金：Ibid.
424. 首次公开发行：Intel Corporation, *1971 Annual Report* (San Jose, CA: Arthur Young, January 24, 1971).
426. 学生诺兰·布什内尔：David A. Kaplan, *The Silicon Boys and Their Valley of Dreams* (New York: Perennial, 2000), 87.
427. 雅达利公司：Ibid., 88.
427. "太空时代的弹球机"：Peter Ross Range, "The Space Age Pinball Machine," *New York Times*, September 15, 1974.

注 释

427. 硅谷的报纸上随处可见：Walter Isaacson, *Steve Jobs* (New York: Simon & Schuster, 2011), 42.
427. "边玩边赚钱"和"像个嬉皮的孩子"：Ibid., 43.
428. "工厂里走一走"："Early Bay Area Venture Capitalists," 33.
428. 极度忠诚：William H. Whyte, *The Organization Man* (Philadelphia: University of Pennsylvania Press, 2002), 161.
429. 天天把同事们：Isaacson, *Steve Jobs*, 43.
429. 哈佛大学读大一：Stephen Manes and Paul Andrews, *Gates* (New York: Touchstone, 1994), 63.
429. 用……信笺：Ibid., 69.
430. 成功地向对方演示了：Ibid., 75.
430. 家酿计算机俱乐部：Isaacson, *Steve Jobs*, 59.
430. "最重要的场合"：Ibid., 60.
430. 修改了……合同：Ibid., 52–54.
431. 找……沃兹尼亚克：Ibid., 52–54.
431. 进入电话公司的线路系统：Ibid., 289.
431. 卖掉了他的大众面包车：Ibid., 62.
432. 500 美元的单价购买了 50 台产品：Ibid., 66–67.
432. 亨利·福特不知道：Steven Watts, *The People's Tycoon: Henry Ford and the American Century* (New York: Vintage, 2006), 268.
433. 2800 万美元：Kaplan, *Silicon Boys and Their Valley of Dreams*, 90.
433. 一位年轻的营销老手：Isaacson, *Steve Jobs*, 76–77.
433. 和乔布斯、沃兹尼亚克的股权比例相同：Apple Computer, Inc., *Initial Public Offering Prospectus* (New York: Morgan Stanley, December 12, 1980).
433. 苹果卖出了 570 台：Ibid.
433. 价值为 2.5 亿美元：Isaacson, *Steve Jobs*, 104.
433. 日本……还没有完全主导：Reid, *Chip*, 158–160.
434. "磁盘操作系统"：Manes and Andrews, *Gates*, 155.
434. 同样软件：Michael Dell, *Direct from Dell* (New York: Harper Collins, 2000), 30.
435. 融资 100 万美元和收入是 1500 万美元：Manes and Andrews, *Gates*, 165, 176.
435. 在路演过程中：Ibid., 305.

第32章　金融

436. 类似"股东政变"：Leonard Sloane, "Textile Concern Changes Control," *New York Times*, May 11, 1965.
436. 工人总数达到 40 万人：Herbert Koshetz, "Recovery Seen in New England," *New York Times*, January 9, 1972.
436. 感到很惊讶：Alice Schroeder, *Snowball: Warren Buffett and the Business of Life* (New York: Bantam, 2008), 276–277.
437. 被人丢弃的"烟头"：Ibid., 277.

437. 人性上的两难选择：Chairman Warren E. Buffett to shareholders of Berkshire Hathaway Inc., March 14, 1978.
438. 被……彩色电视超越：T. R. Reid, *The Chip* (New York: Random House, 2001), 218.
438. 石油危机：David Halberstam, *The Reckoning* (New York: William Morrow, 1986), 452–459.
438. 罗迪欧大道和威尔夏大道：Connie Bruck, *The Predators' Ball: The Inside Story of Drexel Burnham and the Rise of the Junk Bond Raiders* (New York: Penguin Books, 1989), 218.
439. 5.5 亿美元现金：James B. Stewart, *Den of Thieves* (New York: Touchstone, 1992), 243.
439. 沃尔特·布拉多克·希克曼：Bruck, *Predators' Ball*, 28.
439. 超过……债券组合：W. Braddock Hickman, "Measures of Experience on Defaulted Issues," in *Statistical Measures of Corporate Bond Financing Since 1900* (Princeton: Princeton University Press, 1960), 483.
440. 风险更大：Bruck, *Predators' Ball*, 30–32.
440. 获得了丰厚的回报：Ibid., 34–35.
440. "垃圾债券"由此得名：Ibid., 39.
440. 年利息超过了 13% 和 4 亿美元债券："15.31% Note Yield Lures Investors for Chrysler," *New York Times*, February 27, 1981.
441. 更多的高收益债券：Bruck, *Predators' Ball*, 100–101.
441. 想筹集 1 亿美元：Ibid., 59.
441. 创业者鲁伯特·默多克：Ibid., 245.
442. 纺织厂：Warren Buffett to shareholders of Berkshire Hathaway Inc., March 4, 1986.
442. "更有吸引力的用途"：Warren Buffett to shareholders of Berkshire Hathaway Inc., March 26, 1978.
443. "到了最后，什么办法都不管用"和"亚当·斯密"：Buffett to shareholders, March 4, 1986.
443. 60 年代……兴起的时候：John Brooks, *The Go-Go Years* (New York: Weybright & Talley, 1973), 138–139.
445. 皇后区的中产家庭：Bruck, *Predators' Ball*, 150–1151.
446. "一窍不通"：Ibid., 157.
446. 绿票讹诈：Ibid.
447. 跨行业收购不是为了：Brooks, *Go-Go Years*, 154–155.
447. 20% 的环球航空公司股份和出了名的糟糕（448）：Carol J. Loomis, "The Comeuppance of Carl Icahn," *Fortune*, August 18, 2013.
448. 支持他的收购要约：Ibid.
448. 建立了 KKR 公司：George Anders, *Merchants of Debt: KKR and the Mortgaging of American Business* (New York: Basic Books, 1993), 45–47.
448. 雷诺兹-纳贝斯克公司：Ibid., 214.
449. 98 项指控：Ibid., 486–487.

第33章　运动鞋

450. 劳斯莱斯"Corniche"款轿车：Mike Tyson, *Undisputed Truth* (New York: Plume, 2013), 176.

450. "Don't believe the hype"（不要相信炒作）: Phil Berger, "Tyson Hurts Right Hand in Scuffle with a Boxer," *New York Times*, August 24, 1988.

450. 肿得睁不开: Pat Putnam, "Now the War at the Store," *Sports Illustrated*, September 5, 1988, 30.

451. 视频背景里反复出现: "Dapper Dan's Designs," *Vibe*, March 1998.

451. 当地毒贩: Azie Faison, *Game Over: The Rise and Transformation of a Harlem Hustler* (New York: Simon & Schuster, 2007), 102.

451. 公共住房项目: Jane Jacobs, *The Death and Life of Great American Cities* (New York: Vintage Books, 1992), 273–276.

451. 黑人遭谋杀的比例: Alexia Cooper and Erica L. Smith, *Homicide Trends in the United States, 1980–2008* (Washington DC: Bureau of Justice Statistics, 2011).

452. 五百分之一: Ibid.

453. "足足10万美元": Jay Z, "U Don't Know," *The Blueprint* (Roc-A-Fella Records, 2001).

454. 新百伦……代言协议: David Falk, *The Bald Truth* (New York: Simon & Schuster, 2009), 51.

454. 专门设计一款乔丹运动鞋: Ibid.

455. 超过了1亿美元和对乔丹的描述: Phil Patton, "The Selling of Michael Jordan," *New York Times*, November 9, 1986, 48.

457. 听到他屏息憋出和《博知道》: Michael Bonfiglio, "You Don't Know Bo," *ESPN 30 for 30*, December 8, 2012.

457. 安排了……的会议: Phil Knight, "Commencement Speech at the Stanford Graduate School of Business," Palo Alto, California, June 14, 2014.

458. 十二分之一和1500名员工: Cynthia Jabs, "Nike: The Shoes That Go 'Swoosh,'" *New York Times*, August 19, 1979, F5.

458. 耐克的年销售额达到了4.57亿美元: Nike Inc., *2011 Annual Report* (Beaverton, OR: Nike Inc., 2011).

459. "启动了……长期议程": Ibid.

460. "既不是黑人也不是白人": Patton, "Selling of Michael Jordan."

460. 全国有色人种协进会劝说: Leonard J. Leff, "'Gone with the Wind' and Hollywood's Racial Politics," *Atlantic*, December 1999.

460. "要鞋还是要命": Rick Telander, "Senseless," *Sports Illustrated*, May 14, 1990.

461. 凶杀案将下降: Cooper and Smith, *Homicide Trends in the United States*.

461. 紫红色雷克萨斯轿跑车: Michael Janofsky, "Man Shot to Death Is Identified as Father of Jordan," *New York Times*, August 14, 1993, 25.

第34章 因特网

463. "他一脸惊愕": Andrew Rosenthal, "Bush Encounters the Supermarket, Amazed," *New York Times*, February 5, 1992.

464. 甚至邮政部门也资助了: "Mail Service Drops Facsimile System," *New York Times*, March 8, 1961.

464. 在内的报纸：See the editorial sections of the aforementioned publications on July 7, 1980.
465. 冯·迈斯特建立了：Alec Klein, *Stealing Time: Steve Case, Jerry Levin, and the Collapse of AOL Time Warner* (New York: Simon & Schuster, 2003), 14–16.
465. 大张旗鼓地：Ibid., 15–16.
465. 广受欢迎的……Commodore 64: Ibid., 33.
465. 量子公司……已有将近：Ibid., 35.
465. 改名为"美国在线"：Ibid., 45.
465. 3000 万美元：America Online Inc., *Annual Report* (Washington DC: Securities and Exchange Commission, 1996).
466. "巨大电脑网络"：Philip Elmer-Dewitt, "Take a Trip into the Future on the Electronic Superhighway," *Time*, April 12, 1993.
467. "人类思维"：Tim Berners-Lee, *Weaving the Web: The Original Design and Ultimate Destiny of the World Wide Web* (San Francisco: Harper, 1999), 3.
467. "孟德尔提出的"：Vannevar Bush, "As We May Think," *Atlantic*, July 1943.
467. "诗人、哲学家和恶棍"：Theodor Holm Nelson, "My Life and Work, Very Brief," Hyperland.com.
467. 创造了：T. H. Nelson, "Complex Information Processing: A File Structure for the Complex, the Changing and the Indeterminate," *ACM'65 Proceedings of the 1965 20th National Conference*, August 24, 1965, 84–100.
467. 赞扬……道格·恩格尔巴特：Berners-Lee, *Weaving the Web*, 5–6.
468. 称为"万维网"：Ibid., 23–29.
468. 国家超级计算机应用中心：Ibid., 68–69.
468. 最好的研发：Jim Clark, *Netscape Time* (New York: St. Martin's, 1999), 35.
468. 2000 万美元：Ibid., 32.
469. 克拉克给安德森写了一封信：Ibid., 34.
469. "我再也不想摆弄"：Ibid., 42.
469. "我们总可以"：Ibid., 49.
469. 克拉克投资 300 万美元：Ibid., 57.
470. 通过一则新闻：John S. Quarterman, "Internet Resource Discovery Services by Bytes," *Matrix News* 4, no. 2 (February 1994).
470. "革命性事件"：Brad Stone, *The Everything Store: Jeff Bezos and the Age of Amazon* (New York: Little, Brown, 2013), 27.
471. 雪佛兰开拓者向西：Ibid., 29.
471. 6.5 万美元：Netscape Communications Corporation, *Form S-1 Registration Statement* (Washington DC: Securities and Exchange Commission, 1995).
471. 20% 的股权：David A. Kaplan, *The Silicon Boys and Their Valley of Dreams* (New York: Perennial, 2000), 243.
471. 先进网页浏览器：Netscape Communications Corporation, *Form S-1 Registration Statement*.
472. "电子使用手册"：Ibid.
472. 绝大多数美国家庭：Thom File, *Computer and Internet Use in the United States* (Washington DC: U.S. Census Bureau, May 2013), figure 1.

注　释　　　　　　　　　　　　　　　　　　　　　　　　　　　　　　　　　571

472．销售收入达到了 2200 万美元：Netscape Communications Corporation, *Form S-1 Registration Statement*.
472．"增长最快的软件公司"：Clark, *Netscape Time*, 219.
472．"投资者狂热"：Laurence Zuckerman, "With Internet Cachet, Not Profit, a New Stock Is Wall St.'s Darling," *New York Times*, August 10, 1995.
472．高达：Netscape Communications Corp., *1997 Annual Report* (Washington DC: Securities and Exchange Commission, March 1997).
472．420 万股股票：Netscape Communications Corporation, *Form S-1 Registration Statement*.
473．这种财富创造："The Golden Geeks," *Time*, February 19, 1996.
474．两位公司创立者：Yahoo! Inc., *1999 Annual Report* (Washington DC: Securities and Exchange Commission, 1999).
474．"Excite、InfoSeek 和 Lycos"：Janice Maloney, "Still Searching for Profits on the Internet," *Fortune*, May 26, 2013.
474．投资了 800 万美元：Stone, *Everything Store*, 48.
474．上网必须使用：File, *Computer and Internet Use*, figure 1.
475．1996 年的 10 多亿美元：America Online Inc., *1996 Annual Report* (Washington DC: Securities and Exchange Commission, 1996).
475．汤姆·汉克斯……主演：America Online Inc., *2000 Annual Report* (Washington DC: Securities and Exchange Commission, 2000).
476．最大的打劫事件：Nina Munk, *Fools Rush In: Steve Case, Jerry Levin, and the Unmaking of AOL Time Warner* (New York: Harper Business, 2004), 156.
478．"再来一次泡沫吧"："If You Can Make It in Silicon Valley, You Can Make It . . . in Silicon Valley Again," *New York Times*, June 5, 2005.

第35章　手机

479．乔治·卢卡斯手中：Walter Isaacson, *Steve Jobs* (New York: Simon & Schuster, 2011), 240.
480．蒂姆·伯纳斯-李将他：Tim Berners-Lee, *Weaving the Web: The Original Design and Ultimate Destiny of the World Wide Web* (San Francisco, Harper, 1999), 22–23.
480．乔布斯第一次成为亿万富翁：John Markoff, "Apple Computer Co-Founder Strikes Gold with New Stock," *New York Times*, November 30, 1995.
480．苹果……同意……收购：Isaacson, *Steve Jobs*, 301.
480．亏损超过 10 亿美元：Apple Computer Inc., *1997 Annual Report* (Washington DC: Securities and Exchange Commission, 1997).
480．从微软那里讨得 1.5 亿美元：Michele Matassa Flores and Thomas W. Haines, "Microsoft, Apple Join Forces: Disbelief, Boos Greet Today's Stunning Announcement at Macworld Expo," *Seattle Times*, August 6, 1997.
480．"我会关掉公司"：John Markoff, "Michael Dell Should Eat His Words, Apple Chief Suggests," *New York Times*, January 16, 2006.
481．80 亿美元下降到 53 亿美元和第一家直营店：Apple Computer Inc., *2001 Annual Report* (Washington DC: Securities and Exchange Commission, 2001).

482. 还推出了 iPod: Ibid.
483. Napster 被迫: Richard Nieva, "Ashes to Ashes, Peer to Peer: An Oral History of Napster," *Fortune*, September 5, 2013.
483. 通过苹果电脑来出售单曲: Isaacson, *Steve Jobs*, 402–403.
486. 77 亿美元和 74 亿美元和 8000 多万人的手中: Apple Computer Inc., *2007 Annual Report* (Washington DC: Securities and Exchange Commission, 2007).
486. 乔布斯走上……主席台和"偶尔会有": Steve Jobs, Keynote presentation of the iPhone at Macworld, San Francisco, January 9, 2007.
487. "最贵的手机": Steve Ballmer, interview at Nortel, Innovative Communications Alliance, *Power Lunch*, January 17, 2007.
487. 6 亿多部: Apple Computer Inc., *2015 Annual Report* (Washington DC: Securities and Exchange Commission, 2015).
488. 硅谷的特斯拉: Claire Cain Miller, "An All-Electric Sedan, Awaiting Federal Aid," *New York Times*, March 26, 2009.
491. "对社交媒体的熟悉": Brian Stelter, "Coverage Grows for Wall Street Protest," *New York Times*, October 5, 2011.

参考文献

Abbot, Willis J. *Watching the World Go By*. Boston: Little, Brown, 1933.

Achenbach, Joel. *The Grand Idea: George Washington's Potomac and the Race to the West*. New York: Simon & Schuster, 2004.

Adams, John. *Revolutionary Writings, 1775–1783*. Edited by Gordon Wood. New York: Library of America, 2014.

Adams, Samuel Hopkins. *The Great American Fraud*. New York: P. F. Collier & Son, 1905.

Adler, Dorothy R. *British Investment in American Railways, 1834–1898*. Edited by Muriel E. Hidy. Charlottesville: University Press of Virginia, 1970.

Ahamed, Liaquat. *Lords of Finance: The Bankers Who Broke the World*. New York: Penguin Books, 2009.

Alger, Horatio. *Ragged Dick; or, Street Life in New York with the Boot-Blacks*. Philadelphia: John C. Winston, 1910.

Alglave, Emile, J. Boulard, and Charles Marshall Lungren. *The Electric Light: Its History, Production, and Applications*. New York: D. Appleton, 1884.

Amar, Akhil Reed. *America's Constitution: A Biography*. New York: Random House, 2005.

Anders, George. *Merchants of Debt: KKR and the Mortgaging of American Business*. New York: Basic Books, 1993.

Archer, Gleason Leonard. *Big Business and Radio*. New York: American Historical Society, 1939.

———. *The History of Radio to 1926*. New York: American Historical Society, 1938.

Arnold, H. H. *Global Mission*. Blue Ridge Summit, PA: TAB Books, 1989.

Austrian, Geoffrey D. *Herman Hollerith: Forgotten Giants of Information Processing*. New York: Columbia University Press, 1982.

Baime, A. J. *The Arsenal of Democracy*. Boston: Houghton Mifflin Harcourt, 2014.

Bancroft, Frederic. *Slave Trading in the Old South*. Columbia: University of South Carolina Press, 1996.

Baptist, Edward E. *The Half Has Never Been Told: Slavery and the Making of American Capitalism*. New York: Basic Books, 2014.

Barn, David Haward. *Empire Express: Building the First Transcontinental Railroad*. New York: Penguin Books, 2000.

Barnouw, Erik. *Tube of Plenty: The Evolution of American Television*. 2nd edition. New York: Oxford University Press, 1990.

Bartlett, Sarah. *The Money Machine: How KKR Manufactured Power and Profits*. New York: Warner Books, 1992.

Bates, David Homer. *Lincoln in the Telegraph Office*. Lincoln: University of Nebraska Press, 1995.

Beard, Charles A. *Economic Origins of Jeffersonian Democracy*. New York: Free Press, 1965.

——. *The Republic*. New York: Viking, 1962.

Beckert, Sven. *Empire of Cotton: A Global History*. New York: Alfred A. Knopf, 2014.

Beecher, Catharine E., and Harriet Beecher Stowe. *The American Woman's Home*. 1869. Reprint, New Brunswick, NJ: Rutgers University Press, 2004.

Bell, Isaac Lowthian. *Principles of the Manufacture of Iron and Steel*. New York: George Routledge & Sons, 1884.

Berg, A. Scott. *Goldwyn*. New York: Alfred A. Knopf, 1989.

——. *Lindbergh*. New York: G. P. Putnam's Sons, 1998.

——. *Wilson*. New York: Penguin Random House, 2013.

Berlin, Leslie. *The Man Behind the Microchip: Robert Noyce and the Invention of Silicon Valley*. New York: Oxford University Press, 2005.

Bernanke, Ben S. *Essays on the Great Depression*. Princeton, NJ: Princeton University Press, 2004.

Berners-Lee, Tim. *Weaving the Web: The Original Design and Ultimate Destiny of the World Wide Web*. San Francisco: Harper, 1999.

Bernstein, Iver. *The New York City Draft Riots*. New York: Oxford University Press, 1990.

Bernstein, Peter L. *Wedding of the Waters: The Erie Canal and the Making of a Great Nation*. New York: W. W. Norton, 2006.

Bibb, Porter. *Ted Turner*. Boulder, CO: Johnson Books, 1997.

Bigelow, John. *Memoir of the Life and Public Services of John Charles Frémont.* New York: Derby & Jackson, 1856.

Binkley, Christina. *Winner Takes All.* New York: Hyperion, 2008.

Birdwell, Michael E. *Celluloid Soldiers: The Warner Bros. Campaign Against Nazism.* New York: NYU Press, 1999.

Birmingham, Stephen. *"The Rest of Us" : The Rise of America's Eastern European Jews.* Syracuse, NY: Syracuse University Press, 1999.

Blassingame, John W. *The Slave Community: Plantation Life in the Antebellum South.* New York: Oxford University Press, 1979.

Bloomberg, Michael R. *Bloomberg by Bloomberg.* New York: Wiley, 2001.

Bloomingdale Brothers. *Bloomingdale's Illustrated 1886 Catalog: Fashions, Dry Goods and Housewares.* New York: Dover, 1988.

Bogart, Ernest Ludlow. *The Economic History of the United States.* New York: Longmans, Green, 1908.

Bonanno, Joseph. *A Man of Honor: The Autobiography of Joseph Bonanno.* New York: St. Martin's, 2003.

Boorstin, Daniel. *The Americans: The Democratic Experience.* New York: Random House, 1973.

Boyd, Thomas. *Poor John Fitch.* New York: G. P. Putnam's Sons, 1935.

Bradford, William. *Of Plymouth Plantation: 1620–1647.* Edited by Samuel Eliot Morison. New York: Alfred A. Knopf, 1989.

Brandeis, Louis D. *Other People's Money and How the Bankers Use It.* Edited by Melvin I. Ufrosky. Boston: Bedford Books, 1995.

Brands, H. W. *The Age of Gold: The California Gold Rush and the New American Dream.* New York: Doubleday, 2002.

Brawley, Benjamin. *A Social History of the American Negro.* New York: Dover, 2001.

Brinkley, Alan. *The Publisher: Henry Luce and His American Century.* New York: Vintage Books, 2011.

Brinkley, Douglas. *Cronkite.* New York: Harper Perennial, 2013.

Brooks, John. *Business Adventures: Twelve Classic Tales from the World of Wall Street.* New York: Open Road, 2014.

——. *The Go-Go Years.* New York: Weybright and Talley, 1973.

——. *Once in Golconda: A True Drama of Wall Street 1920–1938.* New York: Open Road, 2014.

Brown, G. I. *Explosives: History with a Bang.* London: History Press, 2011.

Brown, Glenn. *Glenn Brown's History of the United States Capitol.* Washington DC: Government Printing Office, 1998.

Brown, James. *I Feel Good: A Memoir of a Life of Soul.* New York: New American

Library, 2005.
Bruck, Connie. *Master of the Game: Steven Ross and the Creation of Time Warner*. New York: Penguin Books, 1995.
——. *The Predators' Ball: The Inside Story of Drexel Burnham and the Rise of the Junk Bond Raiders*. New York: Penguin Books, 1989.
Bruun, Erik, and Jay Crosby, eds. *Living History America*. New York: Black Dog & Leventhal, 1999.
Bryan, William Jennings. *The World's Famous Orations: America, 1761–1837*. Vol. 7. New York: Funk & Wagnalls, 1906.
Brzezinski, Zbigniew. *Strategic Vision: America and the Crisis of Global Power*. New York: Basic Books, 2012.
Buffalo Evening News. A History of the City of Buffalo. Buffalo, New York: Hausauer-Jones, 1908.
Buffalo Historical Society. *Publications of the Buffalo Historical Society*. Vol. 2. Buffalo, NY: Bigelow Brothers, 1880.
Buffett, Warren E. *The Essays of Warren Buffett: Lessons for Corporate America*. Edited by Lawrence A. Cunningham. New York: Cunningham, 2001.
Bunyan, John. *The Pilgrim's Progress*. Philadelphia: Henry Atemus, 1895.
Calder, Lendol. *Financing the American Dream: A Cultural History of Consumer Credit*. Princeton, NJ: Princeton University Press, 1999.
Calhoun, John Caldwell. *The Works of John C. Calhoun*. Edited by Richard K. Crallé. New York: D. Appleton, 1855.
Cannadine, David. *Mellon: An American Life*. New York: Alfred A. Knopf, 2006.
Carnegie, Andrew. *The Autobiography of Andrew Carnegie*. Boston: Northeastern University Press, 1986.
——. *Gospel of Wealth*. Bedford, MA: Applewood Books, 1998.
——. *James Watt*. Garden City, NY: Doubleday, Page, 1913.
——. *Triumphant Democracy; or, Fifty Years' March of the Republic*. Garden City, NY: Doubleday, Doran, 1933.
Casson, Herbert Newton. *The Romance of Steel: The Story of a Thousand Millionaires*. New York: A. S. Barnes, 1907.
Chancellor, Edward. *Devil Take the Hindmost: A History of Financial Speculation*. New York: Plume, 2000.
Chenoweth, Neil. *Rupert Murdoch*. New York: Crown Business, 2002.
Chernow, Ron. *Alexander Hamilton*. New York: Penguin, 2004.
——. *The House of Morgan: An American Banking Dynasty and the Rise of Modern Finance*. New York: Grove, 1990.
——. *Titan: The Life of John D. Rockefeller, Sr.* New York: Vintage Books, 1999.
——. *Washington: A Life*. New York: Penguin, 2010.

参考文献

Clark, Jim. *Netscape Time*. New York: St. Martin's, 1999.
Colby, Gerard, and Lyle Stuart. *Du Pont Dynasty: Behind the Nylon Curtain*. Don Mills, ON: Musson Book Company, 1984.
Colden, Cadwallader David. *The Life of Robert Fulton*. New York: Kirk & Mercein, 1817.
Collier, Robert Joseph. *The $50,000 Verdict*. New York: P. F. Collier & Son, 1911.
Commons, John R., Ulrich B. Phillips, Eugene A. Gilmore, Helen L. Sumner, and John B. Andrews, eds. *A Documentary History of American Industrial Society*. Cleveland: Arthur H. Clark, 1910.
Conant, Michael. *Antitrust in the Motion Picture Industry*. Berkeley: University of California Press, 1960.
Conot, Robert E. *A Streak of Luck: The Life and Legend of Thomas Alva Edison*. New York: Seaview Books, 1979.
Cox, Thomas H. *Gibbons v. Ogden, Law, and Society in the Early Republic*. Columbus: Ohio University Press, 2009.
Cramp, Arthur J., ed. *Nostrums and Quackery: Articles on the Nostrum Evil, Quackery and Allied Matters Affecting the Public Health*. Vol. 2. Chicago: American Medical Association, 1921.
Craven, Wesley Frank. *The Colonies in Transition, 1660–1713*. New York: Harper & Row, 1968.
———. *The Southern Colonies in the Seventeenth Century, 1607–1689*. Vol. 1. Baton Rouge: Louisiana State University Press, 1975.
———. *The Virginia Company of London, 1606–1624*. Vol. 1. Baltimore: Genealogical Publishing, 2009.
———. *White, Red, and Black: The Seventeenth-Century Virginian*. New York: W. W. Norton, 1977.
Cronkite, Walter. *A Reporter's Life*. New York: Ballantine Books, 1997.
D'Antonio, Michael. *Hershey*. New York: Simon & Schuster, 2007.
Darwin, Charles. *The Origin of Species*. Vol. 2. New York: P. F. Collier & Son, 1909.
Davis, Kenneth S. *FDR: Into the Storm 1937–1940*. New York: Random House, 1993.
———. *FDR: The New Deal Years 1933–1937*. New York: Random House, 1986.
———. *FDR: The War President, 1940–1943*. New York: Random House, 2000.
Dawkins, Richard. *The Blind Watchmaker*. New York: W. W. Norton, 1987.
Decker, Wilbur Fisk. *The Story of the Engine: From Lever to Liberty Motor*. New York: Charles Scribner's Sons, 1920.
DeGeorge, Gail. *The Making of a Blockbuster*. New York: John Wiley & Sons, 1996.
Dell, Michael. *Direct from Dell*. New York: Harper Collins, 2000.
Depew, Chauncey Mitchell. *One Hundred Years of American Commerce, 1795–1895*.

2 vols. New York: D. O. Haynes, 1895.

The Derrick's Handbook of Petroleum. Oil City, PA: Derrick, 1898.

Diamant, Lincoln. *Chaining the Hudson: The Fight for the River in the Revolution*. New York: Carol, 1989.

Diamond, Jared. *Guns, Germs, and Steel: The Fates of Human Societies*. New York: W. W. Norton, 1999.

Dilts, James D. *The Great Road: The Building of the Baltimore & Ohio, the Nation's First Railroad, 1828–1853*. Stanford, CA: Stanford University Press, 1993.

Dolin, Eric Jay. *Fur, Fortune, and Empire*. New York: W. W. Norton & Company, 2010.

———. *Leviathan: The History of Whaling in America*. New York: W. W. Norton, 2007.

Donald, David Herbert. *Lincoln*. New York: Simon & Schuster, 1995.

Douglas, Alan. *Radio Manufacturers of the 1920's*. Vol. 1. Vestal, NY: Vestal, 1988.

Douglass, Frederick. *Narrative of the Life of Frederick Douglass, an American Slave*. 1845. Reprint, New York: Anchor, 1989.

Drowne, Kathleen. *Spirits of Defiance: National Prohibition & Jazz Age Literature, 1920–1933*. Columbus: Ohio State University Press, 2005.

Du Bois, W. E. B. *Writings*. New York: Library of America College Editions, 1996.

Dulany, Daniel. *Considerations on the Propriety of Imposing Taxes in the British Colonies*. 2nd edition. Annapolis, MD: Jonas Green, 1765.

Edgerton, Gary R. *The Columbia History of American Television*. New York: Columbia University Press, 2009.

Eisenhower, Dwight D. *Mandate for Change*. Garden City, NY: Doubleday, 1963.

———. *Waging Peace*. Garden City, NY: Doubleday, 1965.

Ellison, Thomas. *Slavery and Secession in America: Historical and Economical*. London: Sampson Low, Son, 1862.

Ely, Richard Theodore. *The Labor Movement in America*. New York: T. Y. Crowell, 1886.

Evening News Association. *Men of Progress: Embracing Biographical Sketches of Representative Michigan Men*. Detroit: John F. Eby, 1900.

Eyman, Scott. *Lion of Hollywood: The Life and Legend of Louis B. Mayer*. New York: Simon & Schuster, 2005.

Fabozzi, Frank J. *Fixed Income Mathematics: Analytical and Statistical Techniques*. 4th edition. New York: McGraw-Hill, 2006.

Faison, Azie. *Game Over: The Rise and Transformation of a Harlem Hustler*. New York: Simon & Schuster, 2007.

Falk, David. *The Bald Truth*. New York: Simon & Schuster, 2009.

Faulkner, Harold Underwood. *The Decline of Laissez Faire, 1897–1917*. White

Plains, NY: M. E. Sharpe, 1951.

Fielding, Raymond. *The March of Time, 1935–1951*. New York: Oxford University Press, 1978.

Fisher, Irving. *Prohibition at Its Worst*. New York: Macmillan, 1927.

Fitch, George. *The Automobile*. New York: P. F. Collier & Son, 1910.

Fogel, Robert William. *Without Consent or Contract: The Rise and Fall of American Slavery*. New York: W. W. Norton, 1989.

Fogel, Robert William, and Stanley L. Engerman. *Time on the Cross: The Economics of American Negro Slavery*. Boston: Little, Brown, 1974.

Foner, Eric. *Free Soil, Free Labor, Free Men: The Ideology of the Republican Party Before the Civil War*. New York: Oxford University Press, 1995.

Force, Peter, ed. *Tracts and Other Papers Relating Principally to the Origin, Settlement, and Progress of the Colonies in North America*. Washington DC: Wm. Q. Force, 1846.

Ford, Henry, and Samuel Crowther. *My Life and Work*. Garden City, NY: Doubleday, Page, 1922.

Ford, Worthington Chauncey. *The Writings of George Washington*. Vol. 10. New York: G. P. Putnam's Sons, 1891.

Franklin, Benjamin. *The Autobiography of Benjamin Franklin*. Lexington, KY: Tribeca Books, 2011.

Frémont, John Charles. *Memoirs of My Life*. New York: Cooper Square, 2001.

Fridson, Martin S. *How to Be a Billionaire*. New York: John Wiley & Sons, 2000.

Friedman, Milton, and Anna Jacobson Schwartz. *The Great Contraction, 1929–1933*. Princeton, NJ: Princeton University Press, 2009.

Fulton, Robert. *A Treatise on the Improvement of Canal Navigation*. London: I. and J. Taylor, 1796.

Gabel, Christopher R. *Railroad Generalship: Foundations of Civil War Strategy*. Fort Leavenworth, KS: Combat Studies Institute, 1997.

———. *Rails to Oblivion: The Decline of Confederate Railroads in the Civil War*. Fort Leavenworth, KS: Combat Studies Institute, 2002.

Gabler, Neal. *An Empire of Their Own: How the Jews Invented Hollywood*. New York: Anchor Books, 1989.

———. *Walt Disney: The Triumph of the American Imagination*. New York: Vintage Books, 2006.

Galbraith, John Kenneth. *The Affluent Society*. Boston: Mariner Books, 1998.

———. *American Capitalism: The Concept of Countervailing Power*. Boston: Houghton Mifflin, 1956.

———. *The Great Crash, 1929*. Boston: Mariner Books, 1997.

Gans, Herbert J. *The Levittowners: Ways of Life and Politics in a New Suburban

Community. New York: Columbia University Press, 1982.
Garraty, John A., and Peter Gay. *The Columbia History of the World*. New York: Harper & Row, 1987.
Goldfield, David. *America Aflame: How the Civil War Created a Nation*. New York: Bloomsbury, 2011.
Gomery, Douglas. *The Coming of Sound*. New York: Routledge, 2005.
——. *The Hollywood Studio System*. London: Palgrave, 2015.
Goodwin, Doris Kearns. *The Bully Pulpit: Theodore Roosevelt, William Howard Taft, and the Golden Age of Journalism*. New York: Simon & Schuster, 2013.
——. *Team of Rivals: The Political Genius of Abraham Lincoln*. New York: Simon & Schuster, 2005.
Gordon, Sarah H. *Passage to Union: How the Railroads Transformed American Life, 1829–1929*. Chicago: Ivan R. Dee, 1996.
Gordy, Berry. *To Be Loved: The Music, the Magic, the Memories of Motown*. New York: Warner Books, 1994.
Goulder, Grace. *John D. Rockefeller: The Cleveland Years*. Cleveland: Western Reserve Historical Society, 1972.
Graham, Benjamin, and David L. Dodd. *Security Analysis*. New York: McGraw-Hill, 2005.
Greeley, Horace. *Aunt Sally, Come Up! or, the Nigger Sale*. London: Ward and Lock, 1859.
Green, James. *Death in the Haymarket: A Story of Chicago, the First Labor Movement, and the Bombing That Divided Gilded Age America*. New York: Pantheon, 2006.
Greene, Evarts B., and Virginia D. Harrington. *American Population Before the Federal Census of 1790*. New York: Columbia University Press, 1997.
Greenleaf, William. *Monopoly on Wheels: Henry Ford and the Selden Automobile Patent*. Detroit: Wayne State University Press, 2011.
Hack, Richard. *Hughes: The Private Diaries, Memos and Letters*. Beverly Hills, CA: New Millennium, 2001.
Hakluyt, Richard. *The Principal Navigations, Voyages, Traffiques & Discoveries of the English Nation*. Vol. 5. Glasgow, Scotland: J. MacLehose and Sons, 1904.
Halberstam, David. *The Best and the Brightest*. 20th anniversary edition. New York: Ballantine Books, 1993.
——. *The Reckoning*. New York: William Morrow, 1986.
Hale, Nathaniel C. *Pelts and Palisades*. Richmond, VA: Dietz Press, 1959.
Heath, Dwight B. *Mourt's Relation: A Journal of the Pilgrims at Plymouth*. Bedford, MA: Applewood Books, 1963.
Hechinger, Grace, and Fred M. Hechinger. *Teen-Age Tyranny*. New York: Crest

Books, 1964.

Hendrick, Burton J. *The Age of Big Business: A Chronicle of the Captains of Industry*. Edited by Allen Johnson. Vol. 29. Oxford: Oxford University Press, 1920.

Henry, J. T. *The Early and Later History of Petroleum*. Philadelphia: J. B. Rodgers, 1873.

Herman, Arthur. *Freedom's Forge: How American Business Produced Victory in World War II*. New York: Random House, 2013.

Hilmes, Michele. *NBC: America's Network*. Berkeley: University of California Press, 2007.

Hobsbawm, Eric. *The Age of Capital: 1848–1875*. New York: Vintage Books, 1996.

Hoge, Cecil C. *The First Hundred Years Are the Toughest*. Berkeley, CA: Ten Speed Press, 1988.

Holbrook, Stewart H. *The Story of American Railroads*. New York: Bonanza Books, 1947.

Holt, Byron Webber, ed. *The Gold Supply and Prosperity*. New York: Moody, 1907.

Horwitz, Morton J. *The Transformation of American Law: 1780–1860*. Cambridge, MA: Harvard University Press, 1977.

Hosack, David. *Memoir of De Witt Clinton*. New York: J. Seymour, 1829.

House of Lords. *Protest Against the Bill to Repeal the American Stamp Act*. Paris: J. W. Imprimeur, 1766.

Howe, Daniel Walker. *What Hath God Wrought: The Transformation of America, 1815–1848*. New York: Oxford University Press, 2007.

Hunter, Rebecca L. *Mail-Order Homes: Sears Homes and Other Kit Houses*. Oxford: Shire, 2012.

Ingrassia, Paul. *Engines of Change: A History of the American Dream in Fifteen Cars*. New York: Simon & Schuster, 2012.

Isaacson, Walter. *Benjamin Franklin: An American Life*. New York: Simon & Schuster, 2004.

———. *Steve Jobs*. New York: Simon & Schuster, 2011.

Jackson, Kenneth T. *Crabgrass Frontier: The Suburbanization of the United States*. New York: Oxford University Press, 1987.

Jacobs, Jane. *The Death and Life of Great American Cities*. New York: Vintage Books, 1992.

James I. *A Counter-Blaste to Tobacco*. London: R. B., 1884.

James, Edward T., Janet Wilson James, and Paul S. Boyer, eds. *Notable American Women, 1607–1950: A Biographical Dictionary*. Cambridge, MA: Harvard University Press, 1971.

Jefferson, Thomas. *A Summary View of the Rights of British America*. Williamsburg,

VA: Clementina Rind, 1774.

Johnson, Herbert A. *Gibbons v. Ogden: John Marshall, Steamboats, and the Commerce Clause*. Lawrence: University Press of Kansas, 2010.

Johnson, Robert. *Nova Britannia: Offering Most Excellent Fruits by Planting in Virginia*. London: Sam Macham, 1609.

Johnson, Samuel, Thomas Warton, Bennet Langton, and Sir Joshua Reynolds. *The Idler*. Vol. 1. London: T. Davies, et al., 1767.

Johnson, Walter. *River of Dark Dreams: Slavery and Empire in the Cotton Kingdom*. Cambridge, MA: Harvard University Press, 2013.

Jones, Winfield. *Story of the Ku Klux Klan*. Washington DC: American Newspaper Syndicate, 1921.

Jonnes, Jill. *Empires of Light: Edison, Tesla, Westinghouse, and the Race to Electrify the World*. New York: Random House, 2004.

Josephson, Matthew. *The Robber Barons*. Orlando, FL: Harcourt, Brace, 1995.

Kaplan, David A. *The Silicon Boys and Their Valley of Dreams*. New York: Perennial, 2000.

Kaplan, Gilbert Edmund, and Chris Welles, eds. *The Money Managers*. New York: Random House, 1969.

Kellogg, John Harvey. *The Battle Creek Sanitarium System: History, Organization, Methods*. Battle Creek, MI: Gage, 1908.

———. *Plain Facts for Old and Young*. Burlington, IA: Segner & Condit, 1881.

Kelly, Cynthia C., ed. *The Manhattan Project*. New York: Black Dog & Leventhal, 2007.

Kemble, Fanny. *Fanny Kemble: The American Journals*. Edited by Elizabeth Mavor. London: Weidenfeld & Nicolson, 1990.

Kemble, Frances Anne. *Journal of a Residence on a Georgian Plantation in 1838–1839*. New York: Harper & Brothers, 1864.

Kennedy, Paul. *The Rise and Fall of the Great Powers: Economic Change and Military Conflict from 1500 to 2000*. New York: Random House, 1987.

Keynes, John Maynard. *The General Theory of Employment, Interest, and Money*. San Diego: Harcourt, 1964.

Kilbourne, Richard Holcombe, Jr. *Debt, Investment, Slaves: Credit Relations in East Feliciana Parish, Louisiana, 1825–1885*. Tuscaloosa: University of Alabama Press, 2014.

King, Tom. *The Operator: David Geffen Builds, Buys, and Sells the New Hollywood*. New York: Broadway Books, 2001.

Kissinger, Henry. *White House Years*. New York: Little, Brown, 1979.

Klein, Alec. *Stealing Time: Steve Case, Jerry Levin, and the Collapse of AOL Time Warner*. New York: Simon & Schuster, 2003.

参考文献 583

Klein, Maury. *The Life and Legend of Jay Gould*. Baltimore: Johns Hopkins University Press, 1997.

Kobler, John. *Capone: The Life and World of Al Capone*. Cambridge, MA: Da Capo, 2003.

Koenig, Louis W. *Bryan: A Political Biography of William Jennings Bryan*. New York: G. P. Putnam's Sons, 1971.

Koeppel, Gerard. *Bond of Union: Building the Erie Canal and the American Empire*. Cambridge, MA: Da Capo, 2009.

Koester, Nancy. *Harriet Beecher Stowe: A Spiritual Life*. Grand Rapids, MI: William. B. Eerdmans, 2014.

Kroc, Ray. *Grinding It Out: The Making of McDonald's*. New York: St. Martin's, 1987.

Kulikoff, Allan. *Tobacco and Slaves: The Development of Southern Cultures in the Chesapeake, 1680–1800*. Chapel Hill: University of North Carolina Press, 1986.

Kushner, David. *Levittown*. New York: Walker, 2009.

Labaree, Benjamin Woods. *The Boston Tea Party*. London: Oxford University Press, 1975.

Lamoreaux, Naomi R. *The Great Merger Movement in American Business, 1895–1904*. Cambridge: Cambridge University Press, 1988.

Leigh, Frances Butler. *Ten Years on a Georgia Plantation Since the War*. London: R. Bentley & Son, 1883.

Leland, Ottilie M. *Master of Precision: Henry M. Leland*. Detroit: Wayne State University Press, 1966.

Lemann, Nicholas. *The Promised Land*. New York: Alfred A. Knopf, 1991.

Levy, Jonathan. *Freaks of Fortune: The Emerging World of Capitalism and Risk in America*. Cambridge, MA: Harvard University Press, 2014.

Lewis, Michael. *The New New Thing: A Silicon Valley Story*. New York: W. W. Norton, 1999.

Lewis, Tom. *Empire of the Air: The Men Who Made Radio*. New York: Edward Burlingame Books, 1991.

Lind, Michael. *Land of Promise: An Economic History of the United States*. New York: Harper, 2013.

Lindbergh, Charles A. *The Wartime Journals of Charles A. Lindbergh*. New York: Harcourt Brace Jovanovich, 1970.

Livermore, Thomas Leonard. *Numbers and Losses in the Civil War in America, 1861–65*. Boston: Houghton Mifflin, 1900.

Logevall, Fredrik. *Embers of War: The Fall of an Empire and the Making of America's Vietnam*. New York: Random House, 2013.

Love, John F. *McDonald's: Behind the Arches*. New York: Bantam, 1995.

Lowenstein, Roger. *America's Bank*. New York: Penguin, 2015.

———. *Buffett: The Making of an American Capitalist*. New York: Broadway Books, 2001.

———. *Origins of the Crash*. New York: Penguin, 2004.

Lyons, Eugene. *David Sarnoff: A Biography*. New York: Harper & Row, 1966.

Maas, Peter. *The Valachi Papers*. New York: Perennial, 2003.

MacCambridge, Michael. *America's Game*. New York: Anchor Books, 2005.

Mailer, Norman. *The Fight*. New York: Random House, 2013.

Mair, George. *Inside HBO: The Billion Dollar War Between HBO, Hollywood and the Home Video Revolution*. New York: Dodd, Mead, 1988.

Major, Nettie Leitch. *C. W. Post: The Hour and the Man*. Washington DC: Press of Judd & Detweiler, 1963.

Mancall, Peter C., ed. *Envisioning America: English Plans for the Colonization of North America, 1580–1640*. Boston: Bedford Books, 1995.

Manes, Stephen, and Paul Andrews. *Gates*. New York: Touchstone, 1994.

Mann, Charles C. *1493: Uncovering the New World Columbus Created*. New York: Alfred A. Knopf, 2011.

Markoff, John. *What the Dormouse Said: How the 60s Counterculture Shaped the Personal Computer Industry*. New York: Viking, 2005.

Marshall, James Wilson, and Edward Gould Buffum. *From Mexican Days to the Gold Rush*. Chicago: R. R. Donnelley & Sons, 1993.

Marx, Karl, and Friedrich Engels. *Manifesto of the Communist Party*. Peking: Foreign Language Press, 1968.

May, Thomas. *The History of the Parliament of England*. London: Weise, Cockrane, 1812.

McClure, James Baird, ed. *Edison and His Inventions*. Chicago: Rhodes and McClure, 1889.

McColley, Robert. *Slavery and Jeffersonian Virginia*. Urbana: University of Illinois Press, 1978.

McCraw, Thomas K. *The Founders and Finance*. Cambridge, MA: Harvard University Press, 2012.

McCullough, David. *The Great Bridge*. New York: Simon & Schuster, 1972.

———. *John Adams*. New York: Simon & Schuster, 2001.

———. *1776*. New York: Simon & Schuster, 2005.

McInnis, Maurie D. *Slaves Waiting for Sale: Abolitionist Art and the American Slave Trade*. Chicago: University of Chicago Press, 2001.

McIntyre, Ruth A. *Debts Hopeful and Desperate: Financing the Plymouth Colony*. Plymouth, MA: Plimouth Plantation, 1963.

McNamara, Robert S. *In Retrospect: The Tragedy and Lessons of Vietnam*. New

York: Vintage Books, 1996.
McNeil, Alex. *Total Television, Including Cable*. New York: Penguin Books, 1991.
Meacham, Jon. *Thomas Jefferson: The Art of Power*. New York: Random House, 2012.
Mead, Edward Sherwood. *Trust Finance: A Study of the Genesis, Organization, and Management of Industrial Combinations*. New York: D. Appleton, 1913.
Melville, Herman. *Moby-Dick; or, The Whale*. 1851. Reprint, New York: Penguin Books, 2003.
Miller, James Andrew, and Tom Shales. *Those Guys Have All the Fun: Inside the World of ESPN*. New York: Back Bay Books, 2011.
Miller, Scott. *The President and the Assassin*. New York: Random House, 2011.
Mirsky, Jeannette, and Allan Nevins. *The World of Eli Whitney*. New York: Macmillan, 1952.
Mitchell, Margaret. *Gone with the Wind*. 1936. Reprint, New York: Charles Scribner's Sons, 2011.
Montefiore, Simon Sebag. *Stalin: The Court of the Red Tsar*. New York: Vintage Books, 2004.
Montgomery Ward. *Montgomery Ward & Co. Catalogue & Buyers Guide, 1895*. New York: Skyhorse, 2008.
Moody, John. *Moody's Manual of Investments: American and Foreign Transportation*. Vol. 3. New York: Moody, 1921.
———. *The Truth About the Trusts*. New York: Moody, 1904.
Morgan, Edmund S., and Helen M. Morgan. *The Stamp Act Crisis: Prologue to Revolution*. Chapel Hill: University of North Carolina Press, 1995.
Morgan, Lewis H. *The American Beaver: A Classic of Natural History and Ecology*. New York: Dover, 1986.
Morris, Charles R. *The Tycoons*. New York: Owl Books, 2006.
Morris, Edmund. *Theodore Rex*. New York: Modern Library, 2002.
Morris, James McGrath. *Pulitzer: A Life in Politics, Print, and Power*. New York: Harper, 2010.
Morse, Samuel Finley Breese. *Samuel F. B. Morse: His Letters and Journals*. Edited by Edward Lind Morse. New York: Houghton Mifflin, 1914.
Mott, Frank Luther. *American Journalism: A History, 1690–1960*. 3rd edition. New York: Macmillan, 1962.
Munk, Nina. *Fools Rush In: Steve Case, Jerry Levin, and the Unmaking of AOL Time Warner*. New York: Harper Business, 2004.
Nasaw, David. *Andrew Carnegie*. New York: Penguin, 2006.
———. *The Chief: The Life of William Randolph Hearst*. Boston: Houghton Mifflin, 2001.

National Commission on the Causes of the Financial and Economic Crisis in the United States. *The Financial Crisis Inquiry Report*. New York: Public Affairs, 2011.

Neill, Edward Duffield. *History of the Virginia Company of London*. Albany, NY: Joel Munsell, 1869.

Nelson, Walter Henry. *The Great Discount Delusion*. New York: David McKay, 1965.

Nevins, Allan. *Ford: The Times, the Man, the Company*. New York: Charles Scribner's Sons, 1954.

Nevins, Allan, and Frank Ernest Hill. *Ford: Decline and Rebirth, 1933–1962*. New York: Charles Scribner's Sons, 1963.

North, Douglass C., and Robert Paul Thomas. *The Growth of the American Economy to 1860*. New York: Harper & Row, 1968.

Numbers, Ronald L. *Prophetess of Health: A Study of Ellen G. White*. Grand Rapids, MI: Wm. B. Eerdmans, 2008.

Oberholtzer, Ellis Paxson. *Jay Cooke: Financier of the Civil War*. Vol. 1. Philadelphia: George W. Jacobs, 1907.

Ogle, Maureen. *Ambitious Brew: The Story of American Beer*. Orlando, FL: Harcourt, 2006.

Okrent, Daniel. *Last Call: The Rise and Fall of Prohibition*. New York: Charles Scribner's Sons, 2011.

Olmstead, Frederick Law. *The Cotton Kingdom*. 2nd edition. Vol. 1. New York: Mason Brothers, 1862.

Olmsted, Denison. *Memoir of Eli Whitney*. New Haven: Durrie & Peck, 1846.

Olson, Lynne. *Those Angry Days: Roosevelt, Lindbergh, and America's Fight over World War II, 1939–1941*. New York: Random House, 2013.

Ozersky, Josh. *Colonel Sanders and the American Dream*. Austin: University of Texas Press, 2012.

Paglin, Max D., James R. Hobson, and Joel Rosenbloom. *The Communications Act: A Legislative History of the Major Amendments, 1934–1996*. Silver Spring, MD: Pike & Fischer, 1999.

Paine, Thomas. *Common Sense*. Edited by Richard Beeman. New York: Penguin Books, 2012.

Paper, Lewis J. *Empire: William S. Paley and the Making of CBS*. New York: St. Martin's, 1987.

Parsons, Patrick R. *Blue Skies: A History of Cable Television*. Philadelphia: Temple University Press, 2008.

Pearce, David W., ed. *The MIT Dictionary of Modern Economics*. 4th edition. London: Macmillan, 1992.

Pendergrast, Mark. *For God, Country & Coca-Cola*. New York: Basic Books, 2000.
Perot, Ross. *My Life & the Principles for Success*. Arlington, TX: Summit, 1996.
Peterson, Merrill D. *The Great Triumvirate: Webster, Clay, and Calhoun*. New York: Oxford University Press, 1987.
Philbrick, Nathaniel. *Mayflower*. New York: Viking, 2006.
Philip, Cynthia Owen. *Robert Fulton: A Biography*. New York: Franklin Watts, 1985.
Phillips, Ulrich Bonnell. *The Economic Cost of Slave-Holding in the Cotton Belt*. Boston: Ginn, 1905.
——. *Life and Labor in the Old South*. New York: Grosset & Dunlap, 1929.
Pitt, William. *Political Debates*. Paris: J. W. Imprimeur, 1766.
Plunkett-Powell, Karen. *Remembering Woolworth's*. New York: St. Martin's, 1999.
Polenberg, Richard. *One Nation Divisible: Class, Race, and Ethnicity in the United States Since 1938*. New York: Penguin Books, 1980.
Pound, Arthur. *The Turning Wheel: The Story of General Motors Through Twenty-Five Years, 1908–1933*. London: Forgotten Books, 2012.
Powers, Madelon. *Faces Along the Bar: Lore and Order in the Workingman's Saloon, 1870–1920*. Chicago: University of Chicago Press, 1999.
Powers, Ron. *Supertube: The Rise of Television Sports*. New York: Coward-McCann, 1984.
Prout, Henry G. *A Life of George Westinghouse*. New York: American Society of Mechanical Engineers, 1921.
Pugh, Emerson W. *Building IBM*. Cambridge, MA: MIT Press, 1995.
Raab, Selwyn. *Five Families*. New York: St. Martin's, 2006.
Rasmussen, Bill. *Sports Junkies Rejoice: The Birth of ESPN*. Bill Rasmussen, 2010.
Ratner, Sidney, James H. Soltow, and Richard Sylla. *The Evolution of the American Economy: Growth, Welfare, and Decision Making*. 2nd edition. New York: Macmillan, 1993.
Reagan, Ronald. *An American Life*. New York: Threshold Editions, 2011.
Redstone, Sumner. *A Passion to Win*. New York: Simon & Schuster, 2001.
Reich, Simon. *The Fruits of Fascism: Postwar Prosperity in Historical Perspective*. Ithaca, NY: Cornell University Press, 1990.
Reid, James D. *The Telegraph in America and Morse Memorial*. New York: Derby Brothers, 1879.
Reid, T. R. *The Chip*. New York: Random House, 2001.
Rhodehamel, John, ed. *George Washington: Writings*. New York: Library of America, 1997.
Richard, Christine S. *Confidence Game: How a Hedge Fund Manager Called Wall Street's Bluff*. Hoboken, NJ: John Wiley & Sons, 2010.
Ripley, William Z. *Railroads: Rates and Regulation*. Washington DC: Beard Books,

1999.

Robert, Joseph C. *The Story of Tobacco in America*. New York: Alfred A. Knopf, 1952.

Rockefeller, John D. *Random Reminiscences of Men and Events*. Garden City, NY: Doubleday, Page, 1913.

Sanders, Boyne Steven, and Tom Gilbert. *Desilu: The Story of Lucille Ball and Desi Arnaz*. New York: HarperCollins, 2011.

Sanders, Col. Harland. *Life as I Have Known It Has Been Finger Lickin' Good*. Carol Stream, IL: Creation House, 1974.

Schatz, Thomas. *The Genius of the System: Hollywood Filmmaking in the Studio Era*. Minneapolis: University of Minnesota Press, 2010.

Schroeder, Alice. *Snowball: Warren Buffett and the Business of Life*. New York: Bantam, 2008.

Schwarz, Richard W. *John Harvey Kellogg*. Hagerstown, MD: Review and Herald, 2006.

Scott, William Robert. *The Constitution and Finance of English, Scottish and Irish Joint-Stock Companies to 1720*. Vol. 1. New York: Cornell University Library Digital Collections, 2015.

Sears, Roebuck & Co. *Consumer Guide for 1894*. Facsimile edition. New York: Skyhorse, 2013.

———. *Sears Modern Homes, 1913*. Facsimile edition. New York: Dover, 2006.

Selznick, David O. *Memo from David O. Selznick*. Edited by Rudy Behlmer. New York: Viking Press, 1972.

Shaffner, Taliaferro P. *Shaffner's Telegraph Companion*. Vol. 1. New York: Pudney & Russell, 1854.

Shaw, Ronald E. *Canals for a Nation: The Canal Era in the United States, 1790–1860*. Lexington: University Press of Kentucky, 1990.

Sherman, William T. *Memoirs of General W. T. Sherman*. New York: D. Appleton, 1875.

Sherman, William Tecumseh, and John Sherman. *The Sherman Letters*. Edited by Rachel Sherman Thorndike. New York: Charles Scribner's Sons, 1894.

Shrader, Charles R. *History of Operations Research in the United States Army, 1961–1973*. Vol. 2. Washington DC: Office of the Deputy Under Secretary of the Army for Operations Research, 2008.

Shunk, William F. *A Practical Treatise on Railway Curves and Location*. Philadelphia: E. H. Butler, 1854.

Silverman, Kenneth. *Lightning Man: The Accursed Life of Samuel F. B. Morse*. New York: Alfred A. Knopf, 2003.

Sinclair, Upton. *The Jungle*. 1906. Reprint, Ann Arbor, MI: Borders Classics, 2006.

———. *The Moneychangers*. 1908. Reprint, Seaside, OR: Watchmaker, 2011.

Sitkoff, Harvard. *Toward Freedom Land: The Long Struggle for Racial Equality in America*. Lexington: University Press of Kentucky, 2010.

Sklar, Martin J. *The Corporate Reconstruction of American Capitalism, 1890–1916*. Cambridge: Cambridge University Press, 1997.

Sloat, Warren. *1929: America Before the Crash*. New York: Cooper Square, 2004.

Smith, Adam. *An Inquiry into the Nature and Causes of the Wealth of Nations*. Vol. 1. 1776. Reprint, Indianapolis, IN: Liberty Fund, 1981.

Smith, Amanda, ed. *Hostage to Fortune: The Letters of Joseph P. Kennedy*. New York: Viking, 2001.

Smith, John. *The Generall Historie of Virginia, New-England, and the Summer Isles*. New York: Readex Microprint, 1966.

———. *A True Relation of Virginia*. Boston: Wiggin and Lunt, 1866.

Smith, Page. *The Rise of Industrial America: A People's History of the Post-Reconstruction Era*. Vol. 6. New York: McGraw-Hill, 1984.

Smith, Ralph Lee. *The Wired Nation*. New York: Harper Colophon Books, 1972.

Smith, Sally Bedell. *In All His Glory: The Life of William S. Paley, the Legendary Tycoon and His Brilliant Circle*. New York: Simon & Schuster, 1990.

Smith, Truman. *Berlin Alert: The Memoirs and Reports of Truman Smith*. Edited by Robert Hessen. Stanford, CA: Hoover Institution Press, 1984.

Sorensen, Charles E. *My Forty Years with Ford*. Detroit: Wayne State University Press, 2006.

Sowers, Don Conger. *The Financial History of New York State from 1789 to 1912*. New York: Longmans, Green, 1914.

Speer, Albert. *Inside the Third Reich: Memoirs*. Translated by Clara Winston and Richard Winston. New York: Galahad Books, 1995.

Spencer, Herbert. *First Principles*. London: Williams and Norgate, 1862.

———. *The Principles of Biology*. New York: D. Appleton, 1891.

Sperber, A. M. *Murrow: His Life and Times*. New York: Freundlich Books, 1986.

Steinbeck, John. *The Grapes of Wrath*. 1939. Reprint, New York: Penguin Books, 2006.

———. *Travels with Charley in Search of America*. 1962. Reprint, New York: Penguin Books, 2002.

Stellman, Louis J. *Sam Brannan: Builder of San Francisco*. New York: Exposition, 1953.

Stevens, Mark. *King Icahn: The Biography of a Renegade Capitalist*. New York: Penguin, 1993.

Stewart, James B. *Den of Thieves*. New York: Touchstone, 1992.

Stiles, T. J. *The First Tycoon*. New York: Alfred A. Knopf, 2009.

Stone, Brad. *The Everything Store: Jeff Bezos and the Age of Amazon*. New York: Little, Brown, 2013.
Stover, John F. *History of the Illinois Central Railroad*. New York: Macmillan, 1975.
Stowe, Harriet Beecher. *Uncle Tom's Cabin; or, Life Among the Lowly*. 1852. Reprint, New York: Modern Library, 2001.
Strouse, Jean. *Morgan: American Financier*. New York: Random House, 1999.
Tarbell, Ida M. *The History of the Standard Oil Company*. Edited by David M. Chalmers. New York: Dover, 2003.
——. *The Tariff in Our Times*. New York: Macmillan, 1911.
Taylor, Alan. *American Colonies*. New York: Viking, 2001.
——. *The Internal Enemy: Slavery and War in Virginia, 1772–1832*. New York: W. W. Norton, 2014.
Thurston, Robert Henry. *Robert Fulton: His Life and Its Results*. New York: Dodd, Mead, 1891.
Tifft, Susan E., and Alex S. Jones. *The Trust*. New York: Little, Brown, 2000.
Tocqueville, Alexis de. *Democracy in America and Two Essays on America*. Edited by Isaac Kramnick. Translated by Gerald Bevan. London: Penguin Books, 2003.
Todd, Richard Cecil. *Confederate Finance*. Athens: University of Georgia Press, 2009.
Truesdell, Leon Edgar. *The Development of Punch Card Tabulation in the Bureau of the Census, 1890–1940*. Washington: Government Printing Office, 1965.
Turner, Orsamus. *Pioneer History of the Holland Purchase of Western New York*. Buffalo, NY: Jewett, Thomas, 1850.
Turner, Ted. *Call Me Ted*. New York: Grand Central, 2008.
Twain, Mark. *A Connecticut Yankee in King Arthur's Court*. 1889. Reprint, New York: Modern Library, 2001.
——. *The Gilded Age: A Tale of Today*. 1873. Reprint, Garden City, NY: Doubleday, 1970.
——. *The Innocents Abroad; or, The New Pilgrims' Progress*. 1869. Reprint, New York: Modern Library, 2003.
Tyson, Mike. *Undisputed Truth*. New York: Plume, 2013.
Unger, Irwin. *The Greenback Era: A Social and Political History of American Finance, 1865–1879*. Princeton, NJ: Princeton University Press, 1964.
Vail, Alfred. *Description of the American Electro Magnetic Telegraph*. Washington DC: J. & G. S. Gideon, 1845.
Veblen, Thorstein. *The Theory of the Leisure Class*. New York: Dover, 1994.
Vogel, Harold L. *Entertainment Industry Economics: A Guide for Financial Analysis*. 7th edition. New York: Cambridge University Press, 2007.
Walker, Stanley. *The Night Club Era*. Baltimore: Johns Hopkins University Press,

参考文献 591

1999.
Wall, Joseph Frazier. *Andrew Carnegie*. New York: Oxford University Press, 1970.
Wallace, David. *Capital of the World: A Portrait of New York City in the Roaring Twenties*. Guilford, CT: Lyons, 2012.
Walton, Sam. *Sam Walton: Made in America*. New York: Bantam, 1993.
Wasserstein, Bruce. *Big Deal: 2000 and Beyond*. New York: Warner Books, 2000.
Watson, Elkanah. *History of the Rise, Progress, and Existing Condition of the Western Canals in the State of New York*. Albany, NY: D. Steele, 1820.
Watson, Thomas J. *Father, Son & Co*. Edited by Peter Petre. New York: Bantam, 2000.
Watt, James. *Specification of James Watt: Steam Engines*. London: G. E. Eyre, 1855.
Watts, Steven. *The People's Tycoon: Henry Ford and the American Century*. New York: Vintage, 2006.
Welles, Gideon. *Diary of Gideon Welles, Secretary of the Navy Under Lincoln and Johnson*. Vol. 1. Boston: Houghton Mifflin, 1911.
Wenaas, Eric P. *Radiola: The Golden Age of RCA, 1919–1929*. Chandler, AZ: Sonoran, 2007.
Werner, Max. *The Military Strength of the Powers*. Translated by Edward Fitzgerald. New York: Modern Age Books, 1939.
White, Richard. *Railroaded*. New York: W. W. Norton, 2012.
Whyte, William H. *The Organization Man*. Philadelphia: University of Pennsylvania Press, 2002.
Wilgus, Horace La Fayette. *A Study of the United States Steel Corporation in Its Industrial and Legal Aspects*. Chicago: Callaghan, 1901.
Wilkerson, Isabel. *The Warmth of Other Suns*. New York: Vintage Books, 2011.
Williams, Robert C. *Horace Greeley: Champion of American Freedom*. New York: NYU Press, 2006.
Willis, Carol. *Form Follows Finance: Skyscrapers and Skylines in New York and Chicago*. New York: Princeton Architectural Press, 1995.
Winthrop, John. *Winthrop's Journal, "History of New England."* Vol. 1. New York: Charles Scribner's Sons, 1908.
Wolff, Michael. *The Man Who Owns the News*. New York: Broadway Books, 2008.
Wolmar, Christian. *The Great Railroad Revolution*. New York: Public Affairs, 2013.
Wood, Betty. *The Origins of American Slavery: Freedom and Bondage in the English Colonies*. New York: Hill and Wang, 1997.
Wood, Gordon S. *The Radicalism of the American Revolution*. New York: Alfred A. Knopf, 1992.
Wood, Nicholas. *A Practical Treatise on Rail-Roads, and Interior Communication in General*. London: Longman, Orme, Brown, Green, & Longmans, 1838.

Wright, Gavin. *The Political Economy of the Cotton South: Households, Markets, and Wealth in the Nineteenth Century*. New York: W. W. Norton, 1978.

Yergin, Daniel. *The Prize: The Epic Quest for Oil, Money & Power*. New York: Free Press, 2008.

Yew, Lee Kuan. *From Third World to First: The Singapore Story: 1965–2000*. New York: HarperCollins, 2000.

Young, James Harvey. *Pure Food: Securing the Federal Food and Drugs Act of 1906*. Princeton, NJ: Princeton University Press, 1998.

Zanuck, Darryl F. *Memo from Darryl F. Zanuck: The Golden Years at Twentieth Century-Fox*. Edited by Rudy Behlmer. New York: Grove, 1993.

部分名词对照表

A

美国国际集团　AIG
美国航空公司　American Airlines
美国广播公司　American Broadcasting Company（ABC）
美国汽车与铸造公司　American Car & Foundry
美国运通　American Express
美国劳工联合会　American Federation of Labo
美国橄榄球联盟　American Football League（AFL）
美利坚党　American Party
美国铁路工会　American Railway Union
美国电话电报公司　American Telephone and Telegraph（AT&T）
美国在线　America Online（AOL）
安海斯-布希　Anheuser-Busch
反酒吧联盟　Anti-Saloon League
美国联合通讯社　Associated Press
《英属美洲权利概要》　A Summary View of the Rights of British America
雅达利公司　Atari, Inc.
大西洋-太平洋电报公司　Atlantic & Pacific

B

鲍德温机车公司　Baldwin Locomotive
美国银行（意大利-美国银行）　Bank of America (Italian-American Bank)
合众国银行　Bank of United States
巴诺连锁书店　Barnes & Noble
巴伐利亚发动机制造厂，即宝马　Bavarian Motor Works（BMW）
伯克希尔·哈撒韦公司　Berkshire Hathaway
贝塞麦钢铁联合会　Bessemer Steel Association
蓝带运动公司　Blue Ribbon Sports
巴尔的摩-俄亥俄铁路公司　B&O Railroad Company
波士顿茶党　Boston tea party
英国东印度公司　British East India Company
别克汽车制造公司　Buick Manufacturing Company

C

查尔斯顿-汉堡铁路公司　Charleston and Hamburg
克拉克-洛克菲勒公司　Clark & Rockefeller
哥伦比亚广播公司　Columbia Broadcasting

System（CBS）
"1850年妥协案" Compromise of 1850
电子计算度量公司 Computing Scale Company
电子计算-制表-记录公司 Computing-
　　Tabulating-Recording（C-T-R）
控制视频公司 Control Video Corp.
棉花俱乐部 Cotton Club
弗吉尼亚委员会 Council for Virginia
国防委员会 Council on National Defense
《烟草驳斥书》 A Counter-Blaste to Tobacco
《马唐草边疆》 Crabgrass Frontier

D
特拉华-哈得孙运河公司 Delaware and Hudson
　　Canal Company
戴斯露制作公司 Desilu Productions
道奇兄弟 Dodge brothers
德雷克赛尔-摩根公司 Drexel, Morgan & Co.
德雷克赛尔·伯恩汉姆 Drexel Burnham

E
杜邦公司 E. I. du Pont de Nemours
雷明顿公司 E. Remington & Sons
东印度公司 East India Company
埃德加·汤姆森钢铁厂 Edgar Thomson Steel
　　Works
爱迪生电力照明公司 Edison Electric
　　Illuminating Company
电子数据系统公司 Electronic Data Systems
　　（EDS）
帝国运输公司 Empire Transportation Company
欧洲核子研究中心 European Council for
　　Nuclear Research（CERN）
精益炼油厂 Excelsior Oil Works
《证券法》（1933） Exchange Act of 1933

F
仙童半导体公司 Fairchild Semiconductor
《公平住房法》 Fair Housing Act
联邦存款保险公司 Federal Deposit Insurance
　　Corporation（FDIC）

联邦住房管理局 Federal Housing
　　Administration（FHA）
《联邦肉类检查法》 Federal Meat Inspection Act
食品药品监督管理局 Food and Drug
　　Administration
《逃亡奴隶法案》 Fugitive Slave Act

G
佳得乐 Gatorade
通用电气 General Electric
通用汽车 General Motors
金贝尔斯 Gimbels
高德温电影公司 Goldwyn Pictures
《折扣大误区》 The Great Discount Delusion

H
荷兰土地公司 Holland Land Company
房主贷款公司 Home Owners' Loan
　　Corporation（HOLC）
非美活动调查委员会 House Un-American
　　Activities Committee
《怎样让女性职业去耻辱化》 How to Redeem
　　Woman's Profession from Dishonor

I
伊坎公司 Icahn & Company
国际计时公司 International Time Recording
　　Company
国际电报电话公司（美国） International
　　Telephone & Telegraph

J
杰伊·库克公司 Jay Cooke & Co.
约翰迪尔公司 John Deere

K
《堪萨斯-内布拉斯加法案》 Kansas-Nebraska
　　Act
煤油石油公司 Kerosene Oil Company
凯鹏华盈 Kleiner Perkins
凯马特 Kmart

劳工骑士团　Knights of Labor
"一无所知党"　Know Nothings
S·S·克雷斯吉公司　Kresge, S. S.

L

《法币法案》　Legal Tender Act
莱维特父子公司　Levitt & Sons
莉莉图利普纸杯公司　Lily-Tulip Cup Company
林肯汽车公司　Lincoln Motor Company
劳合社　Lloyd's of London
洛斯影院　Loew's
罗德-泰勒百货　Lord & Taylor

M

麦考密克收割机厂　McCormick Reaper Works
梅西百货　Macy's
米罗华　Magnavox
马可尼无线电报公司　Marconi Wireless Telegraph Company
《五月花公约》　Mayflower Compact
伦敦商业风险投资协会　Merchants Adventurers of London
《大国的军事实力》　The Military Strength of the Powers
米勒-惠特尼工厂　Miller & Whitney
蒙哥马利-沃德公司　Montgomery, Ward & Co.
马赛克通信公司　Mosaic Communications
美国电影制片人与发行人协会　Motion Picture Producers and Distributors of America
《慕尼黑协定》　Munich Agreement

N

国家航空航天局　NASA
国家广播公司　National Broadcasting Company (NBC)
国家收银机公司　National Cash Register
国家橄榄球联盟　National Football League (NFL)
《美国禁酒法案》(《沃尔斯特德法案》)　National Prohibition Act
网景　Netscape

《中立法案》　Neutrality Act
北方股份公司　Northern Securities Company

O

俄亥俄公司　Ohio Company
奥兹汽车公司　Olds Motor Vehicle Company
鬼冢　Onitsuka
《组织人》　The Organization Man

P

《太平洋铁路法案》　Pacific Railway Act
宾夕法尼亚石油公司（塞内加石油公司）　Pennsylvania Rock Oil Company (Seneca Oil Company)
宾夕法尼亚运输公司　Pennsylvania Transportation Company
皮克斯动画制作公司　Pixar
《老少皆知的事实》　Plain Facts for Old and Young
《普利茅斯开拓史》　Of Plymouth Plantation
波托马克公司　Potomac Company
《禁酒法案》　Prohibition
保诚保险公司　Prudential Insurance
普尔曼卧铺车厢公司　Pullman Palace Car Company
《纯净食品与药品法》　Pure Food and Drug Act

Q

量子计算机服务公司　Quantum Computer Services

R

美国无线电公司　Radio Corporation of America (RCA)
英格兰皇家非洲公司　Royal African Company of England
俄罗斯公司　Russia Company

S

《萨姆·沃尔顿：美国制造》　Sam Walton: Made in America

施乐兹公司　Schlitz
西尔斯-罗巴克（百货）公司　Sears, Roebuck & Co.
美国证券交易委员会　Securities and Exchange Commission(SEC)
塞尔兹尼克国际影业公司　Selznick International Pictures
红杉资本　Sequoia Capital
《军人再调整法案》（《退伍军人权利法案》）　Servicemen's Readjustment Act (GI Bill)
《谢尔曼反托拉斯法案》　Sherman Antitrust Act
肖克利半导体实验室　Shockley Semiconductor
硅谷制图　Silicon Graphics
胜家制造公司　Singer Manufacturing Company
南方兴业公司　South Improvement Company
《印花税法案》　Stamp Act
标准石油公司　Standard Oil
《美洲烟草故事》　The Story of Tobacco in America
《食糖法》　Sugar Act

T
制表机器公司　Tabulating Machine Company
电信公司　Tele-Communications Inc.（TCI）
克利夫兰电报公司（布拉什电力公司）　Telegraph Supply Company of Cleveland (Brush Electric Company)
得克萨斯航空公司　Texas Air
汤普森–休斯敦公司　Thompson-Houston
《汤申法案》　Townshend Act
《敌国贸易法》　Trading with the Enemy Act

《关于改良运河航运的论述》　Treatise on the Improvement of Canal Navigation
《瓜达卢佩–伊达尔戈条约》　Treaty of Guadalupe Hidalgo
《巴黎条约》（1783）　Treaty of Paris
《凡尔赛条约》　Treaty of Versailles
环球航空公司　TWA

U
联美　United Artists
联合果品公司　United Fruit Company
美国照明公司　United States Illuminating Company
美军电报部队　U.S. Military Telegraph Corps
美国钢铁公司　U.S. Steel Corporation

V
伦敦弗吉尼亚公司　Virginia Company of London

W
《致富之路》　Ways to Wealth
韦尔斯法戈公司（富国银行）　Wells, Fargo & Co.
西部内陆公司　Western Inland Company
西联电报公司　Western Union Telegraph Company
西屋电气　Westinghouse Electric
基督教女性禁酒联盟　Woman's Christian Temperance Union (WCTU)
世通　WorldCom